죠티샤, 운명 그리고 시간의 수레바퀴
Vedic Astrology, Destiny and the Wheel of Time

죠티샤, 운명 그리고 시간의 수레바퀴

발행일	2022년 3월 22일		
지은이	베스 림		
펴낸이	손형국		
펴낸곳	(주)북랩		
편집인	선일영	편집	정두철, 배진용, 김현아, 박준, 장하영
디자인	이현수, 김민하, 허지혜, 안유경, 한수희	제작	박기성, 황동현, 구성우, 권태련
마케팅	김회란, 박진관		
출판등록	2004. 12. 1(제2012-000051호)		
주소	서울특별시 금천구 가산디지털 1로 168, 우림라이온스밸리 B동 B113~114호, C동 B101호		
홈페이지	www.book.co.kr		
전화번호	(02)2026-5777	팩스	(02)2026-5747
ISBN	979-11-6836-112-6 04180 (종이책)		979-11-6836-113-3 05180 (전자책)
	979-11-6836-109-6 04180 (세트)		

잘못된 책은 구입한 곳에서 교환해드립니다.
이 책은 저작권법에 따라 보호받는 저작물이므로 무단 전재와 복제를 금합니다.

(주)북랩 성공출판의 파트너

북랩 홈페이지와 패밀리 사이트에서 다양한 출판 솔루션을 만나 보세요!

홈페이지 book.co.kr   •   **블로그** blog.naver.com/essaybook   •   **출판문의** book@book.co.kr

---

작가 연락처 문의 ▶ ask.book.co.kr

작가 연락처는 개인정보이므로 북랩에서 알려드릴 수 없습니다.

카르마 택배원, 행성들이 굴리는
하늘의 마차 사용가이드

죠티샤,
운명 그리고
시간의 수레바퀴

Vedic Astrology,
Destiny
and the Wheel of Time

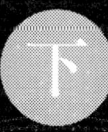

베스 림 지음

서양 점성학의 원조격인 인도 베딕 점성학 '죠티샤',
그 신비한 밤하늘의 세계로 여러분을 초대한다.

북랩 book Lab

C · O · N · T · E · N · T · S

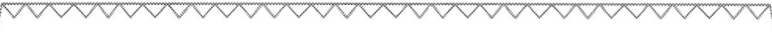

상권

머리말

1장 | 죠티샤의 기본적 토대

1. 죠티샤, 운명, 그리고 시간의 수레바퀴
2. 카르마와 죠티샤
3. 기본 천문과 판창가(힌두 음력 달력)
4. 조디액과 아야남샤 분쟁
5. 죠티샤의 기본적 요소들

2장 | 운명을 구성하는 요소들

1. 행성들(Grahas, 그라하)
2. 태양의 특성과 자질들
3. 달의 특성과 자질들
4. 화성의 특성과 자질들
5. 수성의 특성과 자질들
6. 목성의 특성과 자질들

7. 금성의 특성과 자질들

8. 토성의 특성과 자질들

9. 라후와 케투의 특성과 자질들

10. 열두 라시

11. 열두 하우스

12. 열두 라그나

13. 삼반다와 어스펙트

14. 부속 바가스

15. 요가(행성들 간의 조합)

16. 행성들의 저력 재기

17. 다샤, 시간의 수레바퀴

하 권

3장 | 운명을 만드는 조합들

1. 죠티샤 차트에 대한 종합적 이해와 해석 … 8
2. 열두 하우스 로드가 열두 하우스에 있는 효과들(BPHS) … 14
3. 35가지 조합의 행성간 합치 … 80
4. 태양이 열두 라시와 열두 하우스에 있는 효과들 … 108
5. 달이 열두 라시와 열두 하우스에 있는 효과들 … 149
6. 화성이 열두 라시와 열두 하우스에 있는 효과들 … 191
7. 수성이 열두 라시와 열두 하우스에 있는 효과들 … 229

8. 목성이 열두 라시와 열두 하우스에 있는 효과들 … 259

9. 금성이 열두 라시와 열두 하우스에 있는 효과들 … 289

10. 토성이 열두 라시와 열두 하우스에 있는 효과들 … 322

11. 라후와 케투가 열두 라시와 열두 하우스에 있는 효과들 … 354

12. 행성들의 트랜짓(고차라)과 아쉬타카바가 … 390

13. 다른 분야의 점성학 … 403

14. 레머디 기법들과 명상의 중요성 … 414

맺음말 … 426

필자에 대하여 … 430

부록

1. 죠티샤와 연관된 주요 고전들 … 432
2. 베다 나무 도표 … 438
3. 베다 나무 해석 … 439

— 3장 —

운명을 만드는 조합들

1.

죠티샤 차트에 대한
종합적 이해와 해석

앞서 상(上)권의 1장과 2장을 통해 죠티샤(베딕 점성학)을 구성하는 기본적 요소들과 토대들에 대해 살펴보았다. 이제 이러한 정보들을 종합하여 죠티샤 차트를 이해하고 해석하는 데 필요한 실질적인 단계와 방법, 나타날 수 있는 효과들에 대해서 같이 살펴보기로 한다. 전 세계적으로 수십억 인구 중에 똑같은 사람들이 하나도 없듯이 모든 호로스코프들이 가진 다양하면서도 독특한 조합들을 일일이 조율하거나 예측하기는 불가능하다. 하지만 행성들이 가진 몇 가지 기본적인 키 요소들에 기준하여 나타날 수 있는 전반적인 효과들에 대한 이해를 하게 되면, 시간이 지남에 따라 점성학적 지식이나 경험 등이 깊어질수록 보다 구체적이고 실질적으로 각자 다른 차트들에 적용하여 종합적으로 풀이를 하고 이해할 수 있는 능력도 성장하게 될 것이다. 3장을 통해서 아홉 행성들이 열두 라시와 열두 하우스에 있을 때 나타날 수 있는 전반적인 효과들, 그리고 다른 기타 점성학 분야들에 대해서 같이 살펴보기로 한다. 이러한 기술들에 있어, 앞 장에서 이미 설명하였던 내용들에 대한 반복 설명은 생략한다. 독자들이 아직 익숙하지 않은 용어나 개념이 있으면, 앞 장으로 돌아가서 해당 내용들을 참고하면 이해하는데 무리가 없을 것이다.

정확한 출생 시간의 중요성

기본적으로 정확한 차트를 가지고 있어야 점성학적 원리들을 적용시켜 바르게 차트를 이해하고 해석하는 법을 익힐 수 있다. 그래서 차트를 분석하기 이전에 먼저 출생정보의 정확성을 확인하는 것이 중요한 사안이다. 그런데 음력 제도와 명리학이 지금까지 주류를 이루고 있던 한국 사회에서는 정확한 생시의 중요성에 대한 인지도가 약한 것이 난제이다. 본격적으로 근대화가 이루어지기 시작한 80년대 이전에 태어난 한국 사람들 중에 자신의 생시를 분초까지 정확하게 기억하고 있는 사람들은 드물다. 기껏해야 생시를 두 시간 간격으로 기억하고 있는 것이 최대한이었기 때문이다. 뿐만 아니라 현대 대한민국 시대 이전의 역사적 인물들이나 가족들에 대한 기록에도 음력 생일은 찾아볼 수 있어도 생시까지 적혀진 경우는 극히 드물기 때문에, 점성학적인 연구목적으로 활용하기가 아주 어려운 난관이 있다. 이러한 어려움은 죠티샤의 고향인 인도에서도 마찬가지이다.

카스트 제도가 엄격했던 전통적 인도 사회에서는 일부 엘리트 계층을 제외하고는 아이가 태어나도 한동안 출생기록을 제대로 하지 않는 경우가 일반적이었다. 워낙 땅이 넓고 인구도 많은데다, 가난하고 열악한 환경 탓에 태어나자마자 혹은 어릴 때 사망하는 확률들이 높았기 때문이다. 시계도 있을 리 없는 낙후된 문화에서 출생 시간을 정확하게 안다는 것은 거의 불가능했으며, 기껏해야 어머니가 출생 달의 위치를 의미하는 잔마 라시만 기억하고 있어도 지극히 다행으로 여겨졌다. 그래서 잔마 달이 있는 라시를 라그나로 하여 죠티샤 차트를 읽거나, 팜 리브(Palm Leaves)를 찾아서 읽는 나디 점성학이 널리 행해지던 죠티샤 방식이었다.

이에 비해 서양 사회에서는 오래 전부터 생년정보와 출생 시간을 공식적으로 기록하는 사회 문화관습 제도가 성립되어 있었기에 역사적으로 주요한 인물들뿐만 아니라 현시대 인물들까지 정확한 생년정보 자료들을 공개적으로 쉽게 알 수 있는 장점이 있었다. 그리하여 서양 점성학적 연구와 발전에 상당한 기여와 공헌을 할 수 있었다. 90년대 이후에 본격적으로 서양에 도입된 죠티샤가 하나의 인문과학이자 학문으로 눈부신 발전과 성장을 할 수 있었던 이유도 이들이 가지고 있는 방대한 양의 검증된 인물들의 생년정보 기록들 때문이었다. 필자가 거주하고 있는 말레이시아에서도 영국 식민지였던 영향을 받아 출생신고 서류에 정확한 출생 시간까지 기록을 하는 제도가 일찍부터 성립되어 있었기에 점성학 연구에 쉽게 활용할 수 있는 장점이 있었다. 그런데 한국에 베딕 점성학을 알리고자 하는 일을 시작하였을 때 가장 먼저 부딪힌 난관은 출생 시간을 제대로 알고 있는 경우가 드물다는 점이었다. 젊은 층을 제외한 중장년층에서는 그러한 애로사항이 더욱 심각하였다. 혹은 명리학적인 시간개념에 고착하여 두 시간 간격으로 출생 시간을 대충 알려주는 예들이 빈번하였다. 앞으로 한국 사회에서 베딕 점성학이 제대로 뿌리를 내리고 발전할 수 있기 위해서는 무엇보다도 정확한 출생 시간에 대한 중요성이 먼저 인지되어야 한다.

설령 출생 시간을 몇 분 차이로 기억하고 있는 사람이라도, 1~2분 차이로 라그나가 달라질 수 있는 위치에 있는 사람이라면 정확한 출생 시간을 찾는 것이 더욱 중요해진다. 라그나가 달라짐에 따라 라시 차트에서 모든 열두 하우스의 위치가 달라지기 때문이다. 뿐만 아니라 나머지 부속 바가스의 라그나와 하우스들도 모두 변하고, 재미니 점성학에서 사용하는 라시 다샤들의 순서도 모두 변하게 된다. 빔쇼타리 다샤의 순서나 기간은 별로 변동이 없지만 다샤 로드의 하우스 오너십이 변하게 되면 해석하는 방법도 달라지게 된다. 예를 들어, 산양 라그나와 황소 라그나 사이에서 변동할 수 있는 범위 내에 있는 사람이 현재 빔쇼타리 다사에서 토성의 다샤를 지나고 있다면, 어느 라그나인가에 따라 토성이 낼 수 있는 효과들은 달라진다. 산양 라그나에게 토성은 10번, 11번 하우스 로드이기에 아주 강력한 파파 행성이 된다. 토성은 자연적으로 강한 파파 행성이며, 임시적으로도 강한 파파이며, 또한 라그나 로드인 화성과 토성은 비우호적인 관계성을 가지고 있다. 그래서 토성의 다샤는 산양 라그나인에게 상당한 시련을 주고, 해를 끼칠 수 있는 잠재성이 있다. 반면에, 황소 라그나에게 토성은 9번과 10번 하우스를 로드하는 요가 카라카 행성이며, 라그나 로드인 금성과 토성은 상호간에 좋은 우호관계성을 가지고 있다. 그래서 현재 토성의 다샤는 황소 라그나인에게 상당히 길조적일 수 있는 잠재성을 가지고 있다.

이처럼 어느 라그나인가에 따라 행성들의 임시적 성향이나 다샤의 해석들이 모두 달라질 뿐만 아니라, 다른 중요한 부속 바가스들을 제대로 활용할 수 없는 어려움이 있기에, 전체적으로 차트를 풀이하고 연구하기 이전에 출생 시간의 정확성을 재차 확인하거나 교정하는 과정이 필수적이다.

출생 시간을 찾거나 교정하는 방법

요기나 성자들이 많은 인도 문화에서는, 타고난 신기가 있거나 혹은 영적인 수행의 힘으로 이마나 엄지손가락을 보고 출생 시간이나 라그나를 알 수 있다고 하는 사람들이 간혹 있다. 하지만 진짜보다는 가짜일 가능성이 훨씬 높다. 라오 스승님께서는 이렇게 혹세무민하는 엉터리 점성가들의 실체를 밝히기 위해 젊은 시절에 그러한 이들을 찾아서 인도 전역을 다녔지만 실제로 그러한 능력을 증명한 점성가는 단 두 명이었다고 하셨다. 그에 비해 영적 힘을 가진 요기나 구루들은 이러한 점성가들보다 훨씬 더 탁월한 신기와 점성학적 능력을 가지고 있었지만 결코 대외적으로 알리지는 않는다고 하셨다. 행여 소문이 나게 되면 너무나 많은 사람들이 몰려들기 때문이었다. 그런데 라오 스승님은 그러한 요기와 구루들을 개인적으로 직접 만나고 가르침도 받을 수 있는 행운을 많이 누릴 수 있었다. 회계감사원장 직위의 공무원이면서 부양가족이 없는 독신이었기에 정부로서는 먼 오지로 전근이나 감사 발령을 자주 보낼 수 있는 이점이 있었고, 라오지 입장에서는 도심에서 멀리 떨어진 외지에 발령을 받을수록 그러한 신비로운 힘과 능력을 가진 요기와 구루들을 더 잘 만날 수 있는 장점이 있었기 때문이다. 높은 영기와 높은 영적 힘을 가진 진정한 요기들일수록, 잘 알려지거나 유명하지도 않고 큰 도시나 인구가 많은 지역보다는 외진 장소, 이름 없는 마을이나 먼 산 속의 동굴에서 홀로 명상을 하며 사람들을 피해 살고 있을 가능성들이 높았다. 그러한 요기와 성자들을 만난 경험담을 『An Astrologer's Dips Into Divinity, Astrology, & History(1996)』라는 책을 통해 공유하셨는데, 다음 기회에 다른 책을 통해 소개와 번역을 할 예정이다.

그 외에도 나디 점성학을 통해 출생 시간을 찾을 수 있다고 장담하거나 믿는 사람들이 있지만 이 역시도 지금까지 증명된 사례들은 거의 없는 가설에 불과하다. 닥터 라만이 그나마 신빙성 있는 나디 고서들을 가장 많이 수집한 유일한 점성가로 알려져 있다. 하지만 나디 고서들을 집대성하고자 하는 사명을 완성하지 못한 채 타계하신 이후로 2021년 현재까지 나디 점성학에 대한 신뢰도는 제대로 확인된 바가 없다. 필자 역시도 현재까지 소장하고 있는 작은 나디 책자가 한 권 있는데, 미국 유학 시절에 라오지에게 받았던 선물이다. 하지만 출생 시간이 정확한 사람들이나 아이들의 정보를 이용해 확인해보았지만, 나디 책자의 계산대로 찾을 수 있는 시간과 일치하는 경우가 드물었다. 그래서 나디 책자를 사용하지 않고 있다.

필자가 출생 시간을 찾기 위해 사용하는 방법은, 차트 주인의 외모와 생애 이벤트들에 기준을 하여 교정하는 방식이다. 행성들의 성향과 열두 라시의 특성들을 잘 숙지하게 되면 차트 주인의 외모를 통해 라그나를 쉽게 파악할 수 있다. 그리고 삶에서 일어났던 객관적인 중요한 이벤트들, 본인이나 가족의 신체와 연관된 사고나 질병, 출생과 죽음 등이 일어났던 날짜들, 특히 자녀의 출생과 연관된 날짜들을 정확하게 기억할 수 있으면 출생 시간을 빨리 찾는 데 가장 많은 도움이 된다. 그 외에 삶에서 일어난 중요한 이벤트나, 다른 주요 인간관계, 특히 이성관계와 연관된 사건, 날짜 등도 부차적으로 도움이 될 수 있다. 그러면 바바찰리타(Bhava Chalita) 차트와 섬세한 부속 차트들에 있는 커스프들의 이동, 트랜짓 효과 등을 이용해 수학적으로 출생 시간을 찾아내는 작업을 할 수 있다. 상당한 점성학적 지식과 인생의 경험, 직관력 등이 요구되는 영역인지라 실제로 교정 방법을 익히는 것은 점성학도들의 개인적 역량에 많이 달려 있다. 그래서 가능하면 출생 시간이 정확한 차트들을 가지고 점성학 익히는 연습을 할 것을 권장한다.

차트를 분석하고 종합하여 해석하는 방식과 단계

최종적으로 모든 정보들을 종합하여 차트를 읽고 이해하고 종합적인 판단을 내릴 수 있기 위해서는 많은 시간과 노력, 경험 등이 요구된다. 차트마다 담고 있는 사람들의 삶이란 참으로 다양하면서도 복잡하고, 인생이란 자체가 마치 수학문제처럼 기교적으로 공식들을 적용하여 풀 수 있거나, 혹은 사지선다형의 문제처럼 어떤 모범답안이 있는 것이 아니기 때문이다. 그럼에도 불구하고, 다음과 같은 스텝들을 통해 체계적으로 차트를 접근하는 법을 익히게 되면, 경험이 쌓일수록 차트를 읽고 이해하는 능력이나 자신감이 점차적으로 향상될 수 있다.

- 정확한 출생정보 확인
- 라그나와 라그나 로드의 위치와 상태, 저력과 요가 확인
- 달과 태양의 위치와 상태, 저력과 요가 확인
- 나머지 행성들의 위치와 상태, 저력과 요가 확인
- 주요 캐릭터 요가와 핵심 요가 여부 확인
- 144 요가 효과와 행성간 합치 효과 확인
- 행성들의 낙샤트라 확인
- 현재 다샤와 과거, 미래 다샤들의 흐름 확인
- 트랜짓 확인

이어지는 기술들은 아홉 행성들이 위치한 라시와 하우스 효과들에 대한 기본적인 내용이다. 차트마다 가지고 있는 행성들의 상태와 저력, 독특한 요가나 다샤 흐름 등을 전혀 고려하지 않고, 단지 행성들이 위치한 라시와 하우스만을 기준으로 하여 기술한 전반적인 효과들이다. 비록 죠티샤에 대한 충분한 지식이나 경험이 부족한 초보자라고 할지라도, 기본적으로 차트를 파악하는 데 도움이 될 수 있을 것이다.

2.

열두 하우스 로드가
열두 하우스에 있는 효과들(BPHS)

차트의 열두 하우스(바바)들은 특정한 삶의 영역과 특성들을 대변한다. 예를 들어 1번째 하우스는 바디, 전반적 캐릭터 등을 나타내고, 2번째 하우스는 돈, 재물, 가족, 음식 등을 나타낸다. 각 하우스들은 로드하는(집주인과 같은) 행성이 있다. 하우스에는 집주인이 직접 거주할 수도 있고, 혹은 세입자가 거주하거나 아무도 거주하지 않을 수도 있다. 하지만 하우스와 연관하여 집주인이 가장 중요한 것처럼, 로드 행성이 가진 저력과 자질들은 해당 하우스가 나타내는 효과들을 길조적 혹은 비길조적인 방식으로 발현하는 데 가장 지대한 영향력을 미치게 된다. 파라샤라(BPHS) 25장에서 기술하고 있는 '144 요가'는 열두 하우스 로드들의 위치에 따른 전반적인 효과들을 파악할 수 있게 하는 아주 기본적인 요가로서, 차트에 대한 전체적인 윤곽이나 인상을 형성하는 데 도움이 된다. 그러나 보다 총체적이고 최종적인 판단은 앞서 요가 항목에서 설명을 하였던 것처럼, 하우스의 로드와 위치한 행성들 간에 형성되는 요가와 삼반다, 이들 행성들이 가진 자연적, 임시적 성향, 아바스타즈나 요가 파워의 저력 등에 달려 있다.

1번 로드가 12 하우스에 있는 효과들

○ 1번째가 1번째에 있는 경우

"라그나 로드가 라그나에 있으면, 용감한 팔을 가졌으며, 적절한 신체의 축복을 받았으며, 합리적이며, 앞뒤로 움직이며, 두 명의 배우자를 유지하거나, 혹은 서로 잘 통하기도 한다."

라그나 로드가 오운 하우스에 있다. 그는 자동적으로 유명해질 것이다. 행복한 어린 시절, 인생에서 시작이 좋으며, 부유하거나 좋은 집안에 태어났다. 강하고 건강한 신체, 권력, 존경을 받으며, 강한 자의식과 다르마 의식이 있으며, 행복하고, 리더가 될 수 있다. 좋은 수명을 누린다. 물질적인 행복이 주어졌으며, 자신의 노력으로 살고자 하는 독립적인 성격으로 잘 알려져 있다. 변덕스런 마음을 가지고 있다. 서로 연관이 없는 주제들이나 사람들에 대한 다양한 관심사들을 가지고 있다. 신체적으로나 정신적으로 항상 또렷한 상태를 유지하고 있다. 외국이나 먼 장소들을 여행할 기회들이 있다. 명성과 부가 주어질 것이다. 자신이 속한 그룹에서 존경을 받는다. 매력적인 캐릭터와 당당한 풍모를 가지고 있다. 사람을 끄는 매력과 카리스마가 있다.

○ 1번째가 2번째에 있는 경우

"라그나 로드가 부의 장소에 있으면, 이득을 보도록 타고났으며, 배움이 뛰어나며, 행복하고, 온화한 품성을 가졌으며, 정의롭고, 많은 배우자들에게 존중받으며, 많은 덕을 가지고 있다."

부유하고, 좋은 교육을 받았으며, 배움이 탁월하고, 교육에 대한 관심으로 교육가로서 커리어를 가질 수도 있다. 장학금이나 보조금 등이 주어질 것이다. 많은 축복과 뛰어난 자질들이 주어졌다. 영적이고 종교적인 자질을 타고났다. 차밍하고 사람을 끄는 성격을 가졌다. 말이나 글 사이를 읽을 수 있는 재능이나, 혹은 스피치를 정교하게 잘 할 수 있는 재능이 주어졌다. 꿰뚫는 듯한 눈과 말을 잘하는 능력으로 사람을 감화시킨다. 훌륭한 가족생활과 가정의 행복이 있을 것이다. 정직하고, 경제와 파이낸스에 대한 관심이 지대하다. 다정한 말투와 고상한 스피치를 가졌다. 시를 읊거나 소통을 잘

할 수 있는 능력을 타고났다.

○ 1번째가 3번째에 있는 경우

"라그나 로드가 형제들의 장소에 있으면, 사자와 같은 용맹함을 타고났으며, 모든 성공을 거두게 될 것이며, 존경받으며, 총명하고, 그리고 두 명의 배우자를 유지한다."

형제나 자매, 동료, 친구들에게 서포트를 받는다. 용맹하고, 모험을 즐기고, 자신의 노력으로 성공을 한다. 강한 의지와 꺾을 수 없는 용기를 가졌다. 지구력이 있고 강한 욕구적 성향을 가졌다. 음악, 춤, 드라마 등에 관심이 있고, 관련 커리어를 가질 수 있다. 사회적으로는 비전통적이고 비관습적인 행위들을 한다. 자신이 가진 캐릭터가 가장 큰 재산인 것을 알고 있으며, 어떤 식으로든 자신의 명성을 해치는 일을 하지 말아야 한다. 수학적 능력을 계발한다면 위대한 수학자가 될 수도 있다. 건강에 조심을 해야 한다. 다양한 사람들과 관계성을 유지하거나 다양한 취미생활을 유지할 수 있다.

○ 1번째가 4번째에 있는 경우

"라그나 로드가 행복의 장소에 있으면, 어머니와 아버지와의 행복을 타고났으며, 많은 형제들과 같이 있으며, 아름다운 자질들을 가지고 있다."

모든 편안한 것들이 있는 좋은 집을 가질 것이다. 주택, 토지, 차, 보트 등의 고정자산을 소유한다. 학식이 높은 집안에 태어났을 것이다. 대체로 잘생겼으며 야심이 있다. 일중독이며 열심히 일을 하여 재산을 지킨다. 사회적으로 처신을 잘한다. 좋은 지위와 명성을 가졌고, 존경을 받고, 어머니와의 행복을 즐긴다. 조상의 유산을 받으며, 좋은 교육학위를 받으며, 수명이 늘어나고, 좋은 건강, 행복을 누린다. 훌륭한 신체와 인상적인 캐릭터를 가지고 있다. 어머니와의 행복이 있다. 친구들이 많다. 자신이 속한 그룹에서 유명하다. 친구와 친척들 사이에서 리더가 된다. 삼촌들에게 사랑을 받는다. 영적인 성향을 가졌거나 목샤를 추구하는 데 관심이 있다.

○ 1번째가 5번째에 있는 경우

"라그나 로드가 자녀들의 장소에 있으면, 아이들과 중간 정도의 행복을 누릴 것이며, 첫 번째 아이를 잃을 것이다. 그들은 몹시 노할 것이며, 왕의 총애를 누리며, 아마도 존경받을 것이다."

다르마 하우스 로드가 다른 다르마 하우스에 있어 강한 다르마적 성향을 주는 길조적 위치이다. 총명하고, 배움이 뛰어나며, 부유하고, 행복하고, 복이 있다. 추구하지 않아도 명성이 자연스럽게 찾아온다. 존경을 받고, 높은 지위나 명성을 누리고, 신에 대한 믿음과 신념이 있다. 만트라와 얀트라에 대한 지식, 종교적 행위를 즐기며, 높은 도덕성, 고상한 자질들, 덕이 많고, 겸손하고, 정부나 정치적 서클에서 이득을 얻는다. 과거 생에서 가져온 좋은 카르마가 있으며, 현생에도 같은 길을 간다. 좋은 수명을 누리게 한다. 상업적이고 외교적인 서비스들의 이득을 본다. 공무원으로 빛을 본다. 사무관이나 선배, 어른들로부터 도움을 받는다. 성공적인 투자를 한다. 투기, 투자의 운이 따른다. 머리를 잘 쓰면 투자를 통해 이득을 보며 주식투기에도 매력을 느낀다.

○ 1번째가 6번째에 있는 경우

"라그나 로드가 여섯 번째에 있으면, 신체적 안녕함이 없게 타고났으며, 만약 사움야(길성)의 어스펙트가 없이 파파(흉성)와 합치를 하고 있으면, 그는 적들에게 짓눌리게 될 것이다."

건강이 약하거나 건강문제에 시달릴 수 있다. 존경을 받기 어렵고, 시련이나 고난을 겪는다. 불우한 어린 시절, 가난한 집안 출신, 구박이나 따돌림을 잘 받는 경향, 법률소송에 잘 걸릴 수 있다. 외가 친척들과 좋은 관계를 누리며, 용감하고 눈에 띈다. 노력을 통해 경제적으로 안정적이다. 구두쇠적인 성향이 있거나 알뜰하며, 자기 수준에 넘치는 소비는 하지 않는다. 시간이 지나면 갚을 수 있는 정도의 빚을 지고 있다. 직업군인이나 고위관리직까지 오를 수도 있다. 형제들이 도와준다. 의료계나 대체의학 등, 건강과 연관된 영역에서 일할 수도 있다. 자신의 건강을 챙겨야 한다. 적들이 많고, 기계 같은 것들을 조심해야 한다. 자신이 이룬 성공을 질투하는 적들이 있을 것이다. 대체로 중년 이후에 성공한다.

○ 1번째가 7번째에 있는 경우

"라그나 로드가 일곱 번째에서 파파(흉성)의 라시에 있으면, 배우자는 살지 않을 것이며, 슈바(길성)의 라시에 있으면, 그는 방랑할 것이며, 혹은, 가난하며, 혹은, 관심이 없으며, 혹은, 왕일 수도 있다."

배우자나 파트너에 대한 열정을 준다. 아름답고, 부유하거나, 헌신적인 배우자이다. 배우자의 가족들의 이득을 본다. 꿰뚫는 듯한 눈매를 가진 파워풀한 캐릭터를 가지고 있다. 행운이 따르고, 존경을 받는다. 강한 성적 성향과 욕망을 가지고 있다. 파트너, 혹은 배우자의 건강에 각별히 유의를 해야 한다. 욕망에 점점 초연하게 되며, 인생 후반에 출가를 할 수도 있다. 혹은 어떤 뚜렷한 모멘텀을 얻지 못하는 방황을 계속할 수도 있다. 아주 좋거나 아주 나쁜 식으로 양극적인 운을 경험하며, 무드도 아주 올라갔다가, 바닥을 내리치는 등의 식으로 심한 굴곡을 겪는다. 장기 여행이나 외국을 통해 이득을 본다. 외국에 살게 될 수도 있다. 진리를 알기 위해 사람들이나 아이디어들을 계속 시험하고 파헤친다. 유명하고 신뢰할 수 있는 사람이다.

○ 1번째가 8번째에 있는 경우

"라그나 로드가 여덟 번째에 있으면, 신성한 지식에 대한 경험을 타고 났으며, 질병이 있으며, 도둑이며, 상당한 분노를 가졌으며, 게임이나 도박을 하며, 다른 사람들의 배우자를 추구한다."

건강이 약하거나, 약한 체질을 가지고 있다. 단명하거나, 건강에 조심해야 한다. 초라한 자기 이미지를 가졌으며, 자기존중심이 부족하고, 고난과 시련, 고통, 불우한 어린시절, 남에게 잘 속거나 당하는, 소송의 피해를 보거나, 사고의 위험, 고질적 질병에 시달릴 수 있다. 라그나 로드 행성이 좋은 저력을 가진 경우에는 오컬트, 심령과학, 요가 등 은밀한 종교적 주제에 대한 관심이 있고, 훌륭한 연구 기록을 가진 학자이다. 배우자나 유산, 보험 등과 같은 재정적 이득을 볼 수 있다. 도박이나 투기는 피해야 한다. 다른 사람들에게 본인의 캐릭터를 시험할 수 있는 기회들을 제공한다. 불행한 삶의 이벤트들이 생겨날 수 있다. 영적 성향을 가졌거나 명상, 목샤 등을 추구할 수 있다. 혹은 명상이나 기도 등을 하기보다는, 마약, 술, 공상 등에 빠져 긴장이나 스트레스 해소를 할 수 있다. 긴장이나 스트레스를 쉬이 느끼는 성향을 조정해야 한다. 가족 멤버들의 여러 죽음을 경험할 수도 있다.

○ 1번째가 9번째에 있는 경우

"라그나 로드가 행운의 장소에 있으면, 행운을 타고났으며, 사람들에게 소중하며, 비슈누를 경배하며, 강렬한 스피치를 하며, 배우자, 아이들, 그리고 부를 가지고 있다."

다르마 로드가 다른 다르마 하우스에 있는 길조적인 위치이다. 물질적으로나 영적으로 행운이 있다. 최상의 행운, 부유함, 아버지나 부모님의 덕을 보는, 높은 도덕성과 종교적 성향, 자선적, 아주 존경을 받거나 유명한, 건강하고 파워풀하며, 긴 수명을 누리고 강한 다르마적 의식을 가졌다. 웅변술이나 소통 능력을 잘 계발할 수도 있다. 말을 청산유수처럼 잘하는 것으로 알려질 것이다. 우아하고 품위가 넘치며, 이성들에게 어필한다. 아버지의 재산이나 유산을 물려받는다. 가정의 행복이 있을 것이다. 스승이나 구루, 신에게 헌신한다. 철학이나 종교에 이끌리며, 인생 후반에 출가를 할 수도 있다.

○ 1번째가 10번째에 있는 경우

"아버지의 행복을 타고났으며, 왕들에게 존중받으며, 사람들에게 알려져 있으며, 분명히 자신의 힘으로 부를 획득하게 될 것이다."

라그나 로드가 10번에 있을 때 뛰어난 명성과 직업적 성공을 준다. 전문적인 커리어, 사회적 직위와 명성을 누린다. 좋은 건강과 힘이 주어졌다. 부모님과의 행복을 누린다. 부모님의 권위적 자세에 시달린다. 고행과 일중독 성향이 있으며, 윗사람들이 좋아한다. 인생 전반에 걸쳐 명성, 이름, 후원을 얻는다. 삶에서 바른 방향으로만 가도록 자랐다. 자수성가하며 스스로 이룬 부가 있다. 여러 가지 수입원이 있다.

○ 1번째가 11번째에 있는 경우

"라그나 로드가 이득의 장소에 있으면, 항상 이득을 보도록 타고났으며, 온화한 태도를 가졌으며, 유명하며, 많은 배우자들을 유지하며, 덕을 갖추고 있다."

손위의 형제로 인한 경제적 이득, 사회적 인맥들의 이득을 보고, 인생의 좋은 기회들이 많이 온다. 삶의 중대한 목표나 욕망들을 잘 달성할 수 있다. 부유하고, 높은 수익을 올리며, 강한 욕망적 성향을 가졌다. 미, 아름다움, 음악, 예술, 로맨스 등에 이끌린다. 모든 레벨의 사람들과 자유롭게 어울리며, 특히 이성과 잘 사귄다. 바람을 잘 피울 수 있으니 조심해야 한다. 결혼의 어려움이나 지연이 일어난다. 경제적 어려움을 겪지 않을 것이다. 비즈니스에 성공하며, 특히, 누나들의 사랑을 받을 것이다. 자신의 능력이 닿는 만큼 수입이나 이득을 얻을 것이다.

○ 1번째가 12번째에 있는 경우

"라그나 로드가 손실의 바바에 있으면, 신체적 안녕을 뺏길 것이며, 헛되게 낭비를 하며, 만약 라그나 로드가 슈바의 어스펙트나 합치를 얻지 못하고 있으면 화를 아주 잘 내는 사람이 된다."

많은 시련을 겪고, 불우하고, 고통을 받는다. 큰 빚이 있고, 자신감이 부족하고, 형편없는 자기 이미지를 가지고 있다. 약한 건강, 약한 체질, 존경이나 명성을 누리는 데 어려움이 있다. 불우한 어린 시절과 가난에 시달린다. 고향이나 모국에서 멀리 떨어진 곳에 살 수 있다. 다른 사람들에게 잘 속거나 당한다. 낭비 성향이 있다. 캐릭터의 이중성이 있다. 도박을 조심해야 한다. 올바른 결과를 얻기 위해선 올바른 수단을 사용해야 함을 믿는다. 만약 다른 부합되는 조건들이 있으면, 감옥에 가거나 병원에 입원하거나 수도원 등에 피신할 수도 있다. 라그나 로드가 저력을 갖추었으면 침실의 쾌락을 즐기며, 낯선 곳에서 방황하거나, 휴가, 휴양을 즐길 수도 있다. 외국에서 공부하거나, 적절한 교육을 마칠 것이다. 영적이고 자선적인 기질이 있으며, 남들에게 받기보다는 주는 것에 더 기쁨을 느낀다. 자기 삶의 안위보다는 다른 사람들의 안위를 더 챙기는 이타주의가 될 수도 있다. 자기 컨트롤과 감각 자제 능력을 가지고 있다. 현생보다는 내생에 대한 깊은 관심을 가지고 있다. 사후에 좋은 곳에 간다.

2번 로드가 12 하우스에 있는 효과들

○ 2번째가 1번째에 있는 경우

"부의 로드가 라그나에 있으면, 자녀들을 가지며, 부와 합치하며, 집안의 가시이며, 탐욕스럽고, 거칠고, 다른 사람들의 일을 행한다."

자신의 노력으로 돈을 벌며, 부와 재물 등 아타에 대한 강한 다르마 의식을 가지고 있다. 돈, 스피치, 교육, 지식 등에 대한 강한 관심을 가지고 있다. 그는 부자이고 배움을 갖추었다. 가족 구성원간에 사이가 좋지 못한 관계들도 있을 것이다. 집에서 멀리 가기를 원하며, 집이나 가족생활 밖에서의 즐거움이나 쾌락을 얻기를 바란다. 사기성이 있는 금전관계들에 개입되지 않도록 조심해야 한다. 커리어를 만드는 중에 심각한 재정적 굴곡을 겪게 될 것이다. 품행이나 매너 등에 대해 별로 개의치 않으며, 이러한 태도가 사회적으로 지탄의 대상이 될 수 있다. 가정적 행복이 부족할 수 있다. 말을 달콤하게 하지만, 때로는 화를 잘 내거나 홧김에 말을 함부로 할 수도 있다.

○ 2번째가 2번째에 있는 경우

"부의 로드가 부의 장소에 있으면, (건강한) 자부심을 가졌으며, 두 명 또는 더 많은 배우자들을 유지하며, 비록 제한 없이 자손들을 만들지만 자녀들이 부족하다."

2번 로드가 오운 하우스에 있어 길조적이다. 부를 쉽게 벌며, 은행이나 교육 분야의 커리어를 가졌다. 말을 잘하며, 세상에 유용하게 쓰일 수 있는 배움과 지식을 가졌다. 경제적으로 건전한 상태에 있다. 행복한 가족생활, 파워풀한 상상력, 아름답거나 잘생긴 얼굴, 좋은 시력, 좋은 음식 등을 갖는다. 때로는 훌륭한 사람이 되고자 하는 의도가 오해를 잘 받으며, 자신감과 자부심을 표현하는 것이 다른 사람들에게 잘못 이해될 수 있다. 아첨의 말들로 에고의 만족을 기할 수 있다. 자신이 모든 것들을 다 알고 있는 듯 생각하고 있으며, 그러한 자신의 지시들에 다른 사람들이 도전하는 것을 좋아하지 않는다. 대체로 적은 수의 가족단위를 가지고 있다. 말을 달콤하게 잘 하며, 말과 말 사이, 행간의 의미를 잘 파악하는 재능으로 알려져 있다. 중산층 이상으로 부유할 것이다.

○ 2번째가 3번째에 있는 경우

"부의 로드가 형제의 장소에 있으면, 용감하게 타고났으며, 총명하며, 덕이 넘치고, 원기왕성하며, 만약 슈바(길성)와 섞였으면 열심히 적극적이다. 파파(흉성)와 섞였으면, 신들을 원망한다."

형제나 자매들의 도움으로 부를 얻을 수 있다. 자기 노력을 통해 돈을 번다. 용맹함, 지혜, 경제적 분별 능력을 타고났다. 정신적 사랑보다는 육체적 사랑을 믿는다. 사랑과 존재는 동의어라고 믿는다. 무신론자적인 유혹에 빠질 수 있으며, 사치스런 라이프스타일에 집착할 수도 있다. 음악과 춤, 드라마, 파인 아트에 관심이 있으며, 프로페셔널하게 나갈 수도 있다. 사랑과 비즈니스관계 모두에 지적인 사람들과 함께 어울려야 할 필요성을 느낀다. 종교적 의식들을 별로 개의치 않는다. 사람들에게 구두쇠라고 경멸을 당할 수도 있다.

○ 2번째가 4번째에 있는 경우

"부의 로드가 행복한 바바에 있으면, 모든 성공이 완전히 주어졌다. 목성과 합치를 하며 고양의 품위에 있으면 그는 왕처럼 된다. 목성이나 금성, 혹은, 또한 고양의 품위에 있으면 그는 왕과 같다."

집과 운송수단들의 축복이 있을 것이다. 어머니에게 부나 재산을 얻거나 조상의 재산을 누릴 수도 있다. 좋은 교육과 학위를 받으며, 신실하고 종교적인 어머니를 가졌다. 자신의 캐릭터에 손상을 가할 수 있는 사람들로부터 스스로를 보호할 수 있는 보호망을 만들어야 한다. 토지와 자동차들로 좋은 수입을 올릴 것이다. 말을 잘하는 기량으로 친구들과 친척들을 감동시킬 것이다. 외가 쪽의 친척들이 도움을 줄 것이다. 어머니와 이모, 외삼촌들 등이 도와줄 것이다.

○ 2번째가 5번째에 있는 경우

"부의 로드가 자녀들의 바바에 있으면, 그는 완전한 부를 타고났으며, 부를 획득하는 습관이 있다. 그래서 그에게 태어난 자녀들도 또한 그러하다."

부유하고, 투자, 도박 등을 통해 수입을 벌 수 있다. 대체로 투자와 연관된 행운이 있을 것이며, 다음 세대까지도 걱정하지 않아도 될 정도로 풍요로움을 누리게 될 것이다. 총명하고, 배움이 높으며, 가족의 행복을 누리고, 자녀들을 통해 부를 얻을 수도 있다. 좋은 음식을 먹으며, 전생의 좋은 카르마로 인해 돈이 쉽게 들어온다. 복권 당첨과도 같은 방식으로 갑작스런 이득이 있을 수 있다. 하지만 2번 로드가 취약하거나 안 좋은 상태에 있으면, 버림받은 희생양이 되거나 동정심을 얻지 못할 수도 있고, 이러한 경험이 극적인 충격으로 남을 수도 있다. 그로 인한 나쁜 후유증으로 다른 사람들에게 불친절하게 될 수 있다. 가정적 분위기가 때로는 제약적이거나, 때로는 즐거울 수 있다. 투자나 투기에 유익한 조합이다. 복권이나 주식에 투자를 해볼 수도 있다.

○ 2번째가 6번째에 있는 경우

"부의 로드가 악한 바바에 있으면, 슈바와 함께 있으면 적을 통해 부를 얻는다. 파파와 함께 있으면 적을 통해 뺏기게 되며, 손상된 허벅지를 가졌다."

아타의 로드가 다른 아타 하우스에 있어서 경제적, 재정적으로 좋은 위치이다. 하지만 부가 천천히 많은 노력을 기울인 후에 온다. 의료계나 서비스업을 통해 수입을 벌 수 있다. 손상된 스피치 혹은 말을 더듬거리나, 험한 말이나 욕을 할 수 있다. 불량 음식을 먹으며, 오른쪽 눈의 시력이 손상되거나, 제한적인 상상력을 가졌다. 2번 로드가 좋은 저력을 갖추었으면, 적들이 가진 권력, 이권, 부를 통해 이득을 얻게 된다. 자신의 바람이나 원하는 것들을 막는 사람들은 가차 없이 잘라버릴 것이다. 원하는 것은 어떻게 하든지 항상 성취할 것이다. 그러기 위해 사용하는 방법들이 때로는 구설수에 오를 수 있어도 상관하지 않는다. 그의 부와 권력은 흑마술이나, 속이거나, 사기 등으로 얻는 것일 수도 있다. 건강에 대해 조심을 해야 한다. 인생 후반부에 여러 가지 건강문제가 엄습할 수 있다. 적들에게 표적의 대상이 될 수 있다. 결국에는 그들을 이겨낼 수 있을 것이다.

○ 2번째가 7번째에 있는 경우

"부의 로드가 일곱 번째에 있으면, 그는 다른 이들의 배우자들을 추구한다. 그리고 만약 파파가 어스펙트를 하거나 합치를 하면, 배우자를 잃어버리게 된다."

부유한 배우자나 파트너, 배우자가 부를 이루는 데 도움이 된다. 항상 굴욕들을 이겨내며, 불행한 사람들을 항상 도와줄 것이다. 감각적 만족을 위해 많은 돈을 낭비할 수 있다. 집에서 디스플린적 분위기를 만들어야 하며, 그렇지 못하면 아주 비난을 받게 될 것이다. 많은 통로들을 통해 들어오는 수입들이 있으며, 그중에 외국에서의 수입도 있을 것이다. 외국 여행이나 외국을 통한 수입 이득을 본다. 비즈니스에 끌리며 많은 부를 얻을 수 있다. 커리어가 변화의 굴곡이 심하기 때문에, 부 역시 굴곡을 겪게 된다.

○ 2번째가 8번째에 있는 경우

"부의 로드가 여덟 번째에 있으면, 풍요로움과 부를 가지게 된다. 배우자나 정부에게 행복을 얻을 연유가 아주 희박하며, 손위 형제들로 인한 행복도 없다."

가난하고 큰 비용이 많다. 손상된 스피치, 겁이 많고 우유부단하며, 나쁜 은어를 사용한다. 거짓말을 하거나, 불우한 가족생활, 낮은 교육, 나쁜 음식을 먹는다. 불법이거나 의심스런 일들을 통해 돈을 벌 수도 있다. 재산을 유지하기가 어렵다. 가족 구성원들과의 이해관계가 틀어질 수도 있다. 너무 예민한 감성적 기질 때문에 약간의 감정적 무시에 대한 힌트가 있어도 비정상적일 정도의 공황장애나 공포증을 유발할 수 있다. 부를 잃게 될 수도 있다. 위 형제가 그에 대한 오해를 할 수도 있다. 유산을 받을 수도 있으나, 유산으로 받은 부를 지키기 위해선 몇 배로 노력을 해야 한다. 친척들이 적으로 돌아설 수 있다. 그가 하는 말을 다른 사람들이 오해를 하여 적대감이 생길 수 있다. 가정적 행복을 얻기가 어렵다. 화를 내거나, 홧김에 하는 말들을 조심해야 한다.

○ 2번째가 9번째에 있는 경우

"부의 로드가 다르마 바바에 있으면, 부자이며, 모든 일에 열성적이고 부지런하며, 호기심이 많고, 어릴 때 아프지만 나중에는 행복하다. 그리고 성지순례를 하며, 종교를 따르며, 영적인 수행 등을 행한다."

부유하고, 아버지, 부모님의 부를 누린다. 어른들이나 종교적 단체의 이득을 본다. 순전히 행운으로 부를 물려받을 수도 있다. 좋은 스피치, 행복한 가족생활, 좋은 상상력, 배움과 지식이 있다. 높은 교육을 받았으며, 좋은 음식을 먹는다. 좋은 수입과 부를 얻고, 커리어의 후반기에 프로페셔널한 전문성을 얻게 될 것이다. 성지순례를 가고, 종교적, 철학적 가르침들을 따른다. 많은 통로를 통해 유산과 이득을 얻게 될 것이다. 2번 로드가 손상되었으면 인생 초반기에는 신체적, 정신적으로 모두 상당한 시련들을 겪을 것이다. 어린 시절에 순수함과 즐거움들을 누리지 못한 것에 대한 숨겨진 한이 있을 수 있다. 우월주의적 이미지와 자기 존경심을 유지하기 위해 다른 사람들과 매치가 되지 않을 만큼 스스로의 능력을 키우게 된다.

○ 2번째가 10번째에 있는 경우

"부의 로드가 카르마의 장소에 있으면, 그는 원기왕성하고, 존중받으며, 배움이 뛰어나며, 많은 배우자와 위대한 부를 얻는다. 그러나 자녀들로부터 행복은 받지 못한다."

아타 로드가 다른 아타 하우스에 있기에, 돈을 잘 벌 수 있는 능력과 부를 가졌다. 높은 직위와 명성, 좋은 커리어를 누리고, 어떤 직업을 선택했든지 프로페셔널 전문성을 가지고 있을 것이다. 정부나 높은 조직이나 단체들을 통해 수입이나 이득을 볼 수 있다. 자신의 욕구조절을 최대한으로 지켜서, 어떤 충동이나 유혹에도 넘어가지 않을 것이다. 정신적인 사랑이 아니라, 육체적이고 유형적인 사랑을 믿는다. 자녀들과 연관된 행복은 적을 수 있다. 많은 직업이나 일들을 한번에 할 수 있다. 비즈니스 혹은 농업을 하게 될 것이다. 철학적 토론이나 강의들에 몰입을 좋아하기도 한다. 그로 인해 명예, 이름, 명성 등을 얻을 수도 있다.

○ 2번째가 11번째에 있는 경우

"부의 로드가 이득의 장소에 있으면, 모든 이득들이 주어졌으며, 의회들에서 높은 지위에 있으며, 사람들에게 존경과 칭송을 받는다."

다나 요가로서, 부를 위한 최상의 위치이다. 11번과 2번은 모두 부의 하우스이기에, 평균 이상의 부를 충분하게 얻게 될 것이다. 11번은 모든 욕구의 충족을 나타내며, 2번 로드 11번에 있을 때 그가 원하는 것은 모두 이루어질 것을 의미한다. 쉽게 돈을 벌고, 다양한 수입의 근원을 누린다. 위의 형제들이 도와주거나, 부지런함으로 인해 명성을 얻게 될 것이다. 건강이 점차적으로 나아질 것이다. 어린 시절에는 건강의 문제가 있을 수도 있다. 은행 일이나 경제적 투자 등으로 돈을 벌 수 있다. 다른 사람들이 놀랄 정도로 자기계발을 많이 하여, 큰 성장을 이루는 것이 때로는 질투심을 유발할 수도 있다.

○ 2번째가 12번째에 있는 경우

"부의 로드가 손실의 장소에 있으면, 성급하고, 부를 뺏기게 되며, 다른 이들의 재산을 탐하며, 첫 번째 아이로 인한 행복이 결코 없을 것이다."

가난하고, 비용절감이나 감당을 못하며, 큰 빚에 시달린다. 손상된 스피치, 겁이 많은, 제한된 상상력, 안 좋은 속어나 은어를 사용한다. 거짓말을 하고, 불행한 가족생활, 혹은 바람직하지 못하거나 불법적인 수단을 통해 돈을 번다. 대체로 상당한 부를 얻을 수 없을 것이다. 다른 사람들의 재산에 대한 관심도 별로 없다. 위 형제들과의 행복을 많이 갈망하지만 그러나 별로 누리지 못할 수 있다. 다른 사람들에게 속임을 당할 것이다. 다른 사람들의 믿음을 배신하고, 그들의 비밀을 폭로할 수도 있다. 다른 사람들을 비난하는 성향을 자제할 수 있어야 한다. 의식이나 종교 등에 연관된 직업을 가졌을 수도 있다. 정부 일과도 개입을 할 가능성이 다분하다.

3번 로드가 12 하우스에 있는 효과들

3번째 하우스는 8번째에서 8번째이다. 죽음을 나타내는 8번째 하우스에서 8번째에 해당하는 3번 하우스는 위험한 장소로 간주된다. 긍정적 면에서는, 아래 동생들이나 도움들을 나타낸다. 만약 3번 하우스에 크루라들이 손상을 시킬 때, 파파 효과들을 중화시킬 수 있는 다른 도움들이 필요하다.

○ 3번째가 1번째에 있는 경우

"형제의 로드가 라그나에 있으면, 자신의 손으로 획득한 부를 가졌으며, 경배하는 것에 익숙하며, 성급하거나 잔인하며, 비록 총명하지만 배움이 없다."

자기조달, 공급 능력이 뛰어나고, 자수성가한 사람이다. 지성과 지식은 학벌 등에 비해 놀라울 정도이다. 분노조절 능력을 배워야 한다. 그렇지 않으면 상당한 적들을 만들어낼 수 있다. 외모는 날씬한 편이지만 어떤 극적인 상황들에 처하면 뛰어난 생동력과 에너지를 보인다. 파인 아트에 끌리는 성향이 있으며, 연기, 음악, 댄스 등을 좋아하며 이러한 영역의 커리어를 가질 수 있다. 대체로 건강이나 다른 1번째 하우스 팩터와 연관하여 바람직한 위치는 아니다. 하지만 강인한 의지와 용기를 가지고 있다.

○ 3번째가 2번째에 있는 경우

"형제의 로드가 두 번째에 있으면, 땅딸막하며, 용감하지만 이기지 못하며, 아주 적게 진취적이거나 행복하지도 않으며, 아마도 다른 이들의 배우자나 부를 원할 수도 있다."

돈을 벌기 위한 노력을 많이 하지만 좋은 부를 누리지는 못한다. 고단한 일을 많이 하고, 가족생활에 약간 곤경을 겪으며, 형제들과의 관계성에도 바람직하지 못한 위치이다. 일을 신중하게 하거나 책임감 있게 여기지 않는, 게으르고 처지는 사람일 수 있다. 이웃들의 재산을 탐하며 많은 사람들이 짓궂은 이로 여길 수 있다. 부자연스런 수단이나 방법으로 자신의 욕구를 충족시킬 수도 있다. 완고한 행위들과 사치를 부리는 버릇없는 사람의 이미지를 가지고 있다. 시간 약속을 잘 지키지 않으며, 토론의 건전함도 지키지 못하는 사람일 수 있다. 비록 동생들로 인한 경제적 이득을 보더라도 서로 좋은 관계성을 가지지 못하고, 적대적인 이웃들이 있을 수 있다.

○ 3번째가 3번째에 있는 경우

"형제의 로드가 형제의 장소에 있으면, 형제들과 행복이 주어졌으며, 부와 자녀들을 누리며, 명랑하고, 즐겁게 편안한 사람이다."

오운 하우스에 있다. 형제들과의 행복, 부유한 형제들, 좋은 청력과 모험을 즐기는,

원하는 것들을 쉽고 적은 노력으로 이룰 수 있다. 음악, 춤, 예술 등의 재능이 있으며, 좋은 목소리, 훌륭한 소통가, 문학적 능력, 미디어 소통과 연관된 커리어의 가능성, 단거리 여행을 많이 하고, 안정적이며 확고한 캐릭터를 가지고 있다. 친구나 동기, 형제들과 함께할 것이며, 남을 속이는 일들을 하지 못한다. 긍정성이 가슴 깊이 배어 있으며, 모든 것을 철학적으로 본다. 모든 것이 결국에는 좋게 될 것이라는 자신감을 가지고 있다. 엎질러진 물이나 우유 등처럼 이미 벌어진 일들에 대해 연연하지 않는다. 과거에 대해 상관하지 않으며 오늘만이 우리가 가진 영원함이라고 믿는다. 위기의 상황에서 이웃들의 도움을 얻을 수도 있다.

○ 3번째가 4번째에 있는 경우
"형제의 로드가 행복의 장소에 있으면, 행복을 지녔으며, 부를 가지며, 현명하게 타고났으며, 버릇없는 배우자를 부양하는 것을 참는다."

운송수단, 집, 그리고 필요한 모든 것들이 있을 것이다. 부동산, 토지, 농장 등과 연관된 일을 하거나 모험적일 수 있다. 혹은 형제들이 부동산이나 농업 등과 연관된 일을 할 수도 있다. 형제들이 어머니와 가까우며, 조상의 부를 물려받을 수도 있다. 총명하고 부유하다. 배우자는 약간 이상할 수도 있으나 총명하고 여러 면에서 비정통적인 사람일 것이다. 자신보다 윗사람이거나 똑똑한 사람이라 하더라도, 어떤 식으로든 다른 사람들에게 이용당하거나 조종당하는 것을 싫어한다. 이복형제들이 있을 수 있다. 어머니와 많은 행복을 누리지 못한다. 자신에게 등을 돌리는 친구들이 있을 수도 있다.

○ 3번째가 5번째에 있는 경우
"형제의 로드가 자녀들의 장소에 있으면, 자녀들이 있으며, 훌륭한 자질들을 가졌다. 만약 크루라(흉성)와 합치하거나 어스펙트를 받으면 잔인한 배우자를 유지한다."

형제들과의 행복을 누리고, 부유한 형제, 투기와 연관된 일을 하거나 좋은 캐릭터의 형제를 가졌다. 그는 도덕적이고 기사도적인 정신을 가지고 있다. 만약 크루라의 영향하에 있으면 결혼생활의 어려움을 준다. 사움야의 영향하에 있으면 천국과 같은 결혼생활을 즐길 수 있으며, 부부간에 아무리 어렵거나 험한 상황이더라도 서로를 용서하고 잘잘못을 잊을 준비가 되어 있다. 그는 도움과 인정받기를 강하게 원한다. 필요한 상황들이 오면 형제들이 분명히 도와줄 것이다. 자녀들로부터 많은 행복을 얻지는 못한다. 이웃들이 그에게 적대적으로 돌아설 수도 있다. 용감하고, 원하는 바가 쉽게 이루어지며, 음악, 춤, 드라마, 문학 등의 소질이 있다.

○ 3번째가 6번째에 있는 경우
"형제의 로드가 여섯 번째에 있으면, 형제들과 적 관계이며, 엄청난 부자이며, 외삼촌들과 적대시하며, 그러나 외삼촌의 아내에게는 사랑받는다."

건강과 연관된 일(간호, 의료계, 요양사 등)의 직업을 가졌거나, 서비스 직종에 종사한다. 원하는 것이 느리게, 많은 노력과 시간을 투자한 뒤에 이루어진다. 열심히 일하는 성실한 사람이라면 상당한 부를 이룰 수 있다. 형제들과의 어려움이 있으나 시간이 지날수록 나아진다. 청력의 손상이 있다. 형제나 동료들, 삼촌들과 좋은 관계성을 유지하기가 어렵다. 돈과 연관된 정직성과 성심이 오히려 반전적인 어려움을 가져다줄 수 있다. 본성적으로 외향적이다. 어린 시절 에고에 깊이 상처를 받아서 내향적으로 되었을 수도 있다. 형제 중의 한 명이 군인이 될 수도 있다. 다른 형제는 의료계의 전문직에 종사할 수도 있다. 적들로 인해 마음에 트러블들이 있다.

○ 3번째가 7번째에 있는 경우
"형제의 로드가 일곱 번째에 있으면, 왕을 섬기는 외는 아무런 할 일도 없다. 그는 어린 시절에는 안 좋지만, 그러나 인생 후반에는 분명히 행복하다."

카마의 로드가 다른 카마 하우스에 있어 강한 욕망적 성향을 주고, 원하는 것을 쉽게 충족시킨다. 노력의 대가를 누리며, 형제들로 인한 이득을 본다. 형제들이 외국에 거주할 수도 있다. 강한 성적 드라이브를 가졌으며, 이성과 연관하여 상당히 모험적이다. 대체로 안정적인 결혼생활이 어려운 위치이다. 비즈니스맨 보다는 고용인이 되는 것이 더 적합하다. 정기적인 수입이 있을 것이며, 비즈니스를 하면 겪게 되는 재정적 굴곡을 겪지 않는다. 명령을 내리는 지휘관보다는 명령을 받는 부하의 위치가 더 적합하다. 상사들이 항상 총애를 한다. 어떤 일을 수행하거나 보답할 수 있는 자신의 능력을 과대평가하는 습관이 있다. 완수해야 할 의무나, 만기가 된 빚을 갚는 것을 잊어버린다. 가끔씩 법을 위반하여 문제를 일으키지 않도록 유의해야 한다.

○ 3번째가 8번째에 있는 경우
"형제의 로드가 여덟 번째에 있으면, 그는 도둑으로 타고났으며, 먹고살기 위해 노예처럼 일하도록 되어 있으며, 왕의 문전에서 죽는다."

형제들과의 행복이 없으며, 형제들과 나쁜 관계에 있으며, 형제가 일찍 죽거나 혹은 어려운 삶을 살 수 있다. 혹은, 동생들과 잘 만나지 못하거나 헤어질 수도 있다. 용기가 부족하고, 항상 두려움에 시달리며, 모험심이 없다. 원하는 것이 충족되지 못하며, 적은 것을 얻기 위해 많은 노력을 기울인다. 청력 손상이 있으며, 소통의 무능력함, 예술적 재능이 부족하거나, 혹은 오컬트나 비밀스런 주제들에 대해 관심이 있다. 혹은 형제들이 오컬트적인 것을 다루는 사람일 수도 있다. 만약 3번 로드가 저력을 갖추었으면, 그는 자기 컨트롤 능력이 뛰어나다. 어떤 것들을 소유하고자 하는 욕망에 흔들리지 않기 때문에, 어떤 상황에서는 어떤 권위적 의식 없이 책임을 지고 컨트롤할 수 있다. 근본적으로 아주 이타적이며, 사랑하는 이들을 위해 언제든 죽을 준비도 되어 있다. 하는 행동들이 정직함, 성심, 선의에 기준을 두고 있다. 아주 예민하며, 자신의 정직성이 풍자되는 것에 깊이 상처를 받는다. 황금과 같은 심장을 가지고 있으나, 죄인처럼 대접받는 것을 극도로 혐오한다.

○ 3번째가 9번째에 있는 경우
"형제의 로드가 아홉 번째에 있으면, 아버지로 인한 행복이 없으며, 여자들을 통한 행운이 있으며, 사랑스런 자녀들 등을 가지게 된다."

3번 로드가 9번에 있으면, 9번 하우스의 좋은 점들을 쉽게 이룰 수 있게 한다. 먼 곳을 여행하거나 모험하며, 형제들로 인한 이득을 누린다. 음악, 춤, 예능 등의 재능이 있으며, 목소리를 잘 낼 수 있는 능력, 용감하고, 성공적인 노력을 한다. 행운으로 성공하고, 다양하면서도 신나는 모험 등을 통해 원하는 것을 이룬다. 형제들이 아버지와 가까우며, 부모님의 재산을 물려받을 수도 있다. 형제들이 아주 종교적일 수 있다. 혹은 부모님들에게 많이 받지 못해도 배우자가 필요한 모든 것들을 가져올 수도 있다. 만약 3번 로드가 손상된 상태에 있으면, 후회와 경각심을 일으키는 아버지의 이름이나 태도 때문에 해를 입을 수도 있다. 감정적이고, 언제나 감정에 의해 잘 휘둘린다. 이러한 성향이 형제나 배우자에게, 사무실 등에서 나타나게 될 것이다. 형제가 선친의 유산을 물려받아 그들의 이득을 위해서만 이용을 한다. 그들과의 관계성을 오해로 얼룩지게 될 것이다.

○ 3번째가 10번째에 있는 경우

"형제의 로드가 열 번째에 있으면, 모든 기쁨들을 누리도록 타고났으며, 부를 자신의 손으로 얻으며, 버릇없는 여자들을 부양한다."

커리어를 위해서 열심히 노력한다. 거의 모든 형제들이 성공을 이루었으며, 이들이 많이 도와줄 것이다. 형제들이 전문적인 명성과 좋은 커리어를 누린다. 버는 능력이 뛰어나고, 음악, 춤, 예술, 문학 분야의 커리어에 성공할 수도 있다. 직업적인 목적으로 단거리 여행을 자주 하며, 용감하고, 모험심이 뛰어나다. 자기조달, 공급 능력이 있고 자수성가를 할 것이다. 온갖 유형의 편안함을, 설령 금지된 것들이라도 누릴 수 있는 부를 이룰 것이다. 성급한 성격으로 나중에 후회할 일들을 하거나, 자신들이 빠져들었던 유혹들에 대한 기억으로 우울해질 수도 있다. 하지만 대체로 상대를 기쁘게 하는 성격과 진심어린 태도를 가지고 있어 사람들이 좋아하고 우호적이다.

○ 3번째가 11번째에 있는 경우

"형제의 로드가 열한 번째에 있으면, 그는 사업과 직업에서 항상 이득을 보며, 비록 배움이 부족하지만 총명하며, 성급하고, 다른 사람들을 섬긴다."

카마 로드가 다른 카마 하우스에 있다. 강한 욕구적 성향이 있으며 원하는 것을 성취하는 데 길조적이다. 노력의 대가를 쉽게 받으며, 형제들이 부를 얻는 데 도움이 될 수도 있다. 파인 아트나 문학적 영역에 재능이 있거나, 그러한 영역에서 일을 하면 이득을 볼 수 있다. 용감하고 모험을 즐긴다. 비즈니스에 대한 감각이 있다. 이기적인 기질이 있으며, 이런 성향은 형제들과의 관계성에 있어서도 두드러진다. 가족 멤버들이 그를 오해할 수 있고 그들의 분노를 살 수도 있다. 아랍 상인들처럼 아주 잔인해질 수 있다. 하지만 이러한 잔인성의 기질을 오래 간직하지는 못하고 금방 사그라진다. 높은 수준의 이득을 얻을 것이며, 모든 욕구들이 나중에라도 충족될 것이다.

- 3번째가 12번째에 있는 경우

"형제의 로드가 손실의 장소에 있으면, 악한 행위들에 낭비하며, 그들의 아버지는 잔인하며, 여자들을 통해 행운이 깃든다."

형제들과 행복을 누리기 어렵고, 형제들이 고생하거나, 일찍 죽을 수도 있다. 혹은 형제들과 관계가 안 좋으며, 청력 문제가 있다. 원하는 것이 쉽게 이루어지지 않는다. 하는 노력에 비해 적은 보상을 얻는다. 모험심이나 용기가 부족하고, 항상 두려움에 시달린다. 목소리가 안 좋거나, 예술이나 문학적 소질이 부족하다. 형제들이 명상, 수도원, 혹은 영적인 생활에 대한 관심이 지대하다. 자신보다는 이성을 통해, 특히 배우자를 통해 부가 얻어질 수 있다. 아버지와의 관계성은 성격 차이로 흠이 생겼을 것이다. 자신이 원하는 것은 모두 이루어지길 원하고, 모든 사람들이 자신의 명령에 복종하기를 바라는, 아주 강압적인 기질을 가졌을 수도 있다. 반항적인 기질이 강하고, 아주 고약한 반대파일 수 있다. 이러한 성향으로 인해 잘못된 악의 행위들을 저지르지 않도록 유의해야 한다. 혹은 나쁜 충고나 조언에 빠져서 잘못된 길로 가거나 많은 비용에 시달릴 수 있다.

4번 로드가 12 하우스에 있는 효과들

4번 하우스는 행복, 어머니, 친구들, 삼촌, 집, 운송수단 등을 나타낸다. 4번 로드와 4번 하우스가 강할 때 이러한 모든 특성들이 강화된다. 만약 4번 하우스에 크루라가 있으면 행복이 금방 사라지거나, 친척들이 적으로 돌아서고, 집이나 운송수단들을 얻는 데 어려움이 있다.

○ 4번째가 1번째에 있는 경우

"행복의 로드가 라그나에 있으면, 그는 지식과 캐릭터로 장식되었으며, 토지와 운송수단들을 가지며, 어머니와의 행복이 가득하다."

고정자산이 풍부하며, 집과 차, 운송수단 등을 소유한다. 장식이 잘된 집, 좋은 교육과 학위, 온갖 형태의 가정적 편안함, 행복 등이 있다. 어머니는 젠틀하고 부드러울 것이다. 어머니와 가깝고, 사랑과 애정을 듬뿍 받으며 자랐다. 외가로부터 재산이나 부를 물려받을 수 있고, 존경받으며 건강하다. 거침없이 자신의 의견을 피력하고 독립적이며, 똑똑하고 총명하다. 학구적인 마인드를 가졌으며, 교육계에서 재능들을 인정받는다. 많은 친구들과 삼촌들의 도움이 있다.

○ 4번째가 2번째에 있는 경우

"행복의 로드가 부의 장소에 있으면, 즐거움에 혼신을 쏟을 것이며, 모든 종류의 부를 가졌으며, 가족들과 어울리며, 존경받고, 성급하며, 속임수를 쓴다."

토지나 부동산으로 수입을 벌며, 좋은 파이낸스, 행복한 가족생활, 가족들을 돌보며, 좋은 교육, 돈에 대한 열정, 어머니와 외가 친척들을 통해 부나 유산을 얻게 된다. 어머니는 본인의 형제들에게 많이 받았을 것이다. 다른 사람들에게 컨트롤이나 조종당하는 것을 좋아하지 않는다. 많이 이들이 그를 바보라고 여기지만 정확한 판단이 아니다. 사실은 꾀가 많고 똑똑하며 때로는 자신의 요구를 할 줄도 안다. 집과 운송수단들이 있을 것이다.

○ 4번째가 3번째에 있는 경우

"행복의 로드가 형제의 장소에 있으면, 용감하고 덕을 타고났으며, 하인들이 있으며, 그는 부지런하고 질병으로부터 자유롭고 자선적이며, 자신의 손으로 부를 획득하였다."

형제들로 인한 고난을 겪고, 어머니와의 적은 행복, 자신의 노력으로 번 부를 유지한다. 순전히 자기 노력으로 토지와 부를 얻는다. 4번 로드가 4번에서 12번째 위치에 있기 때문에 4번 하우스 팩터에 별로 도움이 되지 못한다. 집과 운송수단들과 연관된 트러블이 있을 것이다. 건강상태 역시도 심한 굴곡을 겪을 수 있다. 중간 정도 수준의 건강을 기대할 수 있다. 사무실의 직원, 동료들에게 많은 도움을 받지 못할 수도 있다. 본보기가 되는 상사여서 아래 직원들이 밑에서 일하기를 좋아한다. 삼촌들이 적으로 돌아설 수도 있다.

○ 4번째가 4번째에 있는 경우
"행복의 로드가 행복의 바바에 있으면, 만트라(진언)들을 행하거나 가르치며, 모든 부(副)들이 주어졌으며, 좋은 캐릭터를 가졌으며, 존경받으며, 유식하며, 여자들에게 사랑받고 행복하다."

오운 하우스에 있기에 4번 팩터와 연관된 행운이 있다. 좋은 집과 운송수단들이 있다. 배움이 있고, 좋은 학위를 가졌고, 좋은 차와 운동수단, 어머니와 행복, 장수하는 어머니, 행복하고 다양한 편안함을 누린다. 토지를 소유하고, 부유하고, 숨겨진 보물들을 발견할 수도 있다. 권력이 있고 정치적인 사람들과 인맥이 있을 수 있다. 아이디어나 사람들, 그리고 어떤 것들이든 품위와 명예로 잘 다룰 수 있는 지식이 있다. 어떤 흠도 없는 캐릭터를 유지한다. 시간의 충만함을 이해하며, 사랑은 주어지는 것이지 이기거나 쟁취해야 하는 어떤 게임이나 싸움도 아니라는 것을 알고 있다. 철학과 종교적인 경향이 있고, 가족 구성원들을 사랑한다. 성공을 하고 인생의 끝이 좋다. 목샤 로드가 목샤 하우스에 있어서, 영적인 삶에 좋다.

○ 4번째가 5번째에 있는 경우
"행복의 로드가 자녀의 바바에 있으면, 행복하고, 모두에게 사랑받으며, 덕이 높은 비슈누 헌신자이며, 존경받으며, 자신의 손으로 획득한 부를 가졌다."

오운 하우스, 토지, 운송수단 등이 있다. 훌륭한 이지, 좋은 교육, 많은 편안함을 누린다. 권력을 가졌거나 부유한 어머니가 있다. 어머니로 인한 이득, 어머니가 종교적이거나 좋은 캐릭터 소유자이다. 조상의 덕을 누린다. 자녀들의 행복과 이득이 있다. 자녀들이 성공하고, 정부로부터 이득을 본다. 사람들과 좋은 관계성을 유지하는 데 전문이다. 스스로 이룬 부를 즐긴다. 파트너가 약이 오르면 그 보다 더 보스적이거나, 악질적으로까지 될 수도 있다. 투자를 통해 이득을 얻을 수 있으며, 투기를 한다면 갑작스런 이득을 얻게 될 수도 있다.

○ 4번째가 6번째에 있는 경우

"행복의 로드가 악의 바바에 있으면, 어머니와의 행복이 없으며, 화를 내며, 도둑이고, 악마에게 끌리며, 나쁜 성향을 지녔으며, 자신의 쾌락에 따라 행동한다."

어머니와의 불화, 집과 운송수단들과 연관된 어려움을 겪는다. 어린 시절에 어머니가 아닌 다른 사람에게 돌봄을 받았을 수도 있다. 기본적으로 조심성이 부족하고 무관심하다. 어머니의 건강이 아주 나쁠 수 있다. 성질이 급하여, 분노조절 하는 법을 배워야 한다. 어떤 친구들이 적으로 돌아설 수도 있다. 삼촌이나 이모들이 적으로 돌아설 수도 있다. 어머니와 운송수단으로 인한 행복을 많이 얻지 못한다. 재산이 부족하고, 교육을 중단하거나, 학위를 얻기 어렵다. 인생 후반에 불행하고 문제를 겪을 수 있다. 만약 4번 로드가 저력을 갖추었으면, 어머니가 의료계에 종사하거나 권력을 가진 외삼촌, 좋은 직업, 좋은 건강을 누릴 수 있다.

○ 4번째가 7번째에 있는 경우

"행복의 로드가 일곱 번째에 있으면, 위대한 지식을 타고났으며, 아버지가 획득한 부를 잃을 것이며, 회의에서 그가 벙어리처럼 되게 만들 것이다."

토지나 집을 소유하고, 권력을 가진 어머니, 편안함과 좋은 운송수단을 즐기며, 배우자에 대한 열정, 결혼생활의 행복, 권력을 가진 배우자, 좋은 행운과 행복이 있다. 교육계에서 빛을 발휘할 수 있다. 어머니가 조금만 어떤 요구를 해도 바로 자신을 희생하고 재산권을 양도할 준비가 되어 있다. 하지만 어머니는 그가 그렇게 하기를 원하지 않는다. 젊을 때 겪은 시련들로 인해 염세주의가 될 수도 있다. 대중적 관계성이 좋다. 사람들과 잘 어울리고 좋은 친구들이 있다.

○ 4번째가 8번째에 있는 경우

"행복의 로드가 구멍의 바바에 있으면, 집을 원하며, 편안함에 빠지며, 아버지와 행복할 이유가 아주 적게 타고났으며, 환관(내시)와도 같을 것이다."

적은 재산, 토지나 집을 소유하는 데 어려움, 좋고 편안한 것들을 누리는 데 어려움, 운송수단들의 문제, 교육을 받는 어려움이 있을 것이다. 어린 시절에 어려움을 겪을 수 있다. 어머니와의 관계성에 어려움이 있다. 어머니의 바람을 충족시키지 못하며, 그것이 어머니에게 실망을 초래할 수 있다. 적절한 교육을 받거나 학위를 취득하는 어려움, 불행하고, 인생의 후반에 특히 어려울 수 있다. 아주 일찍 아버지와 이별할 수도 있다. 법률 소송과 연관된 어려움을 겪을 수 있다. 어떤 친구들이나 삼촌, 이모들이 적으로 돌아설 수 있다. 목샤 로드가 목샤 하우스에 있으므로 영적인 관심이나 깨달음을 얻는 데 길조적이다.

○ 4번째가 9번째에 있는 경우
"행복의 로드가 행운의 바바에 있으면, 모든 사람들에게 사랑받는 것을 타고났으며, 신에게 헌신하며, 덕이 있고, 존경받으며, 모든 편안함을 누리게 된다."

사랑스럽고 자애로운 어머니의 축복을 가졌다. 어머니와의 행복과 이득을 본다. 어머니의 보호를 받고자 하는 숨은 욕구가 있다. 어머니가 종교적이거나 좋은 캐릭터의 소유자이다. 파워풀한 아버지, 아버지와 구루들로 인한 이득을 본다. 종교와 철학에 대한 열정이 있고, 높은 교육과 학위를 얻으며, 배움이 있고, 행복하고 행운이 있다. 많은 편안함을 누리고, 토지나 집을 소유한다. 신이나 초월적 존재에 대한 두려움이 있다. 아버지의 유산을 물려받았을 수 있다. 지혜와 깊은 유머감각이 있다. 아버지와 재산들과 연관하여 행운의 조합이다. 좋은 집과 운송수단들이 있을 것이다. 좋은 친구들이 많이 있으며, 필요할 때면 언제든 도움을 줄 것이다.

○ 4번째가 10번째에 있는 경우
"행복의 로드가 카르마의 바바에 있으면, 왕족들에게 영광을 누리도록 타고났으며, 연금술사이며, 아주 명랑하고, 모든 편안함을 즐기며, 자신의 감각들을 정복한 이다."

훌륭한 커리어 성공을 나타내는 좋은 위치이다. 정치적인 힘, 권력을 가진 사람들에게 존경을 받으며, 지도자이거나 리더일 수도 있다. 유명한 사람이거나, 직업적 전문성과 명성을 누린다. 정치적인 성공을 거두고, 어떤 상황이든 잘 다룰 수 있는 지식이 있다. 화약품들을 잘 다룰 줄 안다. 적들을 사라지게 한다. 상당히 기선제압하는 형이거나, 자신의 존재감을 주입할 줄 아는 능력이 있다. 집과 운송수단들의 축복이 있을 것이다. 어려울 때 도움을 줄 수 있는 좋은 친구들이 있다.

○ 4번째가 11번째에 있는 경우

"행복의 로드가 이득의 장소에 있으면, 숨겨진 질병으로 괴로움을 겪으며, 덕이 있고, 좋은 자질들을 갖추었으며, 자선적이고, 다른 이들을 도우면서 기뻐한다."

어머니의 부와 이득을 보고, 부동산을 통해 이득을 볼 수 있다. 좋고 편안한 것들을 누리고, 행복하고 행운이 있다. 부유하고, 재정적 상황이 점점 더 좋아진다. 많은 친구들이 있다. 이러한 친구들이 도움을 줄 것이다. 11번 하우스는 모든 욕망의 충족과 이득을 다스리기에, 이러한 조합을 가진 이는 많은 이득을 얻게 될 것이다. 좋은 집을 소유하고 있다. 운송수단들의 축복이 있다. 온갖 시설을 다 갖춘, 잘 장식된 집을 가질 것이다. 11번은 4번에서 8번째이기도 하기에, 정신적 긴장감도 많을 것이다. 정신적 평화나 기쁨이 결여될 수 있다.

○ 4번째가 12번째에 있는 경우

"행복의 로드가 손실의 장소에 있으면, 집을 원하고, 편안함에 빠지며, 나쁜 요소들을 가졌으며, 손실을 보며, 항상 나태함에 젖어 있다."

가난하고, 토지나 집, 재산, 운송수단 등을 소유하기 어렵다. 불행하고, 교육을 받거나 학위를 얻기 어렵다. 교육의 단절이 있고, 사치를 누리지 못하며, 어머니와의 행복이 결여되어 있다. 어머니가 고생하거나 일찍 세상을 떠난다. 혹은 어머니와 관계가 안 좋거나, 인생의 후반이 좋지 않을 수 있다. 낯선 장소나 외국에 돌아다니거나 거주할 수 있다. 대체로 삶에서 많은 아픔과 불행한 상황들을 겪게 될 것이다. 수카(sukha)의 잃음을 나타낸다. 집과 연관된 트러블이나, 법적 소송, 문제에 걸릴 것이다. 외삼촌이나 이모들, 친구들이 적으로 돌아선다. 비용이 늘어날 것이며, 집과 운송수단에 많은 돈을 쓰게 될 것이다. 투기로 인한 손해를 겪을 수도 있다.

5번 로드가 12 하우스에 있는 효과들

○ 5번째가 1번째에 있는 경우

"자녀들의 로드가 라그나에 있으면, 그는 지식이 풍부하며, 즐거움을 주는 아이들을 가졌으며, 구두쇠이며, 꼬인 마음을 가졌으며, 그리고 다른 이의 재산을 취한다."

다르마 로드가 다른 다르마 하우스에 있어 파워풀한 운명을 주는 길조적인 위치이다. 존경받고, 유명하고, 총명하고 부유하며, 잘생긴 외모, 친절하고, 왕과도 같은 지위를 누리며, 자녀들의 행복이 있다. 종교적인 마인드를 가졌으며, 투자나 자녀들과 연관된 행운이 있다. 스포츠를 즐기고, 좋은 교육을 받으며, 지혜가 있다. 과거 생과 같은 길을 간다. 선행을 하고, 자선적이며, 어떤 직업을 선택하든 타고난 학자적 능력들을 확립시킨다. 고서와 샤스트라, 만트라, 영적 테크닉을 배우는 능력이 뛰어나다. 즐거운 로맨스 관계를 누리며, 행복한 어린 시절, 삶의 시작이 좋다. 부리는 하인들이 있으며, 투자 벤처에서 성공한다.

○ 5번째가 2번째에 있는 경우

"자녀들의 로드가 부의 장소에 있으면, 그는 많은 자녀들과 부를 소유할 것이며, 가족을 부양하는 이가 된다. 세상에서 아주 유명하며, 존경받으며, 여자들에게 인기를 누린다."

훌륭한 지성, 배움이 있고, 지식이 많으며, 교육 분야에 커리어를 가진다. 탁월한 스피커이며, 점성가 혹은 수학자일 수도 있다. 행복한 가족생활, 대가족 혹은 부유한 가족이다. 부유하고, 상상력이 뛰어나며, 좋은 음식을 즐기고, 템플이나 종교적 테크닉들을 가르치며 수입을 번다. 투자로 인한 이득이 있다. 자녀들의 성취로 인해 너무 자신감에 차거나 우쭐대는 경향이 있다. 아름다운 파트너와 바른 품행의 자녀들이 있다. 리더십 자질이나 주도적 성향을 강하게 가지고 있다. 본보기가 되어 남을 이끄는 경향이 있다. 자녀들이 각자의 영역에서 빛을 발하며, 그로 인한 이득을 얻을 수 있다.

○ 5번째가 3번째에 있는 경우

"자녀들의 로드가 형제의 장소에 있으면, 그는 형제들에게 사랑받으며, 믿을 수 없거나 남을 중상하며 구두쇠이며, 그리고 항상 자기 사업이나 일을 하려고 한다."

형제들과의 행복이나 욕망이 잘 충족되며, 신나는 모험을 즐기며 용감하다. 음악, 춤, 드라마, 문학적인 능력이 있다. 탁월한 소통 능력이 있다. 파이낸스에 접근하는 방식이 지나치게 알뜰하여 구두쇠인 것처럼 오해를 받을 수 있다. 남들에게 오해를 받고 있다는 것을 본인도 잘 알고 있다. 그러나 자녀들의 경제적 안정성을 위협하지 않으려 애를 쓴다. 나중에 자녀들이 자신의 노고를 이해하게 된다. 경제적 알뜰함이 중요하지만 보다 큰 그림에 맞는 이타주의를 같이 겸비할 수 있어야 한다.

○ 5번째가 4번째에 있는 경우

"자녀들의 로드가 행복의 바바에 있으면, 그는 행복한 사람이며, 어머니와의 행복이 주어졌으며, 락시미와 같이 있으며, 현명한 이해력을 가졌으며, 왕이나 수상 혹은 구루일 것이다."

어머니와의 행복, 장수하는 어머니를 가졌다. 토지, 집, 운송수단 등을 소유한다. 어린 시절부터 돈을 번다. 자녀들이 마음놓고 즐길 수 있는 아름다운 주변환경의 호화로운 빌딩에서 살고 있다. 압도적이고, 공격적이고, 사치스러울 수 있다. 어떤 사람의 입에서 나오든지, 진리의 말이면 무엇이든 받아들일 수 있다. 아들보다는 딸이 더 많을 것이다. 독선적인 것을 참지 못한다. 투자와 투기를 잘하여 부자가 될 수도 있다. 투자를 하지 않으면 돈을 모을 수 없다는 원칙을 따른다. 많은 사치와 편안함을 즐긴다. 아주 행복하며, 인생의 끝이 좋고 평화롭다. 총명하고, 좋은 학위를 얻는다.

○ 5번째가 5번째에 있는 경우

"자녀들의 로드가 자녀들의 바바에 있으면, 슈바와 합치를 하였으면 그는 자녀들을 가질 것이다. 파파와 합치를 하였으면 그는 자녀들을 원할 것이다. 그리고 좋은 자질들을 가졌으며 친구들에게 헌신적이다."

오운 하우스에 있다. 자녀들과의 행복, 잘 사는 자녀들, 자녀들이 어려운 때에 의지를 할 수 있다. 전문적 영역에서 뛰어난 성공을 거두는 자녀들이 있다. 자녀들로부터 경제적 이득도 얻을 수 있다. 아주 총명하며, 종교적인 마인드를 가졌다. 좋은 선행을 하고, 스포츠를 즐기고, 성공적인 투자들을 한다. 투기하기를 좋아하고, 로맨스를 즐긴다. 만트라와 고서들에 대한 지식이 있다. 신실하며 가식이 없이 자유롭다. 성심적인 캐릭터와 덕이 있으며, 종교적 혹은 영적 단체의 리더일 수 있다. 전생의 좋은 카르마가 많다. 강한 다르마 의식을 가졌으며, 정치에 관심이 있다. 높은 관료일 수도 있다. 위험하게 살며 모험과 흥분을 즐긴다. 아주 성숙하고 지혜로 가득하며, 부자 혹은 자선가들의 이득을 볼 수 있다.

○ 5번째가 6번째에 있는 경우

"자녀들의 로드가 악한 바바에 있으면, 자녀들이 적들처럼 되도록 하며, 혹은 죽었거나, 소용없는 후손들이거나, 혹은 구입한 자녀가 허용될 것이다."

자녀들과의 트러블, 멍청함, 흐트러진 마인드, 시험에 통과하는 어려움, 로맨스의 어려움이 있다. 드세지를 못해서 트러블들을 많이 겪게 될 것이다. 외삼촌들의 이득을 볼 수 있다. 투자에 너무 빠져서 손해를 만들 수 있다. 5번 하우스는 투자를 다스리기에, 투자로 인한 다양한 문제들을 겪을 수 있다. 만약 5번 로드가 저력을 갖추었으면, 좋은 직장을 얻고, 건강을 누리며, 전생에서 가지고 온 의술이나 대체의학, 힐링 아트의 지식이 있다.

○ 5번째가 7번째에 있는 경우

"자녀들의 로드가 일곱 번째에 있으면, 존경받으며, 모든 다르마들이 주어졌으며, 자녀들과의 행복이 함께 하며, 그리고 또한 다른 사람들을 도와주는 것을 즐긴다."

행복한 결혼생활을 누린다. 아름답고, 총명하고, 헌신적인 배우자가 있다. 5번 트라인 로드가 앵글에 있으므로, 배우자와 자녀들 모두의 이득을 볼 수 있는 파워풀한 조합이다. 머리가 좋고, 자녀들이 잘산다. 자녀들과의 행복이 있다. 자녀들이 외국에 살 수 있다. 강한 열정을 가졌다. 건강, 이름, 명성 등에 길조적인 위치이다. 대외관계 능력으로 이름을 얻게 된다. 이타주의적인 근본을 가지고 있다. 자녀에 대한 애정이 많고,

자녀들이 필요한 모든 것들을 빚을 내서라도 다 충족시켜준다. 다른 사람들, 특히 가족 일원들에게 오해를 받지 않도록 조심해야 한다.

○ 5번째가 8번째에 있는 경우

"자녀들의 로드가 구멍의 바바에 있으면, 자녀들로 인한 행복이 아주 적게 주어졌으며, 폐렴으로 인한 기침을 하게 될 것이며, 화를 내고, 행복을 빼앗긴다."

자녀들과의 행복이 없다. 유산 혹은 자녀의 죽음, 혹은 자녀와의 관계가 나쁠 수 있다. 적은 수의 자녀, 로맨스의 실패, 총명하지 못하며, 시험을 통과하기 어렵다. 정의롭지 못하며, 비도덕적이며, 전생에 많은 낭비를 하여서 현생에 가져온 좋은 카르마가 부족하다. 기침이나 폐질환 등에 걸릴 수도 있다. 그들이 가진 독재자적인 기질이 자녀들에게 안 좋은 영향을 미칠 수 있다. 부모의 재산을 유지하지 못한다. 투기를 한 것이 절망스런 결과를 가져올 수 있다. 투자에 너무 뛰어들지 않도록 조심해야 한다. 도박이나 주식 투자 등을 조심해야 한다. 나쁘거나 범죄행위를 행하지 않도록 유의해야 한다.

○ 5번째가 9번째에 있는 경우

"자녀들의 로드가 행운의 장소에 있으면, 자녀들이 있으며, 빛나는 로드 혹은 비슷한 이가 되거나 혹은 자의로 인해 작가가 된다. 유명하며 그리고 가문의 이름을 빛낸다."

다르마 로드가 다른 다르마 하우스에 있는, 아주 길조적이고 최상으로 가능한 조합이다. 행운이 따르고, 부유하고, 디바인 은총이 있으며, 유명하고, 자녀들과의 행복, 영적이고 부유한 자녀들, 행복한 로맨스 관계를 즐긴다. 가족적 혈통을 탁월하게 만든 새로운 스타로 인정을 받게 될 것이며, 마치 왕자나 공주와도 같은 대접을 받는다. 작가가 될 수 있는 타고난 자질들이 있다. 자녀들을 즐기며, 이들이 높이 올라갈 수 있도록 부추긴다. 자녀들의 행운이 주어졌다. 종교적 신심이 아주 높거나 영적이다. 윗사람들이나 구루의 덕이 있다. 훌륭한 스승, 구루를 얻으며, 지식의 행운이 있다 아버지가 종교적이고, 부유하고, 유명하고, 장수한다. 강한 다르마 의식을 가지고 있으며, 영적인 지도자나 영적 단체의 리더가 될 수도 있다. 이러한 위치는 성자, 구루, 영적 리더들의 차트에서 자주 볼 수 있는 조합이다.

○ 5번째가 10번째에 있는 경우
"자녀들의 로드가 로얄 바바에 있으면, 그에게 라자 요가를 가져다주며, 많은 안락함을 즐기며, 사람들 중에 축복 받은 이로 이름을 날린다."

여러 면에서 아주 파워풀한 사람이다. 뛰어난 커리어, 명성을 누린다. 커리어가 스포츠나 투기와 연관될 수 있다. 파워풀한 자녀들, 자녀들과의 행복, 가족들의 존경을 받으며, 좋은 선행을 하며, 신성한 장소들을 방문한다. 높은 사람이나 정부로부터 이득을 얻는다. 정치적인 커리어를 가질 수 있다.

○ 5번째가 11번째에 있는 경우
"자녀들의 로드가 이득의 바바에 있으면, 그는 유식하며, 사람들에게 사랑받으며, 작가이며, 훌륭한 전문성을 가졌으며, 많은 자녀들과 상당한 부를 가지게 된다."

자녀들로 인한 이득, 많은 친구들, 파워풀한 친구들, 훌륭한 부를 가지고, 인생에 좋고 많은 기회들이 있다. 하는 일마다 모두 성공하며, 욕망을 충족시킨다. 탁월한 지성을 가졌고, 위 형제의 이득을 본다. 잘 알려진 작가가 될 수 있다. 배움이 많고 대중들에게 사랑받는 사람이 된다. 문학적 능력을 아주 잘 계발하여, 학계에서 잘 알려지고 유명해질 수 있다. 자녀들을 위해 안전하고 호화로운 미래를 만들어줄 수 있다. 그가 가진 친구나 지적인 인맥들이 자녀들의 성공에 이득이 된다.

○ 5번째가 12번째에 있는 경우
"자녀들의 로드가 손실의 바바에 있으면, 그는 자녀들로 인한 행복이 없게 되거나, 혹은 얻은 아이를 가지거나 혹은 구입한 아이를 소유하게 된다."

자녀들과의 행복이 없다. 유산, 혹은 자녀를 어릴 때 잃을 수도 있다. 적은 수의 자녀, 자녀와의 관계가 안 좋은, 자녀들이 나중에 수도원에 가거나 출가를 할 수도 있다. 행복하지 못한 로맨스 관계, 투자 혹은 투기를 통해 잃는다. 때로는 너무 단호한 성격과 융통성이 부족하여 자녀나 가족들을 힘들게 할 수 있다. 지성이 부족하며, 마음이

어지럽다. 시험을 통과하는 어려움이 있다. 비도덕적이고, 정의롭지 못하며, 세상사에 대한 관심이 부족하다. 침실의 쾌락을 즐기거나, 좋은 장식이 있는 침실생활을 즐긴다. 명상이나 목샤를 추구하거나, 지혜, 비집착, 깨달음을 향한 여정에 좋은 조합이다.

6번 로드가 12 하우스에 있는 효과들

○ 6번째가 1번째에 있는 경우

"여섯 번째 로드가 라그나에 있으면, 그는 몸이 약하며, 유명해지며, 자신의 사람들이 적(敵)이며, 좋은 자질들이 주어졌으며, 부자이며, 존경받으며, 성급하다."

나쁜 건강, 마르거나 빈약한 신체, 명성을 얻지 못하고, 열심히 일을 하며, 의학이나 힐링 아트의 커리어에 관심이 있다. 어려운 어린 시절, 인생의 시작이 힘들고, 외삼촌과 가까우며, 수준이 낮은 가족에 태어났다. 성급하고, 모험적이고, 자신의 사람들에게 적대적이다. 방위부서에 근무하거나 교도관일 수도 있다. 특별한 다이어트를 해야 하는 체질, 어떤 질병이 있어 걱정이 될 수도 있다. 혹은 건강에 대한 공연한 걱정을 많이 할 수 있다. 어린 시절 가이드를 잘 받지 못해 컨트롤이 안 될 수 있다. 부정적 자질들이 컨트롤되지 않으면 범죄자 그룹에 들어갈 수도 있다. 만약 6번 로드가 저력을 갖추었으면, 그의 덕이 대중들에게 알려져서 명예를 받을 수 있다.

○ 6번째가 2번째에 있는 경우

"여섯 번째 로드가 부의 장소에 있으면, 성급하거나 잔인하며, 자신의 마을에서 유명하며, 먼 나라에 속하며, 행복하며, 그리고 항상 자신의 일에 헌신적이다."

아타 로드가 다른 아타 하우스에 있어 재물을 버는 능력이 좋다. 하지만 일을 열심히 해야 하고 돈이 천천히 온다. 가정적인 문제, 속어나 은어들을 사용한다. 상상력이 부족하고, 교육이나 지식이 제한되며, 약한 시력을 가졌다. 거짓을 말하며, 구강 질병이 있다. 혹은 말을 더듬거리거나 스피치 손상이 있다. 적이나 도둑들로 인해 돈을 잃는다. 사업적인 기질이 있으며, 친구보다는 적들이 주변에 더 많은 환경에 살고 있다. 일중독이다. 만약 6번 로드가 저력을 갖추었으면, 탁월한 소통 능력을 가지고 있어 자신의 이득이 되도록 사용한다. 말을 잘해서 정상까지 올라간다. 하지만 경제적 자원의 부족함과 재정적 조건에 대한 두려움이 항상 있다. 건강에 대한 걱정을 하지 않아도 된다.

○ 6번째가 3번째에 있는 경우

"여섯 번째 로드가 형제의 장소에 있으면, 그는 화를 잘 내는 사람이며, 어떤 신중한 행동이나 용기도 없으며, 적대시하는 형제들과 무례한 하인들과 함께 엮였다."

형제들과의 행복이 적거나 없다. 잘 다투고 성질이 급하다. 욕망을 이루기 어려우며, 간호나 의료계의 커리어를 가졌다. 용기가 없고, 모험심이나 재미가 부족하며, 청력 문제가 있다. 파인 아트나 음악, 예술, 드라마 등을 즐기지 못한다. 문학적 재능이나 감각이 없다. 이웃들과 상당한 적대심이나 불화를 겪게 된다. 그로 인해 분노하고 자신감을 잃는다. 자신이 사랑하는 사람과 충돌을 하면 걷잡을 수 없을 정도로 확대되는 전쟁을 한다. 형제들에게 병이나 적대심이 있을 수 있다. 적들이 일으키는 계략에 항상 시달린다.

○ 6번째가 4번째에 있는 경우

"여섯 번째 로드가 행복의 바바에 있으면, 어머니와의 행복이 없으며, 총명하며, 믿을 수 없거나 남을 중상하며, 미움이 깊으며, 마음이 변덕스러우며 그리고 아주 풍부하다."

어머니와의 불화, 어머니의 병, 어머니와의 행복이 별로 없다. 훌륭한 이야기꾼으로 성공한 사람일 수 있다. 스토리를 잘 만들 만큼 총명하다. 어머니의 사랑을 잃는 것에 대한 잠재적인 두려움이 있다. 그로 인해 상당한 감정적 콤플렉스를 내적으로 만들어낸다. 사람들은 그가 강한 마인드를 가졌다고 생각하지만 사실과 다르다. 고용인들과의 트러블들이 있을 수 있다. 토지, 집, 운송수단을 소유하는 어려움, 교육이 끊어지거나, 학위를 얻는 어려움, 인생의 끝이 좋지 못한, 조상의 덕이 거의 없거나 받지 못하는, 아주 적은 재산을 가졌다.

○ 6번째가 5번째에 있는 경우
"여섯 번째 로드가 자녀들의 장소에 있으면, 부 등등이 오르락내리락하며, 자녀들과 친구들과 적의 관계에 있으며, 행복하며, 자수성가하며, 자비롭게 보살핌을 받았다."

자녀들과의 마찰, 아픈 자녀, 마음이 어지러운, 멍청한, 시험을 통과하는 어려움, 전생에서 가져온 덕이 적다. 투자의 손해, 정의롭지 못한, 비도덕적인, 행복하지 못한 로맨스, 변덕스런 기질이 다분하다. 집의 분위기가 그다지 원만하지 못하다. 외삼촌이 도와줄 수도 있다. 심한 스트레스로 인해 친척들과의 관계성을 모두 끊을 수도 있으며, 그로 인해 슬픈 외톨이로 전락한다. 만약 6번 로드가 저력을 갖추었으면, 유머가 많고 강한 의지력을 가지고 있다. 자기 관심사들을 잘 케어할 수 있다. 좋은 건강, 좋은 직장, 적들을 파괴하고, 경쟁자들을 이긴다. 전생에서 가져온 힐링 아트에 대한 지식이 있다.

○ 6번째가 6번째에 있는 경우
"여섯 번째 로드가 악의 장소에 있으면, 그는 자기 인척들 간에 적의가 있으며, 다른 사람들과 우호적인 관계에 있으며, 부나 행복 등이 적당하다."

오운 하우스에 있다. 건강하고, 질병으로부터 잘 회복한다. 운송수단의 행운이 있으며, 좋은 수명을 누린다. 적들이 문제를 일으키지만 결국 이겨내게 된다. 6번에 있는 6번 로드는 파워풀하기에 빚 등에 시달리지 않는다. 좋은 직장, 적들과 경쟁자들을 이기고, 부유하다. 의술이나 힐링 아트에 관심이 있다. 좋은 직원과 하인들을 얻는다. 외삼촌이 아주 이름 있는 사람이거나, 외삼촌 혹은 사촌의 이득을 볼 수 있다. 어디서 일을 하든 찬반 그룹들이 같이 있다.

○ 6번째가 7번째에 있는 경우
"여섯 번째 로드가 배우자의 장소에 있으면, 그는 아내의 편안함을 버리며, 유명하며, 좋은 자질들을 갖췄으며, 존경받으며, 성급하고, 부를 가지고 있다."

배우자와의 충돌, 불행한 결혼생활, 건강하지 못한 배우자, 배우자로 인한 빚, 꿈꾸던 결혼생활과 실체가 다른 것에 대해 놀란다. 자신 가족 내의 사람들과 결혼할 가능성이 높다. 외삼촌이 외국에 살 수도 있다. 몽상이나 허상을 극도로 싫어한다. 성공적이지 못한 파트너십, 나쁜 건강, 명성이 없으며, 불행하고, 행운이 적다.

○ 6번째가 8번째에 있는 경우

"여섯 번째 로드가 여덟 번째 장소에 있으면, 그에게는 질병이 있으며, 현명한 사람의 적이며, 다른 사람의 재산을 탐하며, 다른 사람의 아내들을 추구하며, 반칙을 한다."

　　건강하지 못한, 고질적 질병들, 안 좋은 직장, 힘센 적들과 질투하는 사람들, 나쁘거나 부정직한 직원들, 아랫사람들로 인한 손해, 아는 사람들과 적대심이 늘어나며, 존경심을 얻지 못하고, 미리 예방할 수도 있었던 질병이나 빚을 얻게 된다. 적들의 계략에 말려들거나, 적들이 그의 이미지를 추락시키기 위한 캠페인을 벌일 수도 있다. 중간 정도의 수명, 파트너의 재정적 이득을 보지 못하며, 유산이나 보험의 이득을 얻기가 어렵다.

○ 6번째가 9번째에 있는 경우

"여섯 번째 로드가 행운의 장소에 있으면, 그는 나무와 돌로 일을 하며, 사업에서 때로는 부족하고, 때로는 수입이 늘어난다."

　　전문적 커리어가 심한 변동을 겪게 되며, 아버지와의 관계에서 오해나 마찰, 아픈 아버지. 아버지가 의료계와 연관 있다. 행운이 좋지 못하고, 종교나 철학적인 것을 좋아하지 않으며, 믿음이나 신념이 없고, 구루나 스승의 덕을 얻지 못한다. 만약 6번 로드가 저력을 갖추었으면, 좋은 건강, 좋은 직장, 삼촌들의 이득을 보며, 권력을 가진 삼촌, 종교적인 삼촌, 정직한 일꾼, 좋은 세입자이고 직원이다. 적들과는 질이 다른 사람이라는 것을 운명적으로 밝히게 되며, 결국에는 멋진 정의의 사도에 의해 적들을 이겨낼 수 있다. 아버지가 아주 유명한 사람일 수 있다. 적들이 그에게 당하며, 친구들이 그와의 관계로 인한 이득을 얻게 된다.

○ 6번째가 10번째에 있는 경우

"여섯 번째 로드가 열 번째 바바에 있으면, 명예를 즐기며, 자신의 마을과 가족들에게 유명하며, 아버지에 대한 헌신이 없으며, 강연자이며, 다른 나라에 살며, 그리고 행복하다."

아타 로드가 다른 아타 하우스에 있어 돈을 버는 능력이 좋다. 하지만 돈이 천천히 열심히 노력을 한 뒤에 온다. 의료계의 커리어, 혹은 커리어나 다르마를 찾는 어려움, 커리어의 변화, 적들이 커리어에 피해를 입히거나 승진을 막는다. 외국이나 먼 장소에서 아주 성공을 하게 된다. 기교적으로 말을 잘할 수 있는 재능, 선조로부터 물려받은 재산이 소송이나 언쟁에 휘말리며, 관리 능력이 뛰어나며, 어려움들을 잘 이겨내어 훌륭한 결과들을 만들어낼 수 있어 사람들을 놀라게 한다. 항상 자기 의지력을 적용하여 높은 지위를 이룬다.

○ 6번째가 11번째에 있는 경우

"여섯 번째 로드가 이득의 장소에 있으면, 적들이 부의 원천이며, 좋은 자질들을 갖췄으며, 성급하고, 존경받으며, 그러나 또한 자녀들과의 행복이 없다."

이득이 높은 직장, 좋은 건강, 위 형제와 불화, 위의 형제가 아프고, 부유한 삼촌, 친구들과 트러블, 질이 나쁜 친구들, 삶의 기회들이 적으며, 욕망이나 야망을 성취하는 데 어려움이 있다. 적들로 인한 이득이 많고, 적들을 통해 부를 이루게 된다. 버는 것보다 더 많이 쓰는 경향, 적응력이 아주 뛰어나 파트너가 만들어내는 경제적 손해에도 잘 감내한다. 적들이 생각하는 것보다 훨씬 더 파워풀하고 막강한 사람이다.

○ 6번째가 12번째에 있는 경우

"여섯 번째 로드가 손실의 바바에 있으면, 항상 나쁜 일에 비용을 쓰며, 배운 사람들을 적대시하며, 살아 있는 생명들을 해치는 일에 적극적으로 개입한다."

나쁜 건강, 안 좋은 직장, 부정직한 직원들, 아랫사람이나 하인들로 인해 손해를 보며, 불행한 삼촌, 성적 쾌락이 없고, 편하지 못한 잠자리, 항문의 질병, 청력 문제, 시력 문제, 다른 사람들이나 생명들을 학대하는 것에 쾌락을 느끼는 별종이다. 도덕적으로 금지되는 것들을 얻기 위해 큰 비용을 쓰거나 힘을 쓰는 것을 주저하지 않는다. 자신의 만족만이 유일한 모토이며, 도덕이나 윤리에 대해 신경을 쓰지 않는다. 자신의 감정에 와닿는 것이면 어떤 이상한 것들도 마다하지 않는다. 적들에게 상당한 피해를 당할 수 있다. 그가 가진 파괴적인 능력이 적들을 멸살시키는 데 도움이 된다.

7번 로드가 12 하우스에 있는 효과들

○ 7번째가 1번째에 있는 경우

"배우자의 로드가 라그나에 있으면, 그는 다른 사람의 아내들 사이에 있으며, 난봉꾼이자 자유사상가이다. 사악하며, 눈에 띄며, 경솔하며, 그리고 바타(Vata)의 고통으로 가득하다."

건강하고, 파워풀하고, 존경을 받으며, 행복한 결혼생활, 어릴 때 아는 사람이나 첫사랑과 결혼을 한다. 아름답고 부유한 배우자, 배우자와 친구 같은 관계, 대중적 관계성도 좋다. 성공적인 파트너십, 강한 욕망과 열정, 즐거운 성생활, 마음이 흔들리며, 하는 말과 행동이 확고하지 않으며, 유동적이고 주도적이지 못하며, 극적인 상황에서 피해나갈 수 있는 방법들을 잘 찾는다.

○ 7번째가 2번째에 있는 경우

"배우자의 로드가 부의 장소에 있으면, 많은 여자들을 가졌으며, 아내와의 합치로 부를 얻으며, 그리고 할 일을 미루는 사람이다."

배우자를 통해 부를 얻으며, 배우자가 버는 능력이 좋으며, 결혼 후에 부와 재물을 얻는다. 말을 잘하며, 훌륭한 스피커, 상상력이 뛰어나고 총명하고 지식이 있는 배우자, 파트너십을 통해 부가 쌓이며, 행복한 가족생활, 질투심으로 적이 된 사람들에게 시달림을 당하며, 화재나 불과 연관된 사고들을 당하며, 정부 측의 조사를 받거나 소송 등을 당면한다. 궁극적으로 모든 것이 잘되고 성공적이게 된다.

○ 7번째가 3번째에 있는 경우

"배우자의 로드가 형제의 장소에 있으면, 그는 물 때문에 죽게 된다. 어떤 때는 딸이 태어날 수도 있고, 혹은 또한 어려움 끝에 아들이 살 수도 있다."

카마 로드가 다른 카마 하우스에 있어서, 욕망을 쉬이 충족시키거나 강한 욕구적 성향을 가졌다. 부유하고 권력이 있는 형제들, 용감하고 모험심이 강한 배우자, 배우자가 음악, 춤, 드라마, 작가 등의 직업을 가졌을 수 있다. 대체로 좋은 결혼생활에 이상적인 조합은 아니다. 자녀들을 양육하기 위해 손해들을 감수해야 한다. 딸이 더 좋은 행운을 가져다준다. 배우자는 사랑스럽고 소중한 성품을 가진 사람이다. 훌륭하고 분석적인 이지력, 뭐든지 잘 판단하고 정리하는 뛰어난 정신력을 가지고 있다.

○ 7번째가 4번째에 있는 경우

"배우자의 로드가 행복의 바바에 있으면, 아내는 그의 의지를 따르며 살지 않는다. 그는 진리에 자신을 바치며, 총명하며, 덕이 높은 영혼이며, 그리고 치아의 질병에 걸린다."

행복한 결혼생활, 편안하고 안락한, 자녀와 편안함과 배우자의 행운이 있다. 자신의 생각을 배우자에게 강요하는 타입이 아니다. 고상하고 품위가 있으며 항상 좋은 친구이다. 만약 서로 다른 의견이 표면화되면 재빨리 화해를 하여 해결하고 하모니를 유지한다. 가정적 삶이 단단한 바위 위에 지어진 것처럼 안정적이다. 인생이 행복한, 토지나 집, 운송수단들을 소유하며, 좋은 교육과 학위를 가졌으며, 목샤에 대한 열망이 있다.

○ 7번째가 5번째에 있는 경우

"배우자의 로드가 다섯 번째 장소에 있으면, 그는 존경받으며, 모든 자질들을 갖추었으며, 항상 빽빽한 즐거움이 함께 하며, 모든 부를 지배하는 자이다."

아름답고, 부유하고, 헌신적인 배우자를 얻는다. 배우자의 가족에게 이득을 본다. 총명하고, 자녀들과 행복하고, 성공적인 비즈니스 파트너십, 행복한 로맨스 관계, 전생의 좋은 카르마로 인해 좋은 결혼생활을 누리며, 사람들에게 존경받고 중요한 지위를 얻는다. 타고난 세일즈맨이며 마케팅에 탁월하다. 뛰어난 언변 재능을 사용할 수 있고 여행이 필요한 일들이면 뭐든지 다 잘해낸다.

○ 7번째가 6번째에 있는 경우

"배우자의 로드가 악의 바바에 있으면, 아내에게는 고통이 따르며, 혹은 여자들에 대한 강한 욕망이 있으며, 자신을 적대시하며, 화를 내고, 그리고 행복을 버린다."

결혼생활의 불화, 이혼, 몸이 아픈 배우자, 불행하거나 성공적이지 못한 파트너십, 파트너의 체질이 그와 잘 맞지 않을 수 있다. 너무 많은 요구나 질문들을 하면서 파트너의 인내심을 시험하지 않으면 순조로운 결혼이나 파트너십이 될 수 있다. 인내심과 참을성을 키우는 것이 궁극적으로 좋은 결과들을 가져다준다.

○ 7번째가 7번째에 있는 경우

"배우자의 로드가 일곱 번째 바바에 있으면, 결혼생활의 행복이 주어졌으며, 현명하며, 눈에 띄며, 총명하며, 그리고 바타의 질병만이 있다."

오운 하우스에 있다. 파워풀하고, 잘생겼으며, 존경받는다. 아름답고, 파워풀하고, 특별한 배우자를 얻는다. 타고난 매력이 있다. 그는 꺾이지 않는 용기, 재능, 높은 IQ를 가지고 있다. 이성들이 그에게 이끌린다. 임시적이든 장기적 관계성이든 결코 함부로 대하지 않고 즐겁고 유쾌하며 상호 존중하는 관계성을 유지한다. 배우자는 좀 더 현실적이고 실질적인 사람으로, 모든 상황에서 침착하고 차분하다. 만약 7번 로드가 샤움야 행성이면, 결혼생활이 모든 행복의 근원이다. 만약 크루라 행성이면 심각한 문제가 있고, 이혼으로 갈 수도 있다.

○ 7번째가 8번째에 있는 경우

"배우자의 로드가 죽음의 바바에 있으면, 그는 결혼생활의 행복이 없으며, 아내는 계속되는 질병에 시달릴 뿐만 아니라 고약한 성품이며, 궁합이 맞지 않다."

이전에 알던 사람과 결혼을 한다. 결혼 후에 행운이 온다. 자신보다 훨씬 더 실리적인 배우자에게 영향을 받게 된다. 배우자가 너무 똑똑하여, 속이거나 감추기가 쉽지 않다. 어떤 어리석은 행위를 하든지 파트너에게 금방 들키게 될 것이다. 파트너와의 충돌이 혼란을 야기할 수 있다. 만약 7번 로드의 저력이 약하면 이혼, 배우자의 죽음, 배우자와의 행복이 없다. 그러나 보험금이나 유산으로 경제적 이득을 볼 수 있고, 좋은 수명을 누린다.

○ 7번째가 9번째에 있는 경우

"배우자의 로드가 다르마의 바바에 있으면, 다양한 여자들과 합치하며, 그의 마음은 자신의 아내에게 뺏겼으며, 많은 기획들을 행하는 이다."

배우자는 부유하고, 아름답고, 헌신적이다. 배우자를 위해선 무엇이든지 할 수 있다. 배우자나 배우자의 가족으로 인한 이득을 본다. 종교적이고 영적인 배우자, 행운, 아버지와의 행복, 구루나 윗사람들로 인한 이득을 얻는다. 많은 영역을 한 번에 집중할 수 있다. 시간을 낭비하면, 삶이 낭비된 것처럼 여긴다. 삶의 미스터리들에 더 관심이 있지만, 어느 누구와도 토론을 나누지는 않는다. 외국에 거주할 수도 있다.

○ 7번째가 10번째에 있는 경우

"배우자의 로드가 카르마의 바바에 있으면, 아내는 스스로의 의지를 따르며 다르마에 헌신하며, 부와 자녀들 등이 함께 있다."

헌신적이고 순결한 파트너를 얻는다. 자신의 진보와 성장에 아주 크게 도움이 될 수 있는 친구 같은 철학가이자 가이드 같은 파트너이다. 정의롭고, 삶의 모든 편안함들을 즐기게 된다. 배우자는 촉이 뛰어난 약은 사람이다. 파워풀하거나 커리어 마인드의 배우자, 배우자가 커리어를 돕는다. 성공적인 커리어, 직업적으로 여행을 많이 하거나, 외국에서 성공을 거두게 된다.

○ 7번째가 11번째에 있는 경우

"배우자의 로드가 이득의 바바에 있으면, 필요한 것들이 아내를 통해서 오며, 자녀들 등과 아주 적은 행복만이 있으며, 딸들을 낳는다."

카마 로드가 다른 카마 하우스에 있어서 욕망들을 충족시키고 강한 욕구적 성향을 가졌다. 파트너의 이득, 행복한 결혼생활, 결혼 후에 경제적 이득을 본다. 배우자가 부자이고 종교적이다. 아들들과 적응을 해야 한다. 배우자를 통해 부를 얻게 된다. 배우자를 통해 모든 욕망들의 충족을 얻게 된다.

○ 7번째가 12번째에 있는 경우

"배우자의 로드가 손실의 바바에 있으면, 가난하며, 그리고 또한 초라하며, 그의 아내는 또한 언제나 소비하는 성향이 있다. 그는 옷들로 밥벌이를 한다."

이혼을 하거나, 배우자가 일찍 세상을 떠난다. 결혼 파트너와의 행복이 없으며, 불행하거나 성공적이지 못한 파트너십, 좋은 성생활, 강한 성적 드라이브가 있다. 낭비하는 경향, 예산보다 더 많이 소비를 하는, 배우자의 소비성향을 조절하지 못한다. 부를 이루기 위한 경제적 절약 원칙을 믿는 사람이다. 옷과 연관된 일들을 통해 수입이 들어올 수 있다. 대체로 젠틀하고 예민하다. 파트너의 사치성향은 그의 절약적 태도로 만회가 된다.

8번 로드가 12 하우스에 있는 효과들

8번 하우스는 점성학에서 아주 중요하다. 죽음과 죽음의 원인을 나타내는 하우스이다. 만약 8번 로드가 약하면 그의 수명이 위험하다. 반면에 8번 로드가 강하면서, 다른 크루라의 어스펙트가 없으면 높은 수명이 주어진다.

○ 8번째가 1번째에 있는 경우

"여덟 번째 로드가 몸의 장소에 있으면, 그에게는 신체적 안녕함이 없을 것이며, 데바들과 브라민들을 경멸하며, 상처, 농양, 종양들 등이 있다."

건강하지 못하며, 외모 관리가 안 되었으며, 사고를 잘 당하고, 결혼생활에 이상적이지 못한 조합이다. 나쁜 성품을 가졌으며, 인생의 시련이 많고, 고소나 법률 소송을 당하며, 어려운 어린 시절, 삶의 시작이 평탄하지 못하며, 고질적 질병이 있다. 어린 시절부터 신체적 질병에 걸릴 수 있다. 질병이나 불구로 인한 신체적 고통을 겪어야 할 수도 있다. 약해 보이는 신체적 체질을 가졌을 수도 있다. 정부기관의 분노로 희생양이 되거나, 상사의 기분을 상하게 해서 해를 당할 수도 있다. 자신이 세운 목표에 대해 확실하고 대단히 결의적이며, 이를 이루기 위해 끊임없이 일을 한다. 비종교적이거나 종교적인 의식들을 우습게 여긴다. 다른 여건들이 받쳐준다면 훌륭한 영적 성향, 출가, 오컬트 주제에 대한 관심이 많다.

○ 8번째가 2번째에 있는 경우

"여덟 번째 로드가 부의 장소에 있으면, 힘이나 저력들이 많이 부족하게 타고났으며, 아주 적은 부를 가지며, 잃어버린 소유물들을 되찾지 못한다."

신체적 저력이 부족하다. 이비인후과 의사를 상담해야 한다. 질이 낮은 음식으로 족해야 할 수 있다. 부를 얻기가 쉽지 않으므로, 인내심을 가지고 일을 해야 하며, 가진 부는 잘 보존해야 한다. 파트너에게 충분한 만족을 얻기 때문에, 대체로 다른 곳에 가서 바람을 피우거나 하지는 않는다. 배우자가 자신이 바람을 피웠다고 오해를 하여 감정적으로 될 때 인내심과 끈기로 참아낼 수 있다.

○ 8번째가 3번째에 있는 경우

"흠의 로드가 형제들의 바바에 있으면, 형제들과의 행복이 없도록 타고났으며, 나쁜 하며, 하인들에게 잊혀졌으며, 부족한 힘을 타고났다."

형제들과의 관계성 트러블, 형제들이 힘들게 산다. 욕망을 충족시키기 어려움, 두려움이 많으며, 겁이 많고, 모험심이 적으며, 노력의 열매를 잘 거두지 못한다. 청력의 문제가 있다. 음악, 춤, 드라마 등을 즐기지 못하고, 문학적 재능이 없다. 사적인 우정관계를 가지기가 어렵고, 사회적 모임을 별로 좋아하지 않으며, 혼자서 안을 지키고 혼자 있기를 선호하고, 관심사가 동일한 사람들과는 같이 어울린다. 자신의 감정이나 느낌, 두려움, 혹은 정신적 문제들을 다른 누구와도 공유하지 않기 때문에, 긴장에 가득한 사람이 될 수도 있다. 정신적으로 헛것을 보는 등 망상증에 시달릴 가능성이 높다.

○ 8번째가 4번째에 있는 경우

"흠의 로드가 행복의 바바에 있으면, 어린아이 때 어머니를 잃으며, 집과 토지의 행복이 부족하며, 의심의 여지가 없이 가짜 친구이다."

목샤 로드가 다른 목샤 하우스에 있어서, 영적인 성향을 준다. 어머니와의 어려움, 어머니와 가깝게 지내기가 어렵다. 재정적 문제로 인해 가정불화에 시달리게 된다. 부모님의 건강에 대해 걱정한다. 집으로부터 멀리 가야 할 수 있다. 어머니의 유산이 없으며, 불행하고, 물질적 편안함을 누리지 못하며, 교육이 끊어지거나, 학위를 얻기 어려우며, 끝이 좋지 못하다. 토지나 집, 재산이 별로 없으며, 커리어의 어려움이나 상사와의 트러블을 잘 겪는다. 오컬트 주제에 대한 관심이 많을 수 있다. 강한 직관력, 강한 성적 저력, 사랑과 자기조절력이 강하며, 자신의 감정을 가까운 사람들에게만 주는 습관이 있다. 어떤 사람이 선인인지 악인인지 잘 몰라서 양극적인 마음에 잘 시달리며 마음의 평화를 얻기가 어렵다.

○ 8번째가 5번째에 있는 경우

"흠의 로드가 자손들의 바바에 있으면, 맹하게 타고났으며, 분별력이 아주 적으며, 장수하고 부자이다."

적은 수의 자녀들, 자녀들과의 마찰, 아둔한, 멘탈 문제, 마음이 어지러운, 시험을 통과하기 어려우며, 나쁜 투자를 하고, 비도덕적이고, 바르지 못하다. 행복하지 못한 로맨스, 전생에서 가져온 좋은 덕이 부족하고, 여러 변덕스런 상황을 겪는다. 자신이 하는 좋은 액션과 이타적인 행위들을 남들이 알아주지 않아서 의기소침해한다. 대체로 사고관점이 다이내믹하고 갑작스럽다. 강한 성적 능력이 있으며, 모든 것에 대해 본성적으로 극적이거나 열렬하다. 아주 거침이 없거나, 아주 충직하거나, 아주 자애롭거나, 아주 침착하다. 어떤 것이든 적당히 하는 것을 좋아하지 않는다. 파트너의 부로 인한 경제적 이득이나 보험 등의 이득을 볼 수도 있다.

○ 8번째가 6번째에 있는 경우

"흠의 로드가 악의 바바에 있으면, 적들을 정복하며, 어린 시절에는 몸에 질병이 있으며, 뱀들과 물에 대한 두려움이 있다."

풍요로움과 모든 욕망의 충족을 얻을 수 있다. 그러나 6번 하우스는 질병을 다스리기에, 때로는 나쁜 건강에 시달릴 수도 있다. 앞날의 건강에 대한 우려나 공포심을 가졌을 수도 있다. 도둑이나 소송으로 돈을 잃어버릴 가능성도 높다. 그러한 모든 트러블들을 순전히 의지력으로 극복한다. 궁극적으로 적들을 모두 이겨낸다. 아주 강압적이고 거만할 수 있다. 좋지 못한 직장, 나쁜 하인들, 단명하거나 가난하며, 외삼촌의 덕을 보기 어렵다.

○ 8번째가 7번째에 있는 경우

"홈의 로드가 아내의 바바에 있으면, 두 명의 아내들을 가지며, 만약 파파와 합치를 하면 직업에서 영구적인 실패를 하게 될 것이다."

결혼생활의 트러블, 이혼, 불행하거나 성공적이지 못한 파트너십, 배우자가 고생을 많이 하거나 고질적 질병에 시달릴 수도 있다. 배우자가 자신감이 없는 사람이다. 결혼생활의 불화를 마주하기 위한 용기가 필요하다. 배우자의 성향이나 개성이 그와는 아주 다른 사람일 수 있다. 서로 다른 사람끼리 다른 마인드와 관점을 가지는 것이 당연하다는 사실을 알아야 한다. 자신이나 배우자의 마인드나 성향을 서로가 잘 모를 수도 있다. 서로 알려고 하지도 않을 수 있다. 패배나 지는 것을 좋아하지 않으며, 전략적인 후퇴가 때로는 필요함도 무시한다. 수명이 갑작스럽게 단축될 수 있으며, 건강의 트러블을 겪을 수도 있다.

○ 8번째가 8번째에 있는 경우

"홈의 로드가 죽음의 바바에 있으면, 긴 수명을 누리게 될 것이며, 로드가 약하면 중간 정도 수명을 누릴 것이다. 아마도 도둑이며, 비난 받을 만하고, 또한 다른 사람들을 비난한다."

오운 하우스에 있어 긴 수명을 누리고, 활발하고 에너지가 넘치며, 삶을 최대한으로 살고자 한다. 배우자의 부를 누리며, 유산이나 보험금 등의 이득을 볼 수도 있다. 영적인 배움, 오컬트 주제의 공부, 목샤를 얻는 데 좋다. 강한 직관력, 사이킥 능력, 좋은 성적 드라이브, 성적으로 매력적이다. 질투하는 이들이 공연한 스토리나 문제들을 만들어 어떤 스캔들이나 비난에 시달릴 수도 있지만, 파트너로부터 적극적인 도움을 받을 것이다. 어린 시절에 아버지가 어떤 위기를 지났을 수 있다. 하지만 이러한 모든 것들을 파트너의 적극적인 도움과 함께 극복할 수 있다. 자기조절 능력을 가지고 있다. 비도덕적이고 범죄적인 행위들에 개입할 수도 있다.

○ 8번째가 9번째에 있는 경우

"흠의 로드가 타파스(Tapas, 수행)의 장소에 있으면, 다르마를 모독하며 무신론자이며, 사악하고 의지적인 아내의 로드이며, 다른 사람의 재산을 훔친다."

장수하는, 아버지와의 관계가 좋지 못한, 아버지가 일찍 돌아가거나 고생을 많이 할 수도 있다. 항상 젊고 차밍하게 보인다. 삶에서 너무 일찍, 너무 독립적으로 된 것이 오히려 혼란을 만들어낼 수 있다. 배워야 하는 삶의 레슨이 반드시 있으며, 자녀들과 연관해서도 마찬가지이다. 아버지와의 관계가 어려울 수 있다. 행운과 불운이 교차한다. 문제의 해결점을 얻지 못하는, 종교나 철학에 대한 존중심이 없으며, 믿음이나 신념이 없고, 나쁜 행위를 저지른다. 윗사람이나 구루의 덕을 보지 못하며, 자신을 어떤 종교나 가르침, 혹은 사람에게 내맡기는 것을 거부하고, 그래서 다른 사람들에게 완전한 믿음을 얻기도 어렵다.

○ 8번째가 10번째에 있는 경우

"흠의 로드가 카르마의 바바에 있으면, 아버지와의 행복이 없으며, 중상적, 비방적이며, 직업이 없다. 만약 길성이 어스펙트를 하면 그렇게 되지 않는다."

부모와 함께 사는 경향이 있다. 자신의 다르마를 찾지 못해 좌절감을 느끼며, 야비한 아랫사람과 치열한 경쟁을 해야 할 수도 있다. 커리어를 가지는 어려움, 덕을 행해도 알아주는 사람이 없으며, 커리어의 변동, 명성이 없고, 나쁜 행위들을 하고, 불운하다. 교육이 끊어지고, 학위를 얻기 어렵다. 잔인한 심성을 가졌으며, 긴 수명을 누리고, 어떤 어려운 상황에서든 견딜 수 있는 능력을 가졌다. 하지만 일단 어떤 경고를 받게 되면 마음에 근심걱정이 생겨서 차후에 문제를 해결할 수 있는 능력이 저하된다. 어떤 장애물에도 불구하고 커리어의 진보를 이룰 것이다.

○ 8번째가 11번째에 있는 경우

"흠의 로드가 이득의 바바에 있으면, 파파와 합치를 하면 부가 없으며, 슈바와 합치를 하면 어린 시절에는 힘들지만 나중에 행복하며 긴 수명을 누린다."

장수하고, 가난하고, 위 형제들과의 트러블, 위 형제가 고생을 한다. 나쁜 친구들, 수행자나 출가한 이들을 친구로 가졌으며, 친척들과의 관계가 나쁘다. 인생의 기회들이 적고, 욕구나 목표를 이루는 어려움이 있다. 유산이나 보험금 등으로 이득을 볼 수도 있다. 어린 시절에는 고생을 했더라도 어른이 된 후에는 보다 더 나은 성취를 이룰 수 있다. 뛰어난 스토리텔러로 추앙을 받을 수 있다.

○ 8번째가 12번째에 있는 경우

"흠의 로드가 손실의 바바에 있으면, 나쁜 행위들이 항상 손실을 일으키며, 특히 파파와 합치를 하면 수명이 짧다."

목샤 로드가 다른 목샤 하우스에 있어서 강한 영적 성향을 준다. 명상이나 수행, 영적 삶을 사는 데 적합한 조합이다. 쓸데없는 것들에 돈을 낭비하려는 욕망에 사로잡혀 에너지를 소모하거나, 많은 비용과 빚이 있다. 단명의 위험, 배우자에게 경제적 이득을 얻지 못하고, 성적 드라이브가 약하며, 항문의 질병, 청력과 시력의 문제, 편안한 잠자리나 침실 생활을 누리지 못하며, 만약 배우자와의 관계가 틀어지면 좋게 화해할 수 있는 능력, 삶의 시련들로 인해 많은 괴로움과 격동들을 겪어야 한다. 외국에서 트러블을 겪을 수도 있다.

9번 로드가 12 하우스에 있는 효과들

9번 하우스는 행운을 다루는 가장 중요한 하우스이다. 행운은 눈에 보이지 않은 여신으로서, 어떤 부로도 유혹할 수가 없다. 행운이란 무엇인가? 사람에게는 건강, 부, 지혜가 필요하다고 한다. 이 세 가지를 모두 동등하게 가지고 있는 것이 바로 행운이다.

○ 9번째가 1번째에 있는 경우

"행운의 로드가 라그나에 있으면, 그는 행운을 타고났으며, 왕에게 칭송받고, 좋은 행위를 하며, 아름다운 모습이며, 유식하며, 그리고 사람들에게 칭송받는다."

다르마 로드가 다른 다르마 하우스에 있는, 최고로 좋은 행운의 조합 중의 하나이다. 행운의 수저를 입에 물고 태어났다. 큰 덕과 신념을 가지고 태어났으며, 종교적이고 영적인 성향을 준다. 유명하거나 잘 알려진 성자, 혹은 종교적 리더들의 차트에서 자주 볼 수 있는 조합이다. 강한 다르마 의식이나 삶의 목적의식을 가지고 있다. 건강하고, 존경받고, 유명하고, 행복하고, 아버지와 좋은 관계를 누린다. 좋은 행위를 하고, 지혜를 타고났으며, 종교적 단체를 이끌 수도 있다. 자수성가한 사람이며, 대중의 명예와 인정을 얻게 된다. 차밍한 성격과 좋은 매너들을 가졌다. 윗사람들의 추천과 이득을 보게 된다. 열심히 일하는 자세로 높은 정상에 오르게 된다. 인간적인 매력을 갖추고 있으며, 대중들의 선망을 사후까지 누리게 된다.

○ 9번째가 2번째에 있는 경우

"행운의 로드가 부의 바바에 있으면, 판딧(Pandit, 학자)이며, 사람들에게 사랑 받으며, 부를 누리며, 용감한 애인이며, 여자들과 어린아이들 등과의 행복이 따른다."

부유하고, 좋은 스피치를 가졌으며, 훌륭한 웅변가, 행복한 가족생활, 배움이 있고, 지식이 많다. 인기를 누리고, 부자이고 영향력 있는 아버지를 두었다. 부모의 부유함을 물려받는다. 어떤 분야의 지식을 선택하든지 대체로 다른 사람들에게 수용된다. 적절한 기회와 지지를 받으면 선택한 전문 분야에서 학자가 될 수 있다. 상상력이 풍부하여 다양한 것들이 필요하며, 다양성이 부족한 것들에 좌절감을 느낀다. 한 개의 주제에 오랫동안 집중하지 못한다.

○ 9번째가 3번째에 있는 경우

"행운의 로드가 형제의 바바에 있으면, 형제들과의 행복이 따르며, 부자이며, 그리고 또한 쓸만한 인재이며, 그리고 아름다운 모습을 하고 있다."

형제들과 행복한, 음악이나 춤, 드라마 등을 좋아하고 재능이 있으며, 문학적 소질, 하는 일마다 쉽게 이루어진다. 좋아할 만한 성격과 차밍한 매너를 가지고 있다. 원하는 것들이 이루어지고, 삶을 최대한으로 산다. 신나는 모험을 즐기고, 용기 있고, 형제들이 아버지와 가깝고, 부모의 부를 물려받는다. 형제들이 종교적인 성향을 가졌다. 단거리, 장거리 여행들을 자주 한다. 행운이 있고, 종교적이고, 영적이다. 아버지와의 행복이 있다. 아버지가 부유하고, 권력을 가지고, 장수한다. 미스터리들을 좋아하며 그러한 것들을 풀려고 한다. 지나치게 분석적인 성격으로 인해 의심을 잘한다.

○ 9번째가 4번째에 있는 경우

"행운의 로드가 네 번째 바바에 있으면, 집과 운송수단들의 행복이 주어졌으며, 모든 충족을 가졌으며, 어머니에게 헌신하는 사람이다."

어머니와 행복하고, 어머니의 이득을 본다. 어머니가 종교적이거나 훌륭한 캐릭터를 가지고 있다. 조상의 유산을 누리며, 많은 안락함을 가졌다. 고정자산이 많으며, 토지, 집, 운송수단 등을 소유한다. 좋은 교육, 높은 학위, 신성한 장소들을 방문하고, 종교와 아버지에 대한 애착이 강하다. 아버지는 상당히 엄격한 사람일 수 있으며, 어린 시절 기억들은 그러한 이미지에 고착되어 있다. 부모님 사이에 불화가 있을 수 있다. 강한 섹스어필을 가지고 있으며, 액션 자체를 기도처럼 여기는 원칙을 따른다. 성공적인 커리어와 직위를 누린다.

○ 9번째가 5번째에 있는 경우

"행운의 로드가 자손들의 바바에 있으면, 자손들과의 행운이 가득하며, 구루에게 헌신하며, 현명하며, 다르마의 영혼이며, 판딧(학자)이다."

다르마 로드가 다른 다르마 하우스에 있는 아주 길조적인 조합이다. 행운이 있고, 부유하고, 디바인 은총을 누린다. 영적 스승이나 종교적 단체의 리더가 될 수도 있다.

고서들이나 철학을 배운다. 유명하고 부유한 아버지를 두었다. 5번 하우스는 9번에서 9번이기에, 아버지가 행운이고 성공적이다. 뛰어난 배움으로 잘 알려져 있으며, 자선적인 기질을 가지고 있다. 어떤 흠도 없는 캐릭터를 가졌다. 위기의 시간에 도움이 될 수 있고, 큰 용기, 부유하고, 아주 만족스런 가족생활을 누린다. 투자로 큰 부를 이룬다. 좋은 스승이나 구루를 만나고, 훌륭한 지식을 얻는 행운이 따른다. 파워풀하고, 장수한다. 아주 총명하며, 자녀들과 행복하고, 자녀들도 부유하고 성공적이다. 신심이 깊고 영적인 자녀들이다.

○ 9번째가 6번째에 있는 경우

"행운의 로드가 악의 바바에 있으면, 아주 적은 행운을 가졌으며, 외삼촌들 등과의 행복이 없으며, 항상 적들로 인해 고통받는다."

아버지와의 트러블, 죄를 짓고, 신념이 없고, 종교에 대해 무시를 한다. 행운이 적고, 아버지는 의학이나 힐링 아트에 연관된 일을 할 수도 있다. 6번 하우스는 9번에서 10번째이므로, 아버지는 직업적으로 성공하게 된다. 아버지가 건강문제에 시달릴 수 있다. 적절한 치료를 하지 않으면 고질적 질병이 될 수도 있다. 만약 속임을 당하게 되면 아주 재빠르고 잔인하게 복수를 한다. 아버지의 법적 문제들을 성공적으로 완결지음으로 인해 부를 얻게 된다. 보상금이 자동적으로 들어온다. 아버지는 법적 소송이나 다른 문제들을 가졌을 수 있다. 좋은 직원이나 고용인들을 얻고, 좋은 직장을 가지며, 힘센 적들, 여행할 기회들이 적은, 외삼촌의 덕을 볼 수도 있다.

○ 9번째가 7번째에 있는 경우

"행운의 로드가 배우자의 바바에 있으면, 아내와의 합치로 행복이 점점 늘어나며, 덕이 있고, 칭송받는다. 오, 두 번 태어난 자여!"

건강하고, 잘생기고, 행운이 따르며, 존경을 받는다. 대체로 결혼 이후에 행운이 온다. 부유하고, 아름답고, 헌신적인 배우자를 얻는다. 종교적이거나 영적인 배우자, 배우자의 가족들 이득을 본다. 고귀하고 운이 좋은 배우자의 복이 있다. 결혼을 하나의 신성한 기능이라기보다는 어떤 게임으로 생각하는 경향이 있다. 가정적 삶을 사랑하고,

가족 구성원들과 같이 있기를 원한다. 7번은 9번에서 11번째이므로, 행운과 모든 욕망의 충족을 나타낸다. 성공적인 비즈니스 파트너십, 권력을 가진 아버지, 아버지는 외국에 가서 부유해지게 된다. 그도 외국에서 행운을 얻을 수 있다.

○ 9번째가 8번째에 있는 경우
"행운의 로드가 죽음의 바바에 있으면, 그에게 행운이 없도록 만들며, 손위 형제와의 행복이 없을 것이다."

행운을 망치기 때문에 좋지 못한 조합이다. 아주 적은 행복을 얻기 위해서도 많이 참고 기다려야 할 수도 있다. 아버지와의 행복이 없고, 아버지는 고생을 많이 하거나 어릴 때 일찍 세상을 떠날 수도 있다. 위의 형제들로 인한 트러블들이 나타날 수 있다. 행운의 변덕이나 굴곡을 겪는다. 재정적 행운은 한결같이 유지되지 않는다. 의심할 여지가 없이 훌륭한 세일즈맨이다. 8번은 9번에서 12번째이므로, 행운의 역전과 결혼생활에서 지속적인 다툼을 겪을 수 있다. 자녀들 역시도 문제를 일으킨다. 종교나 그러한 기관들을 싫어한다. 믿음이나 신념도 부족하다. 긴 수명을 누리며, 배우자의 경제적 이득을 본다. 이혼 후 위자료를 두둑하게 받거나, 유산 등의 혜택을 누릴 수 있다. 강한 직관력으로 오컬트 주제를 공부하기에 적합하다.

○ 9번째가 9번째에 있는 경우
"행운의 로드가 행운의 바바에 있으면, 넘치는 행운이 주어졌으며, 덕과 고귀한 품행이 완벽하며, 형제들과 훌륭한 행복이 있다."

오운 하우스에 있는 최상의 길조적 조합이다. 아버지가 부유하고, 권력을 가졌고, 장수한다. 아버지와의 행복이 있고 이득을 누린다. 사회에서 존경을 받으며, 아버지의 유산을 즐기는 행운이 있다. 모범적인 인물로 추앙을 받을 것이며, 그의 자질들은 다른 사람들에게 영감이 된다. 친척들도 그가 가진 행운의 덕을 누리게 된다. 그의 성장과 진보에 아버지가 중추적인 역할을 한다. 아주 종교적이고 철학적, 자선적이다. 잦은 장거리 여행, 현명하고, 이상적이며, 선행을 한다. 외국에 방문을 하면서 수입을 얻는다. 온화한 배우자와 좋은 자녀들이 있다.

○ 9번째가 10번째에 있는 경우

"행운의 로드가 카르마의 바바에 있으면, 왕이나 혹은 비슷한 이가 되며, 왕의 조언자 혹은 군대의 로드가 되며, 덕이 있고, 사람들에게 칭송받는다."

탁월한 커리어, 성공적인, 존경을 받는, 유명하고, 강한 다르마 의식을 가지고 있다. 커리어의 좋은 행운, 어머니와의 행복, 풍요로움과 안락함을 누린다. 좋은 교육, 선행을 하고, 유명하고 권력을 갖게 된다. 정치적 힘의 조합으로, 아주 강한 라자요가 있다. 정부나 방어부서에서 높은 지위를 얻게 된다. 그가 가진 차밍한 성격이 모두에게 사랑을 받는다. 그의 지혜와 위트가 결혼생활에서도 반영된다. 때로는 수줍고 나약하며, 때로는 강하게 외향적인 자질들을 전시한다.

○ 9번째가 11번째에 있는 경우

"행운의 로드가 이득의 바바에 있으면, 날이면 날마다 부를 획득하며, 고대의 존엄한 이들에게 헌신하며, 덕이 있고, 그리고 항상 정의롭다."

다나 요가이다. 원하는 것 이상의 부를 얻게 될 것이다. 큰 부, 야망과 욕망이 쉽게 충족이 된다. 친구들과의 행복, 영향력 있는 친구들, 종교적이거나 영적인 친구들, 셀 수 없을 만큼 좋은 기회들이 많다. 아버지도 잘 알려지고 부유한 사람이다. 앞으로 다가올 역사에 훌륭한 기여를 남길 수 있거나, 아주 탁월한 능력을 가지고 있다. 꿈꾸는 것 이상의 부를 가지게 될 것이다. 어떤 계획이든지 한 치의 잘못된 점도 미리 알고 준비할 수 있을 만큼 탁월한 지성, 훌륭한 자녀, 성공적인 투자 등을 한다.

○ 9번째가 12번째에 있는 경우

"행운의 로드가 손실의 바바에 있으면, 행운을 잃게끔 만드는 사람이며, 좋은 일을 위해 비용과 손실을 계속 만들며, 손님들을 원하는지라 부(副)가 없다."

행운이 손상되었다. 아버지와의 행복이 없고, 아버지가 고생을 하거나 일찍 세상을 떠날 수 있다. 종교나 철학에 대한 관심이 없다. 구루의 덕이나 신념이 없다. 좋은 성적 생활을 누리고, 장식이 잘된 멋진 침실 생활을 즐긴다. 9번 로드가 12번에 있으면 부유한 배경을 나타내지 않는다. 페스티벌이나 축제 등으로 인한 재정적 어려움을 겪을 수 있다. 각별히 유의를 하여, 알뜰한 재정적 법칙을 따라야 한다. 잘 알려지지 않은 외국의 장소들로 여행을 한다. 사후에 좋은 곳에 간다. 목샤를 얻는 데 아주 적합한 조합이다.

10번 로드가 12 하우스에 있는 효과들

10번 하우스는 라그나 다음으로 가장 중요한 하우스이다. 삶에서 가장 중요한 직업, 액션, 커리어를 나타내는 하우스이다. 프로페셔널한 영역에서 성공할 수 있는지 하는 것은 10번 로드의 저력과 10번 하우스에 달려 있다. 만약 10번 로드가 취약하거나 약하면 삶의 전문성 영역에서 어려움을 겪게 될 것이다. 반면에 강하면, 성공적인 전문성을 나타낸다.

○ 10번째가 1번째에 있는 경우

"카르마의 로드가 라그나에 있으면, 유식하며, 잘 알려졌으며, 부자이며, 통찰력이 있으며, 어린 시절에는 병이 있지만, 나중에는 행복하고, 날마다 부가 늘어난다."

커리어 마인드, 자수성가, 자영업이나 자가 사업, 성공적 커리어, 존경받거나 유명한 사람이며, 품위를 갖추고 있다. 자신의 영역에서 선구자일 수도 있다. 일중독이며, 정상에 오르기 위해 필요한 어려운 일들을 한다. 커리어가 자신의 개성이나 신체를 이용하는 일일 수도 있다(모델, 배우 등과 같은). 어린 시절에는 건강 관련 문제가 나타날 수 있다. 거북이처럼 천천히, 안정적으로 경주를 이기고자 하는 원칙을 가지고 있다. 그리하여 진보와 성장이 안정적이고 천천히 이루어질 것이다. 권력자들이나 정치와 연관된 사람들과 인맥이 있다. 이러한 조합은 정치에서 성공을 하는 데 좋은 조합이다. 잘생기고, 건강하며, 장수하며, 강한 다르마 의식을 가졌고, 신성한 장소들을 방문한다.

○ 10번째가 2번째에 있는 경우

"로열티의 로드가 부의 바바에 있으면, 부자이며, 덕을 갖추었으며, 왕에게 존경받고, 풍부하며, 아버지 등과 같이 있으며, 행복하다."

아타 로드가 다른 아타 하우스에 있어 상당한 부와 버는 능력을 준다. 훌륭한 스피치, 직업적으로 강연하는 사람일 수도 있다. 좋은 상상력과 행복한 가족생활을 누린다. 진실하고, 자선적이며, 커리어가 음식과 연관된 일(레스토랑, 캐터링 등)일 수도 있다. 2번은 10번에서 5번째이므로, 선택한 전문 분야에서 성공을 할 것이다. 가족 비즈니스를 계발할 수도 있으며, 만약 손해를 본다면 그만 접어버릴 수도 있다. 명성을 얻거나, 아버지에게 큰 유산을 받았을 수도 있다. 직업적 명성이나 향상이 열심히 노력한 대가로 얻어질 수 있다. 성공하기 이전에 넘어야 할 장애물들을 의지력으로 극복하여서 명성의 사다리를 타고 올라갈 수 있다.

○ 10번째가 3번째에 있는 경우

"카르마의 로드가 형제의 장소에 있으면, 형제들과 하인들과의 행복이 주어졌으며, 용감하며, 덕이 완벽하고, 말이 많고, 그리고 정직한 사람이다."

커리어가 음악, 춤, 드라마 등과 연관이 있거나, 일의 상당 부분을 여행하는 데 많이 쓰는 커리어를 가질 수 있다. 스피커나 작가로서 빛을 발할 수 있다. 형제들이 자신의 커리어 성공을 위한 결정적인 역할을 한다. 형제들과의 경쟁심도 있을 수 있다. 진리에 대한 맹세를 하였기에, 자신의 주변에서 존경을 받는다. 다른 사람들이 좋아하며, 직장에서 일을 하는 데 필요한 어떤 협조나 선의를 얻기에 한 치의 부족함도 없을 것이다. 3번은 10번에서 6번째이므로, 직업적으로 어떤 문제를 만날 수 있지만 모두 극복할 수 있을 것이다. 커리어 성공이 열심히 노력을 한 대가로 천천히 온다. 용기 있고, 모험을 즐긴다.

○ 10번째가 4번째에 있는 경우

"카르마의 로드가 행복의 바바에 있으면, 행복하고, 어머니를 돕는 데 헌신적이며, 운송수단들, 토지, 집들의 로드이며, 덕이 있고, 그리고 또한 부자이다."

성공적인 커리어, 높은 지위, 명예롭고 유명하다. 신성한 장소로 성지순례를 가며, 많은 편안함과 안락함을 누린다. 고정자산이 많고, 차, 집, 토지 등을 소유한다. 어머니와의 행복, 배움이 있고, 높은 학위, 커리어에 대한 열정, 장수하는 어머니, 좋은 선행들을 한다. 커리어가 농업이나 조경, 혹은 부동산업과 연관될 수 있다. 정치적 권력을 가졌으며, 정부나 높은 사람들로부터 호의를 얻는다. 다양한 주제들에 지식이 있는 다재다능한 사람이다. 좋은 명상가로 알려져 있다. 위기의 상황에 도와줄 수 있는, 힘 있는 친구들이 있다. 그가 가진 부와 리더십 자질들로 인해 추종하는 사람들이 많은, 공인의 삶을 사는 데 강한 조합이다.

○ 10번째가 5번째에 있는 경우
"카르마의 로드가 자손들의 바바에 있으면, 모든 지식들이 주어졌으며, 항상 빽빽한 기쁨들이 함께 하며, 부자이며, 그리고 또한 자녀들을 가진다."

10번 로드가 있을 수 있는 아주 길조적인 조합이다. 아주 총명하며, 부유하고, 성공적이며, 힘이 있는 자녀들이 있다. 부동산 거래나 투기에 탁월하다. 이득이 되는 투자, 행복한 로맨스, 좋은 선행들을 행한다. 덕이 있고 순결한, 만트라와 영적 테크닉에 대한 지식이 있다. 예술, 스포츠, 혹은 정치에 커리어를 가질 수도 있다. 전생의 노력으로 인한 커리어 성공이 따른다. 종교적, 철학적 성향이 있으며, 기도와 명상을 하며 심플한 삶을 산다. 어린 시절부터 배움에 관심이 있으며, 진리를 따른다. 강한 운명적 센스를 가지고 있으며, 명예와 존경을 받는다. 신성한 장소로 성지순례를 간다. 삶의 온갖 편안함들을 누리는 축복이 있다. 5번은 10번에서 8번째이므로, 커리어의 역전, 변화나 굴곡을 겪게 된다. 그의 진보와 개발을 막고자 하는 강한 적들도 있다.

○ 10번째가 6번째에 있는 경우
"카르마의 로드가 악의 바바에 있으면, 아버지와의 행복이 없으며, 똑똑한 것을 참지 못하며, 부를 원하며, 적들에게 억눌린다."

아타 로드가 다른 아타 하우스에 있어서, 부를 얻는 데 좋은 조합이다. 하지만 부가 노력을 통해 천천히 온다. 커리어의 굴곡이 있고, 열심히 일해야 하며, 적들이 커리어

진보나 승진을 막을 수도 있다. 후배가 먼저 승진하거나 자신의 상사가 될 수도 있다. 자신이 처한 환경에서 전근이나 변화가 있을 수 있다. 의료계의 커리어, 간호, 병원, 법, 감옥 등과 연관된 직업에서 빛을 발할 것이다. 책임 있는 지위를 맡게 된다. 공평한 사람으로 알려져 있으며, 높은 존경을 받는다. 6번은 10번에서 9번째이므로, 직업의 행운이 있으며, 사람들이 전문인으로 알아본다. 정치적 힘을 행사하고, 평균 이상의 부를 가지고 있다. 행운의 기회들이 자동적으로 온다.

○ 10번째가 7번째에 있는 경우
"로열티의 로드가 배우자의 바바에 있으면, 결혼생활의 행복이 따르며, 합리적이며, 덕이 있고, 말이 많으며, 그리고 진리와 다르마에 헌신한다."

좋은 커리어, 파트너십이나 합동 벤처에서 이득을 본다. 행복한 결혼생활, 배우자가 유명하거나 커리어 마인드, 성숙하거나 파워풀한 배우자이다. 전문직 삶에 좋은 조합이다. IQ는 평균 이상이며, 뛰어난 소통 능력으로 잘 알려져 있다. 커리어 개발을 부추길 수 있는 배우자 행운이 있다. 비즈니스로 외국 여행을 할 수 있다. 매니저로서 능력이 잘 알려져 있으며, 목표를 제때 잘 달성한다. 사람과 파견단을 믿기 때문에, 시도하는 모든 벤처들이 성공적이게 된다. 7번은 10번에서 10번째이므로, 그의 프로페셔널 명성은 모든 국경을 넘게 된다.

○ 10번째가 8번째에 있는 경우
"카르마의 로드가 홈의 바바에 있으면, 직업이 없도록 만들며, 오래 살며, 다른 사람들의 이름을 실추시키는 것을 주목적으로 한다."

커리어 문제, 적절한 다르마를 찾는 어려움, 명성과 이름이 없으며, 행한 공덕이 인정을 받지 못한다. 커리어의 변화나 브레이크가 있을 수 있다, 나쁜 행위들을 한다. 어쨌든 직업적으로 높은 지위를 얻게 될 것이다. 신비주의자가 되거나 영적인 삶을 선택할 수 있다. 좋은 수명이 주어졌다. 숭고한 마인드와 높은 원리원칙을 가지고, 숭고한 원칙들을 수호한다. 후배들이나 동료들에게 존경을 받는다. 8번은 10번에서 11번째이므로, 직업적으로 높은 이득을 얻을 것이다. 형제들 또한 성공의 사다리를 타고 올라간다. 유산, 파트너의 부로 인한 이득을 본다.

○ 10번째가 9번째에 있는 경우

"로열티의 로드가 행운의 장소에 있으면, 왕족 혈통이면 왕이 될 것이며, 다른 집안에 태어났으면 그렇게 될 것이며, 부와 자녀들 등이 함께 있을 것이다."

강한 다르마를 주는데 좋은 조합이다. 아버지가 부유하고, 권력을 가졌고, 장수한다. 성공적인 커리어, 좋은 선행들을 한다. 신성한 장소로 성지순례를 간다. 아주 종교적이고 영적이다. 성자이거나 신비주의자가 될 것이다. 모범적인 사람이며, 영적인 길을 걷는 사람들에게 가이드가 될 것이다. 대체로 행운이 있으며, 잘살게 된다. 스승, 프리처, 힐러 등으로부터 물려받은 직업들을 가질 수 있다. 아버지는 성장기에 주도적인 역할을 하였으며, 아버지에게 효도와 의무를 다한다. 본성적으로 이타적이고 자선적이다. 정신심리 상담가로 빛을 발할 수 있다. 귀족적인 자세와 자태가 있으며, 가진 재능으로 사람들에게 존경을 받는다.

○ 10번째가 10번째에 있는 경우

"카르마의 로드가 로얄 바바에 있으면, 모든 일들에 능숙하며, 행복하고, 용감하며, 진실을 말하며, 그리고 구루들에게 헌신적이고 따르는 사람이다."

오운 하우스에 있는 좋은 조합이다. 성공적 커리어, 명성과 존경을 받는다. 파워풀한 다르마와 훌륭한 전문직에 아주 좋은 조합이기에, 자신의 직업에서 빛을 발하게 된다. 연장자들을 존경하며, 자신도 존경을 받는다. 믿을 만한 사람이고, 언제나 믿고 의지를 할 수 있는 훌륭한 조력가임을 증명해 보인다. 상당한 정치적 힘을 행사할 수 있으며, 정부 관료들과의 인맥을 항상 가지고 있을 것이다. 부유하고, 정부나 높은 사람들로부터 인정을 받는다. 전문직의 향상과 명성에 아주 좋은 조합이다. 다른 사람들이 가이드를 받고자 올려다보는 사람이다. 어떤 특정한 시기에 출가를 하거나 산야시가 될 수도 있다.

○ 10번째가 11번째에 있는 경우

"로열티의 로드가 이득의 바바에 있으면, 부와 자녀들이 따르며, 기쁨으로 가득하며, 그리고 또한 쓸 만한 인물이며, 진실을 말하며, 항상 행복하다."

부에 아주 좋은 조합이다. 중대 욕망이나 야망들이 성취된다. 성공적인 커리어, 좋은 선행들을 한다. 부유하고 영향력 있는 친구들, 위 형제가 자신의 커리어 가이드나 성공의 키 역할을 할 수도 있다. 총명함, 자녀들과의 행복, 투자로 인한 이득을 얻는다. 돈과 함께 공덕과 명성을 얻게 된다. 항상 행복한 모습을 전시하며, 온화함과 친절함을 보인다. 그래서 대중적으로 좋은 명성과 선의를 얻게 된다. 많은 사람들에게 즐거움을 줄 기회들이 많은 위치에 있게 된다. 친구들이 서로 만나고자 하는 사람이 된다. 11번은 10번에서 2번째이므로, 커리어가 큰 수입을 가져다준다. 이름과 명성이 오고 직업적으로 향상하게 된다.

○ 10번째가 12번째에 있는 경우

"로열티의 로드가 손실의 바바에 있으면, 왕족들 빌딩에 비용을 쓰며, 계속해서 적들을 두려워하며, 그리고 또한 똑똑하며 생각이 깊다."

커리어 문제, 커리어의 잦은 변화, 명예나 이름이 없고, 아주 먼 장소에서 일을 해야 할 수도 있다. 외국에 거주할 가능성이 많으며, 많은 문제와 장애물들을 만날 수 있다. 자신에게 맞는 다르마를 찾는 어려움을 겪으며, 자기실현을 추구한다. 세금이나 정부 기관들과 연관된 문제들에선 조심을 해야 한다. 정치인들과 엮이는 것을 조심해야 한다. 그들로 인한 상당한 손해를 입을 수 있다. 의식이나 종교와 연관된 직업을 가질 수도 있다. 문제 해결을 위해선 레머디를 사용하는 것이 좋다.

11번 로드가 12 하우스에 있는 효과들

11번 하우스는 모든 욕망의 충족을 나타낸다. '이득'이 주 특성인 하우스이다. 삶에서 얻을 수 있는 이득은 11번 하우스의 저력에 달려 있다. 11번 로드가 강하면, 어떤 벤처를 하든지 성공을 거둘 수 있다. 만약 11번 하우스가 너무 강하면 독재자적인 자질들도 나타날 수 있다.

○ 11번째가 1번째에 있는 경우

"이득의 로드가 라그나에 있으면, 사트빅으로 타고났으며, 부자이며, 행복하며, 모든 것을 초연하게 보며, 통찰력이 있으며, 말이 많고, 그리고 항상 이득을 보게 될 것이다."

부유하고, 많은 기회들이 있고, 욕망이나 야망들을 쉽게 성취한다. 부유한 집안에 태어났으며, 길조적인 친구들, 위 형제와의 행복과 이득을 누린다. 건강하고, 행복하다. 타고난 자질들을 적절하게 잘 사용하면 엄청난 부를 얻을 수 있다. 타고난 웅변적 능력을 효과적으로 사용할 수 있는 직업이 가장 잘 맞다. 라그나는 11번에서 3번째이므로, 삶의 전투들에서 동생들이 도와줄 것이다. 용맹함과 기사도 정신으로 잘 알려져 있다. 원하는 모든 것들이 충족될 수 있는 조합이다.

○ 11번째가 2번째에 있는 경우

"이득의 로드가 부의 바바에 있으면, 모든 종류의 부를 타고났으며, 모든 성취들을 함께할 것이며, 베풀며, 정의롭고, 그리고 항상 행복하다."

상당한 부를 주는 파워풀한 다나 요가이다. 부유하고, 여러 가지 다양한 수단으로 부를 얻는다. 가정적인 행복, 은행이나 대출을 통해 수입을 올린다. 총명하고, 배움이 있고, 훌륭한 스피커, 풍부한 상상력을 가지고 있다. 위 형제들의 도움과 가이드가 있고, 돈을 버는 데 키 역할을 할 수 있다. 친구와 위 형제들과의 하모니한 관계성들을 가진다. 친구들과 비즈니스 파트너를 하는 것이 언제나 좋은 수입을 가져다준다. 근본적으로 이타적이고 자선적이다. 또한 종교적이고 영적이다. 전 삶을 걸쳐서 친구들과 위 형제들이 도와준다. 2번은 11번에서 4번째이므로, 운송수단과 좋은 집의 행운이 있다.

○ 11번째가 3번째에 있는 경우

"이득의 로드가 형제의 장소에 있으면, 모든 일에서 자신감이 있으며, 부자이며, 형제들과의 행복이 있으며, 그리고 또한, 고통스럽게 찌르는 질병(통풍)을 가끔씩 두려워한다."

카마 로드가 다른 카마 하우스에 있어 욕망과 야망의 충족이 쉽게 이루어진다. 음악과 시적인 일이 주 수입근원이다. 전 삶을 걸쳐 형제들이 도와주며, 많은 친구들이 있을 것이다. 많은 소질과 재능들이 있으며, 친구와 형제들과의 좋은 관계를 누리는 행운이 있다. 3번은 11번에서 5번째이므로, 높은 사람들로 인한 상당한 이득을 얻게 된다. 투자나 투기를 적절하게 잘하여 큰 부를 벌 수 있다. 리스크가 높은 만큼 이득도 크다. 5번은 투자와 투기를 다스린다. 위 형제들이 조언뿐만 아니라 경제적 도움 또한 준다. 문학적 영역에서 이득을 보거나, 모험을 즐기며, 용감하다.

○ 11번째가 4번째에 있는 경우

"이득의 로드가 행복의 바바에 있으면, 어머니의 가족에게 이득을 보게 되며, 신성한 장소들로 여행하며 집과 토지의 행복이 주어졌다."

부동산, 농사, 농업, 땅에서 나오는 것들, 세입자들 등을 통해 부를 축적한다. 혹은 어머니나 외가의 부를 물려받을 수도 있다. 아주 교양 있고 모범이 되는 캐릭터를 가지고 있다. 뛰어난 아카데미 능력으로 잘 알려져 있다. 사랑스럽고 차밍한 파트너가 있다. 4번은 11번에서 6번째이므로, 비즈니스와 연관된 많은 문제들에 부딪힐 수 있다. 전문적 분야에서 경쟁심과 적대심이 있을 수 있다. 신성한 장소로 성지순례를 가며, 좋은 교육, 높은 학위, 편안하고 안락함, 좋은 친구들을 가졌다.

○ 11번째가 5번째에 있는 경우

"이득의 로드가 자손들의 바바에 있으면, 기쁨을 주는 자녀들을 낳으며, 그리고 또한 유식하며, 그리고 좋은 품행을 갖추었으며, 다르마에 헌신하며, 그리고 행복하다."

투자로 인해 아주 큰 부를 얻을 수 있는 훌륭한 조합이다. 전반적으로 상당한 이득과 부유함을 누린다. 자녀들과의 행복, 자녀들이 잘된다. 자녀들이 효도하고 덕스럽다.

성공과 명성의 사다리를 타고 오르게 된다. 총명하고 배움이 있다. 예술이나 스포츠를 통해 이득을 본다. 위 형제들도 아주 온화한 기질이고 부유하며, 원하는 것이 쉽게 이루어지며, 인생의 좋은 기회들이 많이 온다. 만약 투기에 개입하면, 갑작스럽게 큰 이득을 보게 될 수 있다. 수행이 없으면 성공하지 못한다는 원칙을 가지고 있다. 자신의 개발을 위해 필요한 많은 수행이나 원칙들을 따른다.

○ 11번째가 6번째에 있는 경우

"이득의 로드가 질병의 바바에 있으면, 질병과 연관되도록 타고났으며, 잔인한 마음을 가졌으며, 외국에서 떠돌며, 그리고 적들에게 억눌린다."

원하는 것이나 욕망을 충족시키는 데 어려움이 있다. 경제적 이득이나 기회들이 적다. 위 형제와의 행복이 없으며, 적들로 인한 트러블을 겪는다. 친구들과의 불화, 삼촌들이 도와준다. 건강과 연관되거나, 요양원을 운영하면서 이득을 얻을 수 있다. 태어난 곳에서 멀리 떨어진 장소에서 행복이 얻어질 것이다. 독자적인 비즈니스보다는 서비스를 하면 더 잘한다. 비즈니스 사이클에서 일어나는 경제적 역전 경험들로 인한 쓸데없는 걱정들에 시달리지 않아도 된다. 좋은 상사 밑에서 일을 하게 되면 아주 잘할 수 있다. 6번은 11번에서 8번째이므로, 직업적 분야에서 약간의 문제들을 기대할 수 있다. 라이벌들에게 경쟁심과 적대심, 그들의 계략에 말려들 위험들이 있다.

○ 11번째가 7번째에 있는 경우

"이득의 로드가 배우자의 바바에 있으면, 아내의 가족들에게 항상 이득을 보며, 부지런하며, 아내에게 순종하는 용감한 애인이다."

카마 로드가 다른 카마 하우스에 있어 욕망이나 야망을 쉽게 충족한다. 강한 열정, 강한 욕망, 배우자가 부유하거나 영향력이 있다. 배우자가 큰 부를 이루는데 도움이 된다. 행복한 결혼생활을 한다. 배우자의 가족들 이득을 본다. 직업적 분야에서 행운이 따른다. 외국에 가거나, 세계여행을 할 수도 있다. 경제적으로 알뜰하지 못해, 비용과 연관된 판단력을 향상시키는 것이 좋다. 자유분방한 마인드이며 잘 맞춰주는 성향으로 인해, 배우자가 컨트롤을 해도 되는 나약한 사람처럼 보일 수 있다. 그의 자유로운 기질을 악용하는 사람들을 조심해야 할 필요가 있다.

○ 11번째가 8번째에 있는 경우

"이득의 로드가 흠의 바바에 있으면, 모든 일에서 부족함을 초래하며, 사는 것이 아주 길며, 아내가 먼저 죽을 것이다."

많은 경제적 손실, 적은 기회들, 원하는 것이 잘 충족되지 못한다. 위 형제들이 그다지 친근한 기질이 아니다. 위 형제와의 행복이 없으며, 위 형제가 일찍 죽거나 고생을 할 수도 있다. 친구가 적거나, 나쁜 친구들을 사귄다. 배우자의 부를 즐기고, 배우자보다 오래 살 수 있는 축복을 받았다. 커리어 변동을 겪지만 너무 마음을 쓰지 않아도 된다. 그에게 접근하는 거짓말쟁이나 사기꾼들을 조심해야 한다. 8번은 11번에서 10번째이므로, 직업적 분야에서 이름을 얻게 된다. 그의 전문성을 사람들이 많이 찾게 된다. 일하는 분야에서 경쟁심이나 적대심으로 인해 상당한 손실을 겪을 수도 있다.

○ 11번째가 9번째에 있는 경우

"이득의 로드가 행운의 바바에 있으면, 행운이 깃드는 사람이 되며, 영리하며, 진실을 말하는 사람이며, 왕에게 칭송받고, 부의 로드이다."

부유하고, 행운이 있고, 욕망과 야망이 쉽게 이루어진다. 아버지의 부를 얻는다. 부유하고 장수하는 아버지, 위 형제와의 행복, 종교적이거나 영적이다. 친구들과의 좋은 관계, 영적인 친구들이 있다. 언제나 행운의 여신이 함께 하고, 많은 집과 운송수단들을 가지게 된다. 철학적인 성향이 있으며, 철학적인 이론과 문학들을 파고든다. 근본적으로 이타주의이며, 자선기관들을 세운다. 그의 재능과 진정성으로 정치적인 힘을 가진 사람들에게 인정과 명예를 얻는다. 파워풀한 다나 요가이며, 상당한 부를 내려줄 수 있다.

○ 11번째가 10번째에 있는 경우

"이득의 로드가 카르마의 바바에 있으면, 왕에게 칭송받고, 자질들이 갖추어 졌으며, 타고난 다르마에 헌신하며, 총명하며, 진실을 말하며, 그리고 모든 감각들을 정복한 사람이다."

커리어의 성공, 많고 좋은 커리어의 기회, 좋은 선행들을 한다. 신성한 장소로 성지 순례를 한다. 부유하고, 안락함과 편안함을 누린다. 비즈니스에 탁월하며, 이름과 명성을 얻는다. 위 형제가 필요할 때 도와준다. 10번은 11번에서 12번째이므로, 비즈니스와 연관하여 기대치 않았던 손해나 비용을 입을 수도 있다. 경쟁심이나 적대심이 늘어난다. 직업적 분야에서 상당한 장애물들과 싸워야 한다. 알뜰한 경제적 원리원칙을 따라야 한다. 상당한 교육적 이득이 있으며, 상이나 상패를 받는다. 항상 그를 도와주는 좋은 친구들이 있다.

○ 11번째가 11번째에 있는 경우

"이득의 로드가 이득의 바바에 있으면, 모든 일에서 이득을 얻으며, 학문적 열정이나 행복이 날로 늘어난다."

오운 하우스에 있어, 11번 하우스의 특성들이 쉽게 이루어진다. 부유하고, 파트너와 자녀들과 함께 편안한 인생을 누린다. 권력을 가진 위 형제와 친구들이 전 삶에 걸쳐서 도와준다. 성장에 도움이 되는 좋은 지식들이 나날이 늘어나게 된다. 아주 길조적인 조합으로 강한 다나 요가이다. 엄청난 이득을 축적하게 된다. 원하는 것보다 훨씬 더 이상을 얻게 된다. 위 형제들이 높은 직위를 얻는다.

○ 11번째가 12번째에 있는 경우

"이득의 로드가 손실의 바바에 있으면, 항상 좋은 일에 비용을 쓰며, 열망하고, 많은 정부들이 있으며, 그리고 외국인들, 야만인들과 형제처럼 교제를 한다."

많은 경제적인 손해를 보고, 적은 기회들이 있고, 원하는 것을 이루기 어렵다. 위 형제와의 행복이 없으며, 위 형제들로 인해 부를 잃을 수 있다. 쓸데없는 것들에 돈을 낭비하고자 한다. 감각적 충족을 위해 돈을 쓰고자 한다. 알지 못하는 그룹들이나 외국인들과 어울린다. 위 형제의 건강으로 인해 상당한 돈을 써야 할 수도 있다. 친구들이 적거나 나쁜 친구들과 어울린다. 12번은 11번에서 2번째이므로, 어쨌든 부는 있게 된다. 좋은 성생활과 침대의 쾌락을 누린다.

12번 로드가 12 하우스에 있는 효과들

12번 하우스는 잃음, 가둬짐, 비용, 마지막 깨달음 등을 나타낸다. 숨겨진 적들도 12번에서 알 수 있다. 만약 크루라가 12번에 있으면 불필요한 비용, 나쁜 건강, 슬픔 등이 있을 것이다. 만약 사움야가 있으면 비용을 컨트롤할 수 있으며, 가둬지는 일도 없을 것이다.

○ 12번째가 1번째에 있는 경우

"손실의 바바가 라그나에 있으면, 소비하는 습관이 있으며, 약하며, 카파(Kapha) 질병이 있으며, 그리고 부와 배움이 없게 된다."

건강이 약하고, 마르거나, 빈약한 몸, 허술한 외모, 행복하지 못하며, 자신감이나 자기존중심이 결여되어 있다. 수명에도 도움이 되지 않는다. 명성이나 존경을 얻지 못하며, 불행한 어린 시절, 삶의 시작이 어렵다. 얼굴은 잘생겼으나, 나약한 마인드, 혹은 약한 체질을 가졌을 수 있다. 호흡 관련 어려움을 겪을 수 있다. 이런 저런 소소한 건강문제를 자주 불평할 수 있고, 건강문제로 발전할 수도 있다. 상상의 질병이나 죽음에 대한 불필요한 두려움에 시달린다. 12번 로드가 1번에 있는 경우 건강에 이로운 조합이 아니다. 검소하고 경제적인 알뜰함을 유지할 필요가 있다. 망상으로 인한 괴로움으로부터 자유로워지기 위해선 명상이나 기도를 하는 것이 좋은 방법이다. 영적 목적으로 여행을 할 수도 있다. 성적 생활을 즐기나 결혼에는 도움이 되지 않는다.

○ 12번째가 2번째에 있는 경우

"손실의 로드가 부의 바바에 있으면, 항상 좋은 일에 소비를 하며, 다르마 성향이며, 기쁘게 말을 하며, 자질들과 행복이 주어졌다."

가난하고, 경제적인 손해, 불행한 가족생활, 속어나 은어를 사용하는 것을 즐긴다. 시력이 나쁘고, 청력의 어려움도 있다. 나쁜 음식을 먹고, 말을 잘 못하며, 상상력이 부족하고, 거짓말을 잘할 수도 있다. 혹은 재치가 있어 유쾌하지 않은 토픽들을 잘 다룰 수 있는 능력이 있다. 경제적인 문제에 시달리고, 불규칙적인 식습관이 후유증들을 유발한다. 궁극적으로 영적인 방도들을 통해 마음의 평화를 얻게 된다. 2번은 12번에서 3번째이므로, 비용이 상당이 늘어날 수 있으나, 동생들이 도와준다. 영적인 목표를 가지고 있으며, 신을 따르게 된다.

○ 12번째가 3번째에 있는 경우
"손실의 로드가 형제의 장소에 있으면, 형제들과의 행복이 없이 타고났으며, 다른 사람들을 싫어하고 그리고 자신의 사람을 부양한다."

형제들과의 행복이 없으며, 수줍고 무관심하다. 형제 중의 한 명을 잃을 수 있다. 동생이 그에게 적대적으로 될 수 있다. 옷차림에 대해 신경을 쓰지 않으며, 사람들 앞에서 구질구질하게 보일 수 있다. 많은 돈을 동생들에게 사용한다. 근본적으로 내향적이며, 친구나 영향력 가진 사람들에 대해 상관하지 않는다. 3번은 12번에서 4번째이므로, 편안함과 영적인 자유의 환희가 있고, 영적 가이드를 받는다. 사이킥 능력이 있는 건 아니지만, 촉이 발달하여 아주 정확하게 찍어내거나 판단할 수 있는 능력을 전시하기도 한다.

○ 12번째가 4번째에 있는 경우
"손실의 로드가 행복의 바바에 있으면, 어머니와의 행복이 없으며, 날마다 토지, 운송수단들 등이 줄어들 것이다."

목샤 로드가 목샤 하우스에 있어 강한 영적 성향을 준다. 어머니와의 행복이 없고, 어머니가 일찍 세상을 떠나거나 고생을 한다. 편안함이 적고, 재산이 부족하고, 운송수단과 연관된 어려움들을 겪는다. 집의 일부를 임대해야 하거나, 세 들어 살 수도 있다. 행복이 적고, 정신적으로 불안정하며 불필요한 걱정거리들이 많다. 친척들이 적대적으로 되며, 집에서 먼 곳에서 살아야 할 수도 있다. 집주인이 항상 괴롭히며, 운송수단과 장비들의 유지비가 많이 들어간다. 운송수단으로 인한 손해를 볼 수 있다. 4번은 12번에서 5번째이므로, 영적인 수행을 통해 영적 진보를 얻을 수도 있다.

○ 12번째가 5번째에 있는 경우

"손실의 로드가 자손들의 바바에 있으면, 자손들과 배움이 없으며, 아이를 얻기 위해 비용을 쓰게 될 것이며, 신성한 장소들을 찾아 먼 곳에서 돌아다닌다."

적은 수의 자녀, 자녀와의 행복이 적다. 임신의 지연이나 어려움, 혹은 자녀들로 인한 불행이 올 수도 있다. 영적 마인드를 가졌으며, 성지순례나, 마음의 평화를 얻기 위해 종교적 기부를 하는 것에 돈을 사용한다. 정신적 분열 증세에 시달릴 수 있다. 정신적으로 허약 상태에 있을 때, 종교의 이름을 이용해 어떤 사람에게 사기를 당할 수도 있다. 전생에서 가져온 좋은 카르마가 부족하여, 비도덕적이고 바르지 못하며, 시험을 통과하는 어려움, 불행한 로맨스 등에 시달린다. 5번은 12번에서 6번째이므로, 영적 진보를 위해 많이 애를 써야 한다. 깨달음의 길을 가는 데 많은 장애물과 방해를 받게 된다. 박티 요가나 기야나 요가를 행하면 많은 도움이 된다.

○ 12번째가 6번째에 있는 경우

"손실의 로드가 악의 바바에 있으면, 자기 사람들과 적대적으로 행동하며, 화를 내고, 사악하고, 괴로우며, 다른 사람의 아내들과 기쁨을 누린다."

건강하지 못하고, 안 좋은 직장, 부리는 사람이나 후배들과의 어려움, 친척들의 이득을 보지 못한다. 적들과 경쟁자들을 파괴한다. 만약 12번 로드가 저력을 갖추었으면, 부, 명성, 그리고 온갖 종류의 부를 준다. 6번은 12번에서 7번째로서, 앵글 위치에 있기에, 12번 하우스와 연관된 것들에서 행운이 따를 것이다. 영적 영역에서 열심히 노력한다면 영적 자유를 얻을 수도 있다. 현명하지 못한 비용이나 씀씀이도 약간 있으며, 분노적 성향을 조절하는 것이 좋다.

○ 12번째가 7번째에 있는 경우

"손실의 로드가 배우자의 바바에 있으면, 아내가 항상 비용을 만들며, 어머니와의 행복이 없을 것이며, 힘과 지식이 없다."

불행한 결혼생활, 이혼, 빚, 비용 등에 시달린다. 배우자가 자신감이 부족하거나, 사회적으로 열등한 사람이다. 배우자가 일찍 돌아가거나 고생을 할 수 있다. 상당한 노력을 하지 않는 한, 관계성을 계속 유지하기가 아주 어렵다. 비즈니스 파트너십의 이득을 보기도 어렵다. 마음이 언제나 불안하며, 배움도 안정적이지 못하다. 7번은 12번에서 8번째이므로, 7번 하우스 특성들만 손상시킬 뿐만 아니라, 12번 하우스 특성들도 해를 입히게 된다. 비용이 걷잡을 수 없을 정도로 늘어나며, 언제든 파산할 수 있다는 느낌에 시달린다. 인생의 후반에 언제든 출가를 해버릴 가능성이 아주 높다.

○ 12번째가 8번째에 있는 경우
"손실의 로드가 죽음의 바바에 있으면, 항상 이득을 보도록 타고났으며, 듣기 좋도록 말을 하며, 중간 정도의 수명이며, 좋은 자질들을 완전하게 갖추었다."

목샤 로드가 다른 목샤 하우스에 있어 강한 영적 성향을 준다. 오컬트 주제에 대한 관심, 깨달음에 대한 욕망, 자신의 주변에서 잘 알려지고 유명하다. 사치스러운 것들로 가득한 삶을 누리며 많은 하인들을 거느린다. 중요한 사람으로부터 유산을 물려받을 수도 있다. 사이킥 관련 과학들에 대한 관심이 있다. 좋은 자질들을 갖춘 머리와 가슴을 가졌으며 다재다능하다. 정의로움으로 잘 알려져 있으며, 언변을 잘 하는 사람으로 인정을 받을 것이다. 8번은 12번에서 9번째이므로, 12번 하우스 특성들과 연관한 행운이 따를 것이다. 비용이 적고 영적 진보를 하게 될 것이다.

○ 12번째가 9번째에 있는 경우
"손실의 로드가 행운의 바바에 있으면, 구루들을 미워하도록 만들며, 친구들을 적대시하며, 그리고 또한 자신의 목표들을 추진하는 데 완전히 헌신한다."

아버지와의 행복이 없다. 아버지로 인한 빚과 비용에 시달린다. 아버지가 일찍 세상을 떠나거나 고생을 한다. 행운이 부족하고, 문제 해결 능력이 부족하다. 종교나 철학에 대한 관심이나 존경심이 없다. 믿음이나 신념이 없고, 윗사람이나 구루들의 덕을 보지 못한다. 다른 사람들과 좋은 관계성을 유지하기 어렵다. 아마 외국에서 살고 있거나 외국에서 더 잘살 수 있기 때문이다. 고귀한 마음, 정직하고 관대한 심성을 가졌지만 영적인 것들에 별로 돈을 쓰지 않는다. 너무 이득만 챙기다가 가족생활이 안 좋게 될 수도 있다. 9번은 12번에서 10번째이므로, 12번 특성들과 연관하여 행운이 따른다. 비용은 줄어들고, 영적인 진보가 있고, 영적인 것들에 대한 행운이 따른다.

○ 12번째가 10번째에 있는 경우

"손실의 로드가 로얄 바바에 있으면, 로얄 가족들로 인해 비용을 쓰며, 아버지로 인해 아주 적은 행복만이 있다."

커리어 문제, 공덕을 행하지만 주목이나 인정을 받지 못한다. 잦은 커리어 변동, 자신만의 다르마를 찾는 어려움으로 좌절한다. 명예와 이름이 없고 나쁜 행위들을 행한다. 사회적으로 높은 수준의 계층들과 어울리다 보니, 비용이 감당하기 힘들다. 부모님의 행운이 부족하고, 자녀들이 적대적으로 돌아설 수 있다. 10번은 12번에서 11번째이므로, 12번 하우스와 연관한 이득으로 영적 진보가 있다. 높고 힘 있는 사람들과 인맥이 있으며, 그가 곤경에 처했을 때 도움이 된다. 박티 요가와 기야나 요가가 적합하다.

○ 12번째가 11번째에 있는 경우

"손실의 로드가 이득의 바바에 있으면, 수입들, 물건들, 그리고 다른 사람의 것들로 인해 손해를 보며, 때로는 그것들을 통해 이득을 보기도 한다."

위 형제와의 관계가 안 좋으며, 위 형제가 일찍 세상을 떠나거나 고생할 수 있다. 은둔적이거나 나쁜 친구들을 사귄다. 비즈니스, 이득, 비용과 연관하여 안 좋은 조합이다. 11번은 12번에서 12번이므로, 많은 적들이 생길 것이며, 아주 몇몇의 친구들만 있다. 집과 멀리 떨어진 곳에서 살다가 생기게 된, 사치스런 생활 습관이 있다. 결정적인 순간에 손해를 잃는 위험을 피할 수 없다. 임신과 연관된 지연이나 어려움이 있다. 기대치 않았던 손해들로 인해, 비용이 걷잡을 수 없이 늘어나며, 영적 진보를 얻기가 어렵다. 적들에게 이용당할 수도 있다.

○ 12번째가 12번째에 있는 경우

"손실의 로드가 손실의 바바에 있으면, 지나친 비용들을 만들며, 신체적 행복이 없으며, 화를 낼 것이며, 다른 사람들을 싫어하는 사람이다."

오운 하우스에 있지만, 12번에 있는 행성은 효력을 발휘하는 어려움을 겪는다. 로드하는 다른 하우스에도 안 좋은 영향을 미친다. 영적 성향을 가졌거나, 영적인 추구를 하는 데는 아주 좋은 조합이다. 목샤의 길에 집중하며, 사후에 좋은 곳에 간다. 그는 자신으로 인한 심한 비용을 만들게 된다. 육체의 쾌락을 위해 돈을 펑펑 쓰게 된다. 12번은 침대의 쾌락을 나타내기 때문이다. 모든 것을 다 잃은 후에야 영적 진보를 얻게 될 것이다. 외국에서 성공을 한다.

3.

35가지 조합의 행성간 합치

 행성들은 항상 다른 행성들과의 합치나 어스펙트 등을 통해 상호관계성을 맺으며 함께 조율된 복합적인 효과들을 주게 된다. 그래서 마치 수학 공식을 풀듯이 1 + 1 = 2, 혹은 A + B = C 등과 같은 단답형의 방식으로 차트를 풀이하고 이해한다는 것은 거의 불가능하다. 행성들은 특히 서로 합치를 할 때, 좋든 나쁘든 서로에게 지대한 영향력을 행사하게 된다. 두 개의 금속을 합하면 세 번째의 더 강한 금속이 나오는 것과 마찬가지로, 행성들이 합치할 때의 효과는 개별적 파트의 효과보다 중요하다. 어떤 차트에서든, 행성들이 독자적으로 행동을 하게 되는 경우는 아주 드물다. 그래서 행성들이 합치를 통해 어떤 식으로 작용을 하는지 이해하는 것이 죠티샤 능력을 향상시키는 데 아주 도움이 된다. 우선적으로 행성들이 가진 자연적인 상호관계성 공식과 기본적인 성향에 대해 잘 파악을 하고 있으면, 몇 개의 행성들이 서로 삼반다를 형성하고 있을 때 나타날 수 있는 복합적인 결과들을 보다 효과적으로 추론할 수 있게 된다.

 요가 효과를 내는 삼반다를 형성하는 데 있어, 가장 중요한 비중의 순서는 ① 합치하였을 때 ② 정반대편에 있을 때 ③ 스퀘어 위치에 있거나 ④ 트라인 위치에 있을 때이다. 이는 마치 다른 사람과 한집에 같이 살고 있을 때 그들이 미치는 영향력이 더 지대한 것과 마찬가지이다. 이에 비해 정반대편이나 스퀘어 등의 위치에 있을 때의 효과들은 합치를 할 때보다 훨씬 덜 직접적이 되고, 덜 강해지게 된다.

행성간 합치하는 효과를 최종적으로 판단하기 위해서는 입문서 2권과 이 책 상권의 2장에서 소개한 라지타타디 아바스타즈가 훨씬 우위를 가지고 있다는 점을 염두에 두고 있어야 한다. 다음에 소개하는 행성간 합치의 효과는 행성들이 가진 자연적 상호관계와 성향에 따라 나타날 수 있는 일반적인 효과라는 사실을 기억하기 바란다.

두 행성이 서로 합치할 수 있는 조합은 7가지 세트(총 35가지)가 있다. 두 행성이 합치를 할 때 어떤 효과를 줄지 이해하게 되면 나머지 2개 이상의 조합들도 같은 방식으로 이해력을 넓혀갈 수 있다. 설령 많은 행성들이 합치를 하더라도, 한번에 두 행성씩 별도로 체크를 하면 된다. 두 행성간의 합치는 언제나 서로에게 도움이 되는 것은 아니다. 한 행성에게는 더욱 유리하더라도 다른 행성의 효과는 상대적으로 줄어들 수 있다. 이러한 것들을 판단하는 기준은 행성들이 가진 상징, 상호관계성 등에 맞추어 연구를 해보면 된다. 두 행성간의 조합을 이해한 후에, 같은 개념을 다른 영역에 적용하여 차트 해석을 해보는 것도 이해력을 넓히는 데 좋은 방법이다.

행성간 합치의 효과를 판단하는 기본적인 기준들

행성간 합치를 이해하는 데 있어 기본적으로 기억해야 할 중요한 사실은 행성들이 가진 주요 특성들이다. 그리고 행성들 간의 자연적 상호관계성이다. 친구나 적과 합치하느냐, 혹은 중립 관계에 있는 행성들끼리 합치하느냐에 따라 이들이 복합적으로 나타내는 효과들은 상당히 조율되게 될 것이다(『하늘의 금괴』 11장 발췌)

- **태양은 같이 있는 행성을 빛나게 하며, 안정시키며 품위를 주고, 분리시키며, 개체화시키며, 독립성을 준다.**

- 달은 같이 있는 행성을 반영하고, 편안하게 해주고, 다독거리며, 보양하고 자라게 하며, 사회성을 주며, 잘 변하고 변덕스럽게 한다.
- 화성은 같이 있는 행성에 활력을 주며, 부수고, 싸우며, 에너지가 넘치게 하며, 힘을 주고 독립적이며 반항하게 만든다.
- 수성은 같이 있는 행성을 조화시키고, 지지하고, 소통하며, 유동성, 현실성, 분별력, 친화성 등을 준다.
- 목성은 같이 있는 행성을 축복하며, 팽창시키고, 용서하고, 이해를 준다. 강한 목성의 영향은 최종적으로 얻게 될 이득과 충족을 나타내는 힐링 연고와도 같다.
- 금성은 같이 있는 행성을 다듬어주고, 편안하게 해주며, 사랑하고, 가치 있게 해주며, 즐거움, 쉬움, 사치스러움 등을 준다.
- 토성은 같이 있는 행성을 분리시키고, 격리시키며, 비집착하게 하고, 억압하며, 냉정함과 편협함을 준다.
- 라후는 합치한 행성의 자질들을 가리거나 혹은 새로운 확장이나 계발을 시킨다. 케투는 합치한 행성의 자질들을 더욱 강화시키거나 혹은 제한을 시킨다.

행성간 상호관계에 따른 영향들

항상 기억해야 할 사실은, 만약 행성 A가 다른 행성 B와 친구 관계이면, 행성 A는 자신의 특성들과 다르지 않는 한 다른 행성 B가 가진 자연적 특징들을 돕는다. 만약 행성 A가 다른 행성 B와 적 관계이면, 그들이 비슷한 성향을 가지고 있지 않는 한, 다른 행성 B의 자연적 특성들을 해하게 될 것이다. 합치한 행성들은 서로 자연적인 친구 관계일 수도 있지만, 그러나 항상 서로 임시적인 적 관계에 있다. 그래서 그들은 절대 친구 관계가 되지 못할 것이며, 최대한으로 중립 관계는 될 수가 있다. 그러므로 그들은 서로의 가진 목표가 같은 한도 내에서 단지 부분적인 도움만 서로에게 줄 수 있다.

○ 35가지 조합의 행성간 합치에 나타날 수 있는 효과들

- 태양(8가지 조합): 태양+달, 태양+화성, 태양+수성, 태양+목성, 태양+금성, 태양+토성, 태양+라후, 태양+케투
- 달(7가지 조합): 달+화성, 달+수성, 달+목성, 달+금성, 달+토성, 달+라후, 달+케투
- 화성(6가지 조합): 화성+수성, 화성+목성, 화성+금성, 화성+토성, 화성+라후, 화성+케투
- 수성(5가지 조합): 수성+목성, 수성+금성, 수성+토성, 수성+라후, 수성+케투
- 목성(4가지 조합): 목성+금성, 목성+토성, 목성+라후, 목성+케투
- 금성(3가지 조합): 금성+토성, 금성+라후, 금성+케투
- 토성(2가지 조합): 토성+라후, 토성+케투

태양과 달의 합치

태양과 달은 상호간에 친구이지만 합치를 하는 경우, 그믐달이거나 뉴문이 된다. 그믐달의 경우에는 흉성이 되고 뉴문은 길성이 되기 때문에, 나타날 수 있는 효과도 그에 따라 조율된다. 하지만 달의 사이즈가 작기 때문에 달의 힘이 이클립되는 경향이 있다.

○ 긍정적 효과
높은 영적인 능력, 깨달음을 위해 세상의 미련을 떨칠 수 있는 능력이 뛰어나다.

○ 부정적 효과
달의 빛이 지구의 그림자로 인해 가려졌다. 전체적으로 감정적인 인지 능력이 뒤떨어진다. 삶에서 항상 빛이 부족한 것처럼 여겨지고 인내심도 부족하다. 자기발전, 향상

을 위해 애를 쓸 수도 있지만 인내심은 부족하다. 많은 경우에 출생 과정 중에 어려움이나 곤경을 겪었거나, 뭔가 다른 독특한 점이 있다.

태양과 화성의 합치

태양과 화성은 상호간에 친구이지만 합치를 하는 경우, 화성이 가진 저력을 위축시키는 경향이 있다. 태양은 직위를 나타내고, 화성은 전투, 싸움을 하는 행성인데, 화성이 태양의 힘과 권위에 눌려 자신만의 싸움을 추진하는 데 어려움을 겪게 된다.

○ 긍정적 효과

주도적, 단기적 임무 수행을 잘하며, 강한 저항력과 체력이 있으며, 경쟁적인 기질, 자발적인 접근 방식을 즐기며, 재빠른 반응을 하고, 젊음과 저력을 유지하며, 차트 주인이나 아버지가 방위 혹은 보안 등과 연관된 일을 하며, 혹은 외과의사, 건강과 연관된 직업이 좋다(몸을 자르거나, 뭔가를 주입하거나, 몸의 조작을 하는 일 등).

○ 부정적 효과

고집이 센, 압도적인, 마치기를 잘 못하는, 직장을 자주 바꾸는, 인내심이 부족한, 거칠거나 압도적인 스피치, 즉각적인 만족을 기대하는, 피타 불균형에 잘 걸리는, 여성의 경우 남성적인 기질을 주는, 의사 혹은 의료인들을 자주 방문하는, 자기 발전을 광적으로 하는 기질 등이 있다.

태양과 수성의 합치

태양은 수성에게 친구이고, 수성은 태양에게 중립이다. 좋은 효과를 내기 위해선 수성이 가진 기본적인 저력이 필요하다. 태양은 총명함을 나타내고, 수성은 이지적 분석력이 뛰어난 행성이다. 상호 합치를 하는 경우, 배움에 뛰어난 '부다 아디티야 요가(Budha Adhitya Yoga)'라는 특별한 효과를 준다. 하지만 수성이 컴바스트가 된 경우에는 수성이 가진 객관적 이지력의 힘이 줄어들게 된다. 수성이 더 강한 경우에는 태양이 가진 지성적 액션의 힘을 향상시켜줄 수 있다.

○ **긍정적 효과**

조직 관리를 잘하는, 재고 분석하기를 좋아하는, 똑똑하거나 기이한, 회계 영역, 비즈니스 관리 등의 일을 하는 경우가 많다. 전반적으로 좋은 비즈니스 감각을 가지고 있으며, 예산이나 돈 관리에 중점을 두는 마인드를 가졌다.

○ **부정적 효과**

돈 관리를 잘 못하는, 너무 똑똑하거나 수단과 방법을 가리지 않는, 디테일하고 복잡한 경향이 있다.

태양과 목성의 합치

태양과 목성은 상호간에 좋은 친구 관계인 동시에, 총명한 지성을 주는 행성들이다. 서로 합치를 하는 경우 태양이 가진 액션의 힘과 목성이 가진 지혜의 힘이 잘 조화를 이루어 탁월한 창조지성을 주게 된다.

○ 긍정적 효과

편안하게 해주는, 열정적인, 서포트를 하는, 생각이 깊은, 확장적인, 좋은 조언자 능력, 상담원, 미니스터, 영적 리더, 스피커, 작가일 수도 있다. 카운셀러, 중재인, 상충되는 관점들을 균형 잡는, 대체로 돈과 부에 좋은 조합이다.

○ 부정적 효과

완전한 액션 취하기를 꺼려하고, 레저나 편안함을 선호한다.

태양과 금성의 합치

태양과 금성은 상호간에 적 관계이기 때문에 두 행성 모두에게 그다지 이상적인 합치가 아니다. 태양은 액션을 추구하고, 금성은 아름다움을 추구하는 행성인데, 서로가 가진 다른 아젠다로 인해 양방으로 피해를 입히거나, 혹은 더 강한 행성이 약한 행성의 아젠다를 무력화시킬 수 있다.

○ 긍정적 효과

매력적, 예술에 재능이 있는, 배우, 뮤지션, 아티스트 등등, 예능인, 강연자, 혹은 대변인, 세일즈를 잘하는, 혹은 어떤 아이디어나 철학을 잘 홍보하는, 낮은 레벨의 공무원이나 관리직, 스포츠와 연관된 일을 할 수도 있다.

○ 부정적 효과

조작적, 사랑을 컨트롤하는, 사랑과 인생의 마찰, 재생이나 성기 관련 문제에 잘 시달린다.

태양과 토성의 합치

태양과 토성은 상호간에 적 관계이기 때문에, 두 행성 모두 피해를 보게 된다. 태양이 가진 액션의 힘, 토성이 가진 집중력의 힘이 상호 보완적이라기보다는 상충적으로 작용하면서, 에고가 느끼는 갈등이나 좌절감을 심화시키는 경향이 있다.

○ **긍정적 효과**

열심히 하는, 믿을 수 있는, 보수적인, 효율적인, 정규적이고 예측할 수 있는 일을 하기를 선호하는, 최소한의 불확실함이 있는 정돈된 환경과 분명한 지시사항이 있는 곳에서 일하는 하는 것이 가장 적합한, 업무 지시사항과 원칙들을 정확하게 따른다.

○ **부정적 효과**

변화를 회피하는, 애매모호한 것을 싫어하는, 사람들에 대한 스킬이 부족한, 감정적으로 격한 일을 잘 못하는, 진정한 권위적 인물에 저항하는, 자신감이 부족한 것을 혐오하는, 갈등하고, 빠르거나 제한적인, 부 혹은 감정적 삶이 늦게 오는, 자주 업신여김을 당한다.

태양과 라후의 합치

라후는 케투와 함께 태양과 달을 삼키는 이클립을 일으키는 그림자 행성이다. 그래서 이들이 다른 어떤 행성보다도 태양 혹은 달과 합치를 하였을 때 극복하기가 훨씬 어려워진다. 태양과 라후의 합치가 어느 하우스에서 일어나는가에 따라 긍정적으로든 부정적으로든 효과가 커지게 된다.

태양과 합치하는 라후는 태양이 가진 지성이나 액션할 수 있는 힘을 가리는 경향이 있다.

○ **긍정적 효과**

영적인 능력, 외국과 연관된 일이나 외국에서 살면 이득을 보는, 남다른 직업을 가졌거나, 혹은 정상적인 일보다는 독특하고 창의적인 일을 한다.

○ **부정적 효과**

자신감과 자기의식이 부족한, 자기평가를 잘 못하는, 걱정이 많은, 혼란스런, 불투명한, 진단하기 어려운 병에 시달리는, 아버지의 인생이 어려운, 혹은 아버지와의 관계가 멀거나 어떤 식으로든 순조롭지 못하다.

태양과 케투의 합치

태양은 라후에 비해 케투와 합치를 할 때 더욱 어려움을 가지게 된다. 태양은 액션을 추구하고 케투는 제한을 시키는 그림자 행성이다. 태양의 긍정적인 힘을 도와줄 수 있는 다른 여건들이 없는 한, 태양과 합치한 케투는 이상적 액션을 추구할 수 있는 힘이 약해지거나 취약한 자존감에 시달리게 만든다.

○ **긍정적 효과**

아주 진화된 영적 능력을 가진 많은 성인이나 개인들이 이러한 조합을 가지고 있다.

○ **부정적 효과**

건강문제, 약하거나 예민한 체질, 용기가 부족한, 많은 예상치 못한 일들, 변화, 불분명한 일들을 겪는, 비전, 혈액순환, 심장 문제(저혈압 등), 아버지 혹은 자신의 인생에 많은 굴곡을 겪는다.

달과 화성의 합치

달은 화성에게 친구이지만 화성은 달에게 중립이다. 달과 화성이 합치하는 경우, '찬드라 망갈 요가(Chandra Mangala Yoga)'라고 하는 좋은 요가 조합이다. 달은 감정적인 마인드, 화성은 논리성과 불같은 에너지를 나타낸다. 이러한 합치는 선명하고 논리적인 감정을 주고, 확고하며 민첩한 행동을 할 수 있는 능력, 그리고 재물을 쉽게 잘 모을 수 있게 한다.

○ **긍정적 효과**

감정적으로 충전되고 쉽게 흥분하는, 대담한 액션과 선두적으로 주도하는, 상상력이 활발하고 에너제틱하다.

○ **부정적 효과**

짜증을 잘 내는, 쉽게 약이 오르는, 고조된 감정에서 행동을 하는 위험, 어머니와의 관계성에서 마찰이나 갈등의 가능성, 어머니가 감정적, 건강적 문제가 있는, 개인적 관계성에서, 특히 결혼생활에서 감정적으로 방해를 받는다.

달과 수성의 합치

달은 수성에게 적이고, 수성은 달에게 좋은 친구이다. 두 행성이 합치하는 경우, 대체로 수성이 피해를 보게 된다. 달은 상상력을 나타내고, 수성은 사고적 마인드를 나타낸다. 이러한 합치는 지나친 감정이입을 하는 경향을 주기 때문에 객관적으로 사유할 수 있는 수성의 힘이 피해를 보게 된다.

○ **긍정적 효과**

동의적인, 자선적인, 배려적인, 친구들을 잘 사귀는, 과학적이거나 분석적인 방법들에 창의적인, 활발한 상상력, 혁신적인, 좋은 작가, 이론가, 장난을 잘 치는 마인드를 가지고 있다.

○ **부정적 효과**

너무 액티브하면 불안정적인, 주의가 산만하고 잘 흩어지는, 너무 생각이 많은, 지나친 상상력, 비효율적인 경향이 강하다.

달과 목성의 합치

달은 완전함을 나타내고, 목성은 확장을 하게 해주는 행성이다. 달은 목성에게 친구이지만 목성은 달에게 중립이다. 그러나 목성은 누구든 같이 있는 행성을 도와준다. 특히 달과 목성이 합치를 하는 경우, '가자케샤리 요가(GajaKesari Yoga)'를 주어 로얄한 캐릭터와 지위를 줄 뿐만 아니라, 물질적, 정신적으로 풍요롭고, 행복하고, 긍정적인 효과들이 원하는 대로 쉽게 일어나게 된다.

○ **긍정적 효과**

장애물을 극복하고 이겨내는, 편안하고 좋은 직위를 누리는, 존경받는, 휴머니스트, 다른 사람들에게 조언하고, 가르치고, 돕기를 좋아하는, 낙천적인 기질이 있다.

○ **부정적 효과**

너무 긍정적인, 언제 그만두어야 될지 모르는, 높은 기대감으로 후회나 불만족을 얻게 되며, 게으르다.

달과 금성의 합치

달은 금성에게 적이고, 금성은 달에게 중립이다. 달은 상상력을 나타내고, 금성은 아름다움을 추구하는 행성이다. 두 행성은 서로 여성적인 행성이기에, 같이 합치를 하는 경우 대체로 금성이 피해를 보게 되어, 금성이 가진 하우스 로드십의 영역을 충족시키는 데 어려움을 겪는다.

○ **긍정적 효과**

좋은 상상력, 정화된 사랑과 편안함. 다른 사람들을 편안하게 하거나 혹은 자신의 삶을 풍요롭게 하기를 좋아하는, 감정이 풍부하고 주로 오른쪽 뇌를 사용하는 활동에 끌리는, 예술적으로 섬세하다.

○ **부정적 효과**

쾌락에 탐닉하는 성향을 조종해야 하는, 과도함, 사치, 비만, 넘쳐나는 음식이나 성적 행위 등을 조심해야 하는, 루틴이나 구조가 중요하다.

달과 토성의 합치

달은 토성에게 적이고, 토성은 달에게 중립이다. 달은 감정을 나타내고, 토성은 부정적이고 장애물들에 집중을 하는 행성이다. 두 행성이 합치를 하는 경우, 달은 토성이 가진 열등한 감정이나 자질들을 고조시키는 경향이 있다. 동시에 토성은 같이 있는 행성은 누구든 굶주리게 한다. 그래서 달과 토성의 합치는 감정적 외로움과 고립을 강조하는 경향이 있다.

○ 긍정적 효과

적당히 창조적인 일에 아주 최상인, 가진 능력으로 상상력에 잘 활용하는, 혹은 자신을 홍보하기 위한 문제들을 잘 해결하는, 효율적인, 테크니컬하거나 과학적인 글처럼 정확한 과정에 뛰어난, 혹은 엔지니어나 비즈니즈 과정에 뛰어나다.

○ 부정적 효과

슬프거나 감정적으로 후퇴하는, 차가운, 제한된, 수줍은, 자신의 슬픔에 빠져 있는, 자신이 열심히 한 일에 인정을 받지 못하면 우울증에 빠지는, 자신의 필요를 충분하게 소통하지 않는, 피곤한, 너무 열심히 하려 한다.

달과 라후의 합치

달은 감정을 나타내고, 라후는 남다르고 이색적인 것들을 나타낸다. 달은 케투에 비해 라후와 합치할 때, 감정적으로 더욱 혼란스럽고 예민하거나 불안함을 겪는 경향이 있다.

○ 긍정적 효과

아주 대단한 창조성, 높은 신비로운 상태를 유지할 수 있는 능력, 남다른 사유 과정을 한다.

○ 부정적 효과

혼란스럽고 불안한, 의심을 하는, 취약한, 순진하고 이용을 잘 당하는, 불확실하고 자기의구심이 강해서 온갖 잡동사니 일들을 다 할 줄 아는 사람이 되게 한다. 술, 마약에 빠지거나, 균형을 유지하기 위해 많은 영양제들을 먹을 수 있다. 호르몬 작용이 불균형적인, 어머니에 대한 혼란스러움을 겪는다.

달과 케투의 합치

달은 감정을 나타내고, 케투는 무제한적인, 숨겨진 힘을 나타낸다. 달과 케투가 합치를 하는 경우, 달은 자신의 감정을 파악하는 데 어려움이 있거나 혹은 너무 내향적으로 되는 기질이 있다.

○ 긍정적 효과
아주 직관적인, 사이킥, 매사에 영적인 성향으로 재보는 마인드, 대부분의 사람들에게 수용이 되지 않는 아주 정제된 정신적 수준의 경험을 할 수 있다. 진짜의 꿈을 꾸는 능력이 있다.

○ 부정적 효과
높은 직관력과 예민성이 정신적 불균형으로 만들 수 있다. 사이코, 이상한 드림, 아주 수용적인 반면에 그들이 하는 모든 경험들에서 자신을 분리할 수 있는 능력이 부족하다.

화성과 수성의 합치

화성은 수성에게 중립이지만, 수성은 화성에게 적이다. 두 행성이 합치를 하는 경우 화성이 상당한 피해를 입게 된다. 화성은 에너지를 나타내고, 수성은 이지적 사고의 마인드를 나타낸다. 이러한 합치를 하는 화성은 민첩하게 액션을 할 수 있는 에너지를 잃게 되고, 너무 많은 생각이나 옵션을 가지고 재다가 적절한 타이밍을 놓쳐서 피해를 입는 예가 자주 일어난다.

○ **긍정적 효과**

똑똑한, 빠른, 탁월한 스피커, 엔지니어링 마인드를 가지고 있는, 기술적인 것들을 다루는 직업이나 의료진 일을 하는, 빨리 문제를 해결할 수 있는 능력이 있다.

○ **부정적 효과**

정신적으로 너무 자극이 되어 있는, 마인드가 아주 빨리 회전하는, 화를 내는 무드, 멈춰서 생각을 해봐야 되는 타입, 많이 성취하려는 드라이브를 가진, 경쟁적인, 공격적인, 야심적인, 너무 자기중심적인, 목표를 달성하기 위해 앞뒤를 가리지 않는다.

화성과 목성의 합치

화성과 목성은 상호간에 좋은 친구이기에, 두 행성이 합치를 하는 경우, 서로의 장점들을 강화시켜줄 수 있는 힘이 있다. 특히 '구루 망갈라 요가(Guru Mangala Yoga)' 조합으로, 물질적, 영적 행운이 쉽게 온다. 화성은 에너지를 나타내고, 목성은 부를 주는 행성이다. 부를 이루기 위한 적극적인 액션을 하기 때문이다.

○ **긍정적 효과**

에너지, 열정, 역동성을 가져온다. 재산 관리를 잘하고, 많은 돈과 직위를 가져올 수 있는 조합이다. 좋은 교육과 리더십 위치를 줄 수 있는 합치이다.

○ **부정적 효과**

부를 너무 빨리 소모한다. 한동안 혹심한 가난을 겪을 수 있다. 부정적인 법적 합의금으로 고통받거나, 자금 관리를 부적절하게 하여 경제적 징계를 받을 수 있다.

화성과 금성의 합치

화성과 금성은 상호간에 중립적인 관계에 있다. 화성은 열정을 나타내고, 금성은 사랑을 나타내는 행성이다. 두 행성이 합치를 하는 경우, 자신의 욕구를 충족하기 위한 적극적인 열정을 주게 된다. 이러한 열정이 좋은 효과를 낼 수 있는 것은 다른 부차적인 요소들에 달려 있다.

○ 긍정적 효과
성적인 생기와 매력, 자연스럽게 로맨스를 잘 즐기는, 젊은 매력이나 카리스마가 있는, 행동하기를 좋아한다.

○ 부정적 효과
성관계를 즐기지만 관계성에서 안정하는 어려움, 지나치게 열정적인, 심한 말다툼과 싸움을 자주 하는 이성관계, 신경질적이고 쉽게 약이 오르는, 재미는 있지만 믿을 수 있는 파트너는 아니다.

화성과 토성의 합치

화성은 토성에게 적이고, 토성은 화성에게 중립이다. 화성은 불과 같은 액션을 추구하고, 토성은 느리면서도 집중적이고 제한적으로 액션을 하는 행성이다. 그래서 두 행성이 합치를 하는 경우, 토성은 자신이 가진 제한성에 극도로 예민해지게 된다.

○ 긍정적 효과
높은 에너지, 많은 액션과 신체적 활동을 아주 잘하는, 공격적이거나 리스크 감당을 잘하는, 위험, 용기, 체력 등이 필요한 일들을 아주 잘하는, 긴장감을 잘 버티는, 에너지를 쏟을 곳을 찾고 있는, 직선적이고 넘치는 에너지로 사람들이 결과를 만들 수 있도록 부추길 수 있는 재능을 가지고 있다.

○ 부정적 효과

높은 신진대사, 불안정적인, 뭐든지 너무 빨리 하려고 드는, 그들이 가진 에너지가 주변환경에 잘 조화를 이루지 못하는, 마르고 높은 옥타브를 가지는 경향, 특히 젊을 때는 성급한 경향, 사랑하는 이들의 동기나 필요를 그다지 잘 이해하지 못하는, 자신들의 과도함으로 다른 사람들을 몰아내는, 혼자이고 고립된 것처럼 느끼는, 쇠진하고 항상 우울한, 그러다가 활기차지곤 한다.

화성과 라후의 합치

화성은 불과 같은 에너지를 나타내고, 라후는 숨겨진 독소적 요소를 나타낸다. 독을 잘 활용하면 사람을 살릴 수 있는 약이 되지만, 잘못 활용하게 되면 한 방에 죽일 수 있는 힘이 있다. 두 행성이 모두 흉성이기 때문에, 두 행성의 조합이 긍정적인 효과를 내기 위해선 라후의 로드 행성 건강 상태가 결정적인 역할을 한다.

○ 긍정적 효과

일반적으로 이들은 많은 에너지를 가지고 있고, 액션에 대한 남다른 방식으로 접근한다.

○ 부정적 효과

쉽게 화를 내는, 반사회적인, 복수적인, 혈액순환이나 피의 독소로 인한 트러블의 가능성, 고열 성향이 쉽게 피부 발진이 되는, 알레르기, 몸의 다른 염증이 잘 생기는 경향, 자신을 조정하는 어려움, 침착해야 하고, 복수심이나 화가 난 감정에 너무 말리지 않도록 유의해야 한다.

화성과 케투의 합치

화성은 에너지를 나타내고, 케투는 재정비, 재조직을 할 수 있는 힘을 가지고 있다. 두 행성의 조합이 좋은 효과를 내기 위해선 케투의 로드 행성 건강상태가 결정적인 역할을 한다.

○ **긍정적 효과**
뭐든지 빨리 반응을 할 수 있다. 메카니컬한 기기나 장비들을 잘 다루는 탁월한 재능이 있다.

○ **부정적 효과**
평정심을 잃는, 화를 잘 내는, 약이 잘 오르는, 다른 사람들의 부정적 행위나 비난에 쉽게 분노를 하는, 너무 빨리 행동을 하거나 자신을 표현하기를 지연하는, 감정이 빨리 달아오르기에 '10'까지 세는 연습이 필요하다.

수성과 목성의 합치

수성은 목성에게 적이고, 목성은 수성에게 중립이다. 그러나 목성은 같이 있는 행성은 누구든지 도와준다. 수성은 분별력을 나타내고, 목성은 확장과 지혜, 기쁨, 행복을 나타내는 행성이다. 두 행성이 합치를 하는 경우, 수성은 목성이 가진 확장적인 좋은 효과들을 누리는 반면, 목성이 가진 자연스런 기쁨이나 지혜의 능력은 줄어들고 너무 방대한 정보나 디테일을 수집하는 경향을 주게 된다.

○ **긍정적 효과**

재능이 있는 스피커와 카운셀러, 잘 배우고 통찰력이 있는, 출판, 세미나, 뮤직, 댄스, 예술, 그리고 '지혜'를 다루는 비즈니스 등에 전반적으로 관심이 있는, 아이들의 교육을 잘하는, 현명하고 부유하다.

○ **부정적 효과**

너무 낙천적인 자세, 분명한 이득의 기회를 놓치는, 게으른 생각을 가졌다.

수성과 금성의 합치

수성과 금성은 상호간에 좋은 친구이기 때문에 서로의 장점들을 살려주게 된다. 수성은 마인드를 나타내고, 금성은 쾌락을 나타내는 행성이다. 두 행성이 합치하는 경우, 뛰어난 유머감각과 즐거움, 쾌락을 늘려갈 수 있는 효과를 준다.

○ **긍정적 효과**

차밍한 매너, 재미있는 것을 즐기는 기질, 보다 상상적인 것들을 즐기는, 혹은 비즈니스나 교역에 있어 창조적인 면을 즐기는, 신선하고 오리지널한, 탁월한 창조적 작가, 혹은 뮤지션으로 성공할 수 있다.

○ **부정적 효과**

필요에 따라 사악해질 수도 있는, 가능한 어렵거나 잔인한 환경을 피하려고 하는, 어릴 때부터 너무 미래에 대한 생각을 빨리 하거나, 어떤 일이나 비즈니스에서 생각이 먼저 앞서가는, 철이 들거나 심각하지 않은, 대체로 40대에 들어서야 안정을 하고 미래에 대한 생각을 한다.

수성과 토성의 합치

수성은 토성에게 친구이지만, 토성은 수성에게 중립이다. 그래서 수성이 무심하고 냉철한 토성으로 인해 좀 더 피해를 입게 되는 경향이 있다. 수성은 사고력을 나타내고, 토성은 제한된, 집중적이거나 막힌 자질들을 나타낸다. 수성이 가진 이지적 사고 능력이 활발하게 발현되지 못하게 제한을 하는 경향이 있다.

○ **긍정적 효과**
마인드가 아주 집중된, 테크니컬한 경향, 아주 깊은 디테일로 파고드는, 집중을 잘 하는, 남다른 비즈니스 거래를 잘하는, 좋은 비즈니스 감각이 있고, 계획에 탁월한, 대체로 돈 관리가 정확하고, 비즈니스의 증진을 위해 일을 한다.

○ **부정적 효과**
큰 그림에 대한 시각을 잃는, 속이는, 가리는, 충동적이고 집착적인, 너무 디테일한, 충고를 받아들이지 못하는, 막힌 듯 느끼는, 정신적 불균형이나, 주의가 잘 산만해지는, 방해, 우울증 등에 잘 걸리는, 어떤 경우에는, 배우는 능력이 더딘, 배운 것을 기억해내는 것도 더디다.

수성과 라후의 합치

수성은 사고력을 나타내고, 라후는 남다르거나 독소적인 것들을 나타내는 행성이다. 수성이 가진 민첩한 사고 능력이 라후가 가진 남다른 특성들과 합하여 긍정적 혹은 부정적으로 나타나는 데에는 라후의 로드 행성이 결정적인 역할을 한다.

○ 긍정적 효과

마인드가 외국인들이나, 외국에서 살거나, 외국적인 것들과의 연결을 좋아하는, 외국적이거나 남다른 것을 좋아하는 성향이 있다.

○ 부정적 효과

사고가 흐리고 독소적인, 특히 중압감에 눌리게 되면 공격을 받고 있는 듯 느끼는, 초점을 못 잡고, 긴장하고 믿을 수 없는, 일에서 속이거나 혼란스러운, 야비하거나 칭찬, 배려가 부족한, 최악의 경우에 범죄적 성향이 될 수 있다.

수성과 케투의 합치

수성은 사고력을 나타내고, 케투는 아주 섬세하거나 예측하기 어려운 자질들을 가지고 있다. 두 행성이 합치를 하는 경우, 수성이 가진 사고력의 힘이 긍정적 혹은 부정적으로 나타나는 데에는 케투의 로드 행성이 결정적인 역할을 한다.

○ 긍정적 효과
섬세한 사고, 뛰어난 직관적 분석력, 사이킥, 영적 사고, 사유 과정의 변화가 빠르다.

○ 부정적 효과
혼란스런, 광적이거나 미친 듯한, 혼란스런, 와일드하고 화가 난, 어떤 것을 분명하게, 정확하게, 이성적으로 사유하기가 어려운, 심리적 스킬이 예리하지 못한, 때로는 너무 쉽게 방해를 느끼거나 정신적 균형을 잃어버리는, 놀람과 변화로 가득한 마인드를 가졌다.

목성과 금성의 합치

목성은 금성에게 중립이지만, 금성은 목성에게 적이기 때문에, 목성이 좀 더 피해를 입게 된다. 목성은 무엇이든지 확장과 성장을 하게 하고, 금성은 아름다움과 세속적인 쾌락을 추구하는 행성이다. 두 행성이 합치를 하는 경우, 목성이 가진 순수한 영적 자질들이 피해를 보는 대신에, 금성의 물질적 추구 성향을 크게 돕는 경향이 있다.

○ 긍정적 효과

카운셀러, 지식을 취하고 줄 수 있는 능력이 있는, 존경을 받는, 밝고, 행운이 좋고, 칭송을 받는, 아티스트, 사회봉사자, 보다 높은 인간적 원인에 헌신하는, 정치적 관심이나 능력, 조언가, 미니스터, 영적 리더, 패션이나 사치품 교역에서 일을 할 수도 있다.

○ 부정적 효과

레저나 편안함을 너무 좋아해서 컨트롤을 잃을 수도 있는, 쾌락에 빠져 자신을 허비하거나 모든 행운들을 낭비할 수도 있는, 좋은 루틴과 적절한 수행이 있으면 많은 도움이 될 수 있다.

목성과 토성의 합치

목성과 토성은 상호간에 중립이다. 두 행성이 합치를 하는 경우, 나타나는 효과들도 중립적인 경향이 있다. 목성은 지혜를 가졌고 뭐든지 확장을 하는 행성이다. 토성은 집중하고, 질서를 유지하고, 컨트롤하는 행성이다. 두 행성이 합치하는 경우 목성이 가진 기쁨이나 행복이 상당히 조정되어, 냉정하고 차가운 인상과 기질을 준다.

○ **긍정적 효과**

탁월한 조직 관리자, 임원, 혹은 법률적인 성향, 권위적이고 컨트롤을 유지할 수 있는 직업에 끌리는, 집요한, 체계적인, 법과 질서를 지키는, 조언자, 심리 상담자, 교육가 혹은 강사, 법적 성향의 마인드, 언쟁이나 웅변을 잘하는, 논리적이다.

○ **부정적 효과**

고집이 센, 편견이 있는, 선입견적인 의견을 가진, 극단주의, 자신의 믿음에 광신적인, 고통에 집착하여 너무 염세적으로 될 수 있는, 인생이 무의미하고 고난으로 가득하다는 자의식에 휩싸일 수 있다.

목성과 라후의 합치

목성은 부와 지혜를 나타내고, 라후는 속임이나 혼란, 독창성을 나타내는 행성이다. 목성과 라후가 합치하는 경우, '구루찬달라(Guru-Chandala) 요가'로서 전통적인 인도 사회에서는 아주 비길조적인 조합으로 여겨져 왔다. 현대 시대에는 이러한 조합이 독창적이고 오리지널한 사람을 만드는 경향이 있다. 이들이 긍정적 혹은 부정적 효과로 나타나는 데에는 라후의 로드 행성이 결정적인 역할을 한다.

○ **긍정적 효과**
기본적으로 아주 친근하고, 대체로 물질적 추구를 지향한다.

○ 부정적 효과

라후는 대체로 확장적이고 친절한 목성 같은 사람들(구루, 스승 등)을 어렵게 만드는 경향이 있다. 이런 사람들은 자신에게 집중하는 경향, 특히 이성에게 삶의 목적이나 결혼의 필요성에 대한 혼란을 겪을 수도 있는, 혼란스럽거나 부정직한 이성을 인생에 끌어들일 수 있다.

목성과 케투의 합치

목성은 지혜와 부를 나타내며, 케투는 영성, 깨달음, 경이로움을 나타내는 행성이다. 깊은 진리와 영성의 카라카인 두 행성의 합치가 좋거나 나쁜 효과들로 나타나기 위해선 케투의 로드 행성이 결정적인 역할을 한다.

○ 긍정적 효과

정신적 기능이 보다 섬세하고 정화된, 사이킥, 직관적, 본능적으로 행동할 수 있는 좋은 능력, 배우지 않고도 어떻게 해야 될지 알고 있는, 혹은 이전의 경험이 없는 상태인데도 뭔가를 잘 알고 있다.

○ 부정적 효과

금욕적이거나 수도자적인 경향이 자주 있다. 혹은 정반대로 사랑에 대한 아주 편리한 자세를 가졌을 수 있다. 나이든 사람이나 성숙한 사람에게 끌리며, 결혼의 지연이나 어려움, 감정적으로 건조하거나 초연한, 목적을 위해 차밍하게 굴 수도 있다. 부에 대한 노력이나 책임을 회피, 사치스런 것을 누리거나 혹은 누릴 자격이 없다고 느낀다.

금성과 토성의 합치

금성과 토성은 상호간에 좋은 친구이다. 금성은 사랑과 아름다움을 나타내는 행성이고 토성은 집중이나 제한을 하는 행성이다. 두 행성이 좋은 관계이긴 하지만, 토성과 합치하는 행성은 항상 지불해야 하는 가격이 있다. 그래서 비록 좋은 친구이지만 토성은 금성의 아젠다를 어느 정도 희생, 혹은 양보하게 만든다.

○ **긍정적 효과**

이성관계나 결혼에서 안정성, 지구력, 비즈니스 혹은 테크니컬한 능력, 생산적인, 노력파, 농수산물에서 이득을 볼 수 있는, 혹은 토지, 쇠, 철, 기름, 검은 것들 등을 다루는 일에서 이득을 볼 수 있는, 오래되고 심각한 것들을 사랑하는, 골동품, 오래된 책, 나이든 사람들, 가난한 사람들 등에 더 끌린다.

○ **부정적 효과**

금욕적이거나 독신주의 경향이 자주 있다. 혹은 정반대일 수도 있다. 그러나 사랑에 대해 아주 편리한 방식을 가졌을 수 있다. 나이들거나 성숙한 사람들에게 끌린다. 결혼이 지연되거나 제한될 수 있다. 감정적으로 건조하거나 초연적일 수 있다. 목적달성을 위해 차밍할 수 있는, 부와 사치품을 추구하기 위한 노력이나 책임감에서 별로 가치를 느끼지 못하는, 혹은 자신이 누릴 자격이 없다고 느낄 수 있다.

금성과 라후의 합치

금성은 사랑, 라후는 평범하지 않은 것을 나타내는 행성이다. 금성과 라후의 조합은 사랑이나 세상의 물질적인 욕망을 평범하지 않은 방식으로 드라이브하게 만드는 경향이 있다. 이러한 효과들이 긍정적 혹은 부정적으로 나타나는 데에는 라후의 로드 행성이 결정적인 역할을 한다.

○ **긍정적 효과**

이들은 아주 독특하고, 어떤 탁월한 능력을 가졌을 수 있다. 아주 비현실적인 사람일 수 있다.

○ **부정적 효과**

감정적 혼란, 행복하지 못한 애정관계, 속임, 환상, 사랑과 연관된 배신감을 느끼는, 비통상적인 성적 관계나 터부 행위를 할 수 있는, 생식기관의 질환, 종양이나 전립선 문제, 난소관 막힘증 등에 걸릴 수 있다.

금성과 케투의 합치

금성은 사랑, 케투는 예기치 못한 변화와 변형, 혹은 깨달음을 가져다주는 행성이다. 케투는 금성이 가진 사랑과 아름다움, 욕구적인 성향을 긍정적인 방향으로 변형시키거나 혹은 정반대로 더욱 강한 집착을 하거나 변태적이게 만들 수 있다. 두 행성의 조합이 어떻게 나타날지는 케투의 로드 행성이 결정적인 역할을 한다.

○ **긍정적 효과**

신비롭고 이교도적이거나 영적인 영역을 사랑한다.

○ **부정적 효과**

이성관계성의 굴곡을 겪는, 사랑과 사랑하는 이들과의 이별이나 실연을 경험하는, 속았거나 배신당한 듯 잘 느끼는, 사랑의 갑작스런 변화를 자주 경험하는, 사랑을 지키지 못한다.

토성과 라후의 합치

토성은 집중과 제한을 시키며, 라후는 이국적이거나 평범하지 않은 것들을 나타낸다. 두 행성이 모두 흉성이기 때문에 이러한 조합은 신체적, 물질적, 혹은 영적으로 남달리 많은 장애와 어려움들을 극복하게 만드는 경향이 있다. 결과적으로 긍정적 혹은 부정적 효과들로 나타나는 데에는 라후의 로드 행성이 결정적인 역할을 한다.

○ **긍정적 효과**
멀고, 외지고, 혹은 외국적인 것들을 좋아하는, 외국 땅에서 더 성공하는, 혹은 외국 제품이나 외국 사람들을 다루는 일에서 더 성공을 거두는, 성공하기 위한 드라이브를 가지고 있다.

○ **부정적 효과**
후회하지 않는, 감정이나 느낌을 부정하거나 상쇄시키는, 메커니컬하거나 인정사정없는 매너, 무심하거나 관심 없는, 우울한, 감정적으로 믿을 수 없는, 자신의 필요를 채우기 위해선 뭐든 필요한 것을 하는, 어떤 경우에는 이러한 조합이 아주 정반대로 되어 인정사정없이 잔인한 사람들에게 당하게 만들 수도 있다.

토성과 케투의 합치

토성은 집중을 하게 하고, 케투 또한 집중을 하게 만드는 행성이다. 그래서 두 행성의 조합은 어떤 변화나 무한계적인 의식을 향한 강한 드라이브로 집중시킨다. 두 행성이 모두 흉성이기 때문에, 신체적, 물질적, 혹은 영적으로 제한성의 경험을 자주 주게 된다. 이러한 경험으로 궁극적인 자유, 해방, 깨달음으로 변형을 이룰 수 있게 할지, 혹은 헤어나올 수 없는 짚은 어둠 속에 갇힌 듯한 절망감으로 나타날지에 대해서는 케투의 로드 행성이 결정적인 역할을 한다.

○ **긍정적 효과**

테크니컬한 성향, 단기적으로 특정한 것들에 아주 격렬히 집중할 수 있는 능력을 가졌다.

○ **부정적 효과**

무질서한, 혼란스런, 흩어진, 아이디어와 프로젝트를 광적으로 추구하는, 집착하거나 한 갈래의 마인드, 위험, 정렬되지 않은, 큰 그림을 보지 못하는, 막바지에 어떤 프로젝트가 다 무너지는, 시작을 잘하지만 끝에 가서 엉망으로 된다.

4.

태양이 열두 라시와 열두 하우스에 있는 효과들

태양(Surya)

Java Kusuma Sankaasham Kaashyapeyam Mahaa Dhyutim

Tamo-Arim Sarva Paapghnam Pranato-smi Divaakaram

하이비스커스 꽃처럼 보이는 이, 리쉬 카시야바의 아들,
눈부신 빛으로 가득하며, 어둠의 적이며, 모든 죄악들을 몰아내는 이,
수리야에게 경배를 올립니다.

태양은 우리 지구가 속해 있는 태양계의 중심에 있다. 그래서 태양은 존재하는 모든 것들에 내재하고 있는 아트만, 우주적 영혼, 신성의 자아를 나타낸다. 태양은 불변하는 우리의 영혼, 아트만(Atman)을 나타낸다. 지구의 자전 현상으로 인해 밤과 낮이 일어나지만, 날마다 태양이 떠오르고 사라지는 듯이 보인다. 하지만 사실 태양은 언제나 그 자리에서 머물며 강렬한 빛을 발사하고 있다. 우리의 영혼도 마찬가지다. 시시각각 변하는 마음의 작용에 의해 영혼은 가려지기도, 드러나기도 한다. 하지만 우리의 내면에 있는 영혼, 아트만은 불변하며 항상 같은 자리에서 빛나고 있다. 그러한 아트만을 태양이 상징하고 있다.

- **태양은 아버지, 권위적 인물, 몸의 뼈, 바다, 우리의 왕국, 정부, 명성, 직위, 힘을 나타낸다.**
- **태양이 상징하는 것들은 용기, 의지력, 천재성, 도덕적인 지성이다.**
- **태양의 친구는 달, 화성, 목성이다.**
- **태양의 적은 금성, 토성이다.**
- **태양에게 중립은 수성이다.**

좋은 요가나 품위, 아바스타즈에 있는 태양은 건강한 자존감과 확고한 자아의식으로 태양이 가진 긍정적인 효과들을 위치한 곳에서 잘 발휘할 수 있다. 그러나 태양이 손상된 경우 거만하고, 변덕스런 성향, 잘난 척하는, 뻐기는, 질투하는, 너무 야심적인, 짜증을 잘 내는, 화를 내는, 자기 의견이 강한, 억압하는 성향 등을 주게 된다.

태양이 12 라시에 있는 효과들

태양이 있는 라시는 차트에서 중요하다. 태양은 내가 나를 어떻게 표출하고, 에너지와 잠재성을 표현하는지 보여준다. 내가 가진 창조적인 드라이브와 의지이며, 내가 어떻게 빛나는지 보여준다. 그리고 내가 가진 옳고 그름에 대한 인지력, 자질이나 깊이를 결정할 뿐만 아니라 도덕적으로 신뢰할 수 있는지, 사회에서 자기결단력을 가지고 있는지 등을 나타내는 중요한 팩터이다. 태양은 어릴 때 아버지에게 어떻게 칭찬이나 영감을 부여받았는지를 나타낸다. 같은 가족이라도 자녀들이 아버지에 대해 서로 아주 다른 경험이나 관계성을 가지는 경우를 자주 볼 수 있다.

○ 산양(메샤) 라시에 있을 때

긍정적 효과	타고난 리더, 용감한, 오리지널한, 창조적인, 예리한, 액션을 즐긴다.
부정적 효과	충동적, 불같은 머리, 이기적, 너무 권위적이거나 독선적이다.

조디액의 첫 번째 라시이자, 자연적 조디액의 1번째 하우스에 해당하는 산양 라시에 있는 태양은 어떤 것을 시작하기를 즐기고, 어떤 것에든 주도적이기를 좋아한다. 어떤 프로젝트를 시작할 때 가장 행복함을 느낀다. 하지만 쉽게 따분함을 느끼며, 어떤 일을 끝까지 완성하는 것을 즐기지 않는다. 모험과 액션이 필요하다. 그렇지 않으면 바로 다음으로 넘어간다. 이러한 행위는 종종 충동적으로 만들 수 있다. 그래서 자주 문제가 생길 수 있다. 행동하기 전에 먼저 생각을 해보는 것이 필수적이다. 자리를 잡고 앉아서 가능성들에 대해 생각해볼 필요가 있으며, 리액션 모드에 빠지지 않는 것이 중요하다.

산양 라시의 태양은 리더십에 아주 적합한 위치이다. 대담한 일들을 하도록 만들어졌으며, 사람들이 그의 용감한 흔적을 따르게 된다. 독창성이 자연스럽게 온다. 일반적이거나 다른 사람을 모방하는 것은 참지 못한다. 좀 더 동정심을 가질 수 있으면 도움이 될 것이다. 너무 잘난 척하지 말아야 한다. 다른 사람들에게도 가끔씩 기회를 주어야 한다. 무엇이든 첫째인 것이 좋기는 하지만, 페어 플레이를 하는 것도 중요하다.

산양 태양은 자신이 타고난 최상의 모습을 성취하고자 한다. 삶은 도전이다. 경쟁하기를 즐기며, 무조건 이겨야 한다. 태양이 얼마나 경쟁적이고 야심에 찬 캐릭터의 에고를 표현하느냐 하는 것은 로드인 화성의 저력에 달려 있다. 만약 화성이 좋은 상태에 있으면, 예외적으로 강인한 신체적 성취 능력을 가지고 있다. 운동이나 경쟁적 분야에서 행하는 사회적 역할이 있지만, 그가 운동선수일지 아닐지 하는 팩터는 화성에 달려 있다. 대체로 젊을 때는 경쟁적인 스포츠를 즐기지만, 나중에 성인이 되어서는 비즈니스나 권력 경쟁으로 전이되는 게 보통이다. 항상 앞에 있어야 하고, 더 나아지고, 더 빨라지고, 더 똑똑해지고, 더 높은 점수를 얻을 수 있도록 다른 사람들에게 도전을 한다(서포트를 하는 것이 아니다). 산양 태양은 아주 이기적이거나, 영웅적이거나, 혹은 둘 다일 수도 있다. 내적인 확신감과 진정한 자신감으로 인한 큰 능력을 가졌는지라 도덕적 지성이 아주 강할 수도 있다. 그의 의식은 신체적 바디에 아주 단단히 고착되어 있다. 신적인 영감을 가진 의사이거나 혹은 운동선수일 수도 있다. 만약 의사이면 외과 의사인 경우가 자주 있다. 피, 근육, 머리 등 영역에 대한 천재적 의학적 능력을 가지고 있다.

산양 태양은 자기 고립적이고, 다른 사람들과 함께 있는 것을 받아들이는 데 어려움이 있다. 인간이 가진 약점에 대한 내적인 참을성이 부족하기 때문이다. 나르시스적인 성격장애에 잘 걸린다. 완벽한 가상의 자아가 실제로 불완전한 자연적 자아와 전혀 다르다 보니 자연적 자아를 거부하게 된다. 극단적인 경우에는 자아의 웅장함, 인종적 증오, 엘리트 의식 같은 망상중에 걸릴 수도 있다. 외부적인 행위들은 어릴 적 칭찬을 들은 영웅심이나 도덕적 숭고함에 대한 기억에서 기인한 심리적 동기에 기반을 두고 있다. 의식이 자아에만 강하게 집중하고 있다 보니, 다른 복잡한 인간관계성들은 가지지 않으려는 성향이 있다. 스스로 자신의 카운셀링을 한다. 동료들이나 조언자들도 별로 없다. 결혼은 약간 자기 방식으로만 영위되는 경향이 있다. 수동적이고 순종적인 배우자가 필요하다.

산양 태양이 좋은 상태에 있으면 뛰어난 야망이나 야심을 가지고 있고, 용기와 무사적인 기질이 있고, 경쟁적이고, 약자를 지키고 보호하며, 리더십 능력이 있다. 만약 안 좋은 상태에 있으면 너무 공격적이고, 잔인하고, 인내심이 부족한 독불장군처럼 된다.

○ 황소(브리샤바) 라시에 있을 때

긍정적 효과	그라운딩이 된, 실질적, 창조적, 결의적이다.
부정적 효과	물질적, 소유적, 고집스럽다.

늘 서두르는 산양 태양과는 다르게, 황소 태양은 자기 시간을 가지고 천천히 하기를 즐긴다. 무엇이든지 서둘러야 할 이유를 찾지 못한다. 대신에 천천히, 체계적으로 하는 것에 만족한다. 결과보다는 과정 자체를 즐긴다. 아주 실질적인 중심 성향을 가지고 있다. 보다 실질적이고 현실적인 삶의 길을 찾고 있다. 일단 그러한 길을 찾으면 원하는 결과를 얻을 때까지 고수한다. 결의와 지구력으로 어떤 변수도 극복하고 달콤한 종점에 도착할 수 있게 한다. 물질적으로 편안하고 안정적인 삶에 대한 드라이브를 가지고 있다. 좋은 인생을 즐기고, 그것을 이루기 위해 무엇이든 한다. 물질적 소유물들을 자랑스러워한다. 좋아하거나 아끼는 것이 있으면 평생 동안 가지고 있다. 이러한 기질은 관계성에도 영향을 미친다. 파트너에게 충실하고 헌신적이지만 너무 소유적일 수 있다. 컨트롤 모드에 잘 들어가기 때문에 이러한 행위는 관계성에 문제가 될 수 있다. 약간 느슨하게 풀어줄 수 있어야 균형적인 관계성에 도움이 된다.

황소 라시는 금성이 로드십을 가지고 있기에 자연스럽게 창조적이다. 디자인, 예술, 모양이나 형태, 기능 등에 관심이 있다. 아름다운 것들이 황소 태양을 행복하게 한다. 뭐든지 주위에 최상의 것들을 두기 위해 열심히 일할 용의가 있다. 설령 현금이 많이 없는 경우라도 주변이나 외모를 최대한으로 꾸미는 것을 좋아한다. 바위처럼 안정적인 성향을 가지고 있어 주변의 사람들이 의지를 한다. 어떤 일이 잘못되면 맨 처음 전화를 거는 사람이다. 언제든 필요할 때 그 자리에 있는 사람이다.

황소 태양이 얼마나 예술적이고, 쾌락을 즐기는 방식으로 자의식을 표현하는지는 금성에 달려 있다. 상호 적의 관계에 있는 금성의 라시는 태양이 가진 도덕적 지성에 그다지 편안한 자리가 아니다. 태양의 에고는 자신의 의지로 삶의 길을 개척하고자 하는 것이다. 하지만 황소 태양은 재물을 축적하고 감각적인 쾌락을 즐기고자 하는 금성의 아젠다에 손상이 될 수 있다. 외부적으로 하는 행위들은 감각적인 쾌락에 탐닉하고 스

위트한 자질로 칭찬을 듣던 어릴 적 기억에 대한 심리적 동기에 기반을 두고 있다.

황소 태양은 혼자서 어떤 결정을 잘 내리지 못하며, 다른 사람들에게 끌려다니는 경우가 자주 있다. 쾌락에 대한 중독으로 인해 바람직하지 못한 사람들과 어울릴 수도 있다. 유쾌하고, 같이 있기에 좋은 사람이고, 편안함 위주이다. 대체로 부, 편안함, 아름다움, 달콤한 것들, 쾌락 등에 더 포커스를 맞추는 경향이 있다. 부와 쾌락을 추구하는 데 있어서는 도덕적으로 '유동적'이다. 뇌물을 받는 것에 대한 거리낌이 없다. 축적한 부나 자신이 이룬 지위에 따라오는 가치들과 자신의 자아를 동일시한다. 만약 금성이 좋은 상태에 있으면 삶을 완전하게 즐기게 될 것이다.

황소 태양이 좋은 상태에 있으면 뛰어난 집중력이 있고, 권력이나 재물 등 뭐든지 잘 축적하며, 시간이 지날수록 점점 더 부가 늘어날 수 있다. 만약 안 좋은 상태에 있으면 고집이 세고, 삶이 정체되어 있으며, 너무 소유적일 수 있다.

○ **쌍둥이(미투나) 라시에 있을 때**

긍정적 효과	총명한, 소통적인, 위트가 있는, 어떤 상황에서건 적응할 수 있다.
부정적 효과	변덕스런, 잘 변하는, 믿기 어려운, 가십을 잘한다.

쌍둥이 태양은 머릿속에 사는 것을 즐긴다. 이지적인 사람들이며 지식에 대한 갈증이 가득한 아이디어를 창출하는 사람이다. 쌍둥이 태양은 배우는 것을 즐긴다. 폭넓고 다양한 주제들에 대한 호기심이 많으며, 광범위하지만 피상적인 지식으로 빠질 수 있다. 타고난 소통가이며, 중요한 단어나 말을 잘 찾는다. 말하고 쓰기를 즐기며, 커뮤니케이션이나 미디어 쪽으로 커리어를 가질 수 있다. 머리나 입을 가만 두지 못하는 어려움이 있다. 수다쟁이거나, 흥분적인, 신경질적인 사람일 수도 있다. 특히 지루함을 느낄 때 더욱 그렇게 되는 경향이 있다. 주변에 어떤 것이든 더 이상 말하거나 해야 할 일들이 없어질 때 어찌 할 줄 모르게 된다. 손가락을 끊임없이 굴리며 안절부절하고, 어떤 새로운 말이나 일을 찾기 위해 눈동자를 굴리고 있다. 큰 인기를 누리기 원한다. 모든 사람들을 매료시킬 수 있는 어떤 대단한 말이 입에서 나올 수 있기를 바란다.

아주 개인주의적이기 때문에, 완전히 비정형적인 사람이다. 다른 사람들과 같아지기를 절대 원하지 않는다. 그러기엔 너무 반항적이다. 로맨스에서도, 서로 원하고 내키는 대로 만나고 헤어질 수 있기를 바란다. 만약 상대가 어떤 언약적인 관계성을 시도한다면, 바로 가까운 출구부터 찾고 있다. 누구와든 연애하는 것을 즐기고 누구에게든지 말을 걸 수 있다. 변화와 다양함이 삶의 양념이기에, 너무 이 사람 저 사람 닥치는 대로 다 쫓아가지 않도록 조심해야 한다. 아주 뛰어난 적응력을 가지고 있어 어떤 상황에서건 맞출 수 있다. 필요하다면 카멜레온이 될 수도 있는 탁월한 능력이 있다. 하지만 동시에 관계성이 너무 피상적일 수 있다는 의미도 된다. 자신의 참모습이 서서히 드러날 수 있도록 하는 것이 좋다.

태양의 자의식 표현은 수성이 가진 대화적, 계획적, 계산적 능력에 달려 있다. 아주 멘탈적, 정신적이며, 어떤 타입의 이데올로기든지 가질 수 있다. 하지만 자신만의 강한 도덕적 확신감은 가지고 있지 않다. 항상 바빠야 하고, 바르고 옳은 것보다는 뭔가를 계속 하고 있는 것이 더 중요하다. 정신적 집중을 계속 할 수 있기 위해서, 항상 어떤 '원인'들과 엮인다. 하지만 마음에서 비롯된 진심이 아니라, 그저 계속 바쁜 마음으로 살 수 있기 위해서이다. 압박적이지는 않으며, 피상적이고 말이 많다. 태양과 수성의 조합은 사진이 잘 받기 때문에 미디어 이미지 환경에서 능력을 발휘할 수 있다. 태양이 쌍둥이 라시에 있으면 대체로 매력적이고 성적 어필이 있다. 외부적인 행위들은 어릴 적에 가진 소통에 대한 열정과 말을 잘한다는 칭찬을 들은 기억에 대한 심리적 동기에 기반을 두고 있다.

쌍둥이 태양이 좋은 상태에 있으면 그는 말이나 글로 표현하는 능력이 있으며, 친근하고, 소통적이며, 혁신적이고, 호기심이 많다. 지적인 영역에서 성공을 거둘 수 있다. 만약 안 좋은 상태에 있으면 마음이 항상 둘로 나누어져 있으며, 신뢰하기 어렵고, 변덕스럽고, 불안정하며, 너무 순진하여 속임을 잘 당한다.

○ 게(카르카) 라시에 있을 때

긍정적 효과	섬세한, 돌보는, 친절한, 직관이다.
부정적 효과	매달리는, 컨트롤하는, 불안해하는, 걱정이 많다.

게 태양은 섬세하고 민감한 영혼을 가지고 있다. 다른 대다수 사람들보다 더욱 그런 경향이 있다. 게 라시는 달이 로드하기 때문에 느낌적으로 더욱 강하다. 어떤 것들을 골수까지 느끼고 있다. 단지 감정적일 뿐만 아니라 직관력도 아주 뛰어나다. 게 태양을 가진 사람들은 다른 사람들이 무엇을 하고 있는지, 무엇을 먹고 있는지 모두 본능적으로 알아채는 능력이 있다. 게 라시는 가슴 영역의 바디파트를 다스린다. 그래서 본능적으로 잘 알아차리는 능력을 아주 강하게 가지고 있다.

집이나 가정적 영역에서 아주 탁월하다. 다른 사람들을 돌보고, 편안한 가정과 집안을 이루어내고, 자신의 집에서 행복하다. 누구든지 같은 지붕 밑에 살고 있는 사람은 잘 먹이고 편안한 잠을 잘 수 있도록 최선을 다한다. 게 태양인의 사랑에 넘치는 태도는 집처럼 편안하고, 어머니처럼 친절함을 느끼게 한다. 마음 깊숙한 곳에는 상처받는 것에 대한 두려움이 있다. 그래서 때로는 부드럽고 연약한 내면을 감추기 위해 두꺼운 껍질로 자신을 보호하고 있다. 하지만 살다 보면 감정적인 잔여물이 다른 사람들에게 밟히게 되어 있다. 그럴 때면 더욱 고적한 내면으로 파고들어가는 경향이 있다.

게 태양에게는 안정이 소중하기 때문에, 만약을 대비한 저축을 잘한다. 리스크를 취하는 것은 체질에 맞지 않다. 어딘가에, 만약의 미래를 준비하기 위한 자금을 몰래 준비하고 있다. 투자를 하는 경우에는 부동산처럼 안정적인 것에 한다. 친근하고 다정한 심성을 가지고 있지만, 너무 매달리는 경향이 나올 수도 있다. 이러한 성향이 사랑하는 사람들을 너무 감싸는 형으로 표출되어, 그들이 갇힌 것처럼 숨 막히게 만들 수도 있다. 치맛바람이나 과잉보호 부모가 게 태양이 안 좋게 표출된 전형적인 예다. 가족적 역사에 대해 자랑스러워하며, 뿌리를 찾는 것에 관심이 많거나, 가족적 전통을 자랑스럽게 고수할 수 있다.

게 태양의 자의식 표현은 달의 상태에 달려 있다. 달은 섬세하고 식관적인 캐릭터를 가지고 있다. 좋은 상태의 달은 이성적으로 서포트를 하고 가족을 지키고, 어머니, 할머니, 그리고 집과 조국을 지키고자 하는 강항 충동성을 가지고 있다. 길조적이며, 감정적인 사고를 가지고 있다. 출생지가 어디든지 물이나 바다 근처에 사는 것이 좋다. 리더십에 부모처럼 반응을 한다. 대외적인 삶에 개인적으로 소중한 열정을 가져온다. 만약 달이 길조적이면, 그가 하는 대중적 어필이 대중들의 마음에 감정적 공감을 만드는 데 성공을 할 수 있을 것이다. 만약 달이 비길조적이면, 그의 대외적 삶도 마찬가지로 그렇게 된다. 게 태양이 좋은 상태에 있으면 상상력이 뛰어나고, 본능적이며, 그룹과 일을 잘하며, 케어를 잘한다. 만약 안 좋은 상태에 있으면, 너무 마음이 잘 변하거나, 산만하거나, 감정적이고, 지나치게 예민할 수 있다.

○ **사자(심하) 라시에 있을 때**

긍정적 효과	관대한, 고결한, 친근한, 리더형이다.
부정적 효과	자의식 문제, 아첨에 잘 넘어가는, 드라마 여왕이다.

사자 태양이 방 안에 들어오면 모든 사람들이 주목을 한다. 로얄한 몸짓이나 엉덩이를 흔드는 방식이 다른 보통 사람들과는 다르게 보이기 때문이다. 사자 태양을 가진 사람은 자신이 단단한 것들로 갖춰졌다는 것을 잘 알고 있다. 사자는 태양이 다스리는 라시로서 조디액에서 가장 뜨거우면서 가장 밝은 곳이다. 그래서 자신감과 성적 어필을 내뿜고, 아주 자랑스럽고 주목받기를 원한다. 고결한 품위가 가장 기본적인 요소이다. 다른 사람들을 모욕주는 것에 대해 생각하지 않으며, 다른 사람들이 자신을 모욕주는 것을 더더욱 생각할 수도 없다. 존경받기를 원한다. 존중을 요구하고, 많이 받기를 원한다. 만약 다른 사람이 칭찬이라도 하면 마치 새끼 고양이처럼 된다.

사자는 심장 부위를 다스리기에 관대하고 사랑스러움을 나타낸다. 다른 사람들에게 자신을, 그리고 자신의 것들을 주는 것에 아무런 거리낌이 없다. 인색함이란 단어는 피 안에 아예 흐르지 않는다. 하지만 아주 소유적일 수 있다. 특히 사랑하는 이들에겐 더욱 그러하다. 우주의 중심이기를 원하고, 자신을 무대에 세워주는 파트너를 원한다.

때로는 지나치게 드라마틱할 수도 있다. 이러한 특성들이 만약 연기자나 배우라면 도움이 되겠지만, 그렇지 않은 경우에는 그의 무대적인 매너가 주변 사람들을 아주 피곤하게 할 수도 있다. 권위적인 지위에서 능력을 잘 발휘할 수 있다. 타고난 리더로서 다른 사람들에게 영감을 고무한다. 권력을 가진 지위에 있으면 자신을 잘 표현하며, 다른 사람들의 말을 잘 들어준다. 하지만 만약 사자 태양이 안 좋은 상태이면, 잘난 척하는 에고 마니아일 수도 있다. 사나운 에고를 잘 체크할 필요가 있다. 그렇지 않으면 다른 모든 사람들을 화나게 만들 수 있다.

사자 태양은 독립적이고 잘 돌아다닌다. 자신감이 있고 이성적이다. 귀족적인 자세와 외모를 가지고 있다. 빨간색의 장식이나 옷을 선호한다. 보석을 입고 있다. 엘리트이다. 용감하고 명령조적이다. 어느 장소, 어느 군대, 어느 나라에 있든지 리더십을 취한다. 평범한 곳들, 타협하는 이들, 방관자들 등을 참지 못한다. 지나친 감각적 성향(금성)이나 억누르는 두려움(토성) 둘 다 참지 못한다.

태양의 다샤는 아주 강한 독립적 사고와 행동을 하게 만든다. 높은 산 위나 정글에서 돌아다니고 있는 사자 라시에 대한 전형적 캐릭터를 보이게 된다. 아버지는 자신감에 넘치고 귀족적이다. 사자 태양인은 최상의 사회적 도덕성을 표현하고자 하는 뚜렷한 동기를 가지고 있다. 아주 독립적인 사고를 가졌으며, 웅장하고, 자신의 지성을 마음껏 전시하고자 하는 우월의식을 가지고 있다. 대체로 다른 사람들의 권위에 굴복하기를 싫어한다. 결혼이나 고용인이라는 협동적 조약이 존중되는 상황에서도 마찬가지이다. 자신이 리드하기를 원하며, 아주 드라마틱한 방식으로 자주 행동을 한다. 아랫사람들을 다루기 위해서는 윗사람으로서 가진 숭고한 의무감이나 귀족적인 책임감에 대한 의식을 규정한다. 선심을 쓰고 권위적이면서도, 동시에 아주 깊은 자애심도 가지고 있다. 외부적인 행위들은 어릴 때 귀족적인 우월감이나 분명하게 보여준 도덕적 행동들로 칭찬을 받았던 기억에 정신심리적 동기를 가지고 있다.

사자 태양이 좋은 상태에 있으면 아버지와 같은 보호의식, 주도적인, 카리스마가 있는, 영향력이 있고, 리더이다. 만약 안 좋은 상태에 있으면, 잘난 척하고, 아첨에 약하고, 불안하고, 가식적이고, 컨트롤적이며, 우월의식에 사로잡힌다.

○ 처녀(칸야) 라시에 있을 때

긍정적 효과	총명한, 분석적, 단정한, 완벽주의이다.
부정적 효과	잘못을 찾는, 지나친 신경주의, 아무것도 충분하지 못하다.

처녀 태양은 수성이 로드한다. 그래서 쌍둥이 라시처럼 지식을 향한 갈증을 공유하고 있다. 하지만 처녀 태양은 분석적이다. 쌍둥이 라시처럼 단순히 표면만을 긁는 것으로 만족하지 못한다. 가장 디테일한 부분까지 파고들고자 한다. 무엇이든지 확실하게 알고 싶어 한다. 아주 치밀하고 디테일 위주이다. 무엇을 하든지 아주 조심스럽고, 체계적이게 만든다. 모든 포인트들이 치밀하게 체크가 되어 있다. 어떤 돌도 뒤집지 않은 것이 없다.

처녀 태양은 서비스가 중요하다. 다른 사람들을 다스리는 것에는 관심이 없으며, 어떤 식으로든 다른 사람들에게 서비스가 될 수 있기를 원한다. 그래서 간호, 혹은 가르치는 일처럼 남을 돕는 커리어에 관심이 있다. 처녀 태양에게 일은 신과도 같다. 아주 빨리 일중독 모드로 될 수 있으며, 특히 자신의 일을 좋아할 때 더욱 그럴 위험성이 있다. 사무실에서 긴 시간 동안 일을 하면 개인적 생활을 희생한다. 그래서 관계성에 쏟는 시간이 아주 부족하다. 디테일을 사랑하기 때문에 예리한 비평가가 될 수 있다. 어떤 상황에서든 무엇이 잘못되었는지 포인트를 찾아낼 수 있다. 지나친 비판성이 때로는 너무 도가 넘어, 다른 사람들이 그를 멀리하게 만드는 요인이 될 수 있다.

대부분의 처녀 태양인들은 아주 청결하고 단정하다. 질서적인 것들을 좋아한다. 하지만 가끔씩 그렇지 못한 사람도 있는데, 그런 경우 너무 바빠서 집을 정리정돈할 시간이 없어서이다. 이들은 책이나 컴퓨터에 머리를 박고 있어서, 주변에 쌓이는 먼지들을 주목하지 못한다. 타고난 완벽주의자로서, 모든 것에 가능한 최선을 다하고 싶어 하기 때문에 최상의 직원이 될 수 있다. 완벽주의 성향은 관계성에도 옮겨가서 어떤 사람도 그가 가진 기준을 맞추기가 어려운 경우가 자주 생긴다. 그래서 처녀 태양인은 좀 덜 심각해질 필요가 있다.

태양의 자의식은 소통적이고, 계획적, 계산적인 수성의 캐릭터에 영향을 받게 된다.

아주 감정적으로 된다. 자신의 도덕적 신념이나 믿음에 대해서도 아주 디테일하게 된다. 자신의 믿음을 사회적 정책에 반영하게 하기 위해 치밀한 프로그램들을 짠다. 외부적인 행위들은 어릴 적부터 배인 조심스런 관찰성이나, 바른 행위를 하여 받은 칭송 등에 대한 정신심리적 동기를 가지고 있다.

의료계, 건강, 빚의 관리, 적개심과 갈등의 관리(자연적 6번 하우스 자질) 등에 아주 관여를 한다. 착취나 비인간적인 대우 등을 부추기는 여건이나 상황에 대해 아주 예민하다. 사회적 악을 제거하기 위해 체계적인 방식으로 접근한다. 팩터들에 대한 정확한 추론을 요한다. 전형적으로, 엄중하고, 팩트 위주의 리더십 스타일을 가지고 있다. 많은 연구와 평가들 과정을 거쳐서 이성적인 결론을 주의 깊게 내리는 스타일이다. 처녀 태양이 좋은 상태에 있으면, 분석적이고, 치밀하고, 보호 위주이고, 정확하며, 숫자를 다루거나 관리자 직위의 일을 잘한다. 만약 안 좋은 상태에 있으면, 비판적이고, 매사에 기대치를 너무 높이 세우고, 일중독이며, 자신이나 다른 사람들에 실망을 잘한다.

○ **천칭(툴라) 라시에 있을 때**

긍정적 효과	공정한, 고상한, 우아한, 좋은 파트너가 된다.
부정적 효과	수동적 공격성, 상대를 기쁘게 하고자 하는 질병, 조작적일 수 있다.

천칭은 금성이 로드하며, 황소 라시와 마찬가지로 천칭 태양도 아름다운 것을 좋아하고 창조적이다. 예술적인 센스가 아주 고상하고 세련되었다. 양보다 질이 중요하다. 차밍한 성격이다. 우아하고 총명하고 사회적이어서 사람들에게 인기를 누린다.

천칭 심볼을 가졌기에 천칭 태양은 정의에 대한 강한 센스를 가지고 있다. 공정함이 반드시 필요하다. 그래서 법적인 직업에 잘 맞는다. 최상의 판검사나 인권운동가가 될 수 있다. 그는 다른 사람들을 위한 바른 일에 집중하고 있을 때 최고로 행복하다. 외교적 소양도 천칭 태양에게 중요한 자질이다. 그래서 정치나 대외관계 일에 적합하다. 스마트하고 새로운 아이디어들을 탐구하기를 즐긴다. 정신적으로 자극을 주는 활동이 아주 중요하다. 무엇이 다른 사람들을 정신적으로 깨어나게 하는지 알고 싶어 한다. 그래서 카운셀링 커리어에 아주 적합하며, 다른 커리어에도 많은 옵션들이 있다.

태양은 천칭 라시에서 취약의 품위를 얻는다. 그래서 천칭 태양인의 단점은 너무 많은 옵션이 있으면 불편해진다는 것이다. 그런 경우 결정을 내리지 못하고 잘 망설이며, 다른 사람들의 의견에 귀를 기울이고 더욱 비중을 두게 된다. 그보다는 자신의 느낌을 믿고 그대로 결정을 내리는 것이 최적의 방법이다.

천칭 태양인들은 파트너가 있어야 한다. 관계성에 있으면 완전하게 느끼게 만든다. 그처럼 완벽한 파트너를 찾는 것이 삶의 목표가 될 수도 있다. 관계성이 삶에 활력소가 될 수는 있지만, 자신이 가진 개인성을 잃지는 않도록 유의해야 한다. 무슨 일이 있더라도 균형을 지키고자 하는 자신의 행위가 원망으로 쌓일 수 있다. 파트너를 기쁘게 하기 위해 너무 애를 쓰고 양보를 많이 하다 보면 나중에 문제가 되어 분노로 폭발하기 쉽다. 대체로 천칭 태양은 수동적 공격성 태도를 고수한다. 건강한 관계성을 유지하기 위해선 반드시 피해야 하는 약점이다. 때로는 공연히 휘젓기를 잘 한다. 그러면 고칠 어떤 문제가 있기 때문이다. 특히 지루해지면 더욱 그렇게 되는 기질이 있다. 무엇이든 트집잡을 것을 찾고 있다. 그러다가 상대가 머리로 들이대면 재빠르게 다시 바로잡고, 수정하며, 칭찬받기를 기대하곤 한다.

태양의 에고는 금성의 예술적, 쾌락을 즐기는 캐릭터에 영향을 받게 된다. 천칭 태양은 니차방가(취약이 취소되는 조건이 있는 경우)를 통해 저력을 얻지 않는 한, 도덕적인 부족함, 리더십의 부족, 비도덕적인 성적 쾌락 추구 등에 빠질 가능성이 있다. 하지만 니차방가가 되는 천칭 태양은 비록 취약의 품위에 있지만 높은 리더십 수준과 탁월한 도덕적 판단력을 전시할 수 있다. 대체로 용기와 도덕적 지성은 아주 낮은 상태에 있다. 다른 사람과의 균형과 맞춰주고자 하는 아젠다를 금성이 가지고 있어 압박감을 느낀다. 천칭 태양인은 균형과 좋은 디자인에 대해 잘 알고 있다. 외부적인 행위들은 어릴 적에 행한 행동들, 무게를 달고 균형을 맞추며, 평화의 수호자 역할로 받은 칭송 등의 기억에 대한 정신심리적 동기를 가지고 있다.

천칭 태양은 타협의 대가를 감수한다. 태양의 본성은 스스로 규정하고, 자신감이 넘치며, 독립적이다. 반면에 금성은 조화, 협동, 나눔, 타협을 요구한다. 그래서 천칭 태양은 어떤 다른 권위적 힘이나 신으로부터 자신의 에고 인정을 구하지 않는 대신에, 파트너로부터 자신의 자신감을 계속 인정받고자 한다. 디바인 진리에 대한 내적인 분명한 감각이 부족하다. 도덕적 콤파스가 결여되어 장기적인 도덕적 불확실성을 가지고 있다. 만약 파트너나 배우자도 도덕성이 부족한 사람이면, 쉽게 타락하게 된다. 좋은 수준의 도덕적 가이드를 받을 수 있으면 많은 도움이 된다. 멘토, 카운셀러가 필요하며 자신감 있는 배우자가 아주 이상적이다.

만약 이러한 사람이 고용한 직원이면, 보다 자의식이 센 사람과 파트너와 같이 도와주게 하는 것이 좋다. 착취를 하고, 팀워크를 할 수 있도록 카운셀링하고, 독립적으로 어떤 결정을 내릴 것을 강요하지 말아야 한다. 최상의 결과를 얻기 위해선 인간적인 방식으로 인정을 많이 해주는 것이 좋다. 서로 상호간에 적인 천칭 라시에 있는 태양은 아주 불편하다. 태양의 상태에 따라, 대체로 낮은 자기존중심이나 불균형적 자의식에 시달린다. 좋은 상태에 있는 태양은 다른 사람들에게 잘 맞춰주며, 균형을 잘 이루고, 우아하고, 예술적이고, 창조적이며, 카운셀러로서 기량을 발휘할 수 있다. 만약 안 좋은 상태에 있으면 균형이 잘 깨어지고, 우유부단하며, 독립적이지 못하고, 속이며, 비생산적이다.

니차방가 태양은 만약 천칭 태양이 앵글이나 트라인 하우스에 있는 경우 취약이 취소되는 효과를 가지게 된다. 아주 단호하고 결단력 있는 지도자 성향을 가지게 된다. 그런데 그가 보이는 저력은 내적인 도덕적 확실성에서가 아니라, 인간관계성에서 정의와 조화에 대한 뛰어난 주의력에서 나오게 된다. 이러한 형태의 지도력은 큰 기관이나 단체를 이끄는 데 좋을 수 있다. 전체적으로 피라미드 그룹을 형성하고 있는 많은 개인들 간에 필요한 조화로운 관계성에 대한 깊은 의식을 가지고 있기 때문이다. 그는 옳고 그름에 대한 진정한 분간을 확실하게 할 줄 모를 수도 있다. 그러나 이런 사람은 도덕적인 결정을 내리기 위해 다른 사람들에게 묻거나, 미팅을 주최하거나, 사회적 정의의 원칙을 적용한다.

천칭 태양은 타협을 할 수 있고, 다른 사람들과 같이 할 용의가 있다. 동의적이고, 유동적이고, 대립적이지 않다. 하모니를 이루기 위해 아주 광범위하게 타협을 할 것이다. 강한 에고를 가진 이들과 파트너를 하면 성공한다. 주도적이고 영웅심의 에고를 가졌으며, 모든 것이 '나' 위주로 돌아가는 산양 태양의 정반대에 있다. 만약 니차방가 조합이 없으면, 천칭 태양의 에고는 독자적으로 경쟁할 수 있기엔 너무 약할 수 있다. 자신의 자의식을 파트너십과 동일시하며, 파트너의 원칙에 맞추어 일을 한다. 강한 리더가 아니며, 사업적 자질이 없다. 그러나 비즈니스에서 소중하고 헌신적인 팀원이 될 수 있다.

○ **전갈**(브리쉬치카) **라시에 있을 때**

긍정적 효과	깊은, 사이킥, 섹시, 미스터리하다.
부정적 효과	약간 교활한, 소유적인, 질투심, 복수심을 가진다.

전갈 태양은 파워 하우스 자체이다. 모든 조디액 라시들을 다 합한 것보다 더 강할 수도 있다. 원하는 어떤 결과를 위해서 자신이 가진 의지력을 정조준하게 되면, 결승에 도착할 때까지 어떤 것도 그를 막을 수가 없다. 이러한 자질을 이용해 세상을 바꾸기 위한 목적이라도 세우게 되면 충분히 더 나은 사회로 변형시킬 수도 있다. 마찬가지로 만약 나쁜 의도로 의지력을 사용하게 되면 그만큼 악을 일으킬 수도 있다. 전갈은 아주 악마이든지, 혹은 아주 천사이다. 놀랄 정도로 좋은 일들을 할 수 있지만, 동시에 어둡게 갈 수도 있다. 빛의 길을 선택하게 되면 세상에서 유익하고 큰일들을 할 수 있다.

전갈 태양은 사람들에게 많은 오해와 두려움을 받고 있는데 전갈 라시에 대한 아주 잘못된 선입견 때문이다. 대체로 전갈 태양은 치열하고 개인적이어서, 이러한 의심을 더욱 가중시키는 경향이 있다. 이러한 특성들이 부정적인 자질은 아니지만 사람들이 잘못 해석하는 경우가 자주 생긴다. 비록 전갈 태양인이 좋지 않다고 단정할 수도 있지만 그러나 이들은 어떤 변명을 할 필요도 느끼지 못할 만큼 현명하다.

전갈 태양은 대체로 활발한 성적 성향을 가지고 있다. 어릴 때부터 이러한 욕망들이 끓어오르는 것을 느낄 수 있다. 전갈 태양은 어느 정도 무시무시한 면을 가지고 있다. 하지만 아주 섹시할 수 있다. 섹스는 내적인 열을 식혀주고, 동시에 다른 이와 함께 될 수 있는 기회이기도 하다. 사랑에 빠지면 모든 것을 다 던진다. 하지만 사랑에서 상처를 받으면 정반대가 되어 아주 복수적이고, 질투적으로 되거나 치사해질 수도 있다. 혹은 얼음처럼 아주 차가워질 수 있다. 소유욕을 조심하고, 폭력적 성향도 조심해야 한다. 전갈 라시는 극단적이기 때문에 이러한 자질들이 나타난다. 중도를 찾아서 지킬 수 있으면 중심을 잡고 트러블을 피해갈 수 있다. 전갈 태양은 다른 사람들을 바로 믿지 않는다. 그들이 자신에게 증명을 해야 한다. 일단 증명을 하게 되면 어느 누구보다도 가장 충직한 사람이 된다. 어떤 일이 있어도 끝까지 친구들을 지키며, 설령 그들이 나락으로 향하고 있더라도 절대로 버리지 않는다. 반대로, 어떤 사람이 배신을 하면 바로 잘라버리고 다시는 되돌리지 않는다. 비록 용서를 하더라도 절대로 잊어버리지는 않는다.

전갈 태양은 아주 높은 수준의 육감적 센스를 타고났다. 꿰뚫는 듯한 인지력이 다른 사람들의 동기를 바로 파악할 수 있게 한다. 그래서 탐정, 연구, 혹은 오컬트 등의 일을 하는 커리어가 좋다. 비밀스런 면이 전갈 태양이 가진 순수성이다. 어느 누구보다도 당당한 자신감을 가질 수 있다. 다른 사람들이 자신의 비밀들을 내보이더라도 결코 자신의 비밀을 내보이지 않고 지킬 수 있다. 그러한 정보들은 필요한 경우를 대비해 한편에 모아놓고 있다. 어떤 이유에서든, 사람들은 자신의 가장 큰 비밀을 전갈 태양에게 말하기를 잘한다. 그러한 터부적인 것들에 충격을 받지 않는다는 것을 알고 있기 때문이다. 무슨 일이 있어도 자신만의 비밀을 지키고 있다.

태양의 에고는 경쟁적, 야심적, 운동적인 화성의 캐릭터에 영향을 받는다. 비밀스런 지식을 알고 있고, 조작을 통한 컨트롤을 잘한다. 전갈 라시는 태양에게 강하고 생기를 주는 위치이다. 자신감 있고, 에너지가 있으며, 자기 방향성을 가지고 있다. 만약 화성이 강하면 그는 열정적으로 액티브하다. 자기만의 독특한 개인적 도덕성을 타고났으며, 직관적인 힐링 파워에서 어느 정도 이득을 본다. 뛰어난 직관력을 가지고 있다. 외부적인 행위들을 어릴 적에 비밀스런 영역으로 파고들어가 어떤 발견을 함으로써 받은 칭찬들에 대한 정신심리적 동기를 가지고 있다. 만약 화성이 강하면, 이러한 정신심리적 각성들이 인생을 쉽게 만들어주며, 다른 사람들을 쉽게 컨트롤할 수 있도록 해준다. 드러나지 않는 곳에서 일하기를 선호한다. 전갈 태양이 좋은 상태에 있으면 그는 분명한 목적의식이 있고, 다른 사람들의 성장을 도우며, 신비롭고, 초월적인 지식들을 가지고 있다. 만약 안 좋은 상태에 있으면 자신의 방식을 강요하고, 강압하고, 컨트롤하고, 질투하고, 비밀스러우며, 잔인해진다.

○ 인마(다누) 라시에 있을 때

긍정적 효과	정직한, 모험을 즐기는, 현명한, 낙천적이고 긍정적이다.
부정적 효과	자기 정의로움, 미성숙하고 유치한, 바르고자 하는, 자기 의견이 강하다.

인마 태양인들은 천성적으로 낙천적이다. 긍정적 사고의 힘이 상당한 행운을 끌어당기는 요인이 된다. 끌어당김의 법칙이 잘 작용한다. 로드 행성 목성이 행운과 확장의 행성인 이유도 있다. 무슨 일이 있든지 인마 태양은 정상에 있으며, 삶의 특별한 시간을 위해 준비해놓은 사람처럼 보인다. 철학과 여행을 아주 좋아한다. 다른 믿음이나 신념 제도, 다른 세상을 체험해보기를 원한다. 세계일주를 하며 다른 문화 사람들은 어떻게 살고 있는지 알고 싶어 한다. 설령 여행을 할 수 없다 하더라도, 다른 문화들에 대한 책들에 머리를 박고 있을 것이다. 높은 교육에 관심이 많으며, 철학, 종교, 문화에 대한 공부에 관심이 지대하다. 지식을 쌓음에 따라, 우주가 어떻게 작용하는지 자신만의 독특한 철학을 계발하게 된다.

인마 태양인들은 진리를 찾고 진리를 말하는 이들이다. 이들은 진리와 진실만을 원한다. 자신도 마찬가지로 다른 사람에게 아주 투명한 진리, 진실 외에는 말하지 않는다. 사탕발림 같은 말들을 하지 못한다. 자유를 원하며, 관계성에서도 마찬가지이다. 어떤 장애나 방해도 없이 돌아다닐 수 있어야 하는 것이 자신의 영혼을 위해서 중요하다. 새장에 갇히게 되면 안절부절못한다.

인마 태양은 충동적이 될 수도 있다 특히 따분하면 갑자기 어딘가 새롭고 멋진 장소로 떠나버릴 수도 있는데, 그러다가 심각한 혼란을 자초할 수 있다. 하지만 너무 긍정적이고 밝은 성향으로 인해 다른 사람들이 그러한 혼란 수습을 잘 정리해줄 수 있다. 사람들은 인마 태양인이 새로운 모험과 여행이 끝나고 돌아올 때까지 인내심으로 기다리며, 그들이 들려줄 모험담을 기대하고 있다. 어떤 식으로든 가식을 참지 못한다.

사람들이 있는 그대로 진실을 말해줄 것을 기대한다. 하지만 너무 자기 정의감 모드에 사로잡히지 않도록 조심해야 한다. 너무 이상적인 인마 태양인의 경우에는 자기 독선에 눈이 어두울 수도 있다. 그래서 신속하게 광신도가 되기도 한다.

태양의 자의식은 확장적, 허용적, 현명한 목성의 캐릭터에 영향을 받게 된다. 자신이 가진 도덕적 코드를 모든 사람들도 같이 가졌을 거라고 짐작한다. 모든 문제들을 해결할 수 있는 이지의 힘의 긍정적인 사고가이다. 종교적 의식들과 휴머니스트 가르침들에 대해 잘 이해하고 있다. 외부적인 행동들은, 어릴 때 열정이나 좋은 인간적 캐릭터로 인해 받은 칭송 등에 대한 기억에 정신심리적 동기를 두고 있다. 인간 진보와 계발에 아주 열정적이다. 훌륭한 스승이자 코치이다. 국제적인 관점을 가지고 있다. 문화적 대변인, 종교적 스승, 좋은 소식들을 가져다주는 외교관, 대중에게 깨달음을 가져다주는 일 등의 직업들이 잘 맞다.

인마 태양은 다혈질 성격으로 유명하다. 필드에서 소리를 지르는 스포츠 코치, 분노조절장애에 시달리는 비즈니스 임원, 화를 불같이 내고 있는 사제 등의 이미지를 가지고 있다. 이러한 분노 폭발이 특정한 집단 문화에서는 허용될 수도 있으나, 대부분의 상황에서 아주 부적절한 품행이다. 그래서 대외적 예의를 지키지 않은 혐의로 고소를 당할 수도 있으니 조심해야 한다. 어떤 행성이든지 목성의 길조적 영향하에 있으면 지나친 자신감을 가질 수 있는 위험이 있다. 인마 태양이 좋은 상태에 있으면 정의와 공정함의 챔피언이며, 교육가, 카운셀러, 지식과 자유를 사랑하고, 도덕적이다. 만약 안 좋은 상태에 있으면, 너무 자기 정의감을 피력하고, 잘 변하며, 안정적인 성장이 결여되어 있다.

○ 악어(마카라) 라시에 있을 때

긍정적 효과	야심적, 결의적, 실질적, 관리를 잘한다.
부정적 효과	염세적인, 물질적인, 구두쇠 같은, 차가운 경향이 있다.

악어 태양인들은 집요하다. 무슨 일이 있어도, 설령 전 인생이 걸려 있다 하더라도,

가고자 하는 곳에 올라간다. 악어 태양인은 야심적이다. 흙의 원소 그룹에서 게으른 이들은 찾기가 드물다. 어려서부터 인생의 목표가 크고, 그러한 것을 이루기 위해 주저하지 않는다. 다른 사람들이 불가능하다고 해도 목표를 달성하기 위해 가장 필요한 방법들을 찾기 위해 바쁘다. 이처럼 강한 결의적 자세 때문에, 악어 태양인들 중에 크게 성공한 사람들이 많다.

이들은 조직에서 거의 마술사적이다. 아주 훌륭한 보스가 될 능력이 있으며, 기업가, 매니저, 정치인이 될 수 있다. 질서를 만들어내는 것을 잘할 뿐만 아니라, 다른 사람들이 자신이 가진 능력 이상의 야망을 달성할 수 있도록 관리할 능력도 있다.

실질성이 또 다른 훌륭한 자질이다. 어떤 문제가 생기면, 가장 적절한 방식을 찾아서 자신의 팀원들이 승리할 수 있게 한다. 그래서 사람들이 의지를 많이 하는 사람이다. 가장 단단하고, 믿을 수 있는 자질로 만들어진 사람이다. 대체로 맑은 정신 상태를 유지하지만, 때로는 약간 건조한 위트감각을 가졌을 수도 있다. 아주 심각한 얼굴로 유머를 전달하면서 사람들을 놀래키기도 한다. 항상 비즈니스적인 면만 알고 있다가, 뜬금없는 농담을 어떻게 받아들일지 모르기 때문이다.

돈이 중요하다. 어떤 사람들은 돈이 악어 태양들에게 신이라고 하는 사람도 있다. 돈을 경배하는 것이 아니라, 안정성을 느끼게 해주기 때문에 그렇다. 은행에 저축 잔고가 있기를 원하고, 빚은 마음을 아주 불편하게 만든다. 때로는 구두쇠적인 경향도 있다. 대부분의 구두쇠들이 악어 태양인 경우가 자주 있다. 때로는 다른 사람들로부터 절연된 것 같아 우울할 수도 있다. 하지만 정상은 외로운 법이다. 다른 사람들이 들어올 수 있는 마음의 공간을 마련하면 그러한 정상을 같이 공유하게 될 수도 있다.

태양의 에고는 생존 위주, 법과 질서가 중요한 토성의 캐릭터에 영향을 받게 된다. 보수적이고 리액션적인 성향이 있는 모든 정치권 정당, 사회적 운동, 종교들 등에 끌리게 된다. 진리에 대한 굶주림보다는 토성의 안정성 필요에 의해 움직이며, 악어 태양은 낮은 도덕적 성향에 고통을 받게 된다. 이들은 기존 사회적 체제와 '정글의 법칙' 등에 대해 아주 잘 이해하고 있다.

만약 토성이 좋은 품위나 상태에 있으면, 이러한 부정적 성향들은 호전될 수 있다. 나이나 성숙도에 따라 아주 탁월한 도덕적 캐릭터를 전시할 수도 있다. 외부적 행위들은 어릴 때 비타협적인 태도로 벌을 받고, 적절한 대외적 행위에 대해선 칭찬을 받은 등의 기억들에 정신심리적 동기를 가지고 있다. 악어 태양은, 자립적인 디바인 존재(태양)를 통한 영적인 인정을 구하기보다는, 인간조직단체로부터 핵심적인 인정을 받고자 한다. 방어적이고, 낮은 자존감의 성향이 두드러지는 타협주의적인 자의식을 가지고 있고, 좁고 편협한 도덕성 등을 감추고 있다. 현재 처한 문화적 여건 내에서 문제가 있는 보수적 단체의 비도덕적 행위나 방법 등을 따른다. 어릴 때처럼 고분고분하지 않으면 벌을 받을 것 같은 잠재적 두려움 때문이다.

　토성은 영적인 영양부족으로 인해 고질적이고, 깊이 박힌 신체적 질병, 개인적인 비도덕적 행위에 대한 대외적 보상을 나타내는 카라카이다. 그래서 악어 태양에게는 어떤 보상적인 행위, 자세, 내적인 약점을 감추고자 하는 액션들이 사회적인 생존을 위해서 필요하다. 전형적으로, 큰 기관(대체로 종교단체)이 가진 사회적 프로그램을 받아들인다. 부족한 내적 생기(태양)로 인해 쇠약해지고 죽음에 대한 두려움으로 약해진 에고를 보호하기 위해서이다. 정치적으로는(태양은 정치를 다스림) 아주 엄격한 원칙주의자 리더십 스타일을 프로젝트한다. 그래서 악어 태양은 어떤 형식의 이데올로기, 안정성에 대한 두려움을 가진 일반 대중들에게 어필하게 된다. 악어 태양이 좋은 상태에 있으면 신뢰할 수 있고, 충직하고 의리가 있으며, 노력파이고, 보수적인 자질로 이득을 얻으며, 체계적이고, 안정적이다. 만약 안 좋은 상태에 있으면, 일을 너무 열심히 하고, 인정이 부족하고 차가우며, 후회를 많이 하고, 다른 사람들에게 이용을 잘 당한다.

○ 물병(쿰바) 라시에 있을 때

긍정적 효과	충직한, 비편견적인, 똑똑한, 혁신적이다.
부정적 효과	예측할 수 없는, 고집이 센, 어떤 뚜렷한 원인도 없이 반항적이다.

　물과 연관된 이미지로 인해 물병 라시를 물의 라시라고 잘못 생각하는 사람들이 많다. 하지만 물병 라시는 차가운 지성을 나타내는 공기의 원소이다. 물병 태양은 아주 똑똑하고, 이성적이며, 약간 기인(奇人)적인 특성도 가지고 있다. 쌍둥이 태양처럼 비타

협하는 기질도 가지고 있다. 자신의 박자를 따라 행군하고, 자신에게 적합한 방식으로 삶을 살고자 하는 결의를 가지고 있다. 고정적 라시이기 때문에 고집이 세고, 특히 다른 사람들이 자신과는 다른 방식을 강요할 때 더욱 그러한 기질이 나온다. 토론을 잘하며 어느 정도 언쟁적일 수 있다. 악마의 대변인과 같은 역할을 담당하기를 좋아하며, 잘 해낸다.

물병 태양은 아주 훌륭한 친구가 될 수 있다. 모든 유형의 사람들이 자신의 세계에 들어오는 것을 환영한다. 물병 태양은 멋지고 비편견적이기 때문에, 모든 사람들이 자신의 서클 안에 있기를 원한다. 친구나 인맥들이 대양의 물보다 더 충만하다. 물병 태양은 충직한 친구로서 친분을 맺기에 아주 행운인 사람들이다. 때로는 예측하기 힘든 성향이 있으며, 어느 날은 머리에 화려한 염색을 하고 반짝거리는 무대 옷을 차려 입고 나타나거나, 혹은 다른 날은 머리부터 발끝까지 아주 단정하고 깔끔한 양복 차림으로 나타날 수도 있다. 변화를 즐기며, 특히 지적으로 자극적인 것들을 찾아다닌다. 머릿속에 살고 있으며, 감정이나 느낌의 세상 속으로 들어가기가 아주 힘들다. 감정들이 가슴이 아니라 머릿속에서 돌아다니고 있어서, 다른 사람들에게 차갑거나 무관심하게 보일 수도 있다. 휴머니스트 적인 추구가 삶의 의미를 부여한다. 어떤 좋은 명분이나 이유가 있을 때 최상의 열정적 모습으로 뛰어다니며 헌신한다. 친구들이나 세상을 위해 뭔가 의미 있는 일을 하고자 한다.

물병 태양은 물라 라시에서 정반대에 있기 때문에 깊은 개인적 도덕지성에 대한 양면성을 가지게 된다. 태양의 자의식은 강한 적인 토성의 캐릭터, 생존 위주, 물질주의자인 토성에게 달려 있다. 원칙에서 행동할 수 있는 도덕적 성심이나 용기가 가장 낮은 파장에 있게 된다. 심장이 아주 건조하다. 개인적 자의식은 공기 원소의 물병이 가진 건조함에서 나누어지게 된다. 사회적 에고는 전적으로 시중에서 통하는 선과 이상의 테두리 내에서 맡은 자신의 역할로 규정된다. 어떤 더 높은 원칙들을 모른다. 보통 사람들과 그들이 가진 약점들에 대해 아주 잘 이해한다. 대외적으로 드러난 행위들은 어릴 적에 꾸지람을 듣거나, 좋은 사람들과 어울려서 칭찬을 받은 기억들 등에 대한 정신심리적 동기를 가지고 있다.

물병 라시는 철학적으로 추상적이고, 개념적인 네트워크를 가졌기 때문에 태양에게는 아주 불편한 환경이다. 악어 태양에서 느끼는 제한성과도 비슷하다. 하지만 토성의 물라 라시인 물병이 훨씬 더 강하기 때문에, 태양이 타고난 신성을 평범한 인간성으로 하락시키거나, 태양이 가진 도덕적인 진실과 독립적인 에고가 그저 그룹 속의 한 멤버로 만들어버린다. 물질적 이득을 이루기 위한 결의를 강화시킨다. 모든 사람들이 가진 좋은 점을 부각시키고자 하는 독창적, 도덕적 동기가 물병에서는 시중의 싸구려 철학적 논리나 전략적 아젠다로 대체시키게 된다. 이러한 오류로 인해, 사람들과의 관계성에서 비인간적이 되거나 그룹에서 상호간의 불신으로 되기 쉽다. 자신과 함께 있는 어떤 사람도 믿지 않으며, 다른 사람들 또한 그를 믿지 않는다. 삶의 도덕적 기준이 부족한 탓에, 신뢰할 수 없는 사람으로 종종 비추어진다. 건조하고 메마른 가슴을 가진 사람으로 만들며, 피부병이나 신경불안정증으로 될 수 있다.

약한 의지력, 낮은 자신감, 불안한 사회성, 갈등을 못 견디며, 모든 사람들과 같이 따라가고 싶어 한다. 사회적으로 불편하고, 모가 나고, 의리가 없는 것처럼 보인다. 재능과 지성이 있음에도 불구하고, 대체로 사람들이 좋아하지 않는다. 자아에 대한 감각은 동기들 간의 압박감에 상당히 좌지우지된다. 사이비 단체나 조직적 압력에 개입하여 자신을 잃을 취약성이 많다.

태양은 적의 라시인 물병에서 약해진다. 태양은 변절자가 된다. 본인 자신의 권위성이 필요한데도 불구하고, 보다 넓은 사회적 규율들에 대한 참을성이 부족하며, 자신이 귀속된 큰 제도 내에서 혼자 독립적으로 기능하기를 원한다. 태양이 만약 10번 하우스에 있으면, 그들의 자의식을 자신이 속한 큰 제도와 동일시 하지만 한편으로 규율을 깨는 사람이기도 하다. 그는 규율들을 피할 수 있는 자신의 능력을 자랑스럽게 여긴다. 자신의 가치가 사회 제도보다 훨씬 높아서, 규율들을 따르지 않아도 되는 사람처럼 행동한다. 이처럼 자기중심의 관점으로 행위를 하다가 도덕적, 법적 문제에 처할 수가 있다. 물병 태양이 좋은 상태에 있으면 정의를 추구하고, 혁신적이고, 새로운 것을 발견하며, 정치적인 재능, 철학적이며, 우호적이다. 만약 안 좋은 상태에 있으면 이상한 사람이며, 조직이나 사람들에게 잘 끼이지를 못하며, 너무 이상주의적이고, 정치적 행위나 상황들에 대한 좌절감을 느낀다.

○ 물고기(미나) 라시에 있을 때

긍정적 효과	창조적, 미스터리한, 자비심, 자애적인, 직관이다.
부정적 효과	도피주의, 중독, 우울증, 불안정한 기질이 있다.

물고기 태양은 신비로운 것들에 대한 관심이 지대하다. 직관, 정령, 귀신, 마술, 오컬트 등과 같은 모든 것들에 흥미를 가지고 있다. 인생에서 답을 구하고 있기 때문에 다른 영역의 세상들을 시도해보게 만든다. 그리고 살아가면서 희생을 요구하는 때가 여러 번 오게 된다. 그럴 때 반드시 긍정적인 자세로 받아들여야 하며, 절망적 상태로 빠지지 않도록 유의해야 한다. 민감한 영혼 때문에 감상적 허무감에 사로잡힐 가능성이 높다. 특히, 세상이 가진 온갖 악에 자신을 노출시키게 되면 더욱 그러한 절망감으로 괴로울 수 있다. 때로는 재충전을 위해 일정한 기간 동안 휴식을 취할 필요가 있다. 그렇지 않으면 세상일에 너무 부대끼고 지쳐서, 자신이 가진 자비심의 선물을 세상을 위해 제대로 활용하지 못하는 위험성이 있다. 그라운딩과 중심 잡기 연습이 현재에 집중할 수 있는 능력을 키우는 데 도움이 된다. 서로 다른 방향으로 헤엄치고 있는 두 마리의 물고기가 상징하는 것처럼 방향성을 잃고 쉽게 표류해버릴 가능성이 있다.

물고기 태양은 아주 예민하고 창조적이다. 내면 깊이 흐르고 있는 감정들을 무시하기가 아주 힘들다. 아주 직관적이고 인지력이 있으며, 다른 사람들의 생각이나 감정들을 잘 파악할 수 있다. 마치 사이킥 스폰지처럼 그러한 것들을 빨아들이며, 이러한 능력이 동정심으로 발전한다. 다른 사람들에 대한 자비심으로, 요양, 보호, 케어, 간호, 테라피 등의 일을 잘할 수 있다, 다른 사람들을 위해 자기가 입은 옷까지 벗어주기를 마다하지 않는다. 목성이 로드하는 라시로서, 어떤 흠도 없이 관대하다. 친절함이 평상적인 작용 모드이다.

창조성이 DNA 속에 흐르고 있다. 많은 물고기 태양인들이 음악이나 예술적 재능을 가지고 있다. 예술인이 아니면, 최소한 감상하기를 좋아하는 사람들이다. 도피주의적 기질이 있을 수 있다. 건강한 물고기 태양인이면 예술적인 방향으로 간다. 건강하지 못한 모드에 있으면 마약, 술 등이 해소를 시켜준다. 너무 심하면 중독증까지 갈 수도 있다. 현재에 있는 법, 비록 고통을 마주해야 하더라도, 지금에 사는 연습을 하는 것이 아주 필수적인 과제이다.

태양의 자의식 표현은 목성이 가진 확장적이고, 허용적인 캐릭터에 달려 있다. 종종 거만하기도 하지만, 순수한 이유로 그렇게 한다. 시간 관리를 잘하지 못한다. 물고기는 사자에서 6/8 위치에 있고, 산양에서 2/12 위치에 있다. 두 라시는 태양을 가장 서포트하는 라시들이다. 그래서 물고기 태양의 효과들이 의외로 어렵게 나타날 수 있다. 이들은 우주적인 도덕적 원칙들을 행하기 위해 헤맨다. 상상적이고, 비전적이고, 어린애와 같은 상태로 되돌아가고자 염원한다. 갑작스런 비전의 변화, 장기적 상호책임 등을 무시한 결과로 인해 리더십 능력들이 손상될 수 있다. 플레이하거나 놀아야 할 필요가 있다. 아이들과 상상력을 아주 잘 이해하기 때문에, 어린이들을 위한 훌륭한 도덕적 봉사를 할 수도 있다. 안전한 종교적 직업을 가지려 할 수도 있으나, 도덕적으로 너무 비전적이거나, 혹은 이러한 원칙들을 어떻게 실제로 적용할지 잘 모를 수 있다. 대외적으로 드러난 액션들은 어릴 적에 활발한 상상력의 세계, 예술이나 음악을 잘하여 받은 칭찬 등에 대한 정신심리적 동기를 가지고 있다. 사물을 꿈과 같은 관점에서 잘 본다.

음악을 하는 아티스트, 여행이나 명상그룹 가이드, 자선적 기관을 위해서 일하거나, 혹은 어린이들의 여름 캠프, 아쉬람, 기숙사, 영적 성향의 병원이나 힐링 센터들에서 일을 할 수도 있다. 현대 시대에는 열정적인 환경운동주의인 경우도 자주 있다. 대지(大地)를 아주 취약한 어린이처럼 인지한다. 사회적으로 친절하고 포용적인 성향을 가졌다. 디바인 지성에 컨텍트를 하며 개인적 믿음에 좋은 토대가 되어준다. 개인적인 관계성에서 어느 정도 강압적일 수도 있다. 우주적 진리에 입각한 원칙들을 자기 정의감의 토대로 만들기 때문이다. 하지만 나쁜 의도로 그러는 것이 아니며, 현생에서 많은 사람들을 돕고자 한다. 자애로운 리더십의 마크를 가지고 있다. 의사 혹은 힐링을 하는 사람이라면 발과 연관된 일을 하는데 특히 탁월한 재능이 있다. 물고기 태양이 좋은 상태에 있으면 자선과 기부적인 활동을 즐기며, 카운셀러, 영적인 관심, 전생과 내생, 인과의 법칙 등에 대한 관심이 깊다. 만약 안 좋은 상태에 있으면 비효율적이고, 희망도 없이 떠돌며, 너무 공상이나 상상 세계 속에 빠져 산다.

태양이 12 하우스에 있는 효과들

나탈 차트에서 태양이 있는 하우스는 개인적 힘의 잠재성이 있는 곳을 나타낸다. 자신의 정체성을 찾을 수 있는 곳이며, 밝게 빛나야 하는 곳이다. 태양은 정의의 길을 보여주고, 자기 정의감을 나타낸다. 태양은 위치한 하우스의 가장 기본적인 특성들을 태우는 성향이 있다. 그리하여 차트 주인을 보다 높고, 더 논리적이고, 보다 더 개인화된 수준의 자기표현을 할 수 있도록 밀어낸다. 때로는 해당 하우스의 모든 특성들을 다 태워버리고 가장 높은 수준의 의식만 남겨두기도 한다.

ㅇ 1번 하우스(타누 바바)에 있을 때

긍정적 효과	강한 존재감을 가지고 있다. 방 안에 들어서면 모든 시선이 그를 향한다. 그의 성격은 따뜻하고, 웅장하고, 자신감이 넘친다. 리더십 역할도 잘 맞다. 별처럼 빛나기 위해 여기에 왔다.
부정적 효과	강한 에고형일 수 있다. 모든 게 '나, 나, 나'에 대한 것이 될 수 있다. 다른 사람들과 무대를 나눌 수 있는 법을 배워야 한다.

1번째 하우스에 있는 태양은, 강한 생기와 건강한 수준의 자신감을 준다. 어느 정도 압도적이거나 지나친 자의식 성향이 있을 수도 있다. 이들은 밝고, 총명하고, 자신의 방식대로 뭐든지 해야 하는 독립적인 캐릭터가 된다. 만약 도덕적으로나 감정적으로 성숙한 사람이 경우에, 그는 지극히 자아주도적이다. 그렇지 않으면 아주 이기적일 수 있다. 어릴 때 너무 섬김을 받고 자란 경우가 자주 있다. 부모님에게 제일 우대를 받던 딸, 혹은 아들이었다. 피타 도샤로 바디를 태워버린다. 소화기능이 너무 열에 차 있다. 피부색은 약간 붉은색이 돈다. 태양은 잔인하고 크루라 행성이기 때문에, 1번째 하우스에 있으면 뜨거운 체질을 준다. 약이 잘 오르고 화를 잘 내는 성격을 가진다. 사움야의 어스펙트가 없는 한, 차트 주인은 인내심이 부족하거나 불친절한 성향이 있다. 태양의 열은 태우고, 자신감이나 자기존중심을 해치게 된다. 이러한 기질이 다른 사람들에게 잘 드러나지는 않는다. 라그나에 있는 태양은 자부심, 용기, 파워, 그리고 상당

한 자기 주장성을 가지기 때문이다. 부끄러움이라는 단어는 모르며, 강한 자의식을 가지고 있다. 야심적이고, 권위적 지위를 원한다. 아버지와 가까운 관계이며 아버지가 그의 인생에서 중요한 사람이다. 대체로 공무원이나 정치, 정부와 연관된 일에 끌린다. 인정받기를 원하고, 인정을 잘 받는 형이다.

　1번에 있는 태양은 7번 영역에 어스펙트하기에 배우자도 비슷하게 이기적인 사람을 준다. 결혼 파트너는 독립적이며, 각자 자신의 아젠다로 자신들의 만족을 추구한다. 배우자와 자기 것을 잘 나누지도 않는다. 대체로 다른 사람들과 나눠가지는 것을 잘하지 못한다. 구두쇠적인 성향을 주고, '내가 먼저' 자세를 가지고 있다. 자신이 하는 어떤 결정이 조금이라도 완벽하지 않을 수 있다는 가능성에 대해 상상조차 할 수 없다. 사랑이라든지 일에서 만약 원하는 인정을 받지 못하면, 자신을 인정해주는 다른 사람, 다른 일을 찾아간다.

　만약 태양이 좋은 품위에 있으면, 직업적으로 좋은 리더십으로 존경을 받는다. 어떤 주요한 결정을 내리는 일이나 영역에서 탁월하며, 가득한 자기 자신감으로 인정을 받는다. 하지만 커리어가 좀 꼬이는 경향이 있으며, 다른 사람들에 대한 인종, 계층, 성별 등에 대한 고려나 신경을 무시하기 때문에 일어나는 현상이다(예를 들어 다른 그룹을 위해 남겨놓은 자리를 본인이 차지한다든지 하는 식으로). 자신만의 독특한 스타일을 가진 개척가이다. 그래서 만약 화성이 좋은 상태에 있으면 정치나 군대 요직에 종사하면 아주 좋다. 좋은 품위에 있는 태양은 좋은 건강과 강한 체질을 준다. 성공을 하고 다른 사람들의 존경을 받기에 좋은 위치이다. 자신을 잘 노출시킬 줄 안다. 만약 손상이 된 경우에는 정반대의 효과를 내며, 특히 건강이나 시력의 문제를 줄 수 있다.

　라그나에서 좋은 상태에 있는 태양은 에너지가 넘치고, 경쟁적이고, 확실하고 분명한 결정들을 내릴 수 있으며, 건강한 생기와 자신감을 부여한다. 하지만 안 좋은 상태에 있으면 거만하고, 너무 경쟁적이고, 공격적이고, 화를 잘 내며, 인내심이 부족하고, 과도한 자신감에 넘친다.

○ **2번 하우스**(다나 바바)**에 있을 때**

긍정적 효과	돈을 버는 데 아주 탁월하다. 그는 필요한 것들을 쉽게 끌어당길 수 있지만, 그러나 게으르지 않다. 일하러 가기를 즐기며 정당하게 자신의 몫을 벌고자 한다. 물질적 성공은 행복하게 만들며, 삶에서 충분한 안정성을 성취할 수 있을 것이다.
부정적 효과	자신의 것들에 너무 강조를 한다. 더 크고 더 낫다 하여 자신이 다른 사람보다 우월하다는 것은 아니다. 세상에 있는 돈을 다 가진 사람들 중 하나라도, 그러한 것들은 주는 기쁨은 아주 적다.

2번째 하우스에 있는 태양은, 그가 소유한 귀중품이나, 부, 가족, 그리고 여타 다른 안정적 구조를 갖춘 것들에 자신의 정체성을 많이 부여한다. 물질적인 부와 연관된 것들에 주의를 기울이는 경향이 있다. 욕심이 지나치거나, 하는 행동이 다소 당파적이거나, 자기 것을 너무 챙길 수도 있다. 흡연자일 수도 있다. 2번에 있는 태양은 2번 하우스 특성들에 마일드한 크루라 영향을 미친다. 하지만 태양이 좋은 상태에 있으면 쉽게 좋은 효과를 낼 수 있다. 2번의 태양은 부를 이루기 위한 경제적, 재정적 문제와 어려움들을 경험하게 하며, 교육을 받는 어려움도 줄 수 있다. 말을 거칠고 세게 하거나, 비속어를 사용할 수도 있다. 거짓말을 할 수도 있다. 가족생활이 방해를 받고, 태양이 좋은 상태에 있지 않는 한, 얼굴이 매력적이지 못하다. 정부나 다른 권위적 인물들로 인해 경제적 손실을 당할 수도 있다.

그는 자신의 캐릭터를 주변 가족들에게 아주 강하게 주입시킨다. 자기 정의감과 탁월한 논리성을 갖춘 강한 에고를 가졌으며, 역사가 있는 전통, 예술, 음악, 부 등의 영역에 자신이 가진 강한 에고 잣대를 적용한다. 하지만 2번 하우스 영역에 태양의 강한 열이 있게 되면 역사와 전통 등을 단절하고, 자기 자신이 부와 아름다움의 기준을 정하는 주체로 여기게 만드는 경향이 있다. 만약 금성이 좋은 상태에 있으면, 아주 강하면서도 독특한 예술적 성향을 가진 심오한 철학가로 만든다. 얼굴은 강인하고 캐릭터로 가득하다. 하지만 금성이나 토성이 어스펙트를 하지 않는 한, 지나친 열(예를 들어 햇볕 화상) 때문에 얼굴에 문제가 생길 수 있다. 가족 중에서 아버지를 자신의 모델로 삼는다. 가족생활에서 자신만의 스타일을 주장한다. 도덕적인 철학가로 '내가 가장 잘 안다'라는 자세를 가지고 있다.

2번 하우스에서 좋은 상태에 있는 태양은 부와 재정, 가족이나 책임에 대한 한결같고 안정적인 태도를 가지며, 영향력이 있고, 차밍하며, 좋은 목소리를 가졌고, 부를 축적하고, 건강한 식습관을 유지한다. 만약 안 좋은 상태에 있으면 과소비를 하고, 저축이나 비축을 하지 못하며, 너무 시끄럽거나 강한 어투로 말을 하며, 술이나 담배 같은 자극물들을 취한다.

○ 3번 하우스(사하자 바바)에 있을 때

긍정적 효과	이지적인 저력을 가지고 있다. 정신적으로 재능을 타고났으며 그것에 대해 자랑스러워한다. 3번은 소통의 하우스이기에 그는 아이디어와 정보를 공유하기를 아주 좋아한다. 배우는 것을 언제나 멈추지 않는다.
부정적 효과	아주 똑똑하고 잘난 척하거나 악의적인 가십을 잘하는 사람일 수 있다. 별달리 할 일이 없으면 아주 바쁜 척하거나, 혹은 지루해하거나, 계속 불평만 해대고 있을 수 있다. 아무도 어떤 말을 할 수 있는 기회를 주지 않는다.

태양이 3번 하우스에 있으면 용기가 있고, 용감하고, 모험심이 강하다. 하지만 전반적인 3번 하우스 전체를 최종 판단하는 데 있어 3번 로드의 상태가 중요하다. 3번째 하우스에 있는 태양은 관심사, 자기 의지력, 스포츠, 경쟁 등에 자신의 포커스를 맞추게 한다. 상당한 에고 경향이 있으며, 권위적 대상들, 특히 아버지나 정부 관료 등과 같은 사람들과 갈등이 있을 수 있다. 스스로 배우는 능력이 뛰어나며, 뛰어난 재능을 가지고 있으며, 자신이 하는 일의 결과에 집착한다.

자의식은 글, 책, 기사, 정보, 아이디어, 역사적 기억이나 암기 등에 나타난 사실들과 자신을 동일시한다. 미팅이나 세미나 주최자, 혹은 연기자, 프로듀서, 기자, 작가 등의 일을 한다.

태양은 형제들과의 관계를 태워버리고, 사고나 사유 과정을 자신만의 방식으로 하게 한다. 보다 대중적인 형태의 팀워크나 행정 일에 능력을 더 잘 발휘할 수 있다. 비즈니스 환경에서 인정을 받기를 더 선호한다. 비주류적인 사업 주제나 방식에 관심이 있으며, 자신의 방식으로 정당화를 시키는 아주 편의적인 성격을 가지고 있다. 자신에 관한 리포트에 개인적인 관점이 들어가는 것을 막는다. 그래서 좋은 탐정이나, 평가인, 예를 들어 확실한 맛 평가자 등이 될 수 있다. 하지만 창조적인 사람은 아니며, 일상적인 비즈니스나 직업처럼 반복되는 일들을 평가하는 데 더 적합하다. 자수성가로 부를 축적하는 데 좋은 조합이다.

3번 하우스에서 좋은 상태에 있는 태양은 용기가 있고, 대외적 스피커 혹은 작가, 대단한 액션이나 행위를 하는 능력자, 결의적이며, 중요한 사람이며, 사회에 영감을 고무한다. 만약 안 좋은 상태에 있으면 비정형적이며, 너무 강압적이며, 신뢰하기 어렵고, 언행이 일치하지 않으며, 사회적 갈등이 많고, 주의가 부족하다.

○ 4번 하우스(수카 바바)에 있을 때

긍정적 효과	집과 가족이 그에게는 모든 것이다. 편안하고 안전한 가정을 이루는 것에 아주 집중한다. 사랑하는 이들을 돌보는 데, 혹은 전시품 같은 집을 만드는 데 그가 가진 모든 에너지를 헌신한다. 어머니가 그의 삶에서 아주 핵심적 역할을 한다.
부정적 효과	앞치마 끈을 잘라버릴 수가 없다. 모두에게 엄마처럼 굴려는 문제를 가지고 있다. 혹은 사랑하는 이들을 지배하는 것이 지나쳐서, 오히려 그로부터 달아나고 싶게끔 만들 수 있다. 최악의 시나리오에서는 익숙한 과거에 매달리며 살고 있다.

4번째 하우스에 있는 태양은 감정적 평화와 위안, 편안히 느끼게 해줄 수 있는 것들을 추구하는 데 많은 강조를 하게 된다. 밖으로 드러내지 않는 숨겨진 야망이나, 잘나가는 사람들에 대해 느끼는 질투심이나 좌절감 등처럼 감추어놓은 다른 감정들을 많이 나타낸다. 다른 사람들이나 가족들을 보살피는 데 강한 관심을 가졌다. 하지만 다른 사움야 행성들의 도움이 없는 한, 4번에 있는 태양은 행복하지 못하고, 짜증이나 말다툼을 잘 일으킬 수 있다. 어머니와의 관계성도 좋지 못하거나 이득을 보지도 못한다. 어머니가 대체로 일찍 곁을 떠난다. 재산도 적고 운송수단도 부족하다. 행복을 찾아 헤맨다. 부모님이나 자신의 뿌리에서 독립적이고, 집에서 '태워졌다'. 자신의 방식대로 살기 위해 유대감을 맺는 것을 싫어한다. 본인 스타일을 집 환경에 강요한다. 땅에

매이는 것을 싫어하지만, 부동산이나 고정자산의 소유권이 주는 특권을 즐긴다.

4번에 태양이 있으면 대체로 사람들이 좋아하는 형이나, 가족 위주 마인드를 가진 보편적인 사람들에게는 절대로 잘 받아들여지지 않는 형이며, 본인 자신도 그런 것에 연연하지 않는다. 어떤 주제든지 공부에 집중을 잘하며, 감정적으로 고통스럽거나 무시무시한 주제들도 잘 다루며, 심리적으로 제법 초연할 수 있다. 동물들의 행위나 인간 감정 분야의 연구를 하는 데 재능이 있으며, 만약 중립적 성향이 너무 심한 경우에는 아주 비인간적이거나 잔인할 수도 있다. 감정적인 예민성이 부족하지만, 만약 태양이 좋은 상태에 있으면 그는 교실에서나 스터디센터에서 매력적이다. 추상적으로 애국적이고, 철저하게 자기보호적이다. 좋은 커리어를 가졌고, 중등 교사인 경우가 자주 있다. 해양과학이나 바다와 연관된 비즈니스에 재능이 있을 수 있다. 아버지에 대한 기억을 특별하게 가지고 있다. 만약 태양이 좋은 상태에 있으면 아버지의 재산 혜택을 받을 수도 있다. 야심이 있고 권력을 원한다. 금 장식이나 보석들을 즐긴다. 영적 혹은 오컬트 주제에 대한 관심이 있다. 정규교육이 끊어질 수 있으며 학위를 얻기가 어렵다. 심장과 연관된 어려움이 있다.

4번 하우스의 태양이 좋은 상태에 있으면, 교육자이며, 다른 이들을 돌보거나 보호하기를 즐기고, 좋은 집과 가정, 고정자산들을 소유하고 있다. 만약 안 좋은 상태에 있으면 감정적인 굴곡을 심하게 겪고, 불행하며, 권위적 인물들과 갈등이나 마찰을 잘 일으키며, 성급하고 조심성이 부족하다.

○ **5번 하우스(푸트라 바바)에 있을 때**

긍정적 효과	태양의 자연적인 하우스이다. 자신을 강하게 표출할 수 있는 능력을 준다. 빛나는 개성을 가졌으며, 사람들이 자연스럽게 이끌린다. 5번에 있는 태양은 아티스트, 배우, 운동선수, 혹은 어떤 사람이든지 무대에 서는 것을 즐기게 만든다. 아이들과 자연스럽게 잘 어울리고, 가르치거나 부모가 되는 일이 쉽다. 사랑에 빠지면, 모든 것을 다 바쳐서 사랑한다.
부정적 효과	모든 주의와 관심의 중심에 항상 있고자 한다. 어느 정도 전시형이 될 수 있다. 자녀들을 컨트롤하려 들 수 있다. 그래서 반감을 살 수 있다. 어떤 경우에는 무모한 투자나 게임으로 모든 돈을 잃어버리는 도박꾼이 될 수도 있다.

5번째 하우스에 있는 태양은 많은 열정으로 빛이 나는 창조적 마인드를 나타낸다. 가슴속에 있는 욕망들을 시도해보고, 휴머니티의 장기적 발전을 위해 가치가 있는 것들에서 충족을 얻으려 한다. 아버지나 정부로부터 창조적 벤처에 대한 도움을 받을 수도 있다. 5번 하우스의 태양은 예리하고 총명하다. 하지만 짜증을 잘 내거나 성질이 급할 수도 있다.

태양은 5번 영역의 촉촉하고 생산적인 비옥성을 자신이 가진 뜨겁고 건조한 에너지로 태우고 자녀의 수를 제한한다. 그래서 대체로 적은 수의 자녀를 가졌고, 그들과의 관계성이 어려울 수도 있다. 감정적 공감대가 부족하다. 자녀가 아예 없는 경우도 자주 있다. 만약 아이가 생기면 대체로 다른 사람들이 키운다. 혹은 태양의 북티 동안 자녀와의 이별이 있다. 부모의 역할에서 품위를 지키려 하지만, 아이들이 고집 세고 독립적이며, 자녀에 대한 어떤 기대나 보답을 거의 받지 못한다. 여성의 경우에는 출산의 어려움을 겪을 수 있다.

투자의 이득이 적고 가난할 수 있다. 로맨스의 어려움이나, 지나친 쾌락의 추구에 탐닉할 수 있다. 다른 이들을 다스리거나 지배하려 든다. 전생의 카르마로 인해 성공적인 정치인, 혹은 정부의 권위적 지위를 가졌을 수 있고, 아버지와의 좋은 덕을 누린다. 5번의 태양은 종교적 마인드, 영적 수행에 이상적인 위치는 아니다. 하지만 태양이 좋은 상태에 있으면 덕이 넘치고 종교적이거나 영적인 삶을 추구한다. 이런 사람의 경우에는 5번의 태양은 영적 추구자에게 최상의 위치가 된다. 산과 숲에서 배회하게 하고, 만트라의 지식을 갖추었다. 그는 자신이 가진 높은 수준의 이성적, 도덕적 재능으로 해내는 일들에 대해 다른 사람들에게 많은 박수와 관심, 주의를 받을 필요가 있다. 정치에 아주 좋고, 드라마 공연가로서 최고로 좋은 위치이다. 게임을 잘하는 재능이 있으며, 아주 훌륭한 교사가 된다. 만약 태양이 있는 라시에 좋은 어스펙트가 있으면, 투기나 다양한 도박을 통해 점점 더 부유해진다. 창조적이고, 문학적인 성격을 가지고 있다. 이성적인 지성이 많이 강조된다. 오락, 사치, 칭송들을 즐긴다. 심리적으로는 표준적이고 반복적인 과정들을 참지 못한다. 즐거움과 혁신을 요구한다. 비보편적인 행동 스타일을 잘 보인다. 하지만 도가 지나치면 너무 거만하게 보일 수도 있다. 재미있는 것을 즐긴다. 만약 덜 진화된 사람이라면, 다른 사람을 웃음거리로 만드는 일을 잘하고 어느 정도 나르시스 성향들이 있다.

5번 하우스의 태양이 좋은 상태에 있으면 훌륭한 리더이며, 좋은 분별력을 가졌고, 자녀들과의 이득을 즐기며, 로맨틱하고, 스포츠를 잘하며, 투자나 투기에 성공을 한다. 만약 안 좋은 상태에 있으면 성숙하지 못하거나 유치하고, 자녀들과의 어려움을 겪으며, 너무 성급한 결정들을 내리며, 투자나 투기로 손해를 입으며, 비즈니스를 잘하지 못한다.

○ **6번 하우스(아리 바바)에 있을 때**

긍정적 효과	그가 하는 일에 아주 높은 자부심을 가지고 있으며, 자신이 하는 일에서 정체성을 느낄 수 있다. 일을 잘해서 인정을 받게 되면 가장 뿌듯함을 느낀다. 서비스를 하는 것도 아주 중요하다. 자신을 완전히 표출하게 해주는 의미 있는 일을 원한다. 어떤 일이냐는 중요하지 않다. 자신이 즐기는 일이면 충분하다. 건강은 대체로 좋은 편이다.
부정적 효과	일을 너무 강조하게 된다. 다른 모든 것보다 일이 가장 중요하다. 남들이 자신을 충분히 알아주지 않는 것에 대한 불평을 하며, 직장에서 밉상인 사람일 수도 있다. 아무도 직장에서 다른 이들을 괴롭히는 사람을 좋아하지 않는다.

6번 하우스에 있는 태양은, 소화력이 약한 경우가 자주 있다. 권위적인 인물들과 권력 갈등을 나타낼 수도 있다. 높은 수준에서 본다면, 희생과 서비스를 할 수 있는 강한 저력, 그리고 달갑지 않은 것들을 크게 부담스러워하지 않고 기꺼이 감내할 수 있는 능력을 보여준다. 6번 하우스에 있는 태양을 잘 다루기 위해서는 어느 정도 인간적 성숙도와 자기에 대한 성찰이나 지식이 필요한, 애매한 자리이다.

6번의 태양은 기본적으로 이기심을 가지고 있기 때문에, 삶의 영역들에 갈등을 겪어야 한다. 기회주의자, 무감각주의, 자신의 이득을 위해 다른 사람들을 이용하기를 주저하지 않는다. 그런데 크루라 행성이 두스타나 하우스에 있으면 물질적인 이득은 있다. 이들은 현실주의를 지향하고, 공상이나 환상 따위에 시간 낭비를 하지 않는다. 다른 사람들의 노동을 비인간적으로 다루고, 사람들을 목적이나 대상으로 다루는 성향을 주의해야 한다. 태양은 크루라 행성이기 때문에 6번 하우스에 있으면 저력을 가지게 된다. 경쟁자들을 이기고, 적들을 파괴하고, 재빨리 직위로 오를 수 있게 한다. 그래서 쉽게 리더, 권위적 인물, 혹은 정치인이 될 수도 있다. 건강도 좋고 강한 생기를 가지고 있다. 하지만 만약 태양이 손상이 되었으면 오히려 반대가 될 수 있기에 건강에 각별히 유의를 기울여야 한다. 특별한 다이어트를 하거나 규칙적인 운동 프로그램을 준수하는 것이 좋다. 서비스 직종이나 의료계의 커리어를 가질 수도 있다. 태양이 약하면 시력 문제가 있고, 아버지의 몸이 약하거나 아프고, 고생스런 삶을 영위할 수도 있다. 만약 태양이 좋은 상태에 있으면 외삼촌과 좋은 관계를 가지거나 이득을 볼 수 있다. 정글이나 숲에서 방황하거나, 요가와 만트라, 영적 테크닉 수행에 대한 관심이 지대하거나, 온갖 유형의 자기증진이나 자기정화법들을 수행한다.

만약 6번의 태양이 좋은 상태에 있으면, 전사 기질, 적들을 파괴하고, 질병이나 피해들에 대한 회복능력이 빠르며, 전략적이고, 보호를 하고, 대담하고, 위트가 있다. 도덕적이고, 존경받는 의사, 특히 의료기관에서 리더일 수도 있다. 또한 6번 하우스에서 좋은 상태에 있는 크루라 행성은 언제나 의료 연관 직업에서 성공을 거둘 수 있게 한다. 환자들이 모든 사회 계층에서 몰려들지만, 특히 가난하거나 피해자 측 입장에 있는 사람들이 많이 오게 된다. 만약 안 좋은 상태에 있으면 매사에 너무 빠르고, 늦출 줄을 모르며, 지나치게 공격적이거나, 훔치거나 속이고, 전투적이고, 그리고 너무 똑똑해서 자기 꾀에 잘 넘어간다.

○ 7번 하우스(유바티/칼라트라 바바)에 있을 때

긍정적 효과	관계성에 상당한 에너지를 부여한다. 매력적인 개성을 가졌기에 상당한 추종자들을 끌어당길 수도 있다. 설령 관계성에 있더라도 자신의 정체성을 유지할 수 있다. 자신을 잃지 않으면서 상대를 통해 자신을 표출할 수 있다. 권력다툼을 잘하는 사람일 수도 있다.
부정적 효과	참기 어려운 사람이 되며, 주변 사람들을 주도하려고 한다. 이러한 기질로 인해 다른 사람들이 등을 돌리거나 적으로 만들 수 있다. 타협하는 법을 배워야 하며, 파트너도 당신처럼 빛날 수 있도록 허용해야 한다.

7번 하우스에 있는 태양은, 개인적인 자신감에 너무 집중하는 경향이 있다. 이러한 성향은 7번 하우스 연관 팩터들에 성공을 하지 못하더라도 상관없는 듯한 태도를 자주 가지게 한다. 그러나 어디든 태양이 가는 곳은 빛이 난다. 7번에 있는 태양은 관계성에 많은 중요성을 주게 되지만, 그러나 주의가 가는 중심은 언제나 자신에게 두는 경향이 있기 때문에 필요한 가르침들을 익히기 어렵게 된다. 하지만 커리어에는 좋은 위치이다.

대체로 태양이 7번에 있는 것은 비길조적인 위치이다. 태양의 뜨겁고 건조한 에너지가 배우자 하우스에 오기 때문이다. 태양은 자연적 적인 금성의 하우스에 있는 것처럼 느낀다. 자의식이 바깥을 향해 거울을 비추며, 자신의 이미지가 배우자에 의해 반영되거나, 여행이나 특히 외국 땅에서 받는 이미지 등에 반영된다. 7번 하우스는 여행을 하는 하우스이다. 그는 여행을 자아 이미지와 동일화한다. 이들은 끊임없는 움직임 속에 있기를 원한다. 7번의 태양은, 삶의 모든 것이 이성이나 배우자를 중심으로 돌아가게 만든다. 결혼은 평균보다 늦게 한다. 어떤 결정이 정해지면, 항상 어떤 문제가 장애가 생길 가능성이 높다. 배우자가 다른 나라, 혹은 다른 종교나 집안 등이어서 부모님이 반대할 수도 있다. 배우자는 강하고, 주도적이고, 컨트롤하고, 조작적이다. 그래서 결혼생활의 행복이 아주 적거나 이혼을 할 수도 있다. 하지만 어떤 상황이든지 그가 결혼을 끝내는 사람은 아니다. 오히려 배우자가 그에게 모욕을 주거나 결혼을 끝낼 수 있다. 성적 드라이브가 강하고, 언제나 육체적 관계를 가지는 상대가 있다. 남자의 경우, 여자에 대한 존중심이 아주 적거나 없으며, 자기만족을 위해 여자를 이용한다. 배우자의 캐릭터는 수준이 낮거나 의문스럽다. 배우자 아닌 다른 사람과 정사를 가진다. 항상 마음의 안정을 얻지 못하고 돌아다니거나 방황한다.

5번의 태양이 좋은 상태에 있으면 어떤 거래나 협약이든지 잘 다루며, 강한 파트너십, 차밍하고, 중재를 잘하며, 모든 사람들의 관점이나 입장을 잘 헤아린다. 만약 안 좋은 상태에 있으면 배우자나 파트너들과 인내심이 부족하며, 자기 욕구나 만족만을 추구하며, 조작적이고, 속이거나 배신을 하며, 남을 해하는 계략을 잘 짠다.

○ 8번 하우스(아유 바바)에 있을 때

긍정적 효과	아주 깊고, 섹시하고, 정열적이다. 다른 이들과 융합하고자 하는 깊은 동기를 가지고 있다. 변형이나 미스터리한 것들에도 아주 몰입한다. 무엇을 하든지 뿌리까지 파고들며, 꿰뚫는 듯한 눈을 가진 경우가 자주 있다. 사이킥 능력을 타고났으며, 거짓이나 위선을 잘 파악하는 능력을 가지고 있다. 아무도 쉽게 속일 수 있는 사람이 아니다. 유산을 받거나, 자금을 아주 잘 관리할 수 있는 능력을 가졌을 수도 있다. 사후에 명성을 즐길 수도 있다.
부정적 효과	상처를 받으면, 복수심을 가지고 집착적이 될 수 있다. 의지를 좋은 일에 사용하기 보다는 파괴하는 데 사용하려 든다. 혹은 사람들이 가진 비밀을 악으로 이용하려 들 수 있다.

　8번째 하우스에 있는 태양은 삶의 미스터리한 면들을 탐색하기 위해 많이 집중을 한다. 오컬트적인 것들에 대한 깊은 관심, 자연의 원리와 심리학에 대한 이해를 준다. 최면술이 다른 종류의 깊은, 탐구적 주제들에 대한 깊은 관심을 보인다. 힐러로서 상당한 능력을 주기도 한다.

　태양이 8번 하우스에 있으면 다른 조건이 받쳐주지 않는 한, 중간 정도의 수명을 주며, 태양의 전반적인 자질들이 손상을 입는다. 아버지와의 어려움을 겪거나, 아버지가 일찍 돌아가거나, 혹은 고생을 많이 할 수 있다. 시력이 안 좋을 수 있다. 고질적이거나 장기적 질병이 있을 수 있으며, 특히 생식기관과 연관된 질병에 시달릴 수 있다. 태양은 힘과 권위를 나타내며 커리어의 카라카이다. 근심걱정이 많고, 굴곡이 있고, 전반적인 어려움을 커리어 영역에서 갖게 된다. 동시에 아주 성공한 사람일 수도 있다. 적은 수의 자녀들이 있다. 가족생활에도 어려움이 있다.

　만약 태양의 라시가 서포트를 한다면, 8번이라는 화성의 자연적 하우스에서 행복하다. 하지만 태양이 다스리는 임시적 하우스들은 손상을 입을 것이다. 물고기, 처녀 라그나에게는 유익한 위치이다. 태양이 6번, 12번 로드이기 때문이다. 두 라그나에게는 8번의 태양이 에너지를 향상시켜준다. 특히 처녀 라그나의 경우엔 태양이 고양이어서 모든 적이나 부채, 질병 들을 모두 파괴한다. 다른 라그나들에게는 뒤섞인 효과들이 나타난다. 태양이 카라카하는 자질들이 피어나는 것을 막게 된다. 이름을 실추시키고, 자신감을 죽이고, 리더십 파워를 줄이고, 자기 이미지를 훼손시킨다. 그러나 부를 방해하지는 않으며, 유산, 보험금의 혜택 등을 받는 데 유익하다. 힐링 아트와 비밀스런 전통들을 다루는 직업에 좋으며, 죽은 이들을 다루는 변호사 일에도 도움이 되고, 모든 오컬트나 탄트라에 개입할 수도 있다. 8번의 태양은 오컬트 주제를 공부하는 데 아주 좋으며, 연구 영역에서도 성공할 수 있다. 탁월한 직관력이 있거나 사이킥일 수도 있다.

8번 하우스에서 태양이 좋은 상태에 있으면 삶 전반에 걸쳐 좋은 서포트를 받으며, 갑작스런 행운이나 횡재를 할 수 있으며, 생기가 있고, 연구나 탐사를 잘하며, 영적인 동시에 감각적이다. 비밀스럽게 큰 성공을 이룬다. 만약 안 좋은 상태에 있으면 너무 감추거나 비밀스러우며, 스캔들, 신뢰하기 어려우며, 너무 감각적이며, 다른 사람들에게 이용을 잘 당하며, 분노에 차 있다.

○ **9번 하우스**(바기야/다르마 바바)**에 있을 때**

긍정적 효과	세상이 돌아가는 방식을 이해하는 데 뛰어난 감각을 가지고 있다. 그래서 여행과 높은 교육에 끌린다. 할 수만 있다면, 세상을 보고 싶어 하고, 다른 문화의 사람들과 친구가 되고 싶어 한다. 철학, 종교, 글쓰기 등이 그를 행복하게 한다. 긍정적이고 낙천적인 태도가 일상적 행위 방식이며, 다른 사람들과의 미래를 위해 큰 비전을 공유하기를 즐긴다.
부정적 효과	독선적이고, 자신의 의견에 너무 집착한다. 그래서 완전한 광신가 혹은 허풍쟁이가 될 수 있다.

9번 하우스에 있는 태양은 종교적 성향이나 혹은 철학적인 성향을 자주 가지게 된다. 태양은 우리가 가진 철학에 한결같은 선명함과 힘을 가져온다. 아주 훌륭한 스승, 혹은 종교적 인물일 수 있다. 3번 하우스에 던지는 어스펙트로 인해 작은 그룹과 연관된 소통을 도와준다. 개인적으로 주어진 글쓰기 과제에 아주 탁월하며, 권위적인 소통가이다. 교수이거나, 다른 권위적 미니스트 위치, 혹은 대학들에서 성공한 사람일 수 있다. 종교적인 라이프스타일이 아주 당연하고, 회의주의 성향이 다분하며, 사회적 도덕들을 전문적으로 다룰 수 있다.

태양은 9번 하우스의 카라카이다. 그래서 태양에게 9번 하우스의 위치는 아주 길소적이며, 특히 철학, 종교, 명상, 영적 수행에 좋은 위치이다. 하지만 여전히 크루라이기 때문에, 좋은 영향하에 있지 않는 한 자신의 종교나 문화를 버리고 새로운 것을 취하게 될 것이다. 행운이 다른 9번의 특성들에도 손상을 입힌다. 그래서 아버지와의 관계성이 안 좋거나, 아버지가 고생을 하거나, 힘든 삶을 살 수도 있다. 아버지를 대하는 태도가 독립적이며, 그에 대한 아버지의 반응이 '내 방식을 따르든지, 아니면 사라지든지' 하는 식으로 권위적일 수 있다. 아버지와 아들은 둘 다 아주 강하고 자신감 넘치는 자의식 구조를 가졌으며, 서로 같은 집에서 오랫동안 같이 살기가 어렵다. 아버지는 거만하고, 언제나 자신이 최상을 아는 것처럼 행동한다. 어쨌든 아들은 아버지에 대한 자식으로서의 예의를 갖추고, 아버지의 명성을 지킨다. 만약 좋은 상태에 있으면, 아버지의 좋은 행운, 부, 명성, 긴 수명을 준다. 아주 영적이거나 종교적인 아버지를 나타내기도 한다. 차트 주인이 종교적, 영적 스승이 될 수도 있다. 신에 대한 강한 믿음을 가졌고, 모든 종교적 의식들을 행하고, 신들을 섬긴다. 점성가들이나 뉴에이지 종교 등을 따르는 이들에게 자주 볼 수 있는 조합이다. 하지만 태양이 안 좋은 상태에 있거나 토성과 삼반다가 되었으면 어려움을 준다. 아주 개인주의적인 관점 때문에, 대학이나 높은 교육 등을 위한 시험에서 어려움을 겪는다.

9번 하우스의 태양이 좋은 상태에 있으면, 행운이 있고, 영적 혹은 도덕적인 리더이며, 높은 지식들을 얻고, 하늘의 은총이 넘치고, 공덕을 많이 쌓는다. 만약 안 좋은 상태에 있으면 불운하고, 권위적 인물들과 트러블을 겪으며, 여행하기가 어렵고, 뭐든지 너무 서두르다가 손해나 실패를 하며, 덕을 쌓지 않거나, 종교나 영성에 관심이 없다.

○ **10번 하우스(카르마 바바)에 있을 때**

긍정적 효과	그가 가진 야심으로 크게 인정을 받게 될 수 있다. 권력과 특권이 피를 뜨겁게 하고 지대한 관심의 요인이 된다. 자동적으로 스포트라이트를 받기를 추구한다. 리더십과 정치가 잘 맞다. 그를 향한 대중들의 시선이 대체로 사랑스럽다. 어떤 분야를 선택하든지 쉽게 권위적 직위에 오른다.
부정적 효과	자신의 목적을 달성하기 위해선 어떤 비도덕적인 방법도 마다하지 않는 독재자일 수 있다. 어떤 경우에는 권력에 미친 에고 마니아를 만들 수도 있다. 대중들이 자신을 어떻게 생각하는지에 아주 예민하며, 자신을 반대하는 이가 있으면 무슨 수를 쓰든지 파괴해버리고 만다. 이러한 행위가 오히려 독이 되어 쉽고 빠르게 권좌에서 추락할 수 있다.

10번 하우스에 있는 태양은 의무, 책임, 스트레스를 처리할 수 있는 높은 능력을 준다. 영향력을 미치고, 자신의 원칙에 맞게 한결같이 서 있을 수 있는 능력, 권력에 따라오는 다른 이들의 질투심들이나 유쾌하지 않은 것들을 감당할 수 있는 능력이 있다. 10번의 태양은 이러한 영역들을 잘 처리할 수 있는 뛰어난 능력을 준다. 우파차야 하우스에 있는 크루라 행성들은 좋은 결과들을 가져온다. 그래서 10번의 태양은 커리어 성공, 온갖 하는 일마다 성공을 거둘 수 있는 최상의 위치이다.

태양은 10번 하우스의 카라카인 동시에, 위치의 저력, 디그 발라를 얻는다. 커리어 마인드를 가졌으며, 어떤 직업을 선택하든 쉽게 권위적인 지위에 오른다. 인기가 많고 대담하며 대단한 힘을 행사한다. 유명해질 수도 있다. 다른 사람들을 지배할 수 있는 일, 정치적인 커리어 등에 끌린다. 어머니와의 관계성은 어려울 수 있다. 부를 쌓는 데도 이득이 된다. 아타 하우스이기 때문이다. 10번은 강한 앵글이기에, 태양이 가진 모든 특성들이 발현될 것이다. 아버지와 좋은 관계를 누리며, 아버지는 부유하고 풍요롭다. 그는 자신감이 넘치고, 강하고, 야심이 있다. 사회의 이득을 위해 많은 좋은 선행들을 행하고, 그러한 행위로 많은 명성을 얻게 될 것이다. 성지순례를 많이 다닐 수도 있다.

독립성과 타협성은 인간 삶에 있어 가장 중심에 놓여 있는 이중성이다. 독립적이고 창조적인 태양이, 토성의 자연적 하우스 10번의 타협과 사회적 의무 하우스에 있다. 바른 환경에 있으면 좋은 결과들을 낳게 된다. 10번 영역은 사회적 특권 피라미드의 피크에 해당한다. 태양처럼 강한 행성들이 이곳에 있는 경우, 그를 공공 서비스 연관 일에 뛰어나게 만든다. 하지만 태양-토성이 가진 적대심은(서로 미워하는 두 행성) 커리어 영역의 좌절과 마찰을 만들게 된다. 만약 태양이 산양이나 사자 라시에 있으면, 토성의 하우스가 하는 반복적인 관리 업무 일을 잘해서 칭찬을 받기보다는 독자적으로 자신이 가진 개인적 천재성을 표현하고자 한다. 자기 사업이나 일을 하는 타입으로 비즈니스 성공을 보장한다. 비록 사업이 크게 확장된다 하더라도 감당할 수 있는 창조적인 힘과 행정적 컨트롤 능력을 같이 가지고 있다.

10번 하우스의 태양이 좋은 상태에 있으면 성공적인 커리어를 누리고, 좋은 명성, 개인적인 힘을 얻으며, 사회적 존경을 받고, 행동이 민첩하여 사회에 공헌이 되는 일들을 한다. 만약 안 좋은 상태에 있으면 커리어의 트러블이나 어려움을 겪으며, 위 상사들이나 권위적 인물들과의 갈등, 마찰들, 힘이 없고, 존경을 받지 못하며, 분노에 차 있다.

○ **11번 하우스(라바 바바)에 있을 때**

긍정적 효과	어느 사람이든지 잘 어울리며, 어디를 가든지 인기를 즐긴다. 충직한 친구이며, 친구들을 절대 판단하지 않는다. 휴머니스트적인 일을 하게 되면 빛을 발할 수 있다. 참을성과 자애심을 가졌기에 세상을 위해 좋은 일들을 많이 하게 된다. 믿을 수 있는 친구이기에, 그의 목표를 달성하고자 할 때 사람들이 당연히 도움을 많이 주려 한다.
부정적 효과	어떤 사람이든 허용하기 때문에, 그를 이용하는 친구들 때문에 애를 먹을 수 있다. 혹은 열악한 파트너들을 선택하여 잘못된 길을 가게 되거나, 원인도 없이 반항가로 전락할 수도 있다.

　11번 하우스에 있는 태양은, 세상에서의 목표를 성취하기 위한 많은 야심과 열정을 보여준다. 대중적 서비스직이나 정치적 커리어들을 종종 주게 된다. 지나친 자의식을 조심해야 한다. 태양은 아주 개인성을 향해 기울기 때문에, 11번 하우스가 나타내는 집합적 성향과 반할 수 있다. 그래서 11번의 태양은 자신이 가진 개인적 야심을 집합적 목적을 위해 타협할 의향을 희생시킬 수 있다. 11번에 있는 태양은 5번 하우스에 어스펙트함으로 인해, 뜨겁고 건조한 영향으로 임신 능력을 어느 정도 떨어뜨린다. 그래서 적은 수의 자녀들이 있다. 아버지의 부와 관계성도 그다지 좋지 못하다.

　태양이 크루라 행성이기에 우파차야 하우스인 11번에 물질적인 이득과 성공에 한하여 최상의 효과들을 줄 수 있다. 부유하고, 자신이 세운 모든 목표와 야망들을 이룬다. 높은 원리원칙을 가지고 있고, 덕이 있고, 훌륭한 캐릭터를 가지고 있다. 힘 있고 높은 지위에 오른다. 부를 취득하는 데 큰 관심이 있으며 여러 방법들을 동원하여 최대한의 부를 이루고자 한다. 적들이나 경쟁자들을 쉽게 이기고 승리할 수 있다. 많은 힘 있는 친구들과의 인맥을 즐기며, 정부로부터 이득을 얻는다. 삶의 기회들이 풍부하고, 투자나 투기를 성공적으로 한다. 11번은 우파차야, 자라는 하우스이기 때문에 그의 권위, 자신감, 힘 등이 계속해서 자라고 확장하게 된다. 목표, 성취, 시장에서 돌고 있는 상품이나 아이디어들에 적극적으로 참여를 하고, 자신감 있게 자신의 목표를 달성할 수 있다. 높은 지위에 있는 친구들, 사회적 인맥이나, 네트워크들과 동일시하며, 물질적 이득이나 이윤을 얻을 기회들도 점점 더 많아진다.

11번 하우스에서 좋은 상태에 있는 태양은 좋은 이득과 현금이 흘러들어오며, 친구와 인맥들의 도움들을 누리며, 위 형제와의 이득도 받을 수 있다. 만약 안 좋은 상태에 있으면 현금 조달 문제에 시달리고, 얻을 수 있는 이득이나 이윤이 적으며, 친구도 인맥도 적고, 빈약한 네트워크로 고전한다.

○ **12번 하우스**(비야야 바바)**에 있을 때**

긍정적 효과	스포트라이트를 받을 필요가 없다. 다른 사람들은 그러한 관심 집중을 받는 것이 괜찮을지 모르지만, 그는 내적으로 파고드는 일, 무대 뒤에서 하는 일들을 선호한다. 조용한 시간이 그의 에너지를 유지할 수 있게 한다. 너무 많은 시간을 해야 할 일들에 소모하게 되면 쉽게 에너지가 방전된다. 연구, 힐링, 의술과 연관된 커리어가 최상으로 잘 맞는다. 그가 가진 동정적이고 비이기적인 자세가 좋은 용도로 사용될 수 있다.
부정적 효과	혼자 있기를 선호하며, 세상에서 잘 융합하지 못한다. 선을 긋는 어려움이 있으며, 다른 사람들에게 이용당하게 될 수 있다. 어떤 경우에는 그의 추락을 계획하고 있는 강하고 비밀스런 적이 있을 수 있다.

12번 하우스에 있는 태양은 많은 숨겨진 힘, 자아의 깊은 잔재를 제거하고자 하는 욕망을 보여준다. 아쉬람이나 외국에 있는 다른 영적인 커뮤니티에서 시간을 보내는 데 좋은 위치이다. 하지만 이러한 자기희생적 태도는 약한 자기 이미지, 부족한 자신감, 혹은 정체성에 대한 혼란 등에 대한 보충심리적인 표현일 수도 있다. 태양이 12번에 있으면 태양의 특성들에 많은 손상이 있다. 아버지와 관계가 안 좋거나, 아버지가 어려운 삶을 살거나, 아프거나, 일찍 세상을 떠날 수 있다. 시력이 안 좋고, 자신감이나 힘이 약하여 세상에서 성공을 하는 데 어려움이 있다. 낯선 곳이나 외진 장소, 먼 나라들에서 돌아다니거나 거주할 수 있다.

한편으로는, 목성의 자연적인 하우스는 태양에게 편안한 장소이다. 그래서 라시가 서포트가 되는 여건이면 태양은 소울의 카라카로서, 12번 하우스에 있을 때 영적인 개발의 이득을 얻을 수 있다. 보편적인 의식적 기준에서 종교적이지는 않다. 순수하게 영적이다. 그는 외국 땅에서 돌아다니기를 좋아한다. 특히 비즈니스나 여행과 같은 논리적인 목적이 있을 때 더욱 그러하다. 모든 것들에 대한 국제적인 관점을 가지고 있다. 만약 태양이 강하면 이러한 위치는 국제적인 엘리트를 만든다. 개인적으로 한 동의, 문 뒤에서 한 미팅, 탁상 밑에서 주고받는 거래 등과 강한 자아 동일시를 한다. 이런 것들이 정치적 진보를 위해 날마다 해야 하는 일들이기에, 종종 12번에 좋은 품위의 태양이 있는 정치인들은 좋은 이득을 볼 수 있다. 아주 영적이고, 깨달음을 얻는 데 관심이 지대하다. 내향적이며, 고적함이나 명상을 즐긴다. 현실도피주의적 성향이 있으며 마약이나 술을 통한 쾌락을 즐길 수 있다. 부를 이루기는 어려우며 이름과 명성에 관심이 없다. 영적인 목적으로 수도원이나 아쉬람에 들어가거나, 감옥에 갇히는 수도 있다.

12번의 태양이 좋은 상태에 있으면 영적 추구자이며, 고적하거나 은둔적인 환경에 잘 맞으며, 다른 사람들의 자유와 영적 진보를 위해 많이 돕는다. 외국에서 이득을 볼 수 있다. 만약 안 좋은 상태에 있으면 주의력이 부족하여 손해를 보며, 항상 기회의 타이밍을 잘 놓치며, 무관심하고, 너무 감각적이고, 고독한 외톨이가 된다.

5.

달이 열두 라시와 열두 하우스에 있는 효과들

달(Chandra)

Dadhi Shankham Tushaa-rabham Khseero Darnava Sambhavam

Namaami Shashinam Somam Sahmbhor Mukuta Bhooshanam

두부와 빙산 같은 색조를 띤 이, 밀크 대양에서 솟구쳐 나온 이,

쉬바의 이마 위에 장식된 찬드라,

찬드라에게 경배를 올립니다.

달은 우리의 마음, 감정을 상징한다. 달은 우리가 가진 감각적이고 수용적인 마음을 나타내는 행성으로서, 다른 행성들은 모두 태양을 중심으로 회전하는데 달만 유일하게 지구를 중심으로 회전하고 있으며, 회전주기도 약 28~29일 정도로 가장 빠르다. 그만큼 달은 다른 행성들에 비해 독자적이고 적응이나 반응에 대한 변수가 많은, 언제 어디로 튈지 모른다는 특성을 가지고 있다.

- **달은 개인적 자의식, 개성, 감정, 느낌, 음악, 피, 내적 만족도, 어머니, 인기나 대중성, 꿈, 어떻게 몸이 자라는가 하는 것을 나타낸다.**
- **달의 친구는 태양과 수성이다.**
- **달을 미워하는 적은 아무도 없다.**
- **달에게 중립은 화성, 목성, 금성, 토성이다.**

실제적으로 달은 이러한 공식을 따라 행동하는 것이 아니라, 자기가 내키는 대로 주관적으로 행동하려는 기질이 더 강하다. 달은 우리가 가진 주관적인 감정, 개체적인 자아, 에고를 나타내기 때문에 주변환경에 대해 민감하게 반응하며, 또한 어떤 환경에 처하든지 살아남기 위해, 자신의 필요를 충족시키기 위해 뭐든지 하게 된다. 그래서 차트에서 달이 아주 안 좋거나 부정적인 상태에 있는 경우는 드물다.

좋은 요가나 품위, 아바스타즈 등에 있는 달은 뛰어난 적응력과 유연성으로 달이 상징하는 긍정적인 효과들을 잘 발휘할 수 있다. 그러나 달이 손상이 된 경우, 불안정성, 지나친 변화나 변덕스러움, 정신적 균형의 부족, 생리불순, 능력 부족, 지연, 장애, 소문을 잘 내는, 과소비, 감정적 굴곡, 염세주의, 멜랑콜리 성향 등을 나타낸다.

달이 12 라시에 있는 효과들

태양은 우리가 어떻게 자신을 표현하는지를 나타내는 반면, 달은 우리가 어떻게 감정을 표현하는지를 보여준다. 다른 사람들과 주변 세상에 어떤 식으로 반응하는지를 반영한다. 우리들이 하는 리액션, 습관적 패턴, 본능적 성향, 무의식 등을 나타낸다. 그뿐만 아니라 달은 어머니를 나타내고, 어머니와의 관계성, 그리고 아이들에게 어떤 스타일의 부모인지를 보여준다. 남자의 차트에서는 그가 파트너에게 어떤 것을 필요로 하는지 알 수 있다. 이성 혹은 인간관계성에서 상대의 달이 있는 라시를 알게 되면 그를 이해하는 데 많은 도움이 된다. 그들이 가진 감정적 필요성을 더 잘 맞춰줄 수 있기 때문이다.

출생 달이 있는 라시는 잔마 라시(Janma Rasi)라고 하여, 빔쇼타리 다샤를 포함한 낙샤트라 다샤의 흐름을 결정하는 중요한 팩터이기에, 전통적으로 잔마 라시는 라그나의 라시만큼이나 중요하게 다루어왔다. 달이 가진 감정적인 성향들은 달이 있는 라시의 자질들에 의해 표출하게 되며, 이러한 자질들은 어스펙트와 하우스, 그리고 달이 있는 라시의 로드에 의해 조정이 된다.

○ 산양(메샤) 라시에 있을 때

긍정적 효과	산양 달은 감정이나 느낌을 표출하는 방식이 담대하고, 열정적이고, 직진적인 매너로 한다. 그가 어디에 서 있는지 사람들이 잘 알 수 있으며, 다른 사람들도 자신을 그렇게 대해주기를 선호한다. 감정적 리스크를 취하는 것을 절대 두려워하지 않는다. 사랑에 빠지면 두 발로 바로 뛰어든다.
부정적 효과	감정적으로 불안정하여 확정적 언약을 맺기가 어렵다. 쉽게 화를 내며, 아주 작은 것에도 쉽게 퓨즈가 폭발한다. 그의 분노가 화산 같을 수도 있지만, 오래 지속되는 경우가 거의 드물다. 최악의 경우에는, '내가 먼저'라는 태도로 이기적일 수 있다. 산양 달이 가진 키워드는 '다른 사람들 먼저' 할 수 있는 법을 익혀야 한다. 참을성도 배워야 한다. 이런저런 점들만 조금 보완될 수 있다면, 산양 달은 황금과도 같을 수 있다.

산양 달은 경쟁을 좋아하고, 경쟁을 할 필요성이 있다. 당당한 승자, 영웅으로서의 자기 이미지를 본다. 기본적인 드라이브는 전쟁에 나가서 이기는 것이다. 최상이어야 하고, 상을 받는 사람이어야 하고, 챔피언이어야 한다. 대체로 정의로운 경쟁을 선호한다. 정직하게 싸우는 전사이며, 속이지를 않는다(하지만 수성이 약하면 바른 일을 하기 위

해서 거짓말을 할 수도 있다. 혹은 이길 수 있는 자원을 마련하기 위해 훔칠 수도 있다).

산양 달 부모는 보호적이다. 하지만 자녀들이 하기를 원하지 않는 일들을 강요하지 않도록 조심해야 한다. '아이들이 원하는 것이 내가 원하는 것보다 먼저'라는 구절을 만트라로 외면 좋다. 산양 달 남자는 책임을 지기 좋아한다. 독립적인 파트너를 선호하고 도전을 즐긴다. 그런데 상대가 너무 매달리게 되면 사슴처럼 재빠르게 달아난다.

산양 달의 사람들이 모두 그런 것은 아니지만 대체로 가장 의식적인 영혼들이며, 자신의 우월성을 확인해야 할 필요성 때문에 어느 정도 유치한 자기 정의감을 전시한다. 다른 아무도 아닌 오직 본인 자신과의 경쟁을 하는데, 진보적인 의식으로 낮은 것들을 변형하고, 보다 평범한 자기 정의감을 독창적인 정의감으로 변형을 한다. 만약 의식이 잘 계발된 사람이라면, 신체적 도전을 통해 감정적 정화를 잘 이룰 수 있다. 실질적인 성공 여부는 화성의 건강함에 달려 있다. 만약 화성이 오운 혹은 물라 품위에 있으면 그가 가진 경쟁적이고 전사와 같은 드라이브로 인해 군대, 상업, 의료계(특히 외과의사, 수술) 등의 영역에서 좋은 활약을 할 수 있다. 고양의 화성인 경우에는 산양 달에게 4번째 어스펙트를 하기 때문에 상업적인 영역에서도 탁월한 행동 능력을 보인다. 이들은 대체로 행동을 할 필요가 있다. 싸워야 할 전쟁이 필요하다. 하지만 주의해야 할 점은, 만약 싸울 대상을 찾지 못하면 스스로 하나를 만들어낸다는 것이다.

산양 달이 좋은 상태에 있으면 확실한 동기가 있고, 빠르게 반응하며, 차밍하고 매력적이며, 전사 같은 에너지를 가지고 있다. 만약 안 좋은 상태에 있으면 기분이나 감정이 너무 빨리 변하고, 아주 유혹을 잘하며, 신뢰하기 어려우며, 잔인하고, 인내심이 부족하다.

○ 황소(브라샤바) 라시에 있을 때

긍정적 효과	달은 황소 라시에서 고양과 물라 품위가 된다. 황소 달을 가진 이는 친절하고, 젠틀하고, 참을성이 있다. 안정성을 간절하게 원하고, 자신을 안전하게 느끼게 만드는 것들에 둘러싸여 있다. 바위처럼 단단하고 아주 충직하다. 필요할 때 가장 믿을 수 있는 친구이다. 다른 사람들에게 그리 자주 당황해하지 않는다. 침착한 성품으로 다른 사람들이 끌리게 만든다.
부정적 효과	아주 고집이 세다. 화를 내는 경우가 드물지만, 만약 화가 나면 아주 오랫동안 화가 나 있다. 때로는 너무 부동적일 수 있다. 기분이 우울해지기라도 한다면 안전지대로 바로 들어가 버리며, 본인을 제외한 어느 누구도 나오게 할 수가 없다. 감정적인 성장은 안전지대 밖에서 이루어지는 법이다.

황소 달은 탐닉하기를 좋아하고, 탐닉할 필요가 있다. 사랑스럽고, 감각적이며 관대한 자기 이미지를 가지고 있다. 기본적인 드라이브는 삶의 모든 감각적 쾌락들을 즐기고, 가족이나 친구들, 대지(大地)에게 자신이 줄 수 있는 한 최대로 사랑스런 포용들을 주기 위함이며, 그렇게 베풀 수 있는 사랑을 엄청나게 많이 가지고 있다.

황소 달의 부모라면, 아이들을 위한 맛있는 음식을 만드는 데 헌신한다. 아이들을 너무 감싸지 않도록 유의해야 한다. 그들이 숨을 쉴 수 있어야 한다. 황소 달을 가진 남자는 의지할 수 있는 충직한 파트너이다. 파트너가 만약 그러한 사람이면 모든 일이 잘 풀릴 것이다. 만약 자유로운 영혼을 가진 사람이면, 질투심과 집착하는 성향이 새어나오게 할 수 있다. 그리하여 컨트롤 모드로 들어갈 수 있다. 상대를 코너로 몰아세우지 말아야 한다. 그렇지 않으면 상대가 비록 부드러운 사람이라도 당하고만 있지 않을 것이다.

쌍둥이 달의 성공이나 실패는 사람들과의 격렬한 감각적 연결, 주변의 쾌락들을 얼마나 서로 주고받을 수 있는지, 그리고 금성이 얼마나 건강한지에 좌우된다. 만약 금성이 좋은 상태에 있으면 아주 고급스럽고 맛있는 음식들에 대한 취향을 가졌으며, 훌륭한 가구 장식들, 아름다운 자녀들, 감각적인 애인들, 음악 등을 즐긴다. 황소 달은 아주 케어를 잘하며, 가족들에게 헌신한다. 자연의 아름다움과 아웃도어 생활을 사랑한다. 아름다운 시각, 냄새, 터치, 맛, 소리들로 채워진 라이프스타일에서 아주 행복하다. 감각적으로 필요한 것들이 채워지면 부유하고 편안하게 느낀다. 쾌락을 추구하는 성향으로 인해, 그러한 것들을 즐길 수 있는 여건이 되거나 대체로 부유해진다.

황소 달이 좋은 상태에 있으면 인기가 많고, 마음이나 감정이 안정적이고, 편안하고, 다른 사람들을 안정적으로 해준다. 만약 안 좋은 상태에 있으면 융통성이 부족하고, 고집이 세며, 사재기를 잘하고, 나쁜 사람들과 어울린다.

○ **쌍둥이(미투나) 라시에 있을 때**

긍정적 효과	불안정적이고 잘 변하는 감정적 성향을 가졌다. 어떤 한 가지에 너무 오래 매달려 있기를 좋아하지 않는다. 그 대신에 재미있는 경험을 줄 수 있는 다음 단계로 넘어간다. 대체로 명랑하고 밝은 성향을 가졌기에 누구에게든 말을 잘 걸 수 있다. 문제가 있으면 말을 잘해서 문제를 해결한다. 아주 밝고 위트가 넘쳐서, 어느 파티에 가든지 항상 주목을 받는다.
부정적 효과	무거운 문제들을 다루는 것을 좋아하지 않기 때문에 어떤 문제들을 이불 밑에 덮어놓고 있는 형이다. 만약 갈등이라도 생기면 바로 튕겨 달아난다. 때로는 아주 정직하지 못하거나 동정심이 부족한 사람일 수 있다.

쌍둥이 달은 소통을 좋아하고, 소통할 필요가 있다. 대화를 잘하고, 기쁨과 매력이 넘치며, 뛰어난 위트를 가진 파트너로서의 자기 이미지를 본다. 기본적인 드라이브는 다른 사람들이나 자신이 처한 환경적 요소들과 다양한 형태의 소통을 할 수 있고자 하는 것이다. 그리하여 자신에 대한 보다 선명한 이해를 하기 위함이다. 쌍둥이 달은 주변 사람들과 재빨리 친화성을 형성한다. 마치 자궁 속에 있는 쌍둥이와도 같다. 하지만 자신에게 적절한 방식으로 다양하면서도 복잡미묘하고, 멀티 반경적인 환경이나 관계성 속에 있을 때만 진정으로 가까운 관계성을 유지할 수 있다. 다양한 관심사와 정보에 목마른 그의 성향을 충족시켜주기 때문이다.

쌍둥이 달 부모라면 친구처럼 쿨하고 재미있는 형이다. 아이들의 지적 계발을 위해 온갖 주의를 기울이면서 동시에 최상의 파티들을 해줄 수 있다. 쌍둥이 달을 가진 남자는 관계성에서 정신적 자극이 필요하다. 따분한 것을 참지 못한다. 그들의 관심사를 지킬 수 없으면 쉽게 다른 상대에게로 가버린다. 따르는 이성들이 대체로 많기 때문에 아무든 선택할 수 있다. 감정적으로 달아오르면 탁월한 언변을 무기로 삼아 단숨에 상대를 진압할 수 있다.

쌍둥이 달의 성공이나 실패는, 그가 처한 환경 속에서 얼마나 정보를 얻을 수 있는지, 그리하여 얼마나 감정적으로 안정적일 수 있을지에 달려 있다. 만약 로드인 수성이 좋은 상태에 있으면, 이들의 정신적 능력은 아주 높은 수준으로 개발되었으며, 민감한 소통가로서 사람들의 추대를 받을 수도 있다. 쌍둥이 달은 끊임없이 도전하고, 복잡미묘한 관심 등을 유지할 수 있는 관계성에서 안정적이고 헌신적일 수 있다. 빠른 속도로 움직이는 네트워크, 멀티 문화와 멀티 언어, 성적으로나 정치적으로 충전된 관계성 등에서 충족을 느낄 수 있다. 정보수집을 잘하는 사이킥 안테나를 가지고 있으며 타고난 분별력과 재능으로 이를 잘 활용할 수 있다. 복잡한 환경에서 열정적으로 소통을 요하는 커리어 쪽으로 성공을 하는 경향이 있다.

쌍둥이 달이 좋은 상태에 있으면 다정하고 친절하며, 말을 차밍하게 하며, 유머와 위트가 넘치고, 젊음을 유지한다. 만약 안 좋은 상태에 있으면 마음이 잘 변하고, 신뢰하기 힘들고, 이분법적이며, 다른 사람들을 모방하고, 어떤 결정을 잘 내리지 못한다.

○ **게(카르카) 라시에 있을 때**

긍정적 효과	달은 오운 라시에 있다. 게 달은 민감하고, 센티멘탈하고, 케어하는 형이다. 다른 사람들을 돌보기를 좋아하는 동시에, 간섭도 잘한다. 아주 직관적이며, 직감적으로 결정을 내릴 수 있다. 바른 일처럼 느껴지면 바로 뛰어든다. 뭔가 잘못된 것처럼 느껴지면 바로 물러선다. 황소 달처럼 안정성 문제가 중요하다. 안전하게 느껴지는 소유물과 사람들 사이에 둘러싸여 있으면 기분이 더 좋아진다. 가족들이 세상 전부이다. 무엇이든지 가족보다 우선인 것은 절대 없다.
부정적 효과	과거에 매달리기를 선호한다. 옛 기억을 소중하게 간직하는 것이 잘못된 것은 아니지만, 너무 과거에만 살면서 현재를 놓치지 않도록 유의해야 한다. 무드가 잘 변하는 것도 조심해야 한다. 퉁명스럽게 입이 나와 있거나 침체된 얼굴로 인해 다른 다정다감한 자질들을 잊기가 아주 쉽다.

게 달은 케어하기를 원하고, 케어를 해야 하는 사람이다. 부모처럼 돌보는 이, 편안하고 안전한 공간을 제공해주고 케어를 하며, 모든 일에서 마음 중심적으로 행위를 하

는 자기 이미지를 가지고 있다. 기본적인 드라이브는 연약한 어린아이들이 안전하고 창조적인 성인으로 자랄 수 있도록 잘 보호된 둥지를 만드는 것이다. 이러한 드라이브가 전형적인 가정환경에서 주로 표출되지만, 때로는 비즈니스나 정부와 연관된 환경에서도 쉽게(성공적으로) 표출될 수도 있다. 게 달은 후배 동료들이 커리어에 정착할 수 있도록 도와주며, 직장동료들이 서로 가족처럼 위하는 환경을 조성한다. 이러한 부모와 같은 드라이브는 자신이 일하는 곳에서 사랑과 충성심을 통해서 리더십으로 승진할 수 있게 만든다. 조국에 대한 애국심이 많으며, 다른 사람들도 애국주의적인 형이 주변에 많다. 보다 나은 조국의 미래를 위해 희생을 할 수도 있다.

게 달은 가정이나, 직장, 커뮤니티 같은 환경에서 부모와 같은 케어 본능을 표현한다. 이러한 케어 본능이 실제로 얼마나 성공적일지는 달의 상태에 달려 있다. 달은 아주 인상적이고 예민하기 때문에 특히 외적인 영향이 중요하다.

게 달은 부모 역할이 아주 자연스럽고 쉽다. 사랑스럽고 보호적이다. 아이들에게 책을 읽어주거나 좋은 음식을 해서 먹이거나, 완벽한 엄마가 될 수 있는 모든 것을 가졌다. 게 달을 가진 남자는 부드럽고 헌신적인 파트너이고, 훌륭한 아버지이다. 그런데 파트너보다는 엄마를 찾고 있는 경향이 있게 된다. 다른 사람을 돌보기를 좋아하는 흙의 원소 엄마 타입이 배우자로 최적이다. 그의 어머니와의 관계성을 유의해서 살펴보면, 그가 파트너를 대하는 방식이 어떠할지 짐작할 수 있다.

게 달이 좋은 상태에 있으면 친구와 가족들을 돌보고 챙기며, 직관적이며, 케어를 하고, 상상력이 뛰어나고, 사회성이 좋다. 만약 안 좋은 상태에 있으면 감정적으로 너무 개입을 하고 연연해하며, 사랑의 희생양이 잘 되며, 변덕스럽고, 지나치게 예민하다.

○ 사자(심하) 라시에 있을 때

긍정적 효과	드라마 여왕이다. 사자 달은 감정을 아주 크고 장엄한 제스처로 표현을 한다. 민감하면서도 자부심에 차 있다. 만약 누군가에게 잘못 대접받으면 아주 무섭게 돌변할 수 있다. 아주 충직하다. 어떤 사람을 지키고자 마음먹으면 끝까지 한다. 자신이 베푼 신뢰 수준과 같은 레벨의 신뢰가 되돌아오기를 원한다. 그렇지 않으면 그의 마음을 크게 얻지 못한다. 애정이 풍부하고 장난스럽고, 같이 있으면 즐겁다. 관심의 중심에 있으면 세상이 모두 바로 돌아가기 시작한다.
부정적 효과	모든 좋은 것들을 자신이 가지고자 한다. 다른 사람이 그러한 스포트라이트를 받게 되면 치사해지고 불만스럽다. 나르시스 성향이 사자 달이 가진 그림자이다.

사자 라시의 달은 떠받기를 원하고 떠받침을 받기를 원한다. 보고, 보여져야 한다. 많은 관심과 주의를 받을 수 있는 환경에 있을 때 가장 역량을 잘 발휘한다. 아랫사람이나 팬들, 제자들에게 둘러싸여 그들로부터 따뜻한 감사를 받고, 경외적인 사랑을 느껴야 할 필요가 있다. 왕이나 여왕과 같은 모습으로 축복을 내리고, 평화롭고, 부유하고, 권위적이고, 고상하고, 카리스마가 있는 리더로서의 자기 이미지를 가지고 있다. 기본적인 드라이브는 사람들에게 의식적인 리더십을 주는 것이다. 도덕적이고, 예술적이며, 이성적인 라이프를 사는 사람의 아이콘으로 통한다. 이들이 자신이 속한 세상에서(규모가 크든 작든) 이처럼 존경받고, 축하를 받는 높은 지위에 있을지 여부는 태양의 상태에 달려 있다. 태양이 좋은 상태에 있으면 어느 정도 유명인의 성공을 거둘 것이다. 아주 뛰어난 패션 감각을 가졌거나, 동기 그룹들 중에서 가장 흥미로운 사람이거나, 해당 마을이나 시에서 가장 창조적이고 사랑받는 리더일 수도 있다. 대학에서 가장 인기 있는 교우이거나, 상과 포상을 주고받거나, 왕의 봉을 쥐고 있거나, 훌륭한 장식을 입고 있거나 등등(이들은 성공을 위해 옷을 잘 입는다).

사자 달 부모는 아이들과 함께 하는 것들을 즐긴다. 자신의 어린 시절을 잘 기억하며, 아이들의 수준에서 쉽게 대해준다. 만약 달이 나쁜 어스펙트를 받고 있으면 나르시스형 부모가 되기 쉽다. 아이가 자신보다 더 스포트라이트를 받는 것을 참지 못한다. 혹은 무대형 엄마가 된다. 자신의 체면을 세우기 위해서, 아이들이 하기 싫어하는 일들을 하도록 밀어붙인다. 사자 달 남자는 전시품을 소유하고자 한다. 인물이 좋은 여자에게 끌린다. 어느 정도 드라마가 여기저기 있을 때 그들을 행복하게 만들 수 있다. 대담하고 애정이 가득한 배우자는 이러한 남자들이 포효하게 만든다. 칭찬을 많이 해주면 해줄수록 더욱 좋다.

사자 달이 좋은 상태에 있으면 다른 사람들의 웰빙과 안녕을 염려하며, 우아하고 품위가 넘치며, 의식을 좋아하며, 자부심이 있으며, 리더로서 역량을 발휘한다. 만약 안 좋은 상태에 있으면 쉽게 모욕감을 잘 느끼며, 다른 사람들의 의견에 자신의 정체성 확인을 하고, 잘난 척하고, 거만하다.

○ 처녀(칸야) 라시에 있을 때

긍정적 효과	침착하고 위기 상황을 다루는 데 아주 탁월하다. 어느 누구도 이들보다 더 훌륭한 서비스를 하지 못한다. 그래서 아주 훌륭한 의사나 간호사가 될 수 있다. 질서정연한 것들로 행복하게 만든다. 청결함에 대한 집착이 너무 심해서 사람들이 학을 떼게 되지 않도록 조심해야 한다.
부정적 효과	처녀 달은 그다지 행복한 사람은 아니다. 따뜻하거나 편하기보다는, 감정을 안으로 감추고 있다. 그는 감정 표현을 하는 데 어려움이 있다. 감정을 느끼지 못하는 것이 아니라 단지 내면에 감추고 있기를 선호한다. 머릿속에서 이성적 필터로 감정적인 것들을 걸러내고, 대신 감정을 분석만 하다가 죽을 수 있다. 최악의 경우에는, 다른 사람들을 갈래갈래 찢어내는 것을 즐기는 잔인한 비평가일 수도 있다.

처녀 달은 문제를 풀기 원하고, 문제를 풀어야 한다. 수상처럼 전체 행정을 담당하고 있는 이, 도움이나 정보, 효율적 방법들을 잘 알고 전달할 수 있는 메신저로서의 자기 이미지를 가지고 있다. 하지만 처녀 라시는 달에게 비옥성을 줄이는 위치이다. 달이 처녀 라시에 있으면 대체로 감정적 만족을 제한시키는 경향이 있다. 하지만 어떤 서비스를 하는 것이 간접적으로 깊은 만족감을 준다. 그들이 하는 한결같고 흔들리지 않고 베푸는 서비스에 대한 인정을 받아야 한다. 기본적 드라이브는 개인과 사회에 체계적인 원칙들을 제공하는 것이다. 예를 들어, 어떻게 살아야 할 것인가 하는 질문에 대한 답을 주고자 한다.

처녀 달 부모는 약간 초연한 타입이다. 하지만 아이들이 언제나 청결하고 바른 품행으로 잘 양육되어 있다. 비난하려는 성향을 자제할 수 있으면 모든 사람들이 행복해진다. 처녀 달 남자는 자신의 일을 사랑한다. 그래서 파트너도 같이 야심 있는 형을 선호한다. 만약 상대가 어느 정도 일에 대한 바른 자세와 청결함만 가지고 있으면 아주 쉽게 호감을 받을 수 있다. 이들은 완벽주의자이기 때문에 잔인하게 비판적이 될 수도 있다. 무엇이든 충분하지 않다. 아무리 헌신적인 파트너라도 이들의 그러한 기대치를 맞추기가 아주 어렵다.

만약 수성이 좋은 상태에 있으면 처녀 달은 이지적으로 탁월한 사람이다. 하지만 감정적으로는 어느 정도 자제되어 있다. 정신적, 감정적 인지를 같이 섞으려는 경향이 있다. 하지만 뛰어난 정신적 분별력을 가지고 있다. 처녀 달은 전형적으로 놀라운 유머감각을 가지고 있다. 개인의 특이함이나 유별남을 잘 캐치하는 재능 때문이다. 인간 본성을 잘 꿰뚫어보는 사람들이다. 하지만 직관을 사용할 수 있는 안정적이고 확실한 방법을 잘 모른다. 높은 교육을 받지 않은 한, 인지적 혼란 상태에 빠져 사는 경향이 있다. 이들이 가진 직관력은 원칙, 독선, 의견 등에 의해 자주 압도당한다. 강한 수성이 달을 압박하기 때문이다.

처녀 달이 좋은 상태에 있으면 겸손하고, 예의가 바르고, 정직하며, 보호적이다. 원칙이나 이상을 지키는 사람들이다. 만약 안 좋은 상태에 있으면 비판적이고, 까다로우며, 한결같지 못하며, 너무 머리를 쓰고, 감정적인 연결을 잘 못하고, 타산적이다.

○ 천칭(툴라) 라시에 있을 때

긍정적 효과	천칭 달을 가진 사람은 진정한 로맨티스트이다. 애정관계성이 이들의 마음을 아주 행복하게 한다. 이들에게 파트너가 없는 경우는 아주 드물다. 로맨스 상대에만 국한되지 않는다. 친구, 가족, 동료, 이웃들과 함께 시간을 보내는 것을 아주 즐긴다. 아주 차밍하며, 인기가 많다. 다른 사람들과 연결하는 것이 아주 쉽다. 평정심이 아주 잘 다듬어졌고, 참을성이 있고, 외교적이기 때문이다. 잔인한 성향이 있는 경우만 제외하고 모든 사람들을 있는 그대로 받아들인다. 매너가 나쁜 사람은 바로 그룹에서 삭제시켜버린다.
부정적 효과	아름다움과 하모니가 중요하다. 그렇다 보니 무슨 수를 쓰든지 모든 유형의 갈등을 회피하고자 한다. 때로는 단순히 평화를 지키기 위해 자신의 필요를 내색하지 않는다. 이러한 성향이 지나치게 되면 다른 사람 기분만 맞춰주는 질병으로 변이할 수 있다.

천칭 라시의 달은 협동이나 동의를 찾기 원하고, 동의를 찾아야 할 필요가 있다. 판검사와 같이 균형적인 판단을 내리는 이, 동의사항들을 잘 표현하는 이, 사회적 평등성의 아이콘 같은 자기 이미지를 가지고 있다. 도덕적, 예술적인 세상 모두에서 균형과 조화를 이루기 위한 방법을 제공하려는 드라이브를 기본적으로 가지고 있다. 색깔 균형이 잘 잡힌 팔레트는 잘 준비된 법적 사례들만큼이나 중요하다. 정의, 공정성, 평등을 추구하는 이들의 노력이 얼마나 성공할지 여부는 금성의 건강상태에 달려 있다. 만약 금성이 좋은 상태에 있으면 놀라울 만큼 균형 잡힌 외모와 태도를 가지고 있다.

금성의 고양 위치는 물고기이며, 오운 황소 라시는 천칭에서 6/8 위치에 있다. 천칭 달이면서 금성이 물고기 혹은 황소에 있는 사람은 음악이나 예술적으로 탁월한 재능을 가지고 있다. 하지만 자신이 가진 균형적이고 부드럽고 조화로운 에너지들을 너무 내면적인 동의를 얻는 데 소비하게 된다. 금성과 달이 모두 천칭 라시에 있을 때 체계적인 사회적 평등성에 대한 자연스런 대변인이 될 수 있다. 매력적이고 열정적인 어떤 것들을 추구하기보다는 도덕적 조화와 사회적 동의를 찾는 것을 더 중요하게 여긴다. 건축가가 이들이 가장 선호하는 커리어 중의 하나이다. 휴먼 공간을 디자인하고 사용할 수 있도록 많은 사회적, 예술적 팩터들 사이에서 합의점을 찾아야 하는 직업이기 때문이다.

천칭 달 부모는 따뜻하고 지나치게 퍼주는 형이다. 아이들 버릇을 잘 망치며, 그들이 이룬 것들에 대해 매우 자랑스러워한다. 자녀들이 원하는 모든 것들을 너무 다 해주지 않도록 조심해야 한다. 새로운 비디오 게임을 허용해주는 것이 잠시 임시적 평화를 가져올 수 있으나, 아이들 버릇을 완전히 망치는 결과를 가져올 수 있다. 천칭 달 남자는 로맨스가 필요하다. 이해하는 파트너를 원하며, 거품 목욕을 시켜주고, 샴페인을 따주고, 등을 밀어주는 파트너를 원한다. 소울메이트를 원한다. 어떤 작은 것도 그들에게 부탁하면 기사도처럼 무장을 하고 단숨에 달려가서 해결해주기를 즐긴다.

천칭 달이 좋은 상태에 있으면 무엇에든 중재를 잘하는 중개인이며, 평화주의자이며, 공정하고, 미와 쾌락을 사랑한다. 만약 안 좋은 상태에 있으면 너무 방관주의적이며, 매사에 변덕스런 접근 방식을 가졌으며, 이용을 잘 당하고, 대면이나 맞서기를 두려워한다.

○ 전갈(브리쉬치카) 라시에 있을 때

긍정적 효과	전갈은 달이 취약의 품위를 얻는 라시이다. 그러나 좋은 상태에 있는 전갈 달은 감정적으로 격렬하다. 어느 순간에서든 불처럼 아주 뜨겁거나, 혹은 얼음처럼 아주 차갑다. 적절한 미온 상태는 견디지 못한다. 감정적으로 극단적인 유형일 수 있다. 사랑에 빠지면 아주 열심히 사랑하며, 미워하면 아주 깊이 미워하고 또 오래간다. 품고 있는 원망이나 미움이 거의 예술적일 정도로 극단적이다. 하지만 열정적이다. 어느 누구도 그 사람처럼 격렬하게 사랑을 나누지 못한다. 쾌락주의자이며, 온갖 종류의 좋은 것들을 탐닉한다. 전갈 달은 두꺼운 벽을 통과할 정도로 강렬한 사이킥 안테나를 가지고 있다. 어느 누구도 그를 오랫동안 속일 수 없다.
부정적 효과	약한 사람으로 보이는 것을 좋아하지 않는다. 자신의 예민한 심성을 보호하기 위해 감정을 감추고 있다. 아주 소중한 몇 사람들만이 그가 가진 이런 면을 알고 있다. 일단 믿음이 무너지면 그 사람은 절대 두 번 다시 기회를 얻지 못한다. 보복적인 성향이 나올 수 있다. 전체적으로 좋은 면들에 비해 아주 소소한 기질이지만, 놓아주는 법을 배우는 것이 좋다.

전갈 달은 미지의 영역으로 탐험이나 착취를 하고 싶어 하고, 사냥을 원하고, 사냥을 해야 한다. 무당이나 점쟁이, 오라클 지식을 주는 이, 보이지 않는 것을 보는 이, 타고난 탐구인, 추구하는 것을 성공적으로 얻는 이 등의 자기 이미지를 가지고 있다. 전갈 달은 징조들을 본다. 겨냥하고 있는 제물(祭物)의 동기나 패턴들이 드러날 때까지 섬세한 신호들을 주시하거나 그들이 내는 소리들에 귀를 기울이고 있다. 모든 정신심리적인 주제들에게 관심이 끌린다. 이들이 얼마나 성공적으로 새로운 정보를 찾거나, 새로운 패턴을 잡아내거나, 새로운 지식을 직관적으로 느끼거나 하는 팩터는 화성의 건강상태에 달려 있다.

전갈 달 부모는 형제들이 칼싸움을 할 때 옆에 같이 두면 좋은 사람이다. 이들은 충직한 부모 타입으로, 보호하기 위해서라면 자신이 할 수 있는 무엇이든지 한다. 애들 싸움은 애들에게 맡겨놓고 초연한 법을 배우는 것이 필요하다. 전갈 달 남자는 아주 프라이버시가 강하다. 그래서 틈을 깨고 들어가기가 쉽지 않다. 만약 가까워지고자 한다면 정신과의사처럼 생각하는 법을 배워야 한다. 그들의 신뢰를 얻고 먼저 말을 시작하게 만들어야 한다. 섹스가 그들에겐 신이다. 그들과 잠자리에 많은 시간을 보내는 것이 좋다. 그러면 어느 정도 풀어질 수 있다. 무엇보다도 선을 넘지 않는 것이 중요하다, 그렇지 않으면 보복적인 '엑스(Ex)'가 될 수 있다.

전통적으로 달은 전갈에서 취약을 얻지만, 실제로 달 전갈인에게 어떤 감정적 아우라가 부족한 경우는 드물다. 감정적으로 이용하는 기질이나, 사이코 드라마를 만들거나, 자신을 너무 심각하게 여기는 경향 등이 어느 정도 있지만, 대체로 이들은 타고난 힐러이며, 훌륭한 인간적 심성을 가지고 있으며, 예리한 시각을 가지고 있다.

전갈 달은 사체부검학, 경찰, 스파이 활동, 호메오파티(동종요법) 등의 직업처럼 직관력을 요구하는 일에 탁월한 능력을 발휘한다. 탄트라 영역을 다루는 전갈에 있는 달은, 범죄를 저지르는 이들에 대한 일말의 동정심도 가지고 있다. 전갈 달은 탁월한 사이킥 인지 능력을 준다. 감정이나 직관 등의 감정적 영역에서, 어떤 부족함도 없다. 분명한 효용 가치가 있지만, 만약 잘못 악용하게 되면 남을 현혹시키는 데 아주 뛰어난 쪽으로 재능이 잘못 발휘될 수도 있다.

전갈 달이 좋은 상태에 있으면 자신의 의견을 망설임 없이 바로 피력하고 말도 직설적으로 한다. 하지만 깊이 케어를 하고, 탐구와 연구를 하고, 변형적이고, 직관적이고, 신비롭고, 감각적이다. 만약 안 좋은 상태에 있으면 쉽게 모욕감을 느끼고, 복수심을 태우고, 말이나 행동이 거리낌이 없고, 독하고, 인내심이 부족하고, 잔인하며, 비밀스럽고, 쾌락적인 것에 탐닉한다.

○ 인마(다누) 라시에 있을 때

긍정적 효과	아주 넓은 마음을 가졌고, 정직하고, 친근하다. 어떤 흠도 없을 만큼 관대하고, 훌륭한 친구가 될 수 있다. 인마 라시는 불의 원소이다. 열정에 타오르지만, 그러나 감정적으로 불안정적이다. 돌아다니기를 좋아하고, 한 군데 자리 잡기가 어렵다. 다른 사람들은 모두 뿌리를 찾고 있는데, 그대는 다음의 위대한 모험거리를 찾고 있다. 자유가 필요하며, 소유적인 타입들과 질 어울리지 못한다. 에너지가 쇠신뇌었다고 여겨진다면, 아웃도어 활동을 하게 되면 바로 기분 전환이 될 수 있다. 철학에 관한 대화와 세상의 정치에 대한 주제들이 방황하는 마음을 사로잡는다.
부정적 효과	삶이 힘들거나 지루해지면 바로 떠나버린다. 혹은 자신의 믿음을 다른 사람들에게 강요하며, 자신이 옳다는 것을 증명하고자 한다. 어떤 경우에는 인마 달은 영원한 피터팬 같은 사람이 될 수도 있다. 감정적으로 미성숙하고, 책임감을 무시하고, 확정적 언약을 거부한다.

인마 달은 교육적인 마인드를 가지고 있다. 자신의 의식을 확장하기 원하고, 확장을 해야 한다. 교수, 혹은 이성적인 지식을 주는 이, 훌륭한 이해력으로 사람들의 삶을 변형하는 이, 인류를 깨달음의 길, 더 나은 삶, 더 밝은 미래로 가이드하는 사랑스런 구루 등과 같은 자기 이미지를 가지고 있다. 이들이 가진 기본적인 드라이브는 지식을 주고, 서포트하고, 위대한 문화적 진보를 만들어낼 수 있는 자신감을 주는 것이다. 보다 나은 미래에 대한 이들의 비전이 실제로 성공을 할지 아닐지 여부는 목성의 건강상태에 달려 있다. 만약 목성이 좋은 상태에 있으면 높은 원칙을 세우고 보다 나은 세상을 만들기 위해 미션가 같은 열정으로 가득할 것이다. 하지만 언제나 세상을 위한 자비로운 미션은 아니라, 사회의 낮은 계층의 사람들이 삶의 풍요로움과 이해를 더 많이 성취할 수 있게 하기 위한 독자적인 욕구의 동기에서 비롯되었을 수도 있다.

인마 달 부모는 아주 다루기가 쉽다. 하지만 너무 자기 정의로움 모드에 잘 빠질 수 있다. 인마 달 남자는 자유를 원하고, 진실을 요구한다. 만약 상대가 자신을 컨트롤하거나 조정하려고 하면 바로 문으로 향한다. 최상의 액션 플랜은 직진 방식을 취하고, 많은 공간을 주는 것이다.

인마 달은 다른 목성의 라시 달(물고기 달)처럼 넓은 관점을 가지고 있다. 하지만 삶을 있는 그대로 두거나 살게 내버려둘 수 있는 물고기 달과는 달리, 인마 달은 자신이 생각하는 어떤 필연적이고 긍정적인 변화를 만들기 위한 강한 드라이브를 가지고 있다. 차트에 다른 손상된 팩터들이 있을 때 인마 달은 때로는 목적을 달성하기 위해선 문자 그대로 너무 죽이는 방향으로 꼬일 수도 있다.

인마 달이 좋은 상태에 있으면 오픈 마인드를 가지고 있으며, 깊은 영향력을 가지고 있고, 자유를 위해 싸우며, 원칙과 이상을 추구하며, 열정적이다. 만약 안 좋은 상태에 있으면 다른 사람의 기분이 상하는 말을 잘하며, 너무 이상주의자이고, 언제 물러서야 할지 모르며, 지나치게 직진형이다.

○ 악어(마카라) 라시에 있을 때

긍정적 효과	악어 달은 감정을 아주 엄격하게 통제하기를 선호한다. 보수적이고, 다른 감정적 타입들처럼 막 떠벌릴 필요성을 느끼지 못한다. 가슴 주변에 벽을 쌓아 놓고 있다. 비집고 들어갈 수 있는 사람이 많지 않다. 오직 그 벽을 뚫고자 하는 소수의 사람만 겨우 들어갈 수 있다. 자신의 마음을 보호하기 위해 엄청난 애를 쓴다. 실제로 아주 예민하고 상처를 잘 받기 때문에 그러하다. 하지만 뛰어난 책임감을 가지고 있다. 누구든 믿고 신뢰할 수 있다. 자신이 엄중한 자질들로 만들어진 사람이라는 걸 다른 이들이 잘 알고 있다. 릴렉스한 상태에 있으면 드라이한 위트가 새어나오기도 한다.
부정적 효과	염세주의이며, 세상을 자신이 가진 어두운 구름을 통해 본다. 다른 사람들은 가능성을 볼 때, 그는 어디에서 작은 티끌이나 돌멩이가 떨어질지 알고 있다. 최악의 경우에 그는 아주 이기적이고 오직 자신이 무엇을 얻을 수 있을지에만 집중한다. 관계성을 어떤 합일을 이룰 수 있는 기회로 보기보다는, 딛고 설 수 있는 발판 정도로 여긴다.

악어 달은 질서정연하고 체계 위주적인 자세를 가지고 있다. 타협하기를 원하고, 타협을 해야 한다. 정책 수행자, 정책을 내리는 이, 사회적 단체의 질서를 위해 체제나 정책들을 행하는 이 등의 자기 이미지를 가지고 있다. 기본적인 드라이브는 사회적 악, 비정상 행위들이 일어나는 영역을 찾아내서 이러한 영역에 사회적으로 정상적 타협성을 실행하고자 한다.

악어 달 부모는 아주 터프한 사람들이다. 자녀들이 미니 어른이기를 바라기 때문에 아이들의 영혼을 파괴시킬 수 있다. 어떻게 사랑하고 보듬을지를 배우게 되면 아주 큰 도움이 된다. 악어 달 남자는 단단하고 믿을 수 있는 파트너가 필요하다. 데이트를 마치 인터뷰처럼 여긴다. 일단 이들이 풀어지게 되면 아주 훌륭한 프로바이더가 된다. 자신에게 잔소리를 하는 사람을 즐긴다. 가끔씩 칭찬해주는 것도 잊지 말아야 한다.

악어 라시는 체제주의를 대변한다. 카스트 제도, 클라스, 지위 등 모든 사회를 규정짓는 의식적 조직체제들을 나타낸다. 달은 감정적, 섬세함, 기발함을 가진 행성이다. 악어 달은 적절함, 의식관례들을 지킴, 바른 과정, 프로토콜, 비정상적 요소들을 잘라내는 등의 팩터들에 가장 예민하다. 실지로 이들이 사회적 표본을 적절하게 받아들이고 실행하는 데 성공할지 아닐지 여부는 토성의 건강상태에 달려 있다. 만약 토성이 오운이나 고양에 있으면 아주 훌륭한 시민이고, 질서를 지키고 이행하는 데 적극적인 책임을 질 것이다. 법정의 배심원으로 참가하거나, 경찰 봉사단원으로서 공공질서 정책을 세우기 위한 긴 미팅 시간들을 인내하거나, 혹은 기업이나 정부에 높은 지위에 오르거나 하게 될 것이다. 부지런한 프로바이더이며, 전 세계적으로 설립된 기존 체제들을 대변하는 목소리를 낸다.

악어 달이 좋은 상태에 있으면 머리가 좋고, 항상 어떤 방도를 찾을 수 있으며, 체계적이고, 책임성이 있고, 한결같고, 믿음을 가질 수 있다. 만약 안 좋은 상태에 있으면 너무 잔꾀가 많고, 그를 파악하거나 신뢰하기 어려우며, 후회할 일들을 하고, 우울증에 시달리고, 염세주의적이며, 차가운 심장을 가졌다.

○ 물병(쿰바) 라시에 있을 때

긍정적 효과	그다지 애정표현 타입이 아니다. 물병 달은 논리적인 상황을 즐긴다. 모든 다른 감정적인 상황들은 그저 나약한 인간들이 하는 짓이다. 아이디어들로 가득한 세상에 있는 것을 즐긴다. 세상이 어떠해야 하는지, 사람들이 어떻게 행동해야 하는지에 대한 분명한 개념들을 가지고 있다. 전체적으로 이득이 되는 어떤 원인이 있을 때 흥분한다. 의미 있는 일을 하고자 한다. 그러한 일을 하는 모드에 있을 때 물병 달은 정말 멋지다. 자신만의 독특한 모습을 유지할 수 있는 자유가 중요하다. 다른 사람들에게 그러한 자유를 부여하고, 본인도 그렇게 받기를 원한다. 철창 안에 갇히는 것을 좋아하지 않는다. 하지만 충성스럽고 충직하다. 결국에는 사리를 삽고 안정되겠지만, 많은 공간과 여유가 주변에 있는 것이 필수적이다. 그러면 이성이나 인간관계에서 충직하게 유지할 수 있다.
부정적 효과	사람들과 감정적으로 연결하는 데 어려움이 있다. 약속을 지키거나 언약을 맺는 데 어려움이 있으며, 동정심이 부족하다. 어떤 경우에는 아주 차갑고, 계산적이고, 다른 사람들에 대해 절대 상관하지 않는 냉정한 사람을 만들 수도 있다. 보통의 휴머니스트 방식보다는 다른 사람들을 이용해 자신의 이득을 얻기 위한 기회를 엿보고 있다.

물병 달은 인맥을 원하는 마인드를 가지고 있다. 큰 단체에서 어울리기를 원하고, 큰 파티나 모임들에 참석해야 한다. 기금 마련을 하거나 커뮤니티를 개발하는 행위들에 참여하는 것을 좋아한다. 물병은 그룹을 이루고 있는 사람들, 평민들, 인간 소통의 거대한 네트워크 등을 나타내는 라시이다. 중재자, 큰 규모의 이벤트 관리자, 사람들을 섞는 이, 개인과 그룹들 사이에서 소통의 네트워크를 담당하는 인간 스위치보드와 같

은 자기 이미지를 가지고 있다.

물병은 시장을 다스린다. 그는 표구, 포교자, 대화자, 소문을 내는 이, 동맹을 맺는 사람이다. 기본적인 드라이브는 상호적으로 관심 있는 사람들을 서로 연결하는 것이며, 그리하여 아이디어를 공유하고 문화를 서로 섞고 상업적 이득을 즐기고자 한다. 실제로 이처럼 사람들, 아이디어, 문화들을 서로 연결하고자 하는 노력들이 성공을 거둘지 아닐지는 토성의 건강상태에 달려 있다.

물병 달 부모는 비전형적이며, 자녀들에게 많은 공간을 허용한다. 아이들이 어떤 식으로 헤어스타일이나 옷차림을 하든지 개의치 않는다. 독창성만 유지할 수 있으면 족하다. 이들은 아이들의 친구들과도 아주 잘 어울리는 쿨한 부모들이다. 물병 달 남자는 아주 절실하게 친구가 필요하다. 만약 당신이 그의 친구가 될 수 있다면 관계성이 이루어진다. 단지 그들에게 숨 쉴 수 있는 공간, 취미생활을 할 수 있는 기회들을 최대한 많이 줘야 한다는 것을 기억해야 한다. 동시에 당신은 당신이 할 일을 하면 된다. 이들은 독립적인 영혼을 정말 좋아한다.

물병 달이 좋은 상태에 있으면 정치적인 재능이 있고, 예의가 바르고, 친근하며, 자신감을 유지하고, 철학적이고, 휴머니스트이다. 만약 안 좋은 상태에 있으면 반사회적인 개념이 이론들을 가지고 있고, 현실감각이 부족하고, 너무 정치적 성향이 있고, 진지하고, 우울하며, 자존감이 낮다.

○ 물고기(미나) 라시에 있을 때

긍정적 효과	물고기 달은 가장 민감한 달이다. 모자만 떨어져도 눈물을 흘리고 가슴에서 피가 흐른다. 본성적으로 동정심이 풍부하며, 모든 길거리 동물들을 다 거둘 용의가 있다. 탁월한 직관력이 있으며, 다른 사람들에게 무슨 일이 있는지 바로 알아챌 수 있다. 사람들은 책 읽듯이 읽을 수 있다. 고통을 참지 못한다. 어떤 사람이 고통 속에 있으면 바로 구제하려 달려든다.
부정적 효과	감정적인 굴곡을 많이 경험한다. 하늘로 치솟는 긍정성, 땅으로 추락하는 절망감 사이에서 왔다갔다한다. 약물이나 다른 방법들을 이용해 도피주의로 갈 수 있는 성향을 조심해야 한다. 자신이 가진 문제에 대해 자신의 탓이 아닌, 다른 모든 사람들을 원망한다.

물고기 달은 반영과 묵상 위주의 마인드를 가지고 있다. 상념에 잠기기를 좋아하고, 상념에 잠겨야 한다. 물고기는 대양, 돌고래, 우주, 아이들, 꿈의 세상 등을 나타내는 라시이다. 아스트랄 다리가 놓은 곳이며, 꿈의 세계, 다양한 이미지들이 회오리치는 세상, 그리고 그 사이에 놓은 중간 길과 같다. 비전을 가진 이, 꿈을 해석하는 이, 에너지를 재는 이, 역사와 문명에 걸쳐 일어나는 방대한 움직임에 대해 폭넓게 알고 있고, 코멘트를 하는 자기 이미지를 가지고 있다. 물고기 달은 어린아이들, 영혼들에 매료되며, 그들을 강력하게 끌어당기며, 그들을 위해 말을 한다. 방대한 양의 직관적인 창조성을 채널하지만, 결과는 대부분의 인간에겐 보이지 않고 아스트랄 영역에만 나타날 수도 있다. 자신이 가진 지혜를 가르치는 스승의 역할을 일부러 추구하거나, 거절하지도 않는다. 모든 존재들 사이에서 무한대로 복잡하면서도 섬세한 관계성에 대한 깊은 이해를 하고 싶어 한다. 실제로 이러한 지식들을 흡수하고, 성공적으로 다른 사람들에게 영감적이거나 직관적인 가이드를 해줄 수 있을지 아닐지는 목성의 건강상태에 달려 있다.

물고기 달 부모는 아이들을 위해 여기저기 굽힐 수 있다. 어떤 희생도 사랑하는 아이를 위해서는 대단하지 않다. 아이들이 무엇을 하든지, 부모의 집 문은 열려 있다. 하지만 이런 달이 가진 그림자는, 자신이 무엇을 하고 얼마나 큰 희생을 치렀더라도, 파트너나 아이들이 감사해하지 않는다는 것이다. 물고기 달 남자는 아주 예민하고 감정적이다. 눈물 흘리기를 두려워하지 않으며, 자신이 무엇을 느끼는지 항상 알고 있다. 그들의 부드러운 감정을 우습게 여기지 않는, 아주 단단하고 인내심 있는 파트너가 필요하다. 자애적이고 젠틀한 접근 방식이 그들이 가진 다정한 면을 드러내게 한다. 시와 음악도 그들을 춤추게 한다.

물고기 달이 좋은 상태에 있으면 말을 부드럽게 하고, 영적이고, 자선적이며, 쾌락을 즐기고, 직관적이고, 철학적이다. 만약 안 좋은 상태에 있으면 너무 쉽게 감정이입을 하고, 너무 예민하고, 감정적 굴곡이 심하고, 비효율적이며, 비생산적이다.

달이 12 하우스에 있는 효과들

나탈 차트에서 달이 있는 곳은 차트 주인 어디에서 감정적이 되는지, 그는 무엇을 케어하는지 등을 알 수 있게 한다. 달은 변하기 쉽고, 차트 어디에 있든지 조건들 역시 따라 움직일 거라는 사실을 기억해야 한다.

○ 1번 하우스(타누 바바)에 있을 때

긍정적 효과	감정적으로 드라이브되는 개성을 가졌다. 감정을 팔소매에 입고 있으며, 모든 사람들이 볼 수 있게 감정을 표현한다. 예민함이 강조되고, 감정이 때때로 그를 장악한다.
부정적 효과	리액션부터 하고 생각은 나중에 하는 성향이 있으며, 때로는 감정이 너무 성급할 수 있다. 특히 스트레스를 받는 상황들에선 더욱 그러하다. 어떤 경우에는 어머니와 너무 강하게 동일시하여, 엄마의 앞치마를 벗어날 수 없다.

달은 모든 행성들 중에서도 가장 중요하고 개인적 영향력을 미치기 때문에 전통적으로 잔마 라시를 두 번째 라그나로 간주하였다. 뜨는 달은 길성이고, 지는 달은 크루라이다. 달이 밝고 크기가 클수록 미치는 영향력이 더 길조적이다. 달의 크기는 태양과의 관계성에서 쉽게 파악할 수 있다.

뜨는 달이 1번에 있으면 그는 아주 잘생기고, 크고 아름다운 눈을 가지고 있다. 총명하고, 정신적인 활동을 하는 것을 즐긴다. 사회성이 뛰어나다. 대중과 연관된 일을 하는 데 성공을 할 수 있다. 감정적이고, 기분을 잘 타고, 민감하다. 물 근처에 있는 장소들을 좋아한다. 아주 자기중심적이다. 달과 라그나가 차트에서 가장 중요한 영향력을 가지기 때문이다. 자태가 아주 장엄하고 다른 사람들에게 매력적으로 어필한다. 행운이 있고, 존경받고, 행복하다. 좋은 건강, 강한 체질, 긴 수명을 누린다. 어머니와 가까울 것이며, 가까운 관계성을 유지한다. 많은 편안함과 안락한 것들을 누린다. 행복한 결혼생활을 즐긴다. 만약 달이 손상이 되었으면 정신적으로 불안정적일 수 있다.

지는 달인 경우에는 뜨는 달과 비슷한 효과를 가지지만, 뜨는 달만큼 행운이지는 않다. 잘생겼지만, 변덕스럽고 정신적으로 불안정적일 수 있다. 지는 달은 밝게 뜨는 달만큼 총명하지는 않다. 그러나 항상 생각을 많이 한다. 체질이 약할 수도 있고 건강문제도 다분할 수 있다. 아주 이기적이거나 자기 탐닉적일 가능성이 높다. 불행하고, 가난하고, 별로 존경이나 대중의 관심을 받지 못한다.

1번째 하우스에 있는 달은 젠틀하면서도 쉽게 다가갈 수 있는 성향을 준다. 동그란 얼굴형과 큰 눈을 가진 경우도 자주 있다. 한결같은 믿음성이나 자신감이 부족한 듯이 행동할 수도 있다. 다른 사람들에게 너무 잘하려 하거나 자주 연락하고 지내기 위해 지나치게 시간을 소비할 수도 있다. 신체적 생기나 독특한 주체성을 형성할 수 있는 감정적인 필요성을 가지고 있다.

달이 라그나에 있을 때 생기는 문제는 몸과 외모에 연관된, 인간이 가진 고정개념을 내면적 깊은 자아에 그대로 흡수하는 데 있다. 이러한 성향은 보다 높은 주체성을 이루는 팩터들을 다루어야 할 때 감정적인 압박감을 만들어낼 수 있다. 주변환경에 대한 과민성 감정적 반응으로 자신을 너무 의식한다. 다른 사람들의 기대를 맞추지 못하는 것에 대해 지나치게 예민하다. 여자든 남자이든, 이러한 사람들은 속한 사회에서 아버지 같은 인물이다. 집합적 무의식을 잘 표현한다. 신체적 몸 전체에 감정이 강하게 지배하며, 몸은 주변에 있는 다른 사람들을 통해 계속해서 감정적 피드백을 받아야 한다. 그는 물 근처에, 특히 바다 근처에 살아야 한다. 물은 다른 사람들로부터 스폰지처럼 빨아들이는 지나친 감정적 에너지 영향을 흡수할 수 있다.

1번 하우스의 달이 좋은 상태에 있으면 품위가 있는 자태, 자비심이 많고, 케어를 하고, 영감을 불어넣어주며, 풍부한 감정을 가지고 있다. 만약 안 좋은 상태에 있으면 마음의 변덕이 심하고, 이용을 잘 당하며, 다른 사람들의 일에 너무 감정적 개입을 하며, 지나치게 예민하고 혼란스런 감정에 시달린다.

○ 2번 하우스(다나 바바)에 있을 때

긍정적 효과	돈이 중요하다. 은행에는 잔고가 가득하고, 대체로 자신에게 필요한 것들을 끌어당기는데 아주 뛰어나다. 안정성도 중요하다. 경제적 독립을 이루기 위한 야심을 가지게 만든다. 돈을 관리하는 능력이 아주 뛰어나며, 비즈니스 감각을 지녔을 수 있다. 대중이나 여자들과 연관된 일을 하면서 돈을 번다.
부정적 효과	재정이 오르락내리락 할 수 있어, 그대를 긴장하게 만든다. 이것이 그를 때로는 구두쇠처럼 만들 수 있다. 어떤 경우에는 달이 2번 하우스에 있으면 감정적 소비자를 만들 수 있다. 스트레스를 받으면 감정을 다른 사람들에게 전가하는 사람이다.

달이 2번 하우스에 있으면 부유하고, 부드러운 말투를 가졌다. 돈과 연관된 것들, 교육, 가족에 대한 지대한 관심이 있다. 지식이 많고 좋은 교육을 받았다. 교육이나 강연과 연관된 커리어를 가질 수도 있다. 가족생활이 행복의 근원이고, 행복한 사람이다. 여성이나 대중들을 상대하는 일을 통해 부를 번다. 부는 변동이 심할 수 있다. 특히 지는 달인 경우에 더욱 그러하다. 밝게 **뜨는 달**이면 아름다운 얼굴을 가지고 있고, 그가 가진 탁월한 지식 수준으로 잘 알려져 있다. 자선적이고, 덕이 있고, 진실하다. 만약 황소 라시에서 **지는 달**이면 효과는 줄어들지만 여전히 길조적이다.

2번째 하우스에 있는 달은 변형적인 가치관을 나타낸다. 가족들이나 다른 사람이 하는 말들에 잘 흔들리거나 영향을 받을 수도 있다. 하는 말이나 습관들이 일정치 않거나, 음식을 너무 탐하거나, 다른 중독증이 있을 수도 있다. 하지만 적응력이 뛰어나서 나중에 크게 성공을 거둘 수도 있다. 지나간 시절에 대한 기억들과 부를 축적할 필요성을 감정적으로 강하게 가지고 있다.

달이 부의 하우스에 있을 때 나타나는 주된 문제는 부를 추구하고 모으는 인간 성향을 너무 깊숙이 자신의 의식 속에 흡수하는 것이다. 이러한 성향은 감정적으로 압박이 될 수 있다. 쥐고 있는 큰 부, 사치품들(금성), 비즈니스 돈, 혈통과 같은 핏줄, 모아놓은 음식이나 예술품, 돈 등과 강하게 자기 동일시를 한다. 의식적으로든 무의식적으로든 자신의 사람들이 가진 역사들에 감정적으로 깊이 개입을 한다.

가족생활은 감정적으로 보수적이며, 자신이 키워진 방식이나 가족의 기대가 세운 한계성 안에 머문다. 가족의 비즈니스, 혹은 가족 대대로 전해져 내려온 서비스 혈통 등과 강하게 동일시한다(여기서 '가족'이라 함은, 비난 신짜나 입양 식구들뿐만 아니라, '나를 키워 준' 귀속된 종교적인 단체나, 정치적 단체 기관 등도 크게 '가족'에 포함). 어머니는 보수적인 성향이며, 부를 모으거나, 전해져 내려오는 문화적 가치들을 고수하는 데 헌신하였다.

2번 하우스의 달이 좋은 상태에 있으면 부를 모으고, 재물들을 수집하고, 말을 잘하며, 우아하고 품위가 넘치며, 좋은 음식을 먹고, 집중할 수 있다. 만약 안 좋은 상태에 있으면 너무 쾌락에 탐닉하고, 실용적이지 못하며, 부의 굴곡을 겪으며, 질이 좋지 못한 음식을 먹으며, 말주변이 없다.

○ 3번 하우스(사하자 바바)에 있을 때

긍정적 효과	인상적인 상상력을 가지고 있다. 몽상적이고, 반응적이고, 예민하며, 창조적인 커리어에 끌린다. 감정적 팩터들이 사고와 소통에 영향을 미친다. 루틴적인 일들은 아주 따분해한다. 가끔 일상으로부터 벗어날 필요가 있으며 특히 여행이 큰 도움이 된다.
부정적 효과	감정적으로 불안정하고, 가만히 앉아 있지를 못하며, 자주 옮겨다닌다. 혹은 어떤 것을 시작하고 마무리하지 못한다. 비실질적인 것들을 피해야 한다. 정착하고, 중심을 잡아야 한다.

3번째 하우스에 있는 달은 원하는 것들, 욕망에 대한 감정적 집착이 강하다. 감정적인 성향이 강하고 들뜨기 쉽다. 흥미로운 것들에 대한 관심사가 잘 변하며, 자극적인 것들을 추구하는 친구들을 많이 가지고 있다. 그리고 정신적 활동이나 소통에 대한 감정적 필요성을 가지고 있다. 달이 3번 하우스에 있으면, 3번 하우스의 특성들이 잘 발휘된다. 하지만 달은 약간 손상을 입는다. 달은 마음을 다스리기에, 3번에 있으면 마음의 안정과 평화에 이득이 되지 않는다. 음악, 춤, 드라마, 노래 등에 관심이 있으며 그러한 커리어를 선택할 수도 있다. 소통을 잘하고 문학적 영역이나 소통에 커리어를 가졌을 수도 있다.

뜨는 달이 만약 길조적인 상태에 있으면 대중들에게 영향을 미치고 싶어 한다. 타고난 나레이션 작가로서, 수성이 어떤 상태에 있느냐에 따라 글 쓰는 스타일이 아주 딱딱

하거나(비즈니스 메모, 리포트, 테크니컬한 매뉴얼 등과 같이), 아니면 문학적(시, 소설, 스크린 대본 등과 같은)일 수 있다. 이성에 대한 강한 욕구도 가지고 있다. 많은 형제들이 있고 그를 보호해주고 있다. 하는 노력들이 모두 열매를 맺고 욕망의 충족을 이룰 수 있다. 용감하고 용기가 있다. 도시 내에서 계속 여행을 많이 한다. 아름다운 목소리를 가졌고 흥분을 잘 하고, 모험적이고, 동기를 가지고 있다. 아주 활발한 마음을 가지고 있다.

지는 달이면 형제들이 있지만 서로 가깝지는 않다. 사람들과의 소통에서 생기는 끝없는 감정적 성향을 자신에게 그대로 흡수한다. 만약 손상이 되었으면 정신적으로 불안하거나 불안정적인 정신 상태에 시달린다. 특히 사회적 지위나 웰빙에 별다른 도움이 되지 못한다. 어머니와의 관계도 멀거나 손상되었다. 강한 욕구적 성향을 가졌을 수 있다. 이러한 성향은 누군가의 말을 듣거나 조용하게 반영할 필요성이 있거나 직관적으로 이해할 수 있는 상황이 요구될 때 문제가 될 수 있다.

만약 다른 행성들이 3번에 있는 달을 강화시켜주고 있으면 남의 말을 듣기보다는 자기 말만 하기를 아주 좋아하는 사람이 될 수 있다. 특히 주의를 주는 충고나, 좋지 않은 뉴스들을 듣는 것을 극도로 싫어할 수 있다. 형제나, 사촌, 동료, 가족, 친구들에 집착한다. 스스로를 소통가, 팀 플레이어, 팀의 가치와 아이디어들을 전하는 스피커로 여기려 한다. 언제나 아주 훌륭한 소통가를 만드는 건 아니지만, 정신적으로는 늘 아주 활발하게 만든다. 가장 중심적인 삶의 감정적 의미를 형제나 가족, 동료와 이웃들과의 관계성에 두고 있다.

3번 하우스의 달이 좋은 상태에 있으면 흥미롭고, 재미있는 것을 즐기며, 모험적이고, 소통가, 작가, 스피커 혹은 강연자이며, 상상력이 풍부하고, 결의적이다. 만약 안 좋은 상태에 있으면 한결같은 노력을 하지 못하거나 비효율적이며, 너무 산만하고, 매사에 심드렁하거나 관심이 부족하고, 주의력이 부족하고 어수룩하다.

○ 4번 하우스(수카 바바)에 있을 때

긍정적 효과	가족에게 마음이 온통 향해 있다. 사랑하는 사람들과 건강하고 행복한 연결성이 필요하다. 그것이 불가능하면 다른 어떤 곳에서 속할 수 있는 집단을 구해 다닌다. 귀속되고자 하는 필요성을 가지고 있다. 편안한 가정도 감정적 웰빙을 위해서 아주 필수적이다. 자신이 있는 곳에서 안전하게 느껴지지 않는다면, 당장 짐을 챙겨서 바른 장소를 찾을 때까지 떠난다. 어머니와 가깝고 사랑과 애정의 관계를 오래 유지한다.
부정적 효과	한 장소에 너무 오래 머물지 못한다. 돌아다니는 성향이 있다. 어릴 적 집안 여건이 그의 사고를 규정짓는다. 혹은 과거의 상처받은 기억에서 벗어나는 데 어려움이 있다. 달이 만약 손상이 되었으면 어머니에게 매달리며, 자신의 두 발로 서는 데 어려움이 있다.

4번째 하우스에 있는 달은 안정적인 감정적 능력을 가지게 된다. 자신의 마음이나 직관을 믿는다. 다른 사람들을 돌보고자 하는 경향이 강하다. 어릴 때 어머니의 영향을 강하게 받았다. 상념에 잘 잠기는 성향이 있으며, 어떤 행동을 하기 전에 자신의 감정을 먼저 체크하려는 기질도 강하다. 그는 안정성과 보호에 대한 감정적 필요성을 가지고 있다. 달이 4번에 있을 때 생길 수 있는 어려움은, 인간이 가진 안정성에 대한 절대적인 욕구를 자신에게 완전히 흡수할 수 있다는 점이다. 이러한 경향은, 움직임이나 리스크가 요구될 때 어떤 감정적인 압박감을 만들어낼 수 있다.

어머니, 부모님, 집, 조국 등에 헌신한다. 자신을 애국자, 케어하는 이, 보호자로 보아야 할 필요성을 가지고 있다. 안정성을 원한다. 움직임을 좋아하지 않는다.

뜨는 달이면 달에게 최상의 위치, 디그 발라를 얻는 위치이다. 행복하고 만족스럽다. 어머니와 가깝고, 어머니의 덕을 얻는다. 어머니가 행운을 가지고, 장수한다. 좋은 마음을 가지고 있고, 친절하고, 마음이 여리다. 훌륭한 집과 온갖 좋은 운송수단들을 소유하는 행운이 있다. 많은 편안함과 안락함을 누린다. 커리어에서 좋은 직위를 얻게 된다. 좋은 교육과 빼어난 학위를 얻는다. 대중들의 안위에 대한 관심이 지대하며, 그들을 보호하고자 한다. 어머니의 재산, 조상의 부를 물려받는 혜택이 있으며, 농사, 농업, 조경 등의 일을 통해 이득을 볼 수 있다.

지는 달이면 어머니와 가까울 수 있지만, 어머니의 애정이나 가이드를 그다지 받지 못했거나 해가 되었다. 행복과 만족스러움이 굴곡을 경험한다. 이사를 많이 다니거나 거주지를 자주 바꿀 수 있다. 친어머니가 아닌 다른 여인을 통해 젖을 먹었거나, 어릴 때부터 약한 체질일 수 있다.

　4번 하우스에 달을 가진 남자의 경우에는 아내가 어머니를 반영하는 이미지일 것이다. 이런 남자는 자신이 태어난 장소(사람들이라기보다는, 태어난 장소)에 집착한다. 땅이 있는 재산, 운송수단, 빌딩 등을 소유하고자 하는 깊은 감정적 필요성이 있다. 남자의 어머니가 대장인 대가족 환경을 만들려는 경향이 강하다. 4번에 있는 달은 남자에게 감정적 보호를 도와주는 위치이다. 그리고 많은 여자들이 선호하는 남성형을 만든다. 어머니를 아주 강하게 보호적이고 양육적인 저력으로 경험할 것이다. 어머니는 사유재산에 집착하고, 태어난 조국을 사랑한다. 어머니가 느끼는 감정들이 어린 시절 환경을 규정지었다. 어머니의 어머니(조모)도 대체로 중요한 사람이었다.

　4번 하우스에 달을 가진 여자의 경우에는 자신의 가족과 나라를 지키고 보호하는 강한 여성적 혈통의 수호자로 스스로를 여기는 경향이 있다. 달이 길조적이면 자신의 어머니와 좋은 관계성을 유지한다. 만약 달이 손상되었으면 가장 내면에 있는 여성상이 감정적으로 아주 불균형적으로 형성되었을 수 있다. 이러한 달의 위치가 정신심리 감정적 삶을 완전히 장악하기 때문이다. 데바들의 영혼과 아주 직관적인 소통을 할 수도 있다.

　달이 4번 하우스에서 좋은 상태에 있으면 직관적이고, 교사 혹은 카운셀러로서 역량을 발휘할 수 있고, 감정의 깊이가 있으며, 모(부)성적이고, 집과 가정의 행복이 있다. 만약 안 좋은 상태에 있으면 감정이 한결같지 못하며, 집이나 가정의 어려움이 있고, 외롭고, 안정적인 집이 없으며, 잘 속는다.

○ 5번 하우스(푸트라 바바)에 있을 때

긍정적 효과	가망 없는 로맨스주의다. 성적인 모험을 할 수 있는 감정적 중심을 가지고 있다. 쾌락도 드라이브를 한다. 항상 다음의 재미있는 것들을 찾아다닌다. 5번 하우스는 투자를 다스리기 때문에, 주식이나 투기 시장에 대한 킬러 본능이 있을 수 있다. 5번은 자녀들의 하우스이기도 하다. 아주 비옥한 잉태력이 있고 많은 자녀들을 가졌을 수 있다. 어린아이들을 잘 다루고, 훌륭한 부모나 스승이 될 수 있다.
부정적 효과	만족감을 주는 것에 중점을 두기 때문에, 파트너와 너무 루틴적으로 되면 바꿀 수도 있다. 관계성에서 상대방에게 충분한 공간을 주지 못할 수 있다. 현명하지 못한 도박이나 위험한 투자를 통한 경제적 손실을 줄 수 있다. 도박이나 포커 게임을 한다면 언제 멈추어야 할지 모른다. 만약 달이 아주 손상이 되었으면, 자녀들이 자신의 것을 하지 못하게 하는 극성적인 부모가 될 수 있다.

　5번째 하우스에 있는 달은 훌륭한 직관력의 힘을 가졌고, 배움과 지식을 좋아하는 마인드를 나타낸다. 달은 창조성을 나타내는 행성이기에, 5번에 있는 달은 가장 창조적인 조합 중의 하나이기도 하다. 그리고 로맨틱한 성향도 짙을 수 있다. 자신의 천재성, 창조성, 명성 등에 대한 인정을 받고자 하는 감정적 필요를 느낀다. 5번 하우스에 달이 있을 때 생기는 어려움은 창조적 영감에 자의식이 너무 흡수된다는 점이다. 그래서 자신의 창조품에 대한 애착이나 자녀들의 인생에 너무 관여하게 되는 경향이 나타날 수도 있다. 5번 하우스는 디바인 지성의 영역이다. 그래서 달이 가진 양육과 돌보는 에너지를 태양이 회전하는 에너지 채널을 통해 흐르게 한다(5번은 태양의 자연적 하우스). 그래서 정치, 패션, 투기, 드라마, 자녀, 모든 종류의 예술이나 시, 그리고 모든 형태의 오락 등의 영역에서 창조적으로 자기표현을 하게 한다.

　뜨는 달이면 아주 총명하고, 이지적인 마인드, 배움이 있다. 자신이 가진 믿음과 개념에 아주 열정적이다. 훌륭한 자녀들이 있다. 이들은 특별하거나 유명하게 될 수 있다. 자녀들을 잘 돌보고 케어한다. 전생의 좋은 카르마로 인해 여자들이나 어머니의 덕을 누린다. 만약 남자의 차트이면 아름다운 아내를 가진다. 예술, 스포츠, 투기 등을 좋아하고 그러한 커리어를 가질 수도 있다. 투자의 이득이 있고, 부자가 될 수 있다. 주식 투자가일 수도 있다. 내향적인 성향이지만 정부요직이나 리더십 위치에 있을 수 있다. 아주 바르고 덕이 있고 좋은 선행들을 행한다. 신에 대한 강한 믿음과 신념으로 헌신을 한다. 진실하고, 직설적이며, 훌륭한 캐릭터를 가졌다. 로맨스의 행복이 있고, 행복하고 즐거운 삶을 산다. 자녀는 남자보다 여자아이일 가능성이 많다.

지는 달이면 이지적인 마인드를 가졌지만 약간 감정적인 경향이 있다. 마음의 변덕이 있고, 어떤 결정을 내리는 데 어려움이 있다. 자신의 생각이나 아이디어에 열정적이다. 총명하지만 상식이 부족할 수 있다. 예술, 스포츠, 투기 등에 대한 관심이 있다. 투기의 성공은 굴곡이 있다. 지는 달은 뜨는 달만큼의 덕이나 도덕심, 영적 믿음이나 자질들을 주지 않는다. 만약 달이 손상되었으면 정신적으로 불안정하거나 이상할 수 있다.

5번 하우스에 달이 있는 남자의 경우에는 대체로 어머니와 좋은 관계성을 가지고, 어머니가 자기 자신감을 심어주고, 좋은 운, 어린 시절 즐거움을 주었던 근원적 힘으로 경험하고 있다. 그는 자신이 보여준 독립심, 모험심, 다른 사람에 대한 자비심 등에 대해 어머니로부터 감정적으로 보상을 받았다. 그는 계속해서 이러한 감정적 습관들을 성공적으로 성인의 삶으로 가져간다. 자신의 삶에 있는 여자와 많은 로맨스를 즐기는 좋은 애인이다.

여자의 경우에는, 전형적으로 창조적인 감정적 상태를 즐기고, 활발한 아이들이 가득하고, 고상한 행위 위주의 예술을 감상하고 좋아한다. 여성스런 감정이 활발하고, 어머니에게 받은 사랑과 인정이 이득이 되고, 도움이 된 힘이었다(하지만 어머니가 비전통적이고 자기중심적이었을 수도 있다). 로맨스 대상들을 기쁘게 해주고 즐거움을 받을 수 있을 만큼 감정적 허용을 가지고 있다. 그녀의 삶에는 많은 사랑과 시가 있다.

달이 5번 하우스에서 좋은 상태에 있으면 좋은 유머감각이 있고, 로맨틱하며, 직관적인 분별력을 가졌고, 명상적이며, 비즈니스의 성공을 거둔다. 만약 안 좋은 상태에 있으면 도박꾼이고, 불안정하고, 분별력이 뒤떨어지고, 자녀들의 훈육이 제대로 갖추어지지 않았으며, 명상을 하는 데 어려움이 있다.

○ 6번 하우스(아리 바바)에 있을 때

긍정적 효과	기분을 좋게 하는 일을 하기 원한다. 의미 있는 일을 하는 것이 중요하고, 조화로운 환경이어야 한다. 대중과 연관된 일을 하는 데 관심이 있으며, 음식 산업과 연관된 일에 개입할 수도 있다. 혹은 요리하기를 좋아할 수 있다.
부정적 효과	감정적 스트레스가 건강에 해를 미친다. 이러한 것이 소화적 장애로 나타난다. 이런 문제를 회피하려면 일과 삶 균형을 지킬 수 있어야 한다. 간혹 직업을 구하는 데 어려움을 겪을 수 있다. 직장에서의 드라마는 그의 웰빙에 영향을 미치며 다른 직장으로 옮기게 하는 요인이 되기도 한다. 그래서 직장을 많이 옮겨다닐 수 있다.

6번째 하우스에 있는 달은 정신적, 감정적 투시가 어려운 사람을 나타낸다. 삶이란 어렵다는 감정적 기대감이 있을 수 있다. 이러한 태도는 열정의 부족함을 가져온다. 그래서 주의 부족이나, 사람들이나 상황을 회피하고자 하는 경향이 있을 수 있다. 하지만 이러한 기질을 잘 이해하게 되면 사심이 없는 서비스를 할 수 있는 높은 잠재성을 가지고 있다.

달이 6번 하우스에 있으면 일을 아주 잘하거나 완벽주의자이다. 디테일한 일이나 서비스 직종에 커리어를 가지는 경향이 있다. 레스토랑이나 의료계 영역에서 일할 수도 있다. 6번 하우스는 두스타나이기 때문에 달에게는 바람직하지 못한 위치이다. (특히 어린 시절에) 몸이 아프거나, 전반적인 웰빙이나 운이 피해를 입는다. 아주 강한 적이나 질투하는 사람들에게 내내 괴롭힘을 당할 수도 있다. 복부와 가슴 부근의 질병이 있거나 약한 체질이다. 여자의 경우 생리불순에 시달릴 수 있다. 어머니와의 관계도 해를 미치며, 어머니가 아주 고생스런 삶을 살 수도 있다. 만약 달이 **뜨는 달**이거나 좋은 상태에 있으면, 그는 모든 적이나 경쟁자들을 쉽게 이기고 일찍 성공을 할 수 있다. 만약 **지는 달**이거나 손상이 된 상태이면 적들에게 모욕을 당하며, 낮은 지위를 가지게 된다. 성적인 관심이나 열정이 적다. 직장동료나 부하직원, 세입자들 등과의 관계성은 달이 받는 어스펙트 상태에 달려 있다. 뜨는 달은 긍정적인 효과들을 주고, 지는 달은 그렇지 못하다.

달이 6번 하우스에 있을 때 생기는 어려움은 삶에서 일어나는 다양한 감정적 갈등들의 폭을 너무 스스로에게 흡수한다는 점이다. 7번에서 12번째에 있음으로 인해 달은 특히 결혼생활에서 생겨나는 갈등들에 취약하다. 배우자가 말로 표현하지 않는 부정적인 이미지들이 그를 쇠진시키고 힘들게 한다.

6번 하우스에 있는 달은 의학과 관련된 영역에서 강한 감정적 직관력을 준다. 사회적으로 하는 봉사활동, 사채업, 갈등 해결, 소송, 경찰이 하는 액션, 군대 전투 등의 필드에서도 탁월하다. 달이 6번에 있는 경우에는, 특히 달의 다샤 때 몸이 아플 수도 있다. 그렇지만 아주 타고난 탁월한 힐러를 나타내는 조합일 수도 있다.

달이 6번 하우스에서 좋은 상태에 있으면 힐러이고, 보호하고 지켜주고 케어를 하는 사람이며, 좋은 서비스를 제공하며, 본능적이며, 꾀가 많고, 활발하다. 만약 안 좋은 상태에 있으면 쉽게 안정을 잃으며, 갈등에 시달리고, 까다롭고, 형편없는 서비스를 하며, 아래 사람들과 트러블을 겪으며, 질병에 잘 시달린다.

달과 6번 하우스는 특별한 관계성이 있다. 달은 감정적인 평안과 안정성의 키를 쥐고 있다. 하지만 6번에 있을 때 감정적인 균형을 잘 잃게 되는 취약성이 있다. 특히 불균형적인 환경, 사회적 갈등, 문제를 겪는 사람들에게 서비스를 하는 일들에 강렬한 감정적 유대감을 느끼게 한다. 그래서 달이 6번에 있으면서 다른 행성들과 합치를 하는 경우에 다음과 같은 효과들이 나타난다.

달과 태양	의학, 사회봉사, 대중 서비스와 같은 일에 열심이다. 열악 계층에 속하는 사람이나 행위들에 사회적인 동질감을 느낀다. 만약 태양이 좋은 품위에 있으면, 사회적 갈등이 있을 때 뛰어난 도덕적 리더가 된다.
달과 화성	갈등에 대한 난폭한 육체적 저항, 사람을 사고팔거나, 독이나 마약 등을 다루는 일에 개입하려는 비즈니스 본성이 있다.
달과 수성	자신이 겪고 있는 내적인 혼란을 배우자 혹은 파트너에게 전가시켜 원망하고 언쟁이나 정당화를 시키려 한다. 고리대금업, 남을 이용함, 계약들을 깨는 등의 방법들을 잘 이용하는 말재주가 있다.
달과 목성	아주 자기 탐닉적이고, 음식이나 술로 스스로 자기 위안하는 경향이 있다. 피해 집단에 대한 확장적인 동지애를 느끼며, 더욱 술 등으로 자위를 한다. 의심스런 친구이면서 강한 적이기도 하다.

달과 금성	적, 감각적인 것들에 대한 중독이 있다. 순하고 좋은 본성이지만, 법을 깨뜨리는 이다. 감각적 쾌락을 주는 것들에 중독되고, 지켜야 할 동의사항들을 준수하지 않는다.
달과 토성	감정적으로 거리가 먼 어머니로 인해 심각한 감정적 트러블을 겪는다. 어머니 자신이 아프거나 피해의식을 가진 사람일 수 있다. 감정적 굶주림과 지나친 분석적 성향이 건강상 문제로 나타난다.

○ 7번 하우스(유바티/칼라트라 바바)에 있을 때

긍정적 효과	애정관계성에 감정적 무게를 많이 둔다. 파트너와 함께 있는 것이 그를 행복하게 한다. 그래서 직장에서나 사랑에서 장기적인 관계성을 추구한다. 질이 높은 관계성이 그의 웰빙에 필수적이다. 자애 혹은 동정심이 자연스럽게 우러나온다. 다른 사람들이 어떻게 느끼는지 직관적으로 잘 알고 있기 때문이다.
부정적 효과	파트너와 너무 상호의존적 관계성이 7번 하우스 달이 가진 그림자이다. 자신의 행복을 위해 다른 사람에게 너무 의존적일 수 있다. 홀로 두 발로 서는 것이 아주 어렵게 만든다. 어떤 경우에는 어머니나 아버지 같은 대상을 구하고 있을 수 있다. 이러한 모티브는 결코 이득이 되거나 이상적인 방식이 아니다. 파트너와 평등하지 못한 관계성을 만들어내기 때문이다. 혹은 파트너나 이성관계가 너무 자주 변할 수 있다. 관계성이 일단 따분하거나 어려워지면 바로 달아나기 때문이다.

7번 하우스에 있는 달은 파트너십이나 다른 사람들과의 관계성에서 대체로 아주 타협적인 성향을 강하게 만든다. 균형과 합의, 동의에 대한 강한 감정적 필요를 느낀다. 그래서 이성이나 인간관계성에서 건강한 선을 유지할 수 있는 능력이 많이 약해진다. 상대에게 지나치게 베풀거나 혹은 희생양이 된 듯 느끼게 된다. 인기가 많은 사람일 수도 있으나, 결과적으로는 자신이 언제나 손해를 보는 듯한 감정을 준다. 달이 7번 하우스에서 생기는 어려움은 균형과 협약의 중재 역할을 너무 자신에게 감정적으로 이입시킨다는 점이다. 이러한 성향은 다른 사람들이 협조를 하지 않을 때 특히 심한 감정적 압박을 가하게 된다. 배우자와 파트너들의 균형을 잡는 역할을 하는 데 있어서도 감정적인 투자를 많이 한다. 파트너십에 대한 어떤 기대를 가지고 있으며, 혼자 하게 되면 뭔가 옳지 않은 것처럼 느낀다. 한 번 결혼하는 성향이 대체로 강하지만, 달이 있

는 라시 혹은 다른 행성들의 어스펙트에 의해 결정된다. 설령 달이 여러 번의 결혼이나 파트너십을 주는 경우라도, 그는 매번 기회가 있을 때마다 같은 느낌을 관계성에 가져갈 것이다. 동의사항을 찾고, 계약을 하고, 약속을 지켜야 할 필요성이 있다.

뜨는 달이면 아주 행복한 결혼생활을 하고 있다. 파트너나 배우자와 깊은 사랑에 빠져 있다. 로맨틱하고, 아주 열정적이고, 감각적이다. 아름답고, 강하고, 부유하고, 재능이 있거나 유명한 배우자를 얻을 것이다. 달은 마음을 다스리기 때문에 파트너는 아주 뛰어나고 이지적인 커리어에서 아주 성공적인 사람일 수 있다. 달이 1번째 하우스를 어스펙트하기 때문에 그는 잘생기고, 행복하고, 건강하고, 이성에게 아주 매력적이다. 여자의 경우 아름답고 남자들이 아주 원하는 유형이다. 아주 부드럽고 여성적인 면을 가지고 있기 때문이다. 아주 감정적인 성향을 가지고 있으며, 관계성이 강한 애착을 가지고 있다. 확실하게 헌신하며 절대로 바람을 피우거나 어떤 상황에서든 결혼을 파괴하지 않는다. 하지만 달은 수성처럼 변하기 쉬운 행성인지라, 만약 7번 로드가 약하거나 손상된 상태에 있으면 여러 번의 결혼이 있을 수 있다. 그러나 배우자가 먼저 떠나거나 포기를 하게 될 것이다. 앵글 하우스에 있는 달은 전체적으로 파트너십의 이득을 준다.

지는 달의 경우 효과들은 뜨는 달의 경우와 비슷하다. 하지만 뜨는 달처럼 그다지 길조적이지는 못하다. 결혼생활의 굴곡이 아주 많으며, 질투심이 많거나 배우자의 모욕에 아주 예민하게 반응을 한다. 상황이 아주 어려워지면 결혼생활에 확고하게 언약적이지 않다. 여러 번의 결혼을 할 가능성이 높다. 건강도 그다지 좋지 못하며, 약한 체질이거나 아플 수 있다. 하지만 여전히 훌륭한 외모를 주고, 이성에게 아주 매력적으로 보인다. 로맨틱하고, 열정적이고, 감정적인 성향도 있다. 배우자는 그다지 특별하게 재능이 있거나 성공적이지 않다.

달이 7번 하우스에 있는 남자의 경우에는 지나치게 어머니 성향을 전시하거나, 보호본능이 있거나, 그녀의 집을 사랑하는 여성을 구하게 될 것이다. 그녀의 관심사는 주로 가정과 아이들을 사랑으로 키우는 것에만 있기를 바란다. 이러한 남자는 자신이 하는 모든 동의나 계약에서 어떤 감정적 요소의 변화가 있으면 아주 예민하게 반응을 하며, 상대나 여성 파트너가 자신의 감정적 성향을 모두 반영하고 인정해주는 데 많이 의존을 할 것이다.

여자의 경우에는, 모든 파트너십에 특히 배우자에게 자신이 가진 감정적인 케어 성향의 에너지를 거의 전부 투자하고 올인한다. 만약 달이 두스타나 로드가 아니면 이러한 성향은 결혼생활에 필요한 깊은 감정적 애착에 아주 도움이 된다. 일단 결혼을 하면 그녀는 삶에 아주 안주한 듯이 느끼고, 행복하게 가족이나 커리어를 키우며 살 수 있다. 커리어는 카운셀링이나 전문적인 상담을 해주는 일이 잘 맞다.

달이 7번 하우스에 있으면서 좋은 상태에 있으면 열정적이고, 사랑이 넘치고, 적극적이며, 아주 생명력이 넘치는 파트너가 된다. 만약 안 좋은 상태에 있으면 겁이나 조심성이 많고, 너무 적극적이고, 한 파트너와 오래가지 못하며, 의심스럽거나 바람직하지 못한 관계성을 맺는다.

○ **8번 하우스**(아유 바바)**에 있을 때**

긍정적 효과	직관적인 사람들에게 최상의 장소이다. 달이 8번에 있는 사람은 고상하게 튜닝이 된 직관력의 축복이 있다. 사람들을 책 읽듯이 읽는다. 사이킥, 미디엄, 형사 등의 일에 타고난 재능을 발휘할 수 있다. 은밀한 관계성에도 잘 빠진다. 다른 사람과 육체적 합일을 이룰 수 있는 일이 그의 예민한 체질 구조에 도움이 된다. 육체적 관계를 맺는 것만으로 충분하지 않다. 아주 생생하고 깊은 연결을 해야 한다. 달이 8번에 있는 사람은 돈을 잘 다루는 숨은 재능이 있다.
부정적 효과	때로는 다른 사람들과 경계선을 긋는 것이 약하다. 혹은 관계성에서 감정적 유대를 찾기 위해 고전한다. 파트너를 계속해서 바꿀 수 있다. 돈의 흐름에 계속 주의를 기울여야 한다. 특히 세금, 유산과 관련해서 현금관리를 잘해야 한다.

8번 하우스에 있는 달은 마음에 깊은 심리적 두려움을 가지게 만드는 경향이 있다. 갑작스럽거나 기대치 않았던 잃음 등은 8번 하우스의 달에게 가장 어려운 경험이기도 하다. 우리가 가장 쉽게 상처를 받고 가장 두려움을 느끼게 되는 곳이 8번 하우스이기에, 여기에 있는 달은 더욱 마음이 힘든 경우가 자주 있다. 어머니와 어려운 관계를 가지는 예들도 자주 볼 수 있다. 이성과 깊은 관계를 맺는 두려움이나 혼란스러움도 기대한다. 하지만 이러한 감정적 어려움들을 계기로 오컬트 같은 깊은 영역에 관심을 가

지는 사람들이 자주 있다. 좋은 힐러나 점성가 등이 될 수 있다.

뜨는 달이면 달은 8번 하우스에서 빛을 발휘하기 어렵다. 전반적인 운과 웰빙이 상당히 손상을 입는다. 건강문제도 많으며, 만약 달이 손상되었으면 장기적이거나 고질적인 병이 될 수도 있다. 마음의 평화가 부족하고, 약하거나 흔들리는 마음을 가지고 있다. 하지만 총명하고, 지식이 많고, 부유하다. 어떤 리서치, 연구 영역에서도 잘할 수 있다. 지나치게 예민하거나 자신감이 부족하고 심리적 콤플렉스가 깊을 수 있다. 어머니와의 관계가 손상되고, 어머니의 삶이 어렵거나 고통스러울 수 있다. 만약 달이 아주 손상되었으면 어머니가 일찍 세상을 떠날 수도 있다. 시력이 약할 수 있다. 성적으로 아주 매력적이며 강한 생식능력을 가지고 있다. 하지만 아주 직관적이거나 사이킥 능력이 있으며, 오컬트나 형이상학적인 것들에 대한 관심이 지대하다. 유산, 보험, 파트너의 부 이득 등을 볼 수 있다. 만약 이혼을 하는 경우 위자료를 많이 받는다. 달은 여자를 다스리므로, 8번의 달은 남자 차트에서 배우자와 연관된 어려움을 나타낸다.

지는 달이면 뜨는 달보다 더 안 좋은 효과들을 준다. 부정적인 효과들이 강조되며 이득이 적거나 취소된다. 파트너의 부, 유산, 보험 등의 혜택을 볼 가능성도 적어진다. 오히려 배우자의 부와 연관된 어려움을 만들어낼 수 있다. 어머니와 연관된 건강문제나 어려움도 더욱 심각한 수준일 수 있다. 여전히 오컬트나 형이상학적인 주제들에 대한 관심과 연구 영역에서 재능을 준다.

8번에 달이 있는 사람은, 개인이든 작은 그룹이든 삶의 한 단계에서 다음 단계로 옮겨갈 수 있는 능력을 가진 심오한 힐러, 특히 죽음을 다루는 힐러들을 만들어낼 수 있다. 자연적인 마술사, 변형적인 생각, 경치, 정체성 등으로 옮겨갈 수 있는 능력이 있다. 반면 개인적인 삶은 언제나 변화나 굴곡이 많다. 달은 감정적 안정성을 원하는데, 이러한 사람들은 심오하면서도 지속적인 변화를 불러오는 에이전트와도 같은 사람들이기 때문이다. 여자든 남자든 8번에 달이 있는 사람은 사회적 터부들에 대한 감정적인 제약을 많이 느끼지 않는다. 그는 의학적 힐링, 특히 수술을 요하는 일들에 직관적인 끌림을 깊이 느낀다. 하지만 이러한 의술적 요소들을 이행할 수 있기 위해선 적절한 트레이닝과 많은 공부를 해야 한다. 트레이닝과 연관된 이슈들은 언제나 8번 하우스 영역과 깊은 연관을 가지고 있다. 8번 하우스는 템플(9번에서 12번째)을 잃는 하우스이기 때문에, 이러한 달을 가진 사람은 일반적 대학기관이나 자격을 갖춘 전통적 트레이닝들을 직접 받을 수 있는 기회가 없을 수도 있다. 그러므로 사이킥적으로 비전통적인 스승이나 구루를 끌어당겨야 할 필요를 가지고 있다.

 달이 8번 하우스에서 좋은 상태에 있으면 통찰력이 있고, 탐구적이며, 생명력이 넘치고, 다른 사람들의 도움을 잘 받으며, 초월적이고 신비로운 기질을 준다. 만약 안 좋은 상태에 있으면 근심걱정이 많고, 외롭고, 고립되었으며, 자기 홍보를 잘 못하며, 희생양이고, 도움을 받지 못하고, 고질적 질병에 잘 시달린다.

○ **9번 하우스**(바기야/다르마 바바)**에 있을 때**

긍정적 효과	온 세상을 보고자 하는 욕구를 가지고 있다. 혹은 여행을 많이 다닐 수 있다. 여행을 할 수 없다면 다른 나라와 문화의 사람들이 어떻게 사는지 책과 영화를 통해 이해하려 들 것이다. 이러한 호기심이 높은 교육을 받게 한다. 철학이나 문화를 공부하기도 한다. 도덕적 잣대가 강하다. 언제라도 잘못되었다 싶으면 바로 수정을 할 수 있다.
부정적 효과	불안정적이고, 보다 나은 어떤 것이 바깥에 있다는 것을 믿고 있다. 이러한 자질이 구르는 돌처럼 돌아다니면서 이끼를 쌓지 못하게 만들 수 있다. 광신적으로 되는 경향을 주의해야 한다. 자신의 믿음을 좋아하는 것은 괜찮지만 다른 사람들에게 믿으라 강요하는 것은 바르지 않다. 최악의 경우에는 9번 하우스 달은 종교적 위선자를 만들 수 있다.

 9번 하우스에 있는 달은 가르침과 선에 대한 심리와 마인드를 준다. 자연적으로 철학적인 것들에 대해 이끌리게 되며, 옳고 바름에 대한 감각을 빨리 파악한다. 대체로 뭐든지 좋게 잘될 거라는 희망적 자세가 두드러지는 조합이다. 영적이고 종교적인 지식에 대한 감정적 필요를 느낀다. 하지만 구루 혹은 도덕적 리더가 되어야 한다는 감정적 압박감을 만들어낼 수 있다. 어머니가 구루이자 가이드이다. 그에게 아주 길조적인 영향력을 미쳤다. 자녀들, 손주들, 신성한 지식, 종교적 의식들 등을 깊이 사랑한다.

 뜨는 달이면 전체 차트를 받쳐주고 전반적 웰빙을 주는 아주 훌륭한 위치이다. 만약 달이 좋은 상태에 있으면 행운, 부, 권력 등을 최대로 얻을 수 있다. 디바인 은총이 쉽게 내려온다. 아주 영적이거나 종교적이며, 다른 어떤 일보다 종교적인 행사와 일들을 가장 즐긴다. 자신이 타고난 전통적 문화나 종교에 아주 잘 부합하며, 구루나 영적 스승이 아주 아끼는 제자일 수 있다. 템플, 자선기관, 연못, 보호기관 등을 짓거나 혹은 다른 이들의 이득이 될 수 있는 일들을 한다. 아버지는 친절하고 사랑스러우며, 부유하고, 행운이 있고, 권력을 쥐었을 수 있다. 아버지가 긴 수명을 누린다. 달은 어머니와 여자들을 다스리기에, 4번 하우스가 심각하게 손상이 되지 않는 한 어머니와 여자의 이득을 상당히 볼 수 있다. 남자의 경우 아름답고, 행운이 있고, 영적인 아내를 얻는다. 달은 변덕스런 성향을 가졌기에, 장거리 여행을 즐기거나 외국 여행을 자주 한다. 상당한 지혜를 가지고 있다. 달이 9번에 있으면서 좋은 영향하에 있으면 강한 세계적 리더가 될 수도 있다.

지는 달이면 뜨는 달만큼 행운이지는 않지만, 전반적인 행운이나 웰빙에 좋은 위치이다. 종교나 철학에 대한 관심이 지대하며, 자신이 타고난 종교를 따르지 않고 다른 믿음을 가질 수 있다. 아버지와 가까운 관계일 수 있으나, 관계성의 굴곡이 있거나, 험난한 경험도 할 수 있다. 달이 좋은 상태에 있지 않는 한, 아버지의 삶도 그다지 평탄하거나 행운이지 않다. 어머니와 여자와 연관된 것들은 좋을 수 있으나, 다른 상황들도 고려하여 전체적인 판단을 해야 한다. 외국 여행에 관심이 많을 수 있고, 갈 수도 있으나, 뜨는 달만큼 자주 가지는 못한다.

9번 하우스에 달이 있는 남자의 경우에는 어린 시절에 어머니가 강한 도덕적 규칙들과 전체적으로 좋은 운을 주었던 것으로 여긴다. 성인이 되어 형성하는 감정적인 관계성들은 다른 사람들의 덕에 대한 감사함으로 가득하다. 설령 적이라 하더라도 그의 좋은 점들을 볼 수 있는 사람이다. 여자의 경우에는 어머니를 보호적이고, 도덕적 체제가 잘 잡힌 지도자로 여길 수 있다. 어머니와 딸 사이의 관계성은 서로 도우며 수용적이다. 어머니와 딸은 관계성의 동등성을 즐기며, 같이 어떤 전통적 지식이나 장인 기술을 서로 전수하고 있을 수도 있다.

달이 9번 하우스에서 좋은 상태에 있으면 행운과 운이 따르고, 높은 지식이 주어지며, 훌륭한 도덕심을 가졌고, 대중적인 인기를 누리고, 부유하고, 여행을 통한 행운이 따른다. 만약 안 좋은 상태에 있으면 행운의 굴곡이 심하고, 사기꾼들에게 잘 걸리며, 도덕적인 딜레마에 시달리며, 여행을 통한 손실을 입게 된다.

○ 10번 하우스(카르마 바바)에 있을 때

긍정적 효과	사람들이 좋아하는 사람이다. 사람들이 정말 사랑한다. 그가 원하는 것은 인정이다. 그래서 대중의 시선을 받는 커리어에 끌릴 수 있다. 만약 유명해지면 인기와 영광의 빛을 즐긴다. 대중이 무엇을 원하는지 본능적으로 알 수 있기 때문에 이러한 욕구가 열매를 맺게 될 것이다. 정치가 그에게 아주 자연스럽다. 정치인이 되는 것도 잘 맞다. 만약 창조적인 타입이면 연기나 행위예술을 하게 되면 잘할 수 있다. 하지만 어떤 영역이든지, 무엇을 선택하든지 그에게는 중요하지 않다. 사람들에게 박수만 받을 수 있으면 된다.
부정적 효과	다른 사람들이 자신을 어떻게 생각하는지 너무 염려할 수 있다. 그래서 자신이 원하는 것보다 사람들이 원하는 선택을 내릴 수 있다. 자신의 이미지를 다른 사람들이 원하는 대로 맞춰주다 보니, 자신을 변덕스럽게 만들며 자신이 확신하는 것을 따르기 어렵게 한다. 혹은 감정적 만족을 위해 커리어를 자주 바꿀 수 있다.

10번 하우스에 있는 달은 자신이 가진 높은 재능들을 성취할 수 있는 능력을 감소시킬 수 있는 감정적 굴곡성을 나타낸다. 달은 스트레스를 다루거나, 책임을 지는 일 등을 좋아하지 않는다. 달은 좋은 감정과 느낌을 가지길 원하지만, 10번이라는 오픈 하우스에서 하는 대부분의 일들은 그다지 좋은 것만은 아니다. 10번의 하우스의 특성은 우리가 어떻게 느끼는가 하는 팩터 너머에 있는, 우리가 누구인가 하는 것을 보여주는 곳이기 때문이다.

뜨는 달이면 그는 아주 행운이고, 달과 10번 하우스의 특성들이 모두 좋게 발현될 것이다. 전문적인 일에서 일찍 성공과 성취를 이룰 것이다. 어린 시절부터 아주 좋은 유명세를 누릴 수도 있다. 삶에서 커리어 변환을 여러 번 가지게 된다. 하지만 언제나 대중의 이득을 위한, 대중의 서비스를 하는 일일 것이다. 그리고 하는 행위들마다 언제나 성공하게 될 것이다. 아티스트와 행위예술가들에게 자주 있는 위치이다. 그룹의 사람들을 어떻게 하면 기쁘게 할 수 있을지 직관적으로 알고 있다. 그들의 감정과 느낌을 어필할 수 있다. 아주 총명하며, 덕이 있고, 좋은 선행을 행하는 데 관심이 지대하다. 커리어를 통해 상당한 부를 이룰 수도 있다. 어머니와의 관계나 여성들과 하는 일들이 좋은 이득을 가져온다. 남자의 경우에는 결혼이 아주 순조롭고 즐거울 것이다. 차트에서 달이 있는 곳은 언제나 상당한 관심과 생기를 느끼는 영역이다. 그는 커리어에서 많은 시간을 보낸다. 아카데미와 연관된 일에도 좋다. 그는 상당히 총명한 사람이다. 어머니는 장수하고, 힘이 있고, 커리어 마인드를 가지고 있거나 대중적 인물일 수도 있다. 밝은 달이 4번 하우스를 비추고 있으므로 전체 차트를 밝혀준다. 교육, 어머니, 행복, 고정자산, 운송수단 등이 모두 즐길 수 있다. 그는 친절하고 온화한 마음을 가지고 있다.

지는 달이면 그는 아주 극적으로 커리어 마인드를 가지고 있다. 하지만 명성이나 성공의 확률은 차트에서 다른 받쳐주는 여건들이 없는 한 상당히 줄어든다. 너무 지위에 연연하거나 다른 사람들의 눈을 의식할 수 있다. 커리어를 너무 많이 바꾸어 안정성을 즐기기도 어렵다. 간혹 커리어 셋백이나 어려움들을 겪을 수도 있다. 비록 자신이 보스이고 싶지만, 이러한 목표를 이루기 위해선 인내해야 하고 아주 열심히 일을 해야 한다.

달이 10번 하우스에 있는 남자의 경우에, 대중적 품위와 리더십에 대한 감정적 필요를 느낀다. 그는 아이콘적인 힘들을 가지고 있다. 자신이나 어머니가 대중적으로 잘 알려진 사람들이다. 좋은 평판을 받으며, 대중 서비스에 탁월하다. 여자의 경우에는 또한 어머니로부터 리더십에 따른 지시사항들을 받는다. 어머니는 사회적으로 아주 높거나 위중한 사회적 책임들을 가졌던 사람일 수 있다. 부모로부터 받은 감정적 도움은 적을 수 있다. 그보다는 더 높은 사회적 품위를 위한 트레이닝을 주는 것을 선호하였던 부모일 수 있다.

달이 10번 하우스에서 좋은 상태에 있으면 우아하고 품위가 넘치며, 좋은 평판과 명성을 누리며, 감정적인 깊이를 가지고 있다. 대중들의 사랑과 섬김을 받으며, 좋은 부를 누린다. 만약 안 좋은 상태에 있으면 커리어 성공이 일정하지 않고 굴곡을 겪으며, 우유부단하고, 삶의 변화나 굴곡이 심하고, 일을 하는 데 있어 감정적인 트러블에 시달린다.

○ 11번 하우스(라바 바바)에 있을 때

긍정적 효과	친구들이 가족처럼 된다. 귀속될 수 있는 부족이 필요하다. 그룹과 사회적 관계를 통해 그러한 연결성을 찾아다닌다. 가정생활은 형편없다. 가족을 친구들과 대체시킨다. 친구의 서클은 아주 크고, 많은 다양한 유형의 사람들을 포함할 수 있다. 친구들이 그가 가진 꿈과 희망, 목표를 이루도록 도와줄 것이다.
부정적 효과	친구들과 변덕스럽다. 회전문이 있을 수 있다. 자신이 형편없는 친구가 아니라, 너무 많은 사람들을 아는 것이 문제이다. 큰 그룹에서 아는 사람들은 있지만 아주 가까운 친구는 적다. 목표를 세우는 데 어려움이 있다. 열매를 맺기에 필요한 시간을 장기적으로 투자하지 않기 때문이다. 시작한 것을 마치는 연습을 한다면, 자신의 가슴속에 원하는 모든 것들을 성취할 수 있다.

11번 하우스에 있는 달은 서비스 위주 성향과 감정적 불안정성을 줄 수 있다. 달은 연결을 하기 원한다(이런 경우 종종 큰 그룹이나 커뮤니티와 연결을 한다). 그런데 마음을 평화롭게 만드는 것이 과연 무엇인지에 대한 자기 이미지와 혼란을 겪을 수 있다. 달은 4번째 하우스, 가장 깊은 내면적 마음에서 지혜가 올라오게 된다. 하지만 11번에 있는 달은 아주 대중적이고 다른 사람들을 향해 있게 된다. 그는 이익, 큰 의회나 모임들, 서로 이득이 될 수 있는 관계성에 대한 감정적 필요성을 느낀다.

뜨는 달이면 그는 아주 심각하고 대단한 삶의 목표와 욕구들을 가지고 있지만, 현생에서 모두 이루기가 어렵다. 그가 가진 욕구들은 대중과 연관된 행위들이며, 큰 부를 이루고자 하는 것이다. 많은 고상하고 잘사는 친구들, 특히 여자친구들을 즐긴다. 훌륭한 자녀들이 많이 있으며 서로 좋은 관계성을 누린다. 경제적 투자 행위들은 아주 성공적일 것이다. 뜨는 달이 최고 성취의 하우스에 있으면 거대한 부를 이루는 데 상당히 길조적이다. 토지, 빌딩, 고급 운송수단, 그리고 다른 사치들을 누린다. 여러 방향의 다양한 벤처로 투자를 하여 동시에 이득을 누릴 것이다. 위 형제가 특별하고, 권력을 가지고, 유명하거나, 서로 좋은 관계성을 나눈다. 좋은 기회들이 계속해서 주어지며, 특히 재정적 이득과 연관된 일들이 많다. 삶의 장기적 목표를 가지고 있으며 한눈 팔지 않고 목표를 향해 꾸준하게 정진한다. 친삼촌의 이득을 얻을 수도 있다.

지는 달이면 효과들은 뜨는 달과 비슷하지만, 그다지 많이 길조적이지는 않다. 인생의 꿈을 이루고 싶어 하지만, 달성할 수 있을지 확신감이 없다. 부를 얻는 데 관심이 지대하고 상대적으로 행운이 따른다. 많은 친구들이 있지만 그다지 부유하거나 대단한 사람들은 아니다. 이러한 우정관계도 굴곡을 경험하게 된다. 위 형제와 아주 가까울 수 있으나, 그들의 이득을 보려고는 하지 않는다.

달이 11번 하우스에 있는 사람들은 친구가 필요하고, 친구들을 귀히 여기고, 상호 이득을 줄 수 있는 단체들과 통합적인 관계성의 네트워크를 개발한다. 그리하여 그들이 가진 사회적 인정의 필요성을 충족하기 위해서이다. 이들은, 아고라 단체, 의회에서 하는 조율된 토론 등을 할 수 있으면 가장 편안하게 여긴다. 집회나 모임들에 참가하고, 큰 그룹들이 모여 있는 물질적 환경에서 아주 잘해내며, 거대한 인터넷 그룹이나 철학적 발상들이 모여 있는 시장에서 열정적으로 능력을 발휘한다.

다른 사람과 연결하는 것을 좋아하지만, 언제나 어떤 목적이나 골을 달성하기 위해 그러는 것은 아니다. 근본적으로 사람들과 아이디어들이 가진 연결성에 대해 잘 의식하고 있다. 우정은 도구적인 면이 있으나, 우정을 남용하지는 않는다. 모든 인간관계성들이 상호 이득을 주고자 하는 목표를 가지고 있다. 자신이 가진 네트워크가 주는 영향력이나 이득을 확장시키고자 하는 자연스런 성향을 가지고 있다. 위 형제 혹은 아버지의 동생들과 강한 유대감을 느낀다. 어머니는 아주 사회적이며 목표지향적인 사람이지만 외모는 평범한 인상을 가지고 있다. 차트 주인은 자신이 가진 능력이나 주요한 성취들에 대한 기대치가 높으며, 11번에 있는 달은 보통 기대치에 부합하는 성취를 이루게 한다. 성공의 척도는 얼마를 버느냐, 그리고 시장 인맥 크기에 달려 있다. 경제적 수입은 어머니, 혹은 어머니의 태도나 조언을 통해 들어온다.

달이 11번 하우스에서 좋은 상태에 있으면 현금이 잘 들어오고, 친구나 인맥들과 감정적인 유대를 잘하며, 상상력이 풍부하고, 기회들이 많이 주어진다. 만약 안 좋은 상태에 있으면 친구들의 신뢰를 얻지 못하며, 불확실하고 불안한 인맥들을 가졌으며, 한결같은 이득이나 기회들이 오지 않는다.

○ 12번 하우스(비야야 바바)에 있을 때

긍정적 효과	혼자 있는 것이 그에게 영혼의 치유제이다. 고적함을 마다하지 않는다. 사실상 혼자 있기를 원한다. 자신의 감정들을 정리할 수 있는 최상의 기회이기 때문이다. 자주 휴가를 취하는 것이나 테라피를 받는 것이 유익하다. 직관이나 동정심은 그에게 자연적인 존재적 상태이다. 무의식 세계가 활발하며, 그에게 가이드를 제공해줄 수도 있다. 다른 사람들을 돕는 커리어나 일을 하게 될 수 있다.
부정적 효과	과거 경험들이 그의 감정을 색칠할 수 있다. 이러한 것이 신경쇠약적으로 만들 수 있다. 너무 예민해지는 것을 조심해야 한다. 감정적으로 쉽게 다칠 수 있기 때문이다. 때로는 자신의 동기를 제대로 파악하는 어려움이 있다. 그러므로 평화로움을 원한다면 자주 내면을 들여다보는 연습이 필요하다.

　12번 하우스에 있는 달은 형이상학적 상태에 깊이 빠져 있는, 세상에서 느끼는 많은 감정적 짐들로부터 도피할 수 있는 길을 찾고 있는 마음을 보여준다. 가까운 가족관계를 유지하거나, 감정적 엮임을 만드는 관계성들이 아주 피곤하게 느껴질 수도 있다. 감정적 의지보다는 스스로 감정적으로 충족할 수 있는 길을 개발할 필요를 느낀다. 지나친 몽상이나 환상의 기질들도 있다. 하지만 내적으로 아주 풍부하고 창조적인 꿈의 세계를 가졌을 수도 있다. 달은 자신의 감정을 어떻게 표현하는가를 보여준다. 감정적으로 어떤 것이 그에게 중요한가를 나타낸다. 자신이 어떤 부모가 될지 하는 힌트를 주고, 특히 남자의 경우에는 어떤 여자를 원할지 파악할 수 있게 한다. 그는 상상적인 프라이버시와 영적인 휴식을 취할 감정적 필요를 느낀다.

　뜨는 달이면 중요한 달의 특성들이 손상된다. 전반적 웰빙이 해를 입는다. 건강문제, 특히 어린 시절에 안 좋은 건강에 시달릴 수 있다. 약간 신체적 결함이 있을 수 있다. 어머니와의 어려움이 있으며, 어머니가 고생을 하거나 일찍 세상을 떠날 수도 있다. 차트 주인은 많은 정신적 불안정 등 정신적인 문제에 시달리거나, 상식이 부족할 수 있다. 기억력이 나쁘거나 시력의 문제가 있다. 달은 곡식을 다스리기에, 아주 적게 먹거나, 나쁜 음식을 먹거나, 먹을 음식이 충분하지 못할 수 있다. 삶에 많은 시련과 고통이 있다. 특히 여성, 아내, 어머니와 연관된 감정적인 어려움들을 겪는다. 외로움에 시달리거나, 고독한 삶을 살 수 있다. 먼 장소, 먼 나라 등에 돌아다니거나 거주할 수 있다. 하지만 뜨는 달은 12번 하우스의 긍정적인 면을 밝혀준다. 아주 영적이거나, 명상, 깨달음 등에 관심이 지대하다. 검소하고, 부를 현명하게 사용하고, 좋은 목적으로 사용한다. 삶 전반에 걸쳐 좋은 성적 쾌락을 즐기며, 훌륭한 침대에서 잔다. 사후에 평화로운 천상에 갈 수도 있다. 오컬트 주제에 타고난 재능이 있을 수 있다. 좋은 어스펙트를 받고 있으면, 고혹적으로 영적이며 목샤에 지대한 관심이 있다.

지는 달이면 뜨는 달과 거의 비슷한 효과들을 가진다. 하지만 지는 달은 덜 행운이다. 그는 게으르거나, 나태하거나, 아주 불행할 수 있다. 자신의 괴로움으로 인해 야비하거나 잔인한 기질도 있다. 시력은 더욱 예민하며, 건강이나 장기들이 손상이 될 가능성이 크다. 여성과 연관된 감정적 고통이나 문제들은 더욱 심하다. 사후에도 좋지 못한 곳에 갈 가능성이 높다.

달이 12번 하우스에 있는 사람은, 항상 '머릿속에 살고 있거나' 혹은 '감정적으로 가능하지 않은' 상태에 있을 수 있다. 설령 그가 아주 바쁜 대중적 인물이라 하더라도, 그가 머물고 있는 상상의 공간은, 판타지, 명상, 기도, 꿈, 스토리, 영화 등을 통해서 개발되고 있다. 감정적으로 제한되며, 내적인 상상의 세계로 내면화되어 있다. 보호받을 필요, 가까운 감정적 관계성, 자신만의 신성한 공간, 재충전 등의 시간이나 공간들을 가질 필요성이 있다. 주변환경이 수동적으로 인정을 해주는 판타지 세상에 접촉할 필요가 있다. 이러한 접촉은 명상을 통해서, 혹은 마약이나 술을 통해서 이루어질 수 있다.

달이 12 하우스에서 좋은 상태에 있으면 영적으로 진화되었으며, 오픈 마인드를 가지고 있고, 비집착이나 놓아주는 것을 잘하며, 편안하고, 현재 가진 것에 만족하고, 있는 그대로 행복할 수 있다. 만약 안 좋은 상태에 있으면 삶의 문제들이 많으며, 해로운 관계성에 너무 오래 머물며, 사랑에 대한 허상에 살고 있고, 희생양이고, 집중을 못하며, 목적도 없이 낯선 장소에서 방황한다.

6.
화성이 열두 라시와 열두 하우스에 있는 효과들

화성(Mangala)

Dharanee Garbha Sambhootam Vidyuta Kaanti Sama-prabham

Kumaram Shakti Hastam Tam Mangalam Pranamaamya Ham

부마 데비의 아들인 이, 번개와 같은 광채를 가진 이,

손에 샥티를 들고 있는 이, 길조적인 이,

앙가라카에게 경배를 올립니다.

3장 운명을 만드는 조합들

화성은 지구의 궤도 밖에 있는 첫 행성이다. 차트에서 화성은 우리가 가진 육체적, 정신적 저력을 나타낸다. 육체적으로 화성은 강인하고 도전하기를 즐긴다. 이러한 기질은 화성을 경쟁적으로 만든다. 화성은 남성적 행성으로 불과 같은 본성을 가졌다. 생명이 가진 모든 것들이 가진 에너지를 나타내며 에너지가 어떻게 사용되는지 등을 대변한다. 화성은 '에너지'를 나타내는 카라카이며, 경쟁적인 정신, 운동신경, 전기, 불 등을 의미하는 행성이다. 화성이 강하면 에너지가 넘치고, 건설적이며, 좋은 일을 하는 데 많은 도움이 된다. 화성이 약하면, 변덕스럽고, 쓸데없는 것들에 에너지 낭비를 많이 한다. 화성은 자연적 크루라 행성이기 때문에 차트에서 안 좋게 위치를 하고 있으면 폭력이나 파괴 등을 나타낼 수도 있다.

화성은 젊음이 넘친다. 화성은 행동하는 방식에 있어 상처를 주거나, 잘 부수는 성향이 있기 때문에 잔인하다고 표현한다. 하지만 다른 크루라들이 안 좋은 영향을 미치고 있지 않는 한, 화성은 보통 가혹하게 나쁜 행성이 아니다. 화성은 망갈라라고 부른다. 길조적인 이라는 의미로, 동그라미에 화살이 꽂힌 상징을 가지고 있다. 화성은 아무도 생각할 수 없는, 그가 가진 능력으로 충족할 수 있는 한계 너머에 있는 어떤 원칙에 기준한 이상이나 목표를 향해 돌진한다. 화성은 우리가 존재의 가장 높은 수준을 향해 나아가게 한다. 물질적 삶을 놓고 영원히 존재하는 영혼을 달성하기 위한 충동을 고양시킨다. 화성이 하는 액션의 영향은 길조적이고 오래가기 때문에 망갈라(최상이고 길조적인 이)라고 부른다.

- **화성은 우리의 캐릭터(사트밤), 젬스톤, 보석, 형제, 동기, 동료, 신경계 시스템, 이웃들, 무기, 감독관, 적들의 액션으로 인한 결과들, 수술, 논리 등을 나타낸다.**
- **화성의 친구는 태양, 달, 목성이다.**
- **화성의 적은 수성이다.**
- **화성에게 중립은 금성과 토성이다**(반면에 화성은 토성에게 적이다).

화성이 좋은 상태에 있으면 화성의 마하 다샤는 가장 활동적이고 생산적인 삶의 기간이 될 수 있다. 만약 화성이 안 좋은 상태에 있으면 화성의 마하 다샤는 분노, 원망,

그리고 사고로 얼룩지게 된다. 손상된 화성은 성급함, 급한 성질, 공격적 성향, 간사함, 훔치는 성향, 악당, 불법적인 성적 행위, 충동적인 욕구, 고집스럽고 신뢰할 수 없음을 나타낸다.

화성이 12 라시에 있는 효과들

화성이 있는 라시는 그가 무엇을 위해 싸우거나 경쟁하는지를 보여준다. 수성만 유일한 적이고, 중립 혹은 친구 행성이 많은 화성은 차트에서 좋은 품위나 상태에 있을 가능성이 훨씬 높다. 화성은 친구의 라시에서 좋은 저력을 발휘할 수 있다. 전통적으로 화성과 금성은 남녀 상징성을 대변하는 쌍으로 다룬다. 금성은 우리의 부드럽고, 여성적이고, 로맨틱한 면을 나타내는 반면에, 화성은 남성적 원칙을 가지고 있다(공격적, 야심, 결의적, 에너지). 이 모두가 화성의 영역에 들어온다. 성적 드라이브도 포함한다. 우리가 원하는 목표를 향해 달려나가게 하는 선두주자이다. 여자의 차트에서 화성은 그녀가 필요로 하거나 끌리게 되는 파트너 타입을 나타낸다. 화성은 무사 행성이기 때문에 어떤 사람이 어떤 방식으로 싸우는지 알 수 있다. 화성의 위치를 알면 그 사람과 전쟁을 해야 할지 아닐지 판단할 수 있다.

○ 산양(메샤) 라시에 있을 때

긍정적 효과	대담하고, 공격적이고, 열정적이다. 어떤 것이나, 어떤 사람에게 시선이 한번 꽂히면 모든 저력을 동원해 돌진한다. 누구든 중간에 걸리는 사람들은 모두 이겨낸다. 경쟁적이고, 어떤 일이 있어도 꼭 이겨야 한다. 그가 가진 자신감과 용맹함은 가히 전설적이다. 상당한 야망도 가지고 있다. 일단 정복을 하면, 바로 다음의 목표로 넘어간다. 그대는 열성적이고 에너지가 넘친다. 열정이 식는 경우가 거의 없는 정인(精人)이다. 무서운 것이 없기에, 아주 매서울 수도 있다.
부정적 효과	충동적이고 쉽게 화를 낼 수 있다. 무모한 결정을 잘 내릴 수 있다. 함께 사는 사람들에게 주도적인 경향이 있다. 주도적이 되는 게 나쁘지는 않지만, 왕따 같은 행위는 사람들이 좋아하지 않는다. 그가 가진 경쟁적인 기질이 사람들을 마구 짓밟을 수도 있다.

산양 화성은 치열하고 경쟁적이다. 하지만 화가 나면 성급하게 행동할 수 있다. 만약 그들이 가진 충동적 면을 건드리게 되면 아주 위험한 결정들을 내릴 수도 있다. 그렇지 않은 경우에는, 그들이 화가 나면 그대로 두는 것이 유익하다. 화가 나면 아주 위험하고 집요할 수 있기 때문이다. 특히 여자의 차트에서 산양 화성은 어느 정도 주도적인 유형으로 만들 수 있다. 그녀는 자신처럼 정의감에 불타는 파트너를 원한다. 이러한 자질들이 관계성에서 문제가 될 수 있다. 특히 그녀보다 파트너가 약한 경우에는, 그녀에게 존경을 받지 못하거나 그녀에게 도전하는 공격적인 파트너를 만날 수도 있다.

산양 화성의 특성은 액티브, 이상적, 독립적, 오리지널, 서두르는, 충동적인, 모험적인, 저돌적인 성격, 전투적인, 불이나 사고, 고열 등에 대한 두려움, 그리고 머리에 마크가 있다. 눈부신, 진실한, 용감한, 리더, 전쟁(경쟁)을 좋아하는, 모험적이고 대담한, 군대의 대장, 그룹의 우두머리, 기쁜, 자선적인, 하는 일에 필요한 물품들이 주어진, 그리고 많은 이성들에게 간다.

산양 화성은 유연하고, 공격적이고, 승자형이다. 저돌적인 신체적 저력과 심플한 행동방식을 준다. 토성이 어스펙트를 하지 않는 한, 어떤 장애나 저항도 부딪지 않는 동물적 본능을 가진 사냥꾼의 이미지를 선명하게 나타낸다. 자연스런 운동기질, 전사, 영웅이다. 이기기 위해서 일을 한다. 어떤 다른 복잡한 영향도 없이 목표를 향해 에너지를 완전히 집중한다. 대체로 경쟁적인 스포츠, 군대, 무대 공연, 혹은 다른 운동경기적인 영역에서 일한다. 넘치는 성적 에너지를 가졌으며, 이러한 에너지를 적절하게 채널하는 데 어려움을 겪을 수도 있다. 산양 화성은 움직임의 기쁨을 느낀다. 만약 다른 좋은 행성들이 서포트를 한다면 영웅적인 성취를 이룰 수 있다. 하지만 산양 화성이 유일하게 강한 행성이면, 그는 경쟁적 바디 에너지로 경주에 참여를 하는 젊은이의 에너지를 항상 유지하는 경향이 있다.

산양 화성이 좋은 상태에 있으면 중요한 임원이며, 전사이고, 결정을 빨리 내릴 수 있고, 용기가 있으며, 약자를 보호하고, 에너지가 충만하다. 만약 안 좋은 상태에 있으면 마음이나 행동이 변덕스럽고, 너무 빨리 육체적 관계를 가지고, 성급하고, 쉽게 약이 잘 오르고, 싸움을 잘 거는 성향이 있다.

○ 황소(브리샤바) 라시에 있을 때

긍정적 효과	조용하게 결의적이며, 신뢰할 수 있는 인물이다. 어떤 일이든 아주 잘 마치고, 아무리 오랜 시간이 걸리더라도 해낼 거라는 믿음을 가질 수 있다. 하지만 약간 느리게 움직인다. 어떤 일들을 함에 있어 먼저 생각을 정리하고 코스를 신중하게 계획하고 행동으로 실행하고자 한다. 일단 어떤 일에든 언약을 하면 아무것도 막을 수 없다. 별로 복잡한 성향은 없으나, 일단 화가 나면 아주 오랫동안 화가 난 채로 있다. 아주 감각적인 애인이고 정력이 뛰어나다. 안정성이 그를 드라이브하며, 안정적인 파트너와 안정적인 월급을 선호한다.
부정적 효과	아주 오랫동안 원망을 품고 있으며, 잘못되었을 때 용서하는 데 어려움이 있다. 옹고집적인 기질로 인해 한번 분노하면 논리적으로 설득하기가 어렵다. 이러한 기질이 이치에 안 맞는 사람이라는 인상을 줄 수 있다. 재물 축적에 아주 집중하기 때문에 결국엔 오직 물질주의와 다른 사람을 컨트롤하는 것에만 관심이 있는 것처럼 보인다.

황소 화성은 야심차고, 실질적이고, 능력 있는 매니저이다. 앞일을 내다볼 수 있고, 창의적이며, 어떤 장애물에도 굴하지 않으며, 원하는 대로 무한하게 쓸 수 있는 절대군주처럼 돈을 번다. 숲, 꽃, 필드 등을 다루는 일을 잘할 수 있다. 여자, 사치품, 돈 등을 줄 수 있는 여건에서 일하기를 원한다.

황소 화성인들은, 화가 났을 때 아주 고집스러울 수 있다. 설령 그들이 잘못 된 경우라도, 자신이 서 있는 자리에서 버티며 있기 때문에 어떤 싸움이든지 이긴다. 이들을 이길 수 있는 최상의 방법은, 그들이 비록 화나 원망을 품고 있을지라도 상관하지 않고 자신의 일만 계속 바쁘게 하며 성공하는 것이다. 황소 화성을 가진 여자 혹은 남자가 하는 일에서 성공하기 위해서는 수준 높은 여성들이 서포트를 해주어야 한다. 여자 팬들이 많은 유명한 남자들의 경우에는 당연한 사실이지만, 그러나 여자의 경우에는 네트워크에 여자 친척이나 친구들이 더 많이 포함되어야 한다. 여성적 에너지와의 교환성이 아주 필연적이며, 황소 화성의 성공은 금성의 상태에 거의 달려 있다. 만약 금성이 고양에 있으면 놀랄 정도의 카리스마가 있으며, 손님들이 자꾸 되돌아와서 더욱더 즐겁고 쾌락을 즐길 수 있는 높은 자질의 콘텐츠들을 만들어낼 수 있다. 만약 금성이 나쁜 상태에 있으면 여자들로 인한 많은 문제들이 있으며 화성의 적극적인 에너지를 감각적인 탐닉으로 낭비하게 된다.

만약 화성이 좋은 앵글에 있거나 금성과 파리바르타나를 한다면 큰 부와 성공을 이루고, 예술과 엔터테인먼트 사업에서 성공할 수 있다. 화성의 신체적 생동력이 크고, 글래머러스하고, 성적으로 풍부하면서도 고상하게 프로젝트할 수 있는 능력으로 잘 계발된다. 감각적 쾌락들을 느낄 수 있는 다양한 연회, 맛있는 음식과 와인들로 장식할 수 있는 화려한 엔터테인먼트들을 만들어낼 수 있다. 만약 화성이 손상되었으면 황소처럼 들이대는 성향으로 인해 상당한 경제적 손실을 겪게 된다. 순수한 사람들의 맹세를 깨기를 좋아하고, 엄청나게 많이 먹으며, 적은 부와 아들을 가지고, 질투하며, 많은 사람들을 부양하고, 믿지를 못하며, 폭력적이며, 거칠게 말을 하며, 음악을 좋아하고, 죄를 짓고, 친척들에게 적대적이고, 가족의 이름에 불명예를 가져온다.

황소 화성이 좋은 상태에 있으면 차밍하고, 빠른 행동, 믿고 의지할 수 있는 리더이며, 다른 이들을 보호한다. 만약 안 좋은 상태에 있으면 뭐든지 너무 빨리 들이대고, 소유적이고, 강한 욕구적 성향이며, 말이 거칠고, 무모하다.

○ 쌍둥이(미투나) 라시에 있을 때

긍정적 효과	이지적 무기와 찌를 수 있는 위트를 가지고 있다. 그는 누구든 무시할 수 없는 사람이다. 말하기를 즐기고, 하늘 아래 어떤 것에 대해서든 수다를 떨 수 있다. 이러한 언어적 능력으로 인해, 어떤 상황에서건 빠져나올 수 있는 능력을 준다. 이지적인 게임이 그의 흥미를 유발시킨다. 지식을 추구하는 것이 그를 드라이브한다. 사실과 팩트를 알기 원하고, 모든 먼지, 비밀들을 알고자 한다. 어떻게든 밑바닥까지 진입할 수 있는 능력이 있다. 관계성은 정신적으로 자극적이어야 한다. 그렇지 않으면 떠나버린다. 말로 무엇이든 만들 수 있는 천재이다. 말이 그가 선택하는 무기이다. 위트 게임을 한다면 그를 대적할 사람이 없다.
부정적 효과	상대의 정보를 이용해 모멸감을 주는 데 사용하는 캐릭터 킬러일 수 있다. 한 사람에게 매이거나 정조를 지키기가 어렵다. 바람둥이라는 평판을 피하기 어렵다. 쉽게 주의가 흩어지며, 어떤 작은 일도 성취하기 어려우며, 가진 힘이 쉽게 바람에 날아간다.

쌍둥이 화성은 예리한 마인드로 전투에서 이기고, 말로 상대를 제압하는 기질이 있다. 비아냥거리는 코멘트로 상대에게 모멸감을 줄 수 있는 사람으로서 캐릭터 킬러와도 같다. 위트의 게임이라도 할 것 같으면 그는 아주 잘 무장을 하고 있으며, 상대를 쉽

게 물리칠 수 있다. 그들을 이길 수 있는 최상의 방도는 아주 건조한 벽처럼 드라이해지는 것이다. 혹은 쉼 없이 그대 자신에 대해 말하는 것이다. 그들이 중간에 어떤 말도 들이대지 못하도록 기선제압을 해야 한다. 특히 쌍둥이 화성 여자의 경우에는 아주 위트가 있고 총명한 파트너가 필요하다. 그녀에게 많은 자유를 줄 수 있어야 한다. 만약 파트너가 집착적으로 되면 그녀는 바로 달아나버린다.

쌍둥이 화성은 적의 라시에 있다. 적의 라시에 있는 화성은 편안하지 않고, 지나치게 감정적으로 된다. 디테일하고 군인 같은 마인드로 아주 훌륭하게 조직을 관리한다. 풍부하면서도 자세하게 정확한 분석, 리포트, 서류들 등을 만들어낸다. 자신의 글이나 소통 아웃풋에 격렬하게 방어적이다. 충동적인 플래너, 프로젝트 매니저일 수도 있다. 행정적인 전사, 미팅, 컨퍼런스, 스케줄, 리포트 등을 만들어내는 영역에서 아주 생산적이다. 예리한 정신능력, 비판적인 사고, 많은 교육을 위한 에너지가 넘친다. 폐나 팔과 연관된 신체영역(쌍둥이 라시 관장)에 어느 정도 질환이 있거나, 형제들과 연관한 약간의 문제도 있을 수 있다.

쌍둥이 화성은 로드인 수성의 상태에 따라 스피치나 혹은 글로 하는 소통이 아주 빠르고 격할 수 있다. 멘탈이 느리거나, 정확하지 않은 사람들에 대한 인내심이 아주 부족하다. 그들을 조작하기 위한 목적으로 관계성을 맺는다. 사람들이나 프로젝트, 이벤트 등을 마이크로 관리하는 경향이 있다. 자신이 진보하는 길을 방어하기 위해, 자신이 가진 정보의 무기를 방어하기 위한 무기로 사용할 수 있다. 다른 사람들의 기를 죽이는 타입일 수도 있다. 로드인 수성이 가진 저력에 따라 아주 훌륭하면서도 쉽게 필요한 기억들을 해낼 수 있다. 말을 정확하게 한다. 필요할 때면 어떤 정보에 접근하거나, 혹은 제재해야 할지에 대한 사냥꾼과도 같은 완벽한 타이밍 센스를 가지고 있다. 아주 정확하고 포인트가 되는 관찰을 하며, 농담도 그런 식으로 한다.

만약 수성이 좋은 상태에 있고 화성과 상대적으로 좋은 앵글 위치에 있으면 그가 가진 정신 성향은 좀 덜 문제적이다. 지나친 정신 에너지 대부분은 아주 특별하고 디테일하게 소통을 요하는 직업에 잘 채널할 수 있다. 특히 정치나 외교 영역처럼 많은 정보량이 요구되는 환경에서 아주 탁월하고 성공적인 사람이 될 수 있다.

만약 화성이 수성과 2/12 혹은 6/8 위치에 있으면, 공격적인 스피치나 글을 기대할 수 있다. 비록 농담이더라도 다른 사람에게 비판적으로 상처를 입힐 수 있다. 하지만 대부분의 경우에 그들은 자신이 하는 임팩트를 깨닫지 못하고 있다. 화성이 가진 농불적인 공격성은 무의식적으로 본능적이기 때문이다. 만약 쿠자 도샤가 있으면 이러한 언어의 공격성은 배우자를 향하게 된다.

쌍둥이 화성이 좋은 상태에 있으면 빠른 사고력을 가졌으며, 빠른 스피커와 작가, 뭐든지 반응이 빠르며, 상상력이 뛰어나고, 신속하게 대처한다. 만약 안 좋은 상태에 있으면 너무 빨리 결론을 내리고, 변덕스럽고, 신뢰할 수 없으며, 잘 망설이고, 그러다가 또 너무 빨리 어떤 결정을 내린다.

○ 게(카르카) 라시에 있을 때

긍정적 효과	자녀를 위해 무엇이든 할 수 있다. 가족이 그에게 모든 것이기 때문이다. 자녀들과 안정 필요성이 그를 드라이브한다. 그 외에는 아무것도 중요하지 않다. 아주 엄한 엄마 사자이고 가족의 보호자이다. 또한 판타지한 에로스 상상력으로 채워진 성적 성향을 가졌다. 항상 파트너의 필요를 먼저 우선시한다. 아주 수용적이며, 언제든 유혹에 답할 수 있는 준비가 되었다.
부정적 효과	불의 화성에게 약한 위치이다. 감정과 화성은 서로 잘 융합하지 못하기 때문이다. 대체로 친절한 반면에, 또한 질투심, 무드 타기, 소유적일 수도 있다. 감정이 제어되지 않으면 아무것도 하지 못한다. 아주 치사한 기질이 있는 잔소리쟁이일 수도 있다. 주변 사람들을 행복하게 하고 생산적인 사람이 되고 싶으면 이러한 치졸한 드라마 여왕 같은 무드를 치워야 할 필요가 있다.

게 화성은 창의적, 야심적, 기업가적 자질, 그리고 감각적이다. 약이나 단 것들을 좋아하는 경향이 있다. 여행이나 오컬트 등을 통해 이득을 얻는다. 황소 라시에 있는 화성처럼, 게 화성은 안정성을 갈망한다. 안전하고 케어를 느낄 수 있으면 쉽게 그의 마음을 얻을 수 있다. 반면에 한번 화가 나면 아주 치졸해질 수 있다. 감정이 언제나 최종 결과를 좌우한다. 일단 감정이 상처받았거나, 안정성이 위협받으면 끝난 게임이 된다.

게 라시는 화성의 취약이 되는 자리이기에, 다른 사람들에 기대서 살기를 좋아한다. 몸이 불구이거나, 아픈 사람일 수 있다. 농업을 통한 부, 어린 시절에는 좋은 음식과 옷을 누렸지만 그러나 부모님보다는 다른 사람에 의해 키워졌을 수 있다. 물을 통한 부를 얻고, 계속해서 슬픈 일을 당하고, 항상 우울하다.

게 화성은 좋을 때는 아주 좋고, 나쁠 때는 무시무시하다. 니차방가를 얻거나, 특히 게 라그나인 경우에는 요가 카라카이면서 앵글에 있기에, 화성에게 아주 강한 위치이다. 아주 훌륭한 선장이 되거나 해양 환경에서 큰 지위를 가질 수도 있다. 하지만 단순히 취약한 화성은 감정적 혼란, 깊이 받은 상처가 있고, 자신에게 상처를 입힌 사람들에게 지옥 같은 복수를 한다. 감정적인 무드를 잘 타며, 자극을 받으면 불같이 폭발할 수도 있다. 말썽을 일으키고, 안 좋은 환경에 있으며, 자신을 포함한 다른 사람들에게 상처를 줄 수 있다. 어머니에게도 해로울 수 있다. 땅, 토지, 재산, 파트너 등으로 인한 문제, 불과 도둑의 위험, 배와 시력 문제 등에 시달린다.

게 화성이 좋은 상태에 있으면 뭐든지 빠르게 반응을 하고, 유동적이고 적응을 잘하는 감정적 성향, 사회성이 뛰어나고, 다른 사람들 케어를 잘 한다. 만약 안 좋은 상태에 있으면 감정적으로 신뢰하거나 의지하기 어려우며, 자신의 약점들에 화를 내고, 폭발적인 분노, 제한적인 사랑과 케어로 인한 감정적 결핍에 시달린다.

○ 사자(심하) 라시에 있을 때

긍정적 효과	왕과 통치자 같은 화성이다. 화성이 사자에 있으면 행운이다. 고결하고 용기가 있고, 용감한 리더로서 사람들이 그의 뒤를 따르도록 영감을 고무한다. 쇼를 어떻게 진행해야 할지 알고 있으며, 팀을 어떻게 승리로 이끌어야 할지 잘 알고 있다. 무엇을 할 때 아주 재빠르고, 드라마틱한 열정으로 한다. 성적으로도 아주 뜨겁고, 애정이 풍부하다. 그를 왕족처럼 대해주는 파트너가 필요하다. 그러한 충정을 얻을 수 있을 때 그도 상대에게 충직하다. 원하는 것을 보면 아주 집요해진다. 그러한 결의가 위대함을 이룰 수 있는 잠재력이 된다. 그가 선두에 서서 책임을 지게 되면 모든 사람이 이기게 된다.
부정적 효과	아주 큰 자의식을 가지고 있다. 그래서 아첨이나 아부에 쉽게 긴장을 푼다. 혹은 누군가 그의 자존심을 건드리면 산산조각난다. 비난은 그의 기분을 아주 상하게 한다. 그래서 좋은 충고들을 자주 무시하게 된다. 사랑에 충동적일 수 있다. 관계성에 너무 쉽게 빠져 버릴 수 있다. 큰 자의식을 잘 체크한다면 훨씬 더 행복해질 수 있다.

사자 화성은 솔직하고, 활동적이고, 양심적이고, 좋은 리더이고, 투기나 보험, 회사

등을 통해 이득을 보며, 친절하고, 아주 열정적이고, 확고하고, 모험적이다. 새로운 아이디어들이 음악을 좋아한다. 사자 화성은 열정적이다. 인내심이 적고, 용맹하고, 돈과 아이들을 차지한다. 숲을 좋아하고, 첫 번째 배우자를 잃고, 자녀들이 없고, 자선적인 행동을 하지 않으며, 항상 자신의 일을 하는 데 활발하다. 사자 화성은 아주 독하고 집요하다. 정상에 도달하기 위해 얼마나 멀리 가든지, 얼마나 오래 가든지 감당할 용의가 있다. 하지만 이들을 이기기도 아주 쉽다. 그들의 자의식에 상처를 주면 된다. 만약 그들이 자의식을 조정하는 법을 제대로 익히지 못했다면, 약간의 모멸감을 주게 되면 매번 승산이 있다. 사자 화성을 가진 여자의 경우 파트너는 감각적이고, 칭찬을 해주고, 품위가 있어야 한다. 꽃이나 와인, 보석들을 바치고, 그녀를 여왕처럼 다룰 수 있으면 쉽게 넘어간다.

사자 화성은 대체로 화성에게 좋은 위치이지만, 태양의 품위에 달려 있다. 정치, 패션, 유명인과 연관된 일 등에서 일을 한다. 트렌드를 만드는 일에 에너지를 느끼며, 리더십 본능을 가지고 있다. 태양의 저력에 따라 도덕적, 사회적 변화를 추진한다. 사회적으로 두드러지고 대외적으로 영향력 있는 역할들을 이루고 계발하기 위해 하는 액션들을 다이렉트한다.

만약 태양이 손상되지 않았으면 사자 화성은 왕과 같은 권위로 귀족적이고 도덕적인 행동을 한다. 유명한 사람들 사이에서 보여지기를 좋아한다. 자신의 사람들이 가진 잠재적 기대를 대변하고 성사시키기 위해 열심히 일한다. 리더십을 타고났다. 자신의 부족들 중에서 가장 이상적인 아이콘이 되기 위해 노력한다. 그럼으로써 과거의 영광을 다시 누릴 수 있기 위해서이다. 만약 태양이 약하면 대외적 삶에 불명확하거나, 혹은 쓴 감정을 품거나, 자의식주의거나, 보스 기질이 있거나, 우유부단할 수도 있다.

만약 화성이 태양으로부터 길조적 위치에 있으면 넘치는 자신감과 생동력으로 삶을 즐긴다. 어떤 보탬이나 과장도 없이 그저 자신의 본연적 모습 그대로 있는 것이 그가 가진 최고의 능력이다. 당연한 자기 확신감으로 차 있으며 무대를 지휘할 수 있는 생동력과 에너지가 넘친다. 다른 사람들의 의견이나 필요는 상관하지 않고 자신이 해야 할 역할들을 행한다. 대체로 그가 하는 행동들은 사람들에게 존경을 받는다.

사자 화성이 좋은 상태에 있으면 리더십 역할을 빠르게 취하며, 결정력이 뛰어나고,

제때 빠르게 반응하며, 경쟁적이고, 스포츠를 잘한다. 만약 안 좋은 상태에 있으면 공격적이고, 인내심이 부족하고, 거만하고, 너무 빨리 행동을 하고, 권위적 인물들과 트러블을 겪는다.

○ 처녀(칸야) 라시에 있을 때

긍정적 효과	꾀가 많다. 총명한 지성을 타고났으며, 예리한 분석적 능력, 전략을 짜는 것을 좋아하며, 대부분의 사람들을 능가할 수 있는 사고력과 지략을 가지고 있다. 냉정하게 일들을 처리하기 때문에 사람들이 위협으로 느끼지 않는다. 이러한 점이 이점으로 작용한다. 소리 소문 없이 들어와서 땀 한 방울 흘리지 않고 죽일 수 있는 능력이 있다. 일은 그가 섬기는 신이고, 서비스 정신이 그를 드라이브한다. 디스플린은 그의 창(槍)이다. 다른 사람들 눈을 피해서 고적함 속에서 일할 수 있다면 만족한다. 디테일을 정리하고 풀이하는 것은 더 큰일들이 일어나기 위해 필요한 최상의 방법이다. 성적으로 활발한 사람은 아니다. 어느 정도 순백적인 기질이 있어서, 마음으로 먼저 연결되기를 선호한다. 게으름을 참지 못하며, 모든 사람들이 자신만큼 열심히 일하기를 기대한다.
부정적 효과	깐깐하고 약이 잘 오른다. 같이 살기 쉬운 사람이 못 된다. 계략을 짤 수 있으며, 혼자 다른 사람들을 이길 수 있는 방법을 찾고 있다. 통제광일 수도 있고, 독한 비판가일 수도 있다. 그다지 좋은 캐릭터는 아니다.

처녀 화성은 적의 라시에 있다. 화성은 수성의 라시에서 행복하지 않다. 처녀 화성은 잘 비꼬거나, 훈계를 하고, 압도하고, 비판적이다. 동시에 아주 정확할 수도 있다. 처녀 화성은 머리로 생각할 수 있는 모든 유형의 정보들을 다루는, 레코드 기록자들에게 좋은 조합이다. 전쟁을 하는 것과 같은 사고방식을 가졌으며, 정보를 엔지니어링한다. 처녀 화성은 일중독 사람들을 추종하고, 게으름을 혐오한다.

처녀 화성은 선불리 싸움을 걸거나 건드리지 않는 것이 좋다. 쿨한 전략적 마인드를 가졌기 때문에 이들을 제대로 파악하기 힘들다. 이들은 계략을 잘 짜는 사람들이기도 하다. 나약하고 해가 안 되는 것처럼 보이면서 보복에 성공할 수 있다. 이들이 가진 능력을 제대로 파악하지 못하게 하는 기술이 적들에게 무적불패로 만든다. 이들을 이길 수 있는 보다 나은 전략은, 주변이나 일을 엉망으로 어질러놓거나, 지저분하게 굴거나, 쓰레기를 쌓아놓으면 된다. 혹은 어떤 디테일한 할 일들을 찾아서 주면, 열중하느라 바빠서 다른 것들에 대해 잊게 될 것이다. 혹은 그들이 따라잡기 아주 먼 곳으로 가버릴 수도 있다.

처녀 화성에게 적합한 직업이나 일하는 환경은, 마치 콩을 세는 듯이 해야 하는 일, 회계사나 서기, 파일 관리 직원, 영양사, 도서관원, 기관적 연구원, 레코드 매니저, 혹은 어떤 식으로든 '기록'을 관리하는 일들을 잘한다. 특히 로드인 수성이 길조적인 상태에 있으면 처녀 화성은 아주 강하고 정확한 기억력을 가지고 있다. 특히 고양의 수성과 같이 있는 경우에는 레코드 관리 시스템을 통해 정보를 조직하는 천재가 될 수도 있다.

처녀 화성은 사회적으로 약간 문제를 겪게 된다. 그는 사실적인 정보를 다루는데 아주 빠르고, 정확하고, 야심적인 스타일을 가지고 있다. 하지만 이기려는 경쟁적 본성 때문에 문제를 일으키게 된다. 처녀 화성은 어떤 질문에 대해 가장 정확한 정보, 가장 빠르게 가능한 정보나 목표를 잘 파악하고 있다. 그런데 진리에 대한 숙고를 충분히 잘하기보다는 정보를 무심코 내뱉는 식이 되게 할 수 있다. 이러한 스피치 행위가 사회적인 융합이나 적응을 어렵게 만들 수 있다. 처녀 화성이 사회적 소통의 취약성을 가지게 되는 이유는, 정보와 진실은 서로 다르기 때문이다. 인간이 가진 관점이나 시각은 단편적이고 불완전하기 때문에, 항상 오류가 있을 수밖에 없다. 하물며 진리가 내포하고 있는 깊이나 반경을 다 헤아리기는 완전히 불가능하다. 하지만 처녀 화성은 개인적 관계성이나 그룹들과 맺는 관계성에서, 그들이 가진 사실적인 정보를 사회적 주도권을 쥐기 위한 경쟁적 무기로 사용할 수도 있다.

처녀 화성은 창조적이지 못하기 때문에, 창조성, 디자인 일, 혹은 현재 시스템을 바꾸는 데 필요한 영감 등은 다른 행성들에게 의존하게 된다. 그는 법적, 의학적, 교육적 일들의 정확한 레코드를 보관하는 일에 아주 탁월한 능력을 발휘한다. 훌륭한 국가적, 국제적 관료들 영역에서도, 높고 낮은 타이틀을 가진 레코드 관리 서기들이 많이 포진하고 있다. 어떤 직업이든지 정확한 레코드 보관이 필요한 일들은 처녀 화성이 잘 도울 수 있다. 그는 정보 경제에서 아주 유용한 사람이 될 것이다.

처녀 화성이 좋은 상태에 있으면 머리 회전이 빠르며, 분석적이고, 결정을 잘 내리고, 열정적이고, 기존 사고 프레임을 깨는 혁신가이다. 만약 안 좋은 상태에 있으면 비판적이고, 인내심이 부족하고, 머리에 잡념이 가득하고, 충분한 정보가 없이 성급한 결정들을 내린다.

○ **천칭(툴라) 라시에 있을 때**

긍정적 효과	모두를 위한 정의에 관심이 있다. 공정하게 싸운다. 외교적 태도와 공정함이 그가 하는 모든 움직임을 색칠한다. 다른 상대가 설령 그렇지 않더라도 그는 언제나 바른 일들을 하고자 한다. 훌륭한 언쟁자이며 항상 동전의 양면을 볼 수 있다. 만약 자신을 바칠 수 있는 어떤 좋은 계기가 있다면, 그가 가진 최고의 능력이 발휘된다. 지치지 않는 대변인, 현명한 판사, 놀라운 검사 등에게 좋은 위치이다. 그대는 차밍한 애인이며 아주 열정적이다. 이성 사귀기를 좋아하며, 데이트 요청을 받는 것도 좋아한다. 로맨스는 완전한 스케일로 해야 한다. 절대 지루해하지 않는다.
부정적 효과	우유부단함이 그가 가진 그림자이다. 마음을 결정하는 데 어려움이 있을 것이다. 아니면 해놓고 나서 자기 의혹에 사로잡히게 된다. 너무 많은 선택이 있어서 마비된 것처럼 느낀다. 수동적으로 공격적인 성향이 있으므로 조심을 해야 한다.

천칭 화성은 높은 지위를 즐기고, 성취하기 위해 일을 한다. 균형이나 재균형을 잡는 일을 하는 사람, 중재인, 디자이너, 콜라보 등의 일을 한다. 아름다움을 추구하고, 공평성과 평등, 균형, 사치, 하모니 등을 에너제틱하게 추구한다. 하지만 화성은 액티브한 행성인지라, 이러한 것들을 해가 될 만큼 지나친 열정으로 추구할 수도 있다. 천칭 화성은 과학자처럼 아주 정확하다. 많은 반대와 라이벌을 가진다. 이성을 통해 이득을 얻는다. 약간 방황을 하는 자이다. 때로는 너무 밀어대는 성향으로 인해 비즈니스 시도에 실패할 수도 있다. 정의에 대해 공격적이다. 다른 사람들이 업신여기는 비즈니스를 할 수도 있다. 비즈니스와 애정관계로 인해 손해를 볼 수도 있다. 귀한 자손을 얻을 수 있는 축복이 있다. 보통의 상식적인 선(善)에 반하는 어떤 부정적 비즈니스나 거래에 개입할 수도 있다.

천칭 라시는 신체에서 수용적인 성적 기관을 다스린다. 그리고 신장이나 아드리넬, 귀 등 쌍으로 있는 신체 장기들을 다스린다. 이러한 신체 부분들은 천칭 화성에게 가장 흔하게 스트레스를 주는 영역이다. 이러한 효과들이 어떻게 나타날지는 로드인 금성의 상태에 달려 있다. 만약 금성이 슈바 장소에 있으면 화성은 균형적이고, 공정한 관계성을 부추길 것이다, 동시에 자신의 삶에 감각적인 사치를 동화시킬 수 있다. 천칭 화성은 공정한 싸움을 하는 이외에도, 다른 사람들에게 자신이 좋은 일을 하는 사람으로 보이게 하는 재주가 있다. 아무도 그들만큼 순교자나 성인처럼 행세하는 것을 잘하지 못한다. 만약 이러한 좋은 일들을 하기 좋아하는 사람과 같이 엮이게 되면, 최상의 전략은 그들에게 당신의 진심을 보이지 않는 것이다.

천칭 화성이 좋은 상태에 있으면 차밍하고, 카리스마가 넘치며, 사람들에게 어필하며, 예술적인 기교가 탁월하고, 뭐든지 재빠르게 다룰 수 있다. 만약 안 좋은 상태에 있으면 신뢰나 의지를 하기 어렵고, 너무 감각적이고, 의지가 약하며, 적당함을 지킬 줄 모르고, 바람을 잘 피우고, 너무 잔꾀가 많다.

○ 전갈(브리쉬치카) 라시에 있을 때

긍정적 효과	화성에게 아주 심각하게 무적불패가 되는 위치이다. 아주 대단한 야망을 가지고 있고, 그의 결의를 대적할 수 있는 이가 없다. 어떤 목표가 있으면 달성하기 위해 자신이 할 수 있는 무엇이든 한다. 단련되었으며, 날카롭고, 산이라도 움직일 수 있다. 전설 같은 거사를 이룰 능력이 있다. 관계성에서 섹스는 반드시 요구된다. 열정이 그를 드라이브하며 강한 본성을 가지고 있다.
부정적 효과	다른 사람들을 무시하고, 자신의 야망을 성취하는 데 방해가 된다면 바로 옆으로 치워버린다. 범할 수 없는 적이며, 만약 어떤 사람이 자신의 신뢰를 무너뜨린다면 지옥 같은 상황이 벌어진다. 보복을 계획하고, 얼마나 걸리든 절대 잊지 않는다. 더럽게 싸우는 것도 마다하지 않는다. 사랑에 있어 비정상적으로 질투할 수 있고 집착할 수 있는 타입이다. 파트너에게 숨 쉴 여유도 주지 않는다.

전갈 화성은 오운 라시에 있다. 그래서 거의 어느 하우스에 있든지, 토성이 화성의 에너지 흐름을 방해하지 않는 한 화성이 원하는 모든 것을 취할 수 있다. 화성은 몸에 있는 사이킥 예민성을 안테나처럼 사용하여, 먹이를 잡을 수 있는 미묘한 징후들을 감지하는 샤만 헌터처럼 된다. 깊은 탐구심을 가졌으며, 목성의 어스펙트와 함께 좋은 하우스에 있으면 아주 뛰어난 힐러가 될 수도 있다. 꿰뚫는 듯한 신체적, 정신심리적

에너지를 가지고 있으며, 특히 마사지, 수술, 경찰, 정신심리학, 그리고 모든 종류의 테라피나 군사적 연관 일 등에 탁월하다.

만약 전갈 화성과 전투를 하고자 한다면 누구든 잃을 것이다. 그들을 이기기 위해선 일생이 걸릴 수도 있다. 어떤 사람의 차트에 이러한 화성이 있으면 그냥 물러서는 게 최상이다. 신체에서 전갈은 성기 부분을 다스린다. 화성이 전갈에 있는 경우 자주 스트레스가 많이 쌓이는 신체부분이다. 특히 전갈 화성을 가진 여자는 절대적인 충실함이 필요하다. 그녀가 100퍼센트 신뢰할 수 있는 파트너가 필요하다. 많은 섹스도 필요하다.

전갈 화성은 성적인 에너지가 충만하고, 전략적으로 경쟁적이며, 대담하고, 예민성과 은밀성을 이용해 이기고자 한다. 카리스마가 있고, 조작적이며, 강한 생동력을 가졌다. 갈등, 위험, 모험을 추구한다. 자신의 비밀들은 감추고, 남들의 비밀은 드러내기 좋아한다. 탄트라 지식의 마스터이며, 숨겨지거나 오컬트 지식을 파헤치거나 보호하는 능력이 뛰어나다. 근면하고, 실용적이고, 과학적인 접근 방식, 확고하고, 긍정적이며, 다른 사람들에게 무관심하다. 외교적이다. 성공적 화학자이고, 결과 위주이다. 갑작스런 혹은 폭력적인 사고의 위험, 서비스를 받는 어려움, 교역에 집착하며, 높은 지식에 관심 있고, 권위에 맞서는 이들의 리더이며, 의무나 책임들을 잘 완수한다. 전쟁에 관심 있고, 아주 강한 자기 의지력을 가졌으며, 친구들을 배신하고, 다른 사람들에게 지시하기를 좋아하며, 두려움이 없으며, 필요하면 거짓말을 할 수도 있다. 땅과 토지, 자녀, 배우자가 주어졌으며, 독이나 불, 무기, 상처 등의 문제가 있다. 법을 실행하는 일이나, 군대 연관 일을 하는 데 좋다. 혹은 다른 연대적이거나 목표지향적인 일들에도 좋다.

전갈 화성이 좋은 상태에 있으면 옷이나 외모에 대한 신경을 쓰지 않으며, 자연스럽게 젊고 잘생긴 외모, 빠른 반응, 전사, 보호적이고, 젊고, 활력이 넘친다. 만약 안 좋은 상태에 있으면 쉽게 약이 잘 오르고, 배려심이 부족하고, 과잉반응을 하고, 생각 없이 뛰어들고, 출구전략 없이 빠져서 헤어나기 어렵다.

○ 인마(다누) 라시에 있을 때

긍정적 효과	직선적이고, 독립적이고, 여행하기를 즐긴다. 규칙과 제한은 그의 것이 아니다. 자유를 원하고, 자신의 코드에 따라 살 능력이 있다. 만약 갇힌 것처럼만 느껴지지 않는다면, 그는 많은 일들을 잘해낼 수 있다. 공간이 필요하다. 아니면 온몸이 가렵고 주의가 흩어진다. 리스크를 취하는 것이 두렵지 않고, 전반적으로 운이 좋다. 아주 발달된 운동신경을 가졌을 수도 있다. 탁월한 언쟁가로서, 자신의 포인트를 증명하는 데 천재이다. 성적으로 강한 드라이브를 가지고 있지만, 동시에 돌아다닐 수 있는 능력을 원한다. 한번에 여러 파트너를 원하게 만들 수 있다.
부정적 효과	정조를 지키기 위해 애를 쓰기 때문에, 파트너에게 해가 될 수 있다. 쉽게 주의가 흩어지며, 어떤 일들을 할 수 있는 능력이 줄어든다. 불안정적인 성향을 가졌으며, 한 가지 일이나 한 사람에게만 붙어 있기가 아주 어렵다. 자기 정의감 성향을 조심해야 한다.

인마 화성은 국제적인 관점과 글로벌 스케일의 활동을 한다. 비록 도덕적으로 약한 사람이라도, 인마 화성은 어떤 수준으로든 생산적인 선을 행할 수 있게 하는 위치이다. 내적 통찰력을 엔지니어하며, 이지적 거인이며, 큰 마음을 가졌으며, 스피치와 행동이 열정적이다. 변호사, 군대 연관 전략가 등에 좋다. 결혼을 통해 이득을 보며, 한 번 이상 결혼을 할 수도 있다(만약 손상이 되었으면 형제, 친척, 친구 등으로 인한 문제가 있고, 과대평가하는 성향이 있다).

스포츠 연관 일을 하는데 아주 좋으며, 특히 코칭에 좋다. 열정적이고, 다른 사람들이 교육과 신념을 통해 자신의 목표를 달성할 수 있도록 영감을 부여할 수 있는 많은 에너지를 가지고 있다. 인류 진보를 위해서 필요한 종교적 성향을 가지고 있다. 법, 정치, 혹은 최고관리자 커리어를 자주 선택한다. 더 큰 목표를 향한 사회적 진보를 위해 자신이 가진 긍정적 드라이브를 표현할 수 있게 하는 직업적 영역이다. 다양한 코칭을 할 수 있는 훌륭한 스승이기도 하다.

인마 화성은 약간 언쟁적일 수 있다. 누군가 말을 많이 돌리면서 하면 단숨에 제압을 한다. 이들을 이길 수 있는 방법은 가장 말이 안 되고 비논리적인 이유를 대는 것이다. 전혀 말이 되지 않는, 그러나 마치 그대가 잘 알고 있는 것처럼 행동하는 것이다. 그러면 그들이 폭발하게 될 것이며, 그대가 승자가 될 수 있다. 인마 화성을 가진 여자는 로맨스 모험을 하는 파트너를 원한다. 많은 공간도 원한다. 가능한 그녀에게 많이 줄 수 있어야 한다. 그녀가 진정으로 자유롭게 느낀다면 그녀는 잠시 동안 머물 것이다. 아웃도어 활동을 하는 파트너나 애완동물이 있으면 더욱 좋다.

여행이나 잘못된 고용으로 인해 많은 손해를 보기도 한다. 상처나 흉터가 많으며, 때로는 굶주리고, 거친 말투, 퇴가 많으며, 따돌림당하고, 전사이며, 열심히 일할 때 행복하다. 분노, 화로 인해 돈이나 행복을 잃으며, 윗사람을 공경하지 않는다. 경쟁적인 상황에서 아주 용감하고, 재능이 있다. 군대, 경찰 등의 일을 하면 좋다. 신체적으로 인마는 엉덩이, 골반, 그리고 아이 생산과 연관된 내적 장기(자궁, 난소, 고환) 부분을 다스린다. 화성이 인마에 있는 경우 자주 신체적으로 스트레스를 겪게 되는 영역이다.

인마 화성이 좋은 상태에 있으면 정의를 사랑하고, 약자를 보호하고, 돈과 부를 빨리 이루고, 삶의 좋은 기회들이 많다. 만약 안 좋은 상태에 있으면 갈등과 마찰을 잘 일으키고, 법과 트러블을 겪으며, 경제적 손실을 입고, 반항적이다.

○ **악어(마카라) 라시에 있을 때**

긍정적 효과	큰 야망을 가지고 있다. 정상에 있고 싶어 한다. 집요함과 인내심을 가졌기에 그러한 정상에 달하는 것이 전혀 놀랍지 않다. 산양처럼 악어 화성은 큰 목표를 성하고, 목석시에 도달하기까지 어떤 불가능한 장애도 극복할 수 있다. 타고난 CEO이고, 어떤 가난한 환경에서 태어난 사람이라 하더라도 커리어에서 최고의 자리에 오를 수 있다. 사람들은 그를 신뢰하고, 자주 리더십 지위에 있게 된다. 일을 완성하고 모두에게 그들의 최선을 다하도록 고무시킨다. 야심이 있는 파트너가 그에게 잘 맞는다. 열렬한 애인이고 책임 있는 배우자이다. 때로는 자신의 성적 성향을 조정해야 할 필요가 있으며, 일에 채널을 할 수 있어야 한다. 누군가와 만약 전쟁이라도 하면, 자신이 가진 의지력과 멋진 전략들을 이용해 완전한 승자가 된다.
부정적 효과	독재자적인 기질이 있다. 컨트롤하고자 하는 욕망이 있기 때문이다. 일중독 모드에 잘 빠진다. 사랑하는 이들과 보다 품위 있는 연결을 할 수 있는 가능성들을 닫고 있다. 자신처럼 열심히 일하지 않는 사람들은 참지 못한다. 그래서 직장에서 왕따가 될 수 있다.

악어 화성은 고양의 품위를 얻는다. 그래서 어떤 하우스에 있든지 비즈니스 성공을 보장하는 요가이다. 꼼꼼한 계획과 조직적인 에너지, 생산적 에너지를 적절하게 컨트롤하며, 장기적 성취를 위해 서포트한다. 생기와 건강이 큰 조직단체에서 힘을 추구하

도록 드라이브한다. 그곳에 도달할 수 있도록 높은 목표와 충분한 연료를 가지고 있다. 일찍 일을 시작하고 밤늦게까지 일을 한다. 자신의 실수를 통해 배운다. 정글의 법칙으로 협상이 필요할 때 사냥꾼의 측으로 뛰어든다. 상당한 특권과 카스트를 성취한다. 신체적 에너지가 사회의 위계체제적, 상업적 채널을 통해 열정적으로 흐른다.

전갈 화성처럼 악어 화성도 강한 적을 만든다. 이들은 집요하다. 한번 물면 절대 놓지 않는다. 필요하다면 아주 치밀한 계획을 짤 수 있다. 이들은 그저 더 이상 물 것이 없을 때까지 내버려두는 것이 최상이다. 지치게 될 것이다. 악어 화성을 가진 여자는 야심적인 파트너가 필요하다. 게으른 사람은 체크아웃한다. 처녀 화성처럼 성공지향적인 사람들은 선호한다.

신체에서 악어는 허벅지와 위 무릎 부분까지 다스린다. 그리고 연골(무릎, 코, 팔꿈치 등)도 포함한다. 악어에 화성이 있는 경우, 신체적으로 자주 스트레스를 받게 되는 신체부분이다. 고양의 화성은 '산업의 캡틴'을 만들어낸다. 악어 화성은 위계체제적 기관에서 경쟁적인 승자이다. 악어 화성의 성공은 로드인 토성의 건강상태에 많이 달려 있다. 만약 토성이 좋은 상태에 있으면서 화성과 상대적으로 좋은 앵글에 있으면, 그는 사회특권층에 속하는 위계집단(경쟁적 비즈니스 영역이 선호됨)에서 최고 지위를 향해 안정적으로 타고 올라간다.

악어 화성이 좋은 상태에 있으면 영향력이 있는 권력을 가졌으며, 총명하고, 효율적이며, 직장에서 뛰어난 가치를 가진 사람이다. 만약 안 좋은 상태에 있으면 기분이 내키는 대로 일을 하고, 한결같지 못하고, 쉽게 따분해하고, 무엇이든 완성을 하지 못하고, 너무 공격적이다.

○ 물병(쿰바) 라시에 있을 때

긍정적 효과	강한 정신적 요소들, 비즈니스를 잘 처리할 수 있는 능력, 자신의 충정심으로 다른 사람들에게 영감을 고무할 수 있는 능력 등을 가지고 있다. 개인적 이득을 위해 드라이브하는 것은 좋아하지 않는다. 보다 더 큰 그룹적 이득을 위해 야망을 가지고 있고 드라이브한다. 모든 사람들이 성공하기를 바란다. 휴머니스트 일에 아주 잘 맞는다. 우정도 아주 중요하다. 모든 사람들을 친구로 만들 수 있는 능력, 심지어 적까지 친구로 삼을 수 있다. 그가 가진 성심, 독창성, 스스로 생각할 수 있는 능력 등으로 잘 알려져 있다. 가끔씩 반항아 기질이 있다. 특히 타협하기를 강요당하게 되면 더욱 그렇게 된다. 성적으로는 약간 비적극적이다. 그래서 감정적으로 유연하지 못한 파트너로 비칠 수 있다. 육체적 관계성으로 발전하기 이전에 먼저 정신적인 연결성을 느껴야 한다. 그렇게 되면 아주 장기적 파트너로 훌륭한 사람이다.
부정적 효과	얼음처럼 차갑다. 감정에 대해 전혀 개의치 않는다. 사람보다 사실, 팩터가 더 중요하다. 그래서 다른 사람들에 대해 상관하지 않는 것처럼 보일 수 있다. 때로는 아무런 정당한 이유도 없이 반항적이 된다. 악마의 대변인이 되는 것이 가끔씩은 괜찮지만, 계속 냄비를 휘젓게 되면 아무도 좋아하지 않는다. 또한 정말 말이 안 될 만큼 고집이 세기도 하다.

물병 라시는 사회적으로 아주 복잡하면서도 질서적으로 서로 연계된 조직적 네트워크로 작용하는 시장을 다스린다. 마찬가지로 인간이든 혹은 개념적이든, 복잡한 시스템을 가진 것들을 다스린다. 실제로 물병은 추상적이고, 논리적이고, 개념적인 철학, 시스템 디자인을 가진 전 세계를 질서화한다. 물병 화성은 과학적, 개념적 시스템을 개발하는 일을 아주 능률적이고 공격적으로 잘할 수 있다. 훌륭한 건축설계사, 컴퓨터 엔지니어, 우주과학자 등일 수 있다. 혹은 개척자 같은 점성가일 수도 있다. 화성은 영웅적, 독립적, 경쟁적이다. 그런데 동일하고, 평등하고, 세밀하게 서로 연결된 물병의 세상에서 억눌린 듯한 느낌을 받는다. 물병 화성은 이전에 서로 연결성이 없는 사람들, 아이디어들, 물체들 사이에서 창의적인 연결성을 세우고자 하는 드라이브를 가지고 있다. 체계적인 접근 방식으로 열심히 일을 하게 되면 개척자 효과들을 만들어낼 수 있다.

물병 화성은 좋은 일 하기를 좋아하는 사람이지만, 아주 고집이 세다. 가장 좋은 대응은 눈앞에서 사라지거나 무관심하게 행동하는 것이다. 물러서는 것이다. 한쪽만 싸우게 되면 전쟁은 오래가지 못한다. 그대가 싸움에 반응하지 않으면 그는 싸움을 하지 못한다.

신체적으로 물병은 교감신경계와 부교감신경계를 다스린다. 화성이 물병에 있는 경우 자주 신체적으로 스트레스를 받게 되는 영역이다. 물병 화성은 지나치게 많은 생각으로 인해 신경쇠약증이나 신경계 질병, 피부병 등에 잘 걸릴 수 있다. 그는 거의 동시에 이룰 수 있는 다양한 목표들을 완성하려다가 만성적 신경긴장상태에 있을 수 있다. 지나친 생각, 지나친 고행, 신체적 필요들을 무시, 사회적 타협에 저항하느라 쇠진상태 등으로 신경계 질병에 시달릴 수 있다. 약하거나 손상된 근육의 성향, 약하거나 손상된 피, 연골이나 관절들이 지나치게 스트레스를 받았거나, 최악의 고열 등으로 고통받을 수 있다.

사회적인 인정을 받기 위해 개인적인 노력을 많이 기울이지만, 개인적으로나 커리어의 발전은 잘 이루어지지 않는다. 사회적으로 더 넓고 포용적인 이해를 돕기 위해 바쁘게 노력을 기울인다. 하지만 자신이 하는 노력에 대한 보상은 그가 개입된 단체나 운동기관 등에 넘어간다. 화성의 숭고한 전사적 자질이 물병 라시에서는 평등주의적 무심함 속으로 흡입되어버린다. 라이프스타일에도 생동력이 부족하다. 물병이 가진 엄청난 신경계 네트워크 속에 그가 가진 신체적 에너지가 모두 흩어져버리며, 개인적 성취들을 그다지 인정을 받지 못한다. 자신이 한 공헌에 비해 상대적으로 아주 적은 사회적 인정을 받는다. 그는 너무 특이하고 어렵게 보이기 때문에, 큰 위계체제 속에 쉽게 자리를 얻지 못한다.

물병 화성이 좋은 상태에 있으면 근면하고, 에너지가 넘치고, 욕구나 원하는 것을 성취하는 데 집중하며, 에너지와 방향성 사이에서 균형을 잘 이룬다. 만약 안 좋은 상태에 있으면 너무 예민하거나 극적이며, 우울증이 걸릴 정도로 피곤하며, 트라우마에 시달리며, 정신적인 상처를 잘 받는다.

○ 물고기(미나) 라시에 있을 때

긍정적 효과	강한 직관과 큰 자비심을 가지고 있다. 이러한 자질들이 어떤 형태로든 인류에 서비스하는 일에 끌리게 한다. 상상력이 풍부하기에, 창조적 커리어를 가질 수 있다. 수용적이고 애정이 많다. 다른 사람을 기쁘게 하고자 한다. 로맨스는 역사적이어야 한다. 자신에게 무릎을 꿇는 기사도 같은 사람을 기대한다. 예민하고 창조적인 영혼이며, 부드러운 마음과 친절한 심성을 가지고 있다.
부정적 효과	화성에게 약한 위치이다. 감정이 매사에 개입하게 되기 때문이다. 관계성은 문제가 될 수 있다. 계속해서 실패하는 관계성으로 옮겨갈 수 있다. 때로는 삶의 방향성을 잃고, 적절한 노나 닻도 없이 표류하게 된다. 도피주의 성향이 중독증을 줄 수 있기에 특히 조심해야 한다. 대립하는 것이 그에겐 아주 힘들다. 사람들이 자신을 마구 밟도록 허용한다는 의미이기 때문이다. 자신이 가진 불안정성과 외면하는 성향에 유의를 기울여야 한다. 형편없는 선택을 잘할 수 있기 때문이다.

화성은 좋은 친구의 목성의 라시에서 길조적이다. 물고기에 있는 화성은 넓은 시야와 포용력을 가진 사람으로서 강한 신체적 생기를 가졌다. 자연적인 역동적 에너지들이 물고기에서 복합적으로 보양과 도움을 받는다. 물고기에 있는 화성은 또한 영적 생기도 더해진다. 활발하게 자비심을 펼치고자 하는 열정으로 나타나며, 자선적인 프로젝트들을 위한 일을 하고, 좋은 결과들을 거둔다. 그는 자신을 따르는 사람들에게 길을 보여줄 수 있는 에너지를 가지고 있다.

물고기 화성을 가진 여자의 경우에는 몽상적이고 로맨틱한 영웅을 기대한다. 그녀는 남자가 완전히 그녀만을 위하고 사랑하기를 바란다. 동화 같은 러브스토리를 원하고, 친절하고 헌신적인 파트너를 원한다. 만약 이들이 어떤 대립적 상황에 있으면 비틀거린다. 이들은 아주 젠틀한 사람들이기 때문에 섬세하게 잘 대해야 한다. 삶이 그들에게는 아주 어려운 임무로 느껴진다.

물고기 화성은 어린이들, 꿈, 영적 문화, 발과 연관된 의학전문성, 종교적, 예술적 개발, 상념적인 상상력이 필요한 모든 영역 등의 분야에서 일을 하면 적합하다. 정신심리적, 영적 카운셀링이나, 자녀와 가족의 보호, 손으로 직접 하는 힐링(특히 발에), 국제적 외교, 여행 가이드, 휴머니스트적, 국제적 수준의 활동 등을 하는 데도 좋다. 이러한 화성의 노력들이 얼마나 성공할 수 있을지 여부는 목성의 저력에 달려 있다.

신체적으로 물고기는 발에 있는 아주 복잡하고 예민한 에너지 포인트들을 다스린다. 화성이 물고기에 있으면 자주 스트레스에 시달리게 되는 신체부분이다.

화성이 물고기에서 좋은 상태에 있으면 아주 깊이, 열정적으로 느끼며, 아주 적극적이며, 가득한 영감, 다른 사람들에게 에너지를 부여한다. 만약 안 좋은 상태에 있으면 한자리에 가만히 있지를 못하며, 유혹에 빨리 빠지며, 에너지나 돈 낭비를 많이 하며, 도덕심이나 윤리성의 문제가 있다.

화성이 12 하우스에 있는 효과들

화성이 있는 하우스는, 차트 주인이 어디에서 적극적이고 열정적이 되는지 보여주고, 어디에서 액션을 취하는지 보여준다.

○ **1번 하우스(타누 바바)에 있을 때**

긍정적 효과	불과 같고, 명령적인 이의 존재감을 풍긴다. 주변에 있는 것들이나 사람들이 아주 신나게 만든다. 활력이 있고, 생생하고, 열정으로 가득하다. 어디든지 액션이 있는 곳에는 그가 있다. 뭔가를 벌써 시작하고 있을 가능성이 높다. 리더십이 자연스럽다. 열심히 일하는 것을 절대 두려워하지 않는다. 근육적인 신체를 가진 강한 체격을 가졌을 수 있다.
부정적 효과	생각을 하지 않고 행동을 한다. 그래서 위험한 상황에 잘 부딪힐 수 있다. 혹은 위협을 느끼면 폭력적으로 변한다. 어떤 것을 시작은 잘하지만 마치는 것은 어렵다.

1번째 하우스에 있는 화성은, 강요적이고 공격적으로 느껴지는 경우가 자주 있다. 이들은 좀 더 느긋해지고 인내심을 키워야 할 필요가 있다. 자동적으로 삶에 대해 적극적이고 열정으로 가득하다. 대체로 아주 경쟁적인 기질이 있다. 신체에 열정적인 에너지를 제공한다. 아주 경쟁적이며, 성적으로 활발하며, 전형적으로 가정적 영역에서 통제적이다. 원하는 것들을 얻기 위해 신체적, 자의식적으로 개성적이고 강한 에너지

를 다이렉트한다.

화성은 크루라이기 때문에, 라그나에서 이상적인 위치가 아니다. 그는 공격적이고, 독립적이고, 성급하거나 화를 잘 내는 성격일 수도 있다. 무모하고 사고를 잘 치는 경향이 있다. 자신감과 자기 주장이 강하지만, 라그나에 있는 화성은 불만이 있고 자기애가 좀 부족하다. 강한 체질이지만 몸에 상처가 있거나, 부러진 뼈, 상처, 몸의 고질적인 질병이 있고, 혈액 관련 질병이 있을 수도 있다. 그는 용감하고, 용기 있고, 모험적이다. 언쟁적인 경향이 있어 모든 관계성을 어렵게 만든다. 쿠자 도샤이기에 결혼생활이나 가정적 생활에는 어려움이 있다. 아주 섹시하고 배우자에 대한 정조를 지키기가 어려울 수 있다. 자유롭고, 독립적이고, 성질이 급하다. 온갖 종류의 테크니컬한 일들(엔지니어링, 기계 메카닉, 회계, 법 등)에 소질이 있다. 경쟁을 즐기고 스포츠에 탁월하다. 적이나 경쟁자들을 쉽게 이긴다. 군이나 경찰 등과 연관된 일에 끌리며, 리더, 혹은 장군이 되고 싶어 하며, 될 수도 있다.

라그나에 있는 화성은 자기에게 집중하고, 전사, 운동신경이 발달된, 신체 연관 일을 하는 사람, 사냥꾼, 도전을 하는 사람, 검사, 신체 전체적으로 근육질적인 이미지와 호르몬 드라이브가 다분하다. 높은 에너지를 요하는 일, 스포츠, 경쟁적 환경에서 능력을 잘 발휘한다. 야심적이고, 활력이 넘치는 성격, 때로는 사람들이 관심이 갖게 하고 활력을 주거나 재미있는 사람일 수도 있다. 전투적인 상황에서 편안함을 느끼고 이기고자 한다. 어떤 커리어에서든 몸을 사용하는 일이면 재산이 된다. 섹스와 연관된 일, 패션 모델, 프로페셔널 운동선수, 극장의 스턴트맨, 액션 영화, 댄서, 스포츠 트레이너, 마사지사, 성형외과의사 등도 잘 맞다.

만약 남자이면 근육적이고 스포츠형, 아주 성적인 사람이다. 만약 여자이면 몸 전체에 흐르고 있는 다분한 남성적 에너지를 잘 다룰 수 있는 상당한 스킬이 필요하다. 성인 남자의 경우 엉덩이가 좁은 형이다. 여자의 경우에도 상당히 스포츠형이고, 성적으로 활발하고, 목성이 달이나 5번에 어스펙트를 하지 않는 한 불임인 경우가 자주 있다.

화성이 1번 하우스에서 좋은 상태에 있으면 그는 에너지가 넘치고, 열정적이며, 전사 기질이 있고, 매사에 온몸과 마음을 다 바쳐서 집중하고, 빠른 액션, 순간적인 기지를 잘 발휘한다. 만약 안 좋은 상태에 있으면 열이 많고, 예측하기 어려운 캐릭터이며, 참을성이 없고, 충동적이며, 동정심이 부족하고, 무모하고, 광적이고, 잔인하다.

○ **2번 하우스(다나 바바)에 있을 때**

긍정적 효과	돈에 대한 야심이 있으며, 재정적 목표를 이루기 위해 열심히 일한다. 현금에 대한 욕구가 그를 드라이브한다. 재정적으로 경쟁적이게 만들 수 있으며, 개인적 재산에 연관하여 약간 소유적 될 수 있다. 자기 일을 하기 좋아하며, 훌륭한 기업인이 될 수 있다.
부정적 효과	거침이 없으며, 돈에 대한 갈망을 채우기 위해 부정직한 방법이나 범죄적 행위도 마다하지 않는다. 어떤 사람이 그의 물건을 손대면 가만두지 않는다. 소비습관에 있어, 주머니에 구멍이 있는 듯하다. 충동적인 쇼핑이 경제적 곤경에 처하게 만든다.

2번째 하우스에 있는 화성은 약간 공격적인 스피치, 혹은 어떤 가치관이나 원리원칙들에 대해 언쟁을 잘 하는 경향을 줄 수 있다. 특히 가족 일원이 가까운 친구들과 쉽게 마찰이나 갈등을 일으킬 수 있다. 일을 열심히 하며 커리어에서 높은 수입을 받을 수도 있다. 그런데 지나친 흡연이 문제가 될 수 있다.

화성은 부수고 파괴를 하는 행성이다. 화성이 2번에 있으면 2번 하우스의 특성을 해하는 효과들이 나타난다. 하지만 상당한 부를 이룰 수 있다. 노력을 쏟아야 하며, 거친 일이나 혹은 속임수를 통한 일을 할 수 있다. 교육을 많이 받지 못했거나 지식이 부족할 수 있다. 언쟁적이고, 거친 말투, 그리고 비속어들을 사용하는 경향이 있다. 거짓말을 하고, 가족생활이 방해를 받는다. 시력의 문제, 혹은 얼굴이 못생겼거나 상처가 있을 수 있다. 자선적이지 못하고 덕스럽지도 못하다. 약이 잘 오르거나 성질이 급할 수 있다. 질이 안 좋은 음식을 먹고, 나쁜 사람들과 어울린다.

화성이 2번째 하우스에서 좋은 상태에 있으면 동기부여를 잘하는 스피커, 인기가 많고, 돈을 빨리 벌고 부를 쌓으며, 활력과 즐거움에 넘친다. 만약 안 좋은 상태에 있으면 말이 거칠고, 방어적이고, 충동적인 소비를 하며, 잘못된 길을 가고, 집중력이 부족하고, 나쁜 음식을 먹고, 가족의 불화를 일으킨다.

○ 3번 하우스(사하자 바바)에 있을 때

긍정적 효과	예리하고, 머리 회전이 빠르며, 혼자 스스로 사유할 수 있다. 소통을 할 때면 공격적이고 직설적이다. 말을 돌려서 하는 사람이 아니다. 잔인할 정도의 정직함이 그의 요체다. 이러한 자질들이 어떤 식으로든 웅변이나 토론과 연관된 일이면 아주 탁월하다. 검사 혹은 정치적 평론가가 잘 어울린다.
부정적 효과	성급한 결론을 지으며, 충분한 팩터가 없이 판단을 내린다. 혹은 다른 사람들에 대한 배려 없이 자신의 의견을 주입시키기 좋아하는 사람일 수도 있다. 어떤 경우에는, 다른 사람에게 상처를 주면서 '솔직하기 위해서'라는 변명을 사용하는 사람일 수도 있다. 형제들, 이웃들, 여행 등에서 트러블을 겪을 수도 있다.

　3번째 하우스에 있는 화성은 관심사들을 열정적으로 추구할 수 있는 용기, 저력, 생동력을 준다. 형제나 친구, 동기들과 잘 다투는 성향이 있다. 스포츠와 경쟁하는 것을 즐기며, 자기 성장이나 신체적 도전들을 극복하는 데 열정을 쏟는다. 두려움이 없고 저돌적일 수도 있다. 비즈니스에 아주 좋다. 만약 좋은 하우스를 로드한다면, 화성은 자수성가로 재물을 이루게 한다. 화성은 3번 하우스의 카라카 행성이다. 화성이 3번에 있으면 대체로 형제들과 관계성을 어렵게 만든다. 혹은 아래 동생이 고생을 하거나 일찍 세상을 떠날 수도 있다. 좋은 어스펙트가 있지 않는 한, 대체로 동생들과 연관해서 길조적인 조합은 아니다.

　화성이 3번에 있으면 삶에서 소통을 해야 하는 일들이 더욱 늘어나게 된다. 스피치, 글쓰기, 듣기, 일기, 그리고 미팅 주관 등의 일들이 점점 더 늘어나게 된다. 흥분적이고, 동기적이고, 삶에 대한 강한 의욕이 넘친다. 청력의 문제가 있다. 강한 욕구를 가지고 있고, 원하는 것을 이루기 위해 열심히 애를 쓴다. 대담하고, 용기 있고, 모험적이다. 확고하고 안정적인 성격을 가졌으며, 그가 하는 일의 선구자일 수도 있다. 만약 화성이 좋은 상태에 있으면 문학에 재능이 있거나, 파인 아트, 음악, 춤, 드라마, 노래 등에도 소질이 있다. 아래의 동생이 남성적이고 공격적인 성향을 가졌다. 만약 화성이 손상되었으면 그는 지나치게 성적일 수 있다. 우파차야 하우스이기 때문에 크루라 행성에게 도움이 된다. 길조적인 화성은 시간이 지나면서 전반적인 부, 행복, 웰빙을 늘려 준다.

화성은 정글의 법칙이 다스리는 영역에서 사냥꾼으로 능력을 잘 발휘하게 된다. 주 커리어 영역의 에너지로 활성화시켜준다. 그렇지만 아주 경쟁적이고, 위험감수성이 높은 리더십 위치에 있는 환경에 있어야 이러한 자질들이 좋은 열매들을 맺을 수 있다. 화성 다샤 동안 많은 스포츠와 갈등들을 겪게 된다. 만약 화성이 좋은 품위에 있으면 그는 모든 싸움에서 이길 것이다. 수익이 생기는 비즈니스가 최상이고, NGO와 같은 자선단체나 충성심이나 타협성이 더 중요해지는 정부 연관 일에는 좋지 않다.

화성이 3번에서 좋은 상태에 있으면 활발하고 적극적인 모험심, 용기, 훌륭한 장군, 작가, 스피커, 세일즈맨, 설득력이 뛰어나다. 안 좋은 상태에 있으면 허풍을 잘 떨고, 컨트롤 유지를 못하며, 조작적이고, 믿을 수 없으며, 책임감이 부족하고, 너무 흥분을 잘한다.

○ **4번 하우스**(반두 바바)**에 있을 때**

긍정적 효과	그의 집에는 에너지가 가득하다. 많은 사람들이 들락거리면서 신나는 일들이 많이 일어나고 있다. 부동산을 잘할 수 있는 재능이 있다. 집안일을 잘 한다. 만약 어떤 사람이 자신의 가족에 대한 안 좋은 말을 한다면, 재빨리 방어와 보호를 한다.
부정적 효과	매사에 주도를 하는 수탉이고자 하며, 집안의 다른 사람들을 주도하려 할 것이다. 이러한 기질들이 사랑하는 사람들과 갈등을 겪게 만든다. 그의 통제적인 태도에 신물이 나 한다. 관계성이 때로는 격돌할 수 있으며, 폭력적으로 될 수도 있다. 부모님의 집에서 빨리 독립할수록 더 낫다. 집과 연관된 문제를 나타낸다. 집이 자연재해로 파괴될 수가 있다.

4번째 하우스에 있는 화성은 감정적 저항을 많이 하는 경향이 있다. 자신을 보호하고 방어할 필요성을 많이 느낀다. 질투심이나, 남들에게 지적을 잘 당하는 것 같은 느낌에 시달린다. 하지만 나약한 감정을 이겨내고, 감정적으로 성숙할 수 있는 높은 잠재성도 가지고 있다.

4번에 있는 화성은 어릴 적 가족환경을 흔들 수 있다. 집에 갈등을 가져오고, 어머니를 해한다. 이상적으로 집은 깊은 뿌리를 가진 안정적 장소여야 하며 변동이나 움직임이 최소여야 한다. 화성은 움직임을 가져온다. 안정적이지 못하고, 자주 움직이며, 달이나 목성이 도와주지 않는 한, 4번의 화성은 가족환경에서 깊은 감정적 갈등을 일으킨다. 자기 위주적, 원하는 대로 하며, 가족적 규율에 대한 인내심이 부족하다. 화성이 4번에 있으면 어머니로 인한 고통을 상당히 받는다. 어머니는 피곤한 일에 시달리며, 집은 항상 개조 중에 있을 수 있다. 어머니와 관계가 안 좋거나 자주 다툴 것이다. 화성이 좋은 상태에 있지 않는 한, 토지나 집을 소유하거나 좋은 환경에서 사는 데 어려움이 있다. 운송수단과 연관된 문제들도 겪는다. 치사하고 잔인한 사람일 수 있고, 쉽게 행복하거나 만족하지 못한다. 어머니나 조상의 재산을 물려받지 못하거나, 설령 물려받더라도 쉽게 잃는다. 무엇이든 결말이 좋지 못하거나 갈등을 겪는다. 인생의 후반이 어렵다. 성공적이고 강한 커리어를 가진다. 교육이 끊어지거나 학위를 받는 어려움이 있다. 4번 화성은 쿠자 도샤이다. 결혼생활이나 가정생활의 어려움이 있다. 다른 쿠자 도샤를 가진 사람과 결혼하는 것이 좋다.

화성이 4번 하우스에서 좋은 상태에 있으면 열정적이고, 뜨거운 감정을 가졌으며, 빠르게 반응하고, 문제나 갈등에 잘 맞선다. 만약 안 좋은 상태에 있으면 언쟁적이고, 성질이 급하고, 요구사항이 많고, 불편하고, 인내심이 부족하고, 감정적으로 거칠다.

○ 5번 하우스(푸트라 바바)에 있을 때

긍정적 효과	관심 있는 이성에게 접근하기를 망설이지 않는다. 마음에 드는 사람이 있으면 적극적이고 빠르게 대시를 한다. 쾌락을 적극적으로 추구하기 때문에, 여러 애인들이 있을 수 있다. 스포츠를 좋아하거나 가르침에 관심 있을 수 있다.
부정적 효과	잠자리를 너무 자주, 빠르게 옮겨 다닌다. 나중에 후회하거나, 혹은 원하지 않았던 임신이 될 수도 있다. 성적으로 너무 요구하거나, 파트너에게 질투적으로 될 수 있다. 공격적인 도박으로 많이 잃게 될 수도 있다.

5번째 하우스에 있는 화성은 경쟁을 좋아하고, 무술이나 호신술, 혹은 다른 유형의 신체적 단련을 좋아하는 것을 보여준다. 훌륭한 요기, 요가 강사, 혹은 수학자, 건축가 일 수도 있다.

화성이 5번 하우스에 있으면 총명하고, 성급하거나 불같은 성격을 줄 수 있다. 또한 다분히 얕은 기질도 있다. 자녀들과 연관된 팩터에 에너지를 주며, 개인적 지성, 창조적 행위를 하게 한다. 자녀가 없거나 적은 수의 자녀만 있다. 전형적으로 한두 번의 유산을 겪은 뒤 성공적인 출산을 하게 된다. 최악의 경우에는, 여러 차례 사산이나 혹은 자녀의 죽음을 경험할 수 있다. 자녀들의 숫자를 제한시킨다. 만약 화성이 적의 품위에 있으면, 자녀들이 상처를 입거나, 아이들과 언쟁을 할 수 있다. 로맨스의 어려움이나 힘든 결혼생활을 한다. 싸우기를 잘하는 사람이며, 어떤 강압적이거나 공격적인 성향을 전생으로부터 가지고 왔다. 하는 일이 군대나 경찰 등과 연관되었으면 타고난 리더, 혹은 지휘관으로서 역량을 발휘한다. 훌륭한 스포츠맨이며, 스포츠 연관된 커리어를 가질 수도 있다. 투자나 투기를 하게 되면 손해를 본다. 비도덕적, 속임수를 쓰거나 죄를 지을 수 있다. 나쁜 습관이 있거나 치사해질 수 있다. 종교적인 마인드나 영적인 것들에 관심이 없으며, 좋은 선행을 하지 않는다. 자신이 하는 생각들에 사로잡혀 있거나, 지나치게 성적 쾌락에 집착할 수 있다.

만약 화성이 길조적인 어스펙트를 받고 있으면 자녀들은 운동신경이 잘 발달하고 창조적이다. 시장에서 하는 행위들로 인한 수입을 역동적으로 늘릴 수 있게 해주며, 사이킥적인 상상력을 계발하는 데도 에너지를 부여한다.

화성이 5번 하우스에서 좋은 상태에 있으면, 다른 사람들에게 어필하는 매력이 있고, 결정을 잘 내리고, 약자나 자녀들을 보호하고, 강한 원리원칙주의며, 명예롭고, 풍부하고 넘치는 에너지, 스포츠적인 사람이다. 만약 안 좋은 상태에 있으면 마치 악마의 대변인과도 같고, 부패를 잘 하고, 마음이 너무 빨리 움직이고, 갑작스런 결정들을 내리며, 위험을 잘 취하고, 너무 빨리 육체적인 관계에 잘 빠진다.

○ 6번 하우스(아리 바바)에 있을 때

긍정적 효과	스태미너로 가득한 일중독자다. 일에 대한 강직한 윤리의식이 있으며, 어떤 일이든 잘 마치고자 한다. 직장에서 가장 생산적인 사람일 수도 있다. 디테일에 대한 주의력으로 일을 완벽하게 해낸다. 자신이 성공하고 유용한 사람이어야 한다. 루틴이 그에게 중요하다. 정리 정돈하는 데 많은 시간을 보낸다.
부정적 효과	그는 직장에서 구제불능 같은 독설가일 수 있다. 아무도 자신만큼 일을 열심히 하지 않는다고 불평하고, 모든 다른 사람들에게 끊임없이 불만을 표한다. 그래서 아무도 그와 가까워지려 하지 않는다. 번아웃 등으로 건강을 해칠 수 있다.

6번째 하우스에 있는 화성은 어려움들을 극복하거나 적들을 파괴하는 데 뛰어난 능력을 가지고 있다. 하지만 너무 경쟁적이거나, 많은 갈등을 만들어내거나, 매번 승리할 때마다 너무 집착하거나 하는 성향이 있을 수 있다. 이러한 자질들이 일단 잘 다스려지게 되면, 개인적인 셋백이나 약점들을 극복하기 위해 쉬지 않고 일을 하며, 다른 사람들도 그렇게 할 수 있도록 열성적으로 도와준다. 경쟁자들을 이기고 적들을 파괴할 수 있는 엄청난 저력을 가지고 있다. 아주 강하고, 성공할 것이다. 생기가 넘치고 건강하다. 테크니컬하거나 디테일한 일들에 뛰어나다. 용기가 있고 야망을 쉽게 달성한다. 화성의 상태에 따라 직원들, 부하들, 세입자들 등과 연관된 어려움을 겪을 수 있다. 아주 열정적이고 성적이다.

남성적 행성은 남성적 하우스에 있을 때 길조적이다. 6번 하우스는 화성에게 아주 좋은 위치이다. 적, 빚, 질병 등을 쉽게 파괴한다. 범죄를 일으키는 불균형적 요소들과 맞서 싸우는 범죄 파이터와도 같은 사람이다. 자신이 가진 삶에 대한 어느 정도 갈등들을 생산적으로 돌려서, 무지나 가난, 범죄, 굶주림, 학대나 남용, 권리박탈, 무식, 선입견, 환경오염 등과 싸우게 된다. 그래서 특히 국제 무역이나, 부채 관리 파이낸스, 범죄의학, 혹은 사회갈등 해소를 위해 관리하는 기관 등에서 성공적인 커리어를 가진다. 경찰직이나 공공건강기관 사무원 등에 아주 좋은 위치이다. 자신이 가진 시간과 에너지를 갈등들을 해결하기 위해 보낸다. 만약 화성이 길조적이면 궁극적으로 모든 갈등들을 이겨낼 것이다. 신체적으로 건강한 사람이다. 하지만 만약 화성이 손상되었으면 그는 고열이나 피부 문제, 피의 독소로 인한 질병 등을 겪을 것이다. 하지만 건강과 연관된 불균형에 맞서 싸워 이긴다.

화성이 6번 하우스에서 좋은 상태에 있으면 능력이 있고, 용감하며, 액션이 빠르고, 전사이며, 보호하는 이, 힐러, 뭐든지 더 향상을 시킬 수 있는 사람이다. 만약 안 좋은 상태에 있으면 자기방어적이고, 법을 어기고, 사고나 상처를 잘 입으며, 너무 서두르고, 복수심을 갖고, 빚에 잘 빠지고, 적들을 만들어낸다.

○ 7번 하우스(유바티/칼라트라 바바)에 있을 때

긍정적 효과	어떤 관계성에서든 자신이 원하는 것을 위해 나서기를 절대 두려워하지 않는다. 이성이든 비즈니스 파트너이든 적극적으로 추구할 것이며, 한번 관계성이 맺어지면 끝까지 잘되기 위해 결의적이다. 사랑에서 섹스가 중요하다. 비즈니스에서는 타협할 수 있다. 법조계에서 일하는 사람에게 최상의 위치이다. 만약 검사이면 핏불(Pitbull) 개와도 같을 것이다.
부정적 효과	때로는 관계성에서 충동적일 것이다. 이러한 행동이 온갖 드라마들을 연출해낼 수 있다. 인연들이 불협화음으로 가득할 수 있으며, 결국 드라마틱하게 모든 관계성들이 부서져버릴 수 있다.

7번 하우스에 있는 화성은 지나친 개인성을 표현하게 되며, 파트너나 파트너 십을 '향상'시키려 항상 시도를 할 것이다. 화성의 본성은 우리를 약하게 만드는 것들을 파괴하는 것이다. 그런데 파트너십에서는 '약함을 파괴시키는' 것이 대체로 행복을 가져다주지는 않는다. 그래서 화성이 7번에 있으면 어떤 좋은 상태에 있더라도 결혼생활의 어려움을 준다. 신체적인 매력으로 인해 아주 일찍 결혼을 할 수 있다. 파트너십에서 긴장, 다툼, 싸움이 잦을 수 있다. 한 번 이상 결혼할 가능성이 아주 높다. 아주 강렬한 섹스 드라이브를 가지고 있으며, 화성이 좋은 상태에 있지 않는 한 바람을 피울 가능성이 높다. 혹은 비도덕적이거나 비윤리적인 성적 생활을 비밀리에 할 수도 있다. 배우자는 공격적이고, 언쟁적이고, 육체적이고, 타락하였거나 죄를 많이 짓는 사람이다. 다른 어떤 행성보다도 화성이 7번에서 손상된 경우에 폭력적이거나 일찍 죽게 만들 수 있다. 고향이나 조국을 떠나 외국에서 성공을 거둘 가능성이 높다. 1번 하우스를 어스

펙트함으로 건강을 해치게 된다. 쿠자 도샤로 결혼생활이나 가정적 행복에 이상적인 조합이 아니다. 다른 쿠자 도샤를 가진 사람과 결혼하는 것이 좋다.

태양처럼 7번에 있는 화성은 커리어에는 유익하다. 화성이 7번 하우스에서 좋은 상태에 있으면 카리스마가 넘치고, 비즈니스 거래를 빨리 성사시키며, 애정과 사랑이 많고 표현도 잘하며, 밝은 성격을 가지고 있다. 만약 안 좋은 상태에 있으면 파트너십의 갈등을 겪고, 동조나 동의를 잘 이루지 못하며, 너무 열정적이거나, 질투심이 많거나, 안 좋은 조건의 거래들을 잘한다.

○ 8번 하우스(아유 바바)에 있을 때

긍정적 효과	돈에 있어 공격적이다. 특히 다른 사람이나 회사의 돈을 다루는 데 있어선 더욱 그렇다. 리스크를 잘 취할 것이다. 다행히 제법 예리한 직관력을 가졌기 때문에 리스크가 대체로 효과를 본다. 성적인 열망이 대체로 강하며, 이러한 열정을 자극할 수 있는 파트너, 좀 변태적인 게임도 같이 할 수 있는 그런 사람이 필요하다. 섹스는 그의 공격적인 성향을 어루만져주고, 긴장된 상태를 완벽하게 풀어줄 수 있다.
부정적 효과	섹스에 너무 집중하여 관계성이 잘못될 수 있다. 세금, 유산, 위자료 등을 조심해야 한다. 이러한 영역들과 관련된 무분별한 행위들이 상당한 비용을 초래할 수 있거나, 법적인 이슈들에 대처해야 할 수도 있다.

8번 하우스에 있는 화성은 가장 위험한 조합 중의 하나이다. 화성은 거침이 없는 행성이기에, 8번 하우스가 나타내는 실수들에 대한 즉각적인 파장들이 일어날 수 있다. 이러한 조합을 가진 사람들은 아주 조심을 해야 하며 뭐든지 천천히 하는 법을 익혀야 한다. 많은 에너지들이 감정적 약함과 취약함을 강화시키기 위해 사용되게 된다. 무술이나 호신술, 스포츠, 경쟁, 등을 선호하는 조합이다.

화성이 8번 하우스에 있으면 수명을 줄이고, 사고나 무기, 폭력으로 인한 죽음을 맞을 수도 있다. 방광염, 자궁염, 고환 질환 등, 생식기능과 연관된 질병에 시달릴 수 있다. 하지만 그는 삶에 대해 아주 적극적이며 열정적인 태도를 가지고 있다. 성적으로 아주 매력적일 수도 있다. 피가 약하거나 독으로 인한 질병에 걸릴 수도 있다. 만약 화성이 손상되었으면 이러한 질병들이 고질적이거나 장기적으로 될 것이다. 4번 하우스 상태가 좋지 않는 한, 토지나 집 등을 소유하는 데 어려움도 있다. 시력이 안 좋으며 돈이나 교육, 가족생활을 잘 관리하는 데 어려움이 있다. 배우자의 부로 이득을 보기도 어려우며, 유산이나 보험금의 혜택도 받기 어렵다. 배우자와 다투거나 조인트 계좌 문제로 인한 갈등이 있다. 이혼을 하는 경우 위자료의 혜택도 보기 어렵다. 몸에 상처가 있거나 불구일 수도 있다. 평판이 안 좋은 이성에 끌리거나 바람을 피울 가능성도 높다. 8번의 화성은 쿠자 도샤이기에, 결혼생활에 길조적이지 않다. 다른 쿠자 도샤를 가진 사람과 결혼하는 것이 좋다.

적합한 커리어는 아주 훌륭한 힐러이거나, 아니면 아주 통제적이거나, 지나치게 성적이거나, 조작적인 사람이다. 혹은 양쪽 모두일 수 있다. 탄트라 수행을 하게 되면, 다른 사람들의 '사이킥 수술'이나 다른 어떤 필요한 절차를 하기 위해 사람들의 오로라를 뚫고 들어갈 수 있는 능력도 가능하다. 탄트라 지식이나 다이내믹한 것들에 대한 열정이 늘어나며, 위기적 변화에 자기 주도적인 반응으로 대응한다. 의식적인 힐링 전통에 대한 접근이 가능하다는 전제하에, 대체적으로 산양이나 전갈 라그나에게 더 길조적이다. 미스터리한 전통이나, 비밀스런 사회들에 대해 추구한다. 첩보 활동 조사자, 보험 조정인, '첫 번째로 대응하는 이', 응급의료, 삶과 죽음의 상황에서 직접적으로 개입을 하는 역할, 격변적이고 위험한 갈등을 다루는 일, 온갖 종류의 위기적인 변화들 외에 다른 갑작스런, 강요된 변화 타입의 사업을 하는 일 등에서 성공할 수 있다.

화성이 8번에서 좋은 상태에 있으면 도움이나 지지를 빠르게 얻고, 조사나 연구를 잘하며, 활력이 넘치고, 경쟁적이고, 신비롭거나 미스터리한 것들에 대해 적극적이다. 만약 안 좋은 상태에 있으면 너무 강렬하고, 예측하기 힘들며, 배신을 잘하고, 신뢰나 믿음을 갖기 어려우며, 분노에 차 있고, 심각한 질병에 시달린다.

○ 9번 하우스(바기야/다르마 바바)에 있을 때

긍정적 효과	여행은 그의 시각을 확장시켜준다. 떠돌이 성향이 강하다. 세상을 보기 위해 떠나버릴 수도 있다. 먼 나라로 흥분적인 여행을 가는 목표를 자주 세운다. 자신의 아이디어를 좋아하며, 다른 사람들의 아이디어를 무시하기 좋아한다. 자신이 동의할 수 있는 종교나 정치적 제도를 찾게 되면 모든 사람들이 그에 대해서 듣게 될 것이다.
부정적 효과	설교적이고 편협한 마음, 다른 사람들의 믿음에 대해서 한 치의 인내심도 없는 광신도일 수 있다. 혹은 이상한 종교를 고수할 수 있다. 만약 어떤 이교의 리더이면, 다른 사람들이 하기 원하지 않는 일들을 마구 강요할 수도 있다.

9번 하우스에 있는 화성은 자신의 원칙을 위해 싸우거나, 죽을 수도 있는 사람이다. 이러한 위치는 영적으로 군기적 성향이 있는 인물, 혹은 좀 더 평화로운 영적 전사를 만들 수도 있다. 하지만 보다 관용적인 철학을 파괴하는 강한 의견을 가진 사람이 될 수도 있다. 만약 화성이 강하면 자신의 가르침을 그저 생각만 하거나 말로만 설교를 하거나 다투기보다는, 직접 행동으로 실천한다.

화성이 9번에 있는 경우 아버지, 구루, 사제 같은 사람들과 갈등을 일으킨다. 사원이나 절에 있으면 불편함을 느낀다. 종교나 애국주의에 열정적이나, 그러한 가르침들이 자신에게 잘 맞아야 한다. 부모님으로부터 타고난 문화에서 잘 적응하기 어렵다. 종교나 철학에 대한 관심이 없고, 행운과 복이 해를 입는다. 아버지와 연관된 것들에 손상을 입힌다. 아버지와의 관계가 다툼으로 어렵게 되거나, 아버지가 아프거나, 혹은 고생스런 삶을 살 수도 있다. 만약 고양이거나 좋은 상태에 있으면, 아버지가 아주 성공적인 비즈니스를 하거나, 교수 혹은 다른 특별한 종교적 단체에서 사제로 성공을 거둘 수 있다.

어쨌든 화성이 가진 에너지가 9번 하우스의 길조적인 효과를 누릴 수 있기 때문에 아주 유명하거나 권위적 지위를 누리는 사람일 수 있다. 상당한 드라이브, 야망, 주도성을 가지고 있으며, 성공할 수 있다. 자신의 종교나 철학적 영역에서 선구자이거나, 대변인일 수도 있다. 그러나 길조적인 영향이 없으면 9번의 화성은 상당히 독선적이고 아집적일 수 있다. 자신의 종교나 믿음이 유일한 진실이고, 다른 모든 종교나 믿음들은 다 잘못 가이드를 받고 있다고 믿을 수 있다. 옳고 그름에 대한 확실한 자세를 가지고 있으며, 중간이나 추상적인 생각이나 사고, 비논리적인 것들을 수용하거나 참지 못한다. 9번 하우스 화성은 고정재산의 행운을 누린다. 강한 혈기, 피, 근육, 상당한 용기를 가지고 있고, 기계적인 것들을 다루는 능력도 탁월하다. 형제들과 연관된 것들은 손상을 입으며, 도덕적이거나 좋은 선행을 하는 경우가 별로 없다. 죄를 짓고, 구루, 스승, 윗사람들과의 갈등이나 언쟁을 벌일 수 있다. 혹은 그들에게 심한 꾸지람을 들을 수도 있다. 장거리 여행들을 상당히 많이 하지만, 그러한 여행에서 좋은 경험들을 얻기가 어렵다.

화성이 9번에서 좋은 상태에 있으면, 행운과 복이 빨리 오고, 활력이 있는 상담가 혹은 카운셀러이며, 빠른 보호능력을 가지고 있고, 여행을 통해 이득을 볼 수 있다. 만약 안 좋은 상태에 있으면, 비도덕적이고, 품행이 나쁘고, 갑작스런 불행을 겪으며, 명예로운 사람들에게 무례하다.

○ 10번 하우스(카르마 바바)에 있을 때

긍정적 효과	정상에 다다르기 위해 누구보다도 열심히 일을 한다. 직위를 갈망한다. 야심을 불태운다. 경쟁적이고, 적을 이기기 위해 무엇이든 할 수 있다. 권력과 유명함에 대한 갈구가 그를 드라이브한다. 훌륭한 기업 리더이거나 정치인이 될 수 있다. 대중에게 영감을 줄 수 있는 힘과 카리스마가 있다.
부정적 효과	권력을 향한 야심이 거침없다. 자신의 목표를 이루기 위해선 아무 것도 막을 수 없다. 설령 다른 사람들을 죄다 짓밟는 일이라도 마다하지 않는다. 계속 그런 식으로 나가면 언젠가 권좌에서 추락하게 될 것이다.

10번 하우스에 있는 화성은 어떤 다른 일, 어떤 큰 다른 일을 하기 위해서 많은 열정을 주게 된다. 이러한 화성은 상당한 야심가로 만들 수 있으며, 부족한 인내심 때문에 기회들을 많이 낭비할 수도 있다. 하지만 화성은 목표를 달성하기 위해 필요한, 유쾌하지 않은 것들을 마주할 용의가 있다. 이런 화성을 가진 이는 커리어에서 성공을 하게 되는 경우들이 자주 있다. 그저 이기기 위해서가 아니라, 삶에서 보다 깊은 어떤 의미

가 있는 것들과 목표를 조율시키는 것이 이상적이다.

화성이 10번에 있으면 자신이 가진 불같은 에너지를 잘 활용할 수 있는 좋은 위치이다. 10번에서 화성은 위치의 저력, 디그 발라를 얻는다. 자신이 하는 일에 아주 능력이 있으며, 삶에서 위대한 성공과 성취를 이룬다. 부를 쉽게 얻는다. 아주 야심적이며 리더 같은 사람이 되고자 한다. 군대와 연관된 일이나, 스포츠, 메카닉, 혹은 어떤 다른 테크니컬한 일들, 도면 작성자, 엔지니어링, 회계 등에 재능이 있다. 거짓말을 하거나, 두 얼굴을 가졌거나, 도둑의 마인드를 가졌을 수도 있다. 화성이 가진 공격성과 크루라 특성이 그에게 목표를 성취하기 위한 강한 욕구를 가지게 만든다. 그래서 마치 정치인들처럼 행동을 할 것이다. 수단과 방법을 가리지 않고 목표를 달성할 수 있으면 된다는 자세를 가지고 있다. 진리나 진실에 개의하기보다는 원하는 것을 이루기 위해선 필요한 일을 무엇이든지 할 수 있다. 그래서 다른 사람들을 이용할 수도 있다. 화성은 개인적 성공을 위해서 이기적인 경향을 주기 때문에, 화성이 좋은 상태에 있을수록 다른 사람들의 의견이나 느낌에 대해 전혀 고려를 하지 않을 수도 있다. 어쨌든 그는 아주 존경을 받고, 강하고, 높은 지위를 이룰 수 있다. 커뮤니티를 위해서 좋은 선행도 행할 것이다. 어머니와의 관계는 손상이 될 수 있다.

화성이 10번에서 좋은 상태에 있으면 활발한 커리어 생활을 하고, 임원으로 오를 수 있는 능력이 있고, 인기가 많고, 똑똑하다. 결정을 단호하게 잘 내리며, 강한 리더이다. 만약 안 좋은 상태에 있으면 커리어가 잘 단절되고, 충동적이고, 실수를 잘하고, 정확하지 못하며, 뭐든 간과를 잘하며, 낭비 성향이 있다.

○ **11번 하우스(라바 바바)에 있을 때**

긍정적 효과	우정에 많은 중요성을 둔다. 그룹들과 함께 일하거나 리드하는 것을 즐긴다. 우정은 그가 가진 전문직 야심에 기반을 두고 있다. 예를 들어, 아주 효율적인 네트워커일 수 있다. 혹은 영향력 있는 사람들과 잘 알고 있을 수 있다. 아는 사람들은 많지만, 친한 친구들은 아주 적다. 아주 예외적인 이너 서클을 가지고 있으며, 자신이 신뢰하는, 혹은 자신에게 이득이 되는 소수의 엘리트들만 들어올 수 있다.
부정적 효과	친구들에게 배신의 경험을 가질 수 있으며, 혹은 그룹에서 권력 투쟁에 휩쓸릴 수 있다. 혹은 그를 잘못된 길로 가게 하는 위험한 유형의 사람들과 시간을 보낼 수 있다.

11번 하우스에 있는 화성은 세상에서 자신의 목표를 이루기 위해 많은 열정과 에너지를 줄 수 있다. 경쟁하기를 즐기고 승자가 되는 경우가 자주 있다. 하지만 우아하기보다는 너무 경쟁적일 수 있어서, 진정한 서비스를 하는 데서 오는 교훈들은 배우기가 어려운 경향이 있다. 화성은 태양과 비슷하여, 자신의 개인성을 분명하게 하고자 한다. 11번의 화성은 집합적인 목표에 대한 저항감을 줄 수 있다.

화성이 11번에 있으면 11번 하우스의 특성들이 잘 발휘될 수 있다. 힘 있고, 용기 있고, 아주 야심적이다. 삶에서 많은 기회들이 있으며 상당히 부유하다. 주요 목표나 욕구들을 성취하고, 토지나 빌딩을 소유한 사람일 수도 있다. 권력이 있고 영향력 있는 친구들이 많다. 하지만 그들과의 관계성이 어려울 수 있다. 만약 화성이 어떤 식으로든 손상이 되었으면 이러한 우정에 상당히 손상이 갈 것이다. 11번의 화성은 위 형제와의 관계성에도 도움이 되지 못한다. 그들의 삶이 어려울 수 있다. 손을 사용하는 일들에 상당한 재능이 있다. 메카니컬한 것들을 다루는 능력, 테크니컬한 것들, 혹은 온갖 종류의 수리 등을 잘하며, 부수입 근원으로 될 수도 있다. 어떤 투자를 하더라도 이윤을 거둘 수 있다. 자녀들과 연관된 것들은 손상을 입는다. 낙태, 유산, 자녀들과의 어려움, 로맨스의 실패, 피부 발진, 혹은 급한 성격 등에 시달릴 수 있다.

11번 하우스에 있는 화성은 수입을 벌거나 목표를 달성하는 행위들에 에너지를 제공한다. 부와 성공의 카라카이며, 시장에서 이윤을 올린다. 공격적으로 사회적인 악과 싸운다. 경쟁적, 야심적인 목표지향주의자이고, 큰 성취를 한다. 큰 기관 내에서 활발하게 운영을 하고, 인맥 네트워크를 조율하고, 시장에서 이윤을 향한 드라이브를 한다. 휴머니티, 커뮤니티 이득을 위한 기금 모금자로 뛰어난 활약을 할 수도 있다. 그래서 정치를 하는 데 좋은 위치이기도 하다. 하지만 너무 밀어붙이거나 강요적이지 않도록 중요해야 한다. 사회적 환경, 기금 마련, 큰 규모의 컨퍼런스, 집회 등을 위해 많은 활동을 한다. 스타일이 약간 공격적이지만, 그러나 대체로 다양하게 서포트적인 연결, 인맥을 만드는 데 성공적이다. 시장에서 작용하는 네트워크의 규칙들을 기교적으로 잘 사용하기 때문이다. 하지만, 그룹이나 기관에서 하는 행위들이 어느 정도 이기적이거나 주도적이게 비춰질 수도 있다. '내 방식을 따르거나 아니면 나는 개입 안 해' 하는 식의 경쟁적인 스타일을 전시하기 때문이다.

화성이 11번에서 좋은 상태에 있으면 무슨 일에서든 이득을 빠르게 거두고, 현금이 풍부하고, 네트워크를 잘하며, 좋은 인맥과 친구들을 가지고 있다. 만약 안 좋은 상태에 있으면 현금 수입이 일정하지 않으며, 이윤이나 직위를 잘 관리하지 못하며, 좋은 기회들을 잘 놓치며, 친구들과의 갈등이나 마찰을 겪는다.

○ **12번 하우스(비야야 바바)에 있을 때**

긍정적 효과	무대 뒤에서 일하기를 즐기고, 마찰이나 다른 사람들의 반대를 피하기 위해 운영을 뒤에서 관리한다. 혹은 병원, 기관, 자선기관들 등 세상을 좀 더 낫게 만들기 위한 장소에 자신의 야심을 발휘할 수 있다. 무의식적 마인드가 예리하며, 그가 하는 액션들에 많은 영향을 미칠 수 있다. 어떤 상황에 개입하거나 결정을 내릴 때 자신의 동기를 분명히 해야 한다.
부정적 효과	깊고 어두운 비밀들을 가지고 있다. 아마 성생활과 연관된 것들일 수 있다. 혹은 어떤 비밀스런 적이 그의 추락을 위해 계략을 꾸미고 있을 수 있다.

12번 하우스에 있는 화성은 용기, 수행, 개인적 저력에 대한 어려움과 혼란을 나타낸다. 경쟁이나 자기방어가 필요한 외적인 상황에서는 잘 적응을 하지 못한다. 명상이나 자기탐구와 같은, 보다 깊고 내적인 접근이 필요한 상황에서 더 능력을 잘 발휘할 수도 있다. 깨어 있는 상태에서는 회피하는 싸움들을 꿈에서는 아주 영웅적인 전투들을 하는 등의 이유로 인해, 잠자는 패턴이 아주 불규칙하거나 깊은 잠을 방해받을 수 있다.

화성이 12번에 있으면 특히 형제들과의 갈등이 있다. 화성은 형제들의 카라카이기 때문에 12번의 화성은 3번을 부정적으로 어스펙트한다. 12번의 화성은 쿠자 도샤이다. 결혼생활에 어려움을 주고 가정적 행복에 부정적 영향을 준다. 12번 하우스는 목성의 자연적 하우스로서 화성의 잠재의식을 휘저어서, 근본적으로 리액션을 잘하는 사람으로 만든다. 상상력이 지나치게 활발하며, 판타지나 꿈꾼 것 등에서 유래된 원망이나 질타를 남들에게 할 수도 있다. 상담, 테라피, 은둔, 명상 등을 통해 해소하는 것이 더 바람직하다. 정신심리학, 카운셀링, 병원의 전문직업, 힐링 스파, 혹은 다른 신성한 공간 개발과 연관된 일을 하게 되면 아주 좋다. 외국 땅에서 활발한 관계성을 가지고, 외국 여행을 자주 하고, 외국과 전투하는 상상으로 흥분하다가 진짜로 전쟁이 일어날 수도 있다.

　화성이 12번에서 좋은 상태에 있으면 진화가 빨리 이루어지며, 어떤 속박이나 굴레로부터도 자유를 얻기 위해 싸우며, 해방가이고, 영감을 고무하고, 열정적인 동기부여가이다. 만약 안 좋은 상태에 있으면 비용이 많고 낭비를 잘하며, 너무 공격적이고, 실질적인 능력이 부족하고, 벌금형이나 징벌을 잘 받는다.

7.
수성이 열두 라시와 열두 하우스에 있는 효과들

수성(Buddha)

Prinyangu Kalikaa Shyaamam Roopenaa Pratimam Budham

Soumyam Soumya Guno Petam Tam Budham Pranamamyam Ham

프리양구 꽃의 싹처럼 어두운 이, 그의 아름다움과 지성에 견줄 이가 없는 이,

찬드라의 아들, 평화로운 이,

붓다에게 경배를 올립니다.

수성은 태양의 가장 가까이에 있는 행성으로서, 스피치와 화술을 제공하는 행성이다. 수성은 세상의 모든 것을 다루는 데 아주 중요한 행성으로서, 우리가 하는 모든 생각과 사고, 말을 하는 능력, 세상을 살아가는 데 실질적으로 필요한 모든 일들을 하기 위해 사용하는 행성이다. 또한, 수성은 이지나 지성을 대변한다. 수성은 총명하고, 젊고, 중성이며, 빠르게 움직이는 본성을 가졌다. 재미있거나 장난기 많은 사람들, 열정적이고 말이 많은 사람들은 모두 수성의 영향이 두드러지는 차트를 가지고 있다. 언어의 능력, 기억력, 고서들을 배우는 것, 사업적으로 탁월한 기질, 확신 있게 말을 할 수 있는 능력 등은 모두 수성에서 나온다.

- **수성은 소통, 피부, 인지하는 능력, 여행, 분별력, 게임, 친척, 장인적 기술이나 능력, 만트라, 상업, 비즈니스, 기업, 배움 등을 나타낸다.**
- **수성의 친구는 태양과 금성이다.**
- **수성의 적은 달이다.**
- **수성에게 중립은 화성과 목성이다.**

좋은 요가나 좋은 아바스타즈에 있는 수성은 친구나 사람들을 잘 사귀고, 잘 배우며, 예술적 재능, 그리고 뭐든지 빨리 할 수 있는 능력을 가지고 있다. 손상된 수성은 낮은 수준의 무리들과 어울리거나, 적을 만나거나, 부을 잃고, 갇힘에 대한 두려움, 곱지 못한 스피치, 불안정한 마인드를 나타낸다.

수성이 12 라시에 있는 효과들

수성은 신의 메신저이다. 점성학에서는 우리가 어떻게 소통하고 생각하는지를 나타낸다. 사람들이 자신을 어떻게 표현하는지 알기 위해선 수성을 살피면 된다. 수성의 기호는 십자가 위에 동그라미가 왕관을 입고 있는 모양이다. 수성은 마인드와 연관이 있다. 그가 가진 지성을 계발하고 사용하게 만들어준다. 산스크리트로 수성은 사움야마, 즉 소마의 아들이라는 의미이다. 달은 태양의 빛을 통해 반영하여, 삶에서 생명을 자라도록 하는 우주적인 에센스를 의미한다. 수성이 가진 특성은 활발한 잠재성을 가진 지식과 존재의 본질을 이해하게 하는 순수 지성 사이에서 다리 역할을 한다는 것이다. 수성이 사자 혹은 황소, 천칭 라시에 있을 때 긍정적인 효과들이 잘 발현될 수 있으며, 게 라시에 있거나 달에게 행성간 어스펙트를 받을 때 수성이 효율적으로 능력을 잘 발휘할 수 있는 능력이 저하된다.

○ **산양(메샤) 라시에 있을 때**

긍정적 효과	열정적이고, 솔직하게 자신을 표현하는 방식을 가진, 아주 대담하고 열정적인 사람이다. 발에서부터 생각을 하며 엉덩이에서부터 쏘아댄다. 이러한 기질이 직선적이라는 평판을 주게 된다. 정신적 도전을 좋아하고, 리스크를 취하는 데 절대 두려움이 없다.
부정적 효과	생각을 하지 않고 말을 한다. 그래서 자주 자기 말을 삼켜야 하는 상황에 처한다. 충동성이 성급한 결정들을 내리게 만들고, 나중에 후회하게 만든다. 성질이 급하고 행동방식이 공격적이어서 사람들이 멀리한다. '내가 먼저'라는 자세를 가진 이기주의자일 수도 있다.

산양 수성은 특히 압도적이고 대립적인 스타일이 중요한 환경에 잘 맞는다. 칭송을 얻고, 주의를 받거나, 혹은 소통의 목표가 그저 이기는 것이면 그렇게 된다. 만약 화성에 문제가 있으면 이기적일 수 있고, 스포트라이트 받는 것에 중독되었을 수 있다. 산양 수성이 좋은 하우스를 다스리거나, 혹은 좋은 행성이 같이 있으면 그는 아주 경쟁적인 금융, 운동, 군대, 정치, 무대 콘테스트적인 영역으로 끌린다. 그는 분명하고 강압적인 매너로 말을 잘한다.

산양 수성은 경쟁, 사냥, 남성적 주도, 운동적 성취, 주도적, 전쟁과 연관된, 성적 정복, 피 흘리는 스포츠, 영웅성, 개인적 독특함, 자급자족, 우월함, 상을 얻는, 독창성, 숭고함, 신체, 출생 등에 대해 생각하는 것을 좋아한다. 산양 수성이 좋은 효과를 발휘하기 위해선 화성의 건강상태에 크게 좌우된다. 빠르고, 공격적이고, 직설적인 스피치를 하는 경향이 있다. 말을 주고받는 데 주도를 한다. 만약 달과 합치하면 언쟁적이고

급한 성격이다. 정복하고, 경쟁적이고, 스포츠적인 단어들을 선호한다.

산양 수성이 좋은 상태에 있으면 갈등이나 문제를 빨리 해결하는 해결사, 선명하고 분명한 정신 자세, 효율적인 스피치, 동기부여자이다. 만약 안 좋은 상태에 있으면 수단과 방법을 가리지 않으며, 잘 속이고, 정신적으로 불안정하며, 말을 너무 빨리 하고, 다른 사람들 질책이나 탓을 잘한다.

○ 황소(브리샤뱌)라시에 있을 때

긍정적 효과	사고방식이 보수적이고 체계적인 경향이 있다. 실질적이고 배려심이 있으며, 어떤 결정을 내리기 전에 충분한 시간을 두는 것을 선호한다. 이러한 느린 접근 방식은 모든 가능성들에 대해 먼저 생각해보게 해준다. 일단 마음의 결정을 내리면, 끝까지 고수한다. 그대는 자신을 아주 젠틀하고 침착한 매너로 표출하며, 사랑스런 목소리를 가졌을 수도 있다. 예술과 아름다운 것들에 감화된다.
부정적 효과	옹고집적일 수 있다. 이러한 자질로 인해 자신의 입장을 고수하며 절대 바꾸지 않는다. 결정을 내리는 데도 느려서 다른 사람들이 기다리다가 지쳐버린다. 이러한 행위는 많은 기회들을 잃게 만들 수 있다.

황소 수성은 아름다운 얼굴, 이빨, 눈, 입들에 대해 생각하기를 좋아한다. 파인 아트, 예술품 수집을 하고, 음악을 즐기고, 부, 지식, 가치 있는 것들을 모으고, 사랑과 쾌락을 즐긴다. 예술적 가치가 있는 것들, 맛, 촉감, 냄새 등의 단어들을 선호한다. 사랑과 감각적인 것들의 경험이 풍부하다. 돈, 사치, 성적 쾌락, 고대 지식, 언어, 자본금 축적, 물건들을 모으는 것, 수집, 은행, 축적한 부, 그리고 어떤 것이든 모을 수 있는 것들에 대해 생각하기를 즐긴다.

커리어는 작사가, 와인 맛보는 이, 그리고 어떤 직업이든 사랑과 연관된 것들에 대해 토론하는 일 등을 하는 데 좋은 위치이다. 부, 감각적 쾌락, 예술, 음악, 아름다움을 쉽게 잘 가질 수 있다.

황소 수성이 좋은 효과를 발휘하는 것은 금성의 상태에 많이 달려 있다. 감각적이고, 부드럽고, 기쁜 스피치를 가지고 있다. 그는 가능한 소통적 마찰을 피하고, 사랑스럽고, 감각적 표현력을 가진 단어들을 사용하기를 좋아한다. 만약 황소 수성이 좋은 상태에 있으면 창조적이고, 호기심이나 소유욕이 많고, 카리스마가 있고, 상상력이 뛰어나며, 말을 잘하고 글 쓰는 재능이 있다. 만약 안 좋은 상태에 있으면 변덕스럽고, 신뢰할 수 없으며, 진실을 감추고, 모방을 잘하고, 다른 사람들의 아이디어를 질투한다.

○ 쌍둥이(미투나) 라시에 있을 때

긍정적 효과	수성은 쌍둥이의 로드이다. 아주 좋은 위치이다. 예리한 이지와 빠른 위트를 가지고 있다. 똑똑하다. 어떤 상황에서든 말로 빠져나갈 수 있다. 소통 능력이 자연스럽게 온다. 어느 누구와도 대화를 할 수 있다. 복잡한 주제들을 가지고 다른 사람들에게 아주 쉽게 말할 수 있는 재능을 가지고 있다. 항상 호기심이 많고, 언제나 배우고 있다.
부정적 효과	많이 알고 있지만 피상적인 지식을 가졌을 수 있다. 쉽게 지루해하며, 한 상황에서 다음으로 잘 넘어간다. 그래서 변덕스럽다는 평판을 가지고 있다. 악의적인 가십을 하는 사람일 수도 있다.

쌍둥이 수성은 오운 하우스에 있다. 그는 스마트하고, 선명하고, 아주 빠르고 정교한 스피치, 관계성을 잘 맺으며, 대화를 즐긴다. 다수 언어를 하며, 다수 문화에 융통하고, 크게 다양한 단어를 사용하는 사람인 경우가 자주 있다. 농담과 지방 사투리를 잘 사용한다.

쌍둥이 수성은 해석을 조리 있게 잘하고, 대화를 하듯 유연하게 메시지를 보내는 스타일이며, 정신적 반응이 재빠르다. 소통은 빠르게 주요 목표를 달성하기 위해 일률적이고 피상적이다. 정보나 사람들을 서로 연결하고, 상호교류하고, 서로 비춰주고, 쌍을 의미하는 단어들을 선호한다. 말하기에 대해 생각하기를 즐긴다. 그날의 비즈니스, 거리에서 하는 말들, 술수, 속담, 최근 뉴스, 형제들, 행정, 세일, 마케팅, 광고, 미팅 등에 대해 항상 생각하고 있다. 메시지 전달과 교류, 소통의 재능이 있고, 글쓰기, 그룹 교류 등을 선호한다.

쌍둥이 수성이 좋은 상태에 있으면 공부를 열심히 하고, 말을 똑똑하게 잘하며, 꾀가 많고, 혁신적이고, 빠른 이지력을 가지고 있다. 만약 안 좋은 상태에 있으면, 잘 속이고, 너무 감정적 성향이 있고, 말을 너무 많이 하거나, 말보다 행동이 앞서가며, 행동을 취하지 않는다.

○ 게(카르카) 라시에 있을 때

긍정적 효과	예리한 직관력과 예민한 감성을 가지고 있다. 마음이 사고를 지배한다. 어떤 결정을 내릴 때 감정으로 치우치는 경향이 있음을 의미한다. 때로는 수줍음으로 뜸을 들일 시간이 필요하지만, 대체로 차밍하다. 마인드가 코끼리와도 같다. 절대 잊지 않는다. 감정적으로 표현하는 유형이기 때문에, 모든 사람들이 어떻게 느끼는지 잘 알고 있다. 마음을 옷소매에 두고 있기 때문이다.
부정적 효과	불평하고, 잔소리하고, 퉁명스럽다. 기분이 좋지 않은 상태일 때 작용하는 방식이다. 감정이 사고를 가릴 수 있기 때문에, 형편없는 결정을 내리는 경우가 종종 있다. 원망을 품게 되면 아주 오랫동안 가지고 있다.

게 수성은 적의 라시에 있어, 수성이 가진 객관적이고 이지적인 성향에 손상을 입는다. 그래서 감정에 의해 잘못 끌리거나, 혹은 좋은 직관으로 잘 가이드가 될 수도 있다. 이들은 조국, 보호, 국민의 감정, 보호된, 방어적, 인지적, 리액션적 단어들을 선호한다. 그리고 어머니, 집, 나라 등에 대해 생각하기를 좋아한다. 사람들의 안전성, 애국주의, 국가 방어, 재산이나 소유 운송수단이나 자동차, 사회성을 키워주는 교육, 문화적 뿌리 등에 대한 애정과 관심이 지대하다.

게 수성이 좋은 효과를 발휘하는 것은 달의 건강상태에 달려 있다. 표현이나 말하는 스타일이 감정적이다. 달이 가진 캐릭터에 상당히 많은 영향을 받는다. 자동적이고, 리액션적인 스피치를 하게 된다. 애국적이고 집을 사랑하는 단어들을 사용하며, 보안성 혹은 안정성에 대한 염려를 많이 한다. 게 수성이 좋은 상태에 있을 때 상상력이 풍부하고, 글이나 말의 재능이 있고, 편안함을 느끼도록 말을 하며, 영리하고, 스승일 수도 있다. 만약 안 좋은 상태에 있으면 생각이나 감정의 일관성이 없으며, 한번에 너무나 많은 일들을 하고 있으며, 정신적 혼란, 부정적인 것들을 상상한다.

○ 사자(심하)라시에 있을 때

긍정적 효과	자신을 아주 드라마틱하게 표현을 한다. 관심의 집중 대상이 된다. 큰 심장을 가지고 있고, 총명하며, 대담한 몸짓과 웅장한 감정 표현으로 어떤 아이디어들을 전달할 수 있다. 만약 행위예술가이면 아주 성공할 수 있다. 큰 그림을 보는 데 아주 능숙하며, 리더로서 무대를 차지하기 절대 주저하지 않는다.
부정적 효과	자신의 삶에 대한 온갖 스토리들을 끊임없이 주절거리는 허풍쟁이다. 관심과 주의를 받아야만 하는 욕구로 사람들이 참기 어려운 캐릭터로 만든다. 어떤 것들을 과장하는 기질이 있으며, 이야기를 꾸며서 하는 사람이라는 평판을 받는다.

사자 수성은 정의롭거나, 자기 정의감이 있다. 귀족적이고, 자기 중요성, 유명인 스타일 등의 플레시한 태도를 가지고 있다. 만약 로드인 태양이 좋은 품위에 있으면 그는 자기 확신감이 있는 스피치를 하고, 도덕적이고, 논리적이고, 원칙주의적이다. 만약 낮은 품위의 태양이면, 낮은 자신감을 주게 되며, 고집스럽거나, 남 탓을 하는 사람일 수도 있다.

사자 수성은 도덕적인 철학, 디바인 진실, 왕들의 특권, 카리스마, 정의, 자기 정의, 유명인, 어디에서든 중심에 있는, 인정, 글래머, 박수 등에 대해 생각하기를 좋아한다. 수성은 태양과 항상 가까운 거리에 있기 때문에 합치할 가능성이 높다. 그래서 태양과 수성이 같이 있는 경우에는, 컴바스트가 되지 않아야 이러한 좋은 결과들이 나타날 수 있다. 만약 컴바스트가 되었으면, 표현하는 스타일이 독자주의거나, 자기중심적이거나, 허영이 가득할 수도 있다.

사자 수성이 좋은 상태에 있으면 똑똑하고, 영향력을 가진 사고가이고 스피커이다. 조직 관리자이며, 창조적인 리더이며, 크게 생각하는 사람이다. 만약 안 좋은 상태에 있으면 잘 속고 속이며, 자신의 가치나 능력을 과대평가하며, 잘난 척하고, 비실질적인 생각을 하는 사람이다.

○ 처녀(칸야) 라시에 있을 때

긍정적 효과	수성이 로드하기에, 아주 행복한 위치이다. 매우 똑똑하고, 아주 분석적인 마인드를 가지고 있다. 모든 디테일을 아주 정교하게 살피기를 좋아한다. 진정한 완벽주의자이기 때문이다. 문제의 원인을 찾고, 실질적인 해결방법을 찾는 최고의 능력을 가지고 있다. 큰 그림을 보며, 섬세한 포인트들을 잘 정리해낼 수 있다.
부정적 효과	지독한 비판가일 수 있다. 그러한 모드에 들어가면, 어떤 이슈들을 세세하게 죽을 때까지 파고드는 경향이 있다. 소소한 것들에 매달릴 수도 있다. 마인드가 부정적이며 집착적이다.

처녀 수성은 단어, 카테고리, 문화적 모형들에 대한 거대한 저장고와도 같다. 아주 객관적이고, 분석적인 사고를 하는 사람이다. 큰 양의 정보, 정확하고 테크니컬한 단어, 다차원적 분석 등을 필요로 하는 직업에 뛰어나다.

처녀 수성은 분석을 잘한다. 문제와 해결책, 관계성과 연결성에 대해 빠르고 분명하게, 놀라울 정도로 디테일하게 묘안을 낼 수 있다. 대단한 기억력과 다차원적인 능력을 가지고 있다. 또한 스피치와 글쓰기에 뛰어나다. 똑똑하다.

처녀 수성이 좋은 상태에 있으면 배움이 많고, 똑똑하며, 존경을 받는 사고가 이며, 양심적이고, 스피커와 작가, 관리 능력이 탁월하다. 만약 안 좋은 상태에 있으면, 어떤 것들에 대해 생각을 너무 많이 하며, 분석 마니아이며, 복잡한 아이디어들로 가득하며, 행동으로 실천을 하지 못한다.

○ 천칭(툴라) 라시에 있을 때

긍정적 효과	친절하고, 정의롭고, 긍정적이다. 모든 것에서 동전의 양면을 볼 수 있어, 객관적인 입장을 지킬 수 있다. 외교성과 정중함이 아주 중요하다. 다른 사람들이 어떤 방식으로 행동할지 잘 알고 있다. 다른 사람들이 자신을 좋아해주기를 바란다. 그래서 차밍하고 우아한 방식으로 다른 사람들을 기쁘게 하고자 한다. 예술, 아름다움, 하모니가 그에게 중요하다.
부정적 효과	소소한 것들에 대한 마음의 결정을 내릴 수 없을 정도로 우유부단할 수 있다. 다른 사람들 기분을 맞춰주려 하기 때문에, 자신의 진짜 생각을 누르고 있다. 혹은 말을 이용해 다른 사람들을 조작하는 식으로 수동적으로 공격적일 수 있다.

천칭 수성은 계약, 동의 동맹, 균형, 협상, 법정, 법적인 조치, 갈등 해결, 결혼, 성적 관계성, 범죄와 응징, 진리와 따르는 결과, 어떤 타입이든지 짝을 짓거나, 파트너를 하거나, 균형적인 행위를 하는 것 등에 대해 생각하기를 즐긴다. 그리고 사회적 조화와 디자인을 유지하기 위한 특별한 예민성을 가지고 있다. 천칭 수성은 동의, 계약, 짝을 짓는, 교환하는, 균형, 관계성 등에 대한 단어들을 잘 사용한다.

천칭 수성이 좋은 효과를 발휘하는 것은 로드인 금성의 상태에 달려 있다. 정중하고, 협상을 하며, 때로는 아이러니한 스피치 스타일을 가지고 있다. 공정하고, 균형 있고, 평등하고, 약간 법조적인 표현 방식을 대체로 가지고 있다. 그의 진짜 감정들은 금성의 상태에 달려 있다. 만약 금성이 강하면 대외적으로나 개인적으로 자연스럽고 성공적인 협상가이다.

천칭 수성이 좋은 상태에 있으면 창조적이고, 상상력이 풍부하고, 배려심이 있고, 진심이고, 철학적이며, 신중하게 말을 한다. 만약 안 좋은 상태에 있으면, 뜬구름을 잡는 듯한 행위나 말을 하며, 비실질적이고, 영감이 올 때까지 너무 오래 기다리며, 게으르다.

○ **전갈(브리쉬치카) 라시에 있을 때**

긍정적 효과	깊고 파고드는 마인드를 가지고 있다. 어떤 상황에서든 이면에 깔린 것들을 볼 수 있다. 사이킥적이고, 민감하고, 아무도 그를 속일 수 없다. 미스터리하고 사적이며, 자신이 무슨 생각을 하는지 남에게 보여주는 경우가 드물다. 다른 사람들은 속을 뒤집어서라도 다 보여주는 중에, 자신은 그저 침묵을 하고 있다. 회의주의적일 수 있으나, 오직 사실만을 원하기 때문에 그렇다. 그리고 원하는 사실들을 항상 가지게 된다.
부정적 효과	일단 화가 나면 화산처럼 폭발한다. 뛰쳐나가고, 복수를 하고자 한다. 질투심이 많다는 평판을 가지고 있다. 상대에서 약점을 잘 잡는 기질이 있으며, 일단 잡은 약점이 있으면 자신의 이득을 위해 사용한다. 아주 잔인할 수도 있다.

전갈 수성이 좋은 효과를 내는 것은 화성의 캐릭터에 달려 있다. 직관적이고, 인지적이고, 통찰력이 있다. 그러나 숨겨진 진리를 드러내는 방식이 상처를 줄 수도 있다. 정신심리적 주도성향, 샤머니즘적 변형에 대한 단어를 사용한다. 갑작스럽고 충격적인 변화들, 대이변적인 변동, 변형을 힐링하는, 비밀스런 지식, 세금과 유산 등에 대해 생각

하기를 즐긴다.

전갈 수성은 특히 어떤 것들을 조사하거나 탐색하는 사람, 경찰, 심리학자, 모든 유형의 힐러들에 좋은 조합이다. 샤먼 모드는 귀신이나 영(靈)들과 얘기를 나누는 것도 포함한다. 정치에서는, 의심하고, 은폐하고, 엄청난 구조의 타락, 드라마틱한 권력 투쟁 등을 하는 경향이 있다. 타살을 당할 확률이 높다.

전갈 수성이 좋은 상태에 있으면 확실하게 결정을 잘 내리며, 영향력이 있고, 예리하고 빠른 사고, 액션을 잘한다. 만약 안 좋은 상태에 있으면 자신을 감추며, 너무 비밀스럽고, 우울하고, 확실함이 부족하고, 무모하고, 뭐든 너무 빨리 하며, 비판적이다.

○ **인마(다누) 라시에 있을 때**

긍정적 효과	긍정적인 기질과 철학적인 마인드를 가지고 있다. 이지적이고, 쉽게 따분해한다. 아주 대단한 모험이나 흥분적인 경험을 갈망하게 만든다. 정직함은 그에게 자연스런 자질이기에, 다른 사람에게 표출하는 방식이 당황스러울 정도로 직접적일 수 있다. 사람들이 그를 어떤 성자처럼 보기도 한다.
부정적 효과	때로는 어떤 높은 자리에 올라탔을 수도 있다. 그러면 아주 설교적이고, 자기 정의감에 사로잡히게 된다. 그가 가진 정직함은 잔인할 정도이다. 원칙을 말하는 것은 좋으나, 잘 전달할 수 있는 기술을 익혀야 할 필요가 있다. 그렇지 않으면 자신을 존경하는 모든 사람들을 잃게 될 위험이 있다.

인마 수성은 사제, 교사, 영업직, 코치 등에 좋다. 휴머니스트적 일에 훌륭한 사람이다. 다른 길조적인 여건들이 있으면 높은 형이상학적 지식에 탁월하고, 디바인에 대한 우주적 의식으로 이끌 수 있다. 종교적 휴머니스트, 경제적이고 교육적인 기회, 국제주의, 글로벌 관점 등에 대한 단어들을 사용하기 좋아한다. 휴머니스트 철학, 대학과 사원들, 종교적 교육, 의식적인 행사들, 모험적인 여행들 등에 대해 생각하기를 즐긴다.

인마 수성이 좋은 효과를 발휘할 수 있기 위해선, 로드인 목성의 상태에 달려 있다. 목성의 상태가 좋으면 그는 현명하고, 밝고, 원칙적이고, 대인배적이고, 변화에 대해 긍정적이고, 다른 이들을 돌보는 사람으로 알려져 있다. 만약 목성의 상태가 좋지 못하면 이상적인 결과들을 내는 데 필요한 재능이 부족할 수도 있다.

인마 수성이 좋은 상태에 있으면 정의의 사도와 같으며, 덕이 있고, 공정한 게임을 한다. 창조적인 사고가이며, 뭐든지 풍요롭게 생각을 한다. 만약 안 좋은 상태에 있으면 디테일을 고려하거나 신경 쓰지 않으며, 감정이 사고를 가리고, 너무 자신감에 차 있다.

○ **악어(마카라) 라시에 있을 때**

긍정적 효과	심각하고, 질서정연하고, 엄중하여, 그의 눈동자를 환상적이게 만든다. 아주 밝고 총명하며, 나이보다 현명하고, 아무도 견줄 이가 없을 정도의 집중력을 가지고 있다. 어떤 것에든 마음을 정하면 통달할 수 있다. 어떤 것들이나 사람을 아주 미세하게 관리하는 것을 좋아한다. 문제를 해결하는 것이 그를 행복하게 한다.
부정적 효과	때로는 우울함에 빠질 수 있으며, 닥치는 대로 쓸고 닦게 만들 수도 있다. 스트레스를 받고 있으면 주도적인 모드로 들어가, 다른 사람들을 압박할 수도 있다. 무서울 정도의 초연함으로 어떤 일을 하는 기질도 있다. 그래서 차가운 사람이라는 평판을 가지고 있다.

악어 수성은 정부가 가진 기관적 위계질서, 사회적 직위, 적절함, 임원적 리더십, 골격, 뼈, 법의 원칙들 등에 대해 생각하기를 좋아한다. 스피치가 느리고, 재거나 주저하는 듯한 스타일이다. 집중을 잘 할 수 있는 능력을 가지고 있다. 사회적 수준과 상식적 도덕성을 가진 언어를 사용해서 정부 리포트를 쓰거나, 문서를 채우거나, 이론적이고 기도문적인 글을 잘 쓴다.

악어 수성은 어떤 새로운 아이디들에 대한 심리적 저항을 느낀다. 그가 가진 기계적인 스피치 스타일로 표현하는 능력을 줄이지는 않는다. 대신에, 덜 창조적이고, 좀 더 미리 짜인 듯한 표현 방식을 가지게 된다. 받은 지식이나 고정된 설명들에 의해 정신적 모형이 형성되게 된다.

악어 수성이 좋은 효과를 발휘하는 것은 로드인 토성의 상태에 달려 있다. 토성은 수성에게 중립이며, 수성은 토성에게 친구이다. 수성이 토성의 라시에 있으면, 그는 보수적이고, 독선적이고, 정신적으로 고착적이거나, 혹은 문화적으로 제한된 관점을 가지고 있을 수 있다. 단조롭거나 편의적으로 말하는 경향, 자신의 개인적 관점을 주기보다는 정형적인 반응을 하는 경향이 있다. 사회적 동의가 된 메시지들을 사용하는 데 더 관심이 있으며, 독창적이거나 대본에 없는 말들을 하는 것은 불편하다. 사회적으로 통상적인 스피치를 보고하는 데는 뛰어날 수 있다.

악어 수성이 좋은 상태에 있으면 조직과 체계가 잘 이루어진 마인드를 가지고 있고, 헌신적이고, 충직하고, 진리와 진실을 고수하며, 전통을 명예시한다. 만약 안 좋은 상태에 있으면 염세적이고, 거짓말을 하고, 소유적이고, 멍청하고, 비종교적이고, 다른 사람들을 상관하지 않으며, 정체되었고, 삶에 대한 열정이 없다.

○ 물병(쿰바) 라시에 있을 때

긍정적 효과	두뇌를 쓰고, 논리적이다. 사고가 아주 원거리적이며, 오리지널하고, 약간 기이하다. 추상적인 것들을 이해하며, 어느 특정한 영역에서 천재적일 수도 있다. 혁신적이고 선구자적이며, 다음의 중요한 어떤 것을 창조하고 있을 수도 있다. 기존의 시대에서 앞서가고 있는 사람이다.
부정적 효과	고정적 라시이기에, 해나 흠이 될 정도로 고집스러울 수 있다. 한번 옳다고 생각하면 절대 불가능해진다. 언쟁적이고 자기 의견이 강하기도 하다. 어떤 사람에게는 자신이 이상한 사람이라고 여겨질 만큼 비전형적인 매너리즘을 가지고 있다.

물병 수성은 자신의 생각을 추상적, 원칙적, 개념적, 무감정적 필터 등을 이용해 표현할 수도 있다. 커뮤니티와 월드 비전의 정신을 강하게 가지고 있다. 크고, 복잡하고, 원칙주의 시스템에 대해 생각하기를 즐긴다. 대외적 모임, 거대한 종교적 행사나 큰 모임들에 대한 생각들을 한다. 만약 수성이 잘 서포트를 받고 있으면 그는 우주적 큰 네트워크망의 방향을 이끌 수 있는 천재일 수도 있다. 인간 피부, 인간과 우주의 신경계, 인간 두뇌 등을 잘 다룰 수 있는 사람일 수도 있다.

커리어에 있어 물병 수성은, 철학가와 수학자에 좋은 조합이다. 사회이론가와 뇌, 피부, 신경계 전문 의사에도 좋은 조합이다. 미래적인, 혹은 앞을 내다보는 정신 성향을 가졌을 수 있다. 그러나 종종 감정적 예민성은 부족하다. 인간 자비심에 대한 고질적 부족함이 있다.

물병 수성이 좋은 상태에 있으면 창조적으로 집중을 하며, 혁신적인 발명에 대한 충동성, 높은 수준의 집중력, 체계적이다. 만약 안 좋은 상태에 있으면, 정체되었고, 소유적인 충동성, 우울증, 아무 것도 할 수 없을 것 같은 무기력증에 시달린다.

○ **물고기(미나) 라시에 있을 때**

긍정적 효과	창조성이 물줄기처럼 쏟아져 들어온다. 모든 말과 생각이 시적이고 마술적이다. 아주 직관적이면서, 골수까지 모든 것을 느낀다. 그래서 어떤 것이 말이 되지 않더라도 느낌을 따라가는 이유이다. 미래에 대한 비전을 가지고 있으며, 약간 몽상가일 수도 있다. 음악, 힐링, 예술, 사이킥 능력 등이 그가 가진 재능이다.
부정적 효과	이지적으로 게으를 수 있다. 영원한 몽상가이며, 거의 아무것도 제대로 이루지 못한다. 분위기를 타고, 피해의식이 있다. 도피주의적 성격이나 감정적 이슈들로 인한 문제들이 물고기 수성이 가진 그림자이다. 마약이나 알코올 중독 등을 조심해야 한다.

수성은 물고기 라시 처음 15도까지 취약이 되고, 나머지 15도에서는 중립의 품위를 얻는다. 물고기 수성은 가이드와 지혜에 대해 생각하기를 좋아한다. 하지만 목성의 아스트랄 월드에서 수성은 그다지 일을 잘해내지 못한다. 우주적 합류, 상상적인 경험, 환희와 절정, 비전 등의 단어를 사용한다. 사람들은 그들의 스피치를 듣는 것을 좋아한다. 어린이 같은 천진난만함과 순수성을 가지고 있기 때문이다.

물고기 수성은 로드인 목성의 상태에 따라 효과가 나타난다. 목성은 수성에게 중립이며, 수성은 목성에게 적이기 때문이다. 만약 니차방가 요가 조합이 있으면, 그는 어떤 문제들을 재정립하여 전적으로 새로운 관점을 얻기 위한 방도를 잘 마련하는 사람일 수 있다. 그렇지 않은 경우에 물고기 수성은 전형적으로 수성이 가진 프로그램적이고 테크니컬한 지성이 목성의 확장적이고 우주적인 라시에서 너무 확대된다. 그는 현실과 철학, 사실과 이론, 법과 원칙 사이에서 약간 예측하기 어려운 방식으로 헤맨다.

물고기 수성이 좋은 상태에 있으면 혁신적이고 창의적인 사고가이며, 철학적이고, 직관적이고, 창조적인 말과 글을 구사한다. 만약 안 좋은 상태에 있으면 실패나 패배에 대한 두려움이 많고, 충분하게 집중을 잘하지 못하며, 근심걱정이 많고, 주의가 잘 흩어지고, 쉽게 분노한다.

수성이 12 하우스에 있는 효과들

수성이 있는 하우스는 차트 주인이 어떻게 소통하고 생각하는지 보여준다. 그의 마인드와 입이 가게 되는 삶의 영역들이다. 수성은 조디액 하우스에 혼자 있는 경우가 드물다. 그래서 수성 혼자서만 좋고 나쁜 결과를 줄 수가 없다. 수성은 융통성이 있고, 유연하며, 위치한 라시나, 같이 합치거나 어스펙트하는 행성들의 특성들을 흡입할 준비가 언제든 되어 있다. 수성은 중립이고, 중성이고, 어느 쪽으로든 변할 수 있는(성별이 없는) 특성을 가진 행성으로 알려져 있다. 수성은 성적 소통을 대변하는 카라카이다. 하지만 수성은 삶의 모든 영역에서 가장 멋지면서도 다양한 모습들을 취할 수 있다.

○ 1번 하우스(타누 바바)에 있을 때

긍정적 효과	호기심이 많고 말이 많다. 세상에서 어떤 일들이 일어나고 있는지 알기를 좋아하고, 정보를 공유한다. 재능이 많고 타고난 작가이며 어떤 커리어든지 소통과 연관된 일을 하면 성공을 거둔다.
부정적 효과	스스로 자신이 하는 말을 듣는다. 허풍쟁이로 만들 수 있다. 방 안에 있는 사람들 중에 제일 똑똑한 사람이기를 우긴다면, 사람들이 피곤해하고 회피한다.

1번째 하우스에 있는 수성은 호기심이 아주 많고 삶에 대해 경험자적 태도를 가지고 있다. 외모가 균형적이고 좋은 맵시와 매력을 갖추고 있다. 여러 다른 삶의 상황에 쉽게 적응할 수 있으며, 때로는 말이 너무 많거나 아무렇게나 말을 하는 경향도 있다. 수성은 1번 하우스에서 위치의 저력, 디그 발라를 얻기에, 수성에게 최상의 위치이다. 그는 잘생기고, 파인 아트나 시, 수학 등을 배운 사람이다. 재능이 있고, 정중하고, 장수하며, 침착하고, 배우자와 자녀들의 축복이 주어졌다. 음악에 뛰어나고, 관대하고, 인내심이 있으며, 부유하고, 엄숙하고, 많이 모으는 유형이며, 정의롭고, 고귀한 평판을 얻고 있으며, 단출하면서도 순수한 음식을 좋아하고, 진실하다. 하지만 수성은 중성이어서 같이 있는 행성의 영향을 잘 받는다. 크루라와 같이 있으면 잔인해진다.

수성이 1번째에 있으면 나이보다 젊은 외모를 준다. 총명하고, 배움이 있고, 지식이 있다. 작가이거나 혹은 소통과 연관된 커리어를 가질 수도 있다. 그는 위트가 있고 기발하다. 탁월한 스피커이며, 아주 말이 많다. 수학, 시, 아트, 점성학 등에 재능이나 관심이 있다. 잘생기고, 존경받고, 건강하고, 장수한다. 결혼생활이 행복하고, 일찍 결혼하는 경향이 있다. 언어를 배우는 능력도 뛰어나다. 행복하고, 친절하고, 매력적이다. 친절하고 용서를 잘하는 마음을 가졌다. 아마도 쌍둥이일 수도 있다. 만약 수성이 손상되었으면 그는 긴장을 잘하고, 흥분하고, 정신적으로 불안정하다. 속임을 잘 당하고, 과장을 잘하며, 진정한 자신감이 부족하다.

1번 하우스는 화성의 자연적인 하우스이다. 그래서 소통 전문가이며, 쉽고 친근한 개인적 스타일을 가지고 있다. 사회적으로는 이성적이고, 과학적이며, 청년기에 있고, 그룹과 단체를 기획하는 역할들을 가지고 있다. 관계성들을 쌓는 사람이다. 철학적으로 피상적이고 감정적으로 미성숙할 수도 있다. 그러나 비록 비길조적인 면을 가지고 있더라도 친근한 대화 스타일을 유지한다. 젊어 보이는 외모와 젊은 문화적 성향을 가지고 있으며, 젊은 사람들이나 삶을 보다 고귀한 자세로 사는 사람들과 어울리기를 선호한다. 성숙도가 부족해서 오래갈 수 있는 결혼에는 이상적인 위치가 아니다.

수성이 1번 하우스에서 좋은 상태에 있으면 총명하고, 위트가 넘치고, 분석적이고, 체계적인 접근 방식, 논리적이고, 효율적이며, 아는 것이 많다. 만약 안 좋은 상태에 있으면 우유부단하고, 너무 잘 변하고, 한자리의 장소, 직위에 오래 머물지 못하며, 매사에 겉돌고 피상적이다.

○ 2번 하우스(다나 바바)에 있을 때

긍정적 효과	돈에 대한 생각을 많이 한다. 금융 혹은 사업과 연관된 일을 하게 만든다. 타고난 사업 감각이 있으며, 어떻게 하면 돈을 더 많이 벌 수 있을지 배우기를 즐긴다. 경제적 성공을 할 수 있는 좋은 아이디어들이 많이 있다. 실질적이고 안정성 위주의 마인드를 가졌으며, 결과에 집중한다.
부정적 효과	돈과 연관된 것들에 너무 집중하다 보니 물질주의적 자세를 가지게 만들 수 있다. 다른 사람들을 이용해 이득을 얻고자 한다면 결국에는 모든 것을 잃게 될 것이다.

2번째 하우스에 있는 수성은 언변이 뛰어나며, 가족생활이나 가정적 상황에 잘 적응하게 만든다. 글을 잘 쓰는 작가일 수도 있다. 문화의 다양한 면을 존중하며, 여러 언어에 능통하거나, 유머나 인내심에 토대를 둔 가치관을 가졌을 수도 있다. 재능이 있는 목소리와 손을 가지고 있다. 기억력이 좋으며 언어를 빠르게 습득할 수 있다. 무대 공연에 좋으며, 교수, 그리고 빠른 기억력 회수 능력이 치명적으로 다른 차이를 만들어내는 어떤 비즈니스에도 좋다. 총명한 가족에서 태어난 것이 어릴 적 교육의 토대가 된다. 부, 미색적인 것, 디자인, 역사, 전통, 이야기 등을 좋아하는 사고를 가지고 있다. 성적 소통을 센스가 넘치게 잘한다. 전반적으로 부를 얻기에 좋은 위치이며, 부부관계의 쾌락을 주며, 고양이 넘치고, 책 비평가, 똑똑하고, 삶의 초창기에 좋은 배움을 얻는다.

수성이 2번에 있으면서 손상이 되지 않았으면 배움과 지식이 있고, 좋은 교육을 받았다. 부유하고, 이지를 사용하는 일로 수입을 번다. 행복하고 유복한 가족생활을 누리며, 좋은 음식을 먹고, 뛰어난 스피커이며, 교육이나 강연을 하는 커리어를 선택할 수도 있다. 시에도 관심이 있고 부드럽고 다정하게 말을 한다. 다른 사람들이 그의 말을 경청하기를 즐긴다. 상상력과 위트가 빼어나다. 종교적 고서들이나 외국어에 소질이 있다. 만약 수성이 손상되었으면 스피치 능력이 훼손될 가능성이 높다. 직업적으로 논문 서술(대학 학위)이나, 글쓰기, 강의, 여행, 사무원직, 수당을 주는 에이전트, 작은 규모의 상업적 거래 등으로 이득을 얻는다. 광고, 문구류 주문과 공급, 책 등과 연관된 직업들이 수성이 2번에서 좋은 라시나 어스펙트를 받을 때 유익하게 된다.

수성이 2번에서 좋은 상태에 있으면 기획이나 액션에 대한 계획을 하는 기획자, 스피커, 전략적, 분석적이고, 투자를 총명하게 아주 잘한다. 만약 안 좋은 상태에 있으면 속이고, 사기를 치고, 말이 너무 많고, 매사에 망설이고, 금융에 대해 신경을 안 쓰거나 감각이 부족하다.

○ 3번 하우스(사하자 바바)에 있을 때

긍정적 효과	평균적 사람들보다 똑똑하다. 상당한 이지적 저력을 성취할 수 있다. 배우는 것이 빠르다. 학교에서 성적이 탁월하다. 소통이 기본적으로 중요하다. 아이디어를 공유하기를 즐긴다. 어떤 커리어든지 소통과 연관되면 자연스런 기질을 발휘할 수 있다. 저널리즘, 작가, 대외관계, 미디어 중재인, 웅변가 등이다. 소통하는 것이 당신이 가장 좋아하는 일들 중에 하나이다.
부정적 효과	모든 것에 대한 가십을 좋아하는 수다쟁이이다. 비밀스런 정보를 함부로 발설하다가 낭패를 당할 수도 있다.

3번째 하우스에 있는 수성은 소통을 잘할 수 있는 능력을 준다. 언어를 습득하거나, 글을 쓰거나 소통하는 것에 관심이 있다. 머리가 좋으며 뛰어난 재주를 가지고 있으며 여기저기 너무 많이 돌아다니는 것이 문제일 수도 있다. 형제들과 쌍둥이와 같은 관계성을 가진다. 상당한 수의 형제들이 있으며, 행복한 관계성을 나눈다. 바로 아래 동생이 이지적인 성향을 가지고 있다. 동기들과도 자연스럽게 협력을 잘한다. 도시 내에서 여행을 상당히 많이 한다. 이성에 대해 정신적으로 접근한다. 강한 성적 경향이 있지만 생각하기에 따라 굴곡이 심하다. 만약 수성이 손상되었으면 성격이 변덕스럽고, 긴장하고, 흥분을 잘하거나 불안정하다.

3번은 수성의 자연적인 하우스이다. 수성이 3번에 있으면 문학적 영역에 소질을 가졌다. 똑똑하고, 말을 잘하고 글쓰기를 좋아한다. 기본적으로 강한 비즈니스 스킬, 행정이나 분석적인 능력들을 가지고 있다. 자기 힘으로 부를 이루게 해주며, 대체로 자기 자신에게 집중한다. 신체의 불균형적인 문제나, 환경, 빌딩, 사회, 혹은 우주에서의 불균형을 잘 진단할 수 있는 능력이 있다. 패턴 인지 능력이 강하다. 가수, 댄서, 배우, 뮤지션의 재능도 있다. 비즈니스나 상업 활동에 많은 노력을 기울일 수 있다. 기호나 성향이 보다 변덕스럽고 원하는 것이 잘 바뀐다. 하지만 원하는 것을 충족시킬 수 있다.

수성이 3번에서 좋은 상태에 있으면 꾀가 많고, 기략이 있으며, 테크니컬한 것들을 잘 다룬다. 말을 잘하는 스피커, 작가, 강사, 세미나 강연자, 소통가, 뮤지션, 세일즈를 잘한다. 만약 안 좋은 상태에 있으면 경계심을 잘 가지고, 신뢰하기 힘든 말들을 하며,

사실을 곡해하거나 잘못 제시하며, 소통 능력이 부족하다.

○ **4번 하우스(수카 바바)에 있을 때**

긍정적 효과	집은 그의 모든 정신적 활동들이 일어나는 곳이다. 학교 교육의 중요성이 강조된다. 부모님에게 좋은 교육의 중요성을 주입, 강요받았다. 재택근무, 혹은 홈 오피스, 서재나 도서실 등 집이 일하는 장소이기도 하다. 부동산, 가계도, 정치, 여행 등에 관한 것들에도 관심이 지대하다.
부정적 효과	한 장소에 안착하기가 어렵고 많이 돌아다닐 수 있다. 가족들과의 정치적, 지적 차이가 불화를 일으킬 수 있다. 사랑하는 이를 말로 때리다가 드라마를 만들어낼 수도 있다.

수성이 4번 하우스에 있으면 이지적이고 교육적인 활동에 아주 좋은 위치이다. 좋은 교육과 학위를 가지고 있다. 행복하고, 토지, 집, 운송수단들을 소유한다. 어머니와 가까우며, 때로는 감정적인 관계성일 수도 있다. 음악과 다른 파인 아트들을 즐긴다. 어머니는 배움이 있고, 총명하다. 부유하고, 많은 친구들이 있고, 어머니와 조상의 부를 물려받는다. 만약 수성이 손상된 상태에 있으면 반대의 효과가 있다.

4번째 하우스에 있는 수성은 감정적으로 활발하게 된다. 정서가 안정되기 힘들 수도 있다. 생각을 느낌으로 오인할 수도 있다. 관심사가 너무 많거나, 말이 너무 많아, 감정적인 배터리를 소진시킬 수도 있다. 하지만 장난스런 성향을 가졌으며, 동시에 상처받은 감정을 치유하고 적응할 수 있는 능력이 뛰어나다. 4번은 달의 자연적인 하우스이다. 수성이 어떤 것을 '이해'하는 데 아주 좋은 위치이다. 다른 사람에 대한 배려심이 뛰어나다. 점성학을 공부하기에 좋은 위치이며, 많은 뛰어난 점성가들이 4번에 수성을 가지고 있다.

커리어 선택에 있어 학원과 같은 사적인 배움 기관, 부동산이나 출판, 혹은 재택근무로 가능한 비즈니스 등의 일들이 좋다. 침착하고, 배움이 있는 사람이다. 부모나 혹은 권위적인 인물들로부터 이득이 온다. 근본적으로 가슴 깊숙이 왕국의 후계자와 같은 사람이다. 질서를 세우기 위해 서비스를 하고, 왕자나 공주처럼 왕국을 이해한다. 수입은 힘든 노력을 통해 들어온다. 음악이나 여행, 학자, 수학자 등과 같은 일들에 능숙한 조언자일 수도 있다.

수성이 4번 하우스에서 좋은 상태에 있으면 지식이 있고, 상상력이 풍부하고, 계속 꾸준히 뭔가를 배우며, 아카데미적인 재능이 있으며, 밝고 명랑한 성격이다. 만약 안 좋은 상태에 있으면 감정이 이지를 지배하고, 혼란스럽고, 감정과 느낌을 가지지 못하며, 기계적이다.

○ **5번 하우스(푸트라 바바)에 있을 때**

긍정적 효과	예술에 대한 관심이 지대하다. 이러한 관심이 창조적 영역의 커리어를 가지게 할 수도 있다. 작가, 대본 작가, 교사, 예술 비평가, 배우, 행위예술가 등이다. 자신의 창조적 아이디어들을 공유하는 것을 즐기며, 아주 드라마틱한 연기와 몸짓을 할 수 있다. 로맨스에서 정신적 자극이 필요하다. 부모라면 아이들의 교육에 적극적으로 참여할 것이다. 투자의 재능을 가졌을 수도 있다.
부정적 효과	더 이상 이지적으로 어떤 자극을 주지 않는 관계성을 재빨리 정리해버릴 수 있다. 아주 잔인한 비평가일 수도 있다. 예술작품을 신랄하게 비판하거나, 혹은 배우자까지, 최악의 경우에는 돈으로 어리석은 리스크를 취하는 도박꾼일 수도 있다. 돈이 들어오는 대로 재빨리 다 잃어버릴 수 있다.

수성이 5번 하우스에 있으면 훌륭한 이지를 주는 조합 중의 하나이다. 그가 가진 빼어난 이지로 아주 존경을 받으며, 교육가, 조언가, 혹은 상담자가 될 수도 있다. 오리지널하고 창조적이며, 자신의 영역에서 선구자일 수도 있다. 분별력이 있고, 객관적이며, 합리적인 논리성을 가지고 있다. 자녀들을 가졌고, 그들과 행복한 관계성을 유지한다. 행복한 로맨스를 즐기고, 투자의 이득을 거둔다. 덕스럽고, 고상하며, 좋은 캐릭터를 가지고 있다. 종교적인 마인드, 좋은 선행을 하는 데 관심이 있다. 종교적 고서, 만트라의 지식, 영적 테크닉들을 얻을 수 있는 최상의 위치이다. 최면술이나 주문을 잘 걸 수도 있다. 화가, 그림, 혹은 다른 예술에 대한 재능이 있다. 지식이나 다른 이지적인 것들과 연관된, 강하고 좋은 전생의 카르마가 있다.

5번째 하우스에 있는 수성은 탁월한 소통 능력을 준다. 외국어에 뛰어날 수도 있고, 아주 재능이 있는 작가를 만들 수도 있다. 악기를 다루는 능력, 그리고 바늘 끝처럼 디테일한 일 등에 뛰어나다. 5번은 태양의 자연적인 하우스이다. 그는 스피치를 선호하며, 정치적 분야에서 소통을 위한 글을 쓰거나, 드라마, 문학, 게임, 오락, 어린이들과 연관된 일들, 로맨스, 시 등에 좋다. 이상적인 인지 능력을 가졌으며, 때로는 미성숙하거나 생략된 소통 스타일을 사용할 수도 있다. 아이들이나 청소년들을 잘 다루는 능력을 타고났으며, 이들이 가진 흥분적인 생각들에 잘 맞춰줄 수 있다. 아이들이나 청소년들과 함께 있으면 행복하다. 대학이나, 젊은이 그룹들과 함께 일하는 것을 즐긴다. 만약 태양과 합치하고 있으면, 공부나, 글쓰기, 게임, 로맨스, 오락, 예능 등을 끌어당기는 경향이 있다. 이상적인 정치적 캠페인을 하는 데 좋은 조합이다.

수성이 5번 하우스에서 좋은 상태에 있으면 분별력이 좋고, 인지력이 발달되었으며, 명상을 잘하는 재능이 있고, 통찰력, 관찰력, 비즈니스 재능 등이 있다. 만약 안 좋은 상태에 있으면, 너무 까다롭게 선택하는 경향이 있고, 비판적이고, 염세적이며, 로맨스가 부족하고, 회의적이며, 생각을 너무 많이 한다.

○ 6번 하우스(아리 바바)에 있을 때

긍정적 효과	대부분의 정신적 에너지를 일에 쏟거나 특정한 지식을 얻는 데 에너지가 다 들어갈 수 있다. 분석적이고 정신적으로 유연하기 때문에, 항상 어떤 정신적 자극이 필요하다. 서비스하는 것을 즐기며, 일을 잘하기 때문에 직장에서 완벽주의자일 수도 있다. 과학, 연구, 건강 케어 등의 영역에서 당신의 아름다운 마인드가 잘 활용될 수 있다.
부정적 효과	지쳐 쓰러질 때까지 일을 할 수 있다. 혹은 아무리 작은 티끌 하나라도 모두 치울 수 있다고 믿는 건강염려주의일 수도 있다. 직장에서 거의 불가능한 기준을 가진 완벽주의자일 수도 있어, 동료들과 갈등을 일으킬 수도 있다.

수성인 6번 하우스에 있으면 조직 관리 능력이 아주 뛰어나고, 모든 많은 디테일들을 확실하고 바르게 정리하는 능력이 뛰어나다. 6번째 하우스는 내키지 않는 것들을 다루는 일을 하는 하우스이다. 중립이고 적응력이 뛰어난 수성은 어려움을 마주하는 능력이 가장 뛰어난 행성 중에 하나이기도 하다. 6번 하우스는 수성의 자연적인 하우스, 사회적인 갈등과 동의를 잃는 하우스이다. 머릿속에는 적개심, 계급 갈등, 피해의

식들에 대한 생각들로 가득하다. 또한 이러한 것들을 줄일 수 있는 해결책들에 대한 생각들로 가득하다. 피해의식주의, 혹은 피해자들을 서비스한다. 의학계, 부채와 재정 관리, 정책이나 범죄, 온갖 형태의 비판이나 비평하는 일 등의 영역에서 일하면 분석을 잘하는 능력이 발휘될 수 있다.

6번 하우스에 있는 수성은 적과 경쟁자들을 이길 수 있는 저력이 있다. 건강과 연관된 아주 좋은 지식을 가졌을 수 있다. 6번 하우스와 연관된 모든 영역에서 비즈니스 성공을 할 수 있다. 마사지, 정신적 침착성을 키워주는 테크닉, 다이어트에서 독소(고기, 술, 다른 약들로 인한)를 제거하는 일로 몸의 상태를 향상시키는 일을 한다. 교육적 추구에는 장애물이 있다. 하지만 그는 외적으로 총명하고 많은 존경을 받는다. 자신의 관점을 표현하고 증명하는 데 관심이 있고, 토론을 잘하는 재능이 있다. 너무 바르고자 하는 경향으로 인해, 사람들에게 언쟁적인 사람으로 알려진다. 아주 자부심에 차 있고 자신을 과시하거나 과장하기를 즐긴다. 어린 시절 스피치 문제가 있을 수 있으나 나이가 들어가면서 향상된다. 상당한 보수를 받는 좋은 직업을 얻게 될 것이다. 날마다 하는 일이 머리를 쓰는 일이나 소통 행위와 연관될 수 있다.

만약 수성이 좋은 상태에 있으면 많은 글을 쓰고, 작가일 수도 있다. 만약 수성이 손상되었으면 신경계 무질서, 스피치 훼손, 정신적 문제가 안 좋은 건강에 시달릴 수 있다. 여러 상황들에서 쉽게 흥분하거나 성급하게 굴 수도 있다. 직장이나 후배들과 연관된 트러블을 겪을 수도 있다. 수성이 손상된 경우에는 신경불안으로 건강을 해치는 경향이 있다. 화학, 글쓰기, 책이나 사무원적인 일 등을 하면 이득을 본다. 소화불량, 다이어트와 연관된 많은 유행이나 환상을 따르는 것을 나타낼 수도 있다. 비활동적이거나, 물불을 가리지 않는 잔인함, 적을 파괴하거나, 말을 하다가 성질을 잘 부릴 수도 있다.

수성이 6번 하우스에서 좋은 상태에 있으면 적이나 경쟁자들을 이기고, 다른 사람들이 향상할 수 있는 방도들을 가르쳐주고, 어떤 문제든 잘 고치거나 해결하는 사람이며, 최종까지 살아남을 수 있는 생존자이다. 만약 안 좋은 상태에 있으면 언쟁적이고, 말과 행동이 모순적이고, 주도적이며, 복잡하고 괴로운 마음에 시달린다.

○ **7번 하우스(유바티/칼라트라 바바)에 있을 때**

긍정적 효과	파트너와 일하기를 즐긴다. 혼자 일하는 것보다 그것을 선호한다. 관계성에서 문제가 생기면 말로 해결하는 데 아주 탁월하다. 이지적인 활동들이 자신을 행복하게 하는 데 필수적이다. 어떤 것에든 말을 잘 할 수 있으면 아주 사귀기 쉽다. 열정적인 토론을 할 주제들이 결코 마르지 않는다. 솔직한 소통방식 때문에, 법률, 세일즈, 카운셀링, 혹은 마케팅이 이상적인 커리어이다.
부정적 효과	언쟁적일 수도 있어 관계성에서 문제를 일으킬 수 있다. 까다로운 성향 때문에 배우자에게 자신은 절대 충분하지 않다는 인상을 줄 수 있다. 어떤 사람이든지 그의 관심을 오랫동안 지킬 수 있기가 어렵다. 쉽게 지루해하고 다음의 신나는 것으로 옮겨가기 때문이다.

7번 하우스에 있는 수성은 전반적으로 다른 사람들과 좋은 소통 관계성을 보여준다. 하지만 로맨스 관계에서는 이러한 자질들이 문제가 될 수 있다. 상대와 진지한 관계로 발전하는 데 대한 신중함이 부족하기 때문이다. 수성은 열심히 일 하거나, 약조를 지키거나, 한결같음 등의 자질들보다는, 재미있는 즐거움을 선호한다. 그러나 시간이 지나고 어느 정도 삶의 경험이 쌓이게 되면, 이러한 조합은 파트너십에 아주 좋을 수 있다.

수성이 7번에 있으면 혼합된 결과를 준다. 한편으로는 배우자가 젊고, 아름답고, 동안이고, 부유하고, 아주 총명하며, 표현력이 뛰어나다. 하지만 그는 변덕스럽거나, 간사하거나, 감정적으로 매이는 것을 일부러 회피할 수 있다. 수성은 변하거나 이중적인 영향력을 가지고 있다. 7번 로드가 강하거나 좋은 상태에 있는 것이 중요하다. 그렇지 않으면 한 번 이상의 결혼이 있을 수 있다. 1번 하우스를 어스펙트하기 때문에, 부와 행복, 명예, 빼어난 외모를 가지게 한다. 총명하고, 넓은 시각을 가졌으며, 글쓰기나 다른 이지적 활동에서 아주 성공적이다. 상업이나 무역에 아주 재능이 있다. 생기는 부족하고 배우자를 만족시켜줄 수 있는 성적 능력이 적다. 그래서 표가 나지는 않는 우울증을 느낀다. 만약 수성이 손상되었으면 배우자가 언쟁적이거나, 약하거나, 긴장되었거나, 아주 흥분을 잘한다.

7번 하우스는 금성의 자연적인 하우스로서, 7번의 수성은 판검사, 카운셀러, 어드바이저에 좋은 조합이다. 거래를 만드는 사람이다. 동의서를 작성하는 일이나, 교역을 이루는 일, 계약의 조건들을 나열하고 지키는 일들에서 상업적인 성공을 거둔다. 대부분의 파트너십 유형에 관심이 지대하고 길조적이다. 배우자도 분석적인 마인드를 가지고 있으면 말하기를 좋아한다. 배우자가 변호사나 카운셀러 일 수도 있다.

수성이 7번 하우스에서 좋은 상태에 있으면 비즈니스에 탁월하고, 훌륭한 거래들을 잘 성사시키고, 외교적이며, 자금 흐름의 분석을 잘한다. 만약 안 좋은 상태에 있으면 파트너 혹은 배우자와 가깝지 못하며, 열정이 부족하고, 예술성이나 고상함이 부족하고, 무관심하고, 기계적이다.

○ 8번 하우스(아유 바바)에 있을 때

긍정적 효과	팩터들을 파고드는 것을 즐기는 아주 깊은 사고가이다. 꿰뚫는 마인드를 가지고 있으면 어떤 사람이나 상황들을 파악할 수 있다. 아주 질이 좋은 거짓말 탐지기와 같은 사람이며, 남다른 본능을 가지고 있다. 이러한 능력으로 인해 아무리 잘 감춰진 비밀이라도 파헤칠 수 있는 일을 하게 된다. 다른 사람들은 떠들면서 자신의 정보를 흘리는 동안, 자신은 철저하게 입을 닫고 있다. 조금 정도는 내보이지만, 절대로 도를 넘지 않는다. 아무것도 그에겐 금기가 아니다. 터부, 충격적인 주제 등이 그를 흥분하게 한다. 재정 계획, 형이상학, 보험, 탐정 일이 그에게 완벽하게 잘 맞는다.
부정적 효과	아주 적은 것도 절대 잊지 않으며 보복적이 될 수 있다. 화가 나면 그대로 유지된다. 아무리 오래 걸리더라도 언젠간 되돌려줄 방법을 찾는다.

8번 하우스에 있는 수성은 꿰뚫는 듯한 사고력을 가진 사람이거나 특히 작가 일 수 있다. 수성의 유동적인 본성은 8번 하우스가 가진 변형적 자질들을 잘 이용할 수 있다. 대체적으로 수성은 변형과 변화의 행성이고, 8번 하우스 자체도 그러하기 때문이다. 그렇지만 8번 하우스는 고통스런 변형을 나타내고, 수성은 유동성과 변형을 쉽게 하고자 하기에 어느 정도 갈등은 있을 것이다. 자기표현이 아주 중요한 테마가 된다.

수성이 8번에 있으면, 아주 손상된 경우가 아니라면 수성의 특성들이 크게 손상을 당하지 않는다. 오히려 8번의 수성은 강하고 길조적인 결과들을 가져다줄 수도 있다. 수성이 8번에 있으면 아주 유명하고 높은 직위를 가질 수 있다. 그가 가진 많은 훌륭한 자질들로 인해 칭송과 존경을 받는다. 높은 명성이 자자하며 긴 수명을 누린다. 지식이 높고 배움이 있다. 부유하고 타고난 스피커이다. 가족생활이 행복하고 많은 자녀들이 있을 것이다. 어딘지 모르게 섬세하고, 고상하고, 강한 성심을 풍기는 사람이다. 하지만 수성은 중성이기 때문에 성적 능력은 부족할 수 있다. 생식기능과 연관된 질병이 있는 것이 아니라, 단지 성적인 능력이나 매력이 최소한이다. 유산이나 파트너의 부 등의 이득을 본다. 이혼을 하는 경우 위자료를 잘 받을 수 있다.

8번의 수성은 직관적이고 신비주의나 오컬트 주제에 대한 관심이 있다. 신기 능력들, 샤머니즘 위주 사고를 가지고 있으며, 이처럼 비밀스럽고 숨겨진 자원들을 지식으로 활용할 수 있다. 장수와 명성, 부의 축복이 있다. 방탕하지만 좋은 자질들로 유명하며, 영광을 노린다. 적대적이지만 자선을 잘하고, 감사할 줄 모르고, 잔인하며, 성적이며, 거짓말을 하고, 병이 들었다. 검사, 정부로부터 부를 얻고, 자부심이 있으며, 사람들에게 적대적이다. 훼방을 놓거나, 절망스럽게 한다. 가족을 부양하고 탁월한 성격을 가지고 있다. 진리를 사랑하고, 손님들을 잘 대접한다. 삶의 마지막이 평화롭다. 하지만 수성이 손상된 경우, 스피치 문제, 신경계 무질서, 정신불안증 등을 준다. 아둔하고, 배우는 데 어려움이 있고, 자신감이 아주 부족하다. 교육을 받는 어려움이나 교육이 끊어질 수 있다. 하지만 다른 행성들보다 수성이 8번에 있을 때 파파 효과가 가장 덜하다. 수성은 적응력이 뛰어난 중성이기 때문이다.

수성이 8번에서 좋은 상태에 있으면 어떤 것이든 진단을 잘하는 사람이며, 탐구가 혹은 탐정, 계획과 전략을 잘 짜며, 신비롭고 초월적인 생각들을 한다. 만약 안 좋은 상태에 있으면 정신적 문제에 시달리며, 무드의 굴곡이나 변동이 심하고, 소극적이며, 혼란스럽고, 남을 속이며, 오해를 하고, 어리석게 순진하다.

○ 9번 하우스(바기야/다르마 바바)에 있을 때

긍정적 효과	세상에 대한 호기심이 많으며, 지구 반대편의 사람들이 어떻게 살고 있는지 알기 위해 많은 시간을 보낸다. 철학, 높은 교육, 종교 등에 관심이 있다. 강한 도덕 윤리를 가지고 있고 대체로 바른 일을 한다. 영원한 학생으로, 학문적 추구를 아주 오래 할 수 있다. 높은 교육을 추구하지 않고 있다면, 평생 동안 어떤 공부를 열심히 하고 있을 것이다.
부정적 효과	그대가 가진 믿음으로 약간 독선적일 수 있다. 자신의 의견이나 종교를 다른 사람에게 강요할 수도 있다. 자기 정의감에 불타는 광신도이거나, 혹은 종교적 위선자일 수도 있다.

9번 하우스에 있는 수성은 뛰어난 웅변가나 스승을 만들 수 있다. 또한 모든 종교나 믿음들에 대한 참을성을 준다. 그러나 행동보다는 말이나 설교를 더 잘하는 사람일 수도 있다. 9번은 목성의 자연적 하우스이다. 9번의 수성은, 이지적으로 영적 주제들을 쉽게 토론할 수 있는 능력이 있다. 그러나 개인적 사생활은 진정한 영성으로부터 완전히 판이하다. 세속적인 지위, 돈, 이지적인 토론 등을 삶의 성공을 재는 진정한 척도들로 여긴다. 공공 사회도덕 원칙들을 모두 준수하는 사람일 수 있다. 그러나 사생활은 물질적 삶이 주는 속박으로부터 풀려날 수 있는 길을 심각하게 모색해야 한다. 그는 정의롭고 예리하다. 요가에 관심이 있으며 신성한 장소들을 방문한다. 영광을 누린다. 막강한 영향력을 누리며, 사악한 이들을 파괴한다. 풍요롭다. 종교적 의식들을 준수하며, 우물이나 정원들을 짓는다.

수성이 9번 하우스에 있으면 아주 길조적인 위치로서, 수성과 9번 하우스의 좋은 특성들을 모두 발휘할 수 있게 된다. 아주 총명한 방식으로 종교적이고 영적인 사람이다. 진리를 사랑하고, 고행적이며, 아버지에게 헌신하며, 자선적이고, 고상한 스피커이며, 덕과 배움으로 잘 알려져 있다. 고서들의 지식을 공부하거나 그러한 지식들을 아주 깊이 이해할 수 있는 능력을 가졌다. 많은 다양한 철학적 관점들을 이해하거나 형이상학적 주제들에 대한 관심이 지대하다. 명상, 찬팅을 많이 하거나 비슈누 헌신자일 수도 있다. 아버지의 덕을 누린다. 아버지는 품위가 있고, 총명하고, 장수한다. 그는 장거리 여행들을 즐기며, 외국의 나라들을 여러 번 방문한다. 배웠고, 학자적이고, 좋은 교육을 받았다. 훌륭한 스피커이다. 교양이 있고, 고상하고, 좋은 매너를 가졌다. 수학, 과학, 혹은 점성학의 재능이 있다. 구루, 영적 스승과도 좋은 관계성을 누리며, 지식을 얻는 행운이 있다. 좋은 행운을 가졌으며, 삶의 어떤 문제가 생겨도 해결점을 찾을 수 있다. 상당한 지혜가 있으며, 좋은 선행을 행한다. 만약 수성이 크루라 행성의 영향하에 있으면 길조적 능력을 잃고, 역의 효과들이 나타날 수도 있다. 좋은 어스펙트를 받고 있는 수성은 집중할 수 있는 힘을 준다. 하늘과 땅, 그리고 바다 밑에 있는 높은 지식들까지 추구한다. 영리하고 공부를 많이 하는 머리를 가지고 있다. 예술, 과학, 문학을 좋아한다. 여행이나 법률 소송, 출판 일로 이득을 본다.

수성이 9번 하우스에서 좋은 상태에 있으면 보다 수준이 높은 지식을 추구하고, 이지적이며, 정의의 대변인이고, 좋은 행운을 누리며, 작가이다. 만약 안 좋은 상태에 있으면 한결같지 못하고 잘 변하는 철학들을 추구하고, 스승이나 교사들에게 도전하고, 속이거나 거짓 지식들을 취하게 된다.

○ 10번 하우스(카르마 바바)에 있을 때

긍정적 효과	훌륭한 대중 스피커일 수 있다. 대중을 설득할 수 있는 능력이 대단하다. 그가 하는 말은 권위적 아우라를 풍긴다. 사람들이 그를 올려다볼 것이다. 이러한 자질들은 그를 대외 기관 직책이나 리더십 위치에 놓을 수 있다. 정치인, 스피치 작가, 임원, 미디어 컨설턴트, 대외관계 전문가, 사고력 리더 등이 그에게 아주 잘 맞는 커리어이다. 자신이 가진 야망을 더 키워줄 수 있는 주제들에 집중하여 배우기를 즐긴다.
부정적 효과	마치 입에 기름을 바른 것처럼 사람들이 듣기 원하는 말을 해주면서, 뒤에서는 완전히 다른 일들을 하고 있다. 부정직함이 그가 권력을 취득하는 최종 수단일 수도 있다.

10번 하우스에 있는 수성은 자신이 가장 이루고자 하는 것에 타고난 재능들을 주게 된다. 보다 높은 목표와 목적과 잘 맞는 사람들을 잘 다루는 인사 재능들이 있다. 또한 자신이 목표하는 것을 이루어나가는 과정에 있어서, 변화하는 문화의 조류에 맞게 변경하고 적응할 수 있는 능력, 어떤 것에 대해서든 말할 수 있는 능력이 있다. 수성은 사회적이고, 총명하고, 좋아할 만한 사람으로 만든다. 매너가 아주 유연해서 사회적으로 모든 유형의 사람이나 그룹들을 아무런 조건이나 주저함 없이 받아들인다. 높고 낮

은 부류의 사람들과 같이 편안한 수준으로 잘 어울린다.

수성이 10번 하우스에 있으면 그는 아주 성공적인 커리어와 좋은 명성을 누린다. 어디를 가나 인정을 받고, 가진 부로 인한 이름이나 명성을 얻는다. 현명하고, 행정적 권력이 있고, 정의를 행사할 수 있는 능력을 지녔다. 탁월하고 권위적인 스피커로서, 법적인 직업, 경제, 무역, 상업, 비즈니스 관리, 회계 등에 특별한 전문성을 가지고 있다. 좋은 상태의 수성은 뛰어난 지성과 소통적 커리어에 개입을 하게 한다. 좋은 교사가 될 수도 있다. 아주 효율적인 외교관이나 협상가로서 인정을 받으며, 부와 재산들을 상속받는 경우도 자주 있다. 수성은 상업과 무역을 다스리기에, 그는 아주 성공적인 비즈니스맨이 될 수도 있다. 과학, 수학, 점성학, 비서 일, 글, 강연 등의 일에도 끌리게 될 것이다. 그는 대체로 좋은 교육을 받았고 행복하다. 교양이 있고, 고상하고, 매력적인 외모를 가지고 있다. 인내심이 있고 참을성이 많다. 10번은 우파차야 하우스이기 때문에 어떤 행성이든지 10번에 있으면 시간이 지날수록 점점 더 나은 효과들을 준다. 그는 계속 지식을 얻거나, 총명하고, 아주 이지적인 면들을 가지고 있다. 삶 전반에 걸쳐 여러 다른 커리어를 가질 수도 있다. 수성이 손상되었을수록 더욱 많은 종류의 커리어를 가지게 된다. 수성에게 미치는 어스펙트나 라시 품위에 따라 비즈니스 성공이 결정된다.

수성이 10번에서 좋은 상태에 있으면 매사에 정신적으로 접근하는 방식을 가졌으며, 용기와 영감을 고무하고, 분석적인 재능이 탁월하고, 스승이며, 발명가이다. 만약 안 좋은 상태에 있으면 너무 똑똑해서 탈이며, 속이고, 사실들을 잘못 제시하고, 데이터를 조작하고, 전체보다 부분적인 것들에 매달린다.

○ 11번 하우스(라바 바바)에 있을 때

긍정적 효과	아주 쉽게 인맥들을 연결한다. 타고난 인맥 관리인이며 누구든지 모든 것에 대해 대화를 나눌 수 있다. 네트워크를 하는 방을 짓는다면 그기 최적 인물이다. 친구들과 아는 사람들과 소통하기를 즐긴다. 그룹 행위들과 휴머니스트 일이 그에게 어필한다. 그가 가진 사회적 인맥관계 서클에는 이지적이고 영향력 있는 사람들도 모두 포함한다.
부정적 효과	항상 좋은 날씨 같은 친구일 수도 있다. 아무리 무료해지더라도 그는 하던 일을 계속할 수 있다. 혹은 자신의 이득을 위해 친구들을 이용할 수 있다. 결국에는 탄로나서 폭발하게 될 것이다. 혹은 그룹들의 생각을 따라 행동하고, 스스로 생각을 하지 못하는 겁쟁이일 수도 있다.

    11번 하우스에 있는 수성은 모든 사람들에게 이득을 줄 수 있는 대중적 영역에서 뛰어난 스킬과 지성을 준다. 수성이 가진 유동성이나 호기심은 11번 하우스가 나타내는 것들에 대한 높은 자질들이 발휘될 수 있게 해준다. 수성은 또한 권력이나 야심 등에 대한 관심이 별로 없으며, 세상을 즐기는 것을 더 선호한다. 11번의 수성은 큰 그룹을 대변하는 뛰어난 스피커로 만들 수 있으며, 웅변가로서 성공을 줄 수도 있다. 교역이나 상업, 법적 전문직, 혹은 문학과 연관되거나 수학적 능력이 필요한 모든 일들에서 수입을 올릴 수 있다. 좋은 공무원이 될 수도 있다. 사회성이 좋고, 특히 점성학을 하기에 좋은 예리한 마인드를 가지고 있다. 깨달음을 가졌거나 현명한 사람들과 함께 있는 것을 즐긴다. 배려 깊은 고용주, 각별한 친구나 외삼촌으로부터 부를 얻을 수도 있다. 위 형제가 아주 잘 도와주고, 외교적인 것들이나 저널리즘을 잘 다루는 특별한 능력이 있으며, 유언장을 잘 작성하기도 한다.

    수성이 11번에 있으면서 다른 크루라 영향이 없으면, 아주 부유하고 어떤 경제적 활동을 하든 성공을 거둘 것이다. 자신의 욕망과 목표를 쉽게 성취한다. 최상의 이지와 마인드에도 좋은 위치이다. 총명하고, 지식이 있고, 배운 사람이다. 이지적이고 고상한 친구들과 어울릴 것이다. 삶에 많은 기회들이 오며, 투기 활동들에 성공을 거둘 것이다. 위 형제의 이득을 보며, 위 형제도 아주 이지적인 성향일 수 있다. 삼촌과 행복한 관계성을 가진다. 주요 수입 외에 다양한 부차 방식으로 수입이 들어온다. 특히 비즈니스, 상업, 무역 등에 소질이 있다. 과학자, 엔지니어, 수학자 등에 좋은 위치이다. 만약 수성이 손상되었으면 길조적인 효과들을 잃고 반대의 효과들이 나타난다.

수성이 11번에서 좋은 상태에 있으면 비즈니스로 이득을 보며, 계획을 잘 세우고, 현금이 잘 들어오며, 다정하고 친근하며, 동맹이나 인맥을 잘 형성한다. 만약 안 좋은 상태에 있으면 친구나 동지들을 의심하고, 남을 속이는 계획들을 세우고, 지나치게 분석하고, 혼란스러운 사람이다.

○ 12번 하우스(비야야 바바)에 있을 때

긍정적 효과	혼자 비밀을 지키기를 선호한다. 자신이 무슨 생각을 하는지 공유하기보다는, 혼자서 생각을 정리해보고 감정을 개인적으로 지키기를 선호한다. 수줍음이 많거나 내향적으로 보일 수 있다. 어떤 사람을 신뢰하기 이전에 먼저 시간을 두고 생각해보는 형이기 때문이다. 하지만 일단 한번 마음을 열면 끝까지 믿을 수 있는 사람이다. 직관이 그가 내리는 결정을 좌우한다. 항상 자신이 가진 깊은 심중을 믿으며, 어떻게 자신감을 지킬지 잘 알고 있다.
부정적 효과	도피주의 경향이 있거나, 과거에 매여 살 수 있다. 현재에 살지 못한다. 정신쇠약증이 될 만큼 걱정을 많이 하는 경향이 있다. 정신적 문제로 갈 수도 있다.

12번 하우스에 있는 수성은 디테일과 스피치에 대한 혼란을 보여준다. 이는 좌절과 잘못된 소통으로 이어주게 된다. 하지만 수성과 연관된 내적인 행위들, 내적 성찰이 필요한 글쓰기 등과 같은 능력은 아주 계발되었을 수 있다. 자극적이지만 비생산적인 관심사들에 많은 시간과 에너지를 낭비하는 사람일 수 있다. 건강하지 못한 도피주의, 특히 오락이나 예능 등을 통한 성향이 있을 수 있다. 수성은 소통을 하는 행성이다. 그가 어떻게 생각을 하고, 어떻게 정보를 처리하고 소통하는지 수성을 보면 알 수 있다.

12번은 목성의 자연적인 하우스이기에, 12번에 있는 수성은 우주로부터 영감을 받도록 도와주며, 항상 창조적이게 한다. 수성은 중립 행성이다. 스스로 아무런 것도 보태지 않는다. 하지만 객관적 물질세계에 주관적 메시지를 전달하거나, 주관적 의식에 객관적인 경험들을 전달한다. 정의로운 사람들과 컨택트를 잘하며, 손실과 실패를 잘 방지해준다. 좋은 이유로 비용을 쓴다. 배운 사람들이 좋아하는 이다. 스스로의 잘못으로 인해 실패를 경험한다. 고귀한 행위들을 잘한다. 영적인 것들과 디바인 과학에 관심이 있다. 궁극적으로 성공을 하게 된다. 정부나 권위적 인물들을 두려워한다. 교육에 비용을 쓴다.

수성이 12번에서 좋은 상태에 있으면 영적인 이지력을 가지고 있고, 철학적인 통찰력이 있으며, 명상적이고, 혼자 있을 수 있다. 그는 검소하고, 부를 지킬 수 있다. 불필요한 비용들이 많이 발생하지 않으며, 좋은 목적과 자선, 종교적인 목적에 돈을 사용한다. 상당한 성적 즐거움을 누릴 수 있으며 좋은 침대에서 잔다. 만약 수성이 손상된 상태에 있으면 효과는 반대로 나타나 수성의 특성들이 손상된다. 교육의 어려움, 배움이 끊어지는 트러블들이 생긴다. 자신감이나 신경계의 안정성이 위협받을 수 있다. 가난하고, 잔인하고, 모욕을 당하며, 자신이 한 말을 지키지 못한다. 동전 한 푼이라도 아끼려다가 오히려 손해를 보고, 혼란스런 철학적 개념들을 가지고 있고, 깨달음을 얻기 위해 너무 애를 쓴다.

8.

목성이 열두 라시와 열두 하우스에 있는 효과들

목성(Guru, Brihaspati)

Devaa-naam cha Rishi Naam cha Gurum Kaanchana Sannibham

Buddhi Bhootam Trilokesham Tam Namaami Brihaspatim

데바와 리쉬들의 구루인 이, 광채가 나고 총명한 이,

모든 삼세의 로드인 이,

브리하스파티에게 경배를 올립니다.

목성은 태양계에서 태양 다음으로 크기가 큰 행성으로서, 태양계의 균형을 유지하는 데 결정적인 역할을 하는 대길성이다. 아무리 어렵거나 나쁜 차트라 하더라도, 목성의 힘만 받쳐주고 있으면 그 차트는 저력을 발휘할 수 있다. 반대로 아무리 좋은 차트라 하더라도 목성의 힘이 받쳐주지 않으면 그 차트는 제대로 역량을 발휘하기가 어렵다.

- **목성은 부, 자녀, 행복, 큰 시각 혹은 큰 그림을 볼 수 있는 능력, 브레인(두뇌), 지방조직, 지방세포, 남편, 구루, 스승, 은행, 고전, 고서, 교육, 자선 등을 나타낸다.**
- **목성의 친구는 태양, 달, 화성이다.**
- **목성의 적은 수성과 금성이다.**
- **목성에게 토성은 중립이다.**

그런데 이렇게 수성과 금성은 목성을 적으로 대하지만, 정작 목성 자신은 아무도 미워하지 않는다. 어떤 행성이든지 목성과 같이 있으면, 무디타 아바스타즈, 기쁜 상태의 이득을 보게 된다. 특히 목성이 친구로 여기는 라시에 있거나, 친구 행성과 같이 있게 되면 이러한 무디타 효과는 더욱 좋은 빛을 발휘할 수 있게 된다.

목성이 12 라시에 있는 효과들

목성은 지바(Jiva, 생명), 삶의 원칙, 프라나이다. 목성이 있는 라시들은 우리가 어떻게 타고난 영혼과 생명으로 기쁨과 은혜를 누리는지 알 수 있게 한다. 목성은 우리의 영혼을 신체 안에 안주시켜 생명을 주고, 삶을 살게 하고, 움직임과 감각적 기능들을 경험하면서 생명이 가진 완전함을 꽃피울 수 있도록 한다. 목성이 손상된 경우에 이러한 생명의 기쁨, 삶의 기쁨, 환희, 은혜, 건강한 축복을 누리기가 어렵게 된다. 목성은 행운과 확장의 행성이다. 목성이 있는 곳은 차트 주인의 풍요로움과 재능이 있는 곳이다. 목성은 우주에서 가장 큰 행성이다. 나탈 차트에서 어디에 있든지 그가 가장 커지는 곳을 나타낸다.

목성은 믿음과 신념, 배움과 교육, 지혜와 지식을 주고 우리를 성장하고 확장시키며, 풍요로움과 부, 재물과 자녀, 남편을 주고, 우리를 보호하고, 행운을 주고 은총을 내리며, 어둠과 무지를 밝히는 빛을 주고, 종교적, 영적으로 가이드하는 스승이자 구루이다. 목성은 신과 데바들의 구루이다. 그는 스승들 중에서도 스승이다. 가장 높은 사제이다. 진리의 목소리이다.

목성은 지혜의 행성으로, 두 개의 지혜로운 라시, 인마와 물고기 라시들을 다스린다. 인마 라시의 특성은 모든 외적인 것들을 포함한다(지혜와 사회적, 물질적으로 하는 모든 표현들). 물고기 라시의 특성은 모든 내적인 것들을 포함한다(정신심리적, 감정적인 모든 표현들).

○ 산양(메샤) 라시에 있을 때

긍정적 효과	대담하고 혁신적인 리더이다. 그룹의 한 부분인 것에 만족하지 않으며, 앞에 있어야 하고, 새로운 지역을 개척해야 한다. 그의 영혼은 활발하고, 개척자적이고, 용감하다. 많은 사람들이 그에게 영감을 고무받는 것이 당연하다. 그의 행운은 모험, 리스크 감수, 새로운 것을 시작하는 것, 용감한 것 등에서 온다.
부정적 효과	좀 잘난 척하고 공격적일 수 있다. 혹은 새로운 사람들이나 경험에 위협 의식을 느낄 수 있다. 그래서 한발 뒤로 물러서며, 삶의 좋은 것들을 많이 놓친다.

산양 목성은 로드인 화성과 상호 좋은 친구 관계이다. 산양 목성이 좋은 효과를 내기 위해서는 화성의 건강상태가 중요하다. 산양 목성은 자신이 가진 관점에 성인 같은 자신감을 가지고 있다. 이기적일 수 있으나, 보다 자기 위주이다. 포커스를 하는 사람이 낼 수 있는 효과에 대해 전반적 이해를 하고 있으며, 본인이 그런 사람이고 싶어 한다. 그는 훌륭한 개인적 스승이나 코치일 수 있다. 자신의 자신감이나 긍정적 에너지를 한 사람이나 한 아이디어에 집중한다. 가진 용기가 신체적 저력으로 나타난다고 믿는다. 만약 진화된 사람이면 도덕적 저력으로 나타난다. 어떤 목표나 비전을 성취하기 위해 한 마음으로 집중한다. 그러한 목표를 추구하는 방도에 대한 관심이 뛰어나다.

놀라울 정도로 활동적이다.

산양 목성이 좋은 상태에 있으면 성장과 확장적인 액션을 하며, 다이내믹한 철학을 가지고 있고, 부와 풍요로움을 즐긴다. 만약 안 좋은 상태에 있으면 과소비와 사치를 하며, 근거가 없는 철학들을 서포트하고, 도덕적이지 못하며, 법적 문제를 겪는다.

○ **황소(브리샤바) 라시에 있을 때**

긍정적 효과	돈을 끌어당기고, 무엇이든 자신이 필요한 것들은 언제나 끌어당길 수 있다. 돈을 끄는 데만 좋은 것이 아니라, 돈을 모으고 관리하는 재능도 상당히 있다. 이러한 위치에 있는 목성은 상당한 부를 이룰 수 있다. 그는 부를 나누어야 한다. 베풀 수 있는 만큼 베풀게 되면 항상 더 많은 돈을 얻게 될 것이다. 그의 우주는 풍요롭다.
부정적 효과	구두쇠이거나, 욕심쟁이거나, 뭐든지 끌어모으는 사람일 수 있다. 관대하기보다는 소유적이고 욕심이 많다. 혹은 무엇이든 오는 대로 낭비를 한다.

황소 목성은 로드인 금성이 자신에게 적인 라시에 있다. 행복과 기쁨의 행성인 목성의 자질들이 물질적인 것들을 추구하는 방향으로 기울게 된다. 황소 목성이 좋은 효과를 내기 위해서는 로드인 금성의 상태가 중요하다. 황소 목성은 부, 감각적 쾌락, 자연의 아름다움, 좋은 음식과 와인, 다섯 감각의 궁극적인 충족 등을 좋아한다. 좋은 인생을 살기 위한 노력을 하며, 비슷한 성향과 확장적인 취향을 가진 사람들과 같이 있고자 한다. 그다지 삶에 축복을 받지 못한 다른 사람들에 대한 의식을 잃을 수도 있다. 쇠진이나 소비를 많이 하는 경향이 있으며, 급하지만 그다지 즐겁지 않은 것들이나 불우한 환경에 있는 이들의 필요 등에 대한 것들을 의도적은 아니지만, 아주 무시해버리는 기질이 있다. 아주 너그럽게 베풀거나 자선적 목적을 위해 계획하고, 연회 이벤트나 감각적인 모임 등에 참석할 수도 있다. 결국에는 아주 도움이 되는 사람들이다. 탐닉하고, 어린이들을 좋아하고, 좋은 물건들, 옷, 그릇, 와인, 오일, 저축된 현금 등을 좋아한다. 쾌락에 매여 있다.

황소 목성이 좋은 상태에 있으면 창조적이고, 예술적이며, 지시하는 듯한 스피치를 가졌으며, 긍정적이고, 성공적인 재정 상태를 이루어가며, 좋은 것들을 수집하기 좋아한다. 만약 안 좋은 상태에 있으면 낭비를 잘하고, 기력이 부족하고, 게으르고, 자금관리나 계획을 잘 못하며, 비경제적이다.

○ **쌍둥이(미투나) 라시에 있을 때**

긍정적 효과	이지적인 재능을 가지고 있다. 총명하고, 호기심 많은 마인드를 갖추었으며, 교육에서 아주 높은 성취를 이룰 수 있다. 소통이 아주 쉽다. 어떤 상황에서는 말로 빠져나갈 수 있으며, 외국 언어를 쉽게 배운다. 배우기를 멈추지 않으며, 아는 것을 공유하기를 멈추지 않는다. 교사, 작가, 저널리스트, 언어학자, 사회 비평가, 역사가, 마케팅 등의 사람들에게 최상의 위치이다.
부정적 효과	너무 얄팍하게 확장시킨다. 모든 것들을 다 알고 있지만, 아무것도 제대로 전문가가 되지 못한다. 혹은 광범위하고 피상적인 지식들을 모은다. 어떤 경우에 이러한 위치는 특히 목성이 취약한 어스펙트를 받고 있는 경우, 악의적인 가십을 하는 사람을 나타낸다.

쌍둥이 목성에게 로드인 수성은 적이다. 쌍둥이 목성이 좋은 효과를 내는 것은 수성의 건강상태에 달려 있다. 쌍둥이 목성은 말을 잘한다. 차밍한 세일즈맨이며, 미디어 이벤트를 잘한다. 다양한 방식으로 비뚤어져 있다. 모든 것을 믿는다. 누구에게든 말을 한다. 넘치는 성적 에너지를 가지고 있다. 만약 수성이 길조적이면 이들은 같이 여행하기 제일 좋은 사람이다. 위트가 있고, 평가를 하지 않고, 아주 다문화적이고, 사람들과 어울리는 것을 좋아한다. 아주 자유분방한 사람이거나, 아주 독재자일 수 있다. 어떤 이데올로기를 가졌느냐에 달려 있다.

쌍둥이 목성이 가진 안 좋은 점은 피상적일 수 있다는 점이다. 쌍둥이에 있는 행성들은 모두 이러한 피해를 입게 된다. 특히 목성의 경우에는 더욱 그러하다. 쌍둥이 라시처럼 말이 많고, 테크니컬하고, 미디어 위주 성향인 곳에서, 목성은 자신이 가진 넓이를 많이 잃게 된다. 스피커, 교사, 트레이너, 혹은 미디어 소통가 등에 아주 좋은 위치이다. 의식이 진화된 사람이면 쌍둥이 목성은 아주 포용적이게 만든다. 모든 사람들을 자신의 쌍둥이처럼 볼 수 있는 능력을 가졌다.

쌍둥이 목성이 좋은 상태에 있으면 글을 잘 쓰고, 말을 잘하고, 강연, 지시, 정보 등을 잘 전달할 수 있는 능력이 있다. 출판을 하고, 어린아이들과 연관된 일에서 능력을 발휘할 수 있다. 만약 안 좋은 상태에 있으면, 말이나 글의 일관성이 부족하고, 행동보다는 생각을 더 많이 한다.

○ 게(카르카) 라시에 있을 때

긍정적 효과	목성에게 최상의 위치이다. 대체로 좋은 가정환경에서 자랐고, 관대하고, 친절한 성향을 나타낸다. 자신이 가장 필요로 할 때 항상 도움을 끌어당길 수 있다. 또한 다른 필요한 사람들을 기꺼이 도와주기를 즐긴다. 사랑스런 부모이며, 그의 집은 언제나 따뜻하고 초대받은 듯 느껴진다. 설령 자신이 부자가 아니라도 그렇다. 요리하기를 즐기고, 사람들을 먹이기 좋아하고, 요리를 하는 직업을 가졌을 수도 있다. 유산을 물려받을 가능성이 있다. 부모님은 항상 그를 응원하였다. 그는 돌보고 케어하는 사람이며, 자신도 보살핌을 잘 받을 수 있도록 신과 하늘은 명심하고 있다.
부정적 효과	가족에게 너무 의존을 하고 있다. 혹은 절대 집의 반경을 벗어나지 않는다. 세상에 대한 좁은 시각을 가지게 한다. 그리하여 보호받은 인생과 좁은 마인드를 가지게 할 수 있다.

게 라시에서 목성은 고양의 품위를 얻는다. 목성의 긍정적인 특성들이 가장 잘 발현될 수 있는 위치이다. 게 목성이 느끼는 감정적 행복은 로드인 달의 상태에 달려 있다. 개인적으로 행복하든 아니든 그는 다른 사람들을 도울 것이다. 사랑을 믿는다. 특히 아이들에 대한 사랑을 믿는다. 아름답고, 풍만한 가슴을 가졌다. 훌륭한 힐러, 아주 참을성이 많고, 모성적, 부성적 태도를 가지고 있다. 자선가적인 본성을 가졌고, 큰 부자가 되는 경향이 있다. 무엇이든지 누구든지 항상 환영하고, 감사해한다. 하지만 독점하는 경향도 있다. 전생에 한 좋은 일들로 인한 보상을 받는다. 아주 자선적이고, 보호적이고, 독창적으로 케어를 하는 유형이다. 필요한 친구들을 항상 돕는다. 대체로 누구에게든 베풀고 좋은 사람이다.

게 목성이 좋은 상태에 있으면 부유하고, 풍요로움을 누리고, 좋은 교육을 받았으며, 카운셀러, 도덕적, 영적이며, 가족들이 더욱 긍정적으로 성장과 확장을 한다. 만약 안 좋은 상태에 있으면 너무 자신감에 차 있고, 오는 기회들에 대한 반응이 느려서 잘 놓치며, 탐닉하고, 너무 레저를 많이 누린다.

○ 사자(심하) 라시에 있을 때

긍정적 효과	긍정적이고, 햇볕처럼 반짝거리며, 창조적이고, 원하는 것을 향해 가는 사람이다. 무엇을 하든지 아주 큰 스케일로 한다. 엔터테인하고 영감을 고무시켜주는 법을 알고 있다. 행위 예술에 타고난 재능을 가지고 있다. 리더십 역할을 가졌으며, 사람들은 행복하게 그를 따른다. 마음속은 아직 어린아이이며, 환상적인 부모나 교사가 될 수 있다. 아이들이 그를 정말 좋아한다. 도박에도 행운이 따른다.
부정적 효과	지나친 소비지향주의가 될 위험이 있다. 무엇을 하든지 크게 하기 때문에 손해를 많이 볼 수 있다. 자의식 관리를 해야 한다. 자존심 때문에 자신이 무너질 수도 있다.

사자 목성은 로드인 태양과 상호 좋은 관계에 있다. 사자 태양은 대체로 좋은 효과를 낼 수 있다. 하지만 능력을 잘 발휘하기 위해선 로드인 태양의 건강상태가 중요하다. 사자 목성은 강한 자기자신감, 귀족적 혈통을 가진 귀족적 센스, 도덕적 권위성(권위주의자가 될 수도 있는), 좋은 마음, 강한 자비심을 가졌다. 관대하고, 풍요롭고, 교육적 휴머니즘을 보여준다. 사자 태양은 스스로에 대해 좋게 생각하고, 덕을 강조하고, 귀한 영혼을 지녔다. 태양이 손상되지 않는 한, 비논리적이거나 좁은 독선적 사고방식에도 잘 빠지지 않는다. 훌륭한 스승이며, 도덕적 가이드이다. 다양성을 잘 포용한다. 하지만 '산으로 가는 데는 많은 길이 있다는' 종교적 관점을 가졌을 수 있다. 넓은 의미에서는 도덕적이지만, 개인적 도덕성에 대해 가장 포용적인 센스를 가지고 있다. 구루 혹은 교수 타입이다.

사자 목성이 좋은 상태에 있으면 높은 수준의 지식을 제공하는 사람이며, 훌륭한 임원이 될 수 있는 재능을 갖추었고, 긍정적이고, 다른 사람들에게 희망을 준다. 만약 안 좋은 상태에 있으면 너무 자기몰입을 하며, 거짓 구루나 스승에게 끌리며, 비생산적이고, 쓸데없는 고집이 세다.

○ 처녀(칸야) 라시에 있을 때

긍정적 효과	목성은 처녀 라시에서 그다지 행복하지 않다. 목성의 에너지가 취약해지는 자리여서, 기능을 제대로 힐 수가 있다. 목싱은 확장하고 싶어 한다. 처녀 라시는 작은 니테일까지 파고들고자 한다. 일에 대한 아주 훌륭한 윤리도덕을 가지고 있으며, 어떤 문제가 앞에 있더라도 고치는 능력이 있다. 그가 가진 최상의 비판적인 감각들은 무엇이 잘못되었는지, 무엇을 해야 되는지 등을 잘 파악할 수 있다. 디자인, 교육, 의학 등의 커리어가 그가 가진 섬세한 마인드와 서비스 성향에 잘 맞는다.
부정적 효과	절대 쉬지 않는 일중독이다. 혹은 아무도 자신만큼 일을 잘할 수 없다고 믿는 완벽주의자일 수도 있다. 직장에서 이런 자세를 가진 사람은 아무도 좋아하지 않는 것이 당연하다. 사무실에서 인기가 없다. 지나친 걱정이 자신의 건강을 해칠 수 있다.

처녀 목성에게 로드인 수성은 적이다. 그래서 처녀 목성이 좋은 효과를 발휘하기 위해선 로드인 수성의 건강상태가 중요하다. 처녀 목성은 정확한 정보, 넓고 분석적인 관점, 사전 계획의 중요성 등에 대해 믿는다. 처녀 라시는 목성에게 즐겁거나 확장적일 수 있는 위치는 아니다. 그러나 수성이 강하면 정보를 조직하거나, 다른 사람들에게 그렇게 하도록 지시하는 데 아주 효율적일 수 있다. 처녀 목성은 전반적으로 큰 스케일을 개발하기를 좋아하며, 어떤 종류이든 디테일한 계획을 하는 것을 즐긴다. 특히 대중 건강이나 자원분배 등에 특별한 자질이 있을 수 있다. 문화적 다양성을 포용하며, 주로 갈등을 피하면서 조화로운 목표를 성취한다.

처녀 목성이 좋은 상태에 있을 때 글을 쓰거나 말을 잘하는 재능이 있으며, 정확한 철학적 개념들을 선호하며, 계획이나 전략을 성공적으로 짜며, 영적이다. 만약 안 좋은 상태에 있으면 영성에 대해 비판적이며, 디테일에 대한 주의가 부족하며, 자신의 사고에 대해 너무 자신감을 가지고 있다.

○ 천칭(툴라) 라시에 있을 때

긍정적 효과	다른 사람들을 매료시킬 수 있는 성격을 가지고 있으며, 사람들을 너무 좋아하며, 완전히 사람들의 사람인 타입이다. 연결을 잘하는 재능이 있으며, 넓은 네트워크와 활발한 사회생활을 즐긴다. 파트너 혹은 추종자들이 한 사람도 없는 경우가 드물다. 모든 사람들이 그를 사랑한다. 평화의 수호자이며 외교관이다. 변호사, 인권운동가, 혹은 모든 좋은 단체들에 대해 잘 알고 있는 사교가일 수도 있다. 사람들을 함께 모으는 것을 좋아하기 때문에, 대외관계성을 맺는 일, 영업 혹은 마케팅 등의 일에 타고난 재능이 있다.
부정적 효과	다른 사람들을 통해서 인생을 살고 있으며, 그런 과정에서 자신을 잃어버릴 수 있다. 이러한 기질이 그를 외롭게 만들고, 설령 많은 팬들 속에 둘러싸였더라도 외로움을 느낀다.

천칭 목성은 로드인 금성이 그에게 적이다. 그래서 천칭 금성이 좋은 효과를 내는 것은 금성의 건강상태에 달려 있다. 천칭 목성은 조화로운 관계성을 믿으며, 좋은 디자이너, 매력적인 외모, 그리고 모든 균형적인 것들을 믿는다. 많은 쾌락들을 추구하고, 이처럼 복잡하고 균형적인 행위들을 할 수 있기 위해 많은 관계성들을 만든다. 그들이 가진 관계성이나 물건들은 어느 정도 독자적이고 본인 자신에게만 말이 되는 것일 수도 있다.

천칭 목성이 좋은 상태에 있으면, 예술적이고, 확장적이고, 친절하고, 서포티브하며, 카운셀러 혹은 스승, 영감을 주는 사람이고, 풍요로움을 누린다. 만약 안 좋은 상태에 있으면 탐닉하고, 게으르고, 동기가 부족하고, 자신감이 지나치며, 주도성이 부족하다.

○ 전갈(브리쉬치카) 라시에 있을 때

긍정적 효과	두려움이 없으며 직관적이다. 어떤 비밀스럽거나 미스터리한 것들을 좋아한다. 아무도 가기 원하지 않는 곳에 간다. 진실을 알고자 하며, 알게 된다. 비즈니스에 대한 강한 센스가 있으며, 돈에 대한 재능이 있다. 유산이 있을 수도 있다. 강한 성적 충동이 있을 수도 있다. 삶의 미스터리한 면들을 즐기며, 언제나 자신이 가진 아주 잘 다듬어진 육감을 믿을 수 있다.
부정적 효과	무엇을 하든지 과도하게 한다. 마약, 섹스, 음식, 소비 등이다. 혹은 직관적인 재능을 이용하여 다른 사람들이 같이 배팅을 하도록 조작할 수 있다.

전갈 목성은 로드인 화성과 상호 좋은 친구 관계이다. 목성에게 대체로 유익한 라시로, 전갈 목성이 대체로 좋은 특성들을 발휘하는 것은 화성의 건강상태에 달려 있다. 깊은 힐링을 믿으며, 미스터리에 대한 이해로 이득을 본다. 깊은 믿음을 가질 수 있다. 때로는 거만해 보일 정도로 건강한 자기 자신감이 있다. 탄트라 지혜를 가질 수 있으며, 환경을 어떻게 변화시키고 사람들을 컨트롤할지 알고 있다. 이러한 능력들을 어떻게 사용할지는 그의 도덕적인 진화 여부에 달려 있다. 전갈 목성은 비밀스런 전통적 지식이나 은밀한 작용들에 대한 아주 큰 규모의 탐구를 하는 것을 즐긴다. 특히 힘 있는 사람들을 알고 싶어 하고, 또 그들에게 알려지고 싶어 한다. 대체로 부유하고, 건강하고, 강하다.

전갈 목성이 좋은 상태에 있으면 동기부여를 잘하며, 하는 일들마다 성공적으로 이루며, 효율적이고, 다이내믹하고, 부유하고 풍요로운 결과들을 잘 만들어낼 수 있다. 만약 안 좋은 상태에 있으면 주의가 부족하고, 너무 빨리 확장을 하고, 기회들을 잘 놓치거나, 혹은 부를 이루는 데 집중하지 않는다.

○ **인마(다누) 라시에 있을 때**

긍정적 효과	확장적인 철학적 시각을 가지고 있으며, 세계여행가일 수도 있다. 세상을 여행하지 못한다면 다른 나라와 믿음 체제들에 대해 끝없는 호기심들을 가지고 있다. 좋은 일들을 하고 싶은 마음을 가졌으며, 강한 도덕적 윤리, 그리고 진리에 대한 사랑이 그가 하는 모든 행동을 이끈다. 바른 일을 하는 것이 그의 일이다. 교육과 새로운 경험들이 자신을 성장하게 하고, 우주를 이해하게 하고, 자신의 자리를 알게 한다.
부정적 효과	자신의 의견을 좋아하며, 다른 사람들을 자신의 사고대로 전향시키려 한다. 자신이 느끼는 흥분을 믿다가 방향이나 길을 잃어버릴 수 있다.

인마 목성은 대체로 사랑받는 교육가이고, 도덕적 개발을 통한 긍정적 성장에 대한 믿음을 가지고 자신의 문화적 환경을 프로모션한다. 하지만 거만함이나 자기만족이 이러한 목성이 자주 전시하는 단점이다. 그는 자신의 열정에 너무 개입되어 다른 사람의 관점을 듣는 데 관심을 잃을 수 있다. 그래서 전통적 종교나 단일 문화에 이러한

목성은 가장 잘 맞는다.

인마 목성은 인간이 가진 잠재성과 진보를 믿는다. 자신을 사제 역할로 본다. 종교적이고, 긍정적이고, 자신감 있고, 교육에 대한 솟구치는 믿음을 가지고 있고, 도덕성을 계발시켜서 문화적인 진보를 한다. 훌륭한 미션가이다. 자신을 믿고, 자신의 운명을 믿는다. 비전과 원인을 쉽게 포용한다. 만약 전체적으로 독선적인 기질이 있으면, 이데올로기적으로 될 수도 있다. 그러나 바탕에 깔린 휴머니즘은 아주 부드럽고, 관대한 영향력을 가지고 있다.

인마 목성이 좋은 상태에 있으면 축복받은 삶을 살고, 훌륭한 영성을 타고났으며, 다른 사람들을 돕고, 스승 혹은 카운셀러이다. 부유하고 긍정적인 자세를 가지고 있다. 만약 안 좋은 상태에 있으면 자기 확신감이 부족하고, 동기가 부족하거나 게으르며, 영감을 받지 못하고, 너무 순진하고, 미성숙하다.

○ **악어(마카라) 라시에 있을 때**

긍정적 효과	목성은 보수적인 악어 라시에서 제한성을 느낀다. 전통적인 가치들을 사랑하는 아주 고상하고 모범적인 시민이다. 권력을 가진 지위를 얻을 수 있다. 어떻게 리드하고 조직하는지 잘 알기 때문이다. 대중을 다루는 재능이 있으며, 정치를 하게 되면 자신의 야망에 잘 맞는다. 어떤 게임에서든 정상에 오를 수 있으며, 품위를 잘 지킨다. 권력과 부가 가능하다. 유명해지는 데 필요한 것들을 그는 모두 가지고 있다.
부정적 효과	올라가는 도중에 다른 사람에 대한 생각도 할 것을 잊지 말아야 한다. 감정을 계발하고, 다른 사람들이 먼저 가게 해주어야 한다. 그렇지 않으면 정상에서 아주 외로울 수 있다.

악어 목성은 취약의 품위를 얻는다. 악어 목성이 좋은 효과를 발휘하는 것은 로드인 토성의 건강상태에 달려 있다. 악어 목성은 자신이 태어난 문화의 원칙에 따르는 것을 믿는다. 보편적인 관점을 가졌다. 대체할 규율들이 없다는 것을 인정한다. 다양성을 참지 못한다. 이러한 제한성이 목성에게는 따분하고 제한적인 위치이다. 정부나 타고난 문화적 가치 외에 다른 무엇이든지 믿음이나 신념이 적다. 삶에 내재하고 있는 선(善)에 대한 신념이 부족하여, 가난한 경향이 있다.

만약 토성이 길조적이면 악어 목성은 물질적으로는 성공할 수 있다. 그러나 목표를 성취하는 과정을 즐기기 어렵다. 야망이 별로 없다. 정부에 서비스(공무원) 일을 하는 것이 편안한 니치를 찾을 수 있다. 공무원 일을 하거나, 혹은 자선단체나 사회적 안전단체 네트워크와 연관된 기관에서 일하는 것을 선호한다. 무신론자일 수 있으나, 의식적 행사가 중요한 종교에 더 기우는 경향이 있다. 영적인 법칙보다는 실질적인 법률을 더 따른다.

악어 목성이 좋은 상태에 있으면 집중된 확장과 성장을 하며, 단순하고 전통적인 관점을 가지고 있으며, 보수적이고, 영적이고, 충직하다. 만약 안 좋은 상태에 있으면 넉넉하지 못하며, 낮은 재원에 시달리고, 사악하고, 원칙성이 부족하고, 성장이나 진보가 느리다.

○ 물병(쿰바) 라시에 있을 때

긍정적 효과	오픈 마인드이며, 이지적이고, 시대에 앞서간다. 미래를 볼 수 있고, 어떤 영역을 선택하든지 혁신적일 수 있는 능력을 가졌다. 모든 쿨한 것들을 처음으로 발견하는 사람이다. 인내적인 마음가짐으로 인해 사회적 서클이 아주 커질 것이다. 휴머니스트와 이슈들에 그는 열광한다. 세상을 바꿀 수도 있는 사람이다. 완전한 비타협가로서 자신 외에는 아무에게도 관심이 없다. 다른 사람들도 자유롭게 자신을 추구하기를 바란다.
부정적 효과	사회의 변방, 가장자리에 맴돌기를 선호한다. 완전한 아웃사이더이다. 반항적인 것은 분명하지만, 전반적으로 바깥세상과 같이 나란히 존재할 수 없다면 아무런 소용이 없다.

물병 목성이 좋은 효과를 발휘하는 것은 로드인 토성의 건강상태에 달려 있다. 물병 목성은 물질적 과학을 믿는다. 무신론자이거나 반종교적이다. 디바인에 대한 믿음이 아주 적거나 없다. 믿음은 머리로 형성된 진리에 의해 가려진다. 물병 목성의 경우에 비록 행복한 사람은 아니더라도 생산적인 사람인 경우는 자주 있다. 자연적인 좋은 행운이 별로 없다. 부유해질 수 있는 기회가 생기면 이데올로기적이거나, 너무 단순하게 생각하여 기회를 놓치게 된다. 때로는 심각한 정신적 노력을 하기도 한다. 물병 목성은 악어 목성보다 실제적으로는 덜 구속적이고, 개념적으로는 보다 구속적인 경향이

있다. 거대하지만 경직적인 철학적 태도를 가지고 있다.

물병 목성이 좋은 상태에 있으면 철학에 집중하고, 혁신적이며, 구조적이고 체계적인 팽창을 한다. 정치적 대변인으로 능력을 잘 발휘할 수 있다. 만약 안 좋은 상태에 있으면 좌절감을 잘 느끼고, 잘못된 원인들을 따르며, 너무 정치적이고, 구속감을 느끼고, 진보나 성장을 하기 힘들고 자주 좌절에 부딪힌다.

○ **물고기**(미나) **라시에 있을 때**

긍정적 효과	창조적 천재이다. 모든 경험에서 영감을 받을 수 있다. 아주 깊은 자비심을 가졌고, 다른 사람들의 고통을 제거해줄 방도를 찾고 있다. 물고기 목성은 사랑스런 본성, 음악적 재능, 미스터리한 능력들을 준다. 세상이 너무 험해지면 약간의 고적한 시간을 가지는 것이 그의 영감을 되살려준다. 착한 사람이며, 친절한 영혼으로, 다른 사람들을 낫게 하기 위해 많은 일을 한다.
부정적 효과	도피주의가 될 정도로 세상에서 후퇴한다. 매번 어려움이나 문제에서 달아나면 자신의 잠재성을 제대로 발휘할 수 없다. 다른 사악한 사람들이 그의 선한 심성을 이용하려 들 수 있다. 경계선을 긋지 못하면 많이 당하게 될 것이다.

물고기 목성은 직관적이고, 탐구적이고, 철학적, 예언적, 다정하고, 관대하며, 인간적이다. 또한 다른 이들에게 자선적이며, 자선적 기구나 기관을 세워서 일을 시작할 수도 있다. 그리고 물고기 목성은 아이들을 좋아한다. 디바인 러브를 믿는다. 자연 속에 있는 휴머니티에 대한 직관적 관점이 가장 넓고 광대하다. 자연은 우주 전체를 포함한다는 관점을 통해 우주에 자연스럽게 연결이 되어 있다.

물고기 목성이 좋은 상태에 있으면 철학이나 종교에 끌리고, 영감을 잘 받고, 도덕적이며, 정의롭고, 관대하다. 만약 안 좋은 상태에 있으면 눈이 먼 것처럼 다른 사람들을 따르며, 영적 확신이나 자신감이 부족하며, 위선자이고, 게으르고, 뭐든지 너무 단순화시킨다.

목성이 12 하우스에 있는 효과들

목성이 있는 곳은 우리가 어디에서 확장적이고 운이 있는지 보여준다.

○ 1번 하우스(타누 바바)에 있을 때

긍정적 효과	친근하고 낙천적인 큰 성격을 가졌다. 어떤 주어진 상황에서든 좋은 것을 보고자 한다. 사람들이 좋아하고, 활발한 사회생활을 하고 있다. 여행을 통해 자신의 시각을 넓힐 수 있으며, 항상 떠날 준비가 되어 있다. 자신이 가진 훌륭한 도덕성이 영감적인 영적 리더로서 길을 닦아줄 수 있다.
부정적 효과	에고 마니아가 되며, 위선자이며, 큰소리는 잘 치지만 거의 지키지 못한다. 혹은 소극적으로 생각하고 익숙하지 않은 것들을 회피한다.

목성은 1번째 하우스에서 위치의 힘, 디그 발라를 얻기에 목성에게 최고의 위치이다. 목성이 라그나에 있으면 차트 전체가 아주 길조적인 영향을 받는다. 어떤 하우스에 있는 행성보다도 가장 행운적인 위치로 여겨진다. 그는 행복하고, 건강하고, 장수하며, 존경받고 유명하다. 행운이 있고, 아름답고, 영적인 성향을 가졌다. 자녀, 배우자, 아버지와의 행복이 있다. 디바인 은총이 있고 모든 유형의 해와 고통으로부터 보호가 된다. 품위가 넘치고, 현명하고, 좋은 선행을 행한다. 유명한 인사나 영적 지도자들에게 흔한 조합이다.

대체적으로 삶에 대한 긍정적인 기대를 가지고 있으며, 좋은 의도와 발랄한 부추김을 잘 주는 사람이다. 아주 예외적일 정도로 관대하다. 다른 사람들이 귀히 여긴다. 신들까지도 사랑하는 사람이다. 행복하고, 즐거우며, 매력적이고, 풍요롭다. 좋은 운, 사회와 상업적 세상을 이끄는 힘과 품위를 가지고 있다. 도덕적, 종교적 자아를 통한 내적 힘을 가지고 있다. 긍정적이고, 즐거우며, 관대하고, 부지런하고, 성심이고, 예의 바르고, 좋아할 만한 사람이다. 이성적이고, 확고하고, 자기 자신감이 있다. 높은 지위에 있을 수도 있다. 예를 들어, 은행가, 판사, 의사, 변호사, 교수, 사제, 정부 관리 등이다. 운수업이나 큰 규모의 도매업을 하는 사람일 수도 있다. 좋은 자질들로 알려져 있으며, 옷을 잘 입고, 부유하고, 매력적인 성격을 가지고 있다. 하지만 덜 남성적이다. 죽은 후에 천국에 가기를 고대하고 있다. 그래서 종교적이거나 영적인 의식이나, 다른 사람들에게 좋은 일들을 하기 위해 항상 부를 나눠준다. 능숙하고 효율적인 능력으로 사람들에게 인정을 받는다.

1번째 하우스에 있는 목성은 키가 크거나 덩치가 큰 예가 자주 있다. 대체로 긍정적이고 희망적이며, 말을 할 때는 하늘을 향해 시선을 올리는 경향도 있다. 철학적인 기질이 있으면서 동시에 너무 낙관적이어서, 중요한 디테일을 놓칠 수도 있다. 그는 젠틀한 태도, 부드럽고 관대한 육체를 가진 사랑스러운 사람이다. 그는 자연적으로 뭐든지 쉽게 하는 것을 선호한다. 적극적이고 늘 움직이는 유형이다. 자연스럽게 쉬어야 할 때에도 늘 움직이고 있다. 의학에 좋으며, 현대의학이나 전통의학의 재능이 주어진 경우가 자주 있다. 하지만 시간이 지남에 따라 비만형이 되는 경향이 있다. 비만이나 땅딸막한 체형 때문에 호흡 관련 질병을 가지는 경향도 있다. 불순한 혈액으로 생기는 질병, 수분과다증, 관절염, 간질병, 지나친 생기 등, 목성이 있는 라시에 따라 다양한 문제가 생길 수 있다.

목성이 1번 하우스에서 좋은 상태에 있으면 자신감이 넘치고, 긍정적인 결과들에 대한 믿음이 있고, 편안하고, 우아하며, 관대하고, 성장과 확장 위주의 자세를 가지고 있다. 만약 안 좋은 상태에 있으면 기회들에 대한 반응이 느려서 손해를 보며, 주의가 부족하고, 지나치게 탐닉하며, 게으르다.

○ 2번 하우스(다나 바바)에 있을 때

긍정적 효과	돈에 대한 행운이 있으며, 비즈니스 감각이 탁월하다. 이러한 것들이 합쳐져, 유산을 물려받거나 일을 통해 좋은 운을 이룰 수 있게 한다. 자신이 행한 친절함으로 항상 보상을 받게 되며, 경제적 상황에서 운이 따른다. 그래서 남들보다 좋은 시작을 할 수 있다.
부정적 효과	가진 돈보다 더 소비하고 물질적인 것들을 자랑하기 좋아한다. 때로는 너무 낙관적이 되어 어리석은 리스크를 취하다가 상당한 경제적 손실을 입을 수도 있다.

목성이 2번에 있으면 쉽게 부자가 된다. 현명하고, 지식이 있고, 좋은 교육을 받았다. 고상하게 말을 하며, 사람들이 그의 말을 경청하기를 즐긴다. 고상하고 미식가이다. 말을 진실하게 하고, 자선적이고, 덕이 있다. 아름다운 얼굴을 가졌고, 옷을 잘 입는다. 가족생활이 행복의 근원이다. 빼어난 상상력을 가지고 있으며, 시인이 될 수도 있다. 교육에 대해 열정적이며, 교육 분야의 커리어를 가질 수도 있다. 탁월한 과학자, 수학자, 혹은 작가가 될 수도 있다. 혹은 아주 뛰어난 점성가가 될 수도 있다.

목성은 언어의 카라카이다. 2번의 목성은 뛰어난 언변, 협상술, 토론, 언쟁 등의 재능을 준다. 역사뿐만 아니라 예술, 음악, 음식 등의 문화 교류에 대한 아주 훌륭하고 넓은 관점을 가지고 있다. 대체로 좋은 가족 혈통을 가지고 있고, 가족의 서포트가 강하다. 그리고 그가 이룬 평범한 성취들에 대해 너무 과장되거나 지나친 칭송들을 받은 경향이 있다. 만약 목성이 좋은 품위에 있으면 좋은 치아를 준다. 부동산이나 교육, 고정자산 개발이나 운송수단 등을 통한 가족의 부가 늘어난다. 목성이 2번 영역에 있는 사람은 자신의 목소리에 아주 도취되고 영감을 받는다. 자신이 태어난 가족환경 자체가 높은 가치와 순수한 지혜의 말을 많이 들으며 자라났기에, 다른 사람들도 그러하리라고 짐작하며, 그러한 높은 지식의 말들을 들으면 아주 감사하고 감동할 것이라 여긴다.

2번 하우스에 있는 목성은 종종 종교적인 사람이거나, 혹은 보다 높고 철학적인 원칙에 기준을 둔 자기가치관을 가졌을 수 있다. 그렇지만 가족 구성원들과는 개인적인 철학이나 종교관이 다를 수도 있다. 말을 과장되게 하는 경향도 있기에 약간 불신감을 초래할 수도 있다. 2번은 목성의 적인 금성의 자연적인 하우스이다. 그래서 2번에 있는 목성은 발생할 수 있는 문제를 가지고 있다. 과장하는 스피치(잠재적으로 거짓을 말할 수 있을 정도로)를 가지거나, 혹은 자신이 가진 지식의 양이나 가치를 과장으로 포장하거나, 상당히 과대평가할 수도 있다.

목성이 2번 하우스에서 좋은 상태에 있으면 경제적인 성장과 부를 이루고, 확신감을 심어주며, 좋은 스피치, 편안하고, 좋은 음식을 먹는다. 만약 안 좋은 상태에 있으면 낭비를 많이 하고, 경제적이지 못하며, 집중력과 실용성이 부족하고, 빈약한 재정을 가졌으며, 나쁜 음식을 먹는다.

○ 3번 하우스(사하자 바바)에 있을 때

긍정적 효과	크게 생각하는 사람이다. 세상을 확장적이고, 긍정적이고, 영적 렌즈를 통해 본다. 교육에 대한 관심이 지대하며, 배울 수 있는 한 많이 배우고 알고자 한다. 여행과 다른 문화들과 접하는 시간들을 통해 마인드를 확장한다. 동생들이나 이웃들과 아주 좋은 관계성을 유지한다.
부정적 효과	형제들이나 이웃들과 큰 드라마를 만들어낸다. 혹은 익숙한 것에 너무 집착하여, 자신의 경계 밖으로 나갈 시도를 전혀 안 할 수도 있다. 지나친 낙관적 태도로 인해 상황의 현실을 직시하지 못할 수 있다.

목성이 3번 하우스에 있으면 3번 하우스의 특성들이 발휘되는 데는 좋지만 목성 자체에게는 유익하지 않다. 특히 구두쇠일 수 있고 삶의 많은 기회들을 놓친다. 많은 형제들이 있고, 그들로부터 이득과 행복을 얻는다. 동기들 사이에서 리더임을 나타낸다. 바로 아래 동생이 남성적이고, 종교적이고, 행운이 있고, 행복하다. 배우, 댄서, 뮤지션으로 아주 소질이 있다. 아름답거나 파워풀한 목소리를 가지고 있다. 소통적이고, 문학이나 소통과 연관된 영역에서 커리어를 가졌을 수 있다. 하는 노력들이 성공을 거둘 것이며, 욕망이 충족될 것이다. 삶에 내재한 깊은 의문들에 대한 깊은 이해를 찾고 있는 이성적인 마인드를 가지고 있다. 안주하지 않고, 탐구적이고, 철학적인 성향을 가지고 있다. 종교적이거나 철학적인 문제들로 전투를 하고 있을 수도 있다.

3번 하우스는 목성의 적인 수성의 자연적 하우스이다. 자연적 적인 수성의 자연적 하우스에 있는 목성은 믿음(신념)과 디테일 사이에서 집주인과 세입자 관계와도 같은 갈등을 일으키게 될 것이다. 우주적인 지혜를 가진 목성은, 실질적인 능력을 갖춘 행정인 수성의 자연적 하우스에서 팀 멤버들이 한 공헌에 대한 칭찬을 긍정적인 소통 스타일로 하게 된다. 비즈니스에서 사람들의 사랑을 받는다. 항상 팀원들에게 보상이나 공을 돌린다.

모든 전반적인 비즈니스 연관된 일을 하면 이득을 본다. 영업, 마케팅, 광고, 대중관계성 등이다. 미디어 소통 영역과 방법들을 확장시킨다. 미팅이나 단기적인 출장, 컨퍼런스 계획, 그리고 모든 유형의 글쓰기 같은 영역에서 그룹 동조적인 행위를 잘하는 방대한 스킬을 가지고 있다. 자연적인 스승이며 트레이너, 특히 상업적 주제와 연관된 영역에서 타고난 재능이 있다. 그룹 매니저, 특히 아주 큰 기업의 정상에 있을 때 훌륭한 능력을 발휘한다. 자신의 팀원들에 대한 긍정적인 믿음을 가지고 있으며, 그들이 공헌한 업적에 대해 모든 기록을 찾아 남겨서 조직 관리를 잘할 수 있다는 자신감이 있다. 교육적인 여행, 여행 가이드, 서비스적인 배움, 작은 그룹 조율인, 프로페셔널 트레이닝이나 기업인 트레이닝, 그리고 이웃들 간의 미팅 등을 제공하는 서비스업에 좋다. 탁월한 정신건강, 강한 긍정성이 그룹이 가진 긍정적인 기대치를 높여준다. 좋은 이웃들과 친구들이 있다. 교육이나 문학, 출판, 여행, 가까운 가족, 친구들로 인한 이득을 본다.

목성이 3번 하우스에서 좋은 상태에 있으면 모험을 통해 확장을 하며, 탁월한 스피커이며, 작가, 소통가이다. 설득력이 있으며, 예술적하다. 만약 안 좋은 상태에 있으면 주도성이 뒤떨어지고, 열정이 부족하며, 단호함이 뒤떨어지고, 겁쟁이며, 말을 함부로 하거나 신중한 대화를 하지 못한다.

○ **4번 하우스(수카 바바)에 있을 때**

긍정적 효과	좋은 양육 환경과 행복한 가정생활을 가졌다. 가족들과 조화로운 관계성을 유지하며, 편안한 가정을 이룰 수 있다. 가족들이 많거나 강한 종교적 믿음을 가졌을 수 있다. 혹은 가족적 유산이나 유물을 물려받을 수도 있다. 커뮤니티에서 기둥과 같은 사람이다.
부정적 효과	집이 짐이 될 수 있다. 어떤 식으로든 억압을 받았을 수 있다. 대체로 종교적 믿음과 연관을 가지고 있다. 이러한 상황이 집에서 가능한 도망가게 만들 수 있다.

목성이 4번 하우스에 있으면 그는 행운이 있다. 행복하고 만족스러우며 많은 사치와 편안함을 누린다. 어머니에게 잘 돌봄을 받았고, 어머니와 가까운 관계이다. 좋은 집, 큰 차, 많은 재산들을 가지고 있다. 어머니나 조상의 재산을 물려받는다. 성공적인 커리어를 가졌고, 존경받으며, 좋은 교육을 받았다. 영적이고 목샤에 관심이 있으며, 종교나 철학, 오컬트 주제들을 아주 좋아한다. 가정교육을 잘 받았으며 관대하고 마음이 따뜻하다. 지혜의 말, 종교, 형이상학 등의 가르침에 의해 마음이 활력을 얻고 팽창하

게 만든다. 깊이 철학적인 마음과 우아한 본성을 가지고 있다. 동시에 감정을 과장하는 경향이나, 다른 사람들에 대한 힘든 감정들을 이겨내려 초연한 척할 수도 있다.

4번에 있는 목성은 길조적이다. 탁월한 환경에 태어났으며, 훌륭한 정규교육이 주어졌다. 비록 목성이 평범한 품위에 있더라도 가족적 혈통은 단단하고, 그는 자신의 가족이나 사회에서 중요한 위치를 차지하고 있는 것처럼 느낀다. 아주 진화된 영혼으로 태어났다. 전생에서 좋은 교훈들을 배웠으며, 덕스러운 보상을 받을 자격이 있다. 그는 성심이고 확장적으로 애국적이다. 만약 목성이 손상되었으면 재산을 소유하기 어렵고 어머니와 다툰다. 목성은 자기 중요성의 정도를 과장하는 기질이 있기 때문에, 나라를 위하는 마음이나 자세가 거만해지지 않도록 각별히 유의해야 한다. 비밀스런 정보나 길조적인 대중과의 인맥, 사적인 관계들로 인해 사회적으로나 경제적으로 이득을 얻을 수 있다. 탐험이나 전쟁, 의학, 그리고 다른 사람에 대한 서비스 일에서도 이득을 볼 수 있다.

목성이 4번에서 좋은 상태에 있으면 교육을 잘 받았고, 다른 사람들에게 잘 지시하거나 정보 제공을 하고, 지식이 많고, 편안하고, 부유하다. 만약 안 좋은 상태에 있으면 동기가 부족하고, 너무 자신감에 차 있고, 탐닉하고, 주의가 부족하고, 진정으로 편안하기가 어렵다.

○ 5번 하우스(푸트라 바바)에 있을 때

긍정적 효과	타고난 창조성과 아이들을 끌 수 있는 자석을 가지고 있다. 환상적인 부모나 스승이 될 것이다. 큰 가족들을 이루는 것도 가능하다. 자녀들이 좋은 교육과 양육을 받을 수 있도록 할 수 있는 모든 것을 한다. 로맨스 기회들이 많거나, 사랑의 행운이 있다.
부정적 효과	도박에 주의해야 한다. 그렇지 않으면 상당한 경제적 손실을 입을 수 있다. 바람을 잘 피울 수도 있다. 마음의 상처를 여러 번 입었다. 자녀들의 필요를 우선시하고, 자신은 해로울 정도로 스스로를 희생한다.

목성이 5번에 있으면 그는 아주 총명하다. 긍정적이고 밝다. 잘살고 행복을 가져다주는 아들들이 있다. 온갖 종류의 투기들을 즐기며, 성공적인 투자를 하게 될 것이다.

주식 브로커이거나 투기와 연관된 커리어를 가졌을 수 있다. 예술, 스포츠에 재능이 있고 커리어도 가능하다. 종교적인 마인드, 신에 대한 믿음을 가지고 있다. 법률적 지식, 철학, 만트라, 영적 테크닉들에 대한 지식들이 있다. 높은 도덕성과 덕을 가졌다. 우월주의 콤플렉스가 있을 수 있고, 다른 사람들을 다스리려 할 수도 있다. 높은 직위의 정치인으로 성공할 수 있다. 부와 직위와 연관된 전생의 좋고 강한 카르마가 있다. 전생에서 종교적인 직위에 있었으며, 순전히 다른 사람들의 이득을 위해서만 행동을 하였기에 현생에서 열매를 거둔다. 고상하고, 자선적이고, 좋은 선행을 한다. 삶에 대한 강한 목적의식과 자신의 운명에 대한 센스를 가지고 있다. 로맨스 라이프는 순조롭고 즐겁다. 그에게 인생은 아주 유쾌하고 즐거운 것이다. 감각적이고, 쾌락과 편안함을 사랑한다. 고상한 스피커이며, 상상력이 풍부하며, 논리적이고, 인상적인 작가이다.

5번째 하우스에 있는 목성은 훌륭한 스승를 만들고, 자연스럽게 남들을 가이드 하는 사람을 나타낸다. 점성학과 같은 형이상학적 공부에 관심이 있다. 재능이 있고 순수한 마음을 가졌으며, 종교적이고, 친절하고, 관대하고 정중하다. 옷을 잘 입으며, 큰 눈을 가졌으며, 자신의 목소리를 내고, 영향력이 있으며, 다정다감하고, 언어와 경제, 철학에 뛰어나다. 교사 혹은 강사로서 더 크게 성공할 수 있다. 커리어, 부와 투기에도 좋은 훌륭한 위치이다. 그런데 목성은 자녀들의 카라카 행성이기 때문에, 자녀들을 나타내는 5번 하우스에 있을 때 자녀들이 태어나는 것을 막거나 혹은 자녀들이 있으면 그들과의 관계성을 막는 경향이 자주 있다. 타고난 창조적 천재성을 육체적인 생산성보다는 보다 높은 문명적인 것을 위해 채널하거나 사용하는 경향이 있다. 목성은 개인을 종교적이고 존중받을 만하고 친근하고 도움이 되는 사람이 되도록 부추기고 영감을 고무시킨다. 5번의 목성은 자녀들과 연관하여 비록 이상적인 위치는 아닌 대신에, 목성의 영향은 보다 높은 인간 존재 수준까지 미치게 된다. 5번 목성은 영적인 성향을 주고, 종교적 의무를 이행하게 하고, 신성한 글들을 공부하도록 부추기고, 지혜를 다른 사람들에게 나누도록 하고, 사후의 세상에 대한 관심을 가지게 한다.

목성이 5번에서 좋은 상태에 있을 때 총명하고 지혜로우며, 철학적이고, 영적이며, 사업의 성공을 거두며, 놀기를 좋아하며, 긍정적이고, 재미있는 사람이다. 만약 안 좋은 상태에 있으면 분별력이 부족하고, 너무 쾌락과 로맨스에 탐닉을 하고, 미성숙하고,

너무 순진하다.

○ 6번 하우스(아리 바바)에 있을 때

긍정적 효과	서비스 위주의 일에서 최상이다. 힐링 아트에서 재능을 발휘할 수 있다. 간호 일, 마사지, 침술과 같은 대체 힐링 등을 잘할 수 있다. 동료들과 친근한 관계성을 유지하며, 취직의 운이 있다. 본인이 과하지 않도록 유의하면 대체로 좋은 건강을 유지한다.
부정적 효과	지나친 탐닉으로 과체중이나 건강문제를 겪을 수 있다. 일을 너무 짊어지는 경향이 있어, 여유를 가질 시간이 거의 없다. 거만하게 성인군자처럼 굴다가 직장에서 갈등을 일으킬 수 있다.

목성이 6번 하우스에 있으면 적들이 생길 수도 있으나 쉽게 극복을 하고 경쟁자들을 이긴다. 건강하다. 만약 목성이 손상되었으면, 알레르기나 간 질환에 시달릴 수도 있다. 지나친 식탐으로 건강의 문제가 생길 수 있다. 좋은 직장을 가졌고 능률적인 직원이다. 동료 직원들과도 잘 지낸다. 후배들, 세입자, 직원들로 인한 이득을 본다. 목성의 특성들은 어느 정도 손상이 되며, 행운도 줄어든다. 하지만 6번은 아타 하우스이기에 부를 얻는 데는 좋은 위치이다. 적은 수의 자녀들, 여행과 연관된 어려움들, 믿음이나 종교적인 기질이 부족하다. 날마다 하는 일이 법이나 철학에 연관될 수도 있다. 사촌이나 외삼촌의 이득을 본다. 디테일한 일들에 아주 뛰어나다. 비활동적이거나 게으를 수도 있다.

6번째 하우스에 있는 목성은 우리가 한 실수와 적들로부터 배울 수 있게 하는 높은 수준의 품위를 가진 경우가 자주 있다. 이러한 경험들을 계기로 더욱 고고하고 높은 수준의 원칙들로 가이드를 할 수도 있다. 하지만 높은 가르침을 나타내는 목성이 6번째 하우스의 내키지 않는 것들에 발목을 잡혀 꼼짝 못하는 듯한 상황이 자주 있다. 그래서 6번에 있으면 확장이나 진보를 하기가 어렵게 된다. 자연적 적인 수성의 자연적 6번 하우스에 있는 목성은 신념과 디테일 사이의 갈등을 집주인과 세입자처럼 가지게 된다. 수성의 자연적 6번 하우스는 잃어버린 협동, 깨어진 동의를 나타내는 하우스이다. 그리하여 독소와 갈등으로 가득한 환경에서 균형적인 쾌락을 즐기는 것을 빼앗고, 끊임없는 논쟁에 시달리게 한다. 갈등의 하우스에서 너무 확장적으로 만든다. 목성은 제한성, 경계선에 대한 전문가가 아니다. 그는 자연적 이상과 확장, 초월을 나타내는 9번과 12번 라시에서 그가 가진 확장적 자질들을 가장 잘 발휘할 수 있다. 그래서 6번 하우스에 있으면 단순한 긍정적 신념에 잘 반응하지 못하는 인간적 삶의 영역에서 지나친 확장성 자질로 인해 고통을 받게 된다.

목성이 가진 적절한 역할은 지혜로운 가르침을 주는 것이다. 지혜의 가르침이 6번 영역이 나타내는 갈등과 비균형적인 청중들에게 주어지게 되면, 목성의 믿음이 죄인이나 침입자, 균형을 방해하는 자들, 훔치는 자들, 그리고 피해자들과 같은 사람들에게 좋은 뜻으로 이해를 하게 하는 데 도움이 된다. 하지만 목성은 자신이 가진 인내적인 가르침 스타일이 가진 한계성을 잘 알아채지 못하는 경향이 있다. 적대적인 집주인의 집에 있는 목성은, 사소한 물질적 디테일(수성)들이 만들어내는 특정한 갈등 이슈들에 지나치게 개입하는 경향이 있다. 그리고 이러한 경향이 그의 건강을 해치기 시작한다.

목성이 6번 하우스에서 좋은 상태에 있으면 법적인 일들을 잘 다루는 재능이 있으며, 약자의 대변인, 총명한 전략가, 자기향상 전문가이다. 만약 안 좋은 상태에 있으면 너무 소비성향이 있으며, 부주의로 인해 많은 손해를 보며, 불안정적인 성장을 하며, 방어할 능력이 없다.

○ **7번 하우스(유바티/칼라트라 바바)에 있을 때**

긍정적 효과	관계성에 행운이 있다. 도움이 되는 파트너들을 끌어당긴다. 관계성과 연관된 좋은 카르마들이 있다. 사랑스럽고 긍정적인 파트너가 되는 법을 잘 알고 있다. 훌륭한 사람들을 자신의 궤도 안으로 끌어당긴다. 재산이 있는 사람과 결혼할 수도 있다. 비즈니스 파트너십을 하면 물질적 영역에서 이득을 볼 수도 있다. 공정함의 센스를 가졌기에, 자신감 있는 변호사, 검사도 될 수 있다.
부정적 효과	그의 좋은 심성을 이용하는 파트너를 끌 수 있다. 자신이 꽃뱀이거나, 돈 때문에 결혼할 수도 있다. 혹은 자신이 그러한 사람들을 끌어당길 수도 있다.

7번 하우스에 있는 목성은 위치의 저력, 디그 발라를 얻는 1번째 자리의 정반대편에

있다. 그래서 다른 사람에 대해 너무 긍정적이고 희망적으로 만드는 경향이 있다. 그리하여 로맨스 관계에서 실망을 자주 하게 된다. 비즈니스에서는 너무 높이 목표를 세우게 하고, 지나친 이상주의 성향을 비즈니스에 주입시킬 수 있다. 이들은 관계성에서 종종 상대의 스승처럼 보이거나, 혹은 파트너들을 가르치려 한다. 그래서 비현실적인 기준으로 그들을 끌어올리려 한다. 보다 성숙한 평정심을 가져야 할 필요가 있다. 대체적으로 배우자의 캐릭터에 길조적이긴 하지만 어느 정도 자기 탐닉적인 성향을 가지고 있다. 키가 크고, 뼈가 크며, 약간 비만형이 될 수 있지만 좋은 다이어트로 조정이 가능한, 덩치가 좋은 신체를 가지고 있다. 결혼에 대한 긍정적인 기대를 가지고 있다. 여러 배우자를 가질 수도 있다.

목성은 위대한 길성이기에 여전히 7번은 힘을 주는 각도 위치이다. 아버지보다 훨씬 훌륭한 사람이 될 수 있다. 인기가 많고, 명예롭고, 아주 존경을 받는다. 젊은 나이에 아주 높은 지위에 오를 것이다. 행복하고, 건강하고, 아주 잘생긴 외모를 가졌다. 자애적이고, 교양이 있으며, 다른 사람들의 감정을 잘 이해한다. 하지만 7번 하우스 특성과 연관하여 목성이 길조적인 효과들을 줄지 어떨지 하는 것은 목성이나 7번 로드의 상태에 달려 있다. 만약 좋지 못한 상태에 있거나 크루라 영향하에 있으면 정반대의 효과들이 나타나게 된다. 하지만 7번에 좋은 상태의 목성이 있으면 아름답고, 부유하고, 헌신적인 배우자를 얻게 된다. 결혼생활이 행복의 근원이다. 배우자는 아주 훌륭한 캐릭터, 품위가 있고, 덕을 갖추었다. 배우자는 종교적이고, 철학적이고, 아주 영적인 사람이다. 비즈니스 파트너십에서 성공할 것이며 부유해질 것이다. 아주 행운이고 즐거운 인생을 영위한다.

목성은 여자에게 남편의 카라카이기도 하다. 여자의 경우 어떤 협상이나 조언적 충고를 얻을 수 있는 상황에서 미래의 남편을 만나게 되는 경우가 자주 일어난다. 그녀에게는 갈등을 해결할 수 있는 능력을 가진 남편이나 균형적인 관계성이 중요하다. 그래서 파트너가 그녀나 다른 사람들과 좋은 상담을 할 수 있는 능력을 가진 것이 그에게 끌리게 되는 중요한 계기가 된다. 이렇게 맺어지는 관계성이 어떤 외적인 환경에 있느냐는 상관없이, 여자는 좋은 조언을 할 수 있는 그의 능력에 대한 존경을 유지하게 될 것이며, 그녀의 인생에 중요한 믿음이 된다.

목성이 7번에서 좋은 상태에 있으면 그는 파트너십을 통해 성장을 하며, 사업이 확장되고, 좋은 거래들을 얻을 수 있고, 카운셀러, 협상가로 성공할 수 있다. 만약 안 좋은 상태에 있으면 파트너에 대한 관심이나 주의가 부족하며, 자신의 이득만 추구하며, 게으르고, 잘못된 거래를 통해 손해를 입는다.

○ **8번 하우스(아유 바바)에 있을 때**

긍정적 효과	직관, 활발한 본능을 가졌으며, 다른 사람의 돈에 대한 행운이 있다. 유산, 결혼, 소송, 보험, 배우자 가족, 혹은 상금 등을 통해 돈이 잘 들어온다. 사후의 세계에 아주 지대한 관심을 가졌다. 다른 사람들이 무엇에 가장 관심이 있는지도 궁금하다. 훌륭한 미디엄, 정신과 의사, 사이킥, 장례인, 회계사, 금융 상담가 등이 될 수 있다. 이러한 목성의 위치는 대체로 건강한 신체를 주고, 평화롭고 자연스런 죽음을 맞이하게 한다.
부정적 효과	섹스를 얻기 위해 무엇이든 할 수 있는 사람일 수 있다. 혹은 유산이나 세금과 연관된 영역에서 드라마를 경험할 수 있다.

목성이 8번 하우스에 있으면 아주 긴 수명을 누리고, 평화로운 죽음을 맞는다. 성적으로 강하고 아주 매력적이다. 생동력이 넘치고 활발하다. 배우자로부터 상당한 부를 누린다. 유산이나 보험금 등의 이득을 볼 수 있다. 이혼을 하는 경우 위자료를 잘 받을 수 있다. 하지만 목성의 특성은 손상이 된다. 적은 수의 자녀가 있고, 그들과의 관계성도 어렵다. 1번째 아이가 어려운 삶을 살 수도 있다. 종교를 좋아하지 않지만, 오컬트나 형이상학에 대한 관심이 지대하다. 아주 강한 직관력을 가지고 있다. 점성가에게 좋은 위치이다. 지식이 있고, 아는 것이 많으며, 기억력이 뛰어나다. 2번 하우스의 카라카이면서 8번에 있기 때문에 가족적 생활에는 문제가 있다. 행운이 부족하여 인생에서 무엇을 즐기든지 자신의 힘으로 벌어야 한다. 하지만 사고나 고질적인 질병으로부터 보호를 해준다. 금성이 심각하게 손상되지 않는 한, 간이나 생식기능의 질병에도 걸리지 않는다.

목성은 9번 하우스의 카라카이기 때문에, 8번에 있는 경우 아버지, 구루, 영적 스승과의 갈등을 준다. 하지만 목성이 좋은 상태에 있으면 8번 하우스가 나타내는 깊은 두려움들을 진정으로 좋은 가치, 도덕, 행위들로 승화시킬 수 있다. 8번 하우스는 우리를 보다 깊은 삶의 원리와 철학에 데려가는 곳이다. 목성은 철학의 행성이다. 8번에 목성이 있는 이는, 훌륭한 스승이거나 오컬트에 연관된 가이드가 될 수 있는 잠재성이 있다. 혹은 브로커, 오컬트리스트, 꿈의 심리학자의 커리어도 유익하다.

목성은 여자에게 남편을 나타내는 카라카 행성이다. 그래서 8번에 목성을 가진 여자의 경우, 배우자를 비밀스럽고 사적인 상황에서 만나는 경우가 자주 있다. 파트너의 신분을 비밀로 지키는 것이 그녀에게는 중요하다. 파트너는 숨겨지거나 상속받은 부가 있다. 혹은 탄트라 혹은 연금술 같은 재능을 가졌을 수 있다. 그러한 능력이 파트너십을 맺게 하는 주 동기일 수 있다. 이러한 맺음이 이루어지는 외적인 환경이 어떠하든, 그녀는 그가 가진 비밀스런 지식의 힘에 대한 존경심을 유지할 것이며, 그녀의 인생에 중요한 믿음이 된다.

목성이 8번에서 좋은 상태에 있으면 다른 사람들의 돈이나 서포트를 잘 받으며, 영적인 성장을 하고, 긍정적인 영향을 미치는 신비주의자이며, 편안하게 해주는 사람이다. 만약 안 좋은 상태에 있으면 지나치거나 과잉적인 행동들을 하며, 자원들을 낭비하고, 서포트가 부족하고, 비효율적이고, 몸이 약하고, 게으르다.

○ **9번 하우스**(바기야/다르마 바바)에 있을 때

긍정적 효과	여행하기를 좋아한다. 세계여행가이다. 지구상의 다른 곳에서 어떻게 살고 있고 무슨 일이 일어나고 있는지 알고 싶어 하며, 일지 쓰기를 좋아한다. 먼 지평선에서 그를 부르고 있다. 상당히 떠돌아다니는 여행을 해야 행복을 느낄 수 있다. 영적인 삶이나 출판에도 관심이 있다. 삶에 자신이 만든 코드를 계발하고자 한다. 높은 교육이 그의 마인드를 확장시켜준다.
부정적 효과	종교적 극단주의, 다른 사람의 관점에 대해 전혀 인내심이 없는 사람일 수 있다. 혹은 본인 자신이 걸어다니는 신이라고 착각하며, 모든 사람들이 고개 숙이기를 원한다. 믿음과 연관된 거만함 때문에 다른 사람들이 그를 미쳤다고 생각한다.

목성이 9번에 있으면 진정으로 가장 영적이거나 종교적인 영향들을 전체 차트에 미친다. 목성과 9번 하우스의 특성들이 아주 길조적으로 나타나게 된다. 헌신적인 자세

와 신에 대한 믿음이 아주 자연스럽고 깊이 배여 있다. 영적이고, 현명하고, 덕이 있다. 전 삶에 걸쳐 좋은 선행들을 한다. 아주 운이 좋다. 마치 신이 돕는 듯 모든 어려움이나 문제에 대한 해결책들이 자동적으로 나타난다. 또한 철학적이고 명상에 대한 관심이 지대하다. 종교적인 의식을 행하거나 명상에 대한 관심이 지대하다. 자선적이다. 법률에 대한 관심도 지대하다. 아버지의 이득을 받으며, 아버지가 아주 부유하고, 행운이며, 장수한다. 아버지는 종교적, 철학적 인물일 수도 있다.

9번 하우스에 있는 목성은, 종교적인 스승이나 구루의 차트에서 자주 발견되는 조합이다. 바르고 좋은 도덕, 행위, 원리원칙들에 대한 가장 높은 잠재성을 준다. 이러한 조합을 가진 사람은 좋은 가르침을 쉽게 알아보고 빨리 습득한다. 좋은 스승을 만나는 행운이 늘 있으며, 본인도 좋은 스승이 될 수 있다. 다른 조건들이 부합한다면 9번 하우스 목성은 아주 큰 축복일 수 있다. 상당히 외국 여행을 많이 하기도 한다. 특히 성지순례나 종교적인 목적, 높은 지식을 얻기 위한 목적으로 여행을 하는 경우가 잦다. 그는 어떤 지식을 원하든 얻을 수 있는 행운이 아주 높다. 최상의 구루를 얻을 수 있으며 그들의 사랑을 받는다. 사제 행위들을 하거나, 외교관이 될 수 있다. 국제적인 관점을 가지고 있다. 인지적 영역을 제한시키는 것들을 오랫동안 버티지 못한다. 세상에 대한 긍정적 꿈을 가진 큰 비전가, 교수나 구루와 같은 타고난 스승이다. 아이들을 좋아한다. 하지만 다른 더 큰 의무들 때문에 아이들과 많은 시간들을 보내지 못한다.

만약 9번 목성이 좋은 상태에 있으면 철학적이고, 구루 혹은 카운셀러이고, 좋은 운, 부와 명성, 좋은 교육을 받았고, 관대하다. 성심적으로 종교적 성향이며, 모든 믿음을 포함하고 확장하는 스타일이다. 절대로 독선적이지 않다. 모험하기를 즐기고 여행을 좋아한다. 아주 자선적이고 깊은 자애심을 가지고 있다. 사원에서 높은 의식들을 축하한다. 아주 눈이 부신 사람이며 영혼들의 세상과 소통하는 것을 환영한다. 현명하고 관대하다. 진정한 믿음을 따르는 이들에게 케어와 존경을 받는다. 만약 목성이 안 좋은 상태에 있으면 좋은 구루나 멘토를 얻지 못하며, 잘못된 철학이나 사상에 빠지며, 행운이 사라진다. 광신도적이거나, 혹은 본인이 어떤 사이비이거나 가짜 사제일 수 있다. 취약하게 위치한 목성은 기존 왕국의 체제에 무례함을 저지르게 만들 수 있다. 영적인 지혜가 물질적 힘을 주는 특권인 것 같은 망상에 시달릴 수 있다.

○ 10번 하우스(카르마 바바)에 있을 때

긍정적 효과	커리어에서 많은 중단을 가지게 될 것이다. 진보가 가능하다. 하는 일에서 큰 직위를 성취할 수 있다. 보상, 승진, 명성 등이 모두 가능하다. 비전을 가진 리더이며, 능력 있는 정치인, 나라를 위해 좋은 일을 하는 사람이 될 수 있다. 명성이 확고하고, 많은 기회들을 가질 수 있다.
부정적 효과	커리어 야망이 가정생활보다 중요하다. 그래서 별거나 이혼으로 갈 수도 있다. 정상에 올랐다가 불명예스런 대외적 추락을 당할 수도 있다.

목성이 10번에 있으면 성공적인 커리어와 높은 직위를 누리게 될 것이다. 직업적으로 거의 모든 일들이 바로 이루어질 것이고, 명예나 명성을 누릴 것이다. 대중에게 크게 이득이 될 수 있는 커리어를 선택할 것이다. 높은 지식과 연관된 일에 끌리게 된다. 법조계, 철학, 종교, 점성학, 영적 주제, 혹은 어떤 일이든지 평범한 사람들의 사고 위에서 하는 일들을 하거나 가르치는 스승일 수도 있다. 대체로 대중을 교육하거나 의식을 높은 수준으로 올릴 수 있는 일들에 관심이 있다. 그는 덕이 있고, 아주 도덕적이며, 종교적인 마인드, 영적인 사람이다. 부를 쉽게 얻을 것이다. 행복하고 만족한 사람이며, 온갖 종류의 훌륭한 운송수단이나 편안함, 사치들을 누리는 사람이다. 권위적 인물이나 정부를 위해 일하거나 도와줌으로써 이득을 볼 것이다. 신성한 장소로 성지순례를 많이 다닌다. 자녀들과 연관하여 어려움을 겪을 수 있다. 목성이 5번에서 6번에 있기 때문이다.

10번 하우스에 있는 목성은 훌륭한 스승이자 가이드인 사람을 만든다. 정의에 대한 감각과 높은 가르침은 이들의 명성과 책임의식을 고양시켜준다. 이들은 자연스런 리더이며, 영감적이고, 희망적이며, 모든 사람들의 최선을 위해 무엇이든 할 준비가 되어 있다. 앞을 내다보는 감각과 개인적 희생정신이 다른 사람들에게 그에 대한 자신감을 불어넣어주고, 자신의 명성과 지위를 향상시켜준다. 좋은 정부와 도덕적인 리더십을 진심으로 바라는 마음이 보수적이면서 종교적인 관점과 혼합되어 있다. 대중의 주의를 수직적인 방식으로 잘 다룬다. 목성이 10번 영역에 있으면 기(氣)가 어느 정도 줄어든다. 목성은 10번에 있을 때 공공 행정을 다루는 일과 정형적으로 도덕적인 리더십을 같이 병행하는 일이 자연적인 철학가이자 스승인 목성의 자질에 제약을 가하기 때문이다. 커리어는 여전히 잘나갈 수 있다. 목성이 나쁜 상태에 있지 않는 한, 그는 중요한 책임과 파워를 가진 지위를 즐기게 될 것이다.

목성이 10번에서 좋은 상태에 있으면 좋은 커리어를 가지고, 카운셀러, 조언가로 성공을 하고, 높은 지위와 명성을 누리며, 훌륭한 지식을 갖추고 있다. 만약 안 좋은 상태에 있으면 실질적인 커리어를 가지기 어렵고, 부족한 주의력으로 인해 명성에 손상을 입고, 방향성이 부족하다.

○ 11번 하우스(라바 바바)에 있을 때

긍정적 효과	모든 사람들이 그의 친구이고자 한다. 폭넓은 사회적 서클과 친구들을 가지고 있다. 자신의 목표를 이룰 수 있도록 그들이 돕는다. 그룹과 인맥이 이득을 가져온다. 특정한 그룹에서 리더일 수도 있다. 형제애, 동료애가 그에게 중요하며, 친구들에게 충직하다. 휴머니스트 일들을 하게 되면 빛이 난다. 세상에 중요한 족적을 남길 수도 있다.
부정적 효과	다른 사람들이 이득을 보기 위해 그를 이용하는 마음 약한 친구일 수 있다. 그들이 필요한 것들을 그가 충족시켜주지 못하면 그들은 가차 없이 그를 버릴 것이다.

목성이 11번에 있으면 부와 하는 모든 일들의 성공을 가져다줄 수 있는 최상의 위치이다. 하는 일마다 모두 좋은 결과들을 낼 수 있다. 아주 부유하고, 뭐든지 재빨리 성공적으로 된다. 원하는 것들을 쉽게 이루고, 기회들이 계속해서 눈앞에 제공된다. 11번은 가장 강력한 카마 하우스이기에, 그가 가진 모든 유형의 욕망이나 목표를 쉽게, 별다른 장애나 방해 없이 달성할 수 있게 한다. 친구들, 그룹들, 사회적 활동에도 아주 행운이다. 지식이 있고, 영적이고, 좋은 경제적 지위를 누린다. 주 수입원 외에도 점성학, 영적 강의, 혹은 투자 코칭 등으로 부수입을 올릴 수도 있다. 11번의 목성은 비록 물질적인 이득에 한해 최고 행운의 위치이지만, 차트 주인이 가진 주요 목표는 종교, 영성, 혹은 지식 취득 등과 연관되었을 수 있다. 자신이 아주 총명한 사람이기에, 다른 영적 스승이나 성자들에게는 그다지 동의하지 못한다. 음악, 춤, 드라마 등을 좋아한다.

11번 하우스에 있는 목성은 아주 높은 수준의 이상, 희망 그리고 보다 높은 가치를 가진 것들에 대한 사랑을 준다. 하지만 11번에 있는 목성은 또한 높은 레벨의 실망도 줄 수 있다. 세상은 결코 목성의 진정한 본성을 만족시킬 수 없기 때문이다. 그러나 11번에 목성을 가진 사람은 최고의 선을 추구하고, 이상적인 사회적 원인들과 휴머니티의 진보를 위해 자신의 목표를 조율하게 한다. 시장이나 거래가 이루어지는 장소들에서 활동성을 증가시켜준다. 비즈니스에서 이득을 볼 수 있는 가능성도 높여준다. 자신의 목표를 달성할 수 있을 거라는 긍정적인 기대를 가지고 있다. 시장에서 자신감을 가지고 활약할 수 있다. 혹은 국제적인 컨퍼런스, 인터넷 연결, 아주 큰 교회나 종교적 단체, 행사 등과 같은 아주 큰 모임들을 다루는 일이나 국제적으로 하는 일들에 아주 좋다.

목성이 11번에서 좋은 상태에 있으면 좋은 이득과 이윤을 얻고, 현금이 원활하게 잘 들어오며, 친구와 인맥들을 통해 성장을 하며, 많은 기회들이 잘 찾아온다. 만약 안 좋은 상태에 있으면 돈에 대한 주의력이 부족하여 손해나 낭비를 하고, 우정이나 인맥을 잘 관리하지 못하며, 기회들을 많이 낭비한다.

○ 12번 하우스(비야야 바바)에 있을 때

긍정적 효과	이러한 목성을 가진 사람은, 영적 가이드나 수호천사가 보호해주는 조합인 경우가 자주 있다. 문제가 있으면 도움을 구할 수 있다. 항상 막판에 구원을 받는 것처럼 보인다. 영성에 관심이 지대하며, 훌륭한 직관력을 가지고 있다. 서비스하기를 즐기며 고통받는 사람들을 돕고자 하는 강한 욕구를 가지고 있다. 병원, 교회, 자선기관 등, 어디에서든 자신이 도움이 될 만한 곳에서 많은 시간을 보낸다.
부정적 효과	도피주의에 빠져 헤매거나, 다른 사람들에게 너무 의존적으로 지낼 수 있다. 혹은 그의 친절한 심성을 다른 사람들이 이용하도록 허용할 수 있다. 어떤 경우에는, 정신질환적 기질이나, 웅장함의 환각에 빠지게 할 수도 있다.

목성이 12번에 있으면 검소하고 부를 지킬 수 있다. 큰 비용이나 예상치 못했던 비용이 생겨도 놀라지 않는다. 사후에 천국에 갈 것이다. 훌륭한 장식이 있는 좋은 침대에서 자며, 상당한 성적 즐거움을 누릴 수 있다. 종교, 철학, 혹은 다른 어떤 높은 지식에 대한 관심이 없을 수 있다. 대학에 가더라도 교육이 끊어지거나 학점을 취득하는 데

어려움이 있다. 적은 수의 자녀가 있거나, 그들과의 관계가 어렵다. 만약 차트에서 다른 영적인 여건들이 받쳐준다면, 아주 종교적이거나 자선적인 목적을 가지고 있고, 깨달음의 길에서 아주 성공한다.

12번 하우스에 있는 목성은 형이상학적이고 추상적인 것들로부터 의미를 이해할 수 있는 센스를 보여준다. 과거 생들을 밝히거나, 깊고 어두운 비밀들을 향한 내적인 팽창이 아주 중요하다. 외국의 가르침이나 스승, 철학가들에 대한 강조가 강할 수 있다. 이러한 형이상학적 주제들을 다루는 아주 훌륭한 스승이거나, 이러한 중요한 과학들을 밝혀내거나, 다른 사람들에게 연결성을 보여주는 사람일 수도 있다. 12번 하우스는 목성의 자연적인 오운 하우스이다. 그래서 어떤 라시에 있든지 대체로 목성이 12번 하우스의 특성들을 긍정적으로 발휘한다. 그는 삶의 신성한 영역들을 풍요롭게 즐기는 축복이 있다. 외국 여행을 많이 하며, 자주 종교적인 목적으로 하게 된다. 여행 중에 대접을 잘 받으며, 12번에 있는 목성은 외국에서 떠돌고 있는 외국인들에게 아주 풍요로운 환경들을 만들어낸다.

그는 최상의 꿈을 꾸는 이상가이며, 신성한 힘을 가진 힐러이다. 침실의 쾌락이 많이 주어진다. 풍부한 상상력, 다른 수준의 의식 상태, 트랜스 힐링, 유체이탈 등에 대한 아주 생생한 직관적 지식을 가지고 있다. 어떤 상황에 있든지, 천천히 안정적으로 성지순례를 가이드하면서 보호해준다. 물질적인 욕망들을 원 없이 탐닉하게 해주어서, 결국에는 그러한 욕망들의 허망함을 깨닫고 진정한 영적인 길로 가이드를 해준다. 이러한 과정은, 물질적인 제약으로부터 최종적으로 자유로워질 수 있을 때까지 아주 오랜 시간이 걸릴 수 있다. 그러는 과정 중에서 때로는 그가 바르지 못한 길을 걷고 있는 것처럼 보일 수도 있다. 말을 크게 하고, 비속어를 사용하고, 특히 거만하다. 잘난 척하거나, 수치심을 모르거나, 게으르거나, 나태할 수 있다. 행운도 손상이 된다.

목성이 12번에서 좋은 상태에 있으면 자유를 얻고, 성장과 확장할 수 있는 라이프스타일을 누리며, 사원이나 아쉬람의 이득을 보며, 병원, 휴양지, 은둔장소 등에서 좋은 휴식을 누릴 수 있다. 만약 안 좋은 상태에 있으면 주의력이 부족하여 손해를 보고, 게으르고 탐닉하며, 너무 관대하고, 너무 느슨하다.

9.
금성이 열두 라시와 열두 하우스에 있는 효과들

금성(Shukra)

Hima Kundaa Mrina-laabham Daityaa-naam Parama Gurum

Sarva Shastra Pravaktaaram Bhaargavam Pranamaamya Ham

이슬, 연꽃 줄기, 툼바 꽃과 같은 광택이 나는 이, 아수라들의 스승인 이,
샤스트라를 설파하는 이,
바가반 수크라차리야에게 경배를 올립니다.

금성은 사랑과 열정을 대변하는 행성으로 우리가 삶에서 어떤 것들에 대한 결정을 내리게 만드는 가슴속의 동기를 말한다. 금성은 우리를 행복하게 해주고 우리가 단지 좋아서 하는 일들을 나타낸다. 이러한 열정은 이성을 사귀고자 하는 욕망에만 제한되지 않는다. 금성이 순수한 상태에 있게 되면 세상의 기쁨들을 감각적 동요 없이 건강하고 조화로운 자세로 즐길 수 있다. 그리하여 최상으로 균형적이고 정말로 원하는 결정들을 내릴 수 있게 된다.

베딕 점성학에서 금성은 가장 오컬트적이고, 강하고, 미스터리한 행성이다. 지구에 미치는 영향이 가장 두드러지는 행성이기도 하다. 금성은 다이티야 구루(Daitya Guru, '데몬들의 스승')이다. 금성은 본성적으로 브라민 혹은 스승으로서, 파라샤라가 최고의 사움야, 길성으로 여기는 행성이다. 금성은 쾌락이나 즐거움, 성과 관련된 것들을 모든 것들을 대변한다. 좋은 배우자, 훌륭한 집의 편안함, 가구나 운송수단, 화려한 장식품들 등을 다스린다. 또한 금성은 예술가나 예능인들, 물질적이거나 감각적인 것들을 다루는 일을 하는 사람들을 관장한다. 금성이 좋은 사람은 카리스마가 있고, 사랑스런 본성, 그리고 다른 이들을 행복하게 해줄 수 있는 능력을 가졌다.

금성은 삶의 모든 면에서 최대한 충족을 얻을 수 있도록, 바르고 균형 있는 선택을 하게 하는 행성이다. 그런데 금성이 손상된 경우, 사랑이나 정이 부족하고 아름다운 것들을 감상할 줄 모르며, 나쁜 평판, 스캔들, 운송수단이나 비싼 물건들을 잃는 것을 나타낸다.

- **금성은 재생, 재활, 회복할 수 있는 능력, 유전자, DNA, 근육, 장식 보석, 예술, 예능, 마사지, 로맨스, 수영장, 학생들, 충족하고 흡족하게 해줄 결정을 내릴 수 있는 능력, 성적 부부관계, 애인, 아내, 여자, 운송수단이나 자동차, 외교적 수완 등을 나타낸다.**
- **금성의 친구는 수성과 토성이다.**
- **금성의 적은 태양과 달이다.**
- **금성에게 중립은 화성과 목성이다.**

금성이 안 좋은 요가나 라지타디 아바스타즈에 있을 때, 충족적인 삶을 살기 어렵게 된다. 금성은 사랑의 행성이다. 우리가 어떻게 사랑하는지 알 수 있게 한다. 사랑하는 이의 금성을 이해하면 그들의 로맨스 스타일을 이해할 수 있게 된다. 특히 연애 초창기에 이러한 이해는 많이 도움이 된다. 어떤 상대와 로맨스 관계에 있을 때 그들이 하는 행동방식을 잘 이해하지 못하겠으면, 먼저 금성을 보고 그들만의 애정 언어를 파악할 수 있다면 관계성이 아주 잘 진행될 수 있다.

금성이 12 라시에 있는 효과들

금성은 결혼, 성적 관계, 약속과 동의, 교화, 두 사람 사이의 이해 등을 카라카 하는 행성이다. 결혼은 '끌림'임과 동시에 '계약'이기도 하다. 금성의 '사랑'은 어머니와 자녀의 관계처럼 조건이 없거나, 헌신자와 신(때로는 구루와 제자)의 사랑처럼 초월적이지도 않다. 금성이 나타내는 결혼관계에서의 사랑은 감각적 쾌락의 끌림에 대한 효과이다. 사랑은 특히, 보다 기본적 수준에서 상당히 방해가 될 수 있으며, 때로는 영적인 삶에 해로울 수도 있다. 감각적 욕망은 그 사람의 의식 속에 완전히 노예화시킬 수 있다.

다섯 감각 기관들이 추구하는 쾌락들을 만족시키기 위한 행위는 밑바닥이 보이지 않는 굴레와도 같아서 의식의 발전에 덫이 될 수 있다. 많은 사람들이 경험하는 슬픈 진실은, 금성의 욕망이 만족이나 장기적 행복을 가져다주지 않는다는 점이다. 오히려, 절망감, 실망, 쾌락의 상실에 대한 두려움, 약물중독 등을 가져다줄 수 있다.

그러한 결과로 인해, 금성은 '사랑' 행성이 전혀 아니라, 오히려 우리를 자칫 잘못 인도하기 쉽고, 순수한 사랑의 값싼 대용을 가져다줄 수 있다. 감각적인 경험들은 진정한 사랑이 아니다. 그래서 금성은 데몬들의 구루인 것이다.

○ 산양(메샤) 라시에 있을 때

긍정적 효과	뜨겁고, 열정적이고, 모험적이다. 아주 멋진 정인(精人)으로 만든다. 희열을 좇는 것을 즐기며, 흠모하는 이와 눈이라도 마주치면 마치 머리에 뿔이 달린 산양처럼 들이댈 수 있다. 야망이 그를 타오르게 한다. 최상을 위해 돌진한다. 열정적인 애인이며, 항상 어떻게 흥분 상태를 지킬 수 있을지 잘 알고 있다.
부정적 효과	충동적인 올챙이일 수도 있다. 강한 성적 드라이브가 곤경에 빠트릴 수 있다. 드라마적인 상황을 연출하고 싶지 않다면, 자꾸 다른 사람에게 눈을 돌리기보다는 현재의 파트너를 조심스럽게 잘 다룰 수 있어야 한다. 쉽게 지루해하며, 현재 관계성을 끝내기도 전에 다른 관계성으로 넘어가고 있다. 아주 이기적인 사람이며, 오직 자신의 바위만 치우는 데 관심이 있다.

산양 금성은 빠른 행동, 군대적인 정복, 온갖 종류의 갑작스런 움직임 등을 좋아한다. 원하는 것을 추구하는 데 폭력도 마다하지 않는다. 경쟁적 스포츠를 즐긴다. 그냥 관람하는 것이 아니라, 직접 플레이하기를 즐긴다. 바람둥이 스타일이다. 산양 금성은 삶이나 로맨스에서 끝까지 밀어붙이는 것을 좋아한다. 근육질, 잘 다져진 몸매, 몸을 사랑하는 파트너, 스포츠, 액티브, 혁신적인 환경들 등에 매력을 느낀다. 어떤 것을 좇을 때 느끼는 스릴을 좋아한다. 신체적 반응이 빠른 마약을 잘 사용할 수도 있다. 결혼생활에서는 배우자와 경쟁적이다. 배우자는 운동을 좋아하고, 날씬하며, 혁신적인 라이프스타일, 자신에게 트로피 대상이 될 만한 사람을 원한다.

산양 금성인을 행복하게 하기 위해선 신체적 저력과 생기를 키워야 한다. 그들을 더 매력적이고 경쟁적이게 만든다. 새로운 헤어스타일, 개인 트레이너, 새로운 스포츠 장비 등을 주면 아주 행복해한다. 아주 센 요가 강좌나 아웃도어 스포츠 혹은 휴가 활동에 초청하면 좋아한다. 멋지고 좋은 사람들과 함께 친근한 경쟁을 하는 것을 즐긴다. 자신이 이룬 놀랍고 영웅적인 승리나 아이디어들에 대한 칭송을 하면 아주 좋아한다. 이들과 가까워지기 위해선 날씬하고 핸섬해야 한다.

산양 금성이 좋은 상태에 있으면 차밍하고, 좋아할 만하며, 삶에 대한 사랑, 에너지가 넘치고, 열정적이며, 항상 젊음을 유지한다. 만약 안 좋은 상태에 있으면 배려심이 없고, 말을 아주 달콤하게 하고, 사랑의 갈등을 잘 겪으며, 신뢰하기 어렵고, 너무 빨리 육체적 관계에 뛰어든다.

○ **황소(브리샤바) 라시에 있을 때**

긍정적 효과	금성이 황소 라시의 로드이다. 금성은 여기에서 아주 편안하다. 그는 편안함을 좋아한다. 사랑에 있어선 안정성이 아주 중요하다. 그래서 자신을 안전하게 느끼게 해주는 파트너를 찾고 있다. 애정이 많고 로맨틱하며, 모든 감각적인 것들에 대한 매력을 느낀다. 다른 사람들에게 관심을 받기를 원하고 관심 주기를 원한다. 그림처럼 편안한 가정의 배경에서 사랑하는 사람과 함께 환희를 즐긴다. 충직하고 헌신적인 파트너이며 바위처럼 단단하다.
부정적 효과	아주 소유적일 수 있다. 질투하는 성향, 특히 관계성이 위협받는 것처럼 느낄 때, 그는 강한 질투심을 보인다. 아주 통제하는 타입일 수도 있으며, 상대의 전화에 문자를 밤낮으로 보내며 요구하는 형일 수도 있다.

황소에서 금성은 오운 라시에 있기에, 금성이 가진 욕망들이 활발하게 발현된다. 아름다운 얼굴, 목, 턱을 준다. 대지(大地)가 줄 수 있는 모든 것들과 깊은 사랑에 빠져 있다. 좋은 음식과 와인, 파인 아트 물건들, 부유한 환경 등을 가진 삶에서 가장 큰 쾌락, 즐거움을 느낀다. 아름답고 섬세한 옷들을 좋아하고, 비싼 가구들, 아름다운 자연적 배경에 있는 부동산을 소유한다. 오일 마사지로 힐링하며, 두둑한 은행잔고를 가지고 있다.

황소 금성은 물질 위주의 결혼생활을 한다. 감각적이고 화려한 것들을 사랑하는 배우자와 물질적으로 축적할 수 있는 라이프스타일과 부를 누리기를 원한다. 맛있고 로맨틱한 식사를 같이할 수 있으면 이들은 아주 행복하다. 귀한 그림이나 파인 아트 제품들을 사줄 수 있으면 더욱 좋아한다. 비싼 와인, 고급 음식, 좋은 아로마 오일 등의 선물도 좋아한다. 그들의 음식 솜씨를 칭찬하고, 아름다운 눈과 고상한 취향을 칭찬하면 더욱 사랑에 잘 빠진다.

황소 금성이 좋은 상태에 있으면 예술적이고, 사랑에 안정적이고, 전통과 역사를 사랑하며, 보수적이고, 풍요로움을 누린다. 만약 안 좋은 상태에 있으면 너무 탐닉하고, 레저를 너무 즐기고, 소유적이고, 로맨스에 대해 너무 고리타분한 아이디어들을 가지고 있다.

○ 쌍둥이(미투나) 라시에 있을 때

긍정적 효과	조디액에서 가장 가벼운 라시에 있는 수성을 가졌다. 밝고 가벼운 심성, 장난스럽다. 새로운 놀이 파트너를 만나고 어울리기를 즐긴다. 여러 어장을 관리하고 있을 수 있다. 눈썹을 어떻게 깜박거려야 할지 알고 있으며, 어떻게 상대가 바지를 내리게 할지 잘 알고 있다. 좋은 대화가 반드시 필요하다. 그의 마음을 얻고자 한다면 그가 가진 눈부신 마인드부터 다룰 수 있어야 한다. 인생이 로맨스 코미디와도 같다. 재미있고, 흥미와 모험으로 가득하다. 게임을 가지고 있다.
부정적 효과	누구에게든 묶이기를 좋아하지 않는다. 정조가 부족하다는 평판을 자주 받는다. 피터팬 같은 자질이 될 수 있다. 영원히 자라기를 거부하고, 안정되기를 거부한다. 따분한 것은 견디지 못하며, 한번에 한 명 이상의 사람과 사귈 수 있다. 다른 사람들의 마음을 그런 식으로 가지고 놀면 결국에는 혼자로 남을 수 있다.

쌍둥이 라시는 금성에게 길조적인 위치이다. 성적 소통력이 좋다. 그가 맺는 성적 관계성이 길고, 은밀한 대화가 가장 기본적 팩터임을 잘 알고 있다. 성적 대화 교환을 즐긴다. 육체적인 것뿐만 아니라, 비육체적인 면에서도 은밀한 교환을 할 수 있기를 원한다. 아름다운 손, 팔, 어깨를 가지고 있다. 언어, 대화, 캐릭터 디테일, 훌륭한 대본, 문화적 다양함, 모든 다양한 문학, 철학적 언쟁, 작은 그룹 채팅, 비교와 찬반 대화 등의 상황들을 좋아한다. 읽고 쓰기를 즐기고, 강의 듣기를 좋아하고, 로컬 맛집들을 찾아 여행하고, 모든 분야의 지식에서 평생 배우는 것 등을 즐긴다. 배우자를 거울처럼 반영하는 사람이다. 배움이 있고 대화를 할 수 있는 배우자를 원한다. 두 문화적인 라이프스타일과 자기반영적 가치를 가진 배우자여야 한다.

쌍둥이 금성인들을 행복하게 하기 위해선 흥미로운 여행에 초청을 한다. 같이 배울 수 있고, 여러 언어와 문화관습들을 흡수하고, 대화를 나눌 수 있는 여건이어야 한다. 흥미롭고 배운 사람들에게 소개해준다. 그들의 고상하고, 분별력 있는 관점들에 대해 칭송을 한다. 무엇보다도 대화 속에 계속 빠져 있을 수 있어야 한다.

쌍둥이 금성이 좋은 상태에 있으면 차밍하고, 다재다능하고, 창조적 불꽃으로 번뜩거리고, 잦은 변화가 필요하고, 독서와 글쓰기를 아주 즐긴다. 만약 안 좋은 상태에 있으면 사랑의 갈등에 시달리고, 변덕스럽고, 여러 로맨스적 관계를 동시에 가지며, 선택하기가 어렵다.

○ 게(카르카) 라시에 있을 때

긍정적 효과	아주 최상의 파트너이다. 누구도 이들보다 사랑하는 사람을 더 잘 케어하지 못한다. 그대는 아주 모(부)성애적이며, 파트너가 잘 먹고, 듬뿍 사랑받고, 최대한 편안할 수 있도록 자신이 할 수 있는 최선을 다한다. 로맨스의 환상이 그에게 연료가 된다. 비옥한 상상력을 가졌으며 창조적인 능력을 가졌다. 감정적 안정성이 그에겐 모든 것이다. 그를 필요로 하고 안전하게 느끼는 파트너가 그가 가진 부드러운 심성에 최고로 적합하다.
부정적 효과	상호의존적 사랑이 아주 잘못 꼬일 수 있다. 이러한 기질은 파트너에게 맞춰 주기 위해 무엇이든 할 수 있게 만들며, 최악의 경우에는 학대적인 파트너를 만나게 할 수 있다. 장밋빛 유리를 통해 자신의 잠재성이 무너지는 것을 볼 수 있다. 관계성에 너무 쉽게 미치게 되며, 자신이 사랑한 사람이 애초와는 전혀 다른 사람이란 걸 나중에 깨닫게 되지만 이미 늦었다.

게 금성은 감정적인 안전성, 집과 가족, 뿌리들을 사랑한다. 자주 멜랑콜리해진다. 정말로 원하는 것들을 맛보기 어렵기 때문이다. 어머니의 자궁 속에 있는 편안함으로 되돌아가고 싶어 한다. 완전히 젖어드는 경험들, 아주 모성적이고 보호적인 파트너, 단단히 보호된 가정적 삶에 이끌린다. 배우자를 선택할 때 자신이 부모처럼 하거나, 혹은 상대가 자신의 부모님들처럼 대해주기를 좋아한다. 감정적으로 요구하거나 아주 케어하는 파트너들을 찾는다. 이러한 섬세한 자질들이 상호 의지할 수 있는 관계성으로 끌리게 한다. 남자든 여자든 마치 부모처럼 자신을 절대적으로 보호해준다는 약속을 하는 파트너를 찾고 있다.

게 금성인을 행복하게 하는 법은 안전하고, 물질적으로 풍요롭고, 잘 방어가 된 집을 제공하는 것이다. 깊은 감정적 힐링을 서로 교환하면서 힐링할 수 있게 한다. 이들이 가진 다소 과한 양육 스타일을 인정해주어야 한다. 신체적으로 같이 있거나, 언제든 닿을 수 있어야 한다. 관계성에 완전히 몰입할 수 있는 주말, 파트너가 풀타임으로 완전히 관심을 줄 수 있는 주말을 원한다. 이들이 가진 깊고, 포용적인 방식의 돌봄, 양육, 부모 스타일의 사랑에 대한 칭찬을 해주어야 한다.

게 금성이 좋은 상태에 있으면 사랑스럽고, 다른 사람들을 가족처럼 대하며, 가족을 사랑하고, 상상력이 풍부하고, 창조적이다. 만약 안 좋은 상태에 있으면 사랑의 불행과 불우한 가족생활, 너무 탐닉하며, 주어진 삶의 은혜들을 너무 무모하게 낭비한다.

○ 사자(심하) 라시에 있을 때

긍정적 효과	파트너가 혼이 나갈 정도로 신나게 하고, 흥분시키고, 반짝거리는 사람이다. 좋아하는 사람이나, 감동시키고 싶은 사람에게 아주 통이 큰 애정을 쏟아붓는다. 로맨스적으로 무엇을 하든지 아주 스케일이 크다. 환상적인 로맨스 신이 침실을 장식하거나 멋진 그림이 걸려 있기를 원한다. 또한 아주 충직하다. 일단 한번 언약하면 끝까지 간다. 만약 무대에 올려진다면 그러한 기대치에 맞춰줄 것이다. 자부심이 상당하다. 파트너가 그를 무시만 하지 않으면, 그는 마치 새끼 고양이처럼 온화하고 충직하다.
부정적 효과	아주 공격적이고 질투심에 사로잡힐 수 있다. 다른 사람이 자신의 영역을 침해했다고 여길 때, 완전히 정신이 나갈 정도로 극적인 행동을 할 수도 있다. 아부나 아첨에도 아주 약하다. 어떤 사람이든 그를 꼬셔서 침대로 데려갈 수 있다. 자의식으로 행동하고, 이기적이고 나르시스 같은 연인으로, 되돌려주는 것이 없이, 자신이 필요한 것을 상대가 무조건 다 채워줄 것을 기대한다.

사자 라시는 금성의 욕망이 피어나기 어려운 장소이다. 금성의 적인 태양의 라시이기 때문이다. 로얄한 혈통에 태어나지 않는 한, 어떤 식으로든 불만족스럽고, 항상 주의를 끌고자 한다. 하지만 엘리트한 태양의 혈통이나 유명인 집안에 태어났다면 그는 사랑스럽고 밝은 심성을 가졌으며 화려함과 축제를 많이 즐긴다. 아름다운 신체, 마음, 척추를 가졌다. 사자 금성은 글래머한 옷차림, 특권, 주의를 받는 것, 무대 중심에 있는 것, 유명인이 되는 것, 남들에게 보여지고 들려지는 삶을 사랑한다. 엘리트로서의 인정과 로맨스를 바란다. 정치적 무대와 대중 관심의 중심에 있기를 원한다. 화려하고 의식적이며 무대적인 결혼을 원한다. 배우자는 유명하고, 창조적이고, 귀족적이며, 로맨틱하고, 외적으로 전시할 수 있는 화려한 라이프스타일을 같이 즐길 수 있는 사람이어야 한다.

사자 금성인을 행복하게 하기 위해선 좋은 패션의 옷을 사준다. 엔터테인먼트 이벤트들에 데리고 간다. 파티, 갤러리, 무대 오픈, 큰 종교적 행사, 춤, 그리고 화려한 불빛이 번쩍거리는 이벤트들이면 어디든지 좋아한다. 아주 특별한 장소에서, 쇼윈도적 화려한 집에서 사는 강한 특권을 선호한다. 어두운 영화나 무대, 조용한 곳에서 단둘이 오붓한 저녁식사를 하는 등의 이벤트는 피하는 것이 좋다. 화려한 샹들리에가 달리고, 100명 정도의 다른 사람들이 있는 그랜드 홀에서 하는 무대 파티나 저녁식사 등을 훨씬 더 선호한다. 그들이 입은 스타일, 빛나는 아름다움을 칭찬하고, 그들의 패션 감각, 사회적 지성, 카리스마적 매력 등을 칭송해야 한다. 상대 역시도 고상하고 품위가 있으며, 눈부시게 귀족적인 자태를 갖추고 있어야 한다.

사자 금성이 좋은 상태에 있으면 엘레강스하고, 카리스마가 넘치며, 자기 확신감에 차 있으며, 어필하는 매력이 있고, 좋은 사랑과 로맨스를 즐긴다. 만약 안 좋은 상태에 있으면 허풍이나 호언장담을 잘하고, 잘난 척하고, 너무 자신감에 차 있고, 파트너를 지배하고, 과소비를 한다.

○ **처녀(칸야) 라시에 있을 때**

긍정적 효과	비록 즉흥적이지는 못하지만, 장기 파트너로서 아주 최상의 사람이다. 일단 자신의 수준에 맞는 사람을 만나기만 하면 된다. 상대는 자신의 지적인 수준에 맞출 수 있어야 한다. 그러면 마음은 모두 그의 것이다. 자극적인 대화가 그의 심장을 녹인다. 헌신적인 파트너로서, 사랑하는 사람의 모든 것을 잘 케어한다. 파트너가 그의 까다로운 방식을 참을 수 있으면 그들은 아주 수준 높은 헌신으로 잘 보상받게 될 것이다.
부정적 효과	약간 차가울 수 있다. 혹은 파트너를 죽음으로 몰고갈 만큼 비판적인 사람일 수도 있다. 다른 사람들이 그에게 피곤해하는 이유가 당연하다. 아무도 열등하게 느끼기를 좋아하지 않는다. 좀 느슨해질 필요가 있다.

처녀 라시에서 금성은 취약의 품위를 얻는다. 하지만 친구의 라시이다. 그래서 금성의 자연적인 특성들이 잘 발휘되는 어려움이 있지만, 시간이 지나면서 증진될 수 있다. '완벽주의'에 대한 정신적 질병이 불안한 마인드를 쉼 없이 자극하고, 자신이 가진 자연적 아름다움에 대한 가치를 의심하며, 신경쇠약증에 시달린다. 내면의 고질적인 부정적 대화에 시달리며, 자신의 매력에 대해 의심을 한다. 여자든 남자든 내적인 갈등에 대한 보상심리로 지나치게 극적인 행위들을 할 수 있다. 착취, 피해의식, 사회봉사, 의약품들 등에 대한 언쟁적 다툼을 잘한다.

남자의 경우에는 불행한 여자들로 인한 많은 문제들이 있다. 남자는 자신의 완벽주의 성향을 주변에 있는 여자들(아내, 어머니, 여동생, 친척 여인들, 혹은 여학생 반 친구 등)에게 심하게 프로젝트한다. 자신에게 있는 매력적인 점들을 스스로 거부한다. 여자의 경우에는 자신에게 직접적으로 완벽주의적 자기비판을 하는 것으로 나타나게 된다. 자기비판과 낮은 자존감을 가지고 있으며, 성적 관심을 얻는 것을 통해 인정을 받으려 아주 애를 쓴다. 이러한 어려움들은 내적인 갈등(칸야)에서 생겨난다. 자신이 가진 감각적인 매력에 대해 내적으로 무자비한 비난의 목소리를 듣는다. 그리하여 자신이 완벽한 미인이라는 사실을 증명하지 못하는 한, 어떤 식으로든 아름다움을 주장하기 힘들다. 그럴수록 더 감각적이고 성적인 관심을 받는 것을 통해 완벽함의 기준을 채우려 절망적으로 애를 쓴다. 이러한 절망스런 추구는 다양한 형태의 수치와 실패, 불균형적인 이성관계성들을 가지게 만든다. 과식증이나 절식과 같은 식욕조절장애, 마약중독, 다양한 성형수술로 인한 부작용, 바람을 피우거나, 창녀들을 찾아가거나, 혹은 완벽한 사진과 같은 자기 이미지에 대한 집착 등의 형태로 나타날 수 있다.

처녀 금성은 자신의 매력이나 아름다움을 자연스럽게 인식할 수 없다. 혹은 아주 편안히 자연스런 감각을 받아들일 수 없다. 아름다움에 대해 지나치게 정신적으로 매달리거나 계산하는 카르마를 가지고 있다(체중이나 사이즈를 재거나, 색깔 등등). 이러한 정신적 습관으로 인해 파트너와 본능적이고 감각적인 쾌락을 즐기지 못한다. 분석적인 칸야에 있는 금성은 전체를 많은 작은 부분들로 나눈다. 아름다움 자체가 가진 전체적인 즐거움을 복잡한 분석과 원칙들로 깨어지게 만든다. 처녀 금성인을 행복하게 하기 위해선 배우자의 의무와 집안일들을 대신해줄 수 있는 도우미들을 고용하는 것이다. 그리하여 그들이 다른 불우한 사람들을 위한 적극적 봉사활동을 하면서 존경받는 삶을 살 수 있도록 하는 것이다. 처녀 금성은 불우한 사람이나 낮은 계층의 사람들을 위해 완전히 헌신적이고, 총괄적인 서비스를 베푸는 활동을 통해서만 자신이 진정으로 사랑과 인정을 받을 수 있는 것으로 여긴다.

처녀 금성이 좋은 상태에 있으면 사랑에 대한 영적인 관점을 가지고 있으며, 보수주의적인 이상들을 가지고 있으며, 사랑과 로맨스에 대한 이상적인 아이디어를 가지고 있다. 만약 안 좋은 상태에 있으면 파트너나 배우자를 기쁘게 해주려 애를 쓰며, 만족하지 못하며, 사랑의 어려움을 겪으며, 고상하지 못하고, 차갑다.

○ **천칭(툴라) 라시에 있을 때**

긍정적 효과	최고로 로맨스적인 사람일 수 있다. 러브레터, 초콜릿, 사탕, 작은 선물들 등으로 상대를 최대한 기쁘게 해줄 수 있다. 고상하고, 차밍하고, 로맨스를 예술로 만드는 탁월한 환상의 애인이다. 사람들을 매료시키며, 자신도 그러한 사람에게 매료당하기를 원한다. 아름다움과 조화가 그를 드라이브한다. 파트너에게 좋게 보이기 위해 온갖 할 수 있는 일을 다 한다. 전형적인 로맨스 행위를 잘할 수 있고, 품위 있고 조화로운 관계성을 만들기 위해 노력을 한다.
부정적 효과	너무 이상적일 수 있다. 사랑에 빠지는 기분 자체를 사랑한다. 이러한 기질이 상대를 너무 높은 곳에 세울 수 있다. 자신이 만든 동화가 무너지면 심각하게 충격을 받는다. 우유부단할 수도 있다. 누구를 선택해야 할지 잘 결정을 못하고, 약조를 하지 못한다. 최악의 경우에는, 파트너를 기쁘게 하기 위해 자신의 필요를 모두 내던지는 사람일 수도 있다. 이러한 길을 가게 되면 결국에 스스로를 잃을 수 있다.

천칭 금성은 물라 오운 라시에 있어, 금성의 모든 특성들을 피어나게 한다. 모든 것들의 균형과 하모니, 디자인, 우아한 것들을 좋아한다. 신체적으로 아름다운 엉덩이와 배를 준다. 좋은 디자인과 연관성 있는 것들은 모두 좋아한다. 건축, 음악 작곡, 음식 준비, 철학적 구조 등 사회적 모임을 위한 장식과 계획하는 것을 즐긴다. 이들의 거창한 디자인을 다른 사람들이 칭송해주고 부러워하는 것에 만족한다. 그는 교양이 있고, 즐거운 사람들과 같이 있기를 선호한다. 커플 관계를 맺기 좋아하고, 혼자 있기를 싫어한다. 품위와 교양이 있는 파트너들에게 끌린다. 결혼생활도 우아하고 품위가 넘치는 라이프스타일을 유지한다. 고상하고 정중한 배우자를 원한다. 조화를 이루는 라이프스타일과 디자인 기호, 예술적으로 아름다운 가치를 가진 사람이어야 한다.

언제나 사회적 균형이 이루어져 있기를 원한다. 협상 테이블에서 마스터이며, 레스토랑 테이블, 혹은 부엌 테이블에서 따뜻한 환영을 하는 것을 좋아한다. 수준이나 질이 낮은 행위들이나, 색깔 부조화를 못 참는다. 예술, 휴머니티, 정치, 디자인 산업 등의 분야에서 중요한 직위를 종종 가지게 된다. 외모상으로는 잘 코디가 된 옷차림, 균형적인 몸매, 우아한 취향과 디자인을 가지고 있다.

천칭 금성이 좋은 상태에 있으면 다른 사람들에게 잘 맞춰주며, 우아하고, 잘살고, 좋은 거래를 성사시킬 수 있고, 예술가적이고, 조화롭다. 만약 안 좋은 상태에 있으면 주도성이 부족하고, 너무 자신감에 차 있으며, 파트너십에 관심이 없으며, 과소비주의자이고, 허영심으로 가득하다.

○ 전갈(브리쉬치카) 라시에 있을 때

긍정적 효과	가히 전설적인 섹스 드라이브를 가지고 있다. 열정적이고 뜨거운 불길 같은 애인이 될 수 있다. 로맨스 스타일이 굶주리듯 격렬하다. 죽을 만큼 열정적이다. 어떤 사람에게 관심이 있으면 감추지 않는다. 원하는 상대에게 어떤 의혹의 여지도 없을 만큼 확실하게 자신의 관심을 전시한다.
부정적 효과	아주 소유적이고, 질투적이고, 광적일 수 있다. 사랑에 상처받으면 복수적으로 변한다. 믿음이 무너지면 절대 되돌아갈 수 없다. 아예 얼음처럼 차가워지거나, 떠나버린다. 혹은 자신의 행위가 거의 집착처럼 될 만큼 파트너를 감시하게 될 것이다.

전갈 금성은 깊은 탐구, 미스터리, 강렬한 변형, 컨트롤, 미스터리하고 꿰뚫는 듯한, 비밀스럽고, 오컬트, 변형적, 충격적 위기 상황, 별종 같은 것들을 아주 좋아한다. 전갈 남자의 경우에는 성적으로 꿰뚫고, 힐링 에너지를 가진 아내를 준다. 여자의 경우에는 그녀가 가진 성적 힐링 에너지를 샤먼적 사냥꾼으로 만드는, 꿰뚫는 듯한 자질들을 가지고 있다. 남녀 모두에게 그 사람의 인생에 있는 여자들을 모두 아주 통제하고 정신 심리적 침해를 하게 되는 경향이 있다.

전갈 금성은 강이나 흐르는 것들을 좋아한다. 온천, 스파, 힐링 물 등등, 아주 큰 비밀을 발견하거나, 봉황으로 새로 태어나는 듯한 느낌을 가지기 원한다. 결혼생활도 탄트라적인 라이프스타일을 유지한다. 배우자 혹은 파트너는 심리적으로 파고들고, 고상하게 성적인 유형을 원한다. 이국적인 라이프스타일과 힐링이나 변형적 가치를 가진 사람이어야 한다. 이들은 정신심리적인 도전을 하고, 강한 탄트라 힐링에 빠지는 것을 즐기며, 비밀스런 지혜와 탁월한 힐링 파워를 가졌을 수도 있다.

전갈 금성이 좋은 상태에 있으면 활발하고, 열정적이고, 신비로운 아우라를 풍기며,

정력이 넘치고, 예술적이며, 환상적이다. 만약 안 좋은 상태에 있으면 사랑을 믿기가 어려우며, 스캔들에 잘 빠지며, 너무 빨리 육체적인 관계를 가지며, 복종적이며, 잘못 대접을 받는 관계성에서 헤어나오지 못한다.

○ **인마(다누) 라시에 있을 때**

긍정적 효과	금성에게 아주 신선한 바람처럼 쉬운 위치이다. 금성이 여기에 있으면 사랑스럽고 즐겁다. 서로의 자유를 지킬 수 있는 한 좋은 시간을 누리기를 즐긴다. 독립적이고 돌아다니기를 좋아한다. 쉽게 안주하기를 선호하지 않는다. 자신이 알고 싶은 큰 세상이 바깥에 있는데 굳이 서둘러서 가정에 안주할 필요를 느끼지 못한다. 사랑에 빠지면 열정적이고 불과 같다. 파트너가 숨 쉴 공간을 줄 수 있다면 관계성을 유지한다.
부정적 효과	사랑의 약조나 언약을 하기 어렵다. 여러 애인들을 동시에 가지고 있을 수 있다. 다음의 큰 모험을 위해 떠난다. 원대한 꿈을 가지고 모험을 하는 것이 잘못된 것은 아니나, 혼란을 피하기 위해 정면으로 맞설 수 있어야 한다. 잔인할 정도로 솔직할 수도 있다. 아주 깊은 상처를 줄 수 있다.

인마 금성은 대외적인 공연이나 스포츠 등을 즐기고, 열정적이고 축하의 모드를 보이기 좋아한다. 풍요로움을 사랑한다. 신체적으로 아름답고 풍만한 엉덩이와 허벅지를 준다. 인간 영혼을 키워주거나, 코칭하거나, 팀 스포츠, 우정 등을 즐기며, 인간에 대한 대체로 좋은 의지를 가지고 있다.

이성에 있어 오픈 마인드를 가진 휴머니스트 파트너들에게 이끌린다. 특히, 교육가나 코치 같은 사람들을 좋아한다. 긍정적인 종교, 밝은 의식, 친절한 사제들을 좋아한다. 높은 문명, 고무, 영적 진화, 지식 등을 사랑하며, 무엇보다도 성장하는 자유로움을 사랑한다. 결혼생활도 서로 대학동기와도 같은 라이프스타일을 유지한다. 같이 배우고, 열정적인 배우자를 원한다. 멘토링을 하고 서포트하는 라이프스타일, 문화적이며, 휴머니스트 가치를 소중히 여기는 사람이어야 한다. 인마 금성인들은 긍정적이고, 관대하고, 언제나 좋은 의지를 가지고 있다. 상대방도 그러한 긍정적인 에너지를 보여주어야 좋아한다. 같이 긍정적 미래를 비전할 수 있어야 한다.

인마 금성이 좋은 상태에 있으면 자유와 정의를 사랑한다. 자유로운 영혼이고, 예술가적이다. 휴머니스트이고 부자인 배우자 혹은 파트너들을 가지고 있다. 만약 안 좋은 상태에 있으면 방향성이나 계획성이 부실하며, 너무 긍정적이고, 반항적이고, 방어적이다.

○ 악어(마카라) 라시에 있을 때

긍정적 효과	가장 상상력이 풍부한 로맨스적인 파트너는 아닐 수 있다. 하지만 장기적 관계성을 하기 좋은 사람이다. 향기는 좀 부족할지 모르나 다른 현실적인 부분에서 충분하게 만회할 수 있다. 실질적이고, 사랑에 접근하는 방식이 조심스럽다. 자신의 마음을 내주는 데 조심스러우며, 사랑하는 이가 오래갈 수 있는 사람임을 확실하게 알고자 한다. 야심이 그를 일깨운다. 책임은 그의 종교이다. 재정에 탁월한 능력과 필요한 물건을 지킬 수 있는 사람이다. 최상의 프로바이더이며, 안정성을 찾고 있는 사람에게 가장 안전한 대상이다.
부정적 효과	차갑고 계산적인 사람일 수 있다. 진정한 관계성보다는 직위에 더 관심이 있다. 자신이 원하는 사회적 직위를 가지고 있는 대상을 찾고 있다면 먼저 스스로의 상태부터 살펴야 한다. 너무 보수적인 경향이 있어 사랑의 로맨스 기회를 많이 놓칠 수 있다. 혹은 사랑보다는 야망을 우선시하는 사람을 나타낸다.

악어 금성은 친구의 라시에 있다. 법과 질서를 사랑하고, 보수적이고 전통적인 스타일과 디자인을 좋아하고, 직위의 상징, 유니폼 등을 좋아한다. 금성에게 아주 훌륭한 위치이다. 부와 아름다움, 좋은 사회적 지위, 물질적 성공을 준다. 신체적으로 아름다운 골격구조를 주고, 조각 같은 얼굴과 패션 모델과 같은 몸매, 뛰어난 댄서이다. 강하면서도 최소한의 정부 체제를 가진 민주주의, 확고한 문화적 동의나 단일인종, 위계체제, 전통, 법의 원칙들 등을 사랑한다. 결혼생활은 전통적인 결혼과 가족적 라이프스타일을 선호한다. 안정적이고 예측 가능한 배우자, 법을 준수하는 라이프스타일, 편의적, 위계체제적 가치들을 가진 사람을 원한다. 보수적이고 비밀스런 직업을 가진 파트너에게 끌린다. 장기적 약조관계를 유지하고 자신의 약속을 지키는 사람이어야 한다. 악어 금성은 편안하고 자연적인 아름다움을 즐기고, 다른 사람들의 존경을 받기를 갈망한다. 자신의 존경과 품위를 지켜주는 사람과 잘 맞는다.

악어 금성이 좋은 상태에 있으면 충직하며, 헌신적이고, 믿음을 지키고, 전통적인 것들, 단순한 아름다움을 사랑한다. 삶에 대해 단순한 접근 방식을 가지고 있다. 만약 안 좋은 상태에 있으면 빈약한 부에 시달리며, 후회할 일을 많이 하고, 사랑의 제한이나 지연을 겪는다. 의기소침하다.

○ 물병(쿰바) 라시에 있을 때

긍정적 효과	특이하면서도 기이하고, 멀리 보고, 비전형적이다. 자기가 할 일을 하고, 사랑의 시험을 최대한 많이 해보기를 원한다. 관계성은 오고 간다. 예측하지 못할 사랑이 왔다가 떠나곤 한다. 어떤 우연한 만남이 회오리처럼 뜨겁고 빠르게 달아올랐다가, 다음의 다른 신나는 모험으로 인해 끝이 나곤 한다. 환상적인 대화를 즐기고, 평범하지 않은 파트너를 즐긴다. 다수 결혼을 믿는 비전형적 파트너십에 끌릴 수도 있다. 안주할 수 있지만, 그러나 그의 마음을 얻으려면 친구 관계부터 먼저 시작해야 한다.
부정적 효과	아주 옹고집적이고, 원인도 없는 반항아일 수 있다. 사랑하는 사람이 무엇을 좋아하든지 상관하지 않고 자신이 원하는 대로만 하기를 원한다. 또한 어떤 상대가 자신의 기대치에 맞추지 못하면 바로 관심을 잃어버린다. 일단 관심을 잃으면 얼음처럼 차갑다.

물병 금성은 친구의 라시에 있어 금성에게 아주 좋은 위치이다. 미래지향적 사회적 사고, 추상적 개념과 큰 네트워크 그룹들을 사랑한다. 거대한 그룹의 사람들과 아이디어들이 서로 함께 연결되는 모임들을 즐긴다. 우주적 스케일을 가진 것들을 좋아한다. 신체적으로 아름다운 발목과 종아리를 가졌으며, 균형적인 신경계, 사랑스런 피부를 가지고 있다.

물병 금성은 추상적, 비전적 사회 개념들을 좋아한다. 특히 커뮤니티 개념을 좋아한다. 프로그램적이고 철학적인 관점의 관계성들을 유지한다. 거대한 규모의 종교적 행사나 잔치들을 즐긴다. 거대한 규모의 대중 이벤트, 정치적 시위, 상상과학, 미래지향적 디자인, 색다른 행위, 개인적 사고의 자유 등을 좋아한다. 아주 높은 가치의 관점을 가지고 있어, 결혼의 맹세들 등을 대체로 준수한다. 배우자는 약간 괴짜이면서 색다른 라이프스타일을 가진 파트너들에게 매력을 느낀다. 우주적 스케일의 이벤트, 재구조적인 평등주의 사회를 지향하는 사고의 사람이어야 한다. 하지만 동시에 적절한 사회적 안정성이 있어야 한다. 행여 장애물이나 실패로 인해 무너지는 것을 막을 수 있기 위해서이다. 서로 상호 연결된 많은 네트워크의 우정을 누릴 수 있는 범위 내에서 안정적인 파트너십을 좋아한다. 결혼생활도 색다르고, 평등주 라이프스타일을 유지한다. 배우자는 철학적이고, 비전적인 배우자를 원한다. 네트워크를 가지고 있고, 미래지향적 라이프스타일과 커뮤니티 계발 가치를 가진 사람이어야 한다.

물병 금성이 좋은 상태에 있으면 아주 놀라울 정도의 좋은 관계성들을 유지하며, 사랑을 수용하고, 믿음을 지키며, 색다른 것들을 사랑하며, 혁신적이다. 만약 안 좋은 상태에 있으면 이상하거나 괴이한 사랑이나 로맨스를 유지한다. 사랑의 제한이 있다. 자존감이 부족하고, 수준이 낮은 파트너들을 가진다.

○ **물고기(미나) 라시에 있을 때**

긍정적 효과	금성에게 최상의 위치이다. 몽상적이고, 로맨스 타입이며, 헌신적이고, 무엇이든 희생할 용의가 있으며, 사랑을 위해 모두 바친다. 사랑에 빠지면 아주 깊이 들어간다. 파트너를 이상적으로 추켜세우며, 그들의 잘못이나 단점에 눈을 감고, 칭찬을 아주 많이 해준다. 아주 친절하고 젠틀한 영혼이고, 어느 누구도 상처를 주지 못한다. 사랑하는 사람이면 더욱 그러하다. 주는 만큼 되돌려줄 수 있는 소울메이트가 필요하다. 절대 손해보는 관계성은 맺지 않는다. 아무리 상대가 꽃, 보석 등을 바친다 하더라도 관심이 없다.
부정적 효과	다정한 심성을 이용하는 사람들이 많다. 모든 사람들이 이용하고 버리는 도어 카펫과 같다. 이처럼 불행한 로맨스 굴레에서 벗어나려면 분별하는 능력을 키워야 한다. 사랑에 상처받으면 아주 고통을 받는다. 마약이나, 임시적 섹스, 함부로 몸을 내던지는 등의 임시적 방편에 빠질 수도 있다. 스스로 만든 드라마를 직시하기를 거부하고 자신이 만든 고통 속에서 허우적거리는, 로맨스의 순교자처럼 굴 수 있다.

물고기 금성은 고양의 라시에 있다. 금성이 가진 아름다움을 최대로 표현할 수 있는 위치이다. 아우라와 상상적 이미지들, 균형이 잡힌 것들을 사랑하며, 잘생긴 외모를 주고, 아주 매력적이고 차밍하게 끄는 형이다. 균형 잡힌 외모와 훌륭한 피부 톤을 대체로 가지고 있다. 아주 매력적으로 민감한 발을 가지고 있다. 물고기 금성은 눈에 띄게 아름답고, 특히 사랑스럽고 균형 잡힌 발을 가지고 있다. 음악적인 재능이 있으며, 훌륭한 예술가나 뮤지션이 되는 경우가 보통이다. 만약 금성이 토성과 합치하거나 토성에게 어스펙트를 받으면, 그는 테크니컬한 아트 분야에서 프로그램적인 트레이닝을 받

는 경향이 있다. 건축가 혹은 엔지니어링 디자인 등과 같은 영역이다.

배우자는 자신을 사랑하는 동시에, 창조적 공간을 확장시켜줄 수 있는 파트너들에게 끌린다. 수용적인 결혼생활을 유지하며, 예술가적이고, 음악적인 배우자를 원한다. 젠틀하고 꿈과 같은 라이프스타일과 상상이나 명상적인 가치들을 존중하는 사람이어야 한다. 금성이 고양에 있으면 비록 다른 짧은 애정관계를 나타내는 조합들이 있음에도 불구하고, 장기적인 애정관계를 유지할 수 있다.

물고기 금성이 좋은 상태에 있으면 부유하고 풍요로우며, 예술가적이고, 철학과 영성을 사랑하고, 교양이 넘치고, 사랑으로 가득하다. 만약 안 좋은 상태에 있으면 사랑으로 인해 손실이나 손해를 보고, 가난하거나 경제적으로 도움이 안 되는 파트너들과 맺어지며, 가난하다.

금성이 12 하우스에 있는 효과들

금성이 있는 하우스를 통해 차트 주인이 어디에서 사랑하는지, 무엇에 끌리는지, 어디에서 돈이 들어오는지 알 수 있다.

○ 1번 하우스(타누 바바)에 있을 때

긍정적 효과	금성이 1번에 있으면 아주 미인, 미남일 수 있다. 신체적으로 매력적이거나, 혹은 어떻게 꾸밀지 잘 알고 있다. 아주 차밍한 성격을 가졌으며, 사람들이 끌린다. 아름다운 환경이 그를 행복하게 한다. 창조적인 커리어, 혹은 어떤 식으로든 대중과 가깝게 연관된 일을 하는 것이 친근한 성격을 가진 그에게 잘 맞다.
부정적 효과	이기적인 성향을 가졌을 수 있다. 모든 것에 대해 '나, 나, 나' 하는 성격은 자신의 평판을 해칠 수 있다. 자신이 원하는 것을 가질 수 없을 때, 수동적 공격성의 발톱이 나오기 시작한다.

1번째 하우스에 있는 금성은 매력적이고 사랑스런 눈을 가졌으며, 약간 곱슬머리인

경우가 자주 있다. 흰 피부이며, 관대하고 고상하다. 이성들에게 존중을 받는다. 생산적이고 행운적이다. 매너리즘이 상냥하고 정답다. 때로는 너무 게으르거나, 지나치게 타협적이거나, 탐닉적인 감각을 가졌을 수도 있다. 그는 행복하고, 건강하고, 장수한다. 행운이 있고, 부유하고, 존경을 받는다. 아름답고, 차밍하고, 특히 이성에게 아주 매력적으로 어필한다. 아주 로맨틱하고 열정적이다. 온갖 종류의 감각적인 것들을 즐긴다. 결혼을 일찍 하며, 행복한 결혼생활을 누린다. 사치품과 편안한 것들이 주어졌다. 많은 보석과 장식, 귀중품들을 소유한다. 주변의 관심 중심에 있기를 좋아하며, 다른 사람들이 쳐다봐주거나, 사진을 찍거나, 칭송하거나, 이야기의 대상이 되는 것을 좋아한다. 관계성의 균형이나 재균형을 잘하거나, 미적인 환경을 잘 만드는 타고난 재능이 있다.

라그나에 사움야가 있으면 언제나 도움이 된다. 신체적으로 매력적이고 균형적인 외모를 가졌을 뿐만 아니라, 감각적이고 예술적인 성향을 가지고 있다. 댄서, 배우, 패션 모델, 운동선수, 정치인 등이 되는 경우가 자주 있다. 혹은 달콤한 외모로 인해 모든 공공적인 삶에서 성공을 거두게 된다. 이러한 금성은 다른 행성들이 만드는 300가지 파파 요가들을 물리칠 수 있다. 예술적 기능들이 완전히 계발되었다. 모든 아름다운 것들을 사랑하고, 음악, 춤, 드라마, 혹은 다른 형태의 예술들을 즐기고 커리어를 가질 수도 있다. 덕이 있고 많은 좋은 선행을 행한다. 예민하고 예술가적 기질을 가지고 있다. 금성이 앵글 하우스에 있으면 친절하고 용서를 잘하는 성향을 준다. 수학이나 성적 기교술 등도 뛰어나다. 아주 말을 잘하며, 손재주가 있으며, 젠틀하고, 정중하고, 시에 관심이 있으며, 헌신적이다.

금성이 1번에서 좋은 상태에 있으면 차밍하고, 우아하고 품위가 넘치며, 예술가적이고, 고상하고, 아름다움과 예술을 사랑하고, 누구에게든 어필하는 매력이 있으며, 부유하다. 만약 안 좋은 상태에 있으면 무반응적이며, 원하는 것이 셀 수 없을 정도로 많으며, 사치와 과소비를 하며, 노력이 부족하고, 품위가 없다.

○ 2번 하우스(다나 바바)에 있을 때

긍정적 효과	부와 삶의 모든 아름다운 것들을 사랑한다. 그러한 좋은 것들, 특히 돈을 끌어당기는 능력도 아주 좋을 수 있다. 이러한 위치의 금성은 아주 사치스럽게 소비하는 것을 즐긴다. 사랑하는 사람들에게, 특히 자기 자신에게, 아주 비싼 선물들을 하기 즐긴다. 흠이라고 할 만큼 관대할 수도 있다. 주변에 자신이 가진 부를 퍼뜨리기를 즐기기 때문이다. 다행스럽게도 돈이 채 떨어지기 전에 항상 다음의 충전을 할 수 있는 재능이 있다. 어떤 재력이 되는 사람과 결혼할 수도 있다. 아름다움이나 예술과 연관된 커리어가 그에게 아주 잘 맞을 수 있다.
부정적 효과	자신의 수준 이상으로 소비할 수 있다. 숨겨진 동기를 가지고 선물을 한다. 돈을 사회적 지위를 오르기 위한 도구로 볼 수 있다. 그래서 순전히 경제적 이득을 위한 목적으로 결혼을 할 수도 있다.

2번째 하우스에 있는 금성은 쉽게 부, 안락함, 보조 등을 잘 받는다. 아름답고 정리가 잘된 세상, 창조성 등이 가장 중요하면서도 소중한 가치가 된다. 아주 정중한 매너와 다정다감한 스피치를 가졌을 수도 있다. 한편으로 지나치게 감각적일 수도 있다. 두 번째 하우스는 입을 다스리기 때문이다. 다른 사람들에게 맞춰주기 위해 자신의 가치관을 굽힐 수도 있다. 대체로 부유하고 아름답다. 말을 부드럽고 다정하게 한다. 가족생활이 행복의 근원이다. 지식이 많고 좋은 교육을 받았다. 돈이 쉽게 들어오고, 보석이나 아름다운 것들을 다루는 비즈니스를 통해 수입이 들어올 수 있다.

깊은 지혜를 가졌으며, 좋은 음식과 유제품들을 선호한다. 이성이나 도덕적 해이함의 경험을 통해 부를 축적할 수도 있다. 가족적 삶은 문화와 전통으로 가득하다. 많이 알고 있고, 모임에서 인상적이다. 출생 가족, 돈, 음식, 모든 종류의 지식들, 언어, 역사적인 전통들 등을 좋아한다. 상상력이 뛰어나고 시를 즐긴다. 말을 잘하며 비속어를 사용하지 않는다. 자선적이고 덕스럽고, 거짓말을 하지 않는다. 옷을 잘 입는다. 단 음식들을 좋아한다. 설탕이 들어간 과자들, 곡식들처럼 단 것이나 술을 즐긴다. 그래서 살이 찔 수도 있다.

금성이 2번에서 좋은 상태에 있으면 부유하고, 고상하게 말을 하고, 좋은 재물들을 가지고 있으며, 고급스러우면서 훌륭한 음식을 먹고, 편안함을 누리고, 2번 하우스의 특성들이 모두 쉽게 발현된다. 만약 안 좋은 상태에 있으면 영감이 부족하고, 허영심으로 가득하며, 상대를 조작하거나 이용하는 말들을 하며, 이벤트가 없는 무미한 인생을 살고, 삶의 즐거움이 부족하다.

○ **3번 하우스(사하자 바바)에 있을 때**

긍정적 효과	창조적인 사고가이며, 말을 잘한다. 아이디어를 시적으로 표현하며, 글 쓰는 커리어에 잘 맞다. 문학이나 파인 아트를 감상할 줄 안다. 기쁘게 소통하는 방식을 알기에, 외교관, 중재자, 혹은 어떤 커리어이든지 아이디어를 고상하고 평화롭게 잘 전달할 수 있는 역할을 하는 커리어에 탁월한 재능을 발휘한다. 쾌락을 위한 여행을 자주 하며, 사회적 일정이 항상 빽빽하다.
부정적 효과	말을 부드럽게 하고, 다른 사람들이 원하는 말을 한다. 달콤한 말로 진실을 가린다. 어떤 상황을 자신에게 유익하게 하기 위해 달콤한 말을 사용한다. 정신적으로 게으를 수 있다.

3번째 하우스에 있는 금성은 창조성, 이성이나 인간관계성, 아름다움 등에 관심이 있다. 지나치게 감각적인 성향이 있을 수도 있다. 경쟁적인 상황을 좋아하지 않으며, 자신을 위해 나서거나 싸우는 것을 잘 못한다. 어떤 때 자기중심을 지키고 어떤 때 타협을 해야 할지 잘 몰라서 고민을 한다. 무엇이든지 고상하게 표현할 수 있는 능력을 가졌으며, 친척이나 친구들이 아주 좋아하며, 열정적이고, 비즈니스에 성공한다. 때로는 너무 예리하거나 간사할 수도 있다. 조심스러운 스피커이며, 옷을 잘 입고, 정부나 높은 사람들에게 인정을 받는다. 파인 아트나 미적인 것들과 연관하여 좋은 취향을 가지고 있다.

금성이 3번 하우스에 있으면 3번 하우스의 특성들을 발휘하는 데는 좋지만 금성에게는 좋지 못한 위치이다. 구두쇠이거나 너그럽지 못하며, 너무 성적이거나 바람을 잘 피울 수 있다. 3번은 욕구를 나타내고, 금성은 열정을 나타내는 행성이기 때문이다. 3번 하우스에 금성이 있으면 많은 형제들이 있고, 바로 아래에는 여동생이다. 형제들과 행복하며, 형제들은 행운이 있고 행복하다. 음악, 춤, 노래, 드라마 등에 소질이 있고, 문학적 능력도 가지고 있다. 영화나 무대 감독일 수도 있다. 강한 욕망적 성향을 가졌으며, 원하는 것들이 충족될 것이다. 아름다운 목소리를 가지고 있다. 수성의 자연적 하우스에 있는 금성은 대화를 즐긴다. 누이와 같은 여성 친구들이 많이 있고, 여성적인 면들(사랑, 미, 예술, 패션, 음악 등 포함)에 대해 말하고 생각을 많이 한다. 여동생은 예술가 혹은 디자이너일 수도 있다. 배우자를 같은 모임을 하는 동아리, 작은 그룹의 협업, 특히 동생과의 연결을 통해서 미팅이나 소통과 연관될 일 등을 하는 중에 만나게 되는 경우가 자주 있다. 배우자는 그와 아주 같은 사고방식을 공유한다. 배우자의 소통 능력은 결혼의 토대를 굳게 마련해주는 팩터일 수도 있다.

금성이 3번에서 좋은 상태에 있으면 창조적이고, 진보적이고, 음악과 예술을 사랑하고, 표현력이 뛰어나며, 소통을 잘한다. 만약 안 좋은 상태에 있으면 제대로 성취한 것들이 없으며, 결의가 부족하고, 낮은 자기표현력을 가지고 있다.

○ **4번 하우스(수카 바바)에 있을 때**

긍정적 효과	아름답고 조화로운 집이 필요하다. 그러한 가정을 이루기 위해서는 무엇이든지 할 수 있다. 집은 고상한 전시품과도 같다. 비록 현금이 부족하더라도 좋은 디자인을 보고, 아주 깔끔하고 정리정돈된 공간을 만들기 위해 아주 디테일한 주의를 기울인다. 가족과의 관계성은 아주 사랑스럽고, 부모님과 가까우며, 특히 어머니와 가깝다. 어떤 유산을 물려받을 수도 있다.
부정적 효과	부모님이 어떤 식으로든 너무 과잉보호나 소비를 했을 수 있다. 어머니의 치마 품을 벗어나기 쉽지 않다. 혹은 다른 사람들에 보이기 위해 집을 장식하며 살 수도 있다.

금성이 4번 하우스에 있으면 금성에게 최상의 위치, 디그 발라를 얻는다. 그는 행복하고 만족스럽다. 친절하고, 부드러운 마음, 누구든 용서할 수 있는 마음을 가졌다. 어머니와 가깝고 어머니의 덕을 본다. 어머니는 아름답고, 행복하고, 장수한다. 좋은 집과 운송수단들을 소유한다. 많은 사치와 편안함을 누린다. 교양이 있고 모든 사람들이 사랑한다. 어머니나 조상의 부, 재산을 물려받는다. 삶의 끝이 좋으며, 인생 후반이 행복하다. 좋은 교육과 학위를 가지고 있다. 예술, 아름다운 것들, 아름다운 여성들을 좋아한다.

삶에 대해 열정적이다. 아름다운 것들, 함께하는 사람들에 대한 관심이 많은 심성을 가졌다. 헌신적인 성향이 강하며, 쉽고 편안한 것들을 즐기며, 다른 사람들과 타협을 잘하며 기쁨과 만족을 누린다. 지나친 타협성이 문제가 될 수도 있다. 특히 이성적 관계에 있어 너무 맞춰주다가 오히려 학대적인 관계성을 유발할 수도 있다. 집의 내외부를 장식하는 것을 즐기며, 아름다운 가구들, 좋은 매너와 감사해하는 손님들을 좋아한다. 집에 온 손님들에게 아주 우아한 호스트이다. 좋은 차들을 사랑한다.

금성이 4번에서 좋은 상태에 있으면 편안한 인생을 누리고, 부유하고, 다른 사람들에게 확신감을 주는 유형이며, 사치스럽고, 부유하고, 훌륭한 재산들을 소유한다. 만약 안 좋은 상태에 있으면 너무 사치스런 라이프스타일을 유지하며, 다른 이들을 돕지 않으며, 게으르고, 자신의 만족만을 추구한다.

○ 5번 하우스(푸트라 바바)에 있을 때

긍정적 효과	쾌락이 그에게 소중하다. 좋은 인생과 즐거움을 추구한다. 로맨스 기회들이 많으며, 모험을 즐긴다. 로맨스 행운이 많다. 바람둥이라는 평판을 얻을 수도 있다. 하지만 일단 안주하게 되면 아주 충직하고 헌신적인 파트너가 된다. 아주 사랑스런 부모가 된다. 자녀들도 아름다운 외모를 가졌다. 행위예술가, 교사, 뮤지션일 수도 있으며, 자신이 하는 일에 아주 재능이 있다.
부정적 효과	사랑이 잘 변한다. 어떤 사람을 선택해야 할지 잘 모른다. 관심이 떨어지면 바로 다음의 사람이나 프로젝트로 옮겨간다. 도박에 빠질 위험이 있다. 조심하지 않으면 쉽게 모든 것을 잃을 수 있다.

금성이 5번 하우스에 있으면 그는 현명하고, 총명하고, 훌륭한 캐릭터를 가졌다. 로맨틱하고 감각적 쾌락을 아주 즐긴다. 자녀들과의 행복을 누리며, 아들보다는 딸이 많다. 투자에 성공하고, 부유하다. 전생의 좋고 강한 카르마가 있으며, 훌륭한 예술적 재능이 전생에서 넘어왔다. 신에 대한 강한 헌신과 종교적 마인드를 가지고 있다. 넘치는 사랑을 받으며, 감각적인 것들을 즐기며, 행복한 인생을 산다. 리더이거나 아주 높은 정치적 지위를 얻을 수 있다. 삶에 대한 강한 목적의식과 자신의 운명에 대한 강한 센스를 가지고 있다.

5번째 하우스에 있는 금성은 훌륭한 예술가가 되거나, 혹은 예술 감상을 좋아하는 사람이다. 음악적 능력이나 색깔에 대한 재능들이 자연스럽게 온다. 아이들을 아주 좋아하며, 특히 아이들을 교육시키는 일을 할 수도 있다. 여자들을 특히 선호하고, 부드럽고 여성스런 것들을 아주 좋아한다. 5번에 있는 금성은 사랑과 로맨스의 성공을 나타낸다. 삶의 쾌락들을 오랫동안 누리며, 알찬 관계성, 아름다운 자녀들, 자녀들을 통한 이름과 명성을 얻음, 예능이나 콘테스트, 모임 등을 통한 사회적 성취를 얻는다. 투기나 투자, 예술, 음악, 자녀, 학교, 놀이터 등을 통해 이득을 얻는다. 훌륭한 아들, 경제적 이득, 성공, 클래식을 작곡할 수 있는 능력 등의 축복도 있다. 창조적인 문학, 온갖 유형의 예술적이고 정치적인 공연 등을 즐긴다. 유명세, 부, 명성을 즐긴다. 따분한 것이나 도덕 교육에는 관심이 없다. 그래서 자녀들을 아주 사랑함에도 불구하고 부모 역할을 하는 데 관심이 없을 수 있다. 자녀들을 다른 사람들에게 떠맡겨 키우거나, 자녀들과 재미를 즐기기 위해 필요할 때만 간간히 관심을 보일 수 있다. 창조적인 세팅, 특히, 수제자들 사이에서 아주 사랑을 받는다.

금성이 5번에서 좋은 상태에 있으면 카리스마가 있고, 영감을 고무하며, 자신이 좋아하는 것들을 공유하며, 편안한 영성을 가지고 있다. 만약 안 좋은 상태에 있으면 비실질적이고, 비즈니스와 사랑에 너무 이상적이고, 너무 환상에 빠지며, 사랑이나 로맨스가 부족하다.

○ **6번 하우스(아리 바바)에 있을 때**

긍정적 효과	일하는 것을 즐기며, 자신이 좋아하는 일을 찾아서 할 수 있다. 동료들이나 상사들과의 관계성은 아주 친하다. 직장에서 사랑하는 사람을 만날 가능성도 높다. 조화로운 직장 환경을 찾고 있다. 최상의 직업은 외교관, 에이전트, 중개인, 디자이너, 대외관계 전문인 등이다. 전반적 건강은 좋지만, 지나치게 탐닉하는 경향이 있으니 조심해야 한다.
부정적 효과	개인적 생활을 할 시간이 부족할 만큼 커리어에 집중할 수 있다. 혹은 주변이 자신의 수준에 부합하지 않는다고 불평할 수 있다. 또한 직장에서의 로맨스로 인해 스캔들을 일으킬 수도 있다. 지나친 탐닉으로 인한 건강문제에 시달릴 수도 있다.

6번째 하우스에 있는 금성은 내키지 않는 것들을 품위와 관심으로 다루기 위해 최

선을 다하는 사람을 나타낸다. 이러한 상황들은 적들이 만들어낸 달갑지 않은 경우들까지 모두 포함한다. 하지만 어려움들에 너무 부담을 느껴, 상황이나 사람들, 혹은 완결을 지어야 하는 삶의 영역들을 모두 회피하게 되는 경우도 자주 일어난다. 혹은 탐닉이나 중독 등으로 보상심리를 작용할 수도 있다. 그래서 건강을 해치게 되는 결과를 가져오기도 한다. 6번의 금성은 대체로 건강한 몸을 준다. 하지만 만약 금성이 손상되었으면 건강이 안 좋거나 생식기능과 연관된 질병에 시달릴 수도 있다. 성적 질병이 문제가 될 수도 있다.

6번에 있는 금성은 결혼생활의 자연스런 행복을 줄인다. 6번의 금성은 로맨스 라이프에는 이상적이지 못하다. 남자의 경우에는 아내가 피해를 입거나 아플 수 있다. 행복도 결여된다. 여자들을 좋아하고 밝히는 경향이 있을 수도 있다. 법이나 사회적 갈등을 관리하는 사람들(사회 공익요원, 검사, 경찰, 군인 등과 같은)과 잦은 트러블을 가지는 배우자를 나타낸다. 어떤 갈등을 관리하는 방법으로나, 파트너와 로맨스 갈등 등의 상황에서 언쟁하기를 즐긴다. 모든 야생동물이나 길들인 동물들의 웰빙에 민감하다. 애완동물들을 사랑하며, 그들도 사랑을 되돌려 준다. 사람보다는 동물들과 더 나은 관계들을 가지고 있다.

6번에 있는 금성은 좋은 직장과 좋은 수입을 준다. 직장동료들과도 잘 지낼 것이다. 서비스 산업에 대한 자연스런 관심이 있다. 의사, 사회적 갈등 해결사, 이혼 전문 검사, 산부인과 의사, 신장전문의 등의 직업을 가지게 되면 아주 좋다. 가난이나 학대, 갈등, 질병 등으로 고통받는 사람들을 위해 일하는 것을 진심으로 즐긴다. 여자들과 함께 하는 일들은 언제나 선호한다. 후배나 세입자들의 이득도 본다. 적이 없으며 경쟁자들을 이긴다. 일상적으로 하는 일이 단 것들과 연관되거나, 예술, 아름다운 것들, 수학, 혹은 여성 등을 다루는 일일 수도 있다. 디테일한 일들을 아주 잘한다. 사촌이나 외삼촌의 이득을 본다.

금성이 6번에서 좋은 상태에 있으면 자신이 사랑하는 것들을 위해 싸우며, 사랑에 상처받은 이들을 치유하며, 다른 이들을 배려하고, 자비심이 많다. 만약 안 좋은 상태에 있으면 사랑의 갈등과 마찰, 이별을 겪고, 뭐든지 부드럽게 잘되는 힘이 부족하며, 매사에 너무 높은 기대감들을 가지고 있다.

○ 7번 하우스(유바티/칼라트라 바바)에 있을 때

긍정적 효과	사랑과 연관된 최상의 위치이다. 행복한 결혼이나 좋은 비즈니스 파트너십을 끌어당길 수 있다. 로맨스가 행복의 궁극적인 길이다. 그래서 완벽한 한 사람을 찾기 위해 많은 집중을 한다. 다른 사람과 어떻게 연결해야 할지 잘 알고 있으며, 환상적인 팀 플레이어이다. 만약 커리어가 관계성(상담인, 결혼 카운셀러 등)과 연관된 일이라면, 아주 최상이다.
부정적 효과	관계성에 너무 서두른다. 단순히 파트너십을 가지기 위한 목적으로 사람을 사귄다. 혹은 형편없는 파트너를 참고 살 수 있다. 공연히 상황을 휘젓고 싶지 않아서이다. 혹은 파트너를 있는 그대로 보기를 거부한다.

금성이 7번 하우스에 있으면 열정적이고 감각적이며, 로맨스에 대한 욕망과 열망을 많이 가지게 된다. 아름다운 파트너를 원하며, 그들을 기쁘게 하려고 아주 노력을 한다. 하지만 깊이가 얕고, 허실적인 자질들이 이면에 도사리고 있다. 사랑에 중독된 사람처럼 만들 가능성이 높다. 7번에 있는 금성은 너무 지나친 성적 에너지를 주게 되거나, 너무 성적 취향이 강한 배우자를 주는 경향이 있다. 만약 금성이 좋은 상태에 있으면 결혼생활의 복이 있고 아주 행복할 것이다. 배우자는 고상하고 아름답고 부유하다. 그 역시도 달콤하고, 로맨틱하고, 예민하고, 직업이 예술가일 수도 있다. 사랑해서 결혼을 하며 아주 오랫동안 사랑을 지킬 수 있다. 예술가적이고, 인기가 많고, 사람들에게 사랑을 받는다. 배우자의 가족들로부터 이득을 얻는다. 배우자는 정직하고, 매력적이고, 좋은 매너를 가진 사람이다. 품격 있는 집안 출신이며, 부유하고, 활발한 사람이고, 에로틱하다. 본인 자신은 아주 감각적이고, 많은 자녀와 부를 가질 것이다. 사랑하는 파트너 그리고 비즈니스 파트너들이 아주 협조적이고 조화로운 관계성을 형성할 수 있다.

금성은 7번 하우스의 카라카 행성이다. 보통 카라카가 해당 하우스에 있는 경우 좋은 것들을 너무 많이 주는, 그래서 오히려 해가 될 수도 있다. 부유하거나 특별한 배우자를 줄 수는 있지만, 결혼생활 자체에는 많은 이득이 되지 않는다. 특히 금성의 품위가 나쁘거나 7번 로드가 안 좋은 상태에 있을 때는 더욱 그럴 수 있다. 금성이 앵글에 있으면 젠틀함, 친절함, 용서를 잘하는 성향을 준다. 금성이 1번을 어스펙트하기 때문에, 아름답고 이성에게 매력적이다. 그 역시도 행복하고, 건강하고, 명예를 받고, 유명하다. 만약 금성이 손상되었으면 도덕성이 부족하거나, 바람을 피우거나, 한 번 이상의 결혼이 있을 수 있다. 아주 열정적이고, 무분별하게 사랑에 잘 빠지고, 온갖 종류의 감각적 쾌락에 탐닉할 수 있다. 상당한 애정관계가 많이 생기기도 한다. 하지만 금성이 좋은 상태에 있으면 도덕성을 앗아가지는 않는다.

금성이 7번에서 좋은 상태에 있으면 좋은 파트너와 배우자를 만나며, 아름답고 고상한 것들을 다루는 비즈니스를 하며, 품위와 수준 넘치는 것들을 다루는 일을 한다. 파트너와 상호 긍정적인 관계성을 유지한다. 만약 안 좋은 상태에 있으면 쾌락에 지나치게 탐닉하며, 비효율적인 파트너와 배우자를 만나며, 법적인 문제들로 곤경에 시달리며, 나쁜 거래들을 한다.

○ 8번 하우스(아유 바바)에 있을 때

긍정적 효과	결혼이나 파트너십으로 이득을 볼 수 있다. 특히 유산이나 위자료 등의 이득이 있다. 관계성과 섹스는 심각한 비즈니스이다. 깊이 있는 충직함과 충정심을 기대한다. 자신이 갖춘 심각성으로 인격을 형성하고 있다.
부정적 효과	성 집착적인 성적 성향이 있어, 질투심을 쉽게 일으킬 수 있다. 경제적 이득을 위해 결혼을 할 가능성도 있다. 어느 정도 쾌락주의자적인 면이 있어, 조심하지 않으면 게으름과 과잉 탐닉으로 채워진 라이프스타일로 갈 수가 있다.

금성이 8번 하우스에 있으면 긴 수명을 누리고 평화로운 죽음을 맞는다. 부와 행복을 얻는 데 아주 길조적인 위치이다. 열정적이고, 생기가 넘치고, 살아 있는 것이 행복하다. 배우자의 부로 인한 경제적 이득도 누린다. 아주 감각적이고 성적인 매력이 넘친다. 공동 투자를 통한 이득을 얻는다. 좋은 유산을 받을 수 있다. 부모님의 유산을 누릴 것이다. 인생의 끝이 자연스럽고, 평화롭고, 쉽다. 길고 어려운 고난 끝에 성공과 이득을 얻는다. 커리어는 성형외과의사, 샤먼, 초능력적 힐러 등이 아주 좋다. 자신이 치유한 사람들이나 다른 힐링 일을 하는 사람들에게도 사랑을 받는다. 많은 숨은 숭배자들이 있다.

금성이 8번에서 문제가 되는 경우가 자주 일어난다. 금성이 가진 욕망적 성향으로 실수를 할 가능성이 많으며, 그로 인해 8번 하우스가 가져오는 결과들은 아주 높고 고통스럽다. 특히 성적 학대나 욕망의 충족을 위해 아주 비싼 대가를 지불하게 만들 잠재성이 있다. 비밀스러운 것을 좋아한다. 미스터리, 변형, 힐링, 숨겨진 정보, 비밀, 탄트라 등을 즐긴다. 사이킥이고, 샤머니스트적으로 미적인 사람이다. 그리고 비밀스럽고 금지되었으며, 섹시하고, 혹은 터부인 연애관계를 가진다. 그는 비록 정상적인 애정관계라 하더라도 비밀에 부치기를 선호한다. 만약 진화가 된 사람이면 아주 깊은 사랑으로 서비스를 하는 사람이거나, 힐러 등이 될 수도 있다. 하지만 욕망들을 조정하는 법을 먼저 반드시 익혀야 한다. 특히 금성이 손상된 경우 생식기능과 연관된 어려움을 겪는다. 성적 질병이나, 방광 문제, 고환 질병 등에 시달릴 수 있다. 만약 이혼을 하더라도 위자료를 제대로 받지 못한다. 로맨스나 결혼과 연관된 어려움을 준다.

금성이 8번에서 좋은 상태에 있으면 성적인 능력이 활발하며, 예술과 아름다움으로 에너지를 충전시키며, 여성들의 서포트를 잘 받으며 부유해진다. 만약 안 좋은 상태에 있으면 성적인 어려움을 겪으며, 아름다움과 고상함이 뒤떨어지며, 부유하지 못하고, 교양이 부족하다.

○ **9번 하우스**(바기야/다르마 바바)**에 있을 때**

긍정적 효과	철학, 종교, 높은 교육, 여행을 좋아한다. 먼 곳으로 여행을 하거나, 혹은 다른 문화적 배경의 사람과 결혼을 할 수도 있다. 배우자의 가족들과 잘 어울린다. 자유가 중요하다. 자신에게 충분한 공간을 줄 수 있는 파트너가 필요하다. 9번의 금성은 아주 높은 교육을 받았거나, 여행을 많이 하는 사람이거나, 혹은 종교적, 철학적 학자일 수도 있다.
부정적 효과	자유를 너무 갈망하다 보니 어떤 관계성에도 쉽게 언약을 하지 못한다. 관계성에 어떤 어려움이라도 생기면 상대에게 아픔과 혼란을 남긴 채 바로 떠나버린다. 이러한 방황의 심성이 나쁜 것은 아니지만, 구르는 돌처럼 되지 않도록 조심해야 한다. 구르는 돌은 아무런 이끼를 모으지 못하는 법이다.

9번 하우스에 있는 금성은 헌신과 서비스 위주이며, 영성과 개인적 철학에 아주 창조적으로 접근한다. 감각적인 성향이나 아름다움도 가졌을 수 있다. 훌륭한 결혼 상담

자이거나, 혹은 물질적 삶과 영적 삶을 병행하는 어떤 가르침으로 다른 사람들을 잘 도울 수 있다. 목성의 자연적인 하우스에 있는 금성은 의례적인 종교와 지혜의 가르침들을 사랑한다. 사원의 아름다운 옷들, 종교적인 예술, 음악, 향의 향내, 화려한 빛을 뿜어내는 쇼 등을 좋아한다. 의식들이 더 정교한 디자인을 가졌을수록 더욱더 선호한다. 도덕적인 철학자나 영적 스승들과 함께 있는 것을 좋아한다. 대학이나 사원, 국제적인 상가(sangha) 모임 등과 같은 사회적, 문화적 환경들을 선호한다. 교수, 대학, 사제, 사원 등과 관계성들을 유지하는 것을 좋아한다. 보다 고상하고 자신보다 높은 어떤 존재와의 합일에 대한 욕망과 감각적 느낌에 흥분을 하게 된다. 깊은 영적 성향보다는 물질적인 행운을 더 나타낸다. 하지만 다른 부합되는 조건들이 있으면 강한 영적 성향을 줄 수도 있다. 금성은 가벼운 심성을 지닌 행성이기에, 환희의 경험이 유토피아적인 의식의 경험을 잘 유도할 수 있다. 돈을 대출해주는 사람이며, 온갖 종류의 편안함, 장식, 운송수단, 사치들을 누릴 것이다. 손님들이나 윗사람들, 영적 인물들을 잘 대접하고 모신다.

금성이 9번 하우스에 있으면 아주 복이 많고 행운이고 행복하다. 인생의 문제들이 항상 쉽게 해결이 될 것이다. 관대하고 자선적이다. 종교적인 마인드를 가졌으며 좋은 선행들을 한다. 배우자가 아름답고, 행운이고, 부유하다. 특히 남자의 경우에 더욱 그러한 배우자의 행운이 있다. 배우자는 종교적이고 영적이며, 외국인일 수도 있다. 아버지와의 관계도 좋으며 깊은 사랑을 받는다. 아버지는 장수한다. 장거리 여행을 즐기고 외국 여행을 많이 한다. 철학, 종교, 영적인 삶을 사랑한다. 훌륭한 영적 스승이나 구루를 만나게 되고 그들의 사랑을 받을 것이다. 파인 아트에 대한 타고난 재능이 있으며, 형제들과의 관계도 아주 좋다. 9번의 금성은 전체 차트에 훌륭한 길조적 영향을 미친다. 그래서 위대한 명성, 부, 권력을 누리는 사람들의 차트에서 자주 볼 수 있는 조합이다.

금성이 9번에서 좋은 상태에 있으면 인생의 축복과 행복이 가득하며, 도덕적이고, 협동적이며, 여성들을 통해 운이 들어온다. 행운이 넘치고 예술적이다. 만약 안 좋은 상태에 있으면 주의력이 부족하고, 노력을 하지 않아 손해를 보며, 여성들과의 트러블을 겪으며, 아름다움과 예술적인 능력이 결여된다.

○ 10번 하우스(카르마 바바)에 있을 때

긍정적 효과	대중들이 그대를 추앙한다. 카리스마가 있고 인기가 많다. 스포트라이트가 잘 맞으며, 그러한 장소에 있으면 빛이 난다. 만약 예술가 커리어를 가지고 있다면 아주 큰 상을 받을 수도 있다. 하는 일에 여자들이 많은 도움이 될 수 있다. 힘을 가진 지위에 있는 사람들의 호의를 쉽게 얻을 수도 있다. 네트워킹을 하게 되면 완전한 전문가가 될 수 있다.
부정적 효과	사람들을 이용해 정상까지 올라간다. 충직하기보다는 무엇을 얻을 수 있을지 기회를 엿보고 있고, 일단 자신의 목적을 이루었으면 그들을 완전히 유령 취급한다. 로맨스 스캔들 때문에 자신이 이루려 노력하는 관계성을 망칠 수 있다.

금성이 10번에 있으면 커리어에서 아주 운이 좋고, 대중에게 즐거움이나 행복을 가져다주는 일을 한다. 성공적인 배우, 예술가, 뮤지션, 행위예술가 등에게 흔한 조합이다. 혹은 보석 상인, 사진사, 화장품, 아름다운 옷들, 단 것들, 예술, 장인 물품, 비싼 차 등과 같은 사치스러운 것들을 판매하는 사람일 수도 있다. 대중들에게 사랑받으며, 전문적 직업을 통해 행운의 인맥들을 많이 만들게 된다. 아주 행복하고, 상당한 부와 좋은 차, 운송수단들을 가진다. 어머니와도 좋은 관계성을 누리고, 여자들과 연관된 일을 하면 이득을 볼 수 있다. 특히 여자 대중들에게 인기를 누린다.

10번의 금성은 아주 행운의 위치이다. 삶이 전반적으로 쉽고 달콤하게 풀리기 때문이다. 그가 세상에서 누리는 명성과 위치가 창조적이고, 예술적이며, 그의 외모나 성적인 매력에도 연관된 일이다. 사람들을 대하는 매너가 좋고 젠틀하여 커리어나 명성을 누리는 데 도움이 된다. 앵글에 있는 사움야는 쉽게 재능을 준다. 높은 지위, 타이틀, 리더십 기질에 대한 인정, 대중적인 공간에서 좋은 디자인들을 준다. 존경과 특권을 좋아한다. 정부의 특권을 얻거나, 정치적, 예술적, 음악적인 일에 좋은 보수를 받고 일할 수 있다. 대중의 삶에 미적인 공헌을 한 것으로 인정을 받으며, 전반적으로 모든 사람들에게 사랑을 받는다. 파인 아트, 춤, 문학적 작문, 인테리어 장식가, 성공적인 심리치료가 등도 이러한 금성이 내는 효과이다. 하지만 굳은 일이나 힘든 일은 피하고, 즐겁고 좋은 것만 원하는 기질도 있다. 그래서 장기적 비전을 놓치고, 결과적으로 신뢰성을 잃거나 자신의 명성을 해칠 수도 있다.

금성이 10번에서 좋은 상태에 있으면 커리어가 미, 예술, 고상함, 법률이나 스타일링과 연관된 일을 하며, 좋은 명성을 준다. 만약 안 좋은 상태에 있으면 여자들로 인한 갈등을 겪으며, 노력이 부족하고, 예술적인 재능이 없고, 승진을 위해 속임수를 쓴다.

○ **11번 하우스(라바 바바)에 있을 때**

긍정적 효과	아주 활발한 사회생활을 하고 있으며 인기가 많다. 사랑스럽고 항상 응원하는 친구들이 있다. 자신의 목표를 친구들의 도움으로 많이 이룰 수 있다. 로맨스 관계는 사회적 서클 안에서 이루어질 가능성이 높다. 친구가 애인이 되고, 애인이 친구가 된다. 네트워킹을 통해 영향력 있는 사람과 예술가 타입의 사람들과 친해지게 할 수 있다.
부정적 효과	조심하지 않으면 사회적 생활이 아주 복잡하고, 드라마로 가득한 혼란을 줄 수 있다. 친구들과 로맨스를 마구 뒤섞기 때문이다. 혹은 자신의 목적달성을 위해 사람들을 이용한다. 그래서 진짜로 친한 친구는 극소수이다. 질이 나쁜 친구들로 인해 자신이 해를 입을 수 있다. 어떤 사람들이 자신의 사회적 서클 안에 포함되는지 조심해야 한다.

금성이 11번에 있으면 가진 목표와 야망을 이루는 데 아주 행운이다. 행운의 기회들이 오며, 부를 쉽게 번다. 어떤 경제적 투기를 하든 아주 성공적일 것이다. 목표들을 정하고 성취하기를 좋아한다. 시장에서 이윤과 수익을 올리기를 좋아한다. 그런데 대체로 여자와 연관된 영역에서 사업을 개발하기를 선호한다. 많은 여성 친구들이 있을 것이며, 그들을 통해 많은 이득을 본다. 커뮤니티 네트워크, 사회 이벤트들, 특히 기금 마련하는 일, 진보성향의 사회적 운동 등을 좋아한다. 사회적 인맥이, 자신의 관심사들을 적극적으로 선전해주기를 좋아하는 고급인사들도 포함하고 있다. 훌륭한 사회생활을 즐긴다. 위 형제의 이득을 보고 그들과 아주 사랑스런 관계를 오랫동안 즐긴다. 삼촌과의 관계도 마찬가지이다. 이들은 아주 예술적이고 부유할 수 있다. 차트 주인도 음악, 춤, 드라마 등을 사랑하고 삶의 주요 목표가 이러한 것들과 연관되어 있다. 아주 총명하고 배움이 있다. 자녀들과도 상당히 좋은 관계를 즐긴다. 훌륭한 장식, 편안함, 사치들을 누린다. 주요 수입원 외에도 예술품이나 보석, 화장품 등을 거래하는 일 등을 통해 부수입을 올릴 수도 있다. 11번 하우스는 금성에게 아주 좋은 위치이다. 부, 행복, 삶의 편안함이 점점 더 나아진다.

만약 금성이 약하면 아무런 효과도 경험하지 못할 것이다. 자신의 관심사들에 대해 친구들이 조언이나 물질적 서포트 등을 모두 동원하여 도와주기를 기대한다. 로맨스의 실망과 인간관계성에 대한 높은 기대감을 많이 가지고 있다. 전반적으로 사람들에 대한 많은 실망을 가져다준다. 하지만 진정한 서비스에 대한 보다 깊은 이해를 일단 하게 되면, 내맡김이나 헌신적 성향이 자연스럽게 흘러나오게 된다. 이들은 여자, 아이들, 동물들을 위하는 일에 잘 관심을 가지게 되며, 세상을 아름다운 장소로, 보다 나은 매너와 섬세함들이 통용되는 장소로 만들고 싶어 한다.

금성이 11번에서 좋은 상태에 있으면 현금 수입이 쉽게 흘러들어오며, 친구와 인맥들을 통한 행운이 있으며, 여자들과 예술을 통해 이득과 수입을 얻게 된다. 만약 안 좋은 상태에 있으면 여자들을 통해 손해나 손실을 입게 되며, 고상한 것들을 누리지 못하며, 지지자들에게 어필할 수 있는 매력이 부족하다.

○ 12번 하우스(비야야 바바)에 있을 때

긍정적 효과	고적함을 사랑하고, 조용한 시간을 보내기를 선호한다. 아쉬람이나 명상할 수 있는 장소들이 그의 영혼을 행복하게 한다. 그 외의 시간에는 다른 사람들을 돕기 위해 바쁘다. 자애로운 심성을 가지고 있기 때문이다. 직관적으로 결정을 내린다. 머리보다는 느낌에 의지하는 경향이 있다. 자신이 가진 강한 느낌들을 창조적 영감을 위해 채널한다. 약간 수줍음을 타고, 특히 관심 있는 사람에겐 표현하기를 머뭇거린다. 대부분의 시간들이 무대 이면에서 필요한 일들을 하며 보낸다. 좋은 일들을 많이 한다. 이러한 금성의 위치는 수호천사로부터 영적 보호가 있다.
부정적 효과	비밀스런 정사에 휘말릴 수 있다. 혹은 그대를 이용하는 사람에게 자신을 허용한다. 감정이 그의 삶을 주도한다. 형편없는 결정들을 내리게 하며, 특히 사랑에 있어 건강하지 못한 선택을 한다. 선을 제대로 긋지 못하는 취약함도 인생의 다른 이슈이다. 감정이 상처받았을 때 재빨리 피해의식에 사로잡힌다.

12번 하우스에 있는 금성은 섹스를 포함한 모든 감각적 쾌락들 속으로 도피하고자 하는, 숨겨진 욕망과 잠재성을 많이 가지고 있음을 나타낸다. 이러한 것들은 12번에 금성이 있는 사람에겐 아주 창조적으로 느껴지는 과정일 수 있다. 그러나 실제로는 12번 금성이 가진 보다 높은 잠재성들을 소비하고 허무하게 시간을 낭비하기 위한 허울

좋은 핑계들일 수 있다. 이러한 조합은 사랑의 아름다움을 고상한 수준으로 승화시킬 수도 있는 아주 헌신적인 조합일 수도 있다. 아름다운 꿈들을 꾸고, 몽상을 하는 기질도 가지고 있다. 금성은 사랑의 행성이다. 우리가 어떻게 사랑을 하고, 어떤 것을 끌어당기며, 무엇을 추앙하는지 알 수 있게 한다. 금성은 로맨스와 모험에 대한 사랑을 나타낸다. 12번에 있는 금성은 미스터리한 성격의 것들을 풀고자 하는 욕망, 비밀스런 예술, 의약품, 화학작용, 쾌락과 이득 등을 추구한다. 동물보호를 위한, 혹은 자선기관 일들을 한다. 외로움이나 고적함을 좋아한다.

금성이 12번에 있으면 훌륭한 침대에서 자며, 왕성한 성적 쾌락을 즐길 것이다. 금성은 모성애적인 충동성을 일으킨다. 감각적인 만족이나 비도덕적인 관계성들을 가지게 만든다. 그리하여 영혼이 물질적인 굴레들에 묶이게 만든다. 하지만 이러한 금성은 언제나 돈을 저축한다. 아주 검소하고 부를 지킬 수도 있다. 많은 비용들에 시달리지 않을 것이다. 비록 부를 현명하게 사용하지만, 사치품이나 감각적인 쾌락을 위한 비용이 많을 수 있다. 파티를 열거나, 다른 사람들을 대접하는 것을 즐긴다. 관대하고 다른 사람들을 돕는 데 돈을 사용할 수 있다. 깨달음이나 목샤를 얻을 수도 있다. 부를 얻는 데 아주 좋은 위치이며, 때로는 거짓말을 하거나 과장을 할 수도 있다. 12번의 금성은 대체로 길조적인 효과들을 주며, 만약 금성이 손상되었으면 로맨스나 결혼생활에 아주 지장이 있을 수 있다.

금성은 아수라들을 다스리고 조언을 하는 스승이다. 금성이 주는 조언들은 영혼이 굴레에서 벗어날 수 없게 만드는 나쁜 액션들을 하게 할 수 있다. 이러한 행위들은 열정, 탐욕적인 마음, 정신심리적으로 집착적인 성향, 의례의식적이거나 혹은 너무 규격적인 종교적 규칙들을 따르게 할 수 있다. 이러한 성향들은 금성이 12번에 있을 때 상당히 강조되게 된다. 그리하여 무지 속에 빠져 즐기는 깊은 잠이나, 침대의 즐거움에 빠져 허우적거리는 이들을 마침내 고칠 수 있게 만든다. 감각적인 상상력으로 마음껏 돌아다닐 수 있는 조용하고 제한된 공간들을 좋아한다. 침대라든지 침실 커튼 뒤에 있는 것을 좋아한다. 로맨틱한 상상력이 프로젝트되어 일어난, 충동적인 사랑이나 잘못 쏟은 애정관계 등으로 인해 손해를 볼 수 있다. 금기된 사랑, 혹은 비밀스런 애정관계를 오랫동안 가지고 있다. 사랑하지 않는 배우자를 떠날 수 없는 사람이면서 비밀스런 애인을 가진 경우가 자주 일어난다. 희생적인 사랑을 한다. 만약 금성이 좋은 상태에 있으면 아주 예술적이고 음악적인 꿈들을 꾼다. 사적인 상상력을 통해 많은 쾌락을 누린다. 현실에서의 애인은 상상세계 속의 애인보다 절대로 더 멋질 수가 없는 법이다.

금성이 12번에서 좋은 상태에 있으면 감각적이고, 탄트라 예술의 재능이 있고, 영적인 예술에 탁월하며, 사랑과 영적 진보에 헌신한다. 만약 안 좋은 상태에 있으면 실리나 현실성이 부족하고, 큰 비용을 만들고, 비효율적이며, 성적인 문제가 있으며, 너무 관대하다.

10.

토성이 열두 라시와 열두 하우스에 있는 효과들

토성(Shani)

Neelaanjana Samaabhasaam Ravi Putram Yamaagrajam

Chaayaa Martanda Sambhootam Tam Namaami Shanaischa-ram

파란색인 이, 석탄과 같은 이, 수리야의 아들, 야마의 동생인 이,

차야와 수리야 사이에서 태어난 이,

샤니스와라에게 경배를 올립니다.

토성은 태양계에서 가장 멀리 있고 또 가장 느리게 움직이는 행성으로써 우리의 집중력, 책임감, 삶의 고통을 감당할 수 있는 능력들을 나타낸다. 토성은 강한 크루라 행성으로, 우리가 감당해야 하는 삶의 무게, 십자가, 삶 속에 내재한 모든 괴로움, 슬픔, 고통, 무지, 지연, 이별, 죽음, 신체의 쇠퇴, 전생의 부정적인 카르마, 심리적 열등감이나 콤플렉스 등을 대변한다.

토성은 무지의 결과로 빚어지는 괴로움과 슬픔 등을 나타낼 뿐만 아니라, 우리의 심리적 콤플렉스를 자극시키는 기능을 통해 계속해서 괴로움을 만들어내는 방식으로 행동하도록 부추긴다. 토성은 이러한 일을 하고 있다. 토성이 나타내는 고통, 어려움들을 피해갈 방법은 없다. 단지 시간이 지나면서 어렵거나 부정적 카르마의 결과들이 모두 소멸되었을 때 비로소 고통도 떠나게 된다. 토성은 그 동안 고통의 주범이었던 무지의 베일을 심리적 각성이라는 형태를 통해 벗겨주는 방식으로 우리를 놓아주게 된다. 토성은 우리가 원하는 성공과 충족을 얻기 전에 먼저 시간과 노력을 통해 카르마를 지불하게 만든다. 토성은 자신의 영향이 차트에 미치는 삶의 영역에서 성공적인 충족을 얻는 것을 지연시킨다.

- **토성은 위 형제, 감옥, 수명, 연결 조직, 면역 시스템, 애완동물, 부리는 사람**(직원, 하인), **힘든 일이나 어렵고 고된 일, 빚, 잃음이나 상실, 의무, 약점 혹은 약함, 집중력, 인내력 등을 나타낸다.**
- **토성의 친구는 수성과 금성이다.**
- **토성의 적은 태양, 달, 화성이다.**
- **토성에게 중립은 목성이다.**

좋은 품위나 아바스타즈에 있는 토성은 보통 자신이 위치한 하우스 팩터들을 보호한다. 그러한 영역이 천천히 나아지도록 보장해준다. 토성이 위치한 하우스의 것들은 천천히 일어난다. 그러나 위치한 하우스 팩터들과 연관하여, 파괴를 하기보다는 아주 디테일하고 치밀하게 만든다는 사실을 기억하는 것이 중요하다.

토성은 나쁜 평판을 받고 있다. 하지만 좀 더 자세히 들여다보면 그렇게 나쁜 행성이 아니라는 것을 알 수 있다. 토성은 힘들고 험한 세상에서 우리가 살아 있을 수 있도록 받쳐주고 있는 삶의 가장 근원적인 힘이다. 밀크 대양을 휘젓는 거사가 계속 진행될 수 있도록 거대한 만다라 산을 혼자 등위에 받치고 있던 거대한 거북이 쿠마라(토성의 화신)처럼, 만약 토성의 보호와 지지가 없다면 우리들 삶은 단 한 순간도 제대로 지탱하고 서 있을 수 없으며, 토성이 지지를 철회하는 순간 그동안 우리가 이룬 삶의 모든 것들은 바로 허물어져서 대양의 가장 밑바닥으로 가라앉게 된다. 토성은 아주 엄중한 태스크 마스터이기 때문이다. 그래서 토성을 친구로 만들고 토성의 교훈들을 배우면, 힐링을 할 수 있고, 우리가 타고난 잠재성을 완전히 이룰 수 있다.

토성이 12 라시에 있는 효과들

베딕 점성학에서 샤니는 토성을 나타낸다. 샤니는 토요일의 로드이다. 그는 타마스 성향이고, 힘든 방식으로 배우는 것을 나타내고, 커리어와 수명을 나타낸다. 토성은 샤나이쉬차라야라는 이름으로 알려져 있는데, 천천히 움직이는 스승이라는 뜻이다. 토성은 영혼 안에 내재한 영원한 본성에 대한 깊은 관심을 가지고 행동하는 행성으로서, 영혼이 가진 오리지널 능력을 드러내게 한다. 토성은 태양 주변을 한 번 회전하는 데 약 30년 정도가 걸린다. 다른 행성들에 비해 천천히 움직이기 때문에 샤나이쉬챠라야라는 이름을 가지게 되었다. 샤니는 데미 데바(Demi-Deva, 반신半神)로, 태양의 그림자 아내 차야 사이에서 태어난 태양의 아들이다. 전해져오는 바에 의하면, 아기 토성이 태어나자마자 눈을 뜨니 난생 처음으로 태양이 이클립을 일으키게 되었다고 한다. 이 스토리는 점성학 차트에서 토성이 미치는 영향을 분명하게 상징하고 있다.

토성은 카르마 행성으로, 우리가 과거에 무지와 해로 축적한 부채들을 갚게 하는 것이 주 의무이다. 토성이 가진 특성은, 위치하고 있는 다양한 라시들에서 노력을 해야 함과 주로 좌절감을 느끼는 상황들을 나타낸다. 토성은 과거 생에서 마치지 못한 비즈니스, 특히 아주 오래된 잠재의식 속에서도 기억하지 못하는 아득한 과거 생에 무지로 한 액션들로 인해 생겨난 인과관계 법칙 결과들을 완성해야 하는 운명을 보여주는 행성이다. 토성은 과거 생의 무지로 인해 축적한 부채가 가진 양이나 질들을 보여준다.

토성의 역할은 관계성, 일, 가족, 부와 연관된 모든 일들을 충분히 어렵게 만들고자 하는 것이다. 그래서 우리가 하는 생각이나 행동들이 다른 사람들에게 어떤 효과를 가질지 멈춰서 생각해보게 하기 위해서이다. 이는 모두 '자비심'의 덕에 포함된다.

○ 산양(메샤) 라시에 있을 때

긍정적 효과	심각한 토성은 산양의 불같은 열정을 제한한다. 불안정한 성향이 있다. 내적인 불은 뭔가 긍정적인 것을 향해 방향 조정을 한다. 좋은 일을 하거나, 새로운 프로젝트를 시작하거나, 혁명을 이끄는 등의 일을 한다. 풍부한 자원조달 능력의 재능을 가졌고, 개척자적인 영혼이다. 경계들을 고수하는 것이 아주 필요하다. 자신을 위해 나서는 법을 배우는 것이 그대가 가진 삶의 교훈이다. 자신의 개인적 공간을 유지하는 동시에, 다른 사람들의 필요를 먼저 채워주고자 하는 성향 사이에서 균형을 찾아야 한다. 어린 시절에는 괴로움이 많았지만, 캐릭터를 만들어주었다.
부정적 효과	자기중심적이고, 다른 사람들의 권리를 존중하는 어려움이 있을 수 있다. 혹은 스스로를 위해 나서지 못할 수 있다. 그래서 관계성의 드라마를 자초할 수 있다. 때로는 이런 토성은 원인도 없는 반항아를 만들 수 있다.

토성은 산양에서 취약이 된다. 니차방가, 파라바르타나 요가, 혹은 앵글 위치에 있는 등 취약해진 힘을 보충해줄 수 있는 조합이 없는 한, 토성은 어렵고 힘든 효과들을 줄 것이다. 적인 화성이 가진 원초적인 충동들이 토성의 안정적이고 믿을 수 있는 사회체제 필요성을 위협하게 된다.

산양 토성은 '내가 먼저'라는 주체성, 사회 계층적 특권, 개인적 습관, 대외적 안녕을 희생하여 얻은 개인적 성취 등에 대한 지나친 집착을 한다. 진정한 인간적 겸허함을 달성하기 위해 아주 쓴 고전을 겪어야 한다. 그러는 과정에서 종종 모욕을 당하게 된다. 잘못된 경쟁적 본능, 사냥에 대한 자연적 본능과 운동 스포츠적 성향을 사회적, 경제적 이데올로기에 적용시켜, 승자가 모든 것을 다 차지하는 식으로 된다. 더 강한 캐릭터를 가진 사람들에게 억눌리고, 현재 힘을 가진 이들 뒤에 숨는 경향이 있다. 인종

차별주의와 이기심에 시달리며, 자신의 상황을 다른 사람들 탓으로 돌리고, 자기결의력이 없는 행태를 보인다.

산양 토성이 좋은 상태에 있으면 다이내믹한 행동을 하고, 집중적인 노력들을 하며, 시간이 지남에 따라 이득이 늘어나며, 높은 에너지를 가지고 있다. 만약 안 좋은 상태에 있으면 너무 인내심이 부족하고, 공격적이고, 배려심이 부족하며, 잔인하고, 물불을 가리지 않으며, 우울증에 시달리고, 흥분적인 에너지를 가지고 있다.

○ 황소(브리샤바) 라시에 있을 때

긍정적 효과	돈에 대해 배우기 위한 테마를 가지고 있다. 돈을 버는 방법뿐만 아니라 어떻게 쓰고, 저축하고, 베풀 수 있는지 배워야 한다. 돈에 대해 수행할 수 있으면, 부를 창출할 수 있다. 자신의 삶에서 돈이 어떻게 들어오고 나가는지 잘 주의를 기울여야 한다. 부를 나눌 수 있는 방도를 찾아야 한다. 돈을 존중심으로 대하면 돈은 사랑을 바로 되돌려준다. 황소 라시의 토성이 가진 레슨은 경제적인 책임감과 관대함이다. 집요함과 자신이 필요한 것들을 끌 수 있는 능력이 황소 토성이 가진 축복이다.
부정적 효과	빈약한 정신 자세의 멘탈에 대해 조심을 해야 한다. 항상 충분하게 가지지 못할 것이라는 강박관념을 가지고 있다. 이러한 물질주의적 성향이 잠재적 이슈이기도 하다. 너무 집중을 하게 되면 오히려 정말 중요한 것들에 대한 시각을 놓칠 수 있다. 경제적 어려움이 있을 수 있다. 너무 많은 빚을 지거나, 돈을 잘못 관리하는 것이 경제적 파괴로 이어질 수 있다. 어떤 경우에는, 지독한 구두쇠를 나타낼 수도 있다. 돈은 에너지이고, 돈을 어떻게 사용하고 보는지가 황소 라시 토성에게 아주 중요하다는 것을 명심해야 한다.

토성은 황소 라시의 로드인 금성과 상호 좋은 친구 관계이다. 토성은 친구의 라시에 있는 것을 즐긴다. 토성이 달과 합치를 하지 않는 한, 황소 라시가 주는 장애는 그다지 어렵지 않고, 삶의 진보를 방해하지도 않는다. 열심히 일하고, 안정적으로 부를 모은다. 가축들을 관리하고, 숲과 농산물들을 관리한다. 자연의 고랑과 개울들을 잘 관리하고 컨트롤해야 한다.

황소 토성은 가족적 가치 전통과의 절연이나 죽음으로 인해 잘못된 감각적 쾌락 센스를 가지고 있다. 탐닉적인 것들을 믿지 않는다. 감각적인 것들을 거부하는 고행을 통해 본성을 이길 수 있어야 한다. 쾌락적인 목적을 위해 오감을 사용하는 기회를 제한해야 한다. 주변에 있는 아름다움을 즐길 수 있는 시간들이 아주 제한된 것처럼 느낀다. 예술적 아름다움, 감각적 쾌락, 고상한 음식과 와인, 사치스런 옷 등등을 즐길 수 있는 자연적 부를 잘 가질 수 없다. 그럼에도 즐겁게 일할 수 있는 환경을 자주 찾을 수 있다. 자신이 가진, 안정적이고 약조를 잘 지키는 캐릭터가 빛을 발할 수 있다. 그리하여 상당한 부를 천천히 축적할 수 있게 된다.

황소 토성이 좋은 상태에 있으면 전통적인 방식으로 부를 쌓고, 인생의 후반에 부유해지며, 집중력이 뛰어나고, 매사에 보수적인 접근 방식을 가지고 있다. 만약 안 좋은 상태에 있으면 재정과 사랑에 대한 좌절감을 느끼며, 성장이나 진보가 너무 느리고, 많은 것들을 얻을 수 없으며, 못생겼다.

○ 쌍둥이(미투나) 라시에 있을 때

긍정적 효과	이지적 깊이를 갖춘 섬세한 마인드를 가지고 있다. 뛰어난 이지와 집중력으로 인해 학구적인 세팅에서 아주 크게 이룰 수 있게 한다. 쌍둥이 토성을 가진 사람이면 가능한 많은 교육을 받는 것이 유익하다. 두 개의 언어를 배우는 것도 좋다. 자신이 한 발견들을 다른 사람들과 공유하면 더욱 좋다. 훌륭한 교사가 될 수 있다. 형제들이 도울 것이다. 지대한 관심의 두뇌, 소통을 잘 할 수 있는 능력, 충족시킬 수 없는 호기심 등의 재능이 있다. 쌍둥이 토성의 교훈은 마인드를 좋은 일을 위해 사용하는 것이다.
부정적 효과	긴장하고 염세적이 될 수 있다. 학교생활에 어려움을 겪을 수 있다. 자신이 충분히 똑똑하다는 것을 기억해야 한다. 인내심을 가지고, 어떤 문제를 만나든지 방도를 찾을 수 있다. 이러한 위치는 폐의 취약성과 자주 연관이 있다. 흡연을 피해야 한다.

쌍둥이 토성은 친구의 라시에 있다. 하지만 토성은 쌍둥이 라시의 로드인 수성을 중립으로 대한다. 그래서 쌍둥이 라시의 이지적인 성향이 그다지 편안하지만은 않다. 자신이 가진 복잡한 생각들을 좋아하지 않으면서도, 노예화되어 있다. 복잡한 문제들에 대한 단순한 답을 갈망하며, 언어를 명상 수단으로 사용하기를 거부한다. 상당히 총명하고 꾀가 많은 머리를 가졌으며, 어떤 아이디어를 다른 아이디어들과 연결하기보다는 하나의 아이디어를 가지고 계속 고민한다.

쌍둥이 토성은 소통이나 어떤 형태로든 글쓰기를 좋아하지 않는다. 미팅이나 달력,

혹은 물건 파는 것들을 좋아하지 않는다. 그러면서도 만약 다른 안정적인 조건들이 갖추어져 있으면 이러한 것들을 의무적으로 이행하게 될 것이다. 대외관계성, 리포터들, 신문, 미디어 대변인 등과의 갈등을 겪을 수도 있다. 이성적인 관계성도 적극적으로 추구하지 않는다. 관계성을 위해 필요한 이성적인 끌림이나 소통의 에너지에 실제로 개입하기보다는 수동적 관점으로 대처한다. 매력이 가는 상대와의 복잡한 밀당을 하는 것에 긴장하고 주저한다. 사랑을 객체화시키는 경향이 있다. 상호관계성에서 주고받는 것의 공식을 잘 다루지 못한다. 그래서 자신이 행해야 할 어떤 가족적 책임들이 없는 수도원적인 삶이 대체로 잘 맞는다.

쌍둥이 토성이 좋은 상태에 있으면 집중적인 마인드, 확신감 있는 스피치, 뭐든지 체계적인 방식으로 접근하며, 전통적인 창조성을 가지고 있다. 만약 안 좋은 상태에 있으면 소유하고 집착적이며, 너무 많은 약속들을 하며, 창조성이 부족하고, 아둔하고, 소통의 트러블을 겪는다.

○ 게(카르카) 라시에 있을 때

긍정적 효과	감정은 아주 심각한 이슈이다. 뼛속까지 예민하며, 감정이 그의 인생을 지배한다. 풍요로운 감정적 삶과 상상력을 줄 수 있다. 어머니와의 관계성은 카르마적인 성향이 있다. 어머니로부터 좋고 나쁜 많은 것을 배우게 될 것이다. 단단한 가족과 가정생활을 이루는 것이 가능하다. 가장 큰 재능은 직관력이며, 자신의 감정을 열어서 표현할 수 있는 능력으로 승화시킬 수 있다. 배워야 하는 삶의 교훈은 자신을 돌보는 것이고, 가족과 힐링하는 것이고, 오래된 것을 놓아주는 것이다.
부정적 효과	너무 예민해서 자신에게 오히려 해가 될 정도일 수 있다. 모든 것을 개인적으로 받아들인다. 혹은 자신의 껍질 속으로 후퇴하여 어느 누구도 가까이 오지 못하도록 벽을 쌓는다. 과거에 매달리며, 삶에서 앞으로 진보하기 어렵다. 가족적 드라마, 특히 어머니와 연관된 일들이 인생을 아주 어렵게 한다.

게 토성은 적의 품위에 있다. 하지만 산양처럼 취약의 품위에 있을 때보다 더욱 심각한 피해를 볼 수 있다. 토성은 열등감과 자의식을 나타내는 행성으로서, 게 라시가 가진 감정적인 특성들이 깊은 잠재적 상처들을 더욱 자극하는 방향으로 나타날 수 있기

때문이다. 게 토성은 가족적 책임들을 아주 심각하게 받아들이며, 결여의식에 시달리며, 너무 축적하는 경향이 있다. 감정적, 도덕적으로 보수적이다. 감정적으로 억눌리고, 어떤 문제들이 있으면 정직하게 해결하기보다는 거부하기를 선호한다.

하지만 만약 토성이 좋은 요가나 앵글에 있으면 비록 인생 초반에는 고생과 어려움들이 있고, 어머니가 없고, 친척들의 반대에 시달릴 수 있지만, 나중에 고상한 파트너가 있고, 이름이 있으며, 적이 없고, 젠틀하며, 특히 인생 후반에 부유하고, 귀한 보석들을 얻는다.

게 토성이 좋은 상태에 있으면 감정이 안정적이고, 신뢰할 수 있는 캐릭터이며, 든든한 가족들이 있고, 전통적인 가족환경에서 자라난다. 만약 안 좋은 상태에 있으면 고집이 세고, 제한적인 감정에 시달리며, 가족의 갈등이 있고, 사랑과 애정이 부족하다.

○ **사자(심하) 라시에 있을 때**

긍정적 효과	굴하지 않는 용기와 큰 마음을 가지고 있다. 효율적인 리더가 되기 위한 잠재성을 가지고 있다. 만약 회사의 CEO이거나, 집안의 우두머리이든지, 다른 모든 사람들이 잘 케어받을 수 있도록 확실히 할 것이다. 부모의 역할을 아주 심각하게 받아들인다. 로맨스도 마찬가지이다. 관계성에 있거나, 자녀들을 관리하거나, 맡은 책임을 잘하기 위해 자신의 전부를 바친다. 창조적인 재능과 수행이 예술가의 커리어를 줄 수 있다.
부정적 효과	자신을 사랑하기 위해 애를 쓴다. 자신이 가진 빛을 감추려 애를 쓴다. 혹은 자부심이 중간에 개입되어, 거만한 듯이 보일 수도 있다. 혹은 아첨에 쉽게 넘어갈 수도 있다. 소극적인 자세로 인해 로맨스 기회들을 막을 수도 있다. 아이들 양육 스타일이 너무 엄격하여, 아이들이 아무런 재미도 가지지 못하게 할 수 있다. 창조성과 연관된 블록이나 자신을 제대로 표현할 수 없는 것을 나타낼 수도 있다.

사자 라시는 토성에게 어려운 장소이다. 토성의 탄생 신화처럼 태양의 그림자 아내 차야에게서 태어났기 때문에, 강한 아버지의 집에서 눈치를 보며 살아가는 첩의 아들 이미지를 상상할 수 있다. 사자 토성은 자신이 이룬 개인적 성취를 인정받기 원하지만, 그러나 그가 무엇을 성취하든 아버지나 권위적 인물들을 기쁘게 하기엔 절대로 충분하지 않다.

사자 토성을 가진 사람들은 부모님이 더 훌륭하고 나은 사람들이거나, 자신에게 더 자랑스럽고 잘난 일들을 하도록 요구한다. 대외적으로는 아주 도덕적인 성향이 있지만, 그러나 이러한 도덕적 경계를 잘 유지하지는 못한다. 자신의 아버지에게 받지 못한 자신감을 다른 종교적 스승, 법, 전문직업적 단체 등과 같은 도덕적 권위단체에 이양하는 경향이 있다. 내적인 갈등을 많이 겪는다.

사자 토성이 좋은 상태에 있으면 부지런하고, 항상 어떤 일이든 잘 해내고 해결점을 잘 찾으며, 책임감 있는 리더이며, 매사에 전통적인 접근 방식을 가지고 있다. 만약 안 좋은 상태에 있으면 주도적이고, 너무 소소한 것들에 매달리다가 전체를 놓치며, 카리스마가 부족하고, 너무 통제적 성향이 강하다.

○ 처녀(칸야) 라시에 있을 때

긍정적 효과	실질적인 능력들이 많고, 아주 예리하고 분석적인 마인드를 가지고 있다. 연구원, 교사, 탐정, 회계인, 외과의사, 혹은 과학자로서 최상이다. 질서와 효율성이 그에게 아주 중요하다. 일에 대한 책임감을 아주 심각하게 여긴다. 아무도 자신만큼 열심히 일하지 않는다. 의미 있는 일을 하는 것이 아주 필수적이다. 안 그러면 어떤 식으로든 자신이 서비스가 될 수 있는 커리어를 찾아나서는 것도 좋다. 간호와 의료계 일이 그대에게 맞는 일이다. 일에 대한 강한 원칙, 디테일에 대한 마스터리, 조직적 능력, 지성 등을 모두 갖추었다.
부정적 효과	일에 대한 사랑이 일중독으로 만들 수 있다. 컨트롤 집착 성향이 나와서, 사무실에 있는 모든 사람들을 세밀하게 통제하여 결국에는 모두 그로부터 돌아서게 만들 수 있다. 걱정이 많아서 건강을 해치거나, 병적인 청결증에 시달릴 수 있다. 어떤 비판이든 자신에게 깊은 상처를 준다. 혹은 다른 사람들이 어떻게 느끼는지 상관하지 않고 어떤 식으로든 흠을 찾고 있는 사람일 수 있다.

처녀 토성은 극적인 갈등으로 인해 분석을 잘 못한다. 사회적인 문제들, 특히 가난과 질병에 대한 지나치고 아주 조직적인 지식들로 인해 괴로워한다. 문제를 해결하기보다는 문제 자체에 집중한다. 부정적 결과들에 집착한다. 반복적인 개인적 문제들에 사로잡혀 산다. 전쟁, 굶주림, 전염병, 오염, 과잉인구 등의 세계적인 고질병들에 대해 염려한다. 또한 개인적으로 복잡한 질병이나 재정적 트러블에 시달리는 경향이 있다. 환경가, 병원, 구조원의 매니저 등 어떤 형태로든 희생자들을 책임지는 일을 하면 잘 맞는

다. 의사나 재정가, 경찰 등과 같은 문제 해결사들이 싫어하거나 그들에게 잘못 대우를 받는다.

처녀 토성이 좋은 상태에 있으면 훌륭한 플래너 혹은 관리자이며, 디테일들을 잘 처리하며, 집중력이 뛰어나고, 질서정연하고, 체계적이다. 만약 안 좋은 상태에 있으면 소소한 것이나 작은 디테일들에 너무 집중하며, 집착적인 충동성을 가졌으며, 정체된 멘탈을 가졌으며, 위험을 감수하는 것을 피한다.

○ 천칭(툴라) 라시에 있을 때

긍정적 효과	토성은 고양이 되었다. 가지고 있는 축복을 셀 수 있다. 정의감, 훌륭한 협상 재주, 다른 사람들의 권리를 위해 싸울 용의 등을 나타낸다. 동전의 모든 면을 보며, 자신의 의견을 피력하기를 머뭇거리지 않는다. 집요하게 설득할 수 있는 능력이 그대가 가진 달콤한 무기이다. 훌륭한 변호사, 검사, 외교관, 인권활동가 등이 될 수 있다. 반짝반짝 빛이 나는 성격을 가졌기 때문에 아주 인기가 많다. 사람들이 모여 있는 곳이면 그는 언제나 중심에 있다.
부정적 효과	관계성이 문제될 수 있다. 다른 사람과 사귀게 되면 자신을 잃어버릴 수도 있기 때문이다. 파트너를 선택하는 데 있어 시간을 좀 두는 것이 좋다. 충동성이 여러 번의 결혼으로 갈 수 있다. 지나친 탐닉이 또 다른 문제이다. 자신의 습관을 수시로 점검해야 한다.

천칭 라시는 토성에게 가장 최상의 위치이다. 천칭이 정의의 상징으로 작용할 수 있게 하는 곳이다. 토성은 높은 수준의 균형을 이루기 위해 효율적으로 일을 한다. 탁월한 수행과 넓고 포용적인 사회적 관점을 가지고 있다. 노력파이며, 메카니컬한 영역이나, 정치, 예술, 혹은 다른 구조적 개발 영역 등, 어느 곳이든 자신이 선택한 영역에서 성공을 할 것이다.

천칭 토성은 여행과 외국들을 통해 이득을 얻으며, 젠틀하고, 부드럽고, 배웠으며, 자선적이고, 커뮤니티의 인정을 받고, 이지적인 활동을 많이 하며, 훼손 가정 출신이며, 창녀들에게 집착한다. 의사나 변호사 혹은 어떤 다른 전문직들에도 좋다.

천칭 토성이 좋은 상태에 있으면 안정적인 사랑이 있고, 총명하며, 시간이 지날수록 부유해지며, 뭐든지 원하는 대로 잘 되는 경향이 있고, 좋은 거래들을 가질 수 있다. 만약 안 좋은 상태에 있으면 쾌락에 너무 집중하며, 사랑의 제한을 겪으며, 만족하지 못한 삶을 유지한다.

○ 전갈(브리쉬치카) 라시에 있을 때

긍정적 효과	격렬한 감정을 가지고 있다. 열정적이고, 직관적이고, 때로는 질투심도 강하다. 이러한 격렬한 자질들을 가지고 보다 창조적 일을 만들어내는 데 토성이 도울 수 있다. 만약 그럴 수 있다면 앞에 놓여 있는 산들을 움직일 수 있을 뿐만 아니라 아주 인상적으로 놀라운 일들을 성취할 수 있다. 성적 성향은 아주 활발하기 때문에 조심을 해야 한다. 그렇지 않으면 성적으로 잘못된 길로 빠질 수 있다. 대신에 은밀한 관계성을 키우는 것이 좋다. 전갈 토성을 가진 사람들은 상대와 은밀한 관계성을 계발하는 데 어려움이 있다. 자신을 보호하려는 성향이 있기 때문이다. 아마 어린 시절에 다른 사람에게 믿음을 배신당하는 감정적 상처가 있을 수 있다. 그래서 마음속에 다른 사람을 들여놓는 것이 어렵다. 일단 허용할 수 있으면 그러한 은밀한 관계성을 통해 자랄 수 있고, 아픔이 더 이상 힘을 잃게 된다.
부정적 효과	상처를 받으면 모두를 제외시키고, 복수적으로 돌아설 수 있다. 원망을 한번 품으면 절대 용서의 공간을 남기지 않는다. 권력에 대한 집착이 잔인하게 만들 수 있다. 어떤 경우에는, 잘못된 섹스 라이프로 인해 중독적 성향으로 빠질 수도 있다. 혹은 완전히 셧다운할 수도 있다. 어느 쪽이든 균형을 잃었다.

전갈 토성은 게 라시에 있는 토성과 마찬가지로 토성이 가진 감정적인 취약성을 부각시키는 경향이 있다. 전갈이 가진 모드는 샤머니즘, 직관적, 아주 예민한, 불안정적인, 경계심으로 깨어 있는 모습이다. 침투하고, 사냥꾼이 가진 결의적인 드라이브, 광부, 정신심리학자, 고고학자, 혹은 범죄탐정가의 모습으로, 토성의 두렵고, 법을 준수하고, 조심스럽고, 관료주의 캐릭터가 편안하게 발휘될 수 없다. 토성은 전갈이 가진 영원한 위급상황적 모드에서, 과로하고 쇠진한 것처럼 느낀다. 다른 사람들을 속이려 하고, 독과 무기의 위험이 있다. 많은 손실과 나쁜 건강, 고고학과 화학에 대한 관심이 있다.

전갈은 항상 어떤 갑작스런 움직임을 계획하고 있다. 미지의 영역으로 더 깊이 뛰어들기 위해 준비하고 있다. 그런데 토성은 땅을 디디고 서 있기 위해 바쁘다. 그가 가진 '허용하지 않는' 캐릭터의 강인함으로 어떤 착취적인 움직임에도 저항한다. 이처럼 꺾을 수 없는 힘이 움직일 수 없는 대상과 부딪히게 됨에 따르는 결과는 '마비'이다. 토성은 무의식적으로 다음의 절망적인 폭발을 위한 폭력적인 움직임을 기다리고 있다. 전갈 라시에서 토성은 끊임없이 자신의 법 준수 모드가 깨어질 것 같은 협박에 시달리고 있다. 그것이 토성을 두렵게 만들며, 전 삶을 걸쳐 방어적인 자세를 취하게 만든다.

전갈의 토성이 가진 모드는, 남성적 성적 본능을 너무 지나치게 혹은 너무 통제적으로 브레이크하게 만들 수 있다. 터부적 영역이나, 보수적인 사회적 법칙 등의 경계선들을 넘나들게 만든다. 스트레스 영역은 '감추어진' 부분이다. 성적 재생 기관, 자궁, 난소, 고환, 분비선 등이다. 만약 토성이 고양의 화성과 파리바르타나를 하고 있으면, 그는 수입이 좋은 니치 영역을 찾을 수 있을 것이다. 화성이 좋은 위치에 있으면 테크니컬 전문성으로 성공을 가져다줄 것이지만, 관리영역에는 잘 맞지 않는다. 불공정한 노예관리자, 아랫사람들을 지나치게 부리는 사람으로 간주될 것이다. 열심히 일을 하여 이득을 본다.

전갈 토성이 좋은 상태에 있으면 어떤 일이든 잘 시행할 수 있는 에너지, 기력이 넘치고, 빠르고 안정적이며, 정확한 시간의 범주 내에서 액션들을 행한다. 만약 안 좋은 상태에 있으면 공격적이고, 적대주의적이며, 물불 가리지 않고, 참을성이 없으며, 항상 모서리에 있는 듯한 아슬아슬함, 지치고 피곤하며, 감정의 굴곡이 심하다.

○ 인마(다누) 라시에 있을 때

긍정적 효과	자신이 살아가는 방식을 주도하는 분명한 윤리 가이드라인이 있다. 세상에 대한 철학적 관점을 가지고 있으며, 어떤 식으로든 공헌을 하고자 한다. 어떤 불의를 발견하게 되면, 맨 처음으로 나서서 입을 여는 사람이다. 옳은 것을 위해 싸우며, 항상 소수자들 편에 선다. 자유가 그를 드라이브한다. 동등성을 원하고, 싸울 용의가 있다. 훌륭한 운동가, 교사, 사회운동가, 철학가, 연설사이다. 여행은 그의 영혼에 약이다. 타고난 조국을 떠날 수 있으면 새로운 방식으로 성장할 수 있을 것이다. 높은 교육이 인마 토성에게 아주 필수적이다.
부정적 효과	자신이 가진 의견에 너무 빠지지 않도록 유의해야 한다. 그렇게 되면 아주 재빠르게 설교적이 될 수 있다. 종교적 광신도가 될 수 있다. 혹은 어떤 어리석은 원인을 위해 싸우는 반항아에 지나지 않으면서, 무슨 큰 혁명이라도 히는 것처럼 구는 얄팍한 사람일 수도 있다. 어떤 경우에는 숨겨진 아젠다를 채우기 위해서, 혹은 다른 사람들을 조작하기 위해서 진실을 왜곡할 수 있다.

인마는 성장과 확장의 행성인 목성이 물라 품위를 얻는 라시로서 토성이 가진 제한과 수축이라는 특성과는 정반대이다. 하지만 두 행성간의 상호관계성은 서로 중립적인 관계에 있기 때문에, 인마 토성이 어떤 하우스 혹은 요가를 형성하느냐에 따라 체계적이고 집중적으로 확장할 수 있는 힘을 발현할 수 있다. 인마 라시는 자비심과 진정한 종교의 우주적 이해를 나타낸다. 토성은 보다 깊은 종교적 이해를 잘 하지 못한다. 그러나 여전히 의식을 행하고 규율들을 따를 수 있고, 토성과 목성은 서로의 영역들을 공유할 수도 있다. 특히 인마 토성이 두스타나 하우스에 있게 되면, 서비스와 겸허함을 줄 수 있는 좋은 조합이 된다. 가장 낮은 상식적 영역을 다스리고자 하는 토성의 필요성이 인마 라시에서 목성의 포용적이고, 관대하고, 휴머니스트적이고, 전시적인 종교성을 만나게 되기 때문이다. 하지만 인마 토성이 손상되었을 때 신체적으로 척추, 꼬리뼈, 엉덩이, 연결 조직 등의 어려움에 시달릴 수 있다.

인마 토성이 좋은 상태에 있으면 도덕적이고, 법조계의 일에서 능력을 발휘할 수 있고, 법적인 사례들을 확신감으로 잘 다루며, 사회정의를 실천하고, 전통을 보호한다. 만약 안 좋은 상태에 있으면 제한적인 성장을 하며, 풍요로움이나 부유함을 누리지 못하며, 법적인 트러블에 말려들고, 정의롭지 못하다.

○ 악어(마카라) 라시에 있을 때

긍정적 효과	현명하고, 성숙하고, 야심이 있다. 아주 어릴 때부터 주어진 책임들을 잘 완수할 수 있었다. 자라면서 권위적 직위에 달하는 것이 전혀 놀랍지 않다. 리드 하기 위해 태어났다. 권력을 즐기며, 책임 있는 위치를 즐긴다. 임원, 정치인, CEO 등, 이 모든 것을 그는 할 수 있고 쉽게 할 수 있다. 악어 토성은 대체로 긴 수명을 준다.
부정적 효과	권력에 대한 사랑을 점검해야 한다. 그렇지 않으면 내면에 있는 독재자가 주도할 수 있다. 너무 많은 사람들을 마구 밟게 되면 그다지 높이 올라갈 수 없다. 오히려 적들을 만들어내게 될 것이다. 가슴 깊은 곳에선 사랑받기를 원한다. 하지만 자신을 먼저 사랑하지 않는다면 아무도 그를 충분하게 사랑해줄 수 없다. 약간의 동정심이 아주 많은 것을 할 수 있다. 아버지와 연관된 문제, 권위적 인물과의 갈등을 나타낼 수 있다. 그래서 '나를 증명'하고자 하는 모드로 잘 빠지게 된다. 오히려 권위적이 되거나 다른 이들을 통제하는 유형으로 될 수 있다.

악어 토성은 오운 라시이기에 토성에게 강한 위치이다. 사회적 시스템 위주이며, 법 준수에 대한 깊은 존경심을 가진 노력파이다. 예측할 수 있고, 신뢰할 수 있는 사람이다. 대중적 적절함과 좋은 매너를 부추긴다. 자신이 원하는 사회적 인정을 얻기 위해 필요한 일들을 할 수 있다. 보수적이고, 방관자적인 태도를 가지고 있다. 그러나 아주 믿을 수 있는 사람이다. 의무에 대한 강한 센스를 가졌으며, 어떤 일이든 주어진 책임을 다할 것이다. 사업과 정부 영역에서 사랑을 받는다. 조직적이고, 센스가 있고, 생산적이고, 안정적이다. 만족스런 관료주의다. 사람들에게 봉사하고, 믿을 수 있는 캐릭터의 아이콘이며, 좋은 매너와 대외적 품행을 가졌다. 신체적으로 뼈, 관절, 연결 조직 등의 질병에 잘 시달릴 수 있다.

악어 토성이 좋은 상태에 있으면 집중적이고, 체계적이고, 시간이 흐르면서 점차 성공하게 되고, 안정적인 캐릭터이며, 믿고 의지할 수 있다. 만약 안 좋은 상태에 있으면 자기중심적이고, 정체되어 있고, 신뢰할 가치가 없으며, 장애와 지연을 잘 만난다. 뭐든지 너무 천천히, 느리게 한다.

○ **물병(쿰바) 라시에 있을 때**

긍정적 효과	토성은 물병에 있는 것을 좋아한다. 이상적이고 물병 시대에 들어선 지금, 모든 사람들이 자유이고 사회적 정의가 정상인 유토피아 시대를 즐길 수 있다. 그룹 활동과 우정이 중요하다. 다양한 서클의 사람들과 우정을 즐길 수 있다. 설령 그룹 세팅에 있더라도 개인성을 유지할 수 있다. 비타협자이며, 모든 사람들이 자신의 일을 하기 바란다. 삶을 살고, 삶을 살게 하는 것이 그의 모토이다. 전 인생에서 도움이 되는 친구들을 많이 끌어당기게 될 것이며, 많은 사람들이 그와 영원히 함께할 것이다. 자신이 어떻게 좋은 친구가 될지 잘 알고 있기 때문이다. 그는 세상을 더 멋지고 나은 장소로 만들기 위해 왔다.
부정적 효과	질이 낮은 친구, 그의 친절함을 이용하는 거머리 같은 사람들을 선택한다. 세상의 뜨내기 같은 사람들 속에 둘러싸여 있고, 때로는 나쁜 사람과도 어울린다. 그렇게 되면 그도 잘못 빠지게 된다. 어리석을 정도로 고집스러울 수 있다. 진심어린 조언을 듣지 못하며, 오히려 좋은 충고를 해주는 사람에게 공격적이 될 수 있다. 어떤 경우에는, 나쁜 원인을 지지하는 반항아가 될 수 있다.

물병 토성은 개념적인 시스템 위주이다. 복잡한 사회 철학적 시스템이 물병 토성에

게 잘 맞는다. 그는 복잡하고 정교하게 돌아가는 시스템 속에서 작용하고 있다. 물병 토성은 구체적으로 체제가 갖추어져 있고, 네트워크가 되어 있고, 우주적 법칙이 주관하는 시스템을 선호한다. 만약 토성이 리더십 위치를 나타내고 있으면 그는 아주 체계적이고 수행적인 대중 서비스를 하게 된다. 사회적 정책 변화가 필요하고 준비가 된 곳에서 그는 자신이 가진 개념적 비전을 펼칠 수 있는 기회를 얻게 된다. 아주 능력이 있는 계획가이다. 넓은 사회적 관점을 가진 혁신적 사고가이다. 과학적이고 철학적인 환경에서 일하는 것이 잘 맞는다.

물병 토성은 사회적 운동가이다. 아주 혁신적인 변화를 만들어내는 에이전트일 수 있다. 인간조직적 심리구조의 신경계를 엑스레이처럼 볼 수 있는 능력을 가졌기 때문이다. 어떤 이데올로기 구조에서든 사회적 변화운동을 효율적으로 실현시킬 수 있다. 아주 보수적이면서도 자유분방하고, 혹은 모든 것들의 중간에 있을 수 있다. 자신의 가치를 삶에서 일찌감치 성립을 시켰기에, 적응성이나 유동성보다는 이데올로기들, 원리원칙들에 충직한 경향이 있다.

물병 토성이 좋은 상태에 있으면 혁신과 표준적인 기준들을 통해 천천히 안정적으로 진보하며, 필요하면서도 해야 할 일들을 당연하게 하며, 전통적인 가치관을 고수한다. 만약 안 좋은 상태에 있으면 비정상적인 아이디어들 때문에 제한당하며, 동료들과 잘 맞추지를 못하며, 이방인이고, 낮은 자기가치성을 가지고 있다.

○ 물고기(미나) 라시에 있을 때

긍정적 효과	물고기가 가진 창조성에 토성의 고행이 더해진다. 창조적인 재능들을 줄 수 있다. 예술에 진짜 재능을 가졌을 수 있다. 아주 예민한 성향을 가졌으며, 많은 자비심, 세상의 고통을 덜어주고자 하는 욕구를 가지고 있다. 의료계, 테라피, 간호 등의 커리어를 줄 수 있다. 타고난 직관력의 재능도 있다. 자신의 느낌은 언제나 옳다. 본능적 육감을 신뢰할 수 있으며, 잘못 가는 경우가 드물다. 미스터리한 예술에도 끌리며, 아주 놀라운 사이킥이 될 수도 있다. 내적 점검을 정기적으로 할 필요가 있다. 내면을 들여다보면서 자신을 힐링할 수 있다.
부정적 효과	감정에 휘말려서 판단력을 흐릴 수 있다. 두려움과 도피주의적 성향이 중독적 폭풍을 만들어낼 가능성이 크다. 어릴 적 억압적인 환경이 자신의 가치가 낮은 것 같은 기분으로 만들 수 있다. 불안함과 우울증으로 인해 병원이나 기관에서 보내게 할 수도 있다. 정작 자신의 내면적 위기를 마주하는 것을 피하기 위해 다른 사람들의 위기를 해결해주는 데 너무 시간을 보낼 수도 있다.

물고기 토성은 스스로의 실수로 인해 놓친 창조적 기회들에 대해 쓴 감정을 가지고 있다. 내면의 어린아이를 재생시킬 수 있는 테라피가 아주 도움이 될 것이다. 손상이 되었으면 두렵고, 느리고, 멜랑콜리하고, 무관심하며, 무감각하고, 자신감이 부족하고, 잔인하다.

물고기 토성이 좋은 상태에 있으면 휴양이나 휴가 등으로 좋은 이득을 볼 수 있고, 훌륭한 영성을 가지고 있으며, 해방과 자유를 원한다. 안정적이고, 도움이 되는 조언자들이 있다. 만약 안 좋은 상태에 있으면 잘못된 구루나 조언을 받게 되며, 느리게 진보하며, 염세적이고, 빈약하고 안 좋은 재정에 시달린다.

토성이 12 하우스에 있는 효과들

토성이 있는 하우스는 우리가 어디에서 심각한지를 보여준다. 그리고 어떤 교훈들을 익혀야 하는지 보여준다. 토성이 가는 곳은 어디든지 '시스템에 맞춰' 일을 하게 된다. 그러한 시스템에 문제가 있든 없든, 그는 부지런히 현상유지를 보호하게 될 것이다. 토성은 해당 하우스에 있는 기존 법과 관습들을 사수하며, 바바의 시스템이 가진 질서를 지키기 위해 열심히 일할 것이다. 토성이 연관된 일은 루틴과 구조를 제공한다.

○ 1번 하우스(타누 바바)에 있을 때

긍정적 효과	다른 사람들이 자신을 어떻게 보는지 신경 쓴다. 그들이 자신을 심각하게 여기기를 원한다. 사람들이 좋아해주는 것이 중요하다. 그래서 아주 조심스럽게 그대는 자신을 표현한다. 대외적으로 어떻게 행동하는지 아주 조심하는 경향이 있으며, 술에 취해서 길거리에서 비틀거리는 사람은 절대 되지 못한다. 그러한 어리석음을 행하기엔 그는 너무 품위가 있다. 자신이 얼마나 클래스를 갖췄고 얼마나 완전히 프로인지 모든 사람들이 다 알고 있다.
부정적 효과	약간 느슨해질 필요가 있다. 너무 딱딱하게 보일 수 있다. 주변에 둘러싼 방패막이 누구도 들어갈 수 없게 한다. 그와 연결하려고 애를 쓰다가 사람들이 지쳐서 떠나버릴 수 있다. 외톨이로 남는다. 이기적일 수 있고, 물질적일 수 있으며, 특히 토성이 손상되었으면 더욱 그럴 가능성이 높다. 많은 장난감들을 가진 이들이 그를 드라이브하지만, 또한 사람들을 달아나게도 만든다.

1번째 하우스에 있는 토성은 키가 크고 마른 형을 가진 경우가 자주 있다. 치아가 고르지 않거나 튀어나왔을 수도 있다. 머뭇거리는 경향이나 과거에 한 실수 때문에 주눅이 잘 들 수도 있다. 얼굴이 홀쭉하거나 불만에 찬 모습, 눈 밑에 다크 서클이 있거나, 찌그러진 듯한 성향을 가졌을 수 있다. 하지만 토성이 라그나에 있다는 한 개의 팩터로만 마른 신체, 가난, 나쁜 건강 등을 주지는 않는다. 현대 시대에는 이러한 '가난'이 비단 외모에만 한정되는 것이 아니라, 감정적, 혹은 영적인 의미를 가지기도 한다. 차트 주인은 늘 어딘가 막힌 것 같은 장애, 충분하지 않거나 부족함 혹은 인정에 고픔을 항상 느낀다. 하지만, 충분한 내면성찰 과정을 거치게 된 후에, 영양이 풍부한 음식을 원하는 만큼 먹기 위해 노력할 수도 있다. 그런데 이러한 음식들이(혹은 관계성, 사회적 지위, 혹은 다른 어떤 것들) 종종 어떤 식으로든 흠이 있게 된다. 사실상 입이나 먹는 음식에 연관된 팩터들은 2번 하우스에 속한다. 그래서 라그나에 있는 토성은 비단 음식이나 돈에만 국한되지 않는다. 라그나에 있는 토성은 전체적인 자기만족감이나 물질적 행복감을 제한시키게 된다. 차트 주인은 구조체계, 규칙, 제한, 부족함, 시간 등에 대한 강한 압박감을 가지고 있다. 이러한 압박감은 그의 인생 전체를 걸쳐 항상 따라다니게 된다. 토성이 라그나에 있을 때 피할 수 없는 결함이다.

그는 사회적으로 기존 관료제도 체제 내에서 일을 하는 사람이다. 그가 가진 사회적 계급과 위치에 맞는 정체성 유지를 위해 제한된 자원들을 유지하기 위해 꾸준히 노력을 해야 한다. 어떤 식으로든 강하게 느끼는 생존의 두려움으로 인해 그가 열심히 일을 하게 만든다. 이러한 생존적 위기감의 패턴은 아주 어린 시절부터 형성되어 시스템 내에 각인되었을 수 있다. 차트 주인의 그릇에 따라 이러한 생존 위협적 패턴이 아주 원초적이거나 혹은 아주 복잡미묘할 수 있다.

토성이 1번에 있는 경우 라시의 품위나 어스펙트가 특히 결정적인 영향을 가지고 있다. 토성은 강력한 크루라이기에, 건강과 연관된 문제들, 손해, 잃음, 지연, 가난, 이름이나 명예의 실추, 괴로움, 삶의 상당한 굴곡 등을 일으킨다. 하지만 만약 좋은 상태에 있으면 리더나 아주 높은 지위의 정치인이 될 수도 있다. 토성은 수명을 다스리지만 라그나에 있는 경우 반대로 되는 경향이 있다. 그래서 좋은 상태에 있는 것이 더욱 중요하다. 아주 말랐거나, 혹은 뼈와 연관된 고질적 질병을 줄 수 있다. 결혼생활의 어려움도 준다. 토성은 지연, 정체 등을 일으키기 때문에 1번의 토성은 그를 비활동적으로 만들 수 있다. 야심이나 의욕도 부족하다. 좋은 상태의 토성은 책임감, 겸허함, 강한 도덕성의 아이콘으로 될 수 있다. 1번 하우스는 출생을 의미하기에, 출생 시에 어려움을 겪거나 어머니가 장시간 진통을 했거나, 혹은 다른 복합증세가 있었을 수 있다. 토성이 라그나 각도에 얼마나 가까운가에 달려 있다.

토성이 1번에서 좋은 상태에 있으면 인내심이 있고, 집중력이 있으며, 체계적이고, 심각하고, 시간이 지남에 따라 성공을 이루며, 보수적이다. 만약 안 좋은 상태에 있으면 청결하지 못한 습관을 가졌고, 염치가 없으며, 너무 간사하고, 주의력이 부족하다.

○ 2번 하우스(다나 바바)에 있을 때

긍정적 효과	돈에 대한 야망을 가지고 있다. 안정을 이루기 위해 할 수 있는 모든 것을 한다. 열심히 일하고 돈을 아주 잘 관리하는 것이 부를 축적할 수 있게 한다. 현생에서의 교훈은 자원들을 잘 다루고 관대함을 연습하는 것이다. 아름다운 것들을 취하는 것만으로 삶은 충분하지 않다. 2번 하우스에 있는 토성의 이득을 보기 위해서는 다른 사람들과 나눌 수 있어야 한다.
부정적 효과	아주 깊이 가난한 의식을 가지고 있다. 그래서 구두쇠처럼 산다. 동전과 헤어지기가 불가능하다. 가난한 의식(돈은 더럽다, 나는 인생의 좋은 것들을 누릴 자격이 없다)의 사고는, 돈을 얼마나 벌든지 즐기지 못하게 한다. 혹은 어떤 경제적 기회도 없거나, 새정적 궁핍, 혹은 다른 사람들에게 빌어먹거나 할 수도 있다. 혹은 돈이 얼마나 들어오든지 모두 날려버릴 수 있다. 돈을 존중하지 않으면 진정한 안정을 성취할 수 없다.

토성이 2번에 있으면 가난하고, 돈을 벌기 위해 열심히 노동해야 한다. 교육이 어렵고, 부족한 상상력을 가졌다. 눈이나 입, 치아, 잇몸 등의 질병에 시달린다. 못생긴 얼굴, 혹은 노안일 수 있다. 가족생활이 어렵고, 불행한 가족생활에 대한 상처가 있다. 장수한다. 석탄, 나무, 금속, 채광, 인부 노동 등의 비즈니스를 통해 부를 이룰 수 있다. 인생 후반에 집과 아주 멀리 있는 곳으로 간다.

2번째 하우스에 있는 토성은 보수적이고 전통적인 것을 우선시하는 기질을 나타낸다. 가족적 책임감에 짓눌리거나, 가족들로부터 벗어나기 어려운 경향이 있다. 열심히 일을 하고 꾸준한 노력으로 인해 차차 부가 증가한다. 그러면서도 충족감을 주지 않는 직업에 종사할 수도 있다. 사회적으로 인정된 돈을 다루는 시스템(은행인) 혹은 축적된 문화적 가치저장고 안에서 일하는 사람일 수도 있다. 그는 제한된 자원(토성)으로 꾸준한 노력을 기울여 역사적 혈통의 부, 전통적인 문화적 가치, 고대 지식들을 유지하기 위해 노력한다.

토성이 2번에서 좋은 상태에 있으면 집중적으로 주의를 기울이고 공부를 한다. 시간이 지날수록 누리는 이득이 늘어난다. 말을 신중하고 조심스럽게 하며, 전통적이다. 만약 안 좋은 상태에 있으면 재정이나 부가 부족하고, 말을 하지 않거나, 자기 의견을 표현하지 않으며, 정직하지 못하고, 불량 음식들을 먹는다.

○ 3번 하우스(사하자 바바)에 있을 때

긍정적 효과	심각한 사고가이다. 공부하고 배우기를 좋아한다. 바른 정도의 교육만 있으면 아주 멀리까지 갈 수 있다. 명석한 두뇌와 상식을 모두 가지고 있다. 위급상황에서 아주 능력을 발휘할 수 있다. 정의가 중요하다. 법조계 일을 하거나, 사회정의에 앞장서는 커리어가 잘 맞는다. 여행을 하는 것도 좋다. 간혹 어딘가로 떠나게 되면 흥미와 관심을 계속 유지할 수 있다.
부정적 효과	부정적 사고, 불평하는 이, 걱정하는 이 등이 될 수 있다. 재빨리 눈물을 잘 흘리는 과잉 무드 유형이거나, 혹은 모든 것, 모든 사람에게서 흠을 찾는 잔인한 비평가일 수도 있다. 교육의 문제가 그가 가진 이지적 목표를 성취하는 것을 막을 수 있다. 형제들이 그에게 문제의 근원이 될 수 있다.

3번째 하우스에 있는 토성은 전통적인 가르침, 보수적이고 현실적인 방법들에 대한 관심이 있다. 또한 변화에 대해 반대를 하거나, 새로운 상황에 적응하는 것이 느릴 수 있다. 용기가 부족하거나, 갈등이나 창피함을 두려워할 수도 있다. 연상인 사람들과 친구로 지낼 수도 있다. 3번에 있는 토성은 행정직 일을 하는 사람으로서, 사회적으로 인정된 시스템 내의 정신적, 일상적 비즈니스 업무들을 수행한다. 그는 일상적으로 필요한 소소한 소통, 미팅이나 계획들, 글쓰기나 사고, 그룹 소통을 돕는 기술적 면들을 유지하는데, 제한된 자원들을 가지고 꾸준하게 유지할 수 있는 노력을 쏟아야 한다. 3번에 있는 토성은 정신적 건강과 긍정적 야망을 줄이지만, 그러나 전통적 소품 재능이나, 시간이 지나면서 점점 나아지는 형식적 사고능력 등에는 좋다.

토성이 3번 하우스에 있으면 적은 수의 형제들이 있다. 그들과의 관계도 멀거나 손상이 되었다. 바로 아래 동생은 성숙하고, 보수적이고, 은둔적 성향이나 고생할 수 있다. 모두 토성의 상태에 달려 있다. 그는 리더가 되고 싶어 한다. 이러한 욕구를 이룰 수 있고 성공할 수도 있지만, 초반에 실패를 경험해야 한다. 아주 열심히 일을 하며, 아무에게도 도움을 받지 못한다. 성공이 대체로 인생의 후반에 온다. 육체적 노동을 많이 하는 일일 수도 있다. 행동이 보수적이고 동기가 부족할 수 있다. 비활동적이고 정체된 삶을 살 수도 있다. 청력의 문제도 있다. 하지만 크루라가 우파차야 하우스에 있으면 시간이 지남에 따라 좋은 효과들이 나타난다. 3번은 우파차야 하우스이고, 3번의 자연적 로드인 수성과 토성은 상호 친구이기에, 3번의 토성은 성숙도와 수행 능력을 보여준다. 시간이 지남에 따라 초기의 좌절감을 고치고, 장기적인 성공을 준다. 특히 두 번째 토성 리턴(만 59세 전후)을 계기로 좋은 결과들이 나타날 것이다. 모든 토성이 주는 좋은 결과들은 시간이 될 때까지 기다려야 한다. 그는 용기가 있고 다른 사람들을 보호한다. 확고한 성격과 강한 의지를 계발한다. 문학이나 소통 영역에 재능이 있다. 파인 아트에 대한 관심이 있을 수도 있다. 손에 문제가 있을 수 있다.

　토성이 3번에서 좋은 상태에 있으면 결의를 가지고 일을 하며, 한결같고 안정적인 노력을 기울이며, 보수적인 스피커 혹은 작가가 될 수 있다. 만약 안 좋은 상태에 있으면 위험을 감수하는 것을 피하며, 형제나 이웃들과 갈등을 겪으며, 어수룩하고, 노력을 기울이지 않는다.

○ 4번 하우스(수카 바바)에 있을 때

긍정적 효과	가족과 집안일 책임이 그의 어깨에 떨어질 수 있다. 하지만 개의치 않는다. 모든 것들을 잘 관리할 수 있는 능력이 있다. 안정적인 가정을 이루기 위해 열심히 일하고 노력한다. 모든 가정적인 것들에 뛰어나다. 깔끔하고, 질서정연한 집을 만들 수 있다. 가족들이 그에게 의지한다. 언제든 해결할 수 있다는 것을 잘 알고 있기 때문이다. 부모님을 돌보게 될 수도 있다.
부정적 효과	가족이 그에게 짐이 된다. 부모님이 아주 엄격하고, 억압하고, 거리가 있거나, 결여되었거나, 감정적 고립의 감각을 만들 수 있다. 이러한 토성은 집을 벗어나기 어렵다. 40이 넘어서도 부모 집의 소파에서 잠자고 있는 형이다. 삶의 교훈은 가족과 선을 긋는 연습, 혼자서 자립할 수 있는 법을 배우는 것이다.

토성이 4번에 있으면 그는 너무 심각하고, 불행하거나 괴롭다. 삶에서 중대한 굴곡을 경험하고, 어머니와의 행복이 없거나, 어머니가 고생을 많이 한다. 어머니가 일찍 세상을 떠날 수도 있다. 운송수단과 연관된 문제가 있고, 오래되거나 허술한 집에 살 수 있다. 가진 재산도 적다. 심장과 연관된 질병이 있거나, 마음의 깊은 상처가 있다. 은둔적인 삶을 살 수 있다. 특히 인생의 후반에 고립적일 수 있다. 삶의 끝이 제한적이거나 우울할 수 있다. 교육이 끊어지거나 학위를 얻기 어렵다. 어린 시절에 몸이 아플 수 있다. 만약 토성이 요가 카라카이거나 좋은 상태에 있으면 행복과 많은 재산, 특히 부동산을 준다.

4번째 하우스에 있는 토성은 마음에 어떤 무거움이 있음을, 특히 어릴 때 권위적인 인물로부터 학대를 받았을 수도 있음을 보여준다. 그리하여 삶 전체에 걸쳐 감정적인 압박감에 시달리거나, 어떤 식으로든 깊은 심리적, 감정적 관계성을 거부하게 만들 수도 있다. 감정적인 실수나 죄의식에 대한 두려움이 있다. 동시에 홀로 있음, 명상, 묵상 능력 등이 뛰어날 수도 있다. 보수적인 부모님, 행정적 일들을 하며 느린 진보, 보수적인 정신적 자세, 그러나 헌신적으로 행정적 소통이나 생산과 계획 서비스를 함으로써 시간이 지나면서 인정을 받는다. 이런 사람들은 기쁘게 하기가 어렵다. 4번에 있는 토성은 감정적 만족도를 제한시키기 때문이다.

토성이 4번에서 좋은 상태에 있으면 느리면서 안정적으로 배움을 익히고, 시간이 지나면서 감정적으로 강해지며, 전통주의자이며, 매사에 조심을 많이 한다. 만약 안 좋은 상태에 있으면 좌절감을 느끼고, 의기소침하고, 불행하며, 정체된 느낌에 시달리고, 염세적이고, 편안함이 부족하다.

○ 5번 하우스(푸트라 바바)에 있을 때

긍정적 효과	책임감 있는 부모이며, 아이들이 언제나 잘 케어되었음을 분명히 하는 형이다. 자신은 엄격하고, 자녀들을 망치지도 않는다. 아이들이 얼마나 잘 행동하는지 모두가 놀란다. 혹은 자녀들을 가지지 못할 수도 있다. 교사, 주식 브로커, 대외관계 에이전트, 예술가 등에 좋은 위치이다. 이러한 영역에 타고난 재능이 있다. 주의를 기울이면 크게 성공할 수 있다. 그는 로맨스를 심각하게 여긴다. 장기적 파트너로 아주 적합하다.
부정적 효과	싱글 부모이거나, 임신을 하는 어려움이 있을 수 있다. 혹은 너무 엄격하거나 학대적일 수 있다. 그래서 나중에 자녀들과 어려운 관계가 될 수 있다. 아이들이 아이들로 자랄 수 있게 해야 한다. 이러한 토성은 로맨스 기회가 그다지 없게 한다.

　토성이 5번 하우스에 있으면 아둔하거나 총명하지 못하며, 시험을 통과하는 데 어려움이 있다. 하지만 토성은 논리를 다스리기 때문에 좋은 상태나 어스펙트를 받으면 아주 뛰어난 마인드를 줄 수도 있다. 그는 느리지만 집중하는 타입이며, 지나치게 심각하거나 회의적일 수 있다. 적은 수의 자녀가 있거나 아예 없을 수도 있다. 자녀가 있더라도 관계성의 어려움을 겪게 된다. 자녀가 고생스런 삶을 살 수 있다. 로맨스의 어려움이나, 고립되거나 오해를 받는다. 부의 취득에도 유리하지 않다. 토성은 무엇을 투자하든지 방해를 하고 좋은 이득을 가져다주지 않는다. 전생에서 넘어온 복이 적으며, 현생에서 가능한 많은 활동들을 하여 돈을 벌어야 한다. 만약 토성이 손상되었으면 원하지 않는 임신이나 유산을 할 수도 있다. 토성이 좋은 상태에 있으면 효과들은 역전된다. 하지만 자녀의 수는 적다. 행복을 찾아서 헤매게 된다. 아들보다는 딸이 많다.

　5번째 하우스에 있는 토성은 실질적이고, 오래되고, 믿을 수 있는 것들을 좋아한다. 고풍적인 것들을 수집하거나, 향수를 불러오는 것들을 좋아한다. 자신이 한번 창조한 것들은 끝까지 완결하고자 한다. 그는 문학, 예술, 극장, 정치, 철학, 그리고 다른 투기적인 천재들을(문명의 발전을 도모하는 선두자) 돕는 시스템의 유지를 위해 제한된 자원으로 꾸준한 노력을 계속해야 한다.

　토성이 5번에서 좋은 상태에 있으면 안정적인 이지, 건전하고 건강한 논리력, 전통적인 영적 테크닉들을 배우고, 훌륭한 비즈니스를 운영한다. 만약 안 좋은 상태에 있으면 어떤 결정들을 잘 내리지 못하며, 분별력이 부족하고, 부정적이고, 로맨스를 할 줄 모르고, 남을 속인다.

○ **6번 하우스(아리 바바)에 있을 때**

긍정적 효과	아주 열심히 일을 한다. 아주 이상적인 직원이다. 효율적이고, 디테일에 주의를 기울이기 때문에 조직을 관리하는 능력이 탁월하다. 훌륭한 간호사, 의사, 영양사, 엔지니어 등이 될 수 있다. 서비스 위주의 커리어에서 잘될 수 있다. 그가 가진 날카롭고 분석적인 마인드를 잘 활용할 수 있다.
부정적 효과	병적인 청결증이나 일중독이 될 수 있다. 자신의 건강이나 가족을 커리어와 바꿀 수 있다. 혹은 직장에서 모두에게 제대로 일을 하지 않는다고 불평을 하는 밉상일 수도 있다. 어떤 경우에는 직장의 기회들이 충분히 없을 수도 있다.

6번째 하우스에 있는 토성은 어떤 어려움이든 극복하고, 교훈을 배우기 이전에는 절대 포기하지 않으려는 자세를 가진 사람이다. 그래서 신체적으로 소화력이 안 좋거나, 특히 배에 가스가 차거나, 장 문제를 겪을 수 있다. 이러한 건강문제들이 더 훌륭한 어떤 힐링이나 변형이 일어날 수 있는 계기가 되기도 한다.

6번에 있는 토성은 사회적으로 인정된 제도 안에 있는 사회적 불균형, 범죄, 착취 등에 연관된 일을 한다. 그가 하는 일의 영역은 약품의 유지, 의학 기술 분배 채널, 법정이나 법률사무소, 경찰, 군대, 품행실행, 교도소, 병원 클리닉, 사회적 보호기관, 그리고 모든 형태의 범죄 등을 다루는 기관에서 제한된 자원으로 일하기 위해 꾸준한 노력을 기울여야 한다. 소송이나 잘못된 일들에 대한 불평불만, 법률가, 검사, 사회봉사가, 소송가, 혹은 불평을 하는 단체, 갈등 관리 등에 끊임없이 개입을 하게 된다. 토성이 6번에 있으면 적들을 이기고 경쟁자들 위에 올라설 수 있는 엄청난 저력을 가지고 있다. 하지만 일상적 일을 하는 데는 문제가 있다. 차트의 나머지가 평균 정도 수준이라면 보수가 아주 적고 힘든 일을 하게 될 것이다. 하지만 평균 이상이라면 별로 애를 쓰지 않고도 아주 높은 직위에 올라갈 수 있다. 그는 아주 건강하고 생기가 넘친다. 식욕이 왕성하며 대식가일 수도 있다. 직장동료, 후배, 세입자들과 연관된 어려움을 겪는다. 테크니컬한 일들에 재능이 있으며 디테일한 일을 할 수 있는 인내심이 있다. 석탄, 목공, 채광 등과 연관된 일을 할 수도 있다. 용기가 있고 힘이 있다. 만약 토성이 손상되었으면 기관지염, 관절염, 혹은 마비 증세와 같은 질병이 있을 수 있다. 수명도 줄어들 것이다. 고집이 아주 세다.

토성이 6번에서 좋은 상태에 있으면 적들을 물리치고, 보호를 하며, 수행적이고, 다른 사람들 삶을 정상적으로 조정해주며, 좋은 서비스를 제공한다. 만약 안 좋은 상태에 있으면 잘못된 충성심을 엉뚱한 사람들에게 바치며, 한 군데 너무 오래 머물거나 개입을 하며, 과로를 하고, 잡혀서 빠져나오질 못하며, 빚에 허덕거린다.

○ 7번 하우스(유바티/칼라트라 바바)에 있을 때

긍정적 효과	책임과 정의가 아주 중요하다. 파트너십을 아주 심각하게 여기며, 유지하기 위해 아주 열심히 노력한다. 그래서 훌륭한 직원, 배우자, 비즈니스 파트너가 된다. 법조계 혹은 사회정의 일 등을 하게 되면 세상에 많은 좋은 기여를 할 수 있다. 성숙하고 책임 강한 유형이 그에게 이끌린다. 연장자나 성공한 사람들에게 많은 도움을 얻는다.
부정적 효과	자신의 이득을 위해 관계성을 이용할 수 있다. 슈가 대디를 찾고 있을 수 있다. 적들에게 배신을 당할 수도 있다. 혹은 자신의 파트너에게 무관심하고 비판적인 사람이 될 수 있다. 같이 살거나 일하는 사람들에게 자신의 따뜻한 온기를 나누는 데 전혀 관심이 없다. 안주하기 이전에, 나이가 어느 정도 들고 성숙할 때까지 기다리는 것이 최상이다.

토성이 7번 하우스에 있으면 이성관계나 결혼생활이 어려울 수 있다. 삶 전반에 걸쳐 많은 시련을 겪기도 한다. 토성이 앵글에 있으면 삶의 많은 굴곡을 경험하게 한다. 하지만 7번에 있는 경우 다른 앵글 위치보다 더욱 어려움을 만들어 낸다. 독특하게도 7번에서 토성은 위치의 저력, 디그 발라를 얻는다. 하지만 이러한 저력은 결혼과 연관된 어려움들을 인내하면서 캐릭터를 강하게 만들어주는 저력이다. 그는 어머니, 아버지, 혹은 자신으로부터 무조건적인 사랑을 받을 것이라는 기대가 없다. 그는 의무를 이행하는 사람이 되며, 보다 넓은 사회 테두리 내에서 물질적인 역할이나 성취를 하는 것을 통해 조건적인 사랑과 칭송을 받는 것에 전적으로 집중하게 된다. 7번 하우스에 있는 토성은, 관계성에 있어 건강한 선을 지키고, 언약을 지킬 수 있게 만든다. 비록 언제나 자신에게 흡족하지는 않지만, 로맨스 관계에서 많은 것을 배우고, 가장 충실하

고 좋은 파트너가 될 수도 있다. 나이가 많은 사람이나, 어떤 식으로든 보다 성숙한 사람들에게 끌리는 경향이 있다. 혹은 젊은 상대를 좋아하는 나이든 사람일 수도 있다.

만약 토성이 좋은 상태에 있으면 7번 하우스의 특성과 연관된 길조적인 효과들을 줄 수 있다. 성숙하고, 수행이 되었으며, 영적이고, 장수한다. 하지만 가난하고, 인정을 받지 못하고, 자신감이 부족하고, 많은 고생을 경험할 수 있다. 결혼을 늦게 하거나, 파트너가 아주 나이가 많을 수 있다. 한 번 이상의 결혼을 할 가능성이 높으며, 결혼생활 자체가 어려울 수 있다. 가정적 삶에 별로 관여하지 않거나, 희생양이 되거나, 부당 대우를 받거나, 배우자에게 버림을 받을 수도 있다. 혹은 배우자가 마르고, 가난하고, 괴롭고, 고생을 많이 하는 사람일 수도 있다. 비즈니스 파트너십에도 어려움이나 지연을 겪는다. 비도덕적인 성관계, 성매매 등을 할 수도 있다. 만약 토성이 크루라의 어스펙트를 받고 있으면 동성애자일 수도 있다. 토성이 7번에 있으면 외국에 거주하거나, 외국에서 아주 인정을 받고 이름을 날릴 수 있다.

토성이 7번에서 좋은 상태에 있으면 헌신적이고, 믿음이 있으며, 전통적인 관계성들을 유지하고, 보수적인 방식으로 비즈니스 거래들을 한다. 만약 안 좋은 상태에 있으면 관계성들이 지연되거나 잘 막히며, 늦게 결혼을 하며, 비열정적이다.

○ 8번 하우스(아유 바바)에 있을 때

긍정적 효과	다른 사람들의 돈에 대한 책임이 강해서 사람들이 그를 신뢰한다. 유산, 세금, 조합 통장, 기업 펀드 등을 관리하는 사람일 수도 있다. 섹스는 그에게 심각한 비즈니스이다. 성적 파트너를 선택하는 데 너무 조심스러울 수 있다. 아무에게나 자신을 허락하지 않는다. 8번 토성은 긴 수명을 준다.
부정적 효과	법적 소송, 심한 세금, 위자료로 돈을 잃음, 혹은 현명하지 못한 투기 등을 할 수 있다. 아주 야비한 친척 때문에 자신 몫의 유산을 잃을 수도 있고, 혹은 어떤 알지 못할 이유로 인해 정당한 권리의 유산을 받지 못했을 수도 있다. 결혼 파트너가 아주 가난한 사람이어서 곤경을 만들어낼 수 있다. 토성이 많이 손상이 되었으면, 성기능 문제에 시달릴 수도 있다.

8번 하우스에 있는 토성은 삶에서의 위험한 영역에 아주 조심스럽고, 망설이는 성향을 가지게 한다. 그런 면에서 토성은 우리가 쓸데없는 문제들을 피하게 하는 데 아주

좋다. 게다가 8번 하우스는 우리에게 도전을 주고, 두렵게 한다. 토성은 두려움의 행성이다. 그래서 8번의 토성은 아주 두려움을 가져오는 조합이다. 하지만 현실적이고, 실질적이고, 있는 그대로 받아들이는 것을 의미하기도 한다. 이것이 8번 하우스 특성 중의 아주 큰 부분이다. 우리가 원하는 것이나 희망하는 것들에 대한 미성숙 상태로 남아 있기보다는, 주어진 그대로, 있는 그대로 평화롭게 받아들이는 것, 삶에 있는 고통스런 것들은 일단 우리가 받아들이고 순응하는 법을 배우게 되면 그다지 고통스럽지 않다. 그것이 토성의 본성이다.

토성이 8번 하우스에 있으면 긴 수명을 누린다. 하지만 삶에서 많은 어려움과 시련을 겪으며, 고생, 장애, 책임 등으로 채워진 따분한 인생을 살게 한다. 나쁜 음식을 먹거나 손상된 시력을 가졌을 수 있다. 기관지염, 관절염, 혹은 폐렴 등으로 고생할 수도 있다. 항문과 연관된 질병에 시달릴 수 있다. 잔인한 크루라 토성이 8번에 있으면 배우자의 경제적 거래 문제로 갈등이 생길 수 있다. 배우자로부터 재정적 이득을 누리기 어렵다. 이혼을 하더라도 위자료를 제대로 받기 어려우며, 남자의 경우 자신이 감당할 수 있는 수준보다 훨씬 큰 부담을 안게 될 수도 있다. 비록 긴 수명이 주어지긴 했지만 토성은 보수적이고 제한적인 영향력을 미치기 때문에 생기나 에너지가 부족할 수 있다. 만약 토성이 손상되었으면 장기적인 질병이나 성적 질병에 시달린다.

토성이 8번에서 좋은 상태에 있으면 고대의 지식들을 발견하며, 시간이 지나면서 더 많은 도움을 받게 되고, 인내력이 좋고, 생존자이다. 만약 안 좋은 상태에 있으면 피해의식에 사로잡히고, 도움이나 서포트를 받지 못하고, 장애물이나 방해를 잘 받으며, 잔인하고, 통제형이다.

○ 9번 하우스(바기야/다르마 바바)에 있을 때

긍정적 효과	심각한 학자에게 좋은 위치이다. 학구적인 세팅을 즐기며, 더 높은 교육을 추구할 수도 있다. 높은 교육기관에서 교수나 혹은 다른 일들을 맡아 가르치는 일을 할 수도 있다. 종교나 철학에 대한 관심도 지대하다. 종교적 기관에 어떤 지위를 가질 수도 있다. 토성은 보수적이기 때문에, 그가 가진 믿음도 그러할 수 있다. 9번 하우스는 여행과 연관이 있다. 즐거움보다는 일을 위해 상당히 많은 여행을 할 수도 있다. 배우자의 가족들과의 관계성은 괜찮지만, 그러나 가능한 멀리 떨어져 사는 것이 서로에게 좋다.
부정적 효과	아주 신성한 척하며 다른 사람들을 억압하기 위해 종교를 사용할 수 있다. 아주 경직되고, 세상에 대한 좁은 마인드를 가지고 있어 편견적인 신앙을 섬길 수 있다. 이러한 자질이 여행이나 더 높은 교육의 기회들을 가지지 못하게 할 수 있다.

토성이 9번 하우스에 있으면 그가 누리는 행운이 대체로 손상을 입는다. 문제의 해결점들을 찾는 것이 힘들고 어렵다. 아주 적은 이득이나 편안함을 얻기 위해서도 열심히 일을 해야 한다. 종교적 수행이나 영적인 지식들에 대한 관심은 없다. 혹은 구루, 영적 스승, 윗사람들과 갈등을 겪을 수 있다. 아버지로 인해 고통을 받는다. 아버지와의 관계가 나쁘거나, 아버지가 차가운 사람이거나, 긴장으로 채워진 관계일 수 있다. 아버지가 고생스런 삶을 살 수도 있다. 토성은 수명을 다스리기에, 아버지에게 긴 수명을 줄 수도 있다. 외국 여행을 별로 하지 않는다. 형제들과의 어려움도 있다. 전혀 종교적이지 못하며, 버려지거나 쓰러져가는 사원, 종교적 기관들을 고치거나 보수하는 데 많은 시간과 돈을 쓰게 된다. 토성의 상태를 잘 파악하는 것이 중요하다. 목성이나 다른 길조적 행성들의 영향을 받고 있는 경우에는, 아주 신심이 깊고, 영적이고, 종교적이고, 철학적으로 만들 수 있다. 온갖 종류의 높은 지식들을 얻는 데 대한 관심도 지대하며, 상당한 지혜를 가지고 있다. 아버지보다 훨씬 잘될 수 있으며, 행운은 그다지 변동이 없다.

9번 하우스에 있는 토성은 삶의 높은 진리들을 이해하는 데 많은 집중을 하는 사람을 나타낸다. 이러한 성향은 그를 영적이기보다는 보다 종교적으로 만드는 경우가 자주 있다. 개인적 철학은 '보통 사람들의 품위'에 기준을 하는 예를 자주 볼 수 있다. 훌륭한 부를 주는 조합이기도 하며, 부를 축적하기 위해 열심히 노력하게 만든다. 철학적 믿음이나 예배의식 등과 연관된 사회적으로 인정된 시스템 안에서 일하는 사람이다. 사원의 종교적 숭배, 의식적 행위, 신성한 장학금, 대학, 철학적 기관 등을 유지하기 위해 제한된 자원으로 꾸준한 노력을 기울여야 한다.

토성이 9번에서 좋은 상태에 있으면 정의와 전통을 수호하는 사람이며, 천천히 부를 쌓으며, 안정적인 운이 들어온다. 만약 안 좋은 상태에 있으면 타협적이고, 나쁜 행운, 영적인 저항이나 막힘, 비도덕적, 그리고 도주하는 사람이다.

○ **10번 하우스(카르마 바바)에 있을 때**

긍정적 효과	커리어에 아주 좋은 위치이다. 커리어에서 상당한 성공을 거둘 수 있을 것이다. 직위와 야망이 그를 드라이브한다. 목표를 달성하기 위해 아주 열심히 노력한다. 아주 빛나는 명성을 가진 권위적 지위를 가질 수 있을 것이다. 직위를 유지하기 위해 신경을 써야 한다. 엄격한 원칙과 성심이 그가 하는 모든 행동을 가이드한다. 사무실이나 커뮤니티에서 가장 신뢰할 수 있는 사람이다. 정치로 진출한다면, 강인하고 대중에게 확신감을 주는, 믿을 수 있는 리더가 된다.
부정적 효과	아주 높은 지위에 올라갔다가 형편없이 추락하게 될 수 있다. 아무리 애를 써도 기회들이 자신에게 잘 오지 않는다. 토성이 만약 상당히 손상되었으면 세상을 쇠주먹으로 다스리는 지독한 독재자가 될 수 있다.

토성이 10번에 있으면 마을의 리더가 되는 위치이다. 대단한 야심, 리더십 능력, 권력을 가지게 된다. 하지만 토성이 앵글에 있으면 삶에서 주요한 굴곡을 겪어야 한다. 그리고 커리어의 성공도 오르락내리락하게 될 것이다. 리더십 지위를 가지기 위해서는 차트에서 다른 팩터들이 받쳐주어야 한다. 그렇지 않으며 목공, 건축, 채광, 혹은 몸으로 하는 노동, 쇠, 석탄, 나무 등을 깎는 일을 할 것이다. 혹은 판사, 미니스터, 법관 등이 될 수도 있다. 토성은 아주 영적인 행성이기 때문에 영적, 종교적 리더가 될 수 있다. 성적 열정은 아주 적다. 10번 하우스에 있는 토성은 느리고 안정적, 장기적 이득과 성취에 아주 좋은 위치이다. 어떤 것들에든 확실한 확언을 줄 수 있고, 코스에서 빗나가게 하는 잘못된 선택을 하지 않기 위해 아주 조심할 수 있는 능력을 준다. 삶에서의 성공은 반복적인 일을 하고, 핵심적 가치를 깊이 파고들 수 있는 능력에 달려 있다. 토

성은 이러한 모든 과정들을 돕는다. 그러나 적응하는 데 주저하거나, 융통성이 부족한 사람으로 만들 수도 있다.

10번의 토성은 무거운 공공 책임감들을 가지고 있다. 하지만 대중적 지위에서 인정을 받기 전에, 어느 정도 어려움이나 성숙할 수 있는 시간이 필요하다. 엄격한 윤리도덕을 지키는 것이 요구된다. 아쉬람, 연구실, 도서관, 힐링 센터 등에 필요한 접근을 지연시키거나 막는다. 외국에서 막중한 일이나 책임감들을 맡고 있다. 가족을 위한 집의 안정이나 보호를 얻는 것을 제한시킨다. 일로 인해 여행을 자주 하게 만들기 때문이다. 결혼을 지연시킨다. 그러나 평범하고, 심플하고, 나이가 든 사람과의 결혼을 서포트한다. 리더로서의 힘, 사무적인 의무들, 리더십 역할이나 지위, 상징적인 심볼 등을 유지하기 위해 제한된 자원으로 꾸준한 노력을 기울여야 한다. 모든 행위들이 자세한 고려를 요하며 다른 사람들의 도움이 거의 없다. 10번에 있는 토성은 품위가 있지만 요구를 많이 하는, 아주 자신감에 찬 매니저를 만든다. 그리고 자신이 상당한 노력들을 쏟은 일이라도 인정을 받게 되는 경우가 거의 드물다.

토성이 10번에서 좋은 상태에 있으면 안정적이고 보수적인 커리어를 가지며, 전통적인 가치관들을 가지고 있고, 보수적인 명성들을 누리며, 믿고 의지할 수 있는 사람이다. 만약 안 좋은 상태에 있으면 커리어 진보가 셋백이나 지연들을 맞게 되며, 부정적이거나 안 좋은 명성을 얻으며, 이기적이다.

○ 11번 하우스(라바 바바)에 있을 때

긍정적 효과	충직하고 헌신적인 친구이다. 그대의 친구들이 목표를 달성할 수 있도록 도울 것이며, 친구들도 그대가 성공할 수 있도록 도울 것이다. 모든 유명한 사람들을 다 알고 있는 듯이 보인다. 나이가 더 많고, 성숙한 사람들이 자신의 인맥 속에 포함되어 있다. 많은 사람들을 알고 있기를 선호하고 가까운 사람은 소수이다. 목표와 바람은 대부분 달성할 수 있다. 그가 속하는 어떤 그룹이나 단체에서 리더십 직위를 가지게 될 수도 있다.
부정적 효과	친구들이 짐이 된다. 그들이 자신을 이용할 수도 있다. 혹은 좋은 사람들을 자신의 인맥에 끌어들이는 어려움이 있다. 만약 토성이 심하게 손상되었으면 친구들이 그를 어두운 길로 이끌 수도 있다.

토성이 11번에 있으면 11번 하우스의 특성들이 아주 잘 발휘될 수 있다. 장수하고, 성숙하고, 현명하고, 강하다. 리더십 자질이 있으며, 많은 권력을 행사한다. 정부와 연관되었거나, 중요한 사람이나 권위적 인물들의 호의를 입을 수도 있다. 영향력 있고, 권력을 가지고 있거나, 영적인 친구들이 많다. 크루라 행성은 우파차야 하우스에서 좋은 효과들을 내기 때문에 그는 부유하고, 존경받고, 영향력을 가지고 있다. 부동산이나 빌딩을 소유하거나 건물주일 수도 있다. 위 형제와의 관계성에는 도움이 되지 않으며, 그로 인한 고통이 있을 수 있다. 자녀들 수도 제한된다. 대단한 목표와 야망을 가지고 있으며, 이러한 꿈들을 이룰 수 있는 능력과 행운이 있다. 보수적이고 조심스런 성향이 있다.

11번 하우스에 있는 토성은 시간의 자연스런 리듬과 이미 평화를 이룬 사람, 이기고 지는 것, 세상에서의 오르고 내리는 이치에 대한 초연적 자세를 익힌 사람을 나타낸다. 이러한 자세를 가지게 된 연유가 부족한 자신감 때문이든지, 아니면 권위적 인물 등에 대한 실망 등으로 가지게 되었을 수도 있다. 이러한 토성은 창조적인 힘은 많지만, 전형적인 희망과 실망의 사이클을 겪게 만들기 때문에 타고난 창조성을 잘 발휘할 수가 없다. 실질적이고 결의적인 노력들을 통해 깊은 의식 수준과, 보다 큰 서비스를 위한 잠재성을 발휘할 수 있도록 한다. 토성의 자연적인 하우스인 10번과 11번은 열심히 일을 하고 결의적인 행위를 하는 토성에게 가장 문제가 덜 되는 위치이다. 어떤 라시인가, 그리고 라시의 로드 상태가 어떤가에 달려 있지만, 그러나 일반적으로 10번과 11번 바바에서 토성의 작업은 한층 쉬워진다. 커뮤니티들을 연결하거나, 상업적 네트워킹을 하기 위해 사회적으로 인정된 시스템 안에서 일을 하는 시장의 사람이다. 큰 모임이나 집회, 형제애적인 기관들, 모든 현실적 수준에서 필요한 연결성 등을 유지하기 위해 제한된 자원으로 꾸준한 노력을 기울여야 한다.

토성이 11번에서 좋은 상태에 있으면 믿을 수 있는 친구나 인맥들을 통해 천천히 안정적인 이득이 늘어나며, 사회적 영향력이 있고, 현금 수입이 점점 늘어난다. 만약 안 좋은 상태에 있으면 기회들이 부족하고, 믿을 수 없는 친구들이 있으며, 인맥도 형편없고, 들어오는 현금도 빈약하다.

○ 12번 하우스(비야야 바바)에 있을 때

긍정적 효과	고적함이 위안이 된다. 정기적으로 휴식을 취하거나, 때때로 세상으로부터 멀어져 혼자만의 시간을 보낼 필요가 있다. 무대 뒤에서 일하는 것을 즐기며, 그러한 일들을 잘한다. 혹은 병원, 자선기관, 교회, 기관 감옥, 대학 등에서 일하기를 선호한다. 혹은 공무원으로 일하면서 사람들이 이름을 몰라주어도 되는 것을 하기 선호한다. 아주 예민하며, 동정심으로 가득하다. 그래서 심리학이나 형이상학 쪽에서 일하는 것이 잘 맞을 수도 있다.
부정적 효과	때로는 외로움에 시달릴 수 있다. 혹은 정신적 문제에 시달리거나 병원에 입원이 필요할 수도 있다. 갇혀서 시간을 보낼 수도 있다. 토성이 12번에서 손상이 되었으면, 이중적으로 어려움이나 장애를 겪을 수도 있다.

　토성이 12번에 있으면 수명이 줄어들고, 리더십 능력도 줄인다. 비용을 감당하기 힘들고, 부를 지킬 수 없다. 평범하거나 편안하지 못한 잠자리를 가지며, 성적 쾌락도 별로 가지지 못한다. 시력이나 청력의 문제, 발의 질병이 있을 수 있다. 토성이 좋은 영향 하에 있지 않는 한, 죽음이 편안하지 못하거나 사후에 안 좋은 곳에 간다. 안정적인 커리어나 부를 버는 데 이상적인 위치가 아니다. 신체적 결함이 있거나 손상된 신체를 가지고 있다. 멍청할 수도 있다. 토성의 특성들이 12번에서는 손상이 된다.

　토성이 12번에 있으면 사회적으로 인정된 시스템 내에서 정체성의 잃음을 요구하는 기관에서 일을 하게 한다. 휴양지, 요양원, 은둔지, 감옥, 꿈과 같은 현실 등과 연관된 일을 한다. 그는 수도원이나 수행장소들, 감옥, 고립훈련 캠프, 병원, 정신병원, 이쉬람, 기숙사, 도서관, 연구소, 그리고 상상력과 꿈의 세계를 다루는 세상의 모든 장소들 등처럼 보호되고 갇힌 시설들을 유지하기 위해 제한된 자원으로 꾸준한 노력을 기울여야 한다. 감옥 경호원, 시설이나 정신병원의 매니저, 병원 전문직, 외국인들이나 방문객들을 제한하고 통제하는 일들을 하는 데 좋다. 12번 하우스에 있는 토성은 삶의 깊은 미스터리를 탐구하기 위한 아주 집중적이고 결의적인 사람을 만들 수 있다. 그러면서도 물질적 잃음에 대한 불안함들이 아주 많을 수 있다. 토성은 구조와 체계적인 것을 좋아하는데, 12번 하우스는 그러한 토성의 자질을 흐리게 한다. 잃음이나 손실을 우아하게 받아들이고 삶의 불확실함 속에 두려움 없이 사는 것이 12번에 있는 토성이 가진 중요한 테마이다.

토성이 12번에서 좋은 상태에 있으면 단순한 영성을 가지고 있으며, 시간이 지나면서 천천히 자유를 얻게 되고, 조용하고 고적함을 사랑한다. 만약 안 좋은 상태에 있으면 비열정적이고, 집중력이 부족하고, 삶에 대한 관심이 부족하고, 정체되었으며, 손해나 비용들이 많고, 외톨이다.

11.
라후와 케투가 열두 라시와 열두 하우스에 있는 효과들

라후(Rahu)

Ardha Kaayaam Mahaa Veeryam Chandra-Aditya Vimarda-nam

Simhikaa Garbha Sambhootam Tam Raahum Pranamaamya-ham

반쪽 몸만 가지고 있고, 용기로 가득한 이,

찬드라와 수리야 맞은 편에서 두려움이 없는 이, 심히카이 자궁에서 태어난 이,

라후에게 경배를 올립니다.

케투(Ketu)

Palaasha Pushpa Sankaasham Taaraka Graha Mastakam

Roudram Roudraat-makam Ghorm Tam Ketum Pranamaamya-ham

> 팔라샤 꽃처럼 보이는 이, 스타들의 왕인 이,
> 무시무시한 모습을 하고, 무섭고 화가 난 이,
> 케투에게 경배를 올립니다.

라후와 케투는 실체가 없는 그림자 행성들로서, 항상 180도 간격을 두고 서로 쌍으로 움직이고 있다. 라후와 케투는 호로스코프에서 가장 중요한 핵심적인 포인트들로서, 눈에 보이지는 않지만 분명히 존재하는 과거, 현재, 그리고 미래에 대한 카르마적 세력들을 나타낸다. 하지만 하늘에서 실체를 가지고 있는 행성들이 아니라, 태양과 달의 길이 서로 교차하는 점을 나타내는 식(蝕)의 포인트들이기에, 이들이 차지하고 있는 중요함의 비중에 비해 '라후는 토성처럼, 케투는 화성처럼'이라는 정보 외에는 거의 알려진 바가 없었다. 다른 일곱 행성들에 대한 정보는 많은 점성학 고서들에 기술되어 있지만, 라후와 케투에 대한 정보들은 지금까지 거의 전무한 실정이었다. 서양 점성학에서도 라후와 케투는 사용하지 않고 있다. 그리하여 라후와 케투에 대해 바른 이해를 하는 어려움들이 있었다. 어떤 점성가들은 라후와 케투가 황소와 전갈 라시에 있을 때 고양의 품위를 얻고, 쌍둥이와 인마 라시에 있을 때 오운 품위를 얻는다고 하는 이들이 간혹 있다. 하지만 어느 점성학 고서나 권위자들에 의해서 지금까지 사실로 확인된 바는 없다. 단지 라후와 케투가 가진 예측하기 힘든 크루라적인 특성으로 인해, 이들이 사움야 행성들의 라시에 있을 때 보다 젠틀한 방식으로 효과를 발휘할 것이라는 추측을 하였던 것으로 짐작된다.

입문서 2권에서 이미 상세하게 설명하였던 것처럼, 라후와 케투는 독자적인 세력으로 효과를 주기보다는, 항상 서로 맞은편에 있는 축으로서 위치한 라시의 로드 행성들, 그리고 이들에게 어스펙트나 합치를 통해 삼반다를 맺고 있는 행성들의 영향들을 같이 조정하는 효과들을 주게 된다. 그러므로 라후와 케투가 열두 라시와 열두 하우스에 있는 효과들을 살펴보기 위해선, 라후와 케투를 각각 기술하기보다는 서로 정반대편에 있는 라시와 하우스들을 같이 고려하는 것이 훨씬 더 이해하기가 쉬울 것이다. 라후와 케투는 특히 라지타디 아바스타즈에서 아주 핵심적인 역할을 한다. 행성들이 각자 가진 능력들을 잘 발휘할 수 있기 위해서는, 그리하여 우리가 타고난 성향대로 뚜렷한 목적의식과 에너지를 가지고, 만족스럽고, 충족적이며, 행복하고, 의미 있는 삶을 살기 위해서는, 행성들이 잘 서포트가 되는 환경 속에서 건강하고 좋은 품위를 가지고 있는 것이 중요하다.

라후는 마약, 약물, 독, 혼란, 외국의 장소들이나 외국적인 것들, 테크놀로지, 뱀, 명성, 유명함 등을 나타낸다. 우리가 전혀 경험이 없는, 새로이 계발해야 하는 미지의 영역을 나타낸다. 그래서 우리가 가장 두려워하고, 머뭇거리고, 실수를 많이 하게 되는 삶의 영역이다.

케투는 박테리아, 전염병, 의식의 자유, 깨달음, 수학, 정교한 디테일에 집중하는, 과거 생에서 가져오는 것들 등을 나타낸다. 우리가 전생에 이미 많은 경험이 있고 가장 익숙하고 편안하게 느끼는 곳, 그래서 현생에서는 더 이상 집착하지 말고 놓아주어야 되는 영역을 나타내는데, 그만큼 내려놓기가 어려운 카르마를 나타낸다.

라후와 케투가 12 라시에 있는 효과들

○ 산양 라시/천칭 라시 축(軸)에 라후/케투 혹은 케투/라후가 있을 때
자아와 교류하는 파트너들 사이에서 균형을 이루고자 하는 이슈를 가지고 있다.

라후가 산양 라시에

라시와 나밤샤 차트에서 로드 화성의 상태를 살펴본다. 라후는 화성의 효과를 확대시킬 것이다. 또한 산양에 있는 다른 행성들에도 영향을 미치게 될 것이다. 산양 라시는 화성의 경쟁적, 생동력 위주의 기질을 가지고 있다. 라후는 이러한 화성의 공격성과 경쟁성을 증진시킨다. 영웅, 승자이고자 하는 욕망을 준다. 이기심, 운동기질, 몸을 많이 쓰는 라이프스타일 성향을 가진다. 하나의 목표를 향해 극적으로 집중할 수 있으

며, 화성의 상태에 따라서, 어린애같이 순수하거나 혹은 거침없을 수 있다.

케투가 천칭 라시에

케투가 차트 주인의 전체적인 삶에서 어떻게 작용할지 하는 사실은 금성의 상태에 달려 있다. 케투는 금성의 예술가적인 예민성을 무디게 한다. 균형과 디자인에 대해 차트 주인이 불확실하도록 만들 수도 있다. 그가 가진 관계성 관리 능력을 망칠 수도 있다. 전체적인 윤곽에서 자연적 균형, 공정함, 정의에 대한 감각이 안개에 흐려져 있다. 사회적, 개인적 일들에서 판단의 실수를 할 가능성이 높다. 자신이 속한 사회에서 미움을 받거나, 비예술적으로 간주되거나, 옷을 형편없이 입거나, 혹은 형편없는 미적 감각을 가진 사람으로 따돌림을 받게 될 것이다. 정제된 협상의 의미나 정체성이 요구되는 정중한 협상 상황에 처하게 되면, 자신을 적절하게 소개할 수 있는 능력이나 상대방이 그와 같이 있는 것에 대해 안심할 수 있도록 만들지 못한다. 만약 케투가 오운 금성과 합치를 하면 그는 비정형적인 관습 디자인을 만들거나 혹은 예술 분야나 무대에서 신선한 스타일의 작품을 만드는 천재일 수도 있다.

케투가 산양 라시에

케투는 화성의 예민성에 저격을 가할 것이다. 덜 전쟁 성향이 되게 하고, 보다 자기 몰입적이게 하고, 군대가 가진 외적 목표에 대해 덜 분명하게 느끼고, 자신의 내적 전쟁 이슈에 대해 보다 더 생각하게 될 것이다. 그가 표준적인 성취를 위해 경쟁하게 되는 것은 사실이다. 그러나 그가 가진 표준적인 기준에서 물질적인 가치는 아주 적고, 대신에 영적인 기준인 경향이 있다. 그리고 전사의 에너지들은 외적인 사회적 삶에서 그다지 독특한 자기 기준만큼 성취할 가능성이 별로 없다.

기본적으로 이기적인 휴먼 조건에 만족하지 못하며, 직접적인 경쟁은 불편하다. 그는 전형적으로 타협주의도 아니고 차별주의도 아닌 약간 무딘 개인주의 성향을 보이게 된다. 남자의 경우에는 경쟁적인 스포츠에 별로 관심이 없다. 여자의 경우에는 주의를 끄는 패션에서 물러선다. 중독이나 두려움을 대상으로 내적인 전투를 이기는 데는 좋다. 어떤 조직이나 이상에 갈등 없이 헌신하는 데도 좋다.

라후가 천칭 라시에

라시와 나밤샤에 있는 금성의 상태를 살펴야 한다. 금성은 라후의 상태를 확대시킬 것이다. 천칭 라시에 있는 다른 행성들에도 영향을 미칠 것이다.

천칭 라후는 균형과 디자인 위주의 기질을 가지고 있다. 라후는 좋은 디자인, 조화를 이루는 관계성, 사회적 질서 등에 대한 열정을 확대시킨다. 놀라울 정도의 에너지로 리스크를 취할 것이다. 아름답게 균형 잡히고, 평등한 사회적 조직을 이루고자 하는 목표에 아주 집착할 수 있다. 공식적인 예술적 이슈에 집착할 수 있고, 다양한 관계성에 균형을 이루는 일, 완벽한 대외적 이미지 등을 유지하는 데 아주 집착할 수 있다.

○ **황소 라시/전갈 라시 축(軸)에 라후/케투 혹은 케투/라후가 있을 때**

물질적이고 감정적인 안정성과 책임감의 균형을 이루고자 하는 이슈를 가지고 있다.

라후가 황소 라시에

라시와 나밤샤에 있는 금성의 상태를 살펴본다. 라후는 금성의 효과를 확대시킬 것이다. 또한 황소에 있는 다른 행성들에도 영향을 미치게 될 것이다. 황소 라시는 균형, 디자인 위주의 기질을 가지고 있다. 라후는 감각적, 자기 탐닉적 행위를 주고, 육체적 감각의 쾌락을 가지고 싶어 한다. 사랑의 본성, 아름다운 사람이나 물건들을 갈망한다. 부와 좋은 음식, 음료를 추구하는 데 이주 극적으로 집중할 수 있다.

케투가 전갈 라시에

케투가 차트 주인의 전체적인 삶에서 어떻게 작용할지 하는 사실은 화성의 상태에 달려 있다. 케투는 화성의 예민성을 무디게 하며, 탄트라 힐링이나, 고상한 힐링으로 얻는 변화, 그리고 트라우마의 현실 등에 대해 불확실하게 만든다. 자신이 가진 생명의 에너지를 대부분 사이코적, 영적 에너지의 존재를 거부하는 데 프로젝트하면서 낭비한다. 그는 마법을 믿지 않는다. 의식적인 변화를 위한 테라피를 받기 회피한다. 만약 케투가 오운 화성과 합치하는 경우에는, 배움이나 도움을 통해 아주 큰 능력을 가진 탄트라 전문인이 될 수도 있다. 가이드를 잘 받게 되면, 비록 어두운 면에서 일을 하기는 하지만 행성들 힐링을 하는 데 아주 효율적인 채널이 될 수 있다.

케투가 황소 라시에

케투가 차트 주인의 전체적인 삶에서 어떻게 작용할지 하는 사실은 금성의 상태에 달려 있다. 황소 라시에 있는 케투는 금성의 예민성을 무디게 한다. 감각적인 탐닉에 대해 어떻게 할지 잘 모르게 만든다. 그는 감각적이거나 성적인 쾌락을 통해 쉽게 도피주의적 행위에 빠지게 만들 수 있다. 만약 금성이 강하면 마약, 술, 좋은 옷, 사랑스런 외모, 고급스런 음식이나 향수 등을 차트 주인은 쉽게 가지게 될 것이다. 그렇지만 아무리 많은 쾌락이라도 그를 만족시키지 못할 것이다. 육체의 욕망은 절대 충족되지 못한다. 욕구는 만족함이 없이 오직 늘어나기만 한다.

차트 주인은 결혼과 애정관계성을 통해 가장 깊은 충족을 구한다. 하지만 이러한 영역의 삶이 그에게 가장 덜 환상적이게 되는 곳이다. 그가 하는 사랑의 행위는 아웃사이더에게 수동적 공격적으로 나타나 보인다. 그는 감각적 사랑과 쾌락을 거부하면서 동시에 원하기 때문이다. 황소 라시에 있는 케투는 감각적 중독을 통해 자기 파괴적이거나, 혹은 아주 까다로운 감각적 여과를 개발시킨다. 그는 구체적인 영적 목표를 향해 진화할 수 있는 종류의 쾌락들만 오직 추구하게 된다.

라후가 전갈 라시에

라시와 나밤샤 차트에서 화성의 상태를 살펴야 한다. 라후는 화성의 상태를 확대시킬 것이다. 전갈 라시에 있는 다른 행성들에도 영향을 미칠 것이다. 전갈 라시는 경쟁, 생동력 위주의 기질을 가지고 있다. 라후는 조작적이고, 비밀스런 행동성향을 확대시킨다. 잘 알려져 있지 않고 숨겨진 힘을 가진 중대한 것들을 원한다. 컨트롤을 가지고 유지하려는 욕망이 있으며, 오컬트, 생과 사의 윤회에 대한 관심, 잠재적인 깊은 힐링 파워 등에 대한 높은 욕구를 가지고 있다. 발견이나 회복 과정에 대해 아주 집중할 수 있다.

○ 쌍둥이 라시/인마 라시 축(軸)에 라후/케투 혹은 케투/라후가 있을 때

가진 능력들이나 노력이 어떤 목적을 가질 수 있도록 균형을 이루고자 하는 이슈를 가지고 있다.

라후가 쌍둥이 라시에

라시와 나밤샤 차트에서 수성의 상태를 살펴야 한다. 라후는 수성의 효과를 확대시킬 것이다. 또한 쌍둥이 라시에 있는 다른 행성들에도 영향을 미치게 된다. 쌍둥이 라시는 소통적 관계 위주의 기질을 가지고 있다. 라후는 어떤 것을 규정하고, 문제를 해결하려는 욕망을 확대시킬 것이다. 대화에 대한 열정, 성적 매력, 짝짓기, 이지적인 자극들을 갈망한다. 장기적인 문제 해결보다는 단기 해결에 아주 극적으로 집중할 수 있다.

케투가 인마 라시에

케투가 차트 주인의 전체적인 삶에서 어떻게 작용할지 하는 것은 목성의 상태에 달려 있다. 케투는 목성의 예민성을 무디게 한다. 그를 근본적인 선(善), 가족, 디바인 축복 등에 대해 불확실하게 만들 것이다. 그는 교육, 종교, 혹은 자선의 가치를 제대로 알아채지 못한다. 그는 무신주의와, 약육강식 형태의 시장경제에 끌리는 경향이 있다. 그룹 행동을 싫어하며 휴가를 즐기지 않는다. 종교나 휴머니즘에도 비집착하는 태도를 가졌다. 하지만 객관적으로는 이러한 태도가 좋은 것일 수도 있다. 국제적인 스케일에서 인류의 수준을 향상시키기 위해 무엇을 해야 할지 방도를 찾고 있기 때문이다. 보다 전체적인 월드 비전을 형성하고 있을 때는 어떤 이상적, 이데올로기적 집착에서 자유로운 것이 더 분명한 관점을 가지는 데 도움이 될 수도 있다.

케투가 쌍둥이 라시에

케투가 차트 주인의 전체적인 삶에서 어떻게 작용할지 하는 사실은 수성의 상태에 달려 있다. 케투는 수성의 정신적이고 소통적인 능력을 흐리게 한다. 피상적인 소통에 아주 불만족하게 만든다. 그리하여 비꼬거나, 회피하거나, 신비주의처럼 굴거나, 혹은 소통 편의를 무시하게 할 수도 있다. 그는 몇 구절의 말이나 도구에 의지를 하며, 자신

의 스피치나 제스처를 더 분명하게 만들려 애쓰지 않는다. 만약 케투가 수성과 합치하면, 어휘력이나 글쓰기를 통해 소통하는 것이 설령 그가 다수 언어적 환경, 혹은 미디어 계통의 일을 하는 사람이라도 이해하기 아주 어렵다. 종종 지나친 스피드나 스피치가 주범일 것이다.

라후가 인마 라시에

라시와 나밤샤에서 목성의 상태를 살펴야 한다. 라후는 목성의 효과를 확대시킬 것이다. 또한 인마 라시에 있는 다른 행성들에도 영향을 미칠 것이다. 인마 라시는 지혜와 확장 위주의 기질을 가지고 있다. 라후는 긍정성, 교육을 통한 파워 증진에 대한 휴머니스트 신념을 크게 만든다. 자신이 가진 운동신경을 열정적으로 믿는 집착적인 코치이거나, 혹은 잘못된 길로 빠진 젊은이들을 변형시키고자 하는 엄격한 교사일 수도 있다. 종교적 믿음에 집착하거나, 가진 것을 모두 걸고 충동적으로 도박을 하는 광신도까지도 될 수 있다. 과도한 믿음을 통해 긍정적인 비전을 유지한다.

○ 게 라시/악어 라시 축(軸)에 라후/케투 혹은 케투/라후가 있을 때

감정과 행동 사이에서 균형을 이루고자 하는 이슈를 가지고 있다.

라후가 게 라시에

라시와 나밤샤에 있는 달의 상태를 살펴야 한다. 라후는 달의 효과를 확대시킬 것이다. 게 라시에 있는 다른 행성들에도 영향을 미칠 것이다. 게 라시는 심리적, 감정적 위주의 기질을 가지고 있다. 라후는 게 라시에서 아주 격렬하게 된다. 마음의 아스트랄 영역 전체를 확대시킨다. 자신이나 다른 사람들의 깊은 감정적 웨이브에 대해서도 아주 예민하다. 안정성을 아주 갈망한다. 얕은 가족적 관계성에 절대 만족하지 못한다. 충분한 부모님의 사랑이나 돌봄을 받거나 주지 못한다. 차트 주인은 날마다 감정적인 굴곡과 변화를 경험하는 기질을 타고났다. 아주 불안정적인 부모이다. 혹은 아주 요란한 부모 타입이거나 애국자적인 전시를 보이는 경향이 자주 있다. 그러나 이러한 전시는 주의를 끌거나, 깊은 감각적 경험을 위한 기회들을 만들기 위해서이다. 만족스러움

에 대한 전시가 아니다. 주변 모든 사람들을 돌보고자 하는 식의 부모 타입 콤플렉스를 만들 수 있다. 절망적인 상태에 있거나, 집이 없거나, 직위가 없거나, 뿌리를 잃고 헤매는 사람들 등에 대한 지대한 관심이 있다. 침입자로부터 가족, 집, 조국 등을 신체적, 정신적으로 지키고자 하는 데 아주 집중할 수 있다. 그럼에도 자신이 행하는 부모 같은 일에 대해 대외적인 인정을 얻고자 한다. 스스로 불안정적이기 때문이다.

케투가 악어 라시에

케투가 차트 주인의 전체적인 삶에서 어떻게 작용할지 하는 것은 토성의 상태에 달려 있다. 케투는 토성의 위계체제적, 카스트 예민성들을 무디게 만든다. 현실적인 이득이 돌아오지 않는 말들은 하지 않게 만든다. 위계체제에 대한 지식이나 충정심도 없으면서 그러한 시스템으로부터 보호를 기대한다. 일반적으로 케투는 토성의 라시에서 문제를 일으킨다. 물질적 영역에서 생존하는 데 필요한 기본적인 그라운딩이나 실질적으로 좋은 감각이 부족하기 때문이다. 진심으로 종교적인 정치적 리더에게 좋은 위치이다. 혹은 방황하는 성자들에게 좋다. 그들은 사원이나 정부의 보조를 받아 신체적 안위를 유지하기 때문이다.

케투가 게 라시에

케투가 차트 주인의 전체적인 삶에서 어떻게 작용할지 하는 것은 달의 상대에 달려 있다. 다른 어떤 행성보다도 달의 경우에는 더욱 사실이다. 케투는 달의 예민성을 무디게 만든다. 그들이 케어하는 스타일이 감정적으로 비집착하고 비개인적이게 만든다. 어머니 혹은 주 양육자가 차트 주인을 지나치게 거부하거나 보호하는 경우가 자주 생긴다. 그는 가정환경과 영원히 불만족스럽다. 혹은 물을 두려워할 수도 있다.

라후가 악어 라시에

라시와 나밤샤에 있는 토성의 상태를 살펴야 한다. 라후는 토성의 효과를 확대시킬 것이다. 악어 라시에 있는 다른 행성들에도 영향을 미칠 것이다. 악어 라시는 구조, 체제, 정의 위주의 기질을 가지고 있다. 라후는 존경심과 특권의식을 향한 욕구를 확대시킬 것이다. 그래서 라이프스타일이 아주 단순하고 별볼일 없게 만들 수 있다. 라후는 토성이 가진 시대체제적인 목적을 추구하기 위해 위험을 감수할 것이다. 그래서 복잡하고 종종 아이러니한 위치가 된다. 리더십과 직위를 갈망한다. 그룹의 일을 자신의 업적으로 취할 수 있을 정도까지 상당한 성취에 집착할 수도 있다.

○ **사자 라시/물병 라시 축(軸)에 라후/케투 혹은 케투/라후가 있을 때**
개인성과 사회성 사이에서 균형을 이루고자 하는 이슈를 가지고 있다.

라후가 사자 라시에

라시와 나밤샤에 있는 태양의 상태를 살펴야 한다. 라후는 태양의 상태를 확대시킬 것이다. 사자 라시에 있는 다른 행성에도 영향을 미칠 것이다. 사자 라시는 도덕적인 리더십 위주의 기질을 가지고 있다. 라후는 이성적, 철학적 태도, 자신의 관점이 옳다는 자신감을 확대시킨다. 주의나 관심 받기를 원하고, 자신의 사회적, 도덕적 가치를 인정받기를 원한다. 화려한 사람들과 어울리거나, 스타들과의 이벤트 등에 아주 집중할 수 있다. 자신의 외모, 미디어 대처, 대외적 이미지 등에 아주 집착할 수도 있다.

케투가 물병 라시에

케투가 차트 주인의 전체적인 삶에서 어떻게 작용할지 하는 것은 토성의 상태에 달려 있다. 케투는 대중의 인기를 원하고, 민주적인 토성의 예민성을 무디게 한다. 시장에서 자신의 역할에 대해 불확실하게 만들 것이다. 물병은 대체로 아주 추상적인 라시이다. 비밀스러운 이론이 특별한 그룹 관심으로 유명하며 세계 인구의 생존 현실과는 연관성이 별로 없는, 그러나 우주적인 관점에서는 목적이 있는 것들에 끌리는 라시이다. 쿰바는 토성의 영역에서, 고정적 카스트(악어)의 감정적 안정보다는 이성적인 면을 나타낸다. 그래서 시장의 네트워크 교환을 동등하게 하는 데 주로 관심이 있다. 물병에 있는 케투는 연합의 네트워크에 참여하는데 머뭇거리거나 대중을 싫어하게 만든다. 만약 케투가 오운 토성과 합치를 하면, 그는 지상의 정치에 대해 극적으로 비참여하게 만들 수 있다. 그리고 인간사회 운동에 대해 불신한다. 차트 주인을 차별화시키며, 그룹 방식의 반경을 가지기보다는 은하계, 우주적 영역으로 시선을 확장하게 강요한다. 공상과학적 성향을 가졌으며, 익숙한 곳이나 안전지대에서 충분함을 느끼지 못하며, 이상할 정도로 뭔가 우주 너머에 있는 괴이한 문화 속에서 방황한다. 아주 재능이 있는 공상과학 작가이거나 수학자일 수도 있다. 혹은 만약 수성이 강하면 컴퓨터 프로그래머일 수도 있다. 그렇지 않으며, 익명성을 추구하고, 차가운 논리를 통해 이지적 거리를 지키고 있다. 그는 고립 속에 살고 있으며, 컴퓨터 네트워크를 통해서만 사회활동을 하고 있다. 아주 비집착하는 사람이다.

케투가 사자 라시에

케투가 차트 주인의 전체적인 삶에서 어떻게 작용할지 하는 것은 태양의 상태에 달려 있다. 사자 라시에 있을 때 케투는 태양의 도덕적인 예민성을 무디게 만든다. 그의 창조적인 자의식 표현을 대체적으로 불확실하게 만든다. 특히 도덕적 권위성과 연관된 것에 대해선 더욱 그러하다. 케투의 수동 공격적인 스타일이 한결같이 발휘되며, 그가 리더십 직위에 있는 다른 사람들을 잘 비난하게 만든다. 디바인 지성을 보다 건설적으로 채널하기 위해 도움이 될 만한 긍정적인 제의를 하기보다는, 도덕적인 규율이나 주장들을 무시하고자 한다. 이들은 무대나 정치를 서포트하는 역할에 이끌린다. 진리의 뜨거운 에너지에 자신의 마음을 열기보다는 유명인들과 어울릴 수 있기 때문이다. 도덕적 불분명함이 주변을 가리고 있지만 그들 자신은 개의치 않는다. 만약 케투가 오운 태양과 합치를 하고 있으면, 비현실적인 소리나 색깔로 표출할 수 있는 창조적 천재가 될 수도 있다. 과거 생에 태양 타입의 프리스트 컬트와 연관되었다. 그들은 희생물이 되었으며, 비록 유명인들을 사랑하지만 그들은 자연적으로 권력 남용에 대해 피곤함을 느낀다.

라후가 물병 라시에

라시와 나밤샤에 있는 토성의 상태를 살펴야 한다. 라후는 토성의 효과를 확대시킬 것이다. 물병 라시에 있는 다른 행성들에도 영향을 미칠 것이다. 물병 라시는 네트워킹과 함께 구조, 체제, 정의 위주의 기질을 가지고 있다. 라후는 비전적인 세계관을 고무하고자 하는 욕망을 확대시키게 될 것이다. 모든 것들은 서로 연결되어 있음을 보여주고자 한다. 자신이 가진 삶의 목표와 서로 상충하는 일을 하는 경우가 자주 있다. 개인적으로 자신이 믿지 않는 관점을 다른 사람들에게 홍보할 수 있다. 자신에게 돈을 지불하는 네트워크 그룹의 사람들이 가진 세계관을 홍보해야 하는 일에 매여 있기 때문이다. 모순적인 사람들이다. 이들이 가진 비전은 독특하거나, 혹은 큰 이득을 얻기 위한 동기를 가진 사기극일 수도 있다.

○ 처녀 라시/물고기 라시 축(軸)에 라후/케투 혹은 케투/라후가 있을 때
일과 휴식 사이에서 균형을 이루고자 하는 이슈를 가지고 있다.

라후가 처녀 라시에

라시와 나밤샤에 있는 수성의 상태를 살펴야 한다. 라후는 수성의 효과를 확대시킬 것이다. 처녀 라시에 있는 다른 행성들에도 영향을 미칠 것이다. 처녀 라시는 소통적 관계성 위주의 기질을 가지고 있다. 라후는 분석적 기질을 증대시킨다. 디테일에 너무 매달리거나, 분명한 표현, 아주 고상한 글, 청결함, 건강 등에 집착할 수 있다. 모든 것에 아주 완벽하고 싶어 하지만, 이러한 완벽함에 대한 지나친 열정으로 인해 본질적인 것을 간과할 수 있다. 완벽주의자일 수 있다.

케투가 물고기 라시에

케투가 차트 주인의 전체적인 삶에서 어떻게 작용할지 하는 것은 목성의 상태에 달려 있다. 케투는 목성의 예민성을 무디게 한다. 개인적 상상의 세계에 대해 불확실하게 만든다. 영적 세상으로 여행하거나, 모든 존재들과 자연스럽게 연결하고자 하는 능력을 제한시킨다. 아주 극적으로 예민하여, 동화, 요정, 데바, 신들, 다양한 세상의 영적 존재들에 대해 잘 알고 있을 수 있다. 비열정적으로 돌아다니는 것들의 슬픔을 주시한다. 돌아다님을 수용하고, 비연결을 수용하고, 꿈꾸는 듯한 상태에 있다. 방대한 우주적 관점을 수용한다. 외롭고 자신의 웰빙에 대한 걱정을 한다. 자연스럽게 내향적이다. 공식적인 것들을 회피하고, 명상에 적극적으로 개입하며, 아쉬람이나 수도원 같은 신성한 장소들에 있기를 선호한다.

케투가 처녀 라시에

케투가 차트 주인의 전체적인 삶에서 어떻게 작용할지 하는 사실은 수성의 상태에 달려 있다. 케투는 수성의 멀티 조직적인 예민성을 무디게 한다. 차트 주인을 개념이나 아이디어들의 큐레이터 혹은 수집가로 만든다. 방향성이 부족하고 실질적인 목적성이 아주 적다. 아무런 결론도 내지 못하는 분석적인 철학을 추구하거나, 혹은 근거가 없는 가상이론들에 대한 기록들을 수집하는 등의 무모한 일에 시간을 낭비할 수 있다. 방대하게 수집한 디테일을 실질적 시스템 대용으로 쓸 수도 있는 어리석음이 있다. 그들은 이지적으로 나무를 보느라 전체 숲을 보는 것을 놓친다. 말은 한결같지 못하지만, 내적 통찰력은 아주 고상하다. 영적으로 그러한 정보는 아주 좋고 자유로움을 준다. 그는 빙빙 도는 분석적 길을 따르며, 명상을 해야 할 때 머리로 분석하기 바쁘며, 머리를 써야 할 때는 명상을 하고 있다. 자신의 지식이 가진 가치와 목적성에 대해 항상 좌절감과 불만족감을 느낀다.

라후가 물고기 라시에

라시와 나밤샤에 있는 목성의 상태를 살펴야 한다. 라후는 목성의 효과를 확대시킬 것이다. 물고기 라시에 있는 다른 행성들에도 영향을 미칠 것이다. 물고기 라시는 지혜, 팽창 위주의 기질을 가지고 있다. 라후는 직관적이고, 사적인 인지력의 세상에서 안식을 구하고자 하는 욕구를 확대시킬 수 있다. 외국 여행을 즐긴다. 사이킥 능력들이 늘어난다. 아주 어린애처럼 놀거나, 혹은 아주 미치게 만들 수도 있다. 어떤 행성들이 서포트를 하고 있는가에 달려 있다. 은밀한 행위들에 끌리는 경향이 있다. 기도를 위해 아쉬람으로 사라져버리거나, 아무도 모르게 여행을 하거나, 비권한적인 스파이 활동 등을 할 수도 있다. 어떤 영혼을 채널링하고 있느냐에 달려 있다.

라후와 케투가 12 하우스에 있는 효과들

라후가 있는 하우스는 전생에서 가져온 경험이나 지식들이 부족하기 때문에, 현생에서 새로운 개발과 마스터리를 해야 하는 삶의 영역을 나타낸다. 케투가 있는 하우스는 이미 전생에서 이미 많이 익숙하고 경험도 많기 때문에, 현생에서는 놓아주고 비집착을 해야 하는 삶의 영역을 나타낸다. 이러한 라후와 케투가 위치한 하우스 영역들이 나타내는 효과들은 2장에서 소개한 여섯 축(軸)의 요가 조합과 밀접한 연관성을 가지고 있다. 라후와 케투는 서로 반대편에 있는 축(軸)으로, 다른 어떤 행성들의 축보다도 더욱 강력하게 상호보완적인 영향력을 미치게 된다. 케투의 하우스에 집착하면, 라후의 하우스에서 문제를 일으켜서 현생에서 제대로 성장이나 발전을 할 수가 없다. 반대로 라후의 하우스에 너무 집중을 하다 보면, 케투의 하우스에서 받쳐주는 닻이 빠져서 망망대해에 길을 잃고 표류를 시킬 수 있기 때문이다. 그래서 라후와 케투가 있는 하우스들을 동시에 같이 고려해서 전체적인 이해를 할 수 있어야 한다.

라후가 위치한 곳에서는 문화적인 경계선들에 도전하고, 굶주린 욕망들을 자극하고, 터부를 깬다. 라후는 탐욕, 대식, 욕심들을 형상화시킨다. 그래서 라후는 라그나, 두스타나, 혹은 우파차야 하우스에서 잘 기능할 수 있다. 라후는 사회적 위치에서 체제적인 경계들에 도전하려는 욕구를 가지고 있으며, 특별의식으로 독특한 정체성을 가지고자 하는 굶주림이 있고, 그리고 신체적 글래머를 전시하는데 끌린다. 라후가 있는 하우스에서 얼마나 성공적으로 개발과 성장을 할 수 있을지는 라후의 라시 로드가 가진 저력이나 위치, 그리고 라후와 삼반다를 형성하고 있는 다른 행성들의 영향력을 전체적으로 잘 고려하는 것이 중요하다.

어디든지 케투가 있는 곳은 현생에서 더 이상 개발을 할 수가 없는 영역을 나타낸다. 그래서 해당 영역에서 얻을 수 있는 장기적인 성공이 의심이나 의혹으로 제한된다. 케투의 하우스가 나타내는 사람이나 액션과 연관하여 적절하거나, 바른 일인지 아닌지 의혹을 품게 된다. 그리하여 케투가 있는 영역의 물질적인 것들은 불투명하고 태만한 채 남아 있을 것이다. 케투가 내는 결과나 효과들을 제대로 판단하기 위해서는 라시의 로드의 저력이나 위치, 그리고 케투와 삼반다를 형성하고 있는 다른 행성들의 영향력을 전체적으로 잘 고려하는 것이 아주 중요하다.

○ **1번과 7번 하우스 축(軸)에 있을 때**
자신과 다른 사람(배우자)에 대한 테마가 인생에서 주 이슈가 된다.

라후가 1번에: 어려움을 견딜 수 있는 능력, 집중적인 인상

1번째 하우스에 있는 라후는 현생에서 혼자인 법을 배우는 사람이 된다. 괴벽스럽거나 예측하기 힘든 행위를 하게 만들 수도 있다. 종종 자신이 이방인인 것처럼 느끼거나, 자아탐구 과정을 통해 엄청난 진보를 할 수도 있다. 자신이 행하는 다양한 역할 속에서 핵심적 정체성을 찾기 위해 항상 헤매고 있다.

차트 주인은 평범하지 않은 개인적 정체성을 가지고 있다. 자신이 타고난 신분 훨씬 너머에 있는 사회적 직위를 얻고자 갈망한다. 약간 점잖은 척하는 사람일 수 있다. 자신이 자라난 평범한 양육 방식을 하찮게 여기고, 보다 고상하고 멋지게 보이려 할 수 있다. 라후 로드가 지배하는 삶의 영역에서 높은 결과를 성취하게 되는 경우가 자주 있다. 리스크를 야심적으로 취하기 때문이다. 라후는 개인의 정체성 개발을 위한 정상적인 방법들을 방해 한다. 모든 행성들은 라그나에 있으면 저력을 얻게 된다. 라후도 마찬가지이다. 대중들 속에서 눈에 띄는 아주 비범한 사람이다. 그가 사회적으로 동일시하는 것들은, 외국적 관심사, 낮은 계층의 사람들, 미스터리하거나 터부 행위들, 혹은 사회 질서에 위협이 되는 위기적 사회변화를 일으키는 사람일 수도 있다.

라후가 1번에 있으면 가정적 행복에 도움이 되지 않는 위치이다. 결혼생활에 굴곡이 많다. 평화롭거나 안정적인 시기가 짧은 반면, 항상 다른 문제들이 표면위로 올라와 갈등을 일으킨다. 라후는 크루라이기 때문에 건강, 수명, 자신감 등에 역의 효과를 미친다. 아주 큰 자의식을 가졌을 수 있다. 하지만 라후는 자신감을 파괴하기 때문에, 자의식 위주 혹은 자기 탐닉적인 성격을 줄 수 있다. 인생 전반에 걸쳐 자기 수용과 긍정적인 자기 이미지를 가지기 위해 고전한다. 그는 약간 이상하고, 기이하고, 비정상적일 수도 있다. 라후는 물질적 세상의 욕망과 이득을 나타냄으로 그를 부유하게 할 수 있다. 영적이거나 오컬트적인 것들에 대한 관심이 지대할 수도 있다. 라후가 감정적 불안정을 초래하고 부정적인 사고를 일으키기 때문에 정신적 질환을 가져다줄 수도 있다. 이러한 질병은 진단이나 치료가 어려워, 특별한 다이어트나 자연적 치유로 대처해야 한다. 1번에 있는 라후는 신체적 저력과 강한 의지를 준다. 적과 경쟁자들을 쉽게 이긴다. 그는 또한 속임수나 사악한 방법을 사용할 수도 있다. 라후는 물질적 세상의 이득을 나타내기에, 1번에 있는 라후는 아주 빼어난 외모를 주는 경우가 자주 있다.

모든 결과들은 라후의 로드와 라그나에 있는 다른 어떤 행성들의 영향에 모두 달려 있다. 그는 심리적으로 아주 예민하여 모든 다양한 것들을 다 향상시켜줄 수 있는 사람일 수도 있다. 그는 인정과 성취를 추구한다. 물질적, 신체적, 감각적 경험을 향한 집요한 갈망이 있다.

케투가 7번에: 다양한 파트너십, 파트너에 대한 집착

케투가 7번에 있으면 결혼생활을 해하고, 배우자와 연관하여 항상 굴곡이 있다. 수준이 낮거나 정조가 부족한 상대에게 끌린다. 배우자가 약하거나, 몸이 아프거나, 자신감이 부족한 사람일 수 있다. 배우자가 기이하거나, 이상하거나, 속이는 사람일 수도 있다. 차트 주인은 아주 영적이거나, 사이킥, 수행적, 혹은 분별 능력이 좋은 사람일 수 있다.

그는 확실하고, 성적으로 가까운 파트너십, 안전한 결혼생활을 갈망한다. 파트너들이 내향적이며, 종종 나르시스이거나, 혹은 자신에게만 관심이 있어, 파트너십에 적극적으로 참여할 수가 없다. 케투는 결혼을 막지는 않는다. 그러나 케투는 배우자와 풀 수 없는 불만족을 준다. 부적절하거나, 비연결되었거나, 가능하지 않는 배우자를 준다. 케투는 오래가는 상호관계적 협약을 이루는 데 심각한 어려움을 준다. 그는 파트너가 가진 두려움으로 인한 지나친 통제 성향으로 자기후퇴를 하는 태도에 대해 직관적으로 반응을 하지만, 그러나 이러한 것이 상대와 더욱 멀어지게 만든다. 조인트 계좌를 만들고 자녀가 생길 수 있다. 그러나 두 사람 사이에서 머리가 빠진, 방향성이 없는 연결성이 이면에 깔려 있다.

7번 하우스에 있는 케투는 파트너나 파트너십에 상당히 비판적인 사람으로 만든다. 혼자이기를 선호하거나, 혹은 다른 사람들에게 매이거나, 다른 사람들 기분을 맞춰줄 필요 없이, 원하는 대로 모험해볼 수 있는 자유를 선호한다. 7번의 케투는 다른 사람들에 대해 상당히 비판적으로 만든다. 결국에는 성숙해짐에 따라, 이러한 비판적 성향이 스스로의 불완전함에 대한 투시이고, 자신이 완성하고자 하는 자질들임을 깨닫게 된다.

케투가 1번에: 빠르거나 바뀌는 인상, 자의식에 몰입하는

1번째 하우스에 있는 케투는 자신의 캐릭터가 가진 모든 약점들에 대해 잘 인지하고 있다. 이들은 겸손하거나, 대중 속에 묻혀 사라져버리기를 원하는 무명인일 수도 있다. 그러면서도 조용하게 침착하면서도 뭔가 강렬한 집중적인 에너지를 가진 경우가 자주 있다. 대중이 프로젝트하는 환상적 이미지에 수동적으로 몰입하는 것으로 유명해지는 경우도 자주 있다. 하지만 1번에 있는 케투는 영적 고립을 갈망하며, 미친 대중들로부터 연관이 없는 것처럼 느낀다.

그는 비집착된 자의식이 가진 사이킥 예민성을 얻게 되며, 다른 사람들의 필요에 대해 아주 잘 의식을 하고 있다. 항상 자신을 참조하며 오래된 것을 버리고자 한다. 대중이 원하는 이상이나 사이킥 프로젝션을 반영할 수 있는 아주 탁월한 능력을 가지고 있다. 다른 이들의 경계를 존중하는 어려움이 있을 수 있다. 하지만 7번에 있는 라후는 열정적이고 모험적인 것들의 경험에 고픈 배우자를 줄 수 있다. 이러한 배우자의 기질이 치트 주인에겐 아주 불안히 느껴질 수 있다. 그래서 케투가 1번에 있으면 대체로 결혼생활에 유익하지 않다. 가정적 행복이나 평화에 계속 굴곡을 겪을 것이다. 배우자가 통제하거나 조작적일 수 있다. 그는 직관적이고 영적이거나 수행적인 성향을 가졌으며, 아주 강한 분별 능력을 가지고 있다. 깨달음이나 자유를 얻는 데 대한 관심이 지대하다. 오컬트에 대한 관심도 많다.

라그나에 있는 케투는 약한 체질과 건강문제들을 준다. 몸의 독소나 식중독에 잘 걸릴 수 있다. 라그나에 있는 케투는 다른 사람들의 시선을 회피하게 만든다. 부끄러움이 많고, 다른 사람들에게 투명한 사람일 수 있다. 도덕성이 부족하고 속임수를 쓸 수도 있다. 변덕스럽고, 다중적인 개성을 가졌을 수 있다. 자신감이 충동적으로 부족할 수 있다. 장기적인 물질적 성공은 신체와 사회적 정체성과 연결할 수 있는 능력에 대한 의심으로 제한이 된다. 그는 사회적 정체성에 주의를 기울이지 않는다. 자아, 대중적 이미지, 근육 시스템, 경쟁성, 외모, 신체적 저력이 약하다. 그리고 성심, 전체성, 자기지식, 부의 잃음, 역사적인 가족적 전통의 정체성의 잃음, 독립성, 새로움 등의 이슈들에 대해 무감각하거나 초연하다.

라후가 7번에: 외국이나 이국적인 파트너십, 국제적인 비즈니스

7번에 있는 라후는 결혼과 비즈니스 동의 관계성에 대한 관습적인 경계에 도전하고자 하는 욕구를 가진다. 라후는 결혼이나 비즈니스 파트너십의 관습적인 방식을 방해한다. 성적 관계성에 있어 아주 괴이하거나, 터부를 깨는 태도를 가졌을 수 있다.

7번 하우스에 있는 라후는 다른 사람들과 연결하고자 하는 강한 충동성을 보여준다. 카멜레온과 같은 자질들을 가졌을 수도 있다. 7번에 있는 라후는 아직 자신이 개발하지 못한 자질들 때문에 다른 사람들에게 집착하게 만든다. 하지만 집착하던 마음이 사라지면 다시 다음 상대에게로 넘어간다. 시간이 지나 경험이 쌓이고 성숙하게 되면 파트너가 필요로 하는 것들에 대한 뛰어난 적응력을 가질 수 있다. 그러나 여전히 자신의 정체성을 잃기에는 너무 고통스럽게 하는 잠재성이 있다.

라후가 7번에 있으면 결혼생활을 해친다. 가정적 조화가 결여되며, 항상 배우자와 해결해야 하는 이슈들이 생긴다. 충동적이고, 관계성에서 항상 채워지지 않는 욕망에 시달린다. 배우자는 강하고, 지배적이고, 물질적이고, 강한 욕구적 성향을 가졌다. 길조적인 영향하에 있지 않는 한, 7번의 라후는 1번째 배우자를 잃게 하고 재혼을 하게 한다. 배우자에게 외국, 괴이한, 혹은 터부를 깨는 자질들이 있다. 결혼은 사회적 관행을 따르기보다는 개인적인 욕망을 만족시키기 위해 하는 기질을 나타낸다. 배우자는 물질적 삶에서 외부적으로 아주 성공한 사람일 수 있다. 그러나 내부적으로는 경계선을 너무 깨거나, 혹은 이국적인 행위들을 하여 차트 주인의 삶에서 어려움을 겪거나 영구적인 불안정적 요소가 될 수 있다. 배우자가 부적절하다.

7번에 있는 라후는 국제적 비즈니스 협상에 아주 좋다. 배우자가 파트너십의 상당한 재산이 될 수 있다. 또한 다문화적이거나 사회적인 터부 관계성 영역에서 카운셀링이나 조언을 하는 데도 아주 좋다.

○ **2번과 8번 하우스 축(軸)에 있을 때**

감각 기관과 연결된 정보, 물질적 부와 연관된 테마들이 삶에서 주 이슈가 된다.

라후가 2번에: 부와 파이낸스를 개발하는

라후는 의례적으로 가족, 부, 스피치, 지식들을 취하기 위한 통상적인 방식들을 방해한다. 2번의 라후는 고수되어온 문화적 가치들과 고전적 지식 전통들을 지키고자 하는 관습적 경계들을 뚫으려는 욕망이 있으며, 역사적인 것들을 소유하고, 부를 끌어모으고, 고전적 언어들을 갈망한다. 그리고 은행, 회계, 소중한 책들의 저장, 예술품, 음악, 언어 자료들, 모든 유형의 지식들을 끌어모으며, 부를 축적하고자 하는 데 끌린다.

라후는 관습적인 가치들을 취하는 것을 방해한다. 그는 많은 종류의 지식들을 배우고자 한다. 그럼에도 많은 부나 전문성을 얻기에는 어떤 한 가지에 충분하게 지속적인 집중을 유지하지 못한다. 저축이나 비자금을 포함해서, 평생을 축적하는 데 몰두한다. 비규칙적이고 예측하기 힘든 롤러코스터 같은 굴곡과 변화들이 같이 따라다닌다. 라후 다샤는 아주 소유적일 수 있다. 만약 라후의 로드가 길조적이면, 2번에 있는 라후는 상당한 부(副)나 지식, 혹은 부와 지식 모두를 나타낼 수도 있다. 라후 다샤는 죽음도 불사하는 드라마틱한 터부 행위들을 할 수 있게 한다. 외부인들을 가족들에게 데려온다. 문화적 가치들에 대한 비정상적, 혹은 극단적인 표현을 하게 한다. 그가 가진 가치들은 외국 문화적인 것들에 깊은 영향을 받았다. 그는 외국 땅의 음식들을 먹는다. 아주 즐기고자 하는 태도는 얼굴과 입의 활동에 연관된 것들을 확대시킨다. 매력적인 머리카락을 가지고 있다. 자기가 내키는 대로 먹고 마시며, 말하고 노래하고, 즐길 수 있는 자격을 가진 듯 행동한다. 아주 흥미롭고, 매력적이고, 약간 고혹적인 얼굴을 가졌다.

전형적으로 차트 주인은 돈뿐만 아니라, 역사에 대한 전체적인 지식을 취하고자 한다. 특히 자신의 혈통 전통의 지식에 대해 알고 싶어 한다. 그는 언어, 특히 가치가 있는 언어, 고전 언어와 신성한 언어 등처럼 가장 소중한 언어들을 알고자 한다. 라후는 지식을 소유하고, 예술품, 음악, 보석, 돈, 모든 아름다운 것들, 사치스러운 것들의 물질적 수집을 원한다. 하지만 라후가 가진 지나친 욕망들은 한 가지의 수집으로 만족하지 못한다. 라후는 더 많이 배울수록 더 많이 취하고자 하며, 더 많이 경험할수록 음식, 돈, 보석, 예술품, 음악, 책, 지식 등을 더 소유하고자 한다. 일단 원하는 것을 취하게 되면 자신이 가진 것들에 대한 관심을 잃어버리고 연관된 새로운 가치 있는 것들을 다시 갈망하게 된다. 어떤 것들을 수집하는가 하는 것은 라후의 로드, 라후와 삼반다 하는 행성들에 달려 있다.

케투가 8번에: 미스터리한 지식을 추구하는

케투가 8번에 있으면 파트너의 부의 혜택을 누리기 어렵게 한다. 고질적, 장기적 질병에 시달리거나 생식기능 문제를 겪을 수 있다. 성적 매력은 아주 약하다. 하지만 강한 직관력을 가졌을 수 있다. 케투는 목샤(깨달음) 카라카, 기야나(지식) 카라카이다. 8번에 있는 경우 이러한 자질들이 손상을 입을 수 있다. 그래서 상당히 물질적인 성향으로 나갈 수 있다. 물질적이고 신체적인 수준의 것들을 원할 수도 있다. 가정적 행복을 방해하거나 가족과 이별하게 할 수도 있다. 언제든 노드가 2번이나 8번에 있는 경우, 가족적 행복이 상당히 손상을 입게 된다.

8번 하우스에 있는 케투는 삶의 혼란과 위험 속에서 후퇴하게 만들며, 보다 안정적이고 물질적인 삶을 선호하게 만든다. 종종 어린 시절이나 과거에 혼란스런 경험들을 겪었다. 삶이 내포한 취약함에 대한 인지가 있으며, 그리하여 안정성과 구조체계적인 것들을 이루고자 하는 관심사가 더 깊어진다. 숨겨진 비밀이나 깊은 힐링과 연관된 유산을 얻으려는 갈망이 있다. 만약 케투의 로드가 강하면 탄트라 전통과 어떤 관계성을 줄 수 있다. 그러나 그는 자신이 가진 이러한 지식에 대해 항상 불안하고 불만족감을 느끼게 될 것이다. 크루라 행성이 두스타나에 있으면 좋은 결과를 준다. 그는 자신의 방식대로 자신의 길을 헤쳐나간다. 라후는 2번에 있을 것이다. 가족적 유산으로 인해 상당한 부를 만들 수 있다. 그러나 어떻게 다루거나 투자할지 잘 모를 수 있다.

케투는 비밀스런 것들에 개입하게 한다. 이러한 충동하에, 그는 미스터리한 단체에 참여할 수 있다. 오컬트 공부를 하거나, 사회적으로 인정되지 않는 행위들을 하거나, 혹은 자신의 목표를 달성하기 위해 비도덕적인 방법 등을 사용할 수 있다. 운송수단의 위험성이 있다. 말을 타다가 떨어질 수도 있다. 대출받은 자금을 상환하는 어려움이 있다. 다른 사람의 부나 배우자를 넘볼 수 있다.

케투가 2번에: 갑작스런 부

2번째 하우스에 있는 케투는, 자신이 자라난 가치관들에 대한 불만을 나타내는 경우가 자주 있다. 자신의 가치에 대한 혼란, 지나치게 자기비판적이거나, 다른 사람에게도 비판적일 수 있다. 가난하고, 대체로 불행하거나 우울하다. 비속어를 사용하거나 거짓말을 한다. 스피치 문제도 있을 수 있고, 나쁜 음식을 먹거나 술, 마약 등을 취한다. 교육과 지식을 얻는 데 어려움이 있다. 가족생활에도 해를 미친다.

케투가 2번에 있으면 독특한 스피치, 남다른 가치들, 돈과 가족적 전통에 초연함을 준다. 보다 피상적인 가치들이 제한되면 좀 더 깊은 영적 가치들이 들어올 수 있다. 강한 직관력이나 과거를 알 수 있는 사이킥 통찰력을 가졌을 수도 있다. 관습적인 가치들로부터 초연한 것이 얼굴, 치아, 머리 등을 통해 표출될 수 있다. 전체적인 외모를 단정하게 지키는 것에 대한 관심이 부족하다. 부를 얻을 수 있으나 어떻게 사용하거나 즐길지, 어떻게 투자하고 소비할지 확고한 아이디어가 없다. 부와 고전적 지식을 취득한다. 대체로 부에 대해 걱정한다. 정부의 벌금형을 때로는 받을 수 있다. 자신이 하는 스피치에 대해 조심하고 컨트롤할 수 있으면 성공으로 이끌 수 있다.

라후가 8번에: 미지의 것을 향한 운명

라후가 8번에 있으면 행복이 손상을 입는다. 가정적 조화나 행복이 시련을 받게 된다. 그래서 라후의 로드 상태가 더욱 중요한 역할을 한다. 목성이나 수성의 라시가 선호된다. 8번의 라후는 영적인 영향력을 주지만 물질적 세상의 이득을 얻을 수 있는 힘을 제한시킨다. 배우자의 부나 조인트 계좌로 인한 트러블을 겪게 된다. 배우자와 공동 재산을 관리하는 방식을 방해하고, 재정과 연관된 갑작스런 위기를 만들어낸다.

8번의 라후는 강한 성적 매력을 준다. 만약 나쁜 품위에 있으면 생식기능의 질병이나 다른 고질적 질병을 줄 수 있다. 8번에 있는 화성의 경우와 비슷한 위험성을 내포하고 있다. 라후는 우리가 성급하게 생각하지 못한 방식으로 행동하게 만든다. 8번 하우스에서 라후는 심각한 재난이나 결과들을 가져올 수 있다. 8번에 라후가 있는 경우,

조심을 하고 천천히 하는 법을 익혀야 한다. 특히 스트레스를 받거나 우울증이 있는 경우에는 더욱 그러하다. 8번 하우스의 라후는 숨겨진 것들이나 오컬트적인 것들에 대한 집착을 줄 수 있다. 그래서 형이상학적 관심사가 두드러지는 경우도 자주 볼 수 있다.

8번 하우스 영역이 가진 미스터리나 신비로움은 라후에게 길조적으로 나타난다. 마법이나 탄트라적인 힐링, 수술이나 위급상황 개입 등의 영역에서 유익하다. 물려받은 유산을 줄 수 있고, 특별한 정보에 놀라울 정도로 넓게 접근할 수 있게도 한다. 외국인들, 괴이하거나 비밀스런 세계의 혈통 등과 숨겨진 상호관계성을 많이 줄 수 있다. 그리고 위기, 강압된, 갑작스런 변화들과 연관된 상황에 상당한 끌림을 느낀다. 숨겨진, 비밀스런, 고유의, 죽음과 같은, 위험한, 혹은 터부 같은 것들을 갈망한다. 생과 사의 중간 단계에서 조정을 할 수 있는 힐러로서도 좋다. 심리학적, 의학적, 범죄적 글에 뛰어난 작가를 만들 수도 있다. 위기적인 변화 후에 새로운 정체성을 만드는 데 관여한다. 위급상황에서 아주 극적일 정도로 변형되는 생명력에 대해 지대한 관심을 가지고 있다. 독, 마약, 뱀의 독, 혹은 갑작스런 공격 등으로 죽을 수도 있다.

○ **3번과 9번 하우스 축(軸)에 있을 때**

생각과 믿음 체제에 연관된 테마들이 삶에서 주 이슈가 된다.

라후가 3번에: 남다른 결의

라후가 3번에 있으면 좋은 결과를 대체로 준다. 크루라이면서 우파차야 하우스이기 때문이다. 그는 모험적이고, 신나고, 동기에 차 있다. 용기가 있고, 강한 의지를 가졌으며, 아주 특이하고 확고한 성격을 가졌다. 라후는 만족할 수 없는 욕망을 대변한다. 그는 소통에 대한 강한 욕구를 가지고 있다. 부, 존경, 노력의 열매를 거두고 욕망을 충족시키는 데 도움이 되는 위치이다. 조직적인 일이나 디테일한 일들을 아주 잘하는 능력도 준다. 만약 라후가 좋은 상태에 있으면, 문학적 재능, 파인 아트의 재능이 있고, 아름다운 목소리를 가졌을 수 있다. 도시 내의 여행을 많이 한다. 하지만 형제들과 연관하여 이상적인 위치는 아니다. 사이가 안 좋거나 형제가 없을 수 있다. 바로 아래 동생들이 이상하거나, 혹은 강한 외국적 관심사들을 가졌을 수 있다. 형제들과의 소통은 극적이고, 이상하고, 경계를 존중하지 않고, 개인적인 가치관에 도전을 하는 것일 수 있다. 만약 라후가 크루라와 삼반다가 되면, 동생의 정신적 건강이 어떤 문제가 될 수 있다.

3번째 하우스에 있는 라후는 실제 경험이나 플레이를 통해 머리를 좋게 할 수 있는 잠재성을 준다. 스승이나 권위적 대상들에게 도전을 한다. 정보를 지혜인 것으로 잘못 여기고, 모든 팩터들을 다 갖추고 있지 못하면서도 언쟁을 벌여 수모를 겪기도 한다. 라후는 의례관습적인 정신적 활동, 그룹과 소통하는 방식들, 기존에 정립된 비즈니스 행정이나 소통 패턴 방식 등을 방해한다. 다른 사람들의 생각을 특권의식으로 소유하고자 갈망하며, 터부적인 대화나 상호관계적인 정신적 과정에 이끌린다. 라후는 일상적 사고의 흐름을 방해하면서 정신적인 건강을 해친다. 다른 사람의 사고 경계를 침입하게 한다. 내적으로 하는 독백은 감각적 경험을 원하는 갈증으로 가득 채워져 있을 수 있다. 만약 수성이 라후와 개입이 되었으면, 일상적 사고의 정신적 흐름이나 과거, 현재의 목소리들이 거칠게 흥분적인 내적 갈등으로 요동치고 있을 수 있다.

정보관리를 하는 데 있어 관습적인 스타일에 도전하고, 같이 일하는 그룹, 팀, 비즈니스 부서의 정보에 필요한 미팅을 방해한다. 같이 일을 하기에는 약간 이상한 사람이다. 외국인들과 대화하거나, 외국에 짧은 여행을 하는 데 지대한 관심을 보인다. 어떤 지기 목적을 달성하기 위해 이야기를 지어낼 수도 있다. 또한 단편 이야기를 잘 쓰는 사람이기도 하다. 이처럼 스토리텔링에 대한 극단적 정신적 관심이 길조적일지 어떨지 하는 것은 라후의 로드에 달려 있다. 좁은 시장의 비즈니스에서 성공을 거두기엔 너무 괴이한 정신적 성향이지만, 국제적인 비즈니스를 하는 데 성공을 거둘 수도 있다.

케투가 9번에: 무제한적인 지식

케투가 9번에 있으면 본질적으로 9번 하우스의 좋은 특성들에 모두 손상을 입힐 수 있다. 속이 좁은 사람이거나, 철학이나 종교 등에 대한 관심이 거의 없다. 아버지와의 관계성에 어려움을 겪으며, 아버지의 삶이 힘들 수 있다. 행운과 높은 교육이 방해를 받는다. 좋은 선행을 하는 데 전혀 관심이 없거나 하지 않는다. 종교적인 영역에서 자신감이 있거나 혹은 이력이 난 사람일 수도 있다. 이들은 개인적 경험들을 모으는 것이나, 혹은 종교적 스승이나 가르침들을 시험하는 것 등을 더 중요하게 여긴다. 자연적으로 철학적, 종교적, 혹은 영적인 성향이 있을 것이다. 그러면서도, 현생에서 뭔가 이면에 깔려 있는 테마는 9번 하우스의 카르마를 현생에서 완성할 수 있도록 도와줄 수 있는 실제 스승이나 구루와의 정통적 경험들을 하는 것을 방해한다.

케투가 9번 하우스에 있으면 구루, 의례의식, 진보된 종교적 진리 등을 갈망하며, 만약 케투의 로드가 강하면 엘리트 사회의 사제가 될 수 있다. 하지만 그는 이러한 것들에 대해 항상 불안하고 불만족스러울 것이다. 종교적 구경거리나 사제 특권의 남용에 대한 훈계들을 하는 자연스런 수행자이다. 종교, 의식, 도덕 등에 대한 불확실한 의심을 가지고 있는, 전형적인 불가지론자이다. 타고난 종교에서 전향을 할 수도 있다. 영혼들과 영적인 연결을 잘할 수도 있다. 종교적 스승들을 찾고 있다. 그러면서도 그들에게 불만을 가지고 있다. 영적 세계를 직접적으로 이해해야 한다. 인생의 문제들에 대해 다른 비전을 가졌거나 새로운 접근 방식을 줄 수 있다. 그러한 결과로 자신만의 아주 고상한 도덕성을 가질 수 있다. 외국인들을 통한 운과 이득이 있다. 관대함은 더 도움이 된다. 리더 혹은 어드바이저일 수 있다. 명성, 영광, 지혜, 관대함, 친절함, 헌신 등을 가졌다.

케투가 3번에: 무제한적인 결의

케투가 3번 하우스에 있는 효과는 라후와 비슷하다. 하지만 라후처럼 그다지 길조적이지는 않다. 그는 존경을 받고, 아주 특이하거나 탁월한 성격의 소유자일 수 있다. 발랄하고 흥분을 잘 시키는 면들이 있을 수 있다. 하지만 형제들과의 행복이 거의 없다. 3번 하우스의 특성들과 연결하는 능력을 줄인다. 형제들, 가까운 이웃들, 미팅, 소통 미디어, 정신적 사고 과정, 정신건강, 제스처, 손의 움직임, 정교한 스피치, 청력, 프레젠테이션, 행정, 작은 그룹 과정, 이웃이나 마을 우두머리, 팀과 팀워크, 조정할 수 있는 능력, 마을에서 스피치, 안정을 잃음, 재산을 잃음, 핵가족 주변의 경계를 잃음, 형제들, 동기나 친구들, 이웃들을 태만히 한다. 일상적 일들에 필요한 정신적 사고 과정을 하지 않고, 좋은 소통을 위해 거의 노력을 하지 않는다. 삶의 평화를 얻기 위해 풍요로움을 희생한다.

　3번 하우스에 있는 케투는 자연스런 명상가의 조합이다. 형제들의 도움을 잃고, 에너지가 약해지고, 용기가 있고, 스스로 이룬 부, 침착한 내향성 등에 궁극적으로 도움이 된다. 정신건강 문제에 취약한 경향이 있고, 소통이 잘 되지 않고, 우울증이나 비연결성, 비현실적이고 지나치게 예민한 성향 등으로 인해 즉각적 환경 내에 있는 사람들과 연결하는 것을 망설이다가 고립이 될 수 있다. 하지만 라후가 9번 하우스에 있기에 다양한 타입의 수입을 통해서 부를 얻을 수 있다. 그래서 영적 추구자에게 이상적인 조합이다. 3번 하우스는 욕망과 욕구를 나타내기에 평범한 이들보다 소유욕이 없거나 자신의 노력 결과에 대한 비집착 능력이 탁월하다. 그는 대담하고 용기가 있다. 그는 상당한 재주와 정보들을 완벽하게 갖추고 있지만 여전히 자신에 대한 확신감이 부족하다. 그래서 개인적 관심사, 개인적 힘과 소소한 디테일 등을 초월할 수 있는 법을 가르쳐 줄 수 있는 스승을 찾아나설 것이다. 어떤 결정을 내리는 데 있어 직관이 하는 역할에 대해 신기해한다. 그러면서도 좋은 결과를 낼 수 있는 직관적 사고를 잘 할 수 없는 경우가 자주 있다. 일정하지 못한 결정들, 예상하기 힘든 정신적 상태를 가졌다.

라후가 9번에: 높은 지식에 혁신적인

　길조적인 9번 하우스의 영향이 라후의 특성들을 좋게 해준다. 그는 많은 물질적 세상의 이득을 즐기고 강하다. 자신의 마을의 우두머리이거나 권위적인 지위에 있다. 아버지와 어려움을 겪을 수는 있다. 혹은 아버지가 어려운 삶을 살 수도 있다. 라후의 품위에 달려 있다. 라후의 상태에 따라, 아주 철학적이거나 종교적인 사람일 수도 있다. 또한 9번의 라후는 높은 교육의 기회를 방해할 수 있다. 9번 하우스에 있는 라후는 현생에서 높은 가르침들에 대한 정보들을 많이 모으는 사람을 나타낸다. 이들은 종종 서로 연결성이 없는 아이디어들을 정통적 지혜로 혼돈하면서, 한 가르침에서 다음 가르침으로 계속 넘어가는 예들이 자주 있다. '영적인 것들에 대한 아이디어'를 진정한 영성으로 잘못 생각하거나, 스승들과 다투거나, 혼란들을 겪을 잠재성이 있다. 보다 진화된 경우에는, 특히 로드가 좋으면 9번에 있는 라후는 아주 강한 미스터리 이해 능력과 힘을 준다.

라후가 9번에 있는 경우 종교적인 의식과 믿음 제도의 강한 경험을 아주 갈망한다. 하지만 관습적인 종교의식과 지혜의 가르침을 얻는 것을 방해한다. 의식적인 종교에 대한 극단적인 태도, 종교적 제도를 재해석하거나 재정립하고자 하는 강한 욕구를 가지고 있다. 기존 사원의 지식이나 사제들을 변화시키고 싶어 한다. 외국인 혹은 외부인 구루를 가지는 경우가 자주 있다. 구루는 외국 정부를 조작하거나 비호하는 데 개입되었을 수도 있다. 혹은 이교도의 사제일 수도 있다. 혹은 다른 피상적인 터부를 깨는 역할을 할 수도 있다. 구루는 반전통적인 사람일 수도 있다. 만약 라후가 좋지 못한 상태에 있으면 사원의 지식을 파괴할 수도 있다.

○ **4번과 10번 하우스 축(軸)에 있을 때**
감정적, 사회적 안정에 대한 테마들이 삶에서 주 이슈가 된다.

라후가 4번에: 그림자가 깔린 감정, 느낌

4번째 하우스에 있는 라후는 감정적인 평화를 빨리 이루어야 하는 조급성을 보여준다. 미성숙함이나 무책임한 기질이 있을 수도 있다. 자신의 감정적 세계로 도피를 잘하고, 그러면서 다른 사람들이 자신의 감정적 변덕을 잘 이해해주기를 바란다. 한편으로는 감정적으로 남달리 예민한 사이킥일 수도 있다. 감정적으로 어떤 경계선을 잘 긋지 못한다. 어머니와 연관된 어려움이 있고, 어머니가 힘든 삶을 살게 된다. 토지나 집을 소유하고자 하는 열망이 강하지만 4번의 라후는 그러한 욕구의 충족을 어렵게 만든다. 교육이나 학위를 받는 것에도 어려움을 준다.

라후는 문화적으로 성립된 관습체제를 방해할 수 있다. 토지개혁 운동이나 애국적인 문화혁명 등과 연관되었을 수 있다. 그는 충직한 반대파일 수 있다. 자신의 교육을 터부 영역에 도전하기 위한 목적으로 사용할 수 있다. 어린 시절에 집안에 같이 있던 외부인으로 인해 아주 이상하고 불안정적이거나 혹은 다채로운 방식으로 자라나게 되었다. 완전히 안정되지 못한 어린 시절을 보냈다. 낮은 계층들에 의한 주입을 받았거나 혹은 괴이하거나 의례의식적인 나라에서 자랐을 수 있다. 기본적 사회화와 문화 교육 과정에 남다르다. 관습적인 교육 과정을 거부하거나, 자신이 가진 문화적 정체성을 세우는 데 있어 터부에 도전하는 길을 선호한다. 다문화 교육가로서 최상이다.

　사회적 안정성의 관습적인 경계나 문화적 가치 주입에 대한 도전을 하고 싶어 한다. 특권의식을 통한 문화적 뿌리를 소유하고자 하는 욕망을 가지고 있으며, 학교, 토지, 고정자산 등에 끌린다. 외국에서 재산을 소유하는 데 좋다. 만약 라후의 로드가 강하면 상당한 고정자산을 축적할 수 있으나 차명으로 할 수 있다. 부동산이나 교육에 상당한 관심을 가지고 있다. 라후 다샤 동안, 재산 소유권에 갑작스런 변화가 있거나, 혹은 자연재해로 인해 자산에 손해를 입을 수도 있다. 4번은 앵글 하우스이기 때문에 라후가 좋은 상태에 있으면 물질적인 것들을 이루고자 하는 강한 욕구적 성향을 주고, 또 성취할 수 있게 한다. 하지만 만족할 수 없는 성향으로 언제나 마음이 어지럽다. 인생 전반에 걸쳐 많은 주요한 굴곡들을 경험하게 한다.

케투가 10번에: 남다른 커리어나 일

　10번 하우스에 있는 케투는 책임이나 의무에 대한 회피를 하게 만드는 경우가 자주 있다. 이들은 권력다툼에 대해 잘 이해를 하고 있다. 그래서 그러한 것들에 별로 관심을 느끼지 못한다. 권위적 지위에 있는 다른 사람들에 대해 아주 비판적이거나, 그들의 잘못을 꼬집으면서 혼자 속으로는 그들을 부러워할 수도 있다. 보다 진화된 경우에는 권력과 권위를 얻을 수 있는 타고난 재능으로 사람들을 다루거나, 책임들을 이행하는 일 등에서 아주 높은 지위까지 올라갈 수도 있다.

　케투가 10번에 있으면 우파차야이기 때문에 좋은 결과들을 가져온다. 10번의 케투는 훌륭한 커리어 성공을 가져다줄 수 있다. 하지만 어느 라시에 있느냐 하는 팩터가 중요하다. 안 좋은 품위에 있으면 커리어와 연관된 셋백을 크게 경험할 수 있다. 예상치 못했던 장애들이 나타난다. 사기꾼이나 나쁜 사람들에게 당하거나 갑작스럽게 컨트롤이 안 되는 상황에 빠질 수도 있다. 대외적 특권과 전문영역에서의 명예를 갈망하지만, 10번에 있는 케투는 대외적인 품위가 아주 적고, 명예나 의무, 자랑스러워할 만한 전문성도 없음을 잘 알고 있다. 인정과 칭송, 성공, 가치성의 증명, 사회적 가치 등을 원한다. 그렇지만 높은 명예나 영광은 항상 그를 비켜간다. 어떻게 하면 대외적 존경을 얻을 수 있을지 혼란스럽다. 연결을 이루지 못하며, 책임감 있는 서비스 역할이 가진 기대감을 잘 이해하지 못한다.

10번의 케투는 영적인 수행에 좋다. 많은 성지순례를 가는 사람일 수도 있다. 자신이 가진 자기존중심이 순전히 디바인과의 연결성에 근거를 두고 있는 내적으로 강한 캐릭터를 가진 사람은, 예언가나 신비로운 오라클로서 막강한 영향력을 얻을 수도 있다.

케투가 4번에: 변화무쌍한 감정

4번째 하우스에 있는 케투는 현재 느끼는 감정을 경험하는 데 어려움이 있음을 나타낸다. 어린 시절에 다른 사람의 감정적 이슈로 많이 시달렸거나, 자신의 감정에 대한 조롱을 받았을 수도 있다. 어머니와의 관계가 방해를 받으며, 어머니가 약하거나, 아프거나, 자신감이 부족한 사람일 수 있다. 분별적인 성향을 가졌으며, 삶의 진리를 발견하고자 하는 욕구를 가졌을 수 있다. 토지나 집을 소유하는 데 어려움이 있고, 오래된 집이나 벌레 등이 있는 허름한 집에 거주할 수 있다. 부모님이 일찍 세상을 떠나거나, 출생지에서 멀리 떨어진 곳에 살게 될 수도 있다. 운송수단과 연관된 문제를 겪으며, 고치기가 어렵다. 교육이 끊어지거나 학위를 취득하기 어렵다. 집, 뿌리, 재산, 사회성, 라이선스, 기본적 교육, 어머니와 외가 친척들을 태만하게 다룬다. 케투가 목샤의 앵글 하우스에 있어 영적인 삶이나 깨달음에 대한 관심이 지대하다.

만약 케투의 로드가 강하면 적절하게 안정적인 가정환경을 준다. 그러나 차트주인은 항상 이러한 것들에 불안하고 불만족스럽다. 4번 하우스는 어머니, 심장, 가족생활, 부동산이다. 삶에서 이러한 것들에 약간 문제를 겪을 수 있다.

라후가 10번에: 남다른 커리어나 일

라후는 10번에 있으면 최고의 위치이다. 힘 있고 좋은 커리어를 가지게 될 것이다. 대중들에게 영향을 미치거나, 대중에게 세일즈를 하는 사람일 수도 있다. 충족할 수 없는 커리어 야망을 가지고 있으며, 사회에 상당한 이바지를 하게 될 것이다. 권위적 지위에 쉽게 오른다. 돈을 쉽게 벌고, 부모님을 부양할 수도 있다. 많은 성지순례를 다니고, 영적인 삶을 산다. 외국인들과 더 잘 어울린다. 용감하고, 적은 수의 자녀가 있고, 과부나 낮은 수준의 여자들을 탐한다.

10번 하우스에 있는 라후는 명성이나 인기에 대한 아이디어에 사로잡힌 사람을 만들 수도 있다. 조직을 이끌거나 대중적 의무를 관리하는 관습적 방식을 깨고, 기존의 리더십에 대한 존경심이나 특권 보호에 대한 도전을 한다. 그는 존경받는 직위, 높은 명성, 중요한 의무, 정부요직 등을 가지고자 갈망하며, 높은 관료직위, 피라미드의 꼭대기, 권력을 쥔 직위와 명령을 할 수 있는 위치를 원한다. 하지만 시장이 어떻게 돌아가는지에 상관없이 이 세상에 어떤 족적을 남기기 위한 집착을 보일 수도 있다. 자신의 책임을 이행하는 데 어떤 진정한 가치를 주기보다는, 더 많은 권력, 지위, 명성을 위해 한 프로젝트에서 다음으로 계속 옮겨갈 수 있다. 욕심이 아주 많을 수 있다.

영혼이 보다 진화된 사람의 경우에는 자연적으로 자신의 힘을 늘리거나 목표를 성취할 수 있는데, 필요한 단계들을 잘 감지하는 능력이 있다. 그는 상징적인 대외적 역할을 깨는 아웃사이더일 수 있다. 노동계층에게 인기가 있다. 높은 특혜와 특권층들의 변화를 주도할 수 있는 상징적인 인물로 보여진다.

○ 5번과 11번 하우스 축(軸)에 있을 때

창조성과 커뮤니티에 연관된 테마들이 삶에서 주 이슈가 된다.

라후가 5번에: 그림자가 낀 이지

5번째 하우스에 있는 라후는 무슨 수나 방법을 동원해서라도 자신의 창조성을 추구하게 만든다. 이처럼 수단과 방법을 가리지 않는 개인주의 성향은 파괴적인 결과들을 가져올 수도 있다. 균형적 센스가 부족하고, 반항적이거나 군기적인 창조적 스타일로 인해 다른 사람들이 불편함이나 저항감을 느낄 수도 있다. 어둠을 로맨스화시키는 성향의 예술은 진정한 예술적 재능은 아닐 수 있다. 5번에 있는 라후는 개인적 창조성을 표현하는 데 관습적인 방식을 방해한다.

라후가 5번 하우스에 있으면 그는 전생에서 부와 다른 물질적 소유물에 집중하다가 죽었다고 한다. 그래서 현생에서 돈이나 다른 물질적 이득에 대한 강렬한 욕구를 가지게 된다. 총명하지만 혼란스런 마인드를 가지고 있다. 불균형적인 생각, 편협한 사고, 혹은 쾌락주의자일 수 있다. 실질적인 사람이며, 영적인 수행을 하는 것에 대한 관심이 없다. 적은 수의 자녀가 있거나 관계성의 어려움이 있다. 유산의 가능성도 있다. 5번의 라후는 로맨스 라이프도 방해를 하며, 복통의 문제를 일으킨다. 전생에서 조작을 잘하는 재능을 가지고 와서 자신의 강한 욕망을 충족시키고자 한다. 마음의 평화를 거의 가지지 못한다. 만약 라후가 손상되었으면 잡귀들이나 떠도는 영들에 잘 영향을 받을 수 있다.

만약 라후의 로드가 길조적이면 그는 유명한 사람일 수도 있다. 창조성을 표출하거나, 아이들을 키우거나, 정치, 투기를 하는 데 있어 관습적인 경계에 도전한다. 행위예술의 천재이거나, 명성, 유명인사, 자신의 지성을 인정받고자 하는 갈망을 가졌다. 오락이나 게임에도 강하게 끌린다. 연예인과 정치적 힘에 매료된다. 개인적 천재성의 표현이나 이기는 것에 대해 흥분을 한다. 확장적이지만 사이킥 불안정성과 목적에 대한 한결같지 못함으로 인해 자녀에 대한 불안정적인 욕구를 가지고 있다. 자녀들이 낮은 계층들이나 터부 활동에 연관되어 있다. 라후나 수성이나 토성의 라시에 있으면 자녀를 거부당할 수 있다. 다른 라시에 있는 라후는 많은 수의 자녀들을 줄 수 있다. 하우스 로드의 상태에 따라 차트 주인이 이처럼 남다른 아이들을 키우거나, 혹은 다른 사람들이(하인이나 이전 배우자들 등) 자녀들을 키울지 하는 것이 결정된다. 외국인 입양이 자주 생기는 조합이기도 하다. 입양을 하거나, 혹은 자신의 자녀들이 불규칙적인 라이프스타일을 가졌기 때문에 손자들을 키우거나 할 수도 있다.

케투가 11번에: 다양한 기회와 이득들

11번 하우스에 있는 케투는 큰 그룹이나 혹은 자신의 대중적 위치를 키워줄 어떤 것들에 대한 강한 회피를 자주 하게 만든다. 어떤 집합적인 문화에 맞추기 위해 자신을 타협하거나, 혹은 11번째 하우스가 나타내는 사람들에게 조종당하는 것을 아주 두려워한다. 이러한 태도가 세상에 어떤 큰 영향력을 미치고자 하는 자신의 욕망을 상당히 방해할 수 있다. 하지만 보다 진화된 경우에는 사람들에 대한 자연적인 스킬과, 서비스나 문화 등에 대한 진정한 이해는 보다 큰 어떤 것들로 이어줄 수도 있다. 하는 일마다 성공할 것이며 부를 얻을 수 있는 행운의 위치이다. 이상한 친구들이 있거나 그들과의 관계가 어려울 수 있다. 그러나 많은 훌륭한 자질들을 가지고 있으며, 배움이 있고 부유하다.

자연적 크루라들은 우파차야 하우스에서 시간이 지날수록 좋은 결과들을 준다. 좋은 품위 케투가 11번에 있으면, 눈에 보이지 않는 힘들과 네트워크 연결을 통해 목표를 달성하는 경험을 준다. 오래가는 커뮤니티와 아주 똑똑한 수입 수단 등을 가지기 원한다. 라후 혹은 케투가 11번에 있을 때 부를 줄 수 있다. 하지만 라후는 부에 집착하지만, 케투는 집착하지 않는다. 만약 케투의 로드가 강하면 특이한 유형의 수입이나 비집착적인 친구들을 준다. 하지만 그는 이러한 것들에 대해 항상 불안하고 불만족스러울 것이다.

케투가 5번에: 무제한적인 이지

케투가 5번 하우스에 있으면 자녀와의 로맨스를 열망하지만 유지할 수가 없다. 적은 수의 자녀가 있거나, 자녀와 연관된 어려움을 겪는다. 로맨스 라이프는 고전을 하고, 투기를 하면 실패를 한다. 전생의 카르마로 인해 현생에서 좋은 분별력을 가졌을 수 있다. 영적인 수행이나 자연적 힐링법들을 익히면 아주 이득이 된다. 마음의 평화와 이지에는 해가 될 수 있으나, 라후처럼 아주 격렬하지는 않다. 만약 케투의 로드가 강하면 문학적 글을 쓸 수 있는 재능, 자녀, 예능의 재능을 줄 수 있다. 그러나 차트 주인이 이러한 것들에 항상 불안하고 불만족스럽게 느낀다.

5번째 하우스에 있는 케투는 자녀가 없거나, 혹은 창조적인 재능이 아예 없을 수 있다. 그럼에도 아주 높은 수준의 창조성이나 분별 능력을 보이는 경우가 자주 있다. 이들이 가진 창조적인 재능이나 이지는 개인적 충족을 위한 것이기보다는, 좀 더 집합적이고, 보다 높은 선을 향한, 좀 더 고상한 어떤 것일 수도 있다. 라후는 11번에 있을 것이다. 다양한 유형의 수입을 통해 놀랄 만한 부를 줄 수 있다. 어떤 정신적으로 강하고 때로는 다른 사람들에 대한 힘을 누릴 수 있다. 설교를 잘하고 성지순례나 외국 여행을 가는 성향이 있다. 지식과 배움이 때로는 거부당할 수 있다. 절대 도박을 하거나 돈을 위해 게임을 하지 말아야 한다. 이들은 투기에 대해 잘 이해하지 못하며 케투가 희생양으로 만들 수 있다.

라후가 11번에: 혁신적인 이득과 기회들

11번에 있는 라후는 부, 이득, 이윤 등을 줄 수 있는 최상의 위치이다. 많은 야심과 성공하고자 하는 욕망을 가지고 있다. 아주 자극적인 본성이나, 아주 경쟁적인 사람일 수도 있다. 하지만 자신보다 더 높은 어떤 것들, 예를 들어 문화나 예술 등을 위한 봉사를 하고자 하는 욕망도 있다. 11번의 라후는 종종 많은 인기를 준다. 무엇이던지 대중의 시각을 통해 보여지게 하는 역할에 가장 자신의 능력을 잘 발휘하기 때문이다. 커뮤니티 멤버들에게 존경을 받고, 부유하고 힘 있고 영향력 있는 친구들이 있다. 경제적 이득을 주는 많은 기회들이 있을 것이다. 강인한 목표와 야망들을 가지고 있으며, 모두 충족시킬 수 있다. 위 형제와의 관계성에는 어려움이 있다.

라후가 11번에 있으면 큰 그룹 네트워크와 시장 단체들이 작용하는 관습적 방식에 방해를 한다. 어떤 이득이 되는 단체와 높은 인맥의 우정 단체들이 가진 기존 경계에 도전하고 싶어 하며, 큰 모임이나 정치적 모임, 선거운동, 거대한 인터넷 네트워크 등과 같은 큰 단체 모임들을 주도하고자 한다. 하지만, 기존 마켓 장소에서 아웃사이더일 수 있다. 하지만 11번의 라후는 대체로 부를 주는 카라카이다. 피라미드 체제나 의심스런 시장 작용 방식을 사용하여 부를 벌게 한다. 높은 직위와 다양한 사람들, 관심사들과 연관 있는 네트워크 단체에 대한 아주 큰 욕망을 가지고 있다. 사회의 카멜레온과도 같은 사람이다. 다른 사람들의 필요와 원하는 것들을 개인적인 이득을 위해 조작한다. 시장에서의 성공을 주고, 굴곡은 있지만 높은 수입을 준다. 장기적으로 오래 가는 이득을 위해선 라후의 로드가 길조적이어야 한다.

○ **6번과 12번 하우스 축(軸)에 있을 때**

용서와 용해, 자유로움에 연관된 테마들이 삶에서 주 이슈가 된다.

라후가 6번에: 총명한 전사

라후가 6번에 있으면 좋은 위치이다. 라후는 싸움이나 투쟁이 많이 일어나는 곳에 살고 있으며, 자신의 노력으로 향상시키기 위해 스스로 총대를 메는 사람을 나타낸다. 상당한 생동력, 생기, 탁월한 건강을 주고, 장수한다. 싸워야 하는 전투가 많고, 많은 적들이 생길 수도 있다. 결과적으로 이러한 노력, 액션들이 높은 수준의 자가 치유나 서비스를 할 수 있는 능력으로 키워줄 수도 있다, 하지만 그러는 와중에 마주해야 할 전투나 어려움들이 많이 있다. 적들을 파괴하고 쉽게 경쟁자들을 이긴다. 디테일한 일에 아주 뛰어나고 서비스 직업에 일할 수도 있다. 건강이나 캐터링과 연관된 일을 할 수도 있다. 부유하고 존경을 받는다.

라후는 6번에 있을 때 일과 갈등을 해결하는 방식에 있어 관습적인 방식을 방해한다. 일반적으로 크루라가 두스타나에 있으면, 적이나 갈등들에 맞서 싸우거나 도전으로부터 달아나지는 않는다. 오히려 그러한 갈등을 일으키는 것들에 더욱 깊이 개입을 함으로써 전문성과 이득을 얻게 되는 경우가 자주 있다. 낮은 계층의 사람들에 끌리며, 의료계, 가난, 이혼, 탐색, 범죄 등의 영역에서 사회적 갈등에 대한 관습적 경계에 도전한다. 마약이나 의약품, 불우한 사람들, 동물보호 등을 위한 불균형에 반대하는 모임들을 선동하고자 한다. 비도덕적이고, 존경스럽지 못하고, 금지된 행위들에 매료되는 경향도 있다. 6번에 있는 라후는 마치 온갖 것들이 뒤섞인 가방과도 같다. 정치, 군대, 낮은 계층, 아웃카스트, 외국인들, 사기꾼들, 도둑들, 거짓말쟁이들, 의사들, 마약 딜러, 창녀, 사칭인, 고리대금업자들 등과 같은 무수한 갈등을 제시하는 것들이 삶을 채우고 있다. 이러한 긴장된 요소들이 건강을 해쳐, 독소로 인한 심각한 질병, 종종 정신심리적인 근원을 가진 병들, 잘못된 약의 위험 등이 있을 수 있다. 심각한 질병의 경우, 현대의학 치료법보다는 대체의학치료를 쓰게 되면 상당한 효과들을 보게 된다.

만약 라시의 로드가 좋은 상태에 있거나 라후가 좋은 삼반다를 받고 있으면 모든 파파들이 사라진다. 6번에서 강한 라후는 운송수단과 연관된 부를 주며, 건강과 저력을 증진시키고, 믿을 수 있는 직원들, 좋은 서비스, 아버지의 친척들을 통한 행운(어떤 수입이나 고용 등과 같은) 등을 나타낸다. 부유한 친척들로 인한 이득을 볼 수도 있다.

케투가 12번에: 그림자가 낀 성장

12번 하우스에 있는 케투는 점성학에서 가장 영적인 위치의 하나로 여기는 조합이다. 12번째 하우스 특성과 연관된 카라카 행성으로서, 12번째 하우스처럼 속세에 속하지 않는, 우리 내면에 있는 어떤 참모습을 나타내기 때문이다. 무지의 베일 너머에 있는 깊고 숨겨진 어떤 진리에 대한 의식이나 자연적 탐구 성향이 나타나게 된다. 의식은 외적이고 물질적인 것들보다는 더욱 심연의 세상, 깊은 내적 성찰을 부추긴다. 그래서 12번의 케투는 영적 추구자에게 최상인 위치이다. 아주 훌륭한 분별력과 영적인 진화에 지대한 관심이 있다. 하지만 예상치 못했던 비용이나 빚에 시달릴 수 있다. 침실의 쾌락도 아주 미미하다. 낭비나 사악한 쾌락을 얻기 위해 자신의 부를 허비할 수 있다.

12번 하우스가 나타내는 어떤 신성함, 비용, 명상, 잃음이나 깨달음의 특성과, 목샤의 카라카 행성인 케투와의 조합은 차트 주인이 평화로운 마음과 침실의 쾌락을 갈망하도록 만든다. 케투는 비연결의 행성이며, 12번은 세상으로부터 비연결하는 하우스이다. 그래서 초기에 느끼는 불안함에도 불구하고 모든 집착들을 내맡기는 데 대한 열정을 느끼게 된다. 목적이 없이 돌아다닐 것이며, 쉴 장소의 제안도 마다할 것이다. 그는 인간과 영(靈)의 세상들 경계를 넘나들며, 분리나 이별, 경계선에 대해 별로 상관을 하지 않는다. 개인적, 도덕적, 인종적, 종교적, 법적, 혹은 물질적으로 어떤 경계이든 넘는 것에 별로 개의치 않는다. 영적인 삶을 유일한 진실이자 진리로 여기며, 물질적 축적이 삶의 목표가 아니라고 생각한다. 그러므로 시간이 지나면서 점차적으로 자신의 시간과 에너지를 좋은 일을 하는 데 더 사용하게 된다. 성심으로 삶에 접근하기 때문에 대체로 성공한다. 자연적 크루라는 두스타나 하우스에서 제법 좋은 결과들을 가져온다.

12번의 케투가 얼마나 긍정적인 능력을 발휘할 수 있을지 하는 팩터는 케투의 로드 상태에 달려 있다. 만약 로드가 강한 길성이면 침실의 쾌락을 추구하는 데 상당한 낭비를 하게 될 것이다. 만약 로드가 중립이거나 크루라이면 보다 적절한 방식으로 접근하게 될 것이다. 하지만 이마저도 시간이 지나면서 줄어들게 될 것이다.

케투가 6번에: 적응력이 좋은 방어자

6번째 하우스에 있는 케투는 삶의 달갑지 않은 상황들을 가능한 회피하고자 하는 성향을 나타낸다. 보다 더 큰 힘이나 흐름에 내맡기고, 마주하기보다는 도피와 릴렉스를 선호한다. 이렇게 달갑지 않은 상황들을 다루는 방식은 애초부터 조건화되었을 수 있다. 크루라가 두스타나 하우스에 있으면 대체로 길조적이다. 그는 사실상 어려움들을 처리할 수 있는 능력이 탁월하지만, 되돌아오는 보상을 별로 느끼지 못하기 때문에 가능한 책임을 회피하고자 한다. 마음만 먹으면 쉽게 적들을 파괴하고 경쟁자들 위로 올라설 수 있다. 그래서 그의 삶은 6번 하우스가 나타내는 전반적 파괴 효과들에서 좀 더 쉬울 수 있다.

케투가 6번에 있으면 경찰, 질병, 범죄, 마약, 사회갈등 등에 대한 의심을 하게 한다. 부주의로 인해 범죄의 희생양이 될 수도 있는데, 자신이 하는 일이 얼마나 범죄적일지 별로 심각하게 생각하지 않다가 당할 수 있는 일이다. 혹은 이상하거나 진단하기 어려운 질병에 걸리거나, 체중 문제가 심각하며 극복하기가 어려울 수 있다. 자신에게 해를 끼치는 후배들이나 직장동료들과 어려움들을 겪는다. 많은 적들과 질투하는 사람들이 문제를 일으킬 수 있다. 만약 케투가 손상된 상태에 있으면 폭발적인 힘이나 마약의 사용을 갈망하지만 잘 유지할 수가 없다. 전형적으로 고리대금이나 마약업자이다. 절망으로 자가 약물 패턴에 빠지게 된다. 만약 케투의 로드가 강하면 언더 월드와 연결하게 하고, 마약이나 고리대금을 통해 성공할 수 있다. 비록 이성적인 이해를 하지 못하더라도 외국이나 이국적인 철학에도 자신을 열게 만든다. 법에 대해 혼란이나 무시를 하지만, 그의 발목을 잡지는 않는다. 의학이나 금융에 대해 잘 이해를 못하지만 개입을 하면 큰 성공을 거둘 수도 있다.

라후가 12번에: 그림자가 낀 성장

12번 하우스에 있는 라후는 알코올 중독이나 마약 같은 것들을 포함하여 강한 도피주의 성향을 만들 수 있다. 이러한 라후는 물질적인 것들을 포기하거나, 과거 생들에 대해 탐구를 많이 하게 한다. 아주 형이상학적인 마인드를 가졌거나, 이러한 개념들이 그저 이지적인 수준이 아니라 실제 경험적이어야 할 필요성을 느낀다. 그래서 12번에 있는 라후는 실수를 많이 만들고, 천천히 경험들을 얻게 한다. 얼마나 벌든지 모두 낭비하고, 죄악의 행위들을 저지르며, 사후에 안 좋은 곳에 간다. 시력이나 청력의 문제, 침실의 즐거움도 거의 얻지 못한다. 12번 영역을 경험할 수 있는 가장 쉬운 방법은, 알코올이나 마약 같은 의식적 마음의 수준을 낮추는 매체들을 통해서이다.

라후가 12번에 있으면 개인적인 공간이나 상상력과 꿈의 세계를 다루는 데 있어 관습적인 방식을 방해한다. 신성한 공간을 지키거나, 정체성을 잃거나, 목샤를 얻는 데 있어 기존적인 경계를 꿰뚫고자 하는 욕망을 가지고 있다. 꿈, 이미지, 아스트랄 정보를 가지고자 갈망한다. 외국 땅, 개인적인 공간, 명상센터, 수도원, 병원, 아쉬람 등에 끌림을 느낀다. 그가 꾸는 꿈의 세계나 환상은 언제나 요동치고 있으며, 다른 사람들의 상상 속에 들어가고자 한다. 혹은 다른 사람들의 개인적인 공간의 경계를 침입할 수도 있다. 다른 사람들의 상상적인 판타지를 자극할 수 있는 힘을 가졌다. 깊이 묻혀 있는 잠재의식적 욕망을 파헤치거나, 드러나게 할 수 있는 힘이 있다. 어떤 경계에 도전하는 연구에 관여할 수도 있다.

만약 라후의 로드가 길조적이면 멋진 꿈이 풍부하고 환상적인 삶에 불을 붙이게 될 것이다. 외국을 여행함으로써 자신의 정체성을 변화시킬 수 있다. 자신의 개성 정체성을 잃고 다른 정체성을 얻기를 좋아한다. 전 인생에 걸쳐 몇 번의 정체성의 변화를 겪을 수도 있다. 아웃사이더 역할을 즐긴다. 만약 라후의 로드가 비길조적이면 마음의 평화를 방해하는 악몽들에 시달리게 될 것이다.

12.

행성들의 트랜짓(고차라)과 아쉬타카바가

트랜짓(Transit) 혹은 고차라(Gochara)

호로스코프(나탈 차트)는 항상 움직이고 있는 조디액과 행성들을 순간적으로 포착한 사진과도 같다. 호로스코프(나탈 차트)는 출생 시에 행성들의 위치를 나타낸다. 하지만 행성들은 계속해서 움직이고 있다. 그러면서 나탈 호로스코프에 있는 민감한 포인트들(바바, 혹은 키스프)이니 다른 행성들 위를 지나가게, 즉 트랜짓(Transit)하게 될 것이다. 전통적으로는 고차라(Gochara)라고 하는데 어떤 특정한 이벤트들이 일어나도록 트리거(Trigger)를 하기 때문에 **트리거 트랜짓(Trigger Transit)**이라고도 부른다. 행성들의 트리거 트랜짓은 어떤 이벤트가 일어나는 시점을 정확하게 찾아낼 수 있게 해준다. 나탈 호로스코프는 우리의 출생을 통해 삶에 가지고 온 어떤 약조와도 같다. 다샤들은 이러한 삶의 약조들이 펼쳐지게 될 시간의 패턴들을 나타낸다. 트랜짓은 어떤 주어진 시간에 그러한 약조가 이루어지는 것을 확인시켜준다. 그러므로 트랜짓은 나탈 차트와 다샤에서 나타내고 있는 것들을 재확인시켜주는 부차적인 요소가 된다. 차트가 가진 약조나 열매들을 거두게 되는 것을 의미하는 것이다.

전통적인 고차라 방식에 따르면 행성들이 트랜짓하는 하우스들을 잔마 달에서부터 고려하였다. 나탈 차트에서 달이 위치한 곳에서부터 트랜짓 효과들을 판단하는 방식이었다. 고대 인도에서는 출생률이 높은 만큼 유아 사망률도 높았기 때문에, 아이가 태어났을 때 생일이나 시간을 제대로 기록하지 않는 관습이 있었다. 하루이틀 사이에 달의 위치가 크게 변하지 않기 때문에, 생일이나 생시를 정확하게 몰라도 잔마 달의 위치를 알기는 쉬웠다. 그래서 나탈 라그나 외에, 잔마 달을 제2의 라그나로 세워 호로스코프를 읽는 방식이 지금까지도 행해지고 있다. 그런데 달은 한 개의 라시에 약 2~3일 정도 머물기 때문에, 잔마 달에서 판단하게 되면 생일이 2~3일 간격으로 비슷한 사람들은 거의 같은 트랜짓 효과들을 가지게 된다는 추론이 나온다. 그에 비해 라그나는 약 2시간 간격으로 변하기 때문에 잔마 달보다는 라그나에서 트랜짓을 판단하는 것이 훨씬 더 개인적이고 구체적인 효과들을 알 수 있게 된다.

○ **행성들이 열두 하우스를 트랜짓할 때 나타나는 효과들**

행성들은 다양한 하우스들을 트랜짓하면서 길조적, 혹은 비길조적인 효과들을 트리거(Trigger)하게 된다. 이러한 하우스들은 ① 라그나, ② 달에서 고려할 수 있다(필자는 라그나에서 판단하는 방법을 권장한다).

트랜짓 행성들이 길조적인 효과를 나타내는 위치	
태양	3번, 6번, 10번, 11번 하우스를 트랜짓할 때
달	1번, 3번, 6번, 7번, 10번, 11번 하우스를 트랜짓할 때
화성	3번, 6번, 11번 하우스를 트랜짓할 때
수성	2번, 4번, 6번, 8번, 10번, 11번 하우스를 트랜짓할 때
목성	2번, 5번, 7번, 9번, 11번 하우스를 트랜짓할 때
금성	1번, 2번, 3번, 4번, 5번, 8번, 9번, 11번, 12번 하우스를 트랜싯할 때
토성과 라후, 케투	3번, 6번, 11번 하우스를 트랜짓할 때

다양한 행성들이 열두 하우스들을 트랜짓할 때 다음과 같은 효과들을 기대할 수 있다. 하지만 이러한 효과들은 나탈 차트의 다샤가 주는 효과들에 대한 부차적인 역할만 하게 된다. 예를 들어 현재 지나고 있는 다샤가 어떤 특정한 효과에 대한 기약이 있을 때 트랜짓하는 행성이 그러한 효과들을 재확인시켜주는 역할을 한다. 그렇지 않은 경우에는 트랜짓하는 행성들의 효과는 차트 주인에게 별로 영향을 미치지 않는다는 사실을 기억하고 있어야 한다.

○ 태양이 12 하우스를 트랜짓하는 효과들

① 나쁜 건강, 여행 ② 부의 잃음이나 손실 ③ 건강과 부 ④ 질병, 걱정 ⑤ 정신적 불안정 ⑥ 적들을 파괴 ⑦ 여행, 배우자의 질병 ⑧ 모욕을 당하는, 질병 ⑨ 모욕을 당하는, 정신적 불안정 ⑩ 하는 모든 일들에 성공을 거두는 ⑪ 높은 직위 ⑫ 손실과 나쁜 건강

○ 달이 12 하우스를 트랜짓하는 효과들

① 좋은 행운 ② 부의 잃음 ③ 승리 ④ 의심, 의혹 ⑤ 우울증 ⑥ 질병에서 자유로운 ⑦ 많은 편안함을 누리는 ⑧ 기대치 못한 안 좋은 일을 당하는 ⑨ 나쁜 건강 ⑩ 하는 모든 일들에 성공을 거두는 ⑪ 이득, 행복 ⑫ 비용

○ 화성이 12 하우스를 트랜짓하는 효과들

① 정신적 괴로움 ② 부의 잃음 ③ 승리 ④ 직장이나 집에서 멀어지게 되는 ⑤ 정신적 괴로움 ⑥ 적과 질병들을 이기는 ⑦ 배우자와 불화 ⑧ 기대치 못한 비극, 사고 등 ⑨ 건강과 부의 잃음 ⑩ 장애물, 신체적 쇠진 ⑪ 건강과 부를 얻음 ⑫ 부의 잃음

○ 수성이 12 하우스를 트랜짓하는 효과들

① 부의 잃음 ② 부를 얻음 ③ 적들에 대한 두려움 ④ 다양한 이득 ⑤ 배우자와 자녀들과의 불화 ⑥ 적들을 이기는 ⑦ 다툼 ⑧ 부를 얻음, 건강을 잃음 ⑨ 하는 일들에 장애물 ⑩ 모든 편안함을 누리는 ⑪ 다양한 이득을 얻는 ⑫ 적들에게 당하는

○ 목성이 12 하우스를 트랜짓하는 효과들

① 거주지의 변경과 비용 ② 부를 얻음 ③ 나쁜 건강 ④ 가정의 불화, 적들이 늘어나는 ⑤ 행복, 자녀의 출생 ⑥ 적들로 인한 트러블 ⑦ 배우자와 자녀들과 편안함을 누리는 ⑧ 원하지 않는 여행, 부의 잃음 ⑨ 덕을 쌓는, 많은 이득 ⑩ 커리어에 대한 의구심 ⑪ 부와 직위를 얻는 ⑫ 부의 잃음

○ 금성이 12 하우스를 트랜짓하는 효과들

① 신체적 기쁨 ② 부가 들어오는 ③ 다양한 이득 ④ 친구들이 늘어나는 ⑤ 아들의 출생 ⑥ 불운 ⑦ 배우자에게 트러블 ⑧ 건강과 부를 얻는 ⑨ 많은 편안함을 누리는 ⑩ 다툼 ⑪ 부를 얻음 ⑫ 부를 얻음

○ 토성이 12 하우스를 트랜짓하는 효과들

① 나쁜 건강 ② 부의 잃음 ③ 직위의 향상 ④ 가정의 불화 ⑤ 자녀들의 질병, 정신적 괴로움 ⑥ 적들을 이기는 ⑦ 여행에서 고생하는, 배우자의 질병 ⑧ 여러 불운 ⑨ 아버지에게 잘못하거나 해를 입히는 ⑩ 커리어의 장애 ⑪ 부가 들어오는, 많은 편안함을 누리는 ⑫ 노력과 돈을 낭비하는

○ 라후와 케투가 12 하우스를 트랜짓하는 효과들

① 질병 ② 부의 잃음 ③ 다양한 즐거움, 쾌락 ④ 괴로움 ⑤ 부의 잃음 ⑥ 편안함 ⑦ 모욕을 당하는 ⑧ 심각한 질병 ⑨ 잃음 ⑩ 편안함을 누리는 ⑪ 좋은 행운 ⑫ 지나친 비용

○ 트랜짓 효과들을 판단할 때 참고할 사항들

- 행성이 비록 길조적인 하우스들을 트랜짓하고 있더라도 취약이나 적의 라시들을 트랜짓하는 경우 길조적 효과들이 줄어들거나 오히려 해를 입힐 수 있다.
- 고양이나 오운 라시의 하우스를 트랜짓하는 경우 길조적인 효과들을 기대할 수

있다.
- 자연적 크루라 행성 위를 크루라 행성이 트랜짓하는 경우, 특히 비길조적인 효과들이 나타날 수 있다.
- 태양과 화성은 라시에 진입하자마자 효과를 준다(목성과 금성은 라시의 중간에 있을 때 효과를 준다). 달과 토성은 라시의 마지막 삼 분의 일에서 효과를 준다(수성과 라후, 케투는 라시 전체에 걸쳐 효과들을 준다).
- 모든 트랜짓은 나탈 차트와 다샤들에 부차적인 역할만 한다.

○ 토성의 사데사티(Sade-Sati) 효과들

사데사티는 '7년 반'이라는 의미로서, 전통적으로 토성이 잔마 달(출생 달) 위와 앞뒤 하우스들을 트랜짓하는 비길조적인 시기를 나타낸다. 토성은 한 개의 라시를 트랜짓하는 데 약 2년 반이 소요된다. 토성이 잔마 달의 12번, 1번, 2번 하우스를 트랜짓하는 데 총 7년 반이 걸린다. 이러한 시간 동안 다양한 문제나 갈등들, 어려움, 잃음, 비극, 방황, 신체적 곤란 등을 겪게 되는 것으로 알려져 있어, 전통적으로 사람들이 가장 꺼려하고 두려워하는 시기이다. 그런데 다른 트랜짓 효과들과 마찬가지로, 사데사티 역시도 잔마 달보다는 나탈 라그나에서 판단하는 것이 대체로 더 정확하다. 예외적으로 나탈 차트에서 달이 라그나 로드이거나, 혹은 아트마 카라카 행성인 경우 등등, 차트 주인에게 개인적으로 특별한 행성인 경우에는 잔마 달에서 사데사티 효과들을 판단하게 된다.

사데사티는 약 30년마다 사이클이 반복된다. 그래서 한 사람의 일생에서 최고 2~3회 정도의 사데사티를 겪게 된다. 1번째 사데사티는 부모에게 해롭고, 2번째 사데사티는 차트 주인에게 해롭고, 3번째 사데사티는 자녀들에게 해로운 것으로 알려져 있다. 전통적인 사람들이나 점성가들 사이에서는 사데사티가 나타내는 부정적인 효과들에 대해서 지나치게 강조하는 경향이 있는데, 문자 그대로 적용하거나 확대해석하지 않도록 유의해야 한다. 다른 트랜짓과 마찬가지로 사데사티도 나탈 차트의 다샤에 부차적인 역할만 할 수 있을 뿐이다. 실제로는 사데사티를 통해 인격적으로 더욱 성숙하고 사회적으로 더 큰 성공이나 직위에 오르는 예들이 훨씬 더 많이 일어난다.

아쉬타카바가(Ashtakavarga)

아쉬타카바가는 베딕 점성학만이 가진 특별한 예측 시스템이다. 아쉬타카바가는 '여덟 면'이라는 의미로, 일곱 행성과 라그나(총 여덟 면)에서 행성들의 트랜짓 효과들을 수적으로 재기 위해 주로 사용하는 시스템이다. 아쉬타카바가는 다샤 시스템과 같이 합쳐져서 아주 정확한 예측을 하는 데 많은 도움이 된다. 아쉬타카바가 시스템에 대한 전체적인 내용은 아주 정교하고 복잡하기 때문에 이 책의 범주를 넘어간다. 그래서 간단한 개념들만 소개하기로 한다.

○ 아쉬타카바가의 기본적인 계산법

- 일곱 행성들은 나탈 차트상 위치한 곳에서 일곱 행성들(태양에서 토성까지)과 라그나, 총 여덟 팩터에 좋고 나쁜 효과들을 주게 된다. 아쉬타카바가 시스템은 일곱 행성들이 이러한 여덟 포인트에 던지는 점수들을 합산하여 나타날 수 있는 특정한 효과들을 잰다. 라후와 케투는 아쉬타카바가 계산에 포함되지 않는다.
- 각 일곱 행성들은 특정한 하우스에서 길조적인 영향력을 미치며, 이를 한 포인트로 나타낸다. 길조적 포인트는 1, 비길조적인 포인트는 0으로 나타낸다.
- 각 일곱 행성들마다 해당하는 차트들을 만든다. 이를 비나쉬타카 바가스(Bhinnashtakavargas)라고 한다. 나탈 차트에서의 행성들 위치에 따라 결정된다.
- 어떤 하우스에서든지 모든 일곱 행성과 라그나는 각자 최고 8점의 길조적 포인트를 줄 수 있다. 한 하우스에서 길조적 포인트의 점수가 높을수록, 해당 하우스는 더욱 강하고 길조적일 수 있다. 일곱 행성들이 각자 12개 라시에 주는 길조적 포인트들을 합한 것을 사르바쉬타카바가(Sarvashtakavarga)라고 한다. 태양이 줄 수 있는 총 길조적 포인트는 48점, 달은 49점, 화성은 39점, 수성은 54점, 목성은 56점, 금성은 52점, 토성은 39점, 총 합계는 337점이다. 총 337점의 길조적인 포인트들이 일곱 행성과 라그나의 상대적 위치에 따라 다양한 하우스들에 분포되게 된다.

- 일반적으로 트랜짓하는 행성이 아쉬타카바가스의 포인트가 높은 하우스를 트랜짓할 때 길조적인 효과들이 나타날 수 있다. 아쉬타카바가스의 포인트가 약한 하우스를 트랜짓하는 경우에는 상대적으로 안 좋은 효과들이 나타날 수 있다.

○ 일곱 행성들의 열두 하우스 아쉬타카바가 포인트

일곱 행성들은 위치한 하우스에서 여덟 팩터들에게 다음과 같이 길조적인 포인트들을 준다.

	태양 48점	화성 39점	목성 56점	토성 39점
태양	1 2 4 7 8 9 10 11	3 5 6 10 11	1 2 3 4 7 8 9 10 11	1 2 4 7 8 10 11
달	3 6 10 11	3 6 11	2 5 7 9 11	3 6 11
화성	1 2 4 7 8 9 10 11	1 2 4 7 8 10 11	1 2 4 7 8 10 11	3 5 6 10 11 12
수성	3 5 6 9 10 11 12	3 5 6 11	1 2 4 5 6 9 10 11	6 8 9 10 11 12
목성	5 6 9 11	6 10 11 12	1 2 3 4 7 8 10 11	5 6 11 12
금성	6 7 12	6 8 11 12	2 5 6 9 10 11	6 11 12
토성	1 2 4 7 8 9 10 11	1 4 7 8 9 10 11	3 5 6 12	3 5 6 11
라그나	3 4 6 10 11 12	1 3 6 10 11	1 2 4 5 6 7 9 10 11	1 3 4 6 10 11

	달 49점	수성 54점	금성 52점
태양	3 6 7 8 10 11	5 6 9 11 12	8 11 12
달	1 3 6 7 10 11	2 4 6 8 10 11	1 2 3 4 5 8 9 11 12
화성	2 3 5 6 9 10 11	1 2 4 7 8 9 10 11	3 5 6 9 11 12
수성	1 3 4 5 7 8 10 11	1 3 5 6 9 10 11 12	3 5 6 9 11
목성	1 4 7 8 10 11 12	6 8 11 12	5 8 9 10 11
금성	3 4 5 7 9 10 11	1 2 3 4 5 8 9	1 2 3 4 5 8 9 10 11
토성	3 5 6 11	1 2 4 7 8 9 10 11	3 4 5 8 9 10 11
라그나	3 6 10 11	1 2 4 6 8 10 11	1 2 3 4 5 8 9 11

○ 예시: 로버트 다우니 주니어의 비나쉬타카바가와 아쉬타카바가 차트

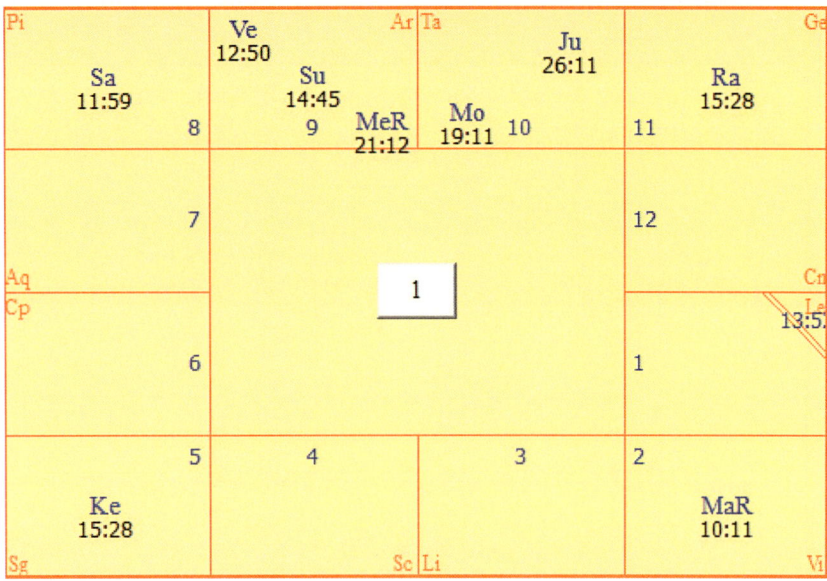

라시 차트(D-1)

• 태양의 비나쉬타카바가: 산양 라시에 있는 태양은 다음과 같은 장소에 길조적인 포인트를 받고 있다.

Su		Ar	Ta	Ge	Cn	Le	Vi	Li	Sc	Sg	Cp	Aq	Pi
00:00	Sa	1	0	1	0	0	1	1	1	1	1	0	1
03:45	Ju	0	0	0	0	0	1	1	0	0	1	0	1
07:30	Ma	1	1	1	1	0	1	1	0	1	0	0	1
11:15	Su	1*	1	0	1	0	0	1	1	1	1	1	0
15:00	Ve	0	0	0	0	0	1	1	0	0	0	0	1
18:45	Me	0	0	1	0	1	1	0	0	1	1	1	1
22:30	Mo	0	0	0	1	0	0	1	0	0	0	1	1
26:15	Lg	0	1	1	1	0	1	1	0	1	0	0	0
Ashtaka		3	3	4	4	1	5	7	3	4	5	3	6
Trikona		2	0	1	1	0	2	4	0	3	2	0	3
E'patya		2	0	0	1	0	2	4	0	0	2	0	3

- 달의 비나쉬타카바가: 황소 라시에 있는 달은 다음과 같은 장소에 길조적인 포인트를 받고 있다.

Mo		Ar	Ta	Ge	Cn	Le	Vi	Li	Sc	Sg	Cp	Aq	Pi
00:00	Sa	0	1	0	1	1	0	0	0	0	1	0	0
03:45	Ju	0	1	1	0	1	0	0	1	1	0	1	1
07:30	Ma	0	1	1	1	0	0	1	1	0	1	1	0
11:15	Su	0	0	1	0	0	1	1	1	0	1	0	1
15:00	Ve	0	0	1	1	1	0	1	0	1	1	1	0
18:45	Me	1	0 *	1	1	1	0	1	1	0	1	1	0
22:30	Mo	0	1	0	1	0	0	1	1	0	0	1	1
26:15	Lg	0	1	1	0	0	0	1	0	0	1	0	0
Ashtaka		1	5	6	5	4	1	6	5	2	6	6	2
Trikona		0	4	0	3	3	0	0	3	1	5	0	0
E'patya		0	4	0	3	3	0	0	3	1	5	0	0

- 화성의 비나쉬타카바가: 처녀 라시에 있는 화성은 다음과 같은 장소에 길조적인 포인트를 받고 있다.

Ma		Ar	Ta	Ge	Cn	Le	Vi	Li	Sc	Sg	Cp	Aq	Pi
00:00	Sa	0	0	1	0	0	1	1	1	1	1	0	1
03:45	Ju	1	0	0	0	0	0	1	0	0	0	1	1
07:30	Ma	1	0	1	1	0	1 *	1	0	1	0	0	1
11:15	Su	0	0	1	0	1	1	0	0	1	1	0	0
15:00	Ve	0	0	0	0	1	0	1	0	0	0	1	1
18:45	Me	0	0	1	0	1	1	0	0	0	0	1	0
22:30	Mo	0	0	0	1	0	0	1	0	0	0	0	1
26:15	Lg	0	1	1	0	1	0	1	0	0	1	0	0
Ashtaka		2	1	5	2	3	5	5	2	2	3	4	5
Trikona		0	0	1	0	1	4	1	0	0	2	0	3
E'patya		0	0	0	0	1	4	1	0	0	2	0	3

- 수성의 비나쉬타카바가: 산양 라시에 있는 수성은 다음과 같은 장소에 길조적인 포인트를 받고 있다.

Me		Ar	Ta	Ge	Cn	Le	Vi	Li	Sc	Sg	Cp	Aq	Pi
00:00	Sa	1	0	1	0	0	1	1	1	1	1	0	1
03:45	Ju	1	0	0	0	0	0	1	0	1	0	0	1
07:30	Ma	1	1	1	1	0	1	1	0	1	0	0	1
11:15	Su	0	0	0	0	1	1	0	0	1	0	1	1
15:00	Ve	1	1	1	1	1	0	0	1	1	0	1	0
18:45	Me	1 *	0	1	0	1	1	0	0	1	1	1	1
22:30	Mo	0	0	1	0	1	0	1	0	1	0	1	1
26:15	Lg	0	1	1	0	1	1	0	1	0	1	0	1
Ashtaka		5	3	6	2	5	5	4	3	7	3	4	7
Trikona		0	0	2	0	0	2	0	1	2	0	0	5
E'patya		0	0	0	0	0	2	0	1	0	0	0	5

- 목성의 비나쉬타카바가: 황소 라시에 있는 목성은 다음과 같은 장소에 길조적인 포인트를 받고 있다.

Ju		Ar	Ta	Ge	Cn	Le	Vi	Li	Sc	Sg	Cp	Aq	Pi
00:00	Sa	0	1	0	1	1	0	0	0	0	0	1	0
03:45	Ju	0	1	1	1	1	0	0	1	1	0	1	1
07:30	Ma	1	0	1	1	0	1	1	0	1	0	0	1
11:15	Su	1	1	1	1	0	0	1	1	1	1	1	0
15:00	Ve	0	1	0	0	1	1	0	0	1	1	1	0
18:45	Me	1	1	0	1	1	1	0	0	1	1	1	0
22:30	Mo	0	0 *	1	0	0	1	0	1	0	1	0	1
26:15	Lg	1	1	1	0	1	1	0	1	1	1	1	0
Ashtaka		4	6	5	5	5	5	2	4	6	5	6	3
Trikona		0	1	3	2	1	0	0	1	2	0	4	0
E'patya		0	1	3	2	1	0	0	1	2	0	4	0

- 금성의 비나쉬타카바가: 산양 라시에 있는 금성은 다음과 같은 장소에 길조적인 포인트를 받고 있다.

Ve		Ar	Ta	Ge	Cn	Le	Vi	Li	Sc	Sg	Cp	Aq	Pi
00:00	Sa	0	1	1	1	0	0	1	1	1	1	0	0
03:45	Ju	0	0	0	0	0	1	0	0	1	1	1	1
07:30	Ma	0	1	0	1	1	0	0	1	1	0	1	0
11:15	Su	0 *	0	0	0	0	0	0	1	0	0	1	1
15:00	Ve	1	1	1	1	1	0	0	1	1	1	1	0
18:45	Me	0	0	1	0	1	1	0	0	1	0	0	0
22:30	Mo	1	1	1	1	1	1	0	0	1	1	0	1
26:15	Lg	1	0	1	0	1	1	1	1	1	0	0	1
Ashtaka		3	4	5	4	5	4	2	5	7	4	5	4
Trikona		0	0	3	0	2	0	0	1	4	0	3	0
E'patya		0	0	3	0	2	0	0	1	4	0	3	0

- 토성의 비나쉬타카바가: 물고기 라시에 있는 토성은 다음과 같은 장소에 길조적인 포인트를 받고 있다.

Sa		Ar	Ta	Ge	Cn	Le	Vi	Li	Sc	Sg	Cp	Aq	Pi
00:00	Sa	0	1	0	1	1	0	0	0	0	1	0	0
03:45	Ju	1	0	0	0	0	1	1	0	0	0	0	1
07:30	Ma	0	0	1	1	1	0	0	1	0	1	1	0
11:15	Su	1	1	0	1	0	0	1	1	0	1	1	0 *
15:00	Ve	0	0	0	0	0	1	0	0	0	0	1	1
18:45	Me	0	0	0	0	0	1	0	1	1	1	1	1
22:30	Mo	0	0	0	1	0	0	1	0	0	0	0	1
26:15	Lg	0	1	1	0	1	0	1	1	0	1	0	0
Ashtaka		2	3	2	4	3	3	4	4	1	5	4	4
Trikona		1	0	0	0	2	0	2	0	0	2	2	0
E'patya		1	0	0	0	2	0	2	0	0	0	0	0

- 로버트 다우니 주니어는 사자 라그나: 다음과 같은 장소에 길조적인 포인트를 받고 있다.

Lg		Ar	Ta	Ge	Cn	Le	Vi	Li	Sc	Sg	Cp	Aq	Pi
00:00	Sa	0	1	1	0	1	0	0	0	1	1	0	1
03:45	Ju	0	1	1	0	1	1	1	1	0	1	1	1
07:30	Ma	0	0	1	1	0	1	0	1	0	0	1	0
11:15	Su	0	0	1	1	0*	1	0	0	0	1	1	1
15:00	Ve	1	1	1	1	1	0	0	1	1	0	0	0
18:45	Me	1	1	0	1	0	1	0	1	0	1	1	0
22:30	Mo	1	0	0	1	0	0	1	0	0	0	1	1
26:15	Lg	0	1	1	0	0	0	1	0	0	1	0	0
Ashtaka		3	5	6	5	3	4	3	4	2	5	5	4
Trikona		1	1	3	1	1	0	0	0	0	1	2	0
E'patya		1	1	3	1	1	0	0	0	0	0	1	0

- 사르바쉬타카바가: 비나쉬타카바가에서 7행성들과 라그나가 위치한 곳에서 12라시들에 던지는 길조적 포인트들을 합산하면 다음과 같다. 12라시들 중에서 쌍둥이(Ge) 라시가 총 33점으로 가장 높은 길조적 포인트를 받고 있고, 산양(Ar) 라시가 총 20점으로 가장 낮은 길조적 포인트를 받고 있다. 그래서 예를 들어, 사움야 행성이 쌍둥이 라시를 트랜짓하고 있을 때 좋은 효과들을 기대할 수 있다. 만약 사움야 행성이 산양 라시를 트랜짓하고 있으면, 좋은 효과를 기대하기가 어렵게 된다. 사르바쉬타카바가 점수가 아주 낮기 때문이다. 평균 30점을 기준으로, 더 높거나 낮을수록 더욱 세거나 혹은 더욱 약한 것으로 간주한다.

Sarva	Ar	Ta	Ge	Cn	Le	Vi	Li	Sc	Sg	Cp	Aq	Pi
Su	3	3	4	4	1	5	7	3	4	5	3	6
Mo	1	5	6	5	4	1	6	5	2	6	6	2
Ma	2	1	5	2	3	5	5	2	2	3	4	5
Me	5	3	6	2	5	5	4	3	7	3	4	7
Ju	4	6	5	5	5	5	2	4	6	5	6	3
Ve	3	4	5	4	5	4	2	5	7	4	5	4
Sa	2	3	2	4	3	3	4	4	1	5	4	4
Lg	3	5	6	5	3	4	3	4	2	5	5	4
Ashtaka	20	25	33	26	26	28	30	26	29	31	32	31
Trikona	6	0	3	0	0	3	0	0	3	6	2	5
E'patya	6	0	0	0	0	3	0	0	0	4	0	5

13.

다른 분야의 점성학

베딕 점성학에는 일반적으로 알려진, 개인적 나탈 차트를 다루는 자타카(Jataka) 점성학 외에도 다른 여러 분야의 점성학들이 있다. 그중에서 먼데인 점성학(Mundane, 정치나 집합적인 현상을 다룸), 무후르타 점성학(Muhurta, 길조적인 시기를 택하기 위해 사용), 프라즈나 점성학(Prasna, 질문에 대한 답을 구하기 위해 사용) 등은 개인의 나탈 차트와 상관이 없는 점성학 분야들이다. 그에 비해 나디 점성학(Nadi, 고전 문헌에 나와 있는 개인적 삶의 예측), 박샤팔 점성학(Varshaphala, 솔라 리턴), 궁합 점성학(Compatibility, 관계성의 적합성 여부) 등은 개인적 출생정보에 민감한 점성학 영역이다. 모든 점성학 분야들은 독립적으로 발전된 무수한 테크닉들을 가지고 있는, 고도의 전문성을 요하는 지식체들로 한 점성가가 평생을 바쳐 공부한다 하더라도 모두 마스터하기는 불가능하다. 그럼에도 어느 정도 기본적인 지식을 갖추게 되면 점성가로서의 자질들을 한껏 고양시켜 주는 데 도움이 될 수 있다. 이 장을 통해 각 분야의 특성들을 간략하게 소개하고, 보다 자세한 내용들은 베딕 점성학 전문서적들에 대한 수요 여건이 조성되는 대로 차례대로 출판할 예정이다.

먼데인(Mundane) 점성학

먼데인 점성학은 다양한 세상사나 정치, 사건 등에 점성학적 원칙들을 적용하여 분석하고 예측하는 점성학 분야이다. '먼데인'이라는 말은 '월드(세상)'을 뜻하는 '무두스(Mudus)'라고 하는 로마어에서 유래되었다. 기원후 1~2세기경부터 헬레니즘 문화에서 세계 이벤트나 정치, 국정 등을 예측하기 위해 사용, 발전시켜온 점성학 분야로 한 나라의 호로스코프를 산출하여 개인의 나탈 차트를 읽는 방식과 마찬가지로 읽고 이해, 분석할 수 있다. 그런데 개인적 나탈 차트는 분명한 출생정보를 가지고 있는데 비해, 집합적 단체인 한 국가의 차트를 산출하기 위해서는 나라의 탄생을 뜻하는 시작점을 먼저 결정해야 하는데, 이에 따른 의견이 사람마다 다를 수 있다는 점이 먼데인 점성학이 가지고 있는 한계성이기도 하다.

한 국가의 차트를 산출하기 위해선 먼저, 정부 수립 날짜와 시간, 그리고 수도의 이름이 필요하다. 예를 들어 인도처럼 영국의 식민지배하에 있다가 평화적인 정부이양을 한 경우에는 독립기념일 자정을 기준으로 국가 차트를 산출한다. 미국 같은 경우에는 독립선언문을 낭독하던 시기를 기준으로 국가 차트를 산출한다. 한국의 경우에는 조선왕조의 국가 차트는 조선 개국일의 일출 시간을 기준으로 산출하고, 근대 대한민국 차트는 정부 수립일을 기준으로 산출할 수 있다(필자는 대한민국정부 수립 행사를 시작하던 '1948년 8월 15일 10시 서울'을 기준으로 사용한다).

먼데인 호로스코프를 이해하는 방식에는 개인적 나탈 차트의 원칙들을 그대로 적용할 수 있다. 하지만 각 하우스가 나타내는 의미나 효과들은 집합적인 팩터로 조정을 하여 해석해야 한다. 국가의 현 정세나 시국을 예측하기 위해선 비단 국가의 생일 차트뿐만 아니라, 국가의 최고 원수나 수상의 차트를 같이 사용해야 한다. 개인의 솔라 리턴 차트와 비슷한, 국가의 매년(每年) 먼데인 차트는 수도를 기준으로 매년(每年) 산양자리에 태양이 진입하는 0도 시점을 기준으로 산출하여 읽는다. 먼데인 차트에서 열두 하우스들의 특성들은 나탈 차트가 나타내는 개인적 의미나 특성들을, 보다 집단적인 의미나 특성들로 조정을 해서 적용을 해야 한다. 특히 이러한 하우스들에 현재 트랜짓하고 있는 행성들과 나탈 국가 차트와의 상호관계성을 주의 깊게 살펴서 최종 판단을 해야 한다.

무후르타(Muhurta) 점성학

무후르타 점성학은 어떤 사건이나 이벤트 등을 시작하거나 혹은 그만두는 데 가장 길조적이거나 최상인 시간을 선택하기 위해 응용하는 점성학 분야이다. '무후르타(Muhurta)'의 뜻은 '현재 시간', 혹은 '두 개의 가티스(Ghatis, 48분)에 해당하는 시간'을 의미한다. 가티(Ghati)는 옛날 인도에서 시간을 재던 단위로서, 1개의 가티는 24분에 해당한다. 점성학에서 무후르타는 어떤 목적을 달성하고자 하는 데 있어 부적절한 시간은 가급적 피하는 동시에 최고로 적절한 시간을 택하기 위한 의도로 사용한다. 그래서 일렉션(Election) 점성학이라고도 칭한다.

모든 점성학은 시간에 기준을 두고 있다. 개인이 출생할 당시의 라그나와 행성들의 위치는 차트 주인의 삶에 연관된 모든 것들을 결정짓는다. 마찬가지로 어떤 일이나 계획을 추진하고자 할 때 시작 당시의 시간에 기준하여 산출한 무후르타 차트는 그러한 프로젝트가 어떤 방식으로 전개될지, 성공을 할지 아닐지 등을 알 수 있게 한다. 개인의 나탈 차트가 앞으로의 삶에서 일어날 다양한 이벤트와 흐름들을 나타내는 것과도 마찬가지이다. 우리가 언제 어디에서 태어날지 하는 팩터는 이미 정해진 카르마적이고 운명적인 팩터 안에 있는 반면, 어떤 특정한 목적을 위한 액션을 함에 있어서는 언제 시작을 할지 하는 것은 우리가 가진 의지나 컨트롤 안에 있다. 그래서 최상의 효율성과 효과를 위한 최고로 적절한 시간을 선택하게 되면 어떤 불상사를 당할 확률이나, 불필요한 노력을 최소화시킬 수 있고, 보다 순조롭고 원활하게 목적달성을 할 수 있게 된다. 무후르타 점성학은 이렇게 점성학적 지식을 실질적으로 활용할 수 있게 해준다.

전통적 인도 사회에서 점성학은 왕이나 왕족 계급의 전유물이었다. 모든 왕실에는 지정된 황실 점성가들이 있었으며, 왕들이 전쟁이나 이웃 나라의 정복을 시도하고자 할 때, 혹은 신들에게 올리는 제의식을 하고자 할 때 최상의 시간을 선택하기 위해 무후르타를 상담하곤 하였다. 시간이 흐르고 카스트 제도가 무너지면서 무후르타 점성학의 사용은 점차적으로 일반인들에게도 널리 보편화되기 시작하였다. 오늘날의 인도 사회에서는 온갖 다양한 인륜지대소사에 무후르타 점성학을 상담한다. 절이나 집을 짓거나, 이사나, 결혼을 하는 등 굵직한 이벤트뿐만 아니라, 교육이나 여행을 시작하거나, 몸이 아파서 의사를 방문하고 질병에 대한 처방을 하거나, 친구나 친척들을 방문하는 등 아주 소소하고 일상적인 일들에조차도 무후르타를 상담하는 생활문화가 고착되어 있다. 또한 새로 임명받은 직위에서 업무를 시작하는 시간을 알기 위해, 혹은 제왕절개 수술을 해서 아이를 낳은 경우 출생 시간을 선택하기 위해서도 많이 사용하고 있다. 그런데 어떤 일에서건 모든 가능한 조건들을 다 충족시키는 완벽한 호로스코프를 찾기는 불가능하다. 그러므로 주어진 기간 내에서 가능한 최상으로 적절한 조합을 선택하는 것이 무후르타 점성학의 목적이다. 인도의 음력 달력인 판창가는 한 해 동안 온갖 용도에 가능한 길조적, 비길조적 무후르타들이 기록되어 있다. 대다수 인도인들은 실생활을 하는 데 있어 판창가 달력을 활발하게 응용하고 있다.

무후르타 점성학의 기본 원칙들은 예측적 점성학적 원칙들과 같이 적용할 수 있다. 하지만 무후르타 점성학에서는 판창가의 다섯 요소들을 충족시키는 데 더욱 강조를 한다. 베딕 점성학에 있어서 태양과 달이 차지하는 비중이 아주 중요하다. 판창가의 다섯 요소(티티스, 바아라, 낙샤트라, 요가, 카라나. 앞 1장의 3항 참조)는 태양과 달의 위치에 달려 있다. 어떤 프로젝트를 시작하고자 할 때 최상의 결과를 얻기 위해서 무후르타뿐만 아니라 차트 주인의 나탈 차트까지 같이 조율해서 사용하는 점성가들도 많이 있다. 무후르타 점성학에 대한 자세한 기술은 이 책의 범주를 벗어나기에 생략을 하고, 차후에 판창가 제작과 연관된 저서를 통해서 보다 상세하게 소개하기로 한다.

프라즈나(Prasna) 점성학

프라즈나(Prasna) 점성학은 나탈 차트와는 상관없이 질문자가 점성가에게 던지는 질문에 대한 답을 구하는 점성학으로, 호라리 점성학(Horary Astrology)이라고도 알려져 있다. 프라즈나 점성학에서 가장 중요한 팩트는 '어떤 질문을 실제로 하는 시점'이다. 일반적으로 질문을 할 당시의 시간을 기준으로 차트를 산출한다. 이에 대한 예측은 질문과 연관된 것이며, 점성학적인 원칙들에 기준을 하여 구체적인 답을 예측하게 된다. 프라즈나는 특히 차트 주인의 출생 시간을 모를 때, 구체적인 질문에 대한 답을 아주 빠르게 찾을 수 있는 효율적인 점성학적 방법이다. 이러한 질문들은 다양한 성격의 것일 수 있다. 도둑이나 소송에 관한 것, 질병이나 수술 등에 대한 쾌유나 치료의 성공 여부, 잃어버린 물건이나 사람을 언제 어디서 찾을 수 있을지, 비즈니스나 인터뷰의 성공 혹은 실패 여부, 사고에서 살아남을 수 있는 확률 등등, 어떤 성격의 질문이든지 프라즈나 점성학에 기준하여 답을 쉽게 찾을 수 있다.

프라즈나 점성학의 기본 원칙들(행성들, 하우스, 라시 등)의 특성들은 나탈 점성학의 원칙들과 같다. 그리고 프라즈나 차트에서 사용하는 별도의 요가들 종류가 있으며, 어스펙트는 타지카 어스펙트만을 주로 사용한다. 프라즈나 요가 조합들이나 긍정적인 타지카 어스펙트가 많을수록, 해당 프라즈나 차트는 성공적으로 좋은 답을 얻을 수 있다.

다른 분야의 점성학과 마찬가지로, 프라즈나에서도 가장 중요한 팩터는 '언제'라는 시간이다. 질문을 하는 시점을 기준으로 산출한 차트가 해당 질문에 대한 답을 가지고 있기 때문에, '언제'를 기준으로 프라즈나 차트를 산출하는 것이 핵심적 키를 쥐고 있다. 대체로 질문자가 어떤 질문에 대해 점성가에게 처음으로 연락을 취하는 시간을 기준으로 프라즈나 차트를 산출한다. 예를 들어 질문자가 전화를 걸었을 때 점성가가 받은 시간이라든지, 메일을 보냈을 때 점성가가 메일을 열었을 때, 혹은 점성가를 방문했을 때 등, 질문자가 가진 질문에 대해 점성가가 구체적으로 의식을 하게 된 시점을 프라즈나 차트 산출 기준으로 정하고 있다. 질문이 보다 구체적이고, 질문자의 감정이 보다 직접적으로 개입되고 절실할수록 프라즈나의 답을 더 잘 구할 수 있다. 반면에 질문자의 태도가 불손하거나, 질문이나 감정이 불확실하고 애매모호할수록 프라즈나 차트는 효력이 없거나 정확하지 않게 된다.

나탈 차트와 마찬가지로, 프라즈나 차트에서도 가장 중요한 곳은 앵글과 트라인 하우스들이다. 이러한 하우스나 로드들이 자연적 길성과 연계되었을수록 긍정적인 답을 얻을 수 있다. 그리고 크루라 행성들이 3번, 6번, 11번 등에 있거나, 혹은 이들이 앵글이나 트라인 하우스에 있지 않을 때에도 질문에 대한 긍정적인 답을 얻을 수 있다.

프라즈나 차트에서는 특히 라그나와 달이 핵심적 키를 쥐고 있다. 라그나를 통해서 질문자와 연관된 이벤트가 어떤 방식으로 전개될지를 나타낸다. 만약 유동적 라시(1, 4, 7, 10)들이 라그나가 되면 좋게든 나쁘게든 상황의 변화가 일어날 것임을 의미한다. 고정적 라시(2, 5, 8, 11)들이 라그나가 되면 어떤 변화도 일어나지 않을 것을 의미한다. 변통적 라시(3, 6, 9, 12)들이 라그나가 되면 양쪽으로 갈 수 있음을 의미한다. 만약 라그나의 각도가 유동적 라시에 가까우면 변화의 가능성, 고정적 라시에 가까우면 변하지 않을 가능성이 높음을 의미한다. 일반적으로 한 개의 프라즈나 차트로 한 가지의 답을 구하는 것이 보다 정확한 답을 얻을 수 있다. 그러나 상황에 따라 한 개 이상의 질문이 있을 때, 첫 번째 질문은 라그나를 통해, 두 번째 질문은 달의 위치를 통해, 세 번째 질문은 태양의 위치를 통해 알 수 있다. 프라즈나 차트에서 달은, 질문에 대한 답을 구체적으로 형상화시킬 수 있는 힘을 가지고 있다. 달이 충분한 프라즈나 요가 조합이나 긍정적인 타지카 어스펙트들을 가지고 있지 않으면 해당 프라즈나 차트는 좋은 효력을 가지기 어렵다.

나디(Nadi) 점성학

나디 점성학(Nadi Jyotisha)은 고대 남인도의 타밀 나두(Tamil Nadu)와 근처 지역들에서 사용되던 점성학 분야로서, 모든 이들의 과거, 현재, 미래 생들은 고대 시대부터 힌두 성자들에 의해 예견되었다는 믿음에 기준을 두고 있다. 팜 리브(Palm Leaves)로 된 나디 고서들이나 브리구 삼히타(Bhrigu Samhita)에서 개인의 전생, 현생, 내생들에 대한 기록들이 적혀 있는 것을 찾을 수 있다고 한다. 타밀 나두에서 발견된 팜 리브(Palm Leaves) 나디 고서들은 리쉬 아가스티야(Rishi Agastya)가 저자인 것으로 전해지고 있다. 그는 아주 높은 의식 수준을 가졌던 성자로 유명하지만 실제로 존재하던 인물인지 아닌지 정확한 기록은 현재까지 확인된 바가 없다.

나디 고서들은 타밀 나두의 바이티스와라 템플(Vaitheeswara Temple) 근처에 살고 있던 나디 점성가들에 의해 세상에 알려지게 되었다. 이러한 나디 고서들은 영국 식민지 시대에는 타밀 나두의 사라스와티 마할 도서관(Saraswati Mahal Library)에 소장되어 있었다. 하지만 고서들에 기록된 약초나 의술, 미래에 대한 예측 등에 관심을 보인 영국인들로 인해 상당 부분이 파손되거나 경매를 통해 영국 왕족들에게 팔려 넘어가게 되었다. 다른 일부는 브라민 점성가들에게도 입수되어 이들 가족의 후손들에게만 비법으로 전수하는 방식으로 현재까지 전해져 내려오게 되었다. 나디 점성학은 트로피칼 조디액을 사용하고 있다. 나디의 텍스트를 썼던 리쉬들이 살던 시대에는 사이더리얼 조디액과 트로피칼 조디액이 서로 일치하였기 때문이다. 나디 점성학이 가진 기본적 원칙들에 대한 설명은 이러한 고서들에 기록되어 있지 않다. 그래서 나디 텍스트를 가지고 있는 점성가들은 거기에 이미 기록되어 있는 내용들만 읽어서 예측할 수 있을 뿐이며, 어떤 특정한 사람에 대한 나디 기록을 찾을 수 없는 경우에는 아무런 예측도 할 수가 없다.

나디 점성학에서는 나디 팜 리브(Nadi Palm Leaves)에 기록된 개인의 운명에 기준을 하여 예측을 한다(나탈 점성학에서는 출생 시의 행성들 위치에 기준을 하여 예측을 한다). 나디 점성가는 상담을 원하는 이의 나디 리브를 찾아서 그곳에 기록되어 있는 내용을 읽어주는 방식으로 하는 것이다. 그런데 나디 리딩을 원하는 사람이면 누구든 나디 리브를 찾을 수 있는 것이 아니라, 때가 되면 준비가 된 진실한 구도자에게 그가 타고난 나디 리브가 올바른 나디 리더(Nadi Reader)를 통해 오게 된다는 속설이 있다. 그래서 실제로 나디 리딩을 받은 사람들은 아주 극소수이며, 설령 받은 사람이라 하더라도 기록된 내용이 아주 은유적인 표현을 사용하고 있기 때문에 자신의 나디 리브가 맞는지 아닌지 확신을 못 하는 경우가 대부분이다. 무엇보다도 나디 리브들을 가지고 있다고 주장하는 나디 점성가들의 진정성 여부가 제대로 증명되거나 확인하기가 어렵다.

나디 점성학은 가장 자세하고 정확하다고 알려져 있지만, 나디 리딩을 받을 수 있기 위해선 아주 정확한 출생 시간이 필요하며, 또한 오리지널한 나디 고서에 대한 지식을 가진 점성가만이 읽을 수 있다는 주장이 있다. 하지만 이러한 나디 고서들이나 브리구 삼히타의 기록들을 소장하고 있는 나디 점성가들은, 다른 사람들이 실제로 나디 텍스트를 보는 것을 허용하지 않기 때문에, 정확도나 오리지널리티에 대한 의구심들이 많은 것도 사실이다. 라오 스승님도 이러한 나디 리딩의 정확도와 진정성에 대한 의심을 많이 품고 계셨던 분이다. 유일하게 닥터 라만(Dr. B. V. Raman)이 생전에 오리지널 나디 고서들을 가장 많이 소장하고 있던 점성가로 알려져 있다. 닥터 라만은 나디 고서들을 모아서 집대성하는 작업을 시도하였으나 완성을 하지 못한 채 돌아가시게 되었다. 그 이후 현재까지 나디 점성학이나 나디 리딩을 정확하게 할 수 있는 점성가들에 대해선 별로 알려진 바가 없다.

박샤팔(Varshaphala) 점성학

박샤팔 점성학은 태양을 기준으로 하기 때문에 솔라 리턴(Solar Return) 점성학으로 칭하기도 한다. 매년 양력 생일에 태양이 출생 시의 조디액 위치로 정확하게 되돌아오는 시점을 기준으로 박샤팔 차트를 산출한다. 예를 들어, 출생 차트의 태양이 물병 라시의 12° 36'이었으면, 매년 태양이 물병 라시의 12° 36'으로 되돌아오는 날과 시간을 기준으로 차트를 산출하는 것이다. 태양의 트로피칼 1년은 365.2422일이기 때문에, 매년 양력 생일마다 같은 박샤팔 차트가 나오지 않는다. 박샤팔 차트를 통해 해당 연(年)의 중점 사항이나 운을 보다 구체적으로 파악할 수 있다.

박샤팔 차트에서는 프라즈나 점성학에서 사용하는 달과 행성들의 요가 조합들, 그리고 타지카 어스펙트만을 주로 사용하여 해석을 한다. 박샤팔 차트는 매년(每年) 한 해 동안만 유효하다. 박샤팔 점성학에서 사용하는 대표적인 다샤는 '무다(Muda) 다샤'인데, 빔쇼타리 다샤 계산 방식을 1년 단위로 한 것이다(나탈 점성학에서 빔쇼타리 다샤는 120년 단위로 계산을 한다).

박샤팔 차트에서 가장 중요한 것은 '문타(Muntha)'이다. 문타는 출생 시의 라그나가 트랜짓한 것을 나타낸다. 출생 해를 시작으로, 문타는 매년마다 한 개의 라시를 옮겨간다. 예를 들어 나탈 차트의 라그나가 처녀 라시이면, 첫 해의 문타는 처녀 라시에 있다. 두 번째 해의 문타는 천칭 라시에, 세 번째 해의 문타는 인마 라시에 있게 된다. 12년이 지나고 나면 문타는 다시 처녀 라시에 되돌아오게 된다. 문타는 한 해에 한 라시씩 옮겨가면서 사이클이 반복된다.

박샤팔 차트에서 문타가 어느 하우스에 위치하게 될지는 솔라 리턴 시점에 달려 있다. 태양의 솔라 리턴을 기준으로 산출한 박샤팔 차트에서, 만약 문타가 9번, 10번, 11번 하우스에 위치하게 되면 그 해는 특히 길조적인 효과들을 누리게 된다. 1번, 2번, 3번, 5번 하우스에 위치하게 되면 해당 연(年) 동안 차트 주인이 노력을 해야 좋은 효과를 누릴 수 있다. 문타가 4번, 6번, 7번, 8번, 12번 하우스에 위치하게 되면, 해당 연(年)은 특히 비길조적인 효과들을 줄 수 있다. 그리고 문타의 로드 행성(예를 들어, 처녀 라시 문타의 로드 행성은 수성)도 역시 4번, 6번, 7번, 혹은 8번에 있게 되면 그러한 비길조적인 효과들이 가중된다. 만약 문타의 로드 행성이 다른 하우스에 있으면 길조적인 효과들이 나타날 수 있다.

그 외에, 보다 상세한 박샤팔 점성학의 원칙들이나 박샤팔 차트가 가진 몇 가지 중요한 특성들의 설명은 이 책의 범주를 넘어가기에 생략하기로 한다. 염두에 두어야 할 점은, 박샤팔 차트의 중요성 비중은 나탈 차트를 능가하지 못한다는 사실이다. 박샤팔 차트는 나탈 차트가 나타내는 것을 부수적으로 보강하는 역할만 할 수 있다. 예를 들어, 아무리 그해에 박샤팔 차트가 좋다고 하더라도, 나탈 차트가 좋지 않거나 어려운 다샤를 지나고 있다면 훌륭한 박샤팔 차트가 별로 도움이 되지 못한다. 반대로, 박샤팔 차트가 특별히 나쁜 해라 하더라도, 나탈 차트에서의 운이나 다샤 흐름이 길조적인 경우에는 나쁜 박샤팔 차트가 별다른 해를 끼치지 못한다. 그런데 나탈 차트의 운이나 흐름이 길조적으로 흐르고 있으면서 동시에 훌륭한 박샤팔 차트가 나오게 되면, 그해에 성공의 열매를 거둘 수 있는 확률이 배가된다. 즉, 박샤팔 차트는 나탈 차트의 부수적인 역할만 하며, 나탈 차트에 없는 것을 주거나, 혹은 나탈 차트에 있는 것을 빼앗아 가지는 못한다.

궁합(Compatibility) 점성학

두 개의 차트를 가지고 서로의 궁합 여부를 알아보는 점성학 분야이다. 궁합이란 주로 결혼과 연관된 경우가 일반적이지만, 그 외에도 친구나 부모 사이, 혹은 비즈니스 파트너십 등 모든 관계성의 적합성 여부를 알기 위해서도 사용될 수 있다. 두 개의 차트를 놓고 라그나를 포함한 일곱 행성들의 낙샤트라들의 위치에 기준한 다양한 팩터들을 대조하여 쿠타(Kuta) 총점 포인트를 산출한 뒤, 두 사람 간의 적합성 여부를 판단하는 방식이다. 완벽한 쿠타 점수는 36점인데, 대체로 21점 혹은 그 이상이면 서로의 궁합이 적합하며, 만약 21점 이하이거나 더 낮을수록 서로의 궁합이 좋지 못한 것으로 간주된다.

전통적으로 인도에서는 아이가 태어나자마자 열성적인 부모들이 점성가들을 찾아다니며 아이의 미래 배우자 후보들을 미리 물색하기 시작하는 관습이 있다. 인도의 부모들은 자녀들에게 궁합이 적합한 상대를 찾기 전까지 평균 100개 이상의 차트들을 들고 점성가들에게 의뢰하는 예들이 아주 흔하다. 전통적으로 두 사람 간의 잔마 달(출생 달)의 쿠타 포인트만을 보고 궁합 적합성 여부를 판단하는 것이 오늘날까지도 행해지고 있는 지배적인 방식이다. 그런데, 달은 단지 한 개의 행성에 불과하며, 나머지 행성들의 쿠타 포인트도 같이 고려해서 총체적인 판단을 해야 한다. 마음을 나타내는 달만 중요한 것이 아니라 태양, 화성, 수성, 목성, 금성, 토성, 그리고 라그나도 중요하기 때문이다. 예를 들어 두 사람 간에 화성의 쿠타 포인트가 약하거나 상충되면, 두 사람이 행동이나 에너지를 드라이브하는 방식, 어려움, 갈등 등을 대처하는 방식 등이 서로 다르게 되며, 잦은 마찰이나 다툼이 일어날 수 있기에 설령 달의 쿠타 포인트가 높다 하더라도 두 사람의 관계성이 원만하게 오래 지속되기는 어렵다. 다른 행성들도 마찬가지이다. 각 행성들이 내재한 특성을 발현하는 방식에 있어 두 사람 사이에 서로 조화로울 수 있어야 좋은 궁합이 된다.

그런데 이렇게 단순히 행성들이 가진 쿠타 포인트로 비교하는 방식은 오늘날 현대 시대에서 일어나고 있는 복잡한 인간관계성을 모두 포괄할 수 있기에는 역부족이다. 궁합성 여부를 판단하는데 있어 무엇보다도 가장 중요한 팩터는 두 사람간의 나탈 차트를 함께 비교한 콤포짓 차트(Composite Charts), 결혼과 자녀들을 다루는 나밤샤와 삽탐샤 차트, 그리고 카르마적인 세력을 나타내는 라후, 케투의 위치가 특히 결정적인 역할을 한다. 이렇게 나탈 차트를 비교 대조하는 방식들에 대해선 입문서 2권을 통해 이미 설명하였다. 그 외에, 쿠타 포인트를 사용해서 궁합 여부를 판단하는 전통적 궁합 점성학 방식을 익히기 위해선 먼저 낙샤트라들에 대한 자세한 지식과 이해가 요구된다. 상세한 낙샤트라 정보들은 『하늘의 금괴』 10장에 기술되어 있다. 이러한 낙샤트라 정보들을 이용해 구체적으로 전통적 궁합 점성학을 보는 방식을 익히게 되면, 비단 결혼 상담 영역뿐만 아니라, 어떤 인간관계성에 대한 상담이나 카운셀링을 하는 데 아주 효과적인 수단이 될 수 있다.

14.

레머디 기법들과 명상의 중요성

자리를 잡고 앉아서, 나 자신을 위해, 혹은 내가 사랑하는 사람들을 위해,

진실한 마음으로 기도를 올리게 되면,

신은 내가 가진 성심에 대한 보상을 내려주신다.

나는 사람들에게 자주 말한다.

"당신 스스로 기도를 행하라.

비록 조금 완벽하지 않더라도,

신은 당신이 가진 성심에 대한 보상을 내리실 것이다.

만약 당신이 비싼 호마(Homa)에 쓸 수 있는 많은 돈을 가지고 있다면,

차라리 그 돈으로 기부를 하고, 어려운 사람들을 돕는 데 사용하라.

그러면 그들이 주는 축복이 당신을 도와서,

행성들이 나타내고 있는 불운들도 극복할 수 있게 해줄 것이다."

이러한 나의 대답에 많은 사람들이 기분 나빠한다.

하지만 30년이 넘도록 오직 이 방법만이

유일하게 효과가 있는 것을 보았다.

오직 이 방법만이 최상의 레머디가 되는 것을 확인할 수 있었다.

설령 당신이 세상 모든 사람들을 다 속일 수 있을지 몰라도
절대로 신은 속일 수 없다는 것을 명심해야 한다.

- Mr. K. N. Rao, 1995년 11월

차트에서 어떤 행성이 약하거나 손상이 되었을 때, 이러한 행성의 에너지와 자질들을 강화시키고 균형을 맞추기 위해 다양한 레머디 방법들을 사용할 수 있다. 베딕 점성학에서는 행성들의 언어를 통해 삶에서 마주하게 될 다양한 삶의 도전들이나 어려움들, 혹은, 성취, 기회, 승진 등의 요소들을 알 수 있을 뿐만 아니라, 어떻게 하면 이러한 행운 혹은 불행의 요소들을 더욱 향상시키거나 피할 수 있을지에 대한 실질적인 레머디 방법들도 같이 제시하고 있다. 사람은 누구나 잘되기를 원하고, 보다 행복하고 충족된 삶을 누리고자 한다. 잘못된 것이 있으면 고치고, 실수를 하였으면 이를 만회하고, 어려운 환경에 처해 있으면 더 좋게 증진시키고자 하는 욕구들이 있다. 좋은 기회가 있으면 이를 최대한으로 활용하고자 하고, 좋은 것들은 그대로 항상 간직할 수 있기를 원한다. 가능한 어떤 고통이나 실패도 피하는 대신에, 원하는 모든 욕망들이 충족되고, 행하는 액션의 결과들이 원하는 대로 나오기를 기대한다. 이러한 인간의 본능적 추구를 보다 효율적으로 성취할 수 있도록 도와주는 레머디 방법들을 '우파야(Upayas)'라고 한다. 우파야들은 어떻게 하면 우리가 겪고 있는 고통을 가장 잘 이겨낼 수 있을지, 그리고 아직 오지 않은 고통은 어떻게 가장 잘 피할 수 있을지 실질적이고 효율적인 방법으로 충족시킬 수 있도록 도와준다.

일반적으로 잘 알려진 우파야에는 다음과 같은 몇 가지 방법들이 있다.

젬스톤 혹은 만트라를 사용하는 방법

가장 보편적이면서 자주 사용되고 있는 우파야는 해당 행성의 젬스톤을 몸에 차거나, 혹은 만트라 진언을 정기적으로 행하는 방법이다. 특히 만트라 진언을 하게 되면 소리의 진동이 행성의 에너지를 일깨우는 효과를 내게 되어 어느 우파야보다도 강하고 효율적이다. 하지만 이러한 만트라들은 사용하기에 안전한 반면, 효과를 낼 수 있을 때까지 일정한 시간의 수행과 주의가 요구된다. 그래서 많은 사람들이 보다 쉽고 빠른 방식, 젬스톤을 몸에 차는 옵션을 선택하게 된다. 젬스톤은 행성의 에너지를 향상시키거나, 긍정적인 영향을 미칠 수 있게 하기 위해 해당 행성이 다스리는 젬스톤을 일정한 모양이나 규격, 사이즈, 금속 등에 맞추어 반지를 만들어 해당 손가락에 끼거나, 혹은 펜던트로 만들어 목걸이로 하는 레머디 기법이다.

○ **행성별 젬스톤**

젬스톤을 사용하는 데 있어 문제는, 반지로 하든 목걸이로 하든 행성의 에너지가 더 좋게 혹은 더 나쁘게 형상화될 수 있다는 사실이다. 예를 들어, 약한 행성의 젬스톤을 몸에 참으로서 그 행성의 저력을 점점 키워간다고 하더라도, 만약 차트에서 어려운 하우스들을 로드하고 있는 행성이라면, 해당 행성의 저력을 키움으로 인해 오히려 득보다는 해를 더 입게 되는 결과가 초래될 것이다. 그래서 라그나에 따라, 어떤 행성이 파파(비길조적), 혹은 슈바(길조적) 행성인지 먼저 잘 파악하는 것이 중요하다(파파와 슈바 행성들의 구분은 2장의 열두 라그나 항목 참조). 만약 행성이 특정 라그나에게 파파로 간주되는 경우, 결코 그 행성의 젬스톤을 사용해서는 안 된다.

라그나 로드 행성의 젬스톤은 전 인생 동안 몸에 차고 다니면 유익하다. 1번째 하우스가 나타내는 신체, 생기, 그리고 다른 특성들을 강화시켜주는 영향력을 주기 때문이다. 장기적으로 몸에 찰 수 있는 다른 젬스톤은 현재 지나고 있는 마하 다샤의 로드 행성이 관장하는 보석으로, 해당 마하 다샤 기간 동안 내내 몸에 차고 있는 것도 좋은 방법이다. 우파야 용도의 젬스톤은 아주 좋은 재질이며 어떤 심각한 흠도 없어야 한다. 하지만 젬스톤은 너무 비쌀 수 있기 때문에 대용 보석을 사용하는 것도 좋은 방법이다. 원석에 비해 훨씬 저렴하지만 우파야 효과는 동등하게 효율적이다.

젬스톤을 사용하는 데 있어, 대체로 반지보다는 펜던트나 목걸이의 형태로 사용하는 것이 더 권장된다. 우파야 용도로 적합한 사이즈의 젬스톤을 반지로 만들게 되면 규격이 잘 맞지 않는 경우가 흔하며 실용성도 떨어지기 때문이다. 그리고 우파야 용도의 젬스톤은 반드시 피부에 닿도록 만들어져야 한다는 사실도 중요하다.

행성별 젬스톤과 대용 보석					
행성	젬스톤	대용 보석	세팅 금속	손	손가락
태양	루비(Ruby)	가네트(Garnet)	금	오른	약지
달	진주(Pearl)	문스톤(Moonstone)	은, 백금	왼	약지 혹은 검지
화성	레드 코랄(Red Coral)	카닐리언(Carnelian), 레드 재스퍼(Red Jasper)	은 혹은 구리, 금	오른	검지 혹은 약지
수성	에메랄드(Emerald)	페리도트(Peridot)	금 혹은 은	양손	소지
목성	옐로우 사파이어(Yellow Sapphire)	옐로우 토파즈(Yellow Topaz), 시트린(Citrine)	금	오른	검지
금성	다이아몬드(Diamond)	화이트 사파이어(White Sapphire), 클리어 쿼쯔(Clear Quartz)	백금 혹은 은	왼	중지 혹은 소지
토성	블루 사파이어(Blue Sapphire)	자수정(Amethyst)	금 혹은 은	양손	중지
라후	고멧(Gomed) 혹은 헤소나이트(Hessonite)	헤소나이트 가닛(Hessonite Garnet)	금 혹은 은	양손	중지 혹은 소지
케투	캐츠 아이(Cat's Eye)	호안석(Tiger's Eye)	은 혹은 백금	양손	중지 혹은 소지

○ **행성들의 만트라 진언**

어떤 행성들의 젬스톤을 사용해야 할지 확신할 수 없을 때, 보다 안전하면서도 효율적인 우파야 방법은 행성들의 만트라 진언을 하는 것이다. 만트라 진언은 행성이 가진 보다 고귀하고 순수한, 영적 자질들을 강화시켜주고 행성의 에너지를 균형잡히게 한다. 그래서 많은 요기들이나, 특히 미스터 라오가 강력하게 추천하는 우파야 방식이다.

아홉 행성들의 만트라 진언에는 긴 버전과 짧은 버전이 있다. 다음은 짧은 버전들로서, 누구나 쉽게 익힐 수 있다는 장점이 있다.

태양	옴 숨 수리야야 나마하(Om sum suryaya namaha)
달	옴 솜 소마야 나마하(Om som somaya namaha)
	옴 춤 찬드라야 나마하(Om chum chandraya namaha)
화성	옴 쿰 쿠자야 나마하(Om kum kujaya namaha)
수성	옴 붐 부다야 나마하(Om bum budhaya namaha)
목성	옴 브람 브리하스파타예 나마하(Om brahm brihaspataye namaha)
	옴 굼 구루베 나마하(Om gum guruve namaha)
금성	옴 슘 슈크라야 나마하(Om shum shukraya namaha)
토성	옴 샴 사냐예 나마하(Om sham shanaye namaha)
라후	옴 람 라하베 나마하(Om ram rahave namaha)
케투	옴 켐 케타베 나마하(om kem ketave namaha)

만트라 진언을 행하는 방법은 아래와 같다.

- 각 만트라들은 매번 108회씩 부드러운 소리, 혹은 속으로 조용하게 날마다 왼다. 세는 방식은 108알의 염주를 사용하면 된다. 조용한 장소에 반듯하게 앉아서, 호흡을 가다듬고, 눈을 감거나, 혹은 반쯤 뜬 상태로, 턱은 약간 아래로 향한 채, 의식을 양미간 사이에 두고, 오른손의 엄지와 중지를 이용해 염주를 든 뒤,

만트라를 한 번 욀 때마다 엄지손가락으로 염주알을 한 번 굴리는 방식으로 108알까지 세면 된다. 진언을 하는 동안 만트라의 내적인 소리에 각별한 주의를 기울여야 한다.
- 만트라 진언 수행은 이른 아침이 가장 좋은 시간이지만, 개인적 스케줄에 따라 방해받지 않고 정기적으로 수행할 수 있는 시간을 선택하여 꾸준하게 해나갈 수 있으면 언제든 충분하다.
- 만트라 진언의 효과를 보기 위해서는 최소한 6개월 이상의 정기적인 수행이 필요하다.

호마(Homa), 혹은 야기야(Yagyyas)로 하는 우파야

호마 의식은 야기야(Yagyas)라고도 한다. 전통적 인도 관습에서, 야기야들은 왕국의 안녕과 번영을 기하기 위해 왕들이 브라민 베딕 승려를 통해 정기적으로 행하던 제(祭) 의식이다. 이러한 야기야를 개인적 차원에서 행할 때는, 개인의 댜샤 사이클에 맞추어서 어려움을 예방하거나, 어려움을 만들어내는 행성들을 달래거나, 혹은 건강, 교육, 커리어 성공, 행복한 결혼 등을 위해서 힌두 사원에서 베딕 사제들이 행해주던 의식이다. 이처럼 우파야 목적의 야기야들을 행하는 전문적인 사원들이 있으며, 자격을 갖춘 베딕 승려들이 신청인들의 잔마 낙샤트라(출생 달)에 기준하여 야기야들을 행할 적절한 시간을 선택하여 행하게 된다(한국의 무속인들이 행하는 굿과 비슷한 개념이다).

전통적으로 점성학적 레머디를 위해 행하던 이러한 야기야(호마)들은 베딕 승려들이 무료로 행하던 사원 서비스들이었다. 그리고 야기야를 행하는 베딕 승려들이 옛날의 리쉬들처럼 높은 의식 수준을 가지고 있고 순수한 성자들일수록 우파야의 효과는 더욱 커질 수 있었다. 하지만 시간이 지남에 따라, 이러한 오리지널 호마가 가진 순수 목적과 의도가 점점 변형되고 빛이 바래게 되었다. 그리고 사람들에게 겁을 주어 돈과 재물을 착취하기 위한 수단, 사원이나 승려들이 막대한 부와 사익을 쌓기 위한 수단으로 호마가 타락하고 악용되게 되었다. 호마 의식이나 젬스톤 같은 레머디 기법은 데바와 같은 순수의식의 높은 경지에 다다른 베딕 승려가 행하거나, 순수한 오리지널 보석, 젬스톤이어야 효과가 있다는 제약이 있다. 하지만 오늘날 같은 물질사회에서는 그러한 높은 경지에 다른 베딕 승려가 드물 뿐만 아니라, 타락한 죠티샤들이 보석 상인들과 짜고 사람들에게 겁을 주어 비싼 젬스톤을 팔기 위한 수단으로 많이 남용되고 있는 현실이다.

이러한 기류들에 특히 강력한 반기를 들고 일어난 점성가가 미스터 라오이다. 그는 강직한 성품으로 직위고하를 막론하고 누구에게든 바른말을 하기를 서슴지 않다 보니, 인도 사회에서 가장 영향력 있고 잘 알려진 점성가인 동시에 그만큼 미워하는 적들이나 안티들도 많은 분이기도 하다. 미스터 라오는 이러한 양심 없는 죠티샤들을 맹렬히 비난하면서, 위에서 인용한 대로 본인이 본인을 위해서 혹은 사랑하는 사람을 위해서 직접 행하는 호마가 서툴더라도, 혹은 틀리더라도, 생판 모르는 베딕 승려가 하는 비싼 호마 의식이나 젬스톤보다 훨씬 빠르고 효과적인 레머디 기법이라고 항상 강조를 하였다. 미스터 라오가 수십 년 동안 직접 가르치고 행하고 있는 '본인 스스로 행하는 호마'가 바로 '행성들의 스토트라(Planetary Stotras)', '비슈누 사하스트라나마발리(Vishnu-Sahastranamavali)'이다. 이를 1995년에 오디오로 녹음하여, 전 세계적으로 무료로 모든 사람들에게 배포하기도 하였다. 필자도 그때 그분에게 직접 배운 이후로 현재까지 개인적으로 계속 행하고 있을 뿐 아니라, 현지의 제자들에게도 꾸준하게 가르쳐온 우파야 방식이다. 긴 세월을 통해 그 효력을 직접 확인할 수 있었기에 필자 역시도 모든 사람들에게 권장하는 호마 방식이기도 하다. 녹음된 스토트라 낭송들은 이미 필자의 유튜브 채널에도 올려놓았으니 참고하시면 되겠다.

다나(Dana), 혹은 자선을 행하는 우파야

다음으로 효과적인 우파야는 다나(Dana), 즉 '보시, 기부, 베풂, 자선'을 하는 것이다. 주는 만큼 되돌아오고, 나누는 만큼 기쁨도 배가되는 것이 삶의 근본 원칙이다. 12번째 하우스가 이러한 비용, 손실, 나가는 것, 자선, 기부 등을 나타낸다. 살아가면서 어려움에 처했을 때 차트를 들여다보면, 이러한 12번째 하우스나 로드가 영향력을 펼치는 다샤가 왔거나 다가오고 있는 경우가 많이 있다. 누구에게나 12번째 하우스와 로드가 있다. 살아가면서 기본적으로 반드시 들어가는 육체적, 물질적, 정신적 비용들이 있다. 그런데 12번째 하우스가 좋으면 나가는 비용을 통해 더 큰 이득, 수확을 얻을 수 있다. 그렇지 못하면 12번째 하우스가 만들어내는 소모, 비용들을 회복하기 힘들다. 그래서 다나를 하더라도 이에 소모되는 시간, 에너지, 비용 등을 효율적으로 활용할 수 있어야 한다.

이러한 다나, 보시, 자선행위를 행하고자 할 때, 사람들은 보통 돈이나 재물과 같은 물질적 기부만을 생각하는 경우가 많다. 하지만 보시나 자선의 종류에는 크게 세 가지가 있다.

○ 의식의 헌신

의식의 힘을 길러서 에고가 타고난 숙업, 부정적 성향을 끊임없이 보다 큰 자아, 신성, 신께 되돌리는 헌신적 방법, 내려놓음, 내맡김을 하는 방법이 제일 강력하고 효과적인 다나이다. 그래서 명상 수행, 만트라 진언이나 찬팅, 기도를 하거나, 혹은 성전 등을 공부하면서 작은 자아가 가진 이기심, 부정성, 제한성을 보다 큰 초월적 힘이나 신 혹은 데바들에게 내맡기는 방법이 어떤 물질적 다나, 보시보다 더 빠르고 효율적인 다나 행위인 것이다. 죠티샤를 하는 것은 특히 효율적인 성전 공부에 해당한다.

○ 재능 기부

다음으로 자신의 재능을 기부하는 자선행위가 있다. 따뜻한 미소, 위로 한마디, 혹은 음식을 나누거나, 혹은 어떤 식으로든 어려움에 처해 있거나 도움이 필요한 사람들에게 자신의 시간과 노력, 마음 등을 내서 도와주는 행위, 남의 어려움을 경청해주는 것 등은 모두 요범사훈(무료 번역본은 필자의 유튜브 채널에 있음)에도 나와 있듯이, 공덕을 쌓고 운명을 바꿀 수 있게 하는 지름길이다. 또한 자신이 배운 것을 가르치는 것도, 자신이 아는 만큼 다른 사람들과 공유하는 것도 아주 효율적인 자선행위이다. 다른 사람들의 무지를 일깨우도록 도와줄 뿐 아니라, 가르치는 과정을 통해 자신의 지식을 더욱 깊게 할 수 있기 때문이다.

○ 재물 기부

마지막으로 재물이나 돈을 기부하는 자선행위가 있다. 다른 자선행위에 비해 효율성은 뒤떨어지는 반면, 가장 하기 어려운 다나, 자선행위이다. 오늘날과 같은 물질적 사회에서 돈을 마치 자신의 생명줄인 것으로 직결시키는 이들이 많다. 또한 부자가 되어야만 재물이나 돈을 기부할 수 있다고 생각하는 사람들도 많다. 하지만, 이처럼 금전적인 기부를 할 때는 금액의 크기가 중요한 것이 아니라, 얼마만큼 진심을 내어서 베푸는 마음을 내었느냐 하는 것이 더 중요하다. 그렇기 때문에 판자촌에 사는 사람이 천 원이든 만 원이든 자신의 한 끼를 거르면서 익명으로 기부한 돈의 공덕 가치는 억만장자가 미디어에 거창하게 떠벌리면서 기부한 억만금보다 가치가 훨씬 더 높게 되는 것이다(요범사훈 세 번째 교훈 참조).

명상의 중요성

> 삶은 불투명하다.
> 변화는 두려움을 초래하고, 잠재의식에 배인 성향들은 아픔을 가져온다.
> 분별심을 키운 이에게는 모든 것이 참으로 고통스럽기만 하다.
> 하지만 아직 오지 않은 고통은 피할 수 있어야 한다.
>
> — 파탄잘리 수트라 2장 15~16절

사람들이 점성가를 찾는 이유에는 크게 두 가지가 있다. 첫째, 미래에 대해서 궁금하거나, 둘째, 살면서 어려운 상황에 처해 있을 때이다. 이럴 때 호로스코프를 보면, 그동안 잠재적으로 있던 나쁜 카르마들이 표면화되는 다샤에 들어갔거나, 혹은 그러한 어려운 징후, 카르마를 경험하게 될 다샤가 다가오고 있거나, 인생의 큰 변화가 일어나고 있는 경우가 대부분이다. 그럴 때 사람들은 '답'이나 '해결책'을 찾기를 원한다. 위에서 언급한 우파야들은 그러한 때 삶의 빛줄기를 찾을 수 있게 하거나, 변화로 인한 충격들의 부정적인 효과를 최소화하기 위함이다. 그런데 어떤 우파야들보다도 가장 효과적인 우파야는, 명상을 통해서 의식의 힘을 기르고, 동시에 부정적 카르마를 정화할 수 있는 정신적, 영적인 라이프스타일을 취하는 것이다. 『브라마 삼히타(Brahma-Samhita)』에 이러한 구절이 있다.

"순수하고 한결같은 마음으로 로드를 숭배하는 이는 모든 카르마 효과들을 극복할 수 있다."

숙명, 운명은 아주 강한 힘이다. 살아 있는 모든 생명들은 과거의 행위로 인한 좋고 나쁜 카르마 효과들을 필연적으로 겪어야 한다. 행성들은 의식을 가진 거대한 물체, 가스 덩어리들이다. 호로스코프는 우리 영혼이 과거 무수한 생을 통해서 축적한 거대한 카르마의 집합체들을 아홉 행성들을 통해 차트에서 암시하고 있다. 아홉 행성들은 마치 택배원처럼 우리들에게 카르마의 택배를 운반해주는 데바들이다. 부정적 카르마의 택배원, 락샤샤들이 판을 치고 있는 현재 삶의 전쟁터에서 데바들이 이길 수 있기 위해서는 밀크 대양을 휘젓는 것과 같은 거사를 통해 암리타, 영성의 넥타를 취해야만 한다. 그래서 꾸준한 명상과 정화 과정을 통해 의식의 힘을 높이고, 정신적, 영적인 순수함을 되찾는 것이 데바들을 가장 효과적으로 기쁘게 할 수 있는 우파야, 레머디 기법이다.

의식의 힘을 길러주고 카르마를 정화시켜주는 명상기법 종류는 무수히 많으나, 그중에서 차트 주인에게 우파야가 필요한 행성을 찾아내어, 만트라 진언, 자파(Japa) 명상,

혹은 얀트라(Yantra) 명상 등을 하고, 행성이 다스리는 요일에 중점적으로 간단한 우파야 의식을 본인 스스로 행하는 레머디 기법 등이 가장 효과적인 우파야이다.

만트라 진언을 하거나, 혹은 다른 어떤 형태의 명상이든지 규칙적으로 성심껏 행하는 것이 비단 우파야를 위해서뿐만 아니라 좋은 점성가가 되는 데 많은 도움이 된다. 명상은 무의식적인 습관들로 조건화된 마음에 빛을 밝혀주며, 삼스카라(Samskaras, 경험적 잔재로 남아 있는 정신적 인상들)로부터 자유로워질 수 있도록 의식을 고양시킨다. 마음이나 의식이 탁할수록 삶을 다르게 볼 수 있는 시각을 가지기가 더 어렵다. 즉, 타고난 차트에 조건화되어 있는 여건 이상으로 볼 수 있기가 거의 불가능하다. 점성학 공부나 상담을 하는 데 있어서, 점성가의 의식 상당 부분이 이러한 삼스카라로부터 자유롭지 못하다면 차트를 통해 차트 주인을 객관적이고 바르게 이해하려 노력하기보다는 점성가 자신이 가진 주관적이고 조건화된 의식의 틀 안에 다른 사람들을 끼워맞추려 하게 될 것이다. 진정한 점성가라면 차트 주인의 차트를 바르게 이해하고 해석하여, 그가 구하고 있는 질문에 대한 답을 보다 분명하고 유용하고 도움이 될 수 있도록 제공할 수 있어야 한다.

실력이 뛰어난 점성가일수록, 카르마가 허용하는 범위까지만 점성가 자신이 차트 주인에게 영향을 줄 수 있고, 또 그가 영향을 받을 수도 있다는 것을 잘 알고 있다. 그러므로 점성가 자신에게 도움이 되었던 점성학 원리들을 차트 주인이 이해할 수 있는 만큼만 공유하고, 현재 그가 처한 여건들을 최대한 잘 숙지해서, 도움이 될 수 있는 조언들을 잘 해줄 수 있어야 한다. 점성학의 궁극적 목적은 재미나 길흉화복을 점치는 것이 아니라, 어떻게 하면 차트 주인이 효율적으로 잘 살 수 있을지 '죠티르(Jyotir, 삶의 빛)'을 보여주는 것이다. 하지만 점성가 스스로 빛에 대한 직접적인 경험, 삼위일체, '몸, 마음, 영혼'이 하나가 될 때 느끼게 되는 전체적이고 희열적인 존재의 경험이 없다면, 다른 사람들에게 삶의 빛으로 나아가기 위한 가이드를 해줄 수가 없다. 그러므로 점성가 자신이 규칙적인 명상 수행과 함께, 스스로를 정화할 수 있는 어떤 간단한 의식(ritual)을 유지하는 것이 중요하다.

✦ 맺음말 ✦

모든 일에는 때가 있다

범사에 기한이 있고 천하만사가 다 때가 있나니,
날 때가 있고 죽을 때가 있으며,
심을 때가 있고 심은 것을 뽑을 때가 있으며,
죽일 때가 있고 치료할 때가 있으며,
헐 때가 있고 세울 때가 있으며,
울 때가 있고 웃을 때가 있으며,
슬퍼할 때가 있고 춤출 때가 있으며,
돌을 던져버릴 때가 있고 돌을 거둘 때가 있으며,
안을 때가 있고 안는 일을 멀리할 때가 있으며,
찾을 때가 있고 잃을 때가 있으며,
지킬 때가 있고 버릴 때가 있으며,
찢을 때가 있고 꿰맬 때가 있으며,
잠잠할 때가 있고 말할 때가 있으며,
사랑할 때가 있고 미워할 때가 있으며,
전쟁할 때가 있고 평화할 때가 있느니라

인생이 당하는 일을 짐승도 당하나니 그들이 당하는 일이 일반이라,
다 동일한 호흡이 있어서 짐승이 죽음같이 사람도 죽으니
사람이 짐승보다 뛰어남이 없음은 모든 것이 헛됨이로다

다 흙으로 말미암았으므로 다 흙으로 돌아가나니 다 한곳으로 가거니와

인생들의 혼은 위로 올라가고

짐승의 혼은 아래 곧 땅으로 내려가는 줄을 누가 알랴

그러므로 나는 사람이 자기 일에 즐거워하는 것보다

더 나은 것이 없음을 보았나니

이는 그것이 그의 몫이기 때문이라.

아, 그의 뒤에 일어날 일 무엇인지를 보게 하려고

그를 도로 데리고 올 자가 누구이랴

- 구약전서, 전도서 3장

이 책은 오래전에 라오 스승님께 드렸던 약조를 지키기 위해 쓰게 되었다. 인도가 아니면 구하기 힘든 고서들과 귀한 점성학 책들을 박스채로 가져다주시면서 "You have to work hard!"라고 하시며 고개를 양옆으로 흔드시면서 웃으시던 모습이 지금도 눈에 선하다. 스승님들의 가르침을 열심히 익히고 정리해서 세상에 알리겠노라 한 그 약속을 지키는 데 거의 삼십 년이 걸렸다. 그동안 사는 게 바빠서도 그랬지만 무엇보다도 아직 내적으로 해결하지 못한 현실과 영적 삶 사이에서의 괴리와 갈등 때문인 이유가 더 크다.

죠티샤라는 학문을, 성자 같은 그분이 제시하던 대로, 아주 고고하고 순수한 영적 비전으로 신과 사람에 대한 헌신과 봉사 수단으로만 삼으면서 계속 추구하고 이어갈 수 있기에는, 내가 살고 있는 평범한 현실적 삶에서의 세상과 사람들에게는 실질적으로 많이 생소하고, 그들의 관심을 끌기도 아주 어렵다는 것을 시간이 지날수록 깨닫게 되었다.

무엇보다도, 고대 인도 베다 문화의 낯선 영성이나 죠티샤의 지식을, 말레이시아나 한국처럼 다양한 가치관과 문화, 인종, 종교로 이루어진 현대인들에게 아무런 조율이나 여과 없이 문자 그대로 적용하기에는 상당한 무리수가 있었다. 특히 나처럼 합리적

인 의심과 객관적 논리성이 주요 특성인 수성이 아트마 카라카(AK, Atma Karaka), 쌍둥이 라시가 스밤샤(Svamsa)인 사람은 더더욱 뭐든지 쉽게 잘 믿지를 못한다. 믿음과 확신을 뒷받침할 수 있는 충분한 지식과 정보가 먼저 필요하고, 그러한 이론들이 실질적인 경험과 '칼라(Kala, 시간)'의 테스트를 통해 증명이 되어야만 비로소 수용하고 받아들일 수 있는 체질이기 때문이다. 마찬가지 맥락에서 나의 경험이나 지식, 깨달음을 그대로 다른 사람들이 받아들이도록 절대 강요하지도 않는다. 그리스 신화에서 머큐리(Mercury, 수성)는 신들의 메신저, 통역자, 그리고 해설자였다. 나 역시도 남들보다 좀 더 일찍 경험하고, 배울 수 있었던 메신저에 지나지 않기에, 내가 배웠던 대로, 경험한 대로, 도움이 되었던 대로, 깨달았던 대로, 담담하게 다른 사람들에게 전달해야 하는 의무를 이행하고자 할 뿐이다. 이러한 메시지들을 다른 사람들이 어떻게 받아들이고, 배우고, 이해하고, 선택을 하든지, 그리하여 삶의 유용한 가이드로 사용할 수 있을지 없을지, 모두 그들 각자의 몫이니 나는 그저 카르마의 법칙에 맡겨놓기를 선호한다.

이 책에서 공유한 죠티샤의 지식들은 파라샤라(BPHS)와 같은 점성학 고전들이나 스승님들의 저서와 가르침을 그대로 따르고 있다. 하지만 어느 계산 시스템으로 베딕 차트를 산출하느냐에 따라 풀이가 많이 달라질 수 있다. 나의 경험상으로는 베딕 차트 산출 방식을 사이더리얼 시스템에서 트로피칼 시스템으로 전향했을 때, 마치 코페르니쿠스의 전환처럼 드라마틱하게 전체적 삶과 의식의 변화를 경험할 수 있었다. 하지만 그러한 나의 경험이 모두에게 같은 진실이 될 수는 없다. 내가 그러했던 것처럼 다른 사람들도 마찬가지로 어둠과 시행착오의 과정을 지나 자신만의 진실을 스스로 정립시킬 권리를 가지고 있다. 그래서 예시 차트들을 통해 분석하는 장(章)은 생략하였다. 이제 한국에서도 점차적으로 죠티샤가 알려지기 시작하는 만큼 본인이 직접 연구, 비교해보고 어느 시스템이 더 잘 맞는지, 각자의 경험에 기준하여 본인에게 맞는 진실을 찾아갈 수 있기를 바란다.

위에서 인용한 구약성서 전도서의 **'모든 일에는 때가 있다'**는 구절은, 한순간도 멈추지 않고 계속 굴러가고 있는 **'죠티샤, 운명 그리고 시간의 수레바퀴'**를 참으로 잘 대변하고 있는 말이기도 하다. 인생에는 모든 것에 때가 있는 법이며, 뿌린 씨는 언젠가 열매를 맺기 마련이다. 우리가 아무리 칼라(Kala, 시간)를 재촉하거나 혹은 늦추고 싶다 하더라도, 운명과 시간의 수레바퀴는 느리지만 확실하게 이미 정해진 리듬을 따라 구를 뿐이다. 비록 늦은 감이 있지만, 이제라도 스승님과 한 약속을 지킬 수 있었으니 얼마나 다행인가?

아직까지 나를 기다리고 계시는 구순(九旬)의 스승님에게 이 책을 바친다.

제이 구루 데브(Jai Guru Dev, 스승님들께 모든 영광을)!

베스 림(Beth Lim)

2021년 10월 12일, 라오 스승님 만 90세 생신 때

✦ 필자에 대하여 ✦

베스 림(Beth Lim)

- 부산 출생
- 1990년 초월명상(TM, Transcendental Meditation) 입문
- 1991년 8월부터 6개월간 홍콩에서 초월명상교사 과정 이수
- 1992년 9월부터 1997년 5월까지 미국 유학(베다 창조지성학 석사, Maharishi International University, IA, USA)
- 1993년 베딕 점성학 입문
- 1997년 6월 말레이시아 쿠알라룸포 이주
- 2001년 베스 요가 센터(Beth's Yoga Center) 설립, 현지인들에게 요가와 명상 지도, 점성학 상담 활동 중
- 2016년 10월『베딕 점성학 입문서 Ⅰ·Ⅱ』(집필),『하늘의 금괴』(번역) 출간(출판사 ㈜북랩)
- 웹사이트: www.mehtaastrology.com
- 공식 유튜브 채널: [Beth Lim] Mehta Vedic Astrology

라오 스승님과 함께, 1994년 11월

부록

1. 죠티샤와 연관된 주요 고전들

죠티샤 고전들에는 훌륭한 저서들이 많이 있다. 그중에서도 많은 점성가들이 중요하다고 여기는 고전들만 우선적으로 살펴보기로 한다. 이 책을 쓰는 데 주로 참조한 고서들이기도 하다.

베딕 점성학의 주요 고전들

○ 브리핱 파라샤라 호라 샤스트라(BPHS, Brihat Parashara Hora Shastra, by Parashara)

죠티샤에서 가장 잘 알려진 권위적 저서로, 브리핱 파라샤라 호라 샤스트라(이하 BPHS)는 자타카 점성학(나탈 점성학)에 대해 가장 광범위한 내용을 담고 있는 고전이다. 특히 호라(Hora) 점성학처럼 개인적 삶에 대한 예측적인 내용들을 다루고 있으며, 원저자는 5,000여 년 전 베다 시대에 살았던 리쉬 파라샤라로 여겨지고 있다. 하지만 실제로 언제, 어떻게, 누구에 의해 쓰였는지는 아무도 알지 못할 뿐 아니라, 이 책이 가진 정통성에 대해서도 이견이 분분하다. 파라샤라가 실제로 존재한 역사적 인물인지 여부도 확인할 바가 없거니와, 활자가 발달되지 않았던 시절의 인물이기 때문에 그의 가르침은 오랫동안 전통적 오랄(Shruti, 쉬루티) 전수 방식을 통해 전해져 내려오다가, 기원후 600년이 지나서야 비로소 문자로 기록될 수 있었기 때문이다.

기원후 600~750년 사이에 쓰여진 책, 『푸르바칸다(Purva-khanda, by J. Gonda)』가 나중에 BPHS로 알려져 있다. 원래는 총 100장(章)으로 구성되었지만, 완전한 형태의 BPHS를 소유하고 있는 사람은 아무도 없다. 그런데 이 책은 쓰인 이후 900년 동안 세상에서 사라졌다가 20세기 초가 되어서야 다시 모습을 드러내게 되었다. 그뿐만 아니라 1944년에 BPHS를 최초로 힌디어로 발간한 사람이 미스터 시타람자(Sitaram Jha)인데, 그는 원본에서 상당한 부분을 생략하거나 변경시킨 것으로 알려져 있다. 시타람자의 힌두 버전 BPHS를 1984년에 영어로 번역한 사람이 미스터 산타남(R. Santhanam)이며, 현재 가장 유명한 번역본으로 총 97장(章)으로 되어 있다.

○ 야바나자타카(Yavanajataka, by Sphujidhvaja)

기원후 120년 정도에 스푸지드바자(Sphujidhvaja)에 의해 쓰인 것으로 추정되고 있다. 야바나(Yavana, 그리스)와 자타카(Jataka, 사람들)라는 단어가 합쳐진 것으로, '그리스 사람들에 의하면'이라는 의미이다. 브라운 대학의 교수였던 미스터 데이비드 핑그리(David Pingree)가 영어로 번역하여 1978년에 하버드 오리엔탈 시리즈(Harvard Oriental Series)로 발간되었다. 그리스 점성학의 상당한 영향을 받은 것으로 보이는 죠티샤 저서로서, 어떤 천문학적인 디테일이나 열두 라시들에 대한 언급이 거의 없는 BPHS와는 달리, 야바나자타카는 천문학적 현상과 열두 라시에 대한 내용들이 광범위하게 있다.

○ 재미니 수트라(Jamini Sutras), 혹은 우파데샤 수트라(Upadesa Sutras)

인도 점성학의 예측적 분야를 다루는 고전이다. 저자는 리쉬 재미니(Maharish Jamini)로 알려져 있다. 리쉬 재미니는 리쉬 비야사의 제자로 알려져 있는데, 리쉬 비야사는 인도 고전문학의 대서사시 마하바라타의 저자로 알려져 있으며, 리쉬 파라샤라(BPHS의 원저자로 추정하는 인물)의 손자이다. 재미니 수트라는 전체적으로 936구절(수트라)이 총 4장(章)으로 짜인 작은 책이다. 재미니 시스템(재미니 점성학)은 나름대로 독특한 예측적 테크닉들을 담고 있지만 파라샤라 점성학 시스템과 상당히 일치하는 부분이 많이 있어, BPHS에서 별도로 발췌하여 파생시킨 점성학 시스템이었던 것으로 보인다. 재미니 점성학에서는 특히 라후와 케투에 대한 중요성을 둔다. 미스터 언스트 윌헴(Mr. Ernst Wilhelm)의 영어 번역본(2014년 발간)이 가장 정확한 역서인 것으로 알려져 있다.

○ 브리핟 자타카(Brihat Jataka, by Varahamihira)

브리핟 자타카는 베딕 점성학의 중요한 고전이다. 저자인 바라하미히라(Varahamihira, 기원후 505~587년)는, 위대한 왕이었던 비크라마디티야(Vikramaditya)의 어전에서 일하던 유명한 점성가이자, 탁월한 천문학자이기도 했다. 브리핱 자타카는 총 27장(407절)으로 구성되어 있다.

○ 팔라디피카(Phaladeepika, by Mantreshwara)

팔라디피카는 인도의 점성가들이 손꼽고 있는 4개의 중요한 죠티샤 고전들 중에 하나이다(다른 3개는 BPHS, 브리핱 자타카, 자타카 파리자타). 팔라디피카는 총 28장(865구절)이 마치 시를 읊듯 운율 형태로 쓰여 있다. 인간 삶의 다양한 면들에 대한 점성학적 설명들을 가장 포괄적이고 권위적으로 표현하고 있다. 저자인 만트레스와라(Mantreswara)는 기원후 13세기 정도에 살았던 인물로 추정되고 있다. 그가 가진 점성학적 지식은 아주 깊고 심오하며, 리쉬 파라샤라와 바라하미히라에 대한 경외감을 많이 표현하고 있다.

○ 자타카 파리자타(Jataka Parijata, by Vaidyanatha Dikshita)

자타카 파리자타는 위에서 언급한 4개의 중요한 죠티샤 고전들 중의 하나이다. 저자인 바이디야나타(Vaidyanatha Dikshita)는 기원후 1425~1450년 정도에 태어난 사람인 것으로 추정되고 있다. 베딕 점성학의 기초를 다루는 중요한 책으로 알려져 있으며, 특히 인도의 학자들이 중요하게 다루고 있다. 인도 전역에 걸쳐 죠티샤 시험을 위해선 반드시 공부해야 하는 저서로서, 잘 알려진 빔쇼타리 다샤 외에도 특히 다른 중요한 낙샤트라 다샤들에 대해 광범위하게 다루고 있다.

○ 사르바타 친타마니(Sarvatha Chintamani, by Venkatesha Sarma)

사르바타 친타마니는 고대 인도에서 쓰인 가장 중요한 점성학 고서 중에 하나이다. 사르바타 친타마니의 뜻은 '최고의 욕구', '생각들'이라는 의미이다. 기원후13세기에 살았던 벤카테샤 샤르마(Ventatesa Sarma)에 의해 쓰인 것으로 추정된다. 행성들 간의 요가 조합과 이러한 요가 조합의 효과들에 대해 기술하고 있다. 아주 중요하면서도 가장 많이 인용되고 있는 중요한 점성학 고서이다. 산스크리트어로 쓰여 있으며, 특히 나탈 차트의 열두 하우스들의 특성들에 대해서 다른 어떤 고전보다도 상세하게 기술하고 있다. 길성과 흉성들의 특성에 대한 분명한 차이점도 강조하고 있다. 나탈 차트의 열두 하우스들 영역에 관한 실질적이고 효율적인 방식으로 설명하고 있다. 사라바타 친타마니는 일이나 직업에 대한 예측을 중요하게 다루던 바라하미히라(Varahamihira)의 이론을 확대시킨 고서로서 총 17장으로 구성되어 있다.

○ 호라 사라(Hora Sara, by Prithuyashas)

호라 사라는 예측 점성학에 대한 최상의 고전들 중 하나로 여겨지고 있으며, 작가 프리투야샤스(Prithuyashas)는 바라하미히라의 아들이었다. 호라 사라에는 프리투야샤스가 아버지의 이론들과 상충하는 기술도 많이 있다. 총 32장으로 구성되었으며, 열두 라시와 행성들의 자연적 특성들, 행성들의 저력을 재는 법, 일곱 행성들의 다샤가 주는 일반적이거나 다양한 효과들, 아쉬탕가 바가스의 효과들, 찬드라 요가들, 나바스 요가들, 라자 요가들 등이 주는 효과들 등에 대한 내용들이 담겨 있고, 독특하게 오멘(Omens, 징후)들에 대한 효과들도 포함되어 있다.

○ 사라발리(Saravali, by Kalyana Vara)

사라발리는 베딕 점성학의 기본들을 집대성해놓은 중요한 고전으로 기원후 약800년 정도에 나온 책으로 추정된다. 인도의 점성가들이 BPHS처럼 중요하게 여기고 있는 고전으로, 특히 라자 요가 행성들의 다샤 효과들에 대한 기술들이 아주 잘되어 있다. 저자인 칼리야나바(Kalyana Vara)는 비야그라파다(Vyaghrapada, 오늘날의 마디야 프라데쉬 Madhya Pradesh)로 알려진 왕국의 왕이었다.

○ 타지카 닐라칸티(Tajik Neelkanthi)

타지카 닐라칸티는 박샤팔 점성학(솔라 리턴) 고전이다. 저자는 닐라칸타(Neelakantha)로서, 박샤팔 점성학의 개념을 처음으로 도입한 사람이다. 나탈 점성학은 차트 주인의 전체 인생에 대한 내용을 기술한 반면, 박샤팔 점성학은 매년마다 일어날 수 있을 이벤트들에 대한 내용을 자세하게 기술하고 있다. 타지카 닐라칸티는 베딕 점성학에 아랍 방식의 사고를 가미하고 있다.

이상과 같은 대표적인 고전들 외에도, 아직 다루지 못한 죠티샤 고전들이 헤아릴 수 없을 만큼 많이 있다. 하지만 위에서 간략하게 소개한 고전들은 그중에서도 가장 잘 알려져 있고, 많은 점성가들이 선호하고 있는 저서들이기도 하다. 그런데 이러한 모든 고전들은 고대 인도의 종교, 영적 문화 사상과 전통에 기반을 두고 있기에, 오늘날처럼 글로벌 현대 시대에 살고 있는 현대인들 삶에 문자 그대로 적용하기엔 시대적, 문화적인 배경 차이가 많이 있다는 것을 항상 염두에 두어야 한다. 죠티샤가 보다 체계적이고 세계 보편적 학문 시스템으로 정립될 수 있기 위해선 비단 인도뿐만 아니라 전 세계 곳곳의 다양한 문화적 환경 속에서 지속적인 연구와 활발한 실험 등을 통한 실용적인 여과 과정이 필요하다.

베딕 천문학의 주요 고전들

○ 라가다의 베당가 죠티샤(Vedanga Jyotisha, by Lagadha)

인도 천문학에 대한 가장 오래된 권위적인 고서로서, 총 79절로 된 작은 책으로, 그중 36구절은 리그베다와 연관이 있고, 43구절은 야주르베다와 연관되어 있다. 베딕 승려들이 사회적, 종교적 행사들을 위한 의식(야기아, Yagya)들을 행할 때 사용하는 매뉴얼이자, 판창가 달력을 만드는 데 사용하는 인도 천문학 고전이다. 저자는 힌두 수학자이자 천문학자였던 라가다(Lagadha)로, 기원전 12세기에 살았던 인물로 추정되고 있다.

○ 아리야바티야(Aryabhatiya), 아리야시단타(Arya-Siddhanta)

인도 천문학자이자 수학자였던 아리야바타(Aryabhata, 기원후 476~550)가 쓴 천문학 책들로서 수리야시단타의 영향을 많이 받았다. 아리야바타는 기원후의 인도 사회에서 최초의 물리학자(아인슈타인 수준급 인물)로 여겨지고 있다. 인도의 고전적 수학과 천문학 발전에 가장 지대하고 결정적인 기여를 한 인물로서 추앙되고 있다.

○ **수리야시단타**(Surya Siddhanta)

총 14장으로 구성된 고대 인도의 천문학 고서로, 다양한 행성들의 천문학적 위치나 움직임 등을 계산하는 법에 대한 설명을 하고 있다. 오리지널 텍스트는 800 CE에 쓰인 것으로 추정되는 팜 리브(Palm Leaves) 버전이 있으며, 이후에 15세기 정도에 교정이나 수정이 된 텍스트 버전들이 현재까지 기록으로 남아 있다. 원저자는 라타데바(Latadeva)로 알려져 있으나, 그에 대해 자세하게 알려진 바는 없다.

2. 베다 나무 도표

쉬루티 스므리티

| 리그베다 (Rig Veda) | 야주르베다 (Yajur Veda) | 사마베다 (Sama Veda) | 아타르바베다 (Atharva Veda) |

4 서브 베다스(Sub Vedas)
1. 삼히타(Samhita)
2. 브라마나스(Brahmanas)
3. 아란야카스(Aranyakas)
4. 우파니샤드(Upanishads)

4 베다스의 수족: 베당가(Vedanga)
1. 비야카라나 2. 죠티샤 3. 니룩티 4. 식샤 5. 찬다스 6. 칼파

실용적 지식: 우파베다(Upaveda)
1. 다누르베다 2. 스타파티야베다 3. 간다르바베다 4. 아유르베다

푸라나스(Puranas)

3. 베다 나무 해석

쉬루티(Shruti) 스므리티(Smriti)

쉬루티는 "들은 것들"이라는 뜻으로, **베다스(Vedas)**들을 의미한다. 베다스들은 힌두이즘의 골격을 형성하고 있는 권위적 고서들로서, 구체적으로 네 베다스들이 있다. 이러한 베다스들은 높은 의식에 달한 고대 리쉬(Rish, 성자)들이 깊은 명상 상태에 있을 때 디바인에게 직접 들었거나, 그들의 의식 속에 드러난 디바인 지식들을 기록하고 있다.

이러한 베다스들은 스므리티 전통을 통해 후세까지 전해져올 수 있었다. 스므리티는 '기억하는 것들'이라는 뜻으로, 베다스들은 '사람들이 기억한 것들'로 이루어져 있다는 의미이다.

즉, 베다스들은 리쉬들이 디바인에게 '쉬루티(직접 들은 지식)'들을 '스므리티(리쉬들의 기억)'을 통해 현재까지 전해져 내려온 고서들이다. 그래서, 힌두이즘에서는 베다스들을 '아파우루셰야(Apauruseya)'라고도 칭하는데, '인간에 의해 창조되지 않은 신성한 디바인 지식'이라는 의미를 가지고 있다.

네 베다스(Four Vedas)

베다스들은 총 4개의 주요 베다로 나눈다. 리그베다(Rig Veda), 야주르베다(Yajur Veda), 사마베다(Sama Veda), 아타르바베다(Atharva Veda)이다.

○ 리그베다
'리그(Rig)'의 뜻은 '찬양', '칭송'이라는 의미로, 가장 오래되고 방대한 양의 베다이다.

디바인에 대한 찬양, 그리고, 우주의 근원이나 신성, 사회, 도덕, 가치 등에 대한 영적이고 철학적인 질문과 답들이 음률들로 적혀 있는, 네 베다스 중에서 가장 중요하고 핵심적인 베다이다.

○ **야주르베다**

'야주르(Yajur)'의 뜻은 '경배하는'이라는 의미로, 베딕 승려들이 다양한 야기야들을 행하는 법들을 담고 있는 베다이다.

○ **사마베다**

'사마(Sama)'의 뜻은 '노래'라는 의미로, 디바인을 노래로 찬양하는 멜로디들이나 찬팅들을 담고 있는 베다이다.

○ **아타르바베다**

'아타르바(Atharva)'의 뜻은 '아타르바나스의 지식 저장고'라는 의미로, 일상적 삶에 필요한 지식들에 대한 내용을 담고 있는 베다이다. 이러한 지식들에는 마술이나 주술법, 새로운 지식을 가르치고 배우는 법, 결혼식이나 장례식 절차들 등에 대한 내용들도 포함되어 있다.

서브 베다스(Sub Vedas)

모든 네 베다스들은 각자 네 개의 부속 베다스들을 가지고 있다. 삼히타(Samhita), 아란야카스(Aranyakas), 브라마나스(Brahmanas), 그리고 우파니샤드(Upanishads)이다.

○ **삼히타**

만트라들과 축복의 구절들을 기록

○ **아란야카스**

야기야, 의식, 그리고 이에 필요한 제물(祭物) 등을 기록

○ **브라마나스**

야기야, 의식, 제물(祭物)들 등에 대한 주석들을 기록

○ **우파니샤드**

명상, 철학, 영적 지식들 등에 대한 기록

베당가(Vedangas)

베당가는 '베다의 수족'이라는 뜻으로, 베다의 거대한 몸통을 나타내는 네 베다스의 수족에 해당하는 여섯 부속 베다들을 의미한다.

○ **비야카라나(Vyakarana)**

베다의 '입'에 해당한다. 산스크리트어 문법과 언어분석법에 대한 내용들을 담고 있다.

○ **죠티샤(Jyotisha)**

베다의 '눈'에 해당한다. 의식을 하는 데 길조적인 시간을 선택하는 법, 점성학, 천문학에 대한 내용들을 담고 있다.

○ **니룩타(Nirukata)**

베다의 '귀'에 해당한다. 단어나 어원들에 대한 설명들을 담고 있다.

○ **식샤(Shiksha)**

베다의 '코'에 해당한다. 산스크리트어 알파벳, 발음하는 법, 음성, 음운들 등에 대한

내용을 담고 있다.

○ 찬다스(Chandas)

베다의 '발'에 해당한다. 시(詩), 혹은 문장을 지을 때 강약의 리듬이나 소리의 간격들을 맞추는 법들에 대한 내용을 담고 있다.

○ 칼파(Kalpa)

베다의 '손'에 해당한다. 야기야를 할 때 필요한 지시사항들에 대한 내용을 담고 있다.

우파베다(Upaveda)

우파베다는 일상적 삶에 필요한 실용적인 지식들을 담고 있는 부속 베다스들로서, 총 4가지가 있다.

○ 다누르베다(Dhanurveda)

궁술과 군학(軍學)에 대한 내용들을 담고 있다.

○ 스타파티야베다(Sthapatyaveda)

베다 건축학에 대한 내용들을 담고 있다.

○ 간다르바베다(Gandharvaveda)

베다 음악학(音樂學)에 대한 내용들을 담고 있다.

○ 아유르베다(Ayurveda)

베다 의학(醫學)에 대한 내용들을 담고 있다.

푸라나스(Puranas)

푸라나스는 고대 인도의 방대한 문학전집들로, 다양한 토픽과 장르들의 베딕 신화들이나 전통적 스토리들을 담고 있다. 마하바라타(Mahabharat)와 라마야냐(Ramayana) 같은 대표적인 대서사시 문학도 푸라나스에 속한다. 이러한 신화들이나 스토리들에 담긴 상징적 의미들은 아주 깊고 심오하게 여러 층의 형태로 엮여 있다. 푸라나스는 힌두이즘의 주요 베다스처럼 권위성은 가지고 있지 않지만, 힌두 사회와 문화에서 중요한 국가적, 종교적 행사들에 지대한 영향력을 차지하고 있다.